企业所得税　增值税　消费税

新税收法律法规解读

王者愚　编著

中国财政经济出版社

图书在版编目（CIP）数据

新税收法律法规解读/王者愚编著．—北京：中国财政经济出版社，2010.1
ISBN 978-7-5095-1966-0

Ⅰ．新…　Ⅱ．王…　Ⅲ．税法—法律解释—中国　Ⅳ．D922.220.5

中国版本图书馆 CIP 数据核字（2010）第 006360 号

责任编辑：刘　静　责任校对：孙志敏
封面设计：张德林　版式设计：孙志云

中国财政经济出版社出版
URL：http：//www. cfeph. cn
E-mail：webmaster@ ewinbook. com

社址：北京海淀区阜成路甲 28 号　邮政编码：100036
发行电话：010-88191017
三河市祥达印装厂印刷　各地新华书店经销
787×1092 毫米　16 开　33 印张　740 千字
2010 年 1 月第 1 版　2010 年 1 月北京第 1 次印刷
定价：58.00 元
ISBN 978-7-5095-1966-0/D·0089
（图书出现印装问题，本社负责调换）

前　言

税法是国家制定的用以调整国家与纳税人之间在征纳税方面的权利及义务关系规范的总称。它的调整对象是税收法律关系，即国家、税务机关和税务管理相对人之间在税收活动中发生的具有权利义务内容的社会关系，其核心内容就是税收利益的分配。它是征纳双方遵守的行为准则，其目的是保障国家利益和纳税人的合法权益，维护正常的税收秩序，保证国家财政收入，促进国家经济和社会发展。

税收法律关系是由税收法律关系主体、税收法律关系客体、税收法律关系内容三部分组成。税收法律关系的主体是指在税收法律关系中依法享有权利和承担义务的当事人。按照税收法律关系主体行为的性质不同，税收法律关系主体分为税收征管主体、税收纳税主体及其他税收管理相对人；税收法律关系客体是指税收法律关系主体的权利和义务共同指向的对象即课税对象，它包括物和行为两大类。税收法律关系的客体是税收征管主体和税收纳税主体的权利和义务得以存在的客观基础；税收法律关系的内容是指税收征管主体和纳税主体所享有的权利和承担的义务的具体内容。

税收法律关系主体之间权利与义务关系的形成就为税收法律关系的产生。税法属于义务性法，税收法律关系的产生不以税收征管主体行为为基础和标志，而是以引起纳税义务成立的法律事实为基础和标志。在国家颁布的税法中，虽然明确规定了纳税主体，但这只是抽象行为，税法规范本身不指向具体的单位和个人，只有当单位和个人发生了税法规定的应税义务时，其才成为纳税主体。税收法律关系的变更是指由于某项税收法律事实的发生，而引起税收法律关系的主体、客体和内容发生的变化。引起税收法律关系变更的因素包括纳税主体组织结构变化、纳税主体经营状况变化、税法修订与调整、不可抗力造成的破坏等诸多方面。税收法律关系的消灭是指税收法律关系的终止，即税收法律关系主体间权利义务的终结。引起或者导致法律关系消灭的原因包括义务已履行、义务逾期免予追溯、义务免除、税法废止与停止执行、义务主体灭失等多种情况。

税法效力是指税法规范的适用范畴。它包括税法的时间效力、空间效力、对人的效力和税法之间的适用效力等。首先，税法对人的效力是指税法的约束对象问题，也就是税法的效力对谁有效。无论是税收实体法，还是税收程序法，其效力作用只适用于特指的对象，如果改变其适用对象就没有法律效力。其次，税法的空间效力是指税法适用的地域范围，即税法在什么地区范围内有效。每一部税收法律、行政法规和规章只在一定的地域范围内适用，超出这个地域空间范围，其法律效力就不复存在。再次，税法时间效力是税法阶段性问题，它是指税法何时生效、何时失效以及有无溯及力的问题。税法的溯及力是指税法有无溯及以往的效力即税法对它生效以前发生的事件和行为是否适用，如果适用就有溯及力，如果不适用就没有溯及力。我国现行的各项税收法律、法规和规章都不具有溯及力。第四，税法间的适用效力是指不同税收法律、行政法规、规章对同一标的的规范效力。它解决的是对同一规范标的，那个税法有效的问题。按照税法的位阶效力为税收法律效力高于行政性税收法规、地方性税收法规、税收规章，税收行政法规的效力高于地方性税收法规和地方性税收规章；地方性税收行政法规的效力高于本级和下级政府性规章；国务院税务主管部门规章与地方政府规章之间具有同等效力，在各自的权限范围内施行。同一机关制定的税收法律、行政法规、地方性法规、规章，其中特别规定与一般规定不一致的，适用特别规定。同一位阶新税法与旧税法的规定不一致的，适用新的规定。税收法律之间对同一事项的新的一般规定与旧的特别规定不一致，不能确定如何适用时，由有权机关裁决。国内法规定与国际法规定不一致的，适用国际法。国家税务总局对具体涉税事项做出的行政性批复不具有普遍的约束力，仅对个案的处理有约束力，对类似的问题只具有参照效力。

多年以来，随着税收法制建设的不断加强和税制改革的不断深化，我国已初步建立了较为完善的税收法律体系。现行税法按照其所规范的内容和作用分为税收实体法和税收程序法。税收实体法由企业所得税、个人所得税、增值税、消费税等17个税种的税法构成；程序法以《税收征管法》及其实施细则等税法构成；现行税法按位阶分为税收法律、行政法规、地方性行政法规，行政规章、规定；现行税法按照空间效力分为国内法和国际法（国际税收协定）。

30多年来，伴随着改革开放和社会主义市场经济的建立，税收已涉及社会各个领域和阶层，成为人们日常工作和生活的一部分。学习和研究国家税法，更好地防控税收风险，已经成为税务工作者及纳税人的共识。为了满足读者的需要，本书收录了新企业所得税法颁布以来的企业所得税税收法律、行政法规及相关配套文件及修订后的增值税暂行条例、消费税暂行条例及其相关配套文件，并对企业所得税、增值税、消费税等三税种税收法律、行政法规及相关配套文件条款给予解读，以供读者学习、研究税法之用。本书具有以下三个特点：一是收录了企业所得税、增值税、消费税三个税种的新税收法律、行政法规、规章及相关配套性规定条文，使读者能够阅读税法原文；二是在税收法律、行政法规、规章及配套规定的有关条款中，加注了编著者个人的解读，为读者更好理解和掌握税收立法本义提供参考；三是在税收法律、行政法规条款中加注了与税收法律、行政法规、规章条款内容相配套的文件文号，读者通过加注的索引和本书目录，便可查到与税收法律、行政法规相配套的文件。

因编著者水平有限和时间仓促，难免有疏漏和错误之处，恳请指正。如有不正确之处，请依照国家有权机关发布的税收法律、行政法规、行政规章和规定处理涉税事项。

王者愚

2009年12月

目　录

第一部分　企业所得税

一、基本法律、法规

二、综合性政策

三、企业收入（所得）

四、税前扣除项目

五、资产的税务处理

六、税收优惠

七、源泉扣缴

第一部分

企业所得税

一、基本法律、法规

二、综合性政策

三、企业收入（所得）

四、税前扣除项目

五、资产的税务处理

六、税收优惠

七、源泉扣缴

八、特别纳税调整

九、税款缴纳

十、企业清算所得税

十一、核定征收企业所得税

十二、企业重组所得税管理

十三、房地产企业所得税管理

十四、税收协定执行文件

十五、批复性文件

一、基本法律、法规

中华人民共和国企业所得税法条文解读

第一章 总 则

第一条 在中华人民共和国境内，企业和其他取得收入的组织（以下统称企业）为企业所得税的纳税人，依照本法的规定缴纳企业所得税。

个人独资企业、合伙企业不适用本法。

【解读】 本条规定了企业所得税纳税主体。

本条第一款对企业所得税纳税主体即纳税人给予法律上的定义。企业所得税纳税人是指在中华人民共和国境内，企业和其他取得收入的组织。本条第一款所称在中华人民共和国境内具有双重含义：一是企业和其他取得收入的组织在中华人民共和国境内；二是企业和其他取得收入的组织的所得来源于中华人民共和国境内。本条第一款所称企业为本法第二条规定的企业，包括居民企业和非居民企业。本法适用于在中华人民共和国境内企业和其他取得收入的组织。在中华人民共和国境内，企业和其他取得收入的组织均应依照本法的规定缴纳企业所得税。

本条第二款规定的个人独资企业、合伙企业不适用本法。这一规定明确了个人独资企业、合伙企业不是企业所得税纳税主体，不缴纳企业所得税。本法《实施条例》第二条对本条第二款所称“个人独资企业”、“合伙企业”做出解释性规定。财政部、国家税务总局财税［2008］159号规定履行纳税义务。个人独资企业的投资人依照《中华人民共和国个人所得税法》的规定履行纳税义务。

企业所得税纳税人分为法理纳税人和实质纳税人。法理纳税人是指依照税法的基本规定负有纳税义务，但由于税法规定了相关的税收优惠，使其纳税义务在一段时间或者时期内得以免除的纳税人。法理纳税人在免除纳税义务期间，除不缴纳税款外，应当依照税收法律规定履行其他纳税义务。实质纳税人是指依照税法基本规定属于企业所得税纳税人，且在纳税年度产生了应纳税额，具有实质纳税义务的纳税人。实质纳税人除依照税法及时、足额缴纳税款外，还应依照税收法律规定履行其他纳税义务。

第二条 企业分为居民企业和非居民企业。

本法所称居民企业，是指依法在中国境内成立，或者依照外国（地区）法律成立但实际管理机构在中国境内的企业。

本法所称非居民企业，是指依照外国（地区）法律成立且实际管理机构不在中国境内，但在中国境内设立机构、场所的，或者在中国境内未设立机构、场所，但有来源于中国境内所得的企业。

【解读】本条是关于居民企业和非居民企业的规定。

依照本法规定缴纳企业所得税的企业分为居民企业和非居民企业。本条对居民企业和非居民企业给予了法律上的定义和界定。

（一）居民企业。根据本条第二款规定，中国居民企业分为中国境内注册居民企业和非中国境内注册居民企业。中国境内注册的居民企业是指依照中华人民共和国有关法律、行政法规规定，在中国境内成立的法人企业；非中国境内注册居民企业是指依照外国（地区）法律成立但实际管理机构在中国境内的企业。本法《实施条例》第三条第一款对境内注册的居民企业做出了解释性规定；本法《实施条例》第三条第二款对非中国境内注册居民企业做出了解释性规定。

（二）根据本条第三款规定，中国非居民企业分为两种：一是依照外国（地区）法律成立且实际管理机构不在中国境内，但在中国境内设立机构、场所的外国企业；二是依照外国（地区）法律成立且实际管理机构不在中国境内，在中国境内未设立机构、场所，但有来源于中国境内所得的外国企业。本法《实施条例》第五条对本条第三款所称机构、场所做出了解释性规定。本法《实施条例》第四条对本条所称实际管理机构做出了解释性规定。

第三条　居民企业应当就其来源于中国境内、境外的所得缴纳企业所得税。

非居民企业在中国境内设立机构、场所的，应当就其所设机构、场所取得的来源于中国境内的所得，以及发生在中国境外但与其所设机构、场所有实际联系的所得，缴纳企业所得税。

非居民企业在中国境内未设立机构、场所的，或者虽设立机构、场所但取得的所得与其所设机构、场所没有实际联系的，应当就其来源于中国境内的所得缴纳企业所得税。

【解读】本条是关于企业所得税课税所得的规定。

（一）居民企业课税所得。根据本条第一款规定，我国对居民企业所得税实行属人管辖。居民企业来源于中国境内所得和来源于中国境外所得均应依照本法的规定计算缴纳企业所得税。居民企业对其所得负完全纳税责任。

（二）非居民企业课税所得。根据本条第二款规定，因非居民企业的具体情况不同，其所得课税范围也不同：①在中国境内设立机构、场所的非居民企业，其所设机构、场所取得的来源于中国境内的所得，应依照本法规定计算缴纳企业所得税；②在中国境内设立机构、场所的非居民企业，其发生在中国境外但与其所设机构、场所有实际联系的所得，也应依照本法规定计算缴纳企业所得税；③在中国境内未设立机构、场所的非居民企业，其来源于中国境内的所得，依照本法规定计算缴纳企业所得税；④在中国境内设立机构、场所的非居民企业，其取得的境内所得与其在中国境内所设机构、场所没有实际联系的，只就其来源于中国境内的所得，依照本法规定计算缴纳企业所得税。

本法《实施条例》第八条对本条第二款、第三款所称实际联系做出了解释性规定；本法《实施条例》第六条对本条所称所得做出了解释性规定。

第四条　企业所得税的税率为25%。

非居民企业取得本法第三条第三款规定的所得，适用税率为20%。

【解读】 本条是关于企业所得税税率及其适用范围的规定。

根据本条规定，我国企业所得税税率实行比例税率。法定基本税率分别为25%和20%。

（一）适用25%税率的企业所得。根据本条第一款规定，居民企业、非居民企业的下列所得按25%税率计算缴纳企业所得税：①居民企业来源于中国境内、境外的所得；②在中国境内设立机构、场所的非居民企业，其所设机构、场所取得的来源于中国境内的所得；③在中国境内设立机构、场所的非居民企业，其发生在中国境外与其在中国境内所设机构、场所有实际联系的所得。

（二）适用20%税率的所得。根据本条第二款规定，非居民企业的下列所得按20%税率计算缴纳企业所得税：①在中国境内未设立机构、场所的非居民企业，其来源于中国境内的所得；②在中国境内设立机构、场所的非居民企业，其来源于中国境内的所得与其所设机构、场所没有实际联系的，其来源于中国境内的所得。

第二章　应纳税所得额

第五条　企业每一纳税年度的收入总额，减除不征税收入、免税收入、各项扣除以及允许弥补的以前年度亏损后的余额，为应纳税所得额。

【解读】 本条规定了企业应纳税所得额。

根据本条规定，企业应纳税所得额是指企业每一纳税年度的收入总额，减除不征税收入、免税收入、各项扣除以及允许弥补的以前年度亏损后的余额。企业应纳税所得额要素包括企业收入总额、不征税收入、免税收入、扣除项目和准予弥补以前年度的亏损。

企业收入总额由征税收入、不征税收入两部分构成。征税收入包括应税收入和免税收入。企业不征税收入与免税收入在税收法律规范上属于两种不同性质的收入。不征税收入是指企业收入总额中，依照本法规定不予征税的收入，不征税收入不属于税收优惠。本法第七条对企业不征税收入做出了规定。免税收入是指企业收入总额中暂时免予征收所得税的收入。对企业取得的收入免税是一种税收优惠，免税收入属于征税收入范畴。

各项扣除是指企业在计算应纳税所得额时，依照本法及其实施条例的规定准予其抵减应税收入的项目。准予从应税收入中扣除的项目及金额依照本法第八条及本法《实施条例》有关条款规定执行。

亏损是指企业每一纳税年度的收入总额减除不征税收入、免税收入和各项扣除后小于零的数额。亏损额的确认，依照本法《实施条例》第十条规定。

第六条　企业以货币形式和非货币形式从各种来源取得的收入，为收入总额。包括：

（一）销售货物收入；

（二）提供劳务收入；

（三）转让财产收入；

（四）股息、红利等权益性投资收益；

（五）利息收入；

（六）租金收入；
（七）特许权使用费收入；
（八）接受捐赠收入；
（九）其他收入。

【解读】 本条规定了企业收入总额。

企业收入总额是指企业在一个纳税年度内，以货币形式和非货币形式取得的收入总和。由于企业生产经营活动的复杂性以及收入来源的多样性，企业取得的收入不仅表现为货币形式，有时也表现为非货币形式。本条将企业收入形式分为货币形式和非货币形式，有利于对企业收入的确认，防止和避免了税务机关与企业在收入认定上发生歧义，增强了企业所得税征管的可操作性。企业取得收入的货币形式种类本法《实施条例》第十二条第一款做出了解释性规定。企业取得收入的非货币形式种类本法《实施条例》第十二条第二款做出了解释性规定。企业取得非货币形式收入额的确认依照本法《实施条例》第十三条规定。

根据本条规定，企业收入总额由销售货物收入，提供劳务收入，转让财产收入，股息、红利等权益性投资收益，利息收入，租金收入，特许权使用费收入，接受捐赠收入和其他收入等九种收入构成。企业销售货物收入依照本法《实施条例》第十四条规定确认；企业提供劳务收入依照本法《实施条例》第十五条规定确认；企业转让财产收入依照本法《实施条例》第十六条规定确认；企业股息、红利等权益性投资收益依照本法《实施条例》第十七条规定确认；企业利息收入依照本法《实施条例》第十八条规定确认；企业租金收入依据本法《实施条例》第十九条规定确认；企业特许权使用费收入依照本法《实施条例》第二十条规定确认；企业接受捐赠收入依照本法《实施条例》第二十一条规定确认；其他收入依照本法《实施条例》第二十二条规定确认。

第七条　收入总额中的下列收入为不征税收入：
（一）财政拨款；
（二）依法收取并纳入财政管理的行政事业性收费、政府性基金；
（三）国务院规定的其他不征税收入。

【解读】 本条规定了企业不征所得税收入。

本条对企业不征税收入给予了原则性规定。根据本条规定，企业在纳税年度内取得的财政拨款、行政事业性收费和政府性基金以及国务院规定的其他不征税收入属于企业不征所得税收入。企业纳税年度取得的不征税收入，在计算应纳税所得额时，应从企业收入总额中扣减。本法《实施条例》第二十六条对本条规定的不征税收入做出了解释性规定。财政部、国家税务总局财税［2008］151 号对本条所称的财政性资金、行政事业性收费、政府性基金等不征税收入范围做出了具体的规定。财政部、国家税务总局财税［2008］136 号对全国社会保障基金有关企业所得税问题做出了规定。

第八条　企业实际发生的与取得收入有关的、合理的支出，包括成本、费用、税金、损失和其他支出，准予在计算应纳税所得额时扣除。

【解读】 本条是关于企业所得税税前扣除项目的规定。

根据本条规定，准予企业税前扣除的项目包括成本、费用、税金、损失和其他支出等。企业在计算应纳税所得额时，准予扣除的各项支出必须同时满足以下条件：①准予企业扣除的支出，必须是企业当期实际发生的支出。非企业发生的或者企业预期发生的支出不得扣除，税收法律、行政法规另有规定的除外。②准予企业扣除的支出，必须是企业发生的与取得应税收入有关的支出。企业发生的与取得应税收入无关的支出不得扣除。本法《实施条例》第二十七条对与取得应税收入有关支出做出了解释性规定。③准予企业扣除的支出，必须是合理的支出。企业发生的支出虽然与取得应税收入有关，但其不合理的部分不得扣除。本法《实施条例》第二十七条对合理的支出做出了解释性规定。

本条所称成本是指本法《实施条例》第二十九条规定的成本；本条所称费用是指本法《实施条例》第三十条规定的费用；本条所称税金是指本法《实施条例》第三十一条规定的税金；本条所称损失是指本法《实施条例》第三十二条规定的损失；本条所称其他支出是指本法《实施条例》第三十三条规定的支出。

第九条　企业发生的公益性捐赠支出，在年度利润总额12%以内的部分，准予在计算应纳税所得额时扣除。

【解读】本条是关于公益性捐赠支出税前扣除的规定。

为了鼓励企业对社会公益事业的关心和支持，促进社会公益事业的发展，本条对企业当年发生的公益性捐赠支出在计算应纳税所得额时是否准予扣除予以规定。根据本条规定，企业发生的公益性捐赠支出，在纳税年度利润总额12%以内的部分，准予在计算应纳税所得额时扣除。准予企业税前扣除的公益性捐赠支出应当同时满足以下条件：①公益性捐赠支出必须是企业纳税年度实际发生的。②公益性捐赠支出必须符合规定的公益捐赠范围。本法《实施条例》第五十一条对本条所称的公益性捐赠做出了解释性规定。③准予企业扣除的捐赠支出必须在规定的限额以内，超过规定限额的部分不得扣除。这一条规定体现了企业与国家共同负担的原则。准予企业纳税年度扣除的公益性捐赠支出扣除限额计算公式如下：

$$扣除限额 = 企业纳税年度利润总额 \times 12\%$$

公式中的企业纳税年度会计利润总额，是指企业按照会计制度规定核算的当年度利润总额，不是按照税法规定确认的当年应税所得额。根据本条规定，当公式中的“企业纳税年度利润总额”$\leqslant 0$时，企业当年公益性捐赠支出限额为零，企业纳税年度发生的公益性捐赠支出无论数额多少均不得扣除。当公式中的“企业纳税年度利润总额”>0时，准予企业纳税年度税前扣除的公益性捐赠支出金额为：①企业当年公益性捐赠实际支出数额$\geqslant$规定限额的，准予税前扣除额为规定限额的金额；②企业当年公益性捐赠支出数额$<$规定限额的，准予税前扣除额为实际支出额。

第十条　在计算应纳税所得额时，下列支出不得扣除：

（一）向投资者支付的股息、红利等权益性投资收益款项；

（二）企业所得税税款；

（三）税收滞纳金；

（四）罚金、罚款和被没收财物的损失；

（五）本法第九条规定以外的捐赠支出；
（六）赞助支出；
（七）未经核定的准备金支出；
（八）与取得收入无关的其他支出。

【解读】 本条规定了企业不得在税前扣除的支出项目。

本条采用反列举的方法，规定了企业八项支出不准在税前扣除。本条第（三）项所称的税收滞纳金是指依照《中华人民共和国税收征收管理法》的规定，税务机关对企业课征的滞纳金；本条第（四）项所称罚金是指司法机关对纳税人处以的各种罚金；本条第（四）项所称罚款是指国家行政机关对企业处以的各种行政性罚款；本条第（四）项所称被没收财物的损失是指司法机关、行政机关没收企业的非法所得和财产的损失；本条第（六）项所称赞助支出依照本法《实施条例》第五十四条规定；所称未经核定的准备金支出依照本法《实施条例》第五十五条规定确认。

第十一条　在计算应纳税所得额时，企业按照规定计算的固定资产折旧，准予扣除。

下列固定资产不得计算折旧扣除：
（一）房屋、建筑物以外未投入使用的固定资产；
（二）以经营租赁方式租入的固定资产；
（三）以融资租赁方式租出的固定资产；
（四）已足额提取折旧仍继续使用的固定资产；
（五）与经营活动无关的固定资产；
（六）单独估价作为固定资产入账的土地；
（七）其他不得计算折旧扣除的固定资产。

【解读】 本条是关于固定资产折旧税前扣除的规定。

根据本条第一款的规定，准予企业税前扣除的固定资产折旧必须同时符合以下条件：①企业计算折旧的固定资产属于本法及本法《实施条例》规定的准予计算折旧的固定资产范围。本条所称固定资产依照本法《实施条例》第五十七条规定确认。②计算折旧的固定资产计税基础符合本法及本法《实施条例》的规定。本法《实施条例》第五十八条对企业固定资产计税基础做出了规定。③计算折旧的固定资产的折旧年限符合本法及本法《实施条例》的规定。本法《实施条例》第五十八条对企业固定资产折旧年限做出了规定。④计算固定资产折旧的方法符合本法及本法《实施条例》的规定。企业固定资产折旧方法依照本法《实施条例》第五十八条规定。

本条第二款采用反列举的方法，规定了企业七种固定资产不得计算折旧。

第十二条　在计算应纳税所得额时，企业按照规定计算的无形资产摊销费用，准予扣除。

下列无形资产不得计算摊销费用扣除：
（一）自行开发的支出已在计算应纳税所得额时扣除的无形资产；
（二）自创商誉；
（三）与经营活动无关的无形资产；
（四）其他不得计算摊销费用扣除的无形资产。

【解读】本条是关于无形资产费用摊销税前扣除的规定。

根据本条第一款规定，准予企业税前扣除的无形资产摊销费用，必须同时符合以下条件：①无形资产属于本法及本法《实施条例》规定的摊销费用范围。本条所称无形资产依照本法《实施条例》第六十五条规定确认。②无形资产计税基础符合本法及本法《实施条例》的规定。本法《实施条例》第六十六条对无形资产的计税基础做出了具体规定。③无形资产摊销年限符合本法及本法《实施条例》的规定。本法《实施条例》第六十七条对无形资产费用的摊销年限做出了具体规定。④无形资产费用摊销方法符合本法及本法《实施条例》的规定。本法《实施条例》第六十七条对无形资产费用的摊销方法做出了具体规定。

本条第二款采取反列举的方法，对不得计算摊销费用的无形资产做出了规定。

第十三条　在计算应纳税所得额时，企业发生的下列支出作为长期待摊费用，按照规定摊销的，准予扣除：

（一）已足额提取折旧的固定资产的改建支出；

（二）租入固定资产的改建支出；

（三）固定资产的大修理支出；

（四）其他应当作为长期待摊费用的支出。

【解读】本条是关于长期待摊费用税前扣除的规定。

长期待摊费用是指企业已经支出、摊销期限在1年及其以上的各项费用。长期待摊费用尽管是一次性支出的，但与支出对应的受益期间较长，按照收入支出的配比原则，应该将该费用支出在企业的受益期间内平均摊销。

根据本条规定，企业发生的下列支出作为长期待摊费用，在计算应纳税所得额时，按照规定摊销的，准予扣除：①已足额提取折旧的固定资产的改建支出。已足额提取折旧的固定资产的改建支出范围及其摊销期限，依照本法《实施条例》第六十八条规定。②租入固定资产的改建支出。租入固定资产的改建支出范围及其摊销期限依照本法《实施条例》第六十八条规定。③固定资产的大修理支出。固定资产的大修理支出范围及其摊销期限依照本法《实施条例》第六十九条规定。④其他应当作为长期待摊费用的支出。其他应当作为长期待摊费用的支出范围及摊销期限依照本法《实施条例》第七十条规定。

第十四条　企业对外投资期间，投资资产的成本在计算应纳税所得额时不得扣除。

【解读】本条是关于对外投资资产成本扣除的规定。

企业对外投资分为债权性投资与权益性投资。债权性投资是指投资企业通过投资获得债权，受资企业承担债务，从而形成投资企业与受资企业之间的债权债务关系；权益性投资是指投资企业通过投资取得受资企业的相应份额的所有权，从而形成投资企业与受资企业之间的所有权关系。企业对外投资资产，是指企业对外进行权益性投资和债权性投资形成的资产。

根据本条规定，企业对外投资资产成本，在对外投资期间，不得在计算应纳税所得额时扣除。企业对外投资资产成本的确认及准予税前扣除的时间，依照本法《实施条例》第七十一条规定。

第十五条　企业使用或者销售存货，按照规定计算的存货成本，准予在计算应纳税所得额时扣除。

【解读】本条是关于存货计税基础及其成本扣除的规定。

企业存货是指企业持有以备出售的产品或者商品，处在生产过程中的在产品，在生产或者提供劳务过程中耗用的材料和物料等。存货分为出售的存货和使用的存货。使用的存货是指企业在生产经营过程中消耗的原材料（包括构成产品主要实体的各种原料及主要材料、辅助材料、外购半成品、修理用备件、包装材料、燃料等）、在产品、半成品以及周转材料等。销售存货是指销售的产成品、商品及其他存货等。

根据本条规定，企业使用或者销售存货，按照税法规定的计税基础和核算方法计算的存货成本，准予在计算应纳税所得额时扣除。企业使用或者销售存货的计税基础，依照本法《实施条例》第七十二条规定确认。企业使用或者销售存货成本的计算方法，依照本法《实施条例》第七十三条规定。

第十六条　企业转让资产，该项资产的净值，准予在计算应纳税所得额时扣除。

【解读】本条是关于转让资产成本扣除的规定。

企业转让的资产是指企业自己使用的资产或者权益性投资资产。根据本条规定，转让资产的企业，其转让的资产成本在其转让资产的纳税年度，准予税前扣除。准予税前扣除的转让资产成本为转让资产的净值。转让资产净值的确认，依照本法《实施条例》第七十四条规定。

第十七条　企业在汇总计算缴纳企业所得税时，其境外营业机构的亏损不得抵减境内营业机构的盈利。

【解读】本条是关于企业的境外营业机构的亏损不得抵减境内营业机构的盈利的规定。

本法规定了企业所得税实行法人所得税制度，居民企业设立的不具有独立法人资格的分支机构由总机构统一计算盈亏，实行汇总纳税。本法第三条规定，居民企业来源于中国境外的所得应当依照本法的规定缴纳企业所得税。本法第二十三条规定了居民企业来源于中国境外的应税所得，已在境外缴纳的所得税税额，实行抵免办法。从合理的方面讲，居民企业境外营业机构的亏损应当准予抵减境内营业机构的盈利，但由于对居民企业境外营业机构的税收管理难度较大，如果准予境外营业机构的亏损抵减境内营业机构的盈利，容易引发企业通过各种非正常手段虚构境外营业机构亏损的动机，对国内税基造成侵蚀。为了更好地保证国内税基，维护国家的税收利益，本条特别规定了居民企业在汇总计算缴纳企业所得税时，其境外营业机构的亏损不得抵减境内营业机构的盈利。

第十八条　企业纳税年度发生的亏损，准予向以后年度结转，用以后年度的所得弥补，但结转年限最长不得超过五年。

【解读】本条是关于准予企业弥补亏损的规定。

本条规定，企业纳税年度发生的亏损，准予向以后年度结转，用以后年度的所得弥补，但结转年限最长不得超过五年。本条所称的企业纳税年度发生的亏损不是企业按照会计制度规定核算所体现的纳税年度亏损，而是根据税法规定确认的纳税年度亏损。企业纳税年度亏损的确认依照本法《实施条例》第十条规定。

企业用以后年度的应纳税所得弥补以前年度亏损，应注意以下几个方面的问题：①企业用以后年度的所得弥补亏损时，应按发生亏损年度的先后顺序进行。先弥补第一个年度的亏损，待第一个纳税年度的亏损全部弥补后，再弥补下一个纳税年度的亏损，依次进行。②准予企业弥补亏损期限或者年度应当连续计算。准予弥补亏损的起始年度为企业发生亏损年度的次年。准予企业弥补亏损的期限最长不得超过五年。弥补亏损期限届满，未弥补的亏损，不得再向以后年度结转弥补。

第十九条 非居民企业取得本法第三条第三款规定的所得，按照下列方法计算其应纳税所得额：

（一）股息、红利等权益性投资收益和利息、租金、特许权使用费所得，以收入全额为应纳税所得额；

（二）转让财产所得，以收入全额减除财产净值后的余额为应纳税所得额；

（三）其他所得，参照前两项规定的方法计算应纳税所得额。

【解读】本条规定了非居民企业取得本法第三条第三项规定所得，其应纳税所得额的计算方法。

（一）根据本条规定，在中国境内未设立机构、场所，或者虽设立机构、场所但取得的所得与其所设机构、场所没有实际联系的非居民企业，其取得来源于中国境内的股息、红利等权益性投资收益和利息、租金、特许权使用费所得，以收入全额为应纳税所得额，其收入总额不得扣除任何费用。这里所称的收入全额依照本法《实施条例》第一百零三条规定确认。

（二）根据本条规定，在中国境内未设立机构、场所，或者虽设立机构、场所但取得的所得与其所设机构、场所没有实际联系的非居民企业，其取得来源于中国境内的转让财产所得，以收入全额减除财产净值后的余额为应纳税所得额。应纳税所得额计算公式如下：

应纳税所得额 = 转让收入全额 - 转让财产净值

公式中转让财产收入全额依照本法《实施条例》第一百零三条规定确认。公式中转让财产净值依照本法《实施条例》第七十四条规定确认。

（三）根据本条规定，在中国境内未设立机构、场所，或者虽设立机构、场所但取得的所得与其所设机构、场所没有实际联系的非居民企业，其取得来源于中国境内的其他所得，参照前两项规定的方法计算应纳税所得额。

第二十条 本法规定的收入、扣除的具体范围、标准和资产的税务处理的具体办法，由国务院财政、税务主管部门规定。

【解读】本条是一个授权立法条款。

根据本条规定，国务院财政、税务主管部门有权对本法规定的企业收入（征税收入、不征税收入）、税前扣除的具体范围、标准和资产的税务处理做出规定。国务院财政、税务主管部门依据本法做出的规定与本法具有同等法律效力。

第二十一条 在计算应纳税所得额时，企业财务、会计处理办法与税收法律、行政法规的规定不一致的，应当依照税收法律、行政法规的规定计算。

【解读】本条是关于税收与会计差异如何处理的规定。

由于我国现行税收法律、行政法规与企业财务、会计处理办法对计算应纳税所得额的规定不一致，为了减少税务机关与纳税人在计算应纳税所得额时的歧义，解决税收与会计存在的差异，统一企业所得税税基，本条规定了解决税收与会计差异处理原则。在计算企业应纳税所得额时，企业财务、会计处理办法与税收法律、行政法规的规定不一致的，应当依照税收法律、行政法规的规定计算。对企业出现的税收与会计差异问题，在企业会计处理的基础上，通过一般纳税调整的方式处理，在纳税年度汇算清缴时，企业对应纳税所得额进行调增或者调减。

第三章　应纳税额

第二十二条　企业的应纳税所得额乘以适用税率，减除依照本法关于税收优惠的规定减免和抵免的税额后的余额，为应纳税额。

【解读】本条是关于应纳所得税额的规定。

应纳税额分为法理上的应纳税额和实际应纳税额。法理应纳税额为依照税法规定计算的应纳税所得额与规定的适用税率之积。实际应纳税额为法理应纳税额减除税法规定的减税、免税税额和抵免税额后的余额。它体现了法理税负与实际税负的差异。某些行业、企业的实际税负往往小于法理税负。

根据本条规定，企业应纳所得税额是企业的应纳税所得额乘以适用税率，减除依照本法关于税收优惠的规定减免和抵免的税额后的余额。按此计算的应纳税额为实际应纳税额，它体现的是企业实际税收负担。应纳税额的计算方法依照本法《实施细则》第七十六条规定。

第二十三条　企业取得的下列所得已在境外缴纳的所得税税额，可以从其当期应纳税额中抵免，抵免限额为该项所得依照本法规定计算的应纳税额；超过抵免限额的部分，可以在以后五个年度内，用每年度抵免限额抵免当年应抵税额后的余额进行抵补：

（一）居民企业来源于中国境外的应税所得；

（二）非居民企业在中国境内设立机构、场所，取得发生在中国境外但与该机构、场所有实际联系的应税所得。

【解读】本条是关于企业来源于境外所得已在境外缴纳的所得税税额抵免的规定。

企业来源于境外所得已在境外缴纳的所得税税额的抵免分为两种：①企业来源于境外所得被直接课税的，抵免该所得已在境外缴纳的所得税额属于直接课税的抵免；②企业来源于境外所得被间接课税的，抵免该所得已在境外缴纳的所得税额属于间接课税抵免。本条规定的抵免属于直接课税的抵免。

（一）抵免适用范围。根据本条规定，居民企业来源于中国境外的应税所得，已在境外缴纳的所得税税额，准予抵免；非居民企业在中国境内设立机构、场所，取得发生在中国境外但与该机构、场所有实际联系的应税所得，已在境外缴纳的所得税税额，准予抵免。本条所称的应税所得是指企业来源于中国境外，依照本法规定应当计算缴纳企业所得税的所得。依照本法规定不属于计算缴纳企业所得税的来源于中国境外所得，已在境外缴纳的所得税税额，不准予抵免。

（二）已在境外缴纳的所得税税额。根据本条规定，企业来源于境外应税所得，已在境外缴纳的所得税税额是指企业来源于中国境外的所得依照所得来源国（地区）的税收法律以及相关规定应当缴纳并已经实际缴纳的企业所得税性质的税款。企业抵免税款时，应当出具已缴税款证明文件。

（三）抵免限额。根据本条规定，准予企业当年抵免已在境外缴纳的所得税税额，不能超过本条规定的抵免限额。抵免限额的界定和计算，依照本法《实施细则》第七十八条规定。

（四）抵免税额。根据本条规定，企业当年来源于境外的应税所得已在境外缴纳所得税额大于或者等于规定的抵免限额时，当年准予抵免的税额为抵免限额。企业已在境外缴纳所得税额小于规定的抵免限额时，当年准予抵免的税额为已在境外缴纳的所得税额。

（五）超过抵免限额部分的处理。企业当年来源于境外的应税所得已在境外缴纳的所得税额，超过当年抵免限额的部分，可以在以后五个年度内，用每年度抵免限额抵免当年应抵税额后的余额进行抵补；所称五个年度，是指从企业取得的来源于中国境外的所得，已经在中国境外缴纳的企业所得税性质的税额超过抵免限额的当年的次年起连续五个纳税年度。

第二十四条　居民企业从其直接或者间接控制的外国企业分得的来源于中国境外的股息、红利等权益性投资收益，外国企业在境外实际缴纳的所得税税额中属于该项所得负担的部分，可以作为该居民企业的可抵免境外所得税税额，在本法第二十三条规定的抵免限额内抵免。

【解读】本条是关于间接课税抵免的规定。

根据本条规定，准予抵免的已在境外实际缴纳的所得税税额，应同时符合以下条件：①符合抵免适用范围。准予间接课税抵免已在境外实际缴纳的所得税税额只适用于居民企业。非居民企业不适用本条规定，不享受本条规定的抵免税额优惠。②所得来源范围。所得仅限于居民企业来源于其直接或者间接控制的外国企业分得的来源于中国境外的股息、红利等权益性投资收益。企业从非直接或者间接控制的其他外国企业分得的来源于中国境外的股息、红利等权益性投资收益或者从直接或者间接控制的企业取得的其他所得不得抵免。直接控制和间接控制的认定依照《实施条例》第八十条规定。③准予抵免的税额。居民企业从其直接或者间接控制的外国企业分得的来源于中国境外的股息、红利等权益性投资收益，外国企业在境外实际缴纳的所得税税额中属于该项所得负担的部分，可以作为该居民企业的可抵免境外已缴纳的所得税税额。④抵免的方法依照本法第二十三条规定。

第四章　税收优惠

第二十五条　国家对重点扶持和鼓励发展的产业和项目，给予企业所得税优惠。

【解读】本条是关于企业所得税优惠的原则性规定。

本条规定确定了所得税优惠对象。根据本条规定，国家给予企业所得税税收优惠的对象为国家重点扶持和鼓励发展的产业和项目。本条规定的做出，结束了以往按地区、企业类型给予企业所得税优惠的方式。

第二十六条　企业的下列收入为免税收入：

（一）国债利息收入；

（二）符合条件的居民企业之间的股息、红利等权益性投资收益；

（三）在中国境内设立机构、场所的非居民企业从居民企业取得与该机构、场所有实际联系的股息、红利等权益性投资收益；

（四）符合条件的非营利组织的收入。

【解读】 本条是关于企业收入免税优惠的规定。

本条对给予免税优惠的企业收入做出了原则性规定。根据本条规定，企业取得的下列收入给予免税：①国债利息收入。给予免税优惠的国债利息收入的认定，依照本法《实施条例》第八十二条规定。②符合条件的居民企业之间的股息、红利等权益性投资收益。给予免税优惠的居民企业之间的股息、红利等权益性投资收益条件，依照本法《实施条例》第八十三条规定。③在中国境内设立机构、场所的非居民企业从居民企业取得与该机构、场所有实际联系的股息、红利等权益性投资收益。在中国境内设立机构、场所的非居民企业，从居民企业取得与该机构、场所有实际联系的股息、红利等权益性投资收益给予税收优惠的范围，依照本法《实施条例》第八十三条规定。④符合条件的非营利组织的收入。所称符合条件的非营利组织的认定，依照本法《实施条例》第八十四条规定；符合条件的非营利组织的收入范围，依照本法《实施条例》第八十五条规定。

第二十七条　企业的下列所得，可以免征、减征企业所得税：

（一）从事农、林、牧、渔业项目的所得；

（二）从事国家重点扶持的公共基础设施项目投资经营的所得；

（三）从事符合条件的环境保护、节能节水项目的所得；

（四）符合条件的技术转让所得；

（五）本法第三条第三款规定的所得。

【解读】 本条是关于企业所得免税、减税优惠的规定。

本条对企业所得给予免征、减征所得税优惠做出原则性的规定。免征、减征企业所得税是税收优惠的两种主要形式。根据本法规定，企业的下列所得，可以免征、减征企业所得税：

（一）从事农、林、牧、渔业项目的所得给予免征、减征企业所得税。从事农、林、牧、渔业项目的所得给予免征企业所得税优惠范围，依照本法《实施条例》第八十六条第（一）项规定；从事农、林、牧、渔业项目的所得给予减征企业所得税优惠范围和方式，依照本法《实施条例》第八十六条第（二）项规定。

（二）从事国家重点扶持的公共基础设施项目投资经营的所得给予免征、减征企业所得税。国家重点扶持的公共基础设施项目范围及减征、免征所得税的方式，依照本法《实施条例》第八十七条规定。

（三）从事符合条件的环境保护、节能节水项目的所得给予免征、减征企业所得税。符合条件的环境保护、节能节水项目范围及减征、免征所得税的方式，依照本法《实施条例》第八十八条规定。

（四）符合条件的技术转让所得给予免征、减征企业所得税。符合条件的技术转让所得范围及减征、免征所得税的方式，依照本法《实施条例》第九十条规定。

（五）本法第三条第三款规定的所得即在中国境内未设立机构、场所，或者虽设立机构、场所但取得的所得与其所设机构、场所没有实际联系的非居民企业，其来源于中国境内所得给予减征企业所得税。减征企业所得税的方式，依照本法《实施条例》第九十一条规定。

第二十八条 符合条件的小型微利企业，减按20%的税率征收企业所得税。

国家需要重点扶持的高新技术企业，减按15%的税率征收企业所得税。

【解读】本条是关于执行优惠税率的规定。

所谓优惠税率，就是实际适用税率低于法定税率。适用低税率征收企业所得税是税收优惠的一种方式。本条采用降低企业所得税税率方式，给予企业税收优惠。根据本条第一款规定，对符合条件的小型微利企业，在计算缴纳企业所得税时给予优惠税率，所得税税率由基本税率25%降至20%。小型微利企业的条件依照本法《实施条例》第九十二条规定的标准认定。

根据本条第二款规定，对国家需要重点扶持的高新技术企业，在计算缴纳企业所得税时给予优惠税率，所得税税率由基本税率25%降至15%。国家需要重点扶持的高新技术企业条件依照本法《实施条例》第九十三条规定认定。

第二十九条 民族自治地方的自治机关对本民族自治地方的企业应缴纳的企业所得税中属于地方分享的部分，可以决定减征或者免征。自治州、自治县决定减征或者免征的，须报省、自治区、直辖市人民政府批准。

【解读】本条是一个限制性授权条款。

根据本条规定：①授权民族自治地方的自治机关自行决定减征或者免征本民族自治地方企业应缴纳的企业所得税。②民族自治地方的自治机关自行决定减征或者免征本民族自治地方企业应缴纳的企业所得税的范围为地方分享的企业所得税。企业应缴纳的企业所得税属于中央分享的部分，民族自治地方的自治机关无权决定减征或者免征。

第三十条 企业的下列支出，可以在计算应纳税所得额时加计扣除：

（一）开发新技术、新产品、新工艺发生的研究开发费用；

（二）安置残疾人员及国家鼓励安置的其他就业人员所支付的工资。

【解读】本条是关于费用加计扣除的优惠规定。

准予企业在税前加计扣除费用支出是税收优惠的方式之一。通过加计扣除费用降低所得税税基，减少应税所得额，达到减征企业所得税的目的。加计扣除费用支出需要注意的问题是，准予加计扣除的费用，必须是税法准予税前扣除的费用项目。本条规定了准予企业税前加计扣除的支出项目并对加计扣除的标准做出了原则性规定。本条第（一）项规定的开发新技术、新产品、新工艺发生的研究开发费用的加计扣除范围、标准，依照本法《实施条例》第九十五条规定；本条第（二）项规定的企业安置残疾人员及国家鼓励安置的其他就业人员所支付的工资的加计扣除标准，依照本法《实施条例》第九十六条规定。

第三十一条 创业投资企业从事国家需要重点扶持和鼓励的创业投资，可以按投资额的一定比例抵扣应纳税所得额。

【解读】 本条是关于创业投资企业创业投资额抵扣应纳税所得额的税收优惠规定。

企业享受本条税收优惠应当同时具备以下两个条件：①主体条件。享受税收优惠的企业必须是创业投资企业。其他企业从事国家需要重点扶持和鼓励项目不能享受本条规定的税收优惠。②投资项目条件。享受税收优惠的项目为国家需要重点扶持和鼓励的创业投资项目。创业投资企业从事其他项目的创业投资不能享受本条优惠。投资额抵扣应纳税所得额的具体条件和标准，依照本法《实施条例》第九十七条规定。

第三十二条　企业的固定资产由于技术进步等原因，确需加速折旧的，可以缩短折旧年限或者采取加速折旧的方法。

【解读】 本条是关于固定资产加速折旧优惠的规定。

本条原则规定了固定资产加速折旧的条件和加速折旧的两种方法。根据本条规定，符合加速折旧条件和方法而计提的固定资产加速折旧费用准予企业所得税前扣除。准予企业加速折旧的固定资产范围、年限以及方法依照本法《实施条例》第九十八条规定。

第三十三条　企业综合利用资源，生产符合国家产业政策规定的产品所取得的收入，可以在计算应纳税所得额时减计收入。

【解读】 本条是关于综合利用资源的税收优惠的规定。

本条对企业综合利用资源给予税收优惠的条件做出了原则性规定。根据本条规定，企业享受本条税收优惠的项目必须同时满足两个条件：①企业生产的产品所需的原材料必须是资源综合利用物资；②企业生产的产品必须符合国家产业政策规定。企业享受本条税收优惠的具体标准、产品范围和减计收入比例，依照本法《实施条例》第九十九条规定。

第三十四条　企业购置用于环境保护、节能节水、安全生产等专用设备的投资额，可以按一定比例实行税额抵免。

【解读】 本条是关于企业购置用于环境保护、节能节水、安全生产等专用设备的投资抵免税额的规定。

本条对企业购置用于环境保护、节能节水、安全生产等专用设备的投资额抵免税额做出原则性规定。企业享受本条税收优惠的具体条件，依照本法《实施条例》第一百条规定。

第三十五条　本法规定的税收优惠的具体办法，由国务院规定。

【解读】 本条是一个授权立法条款。

本条授权国务院制定本法规定的税收优惠的具体办法。国务院根据本法制定的税收优惠具体办法与本法具有同等的法律效力。

第三十六条　根据国民经济和社会发展的需要，或者由于突发事件等原因对企业经营活动产生重大影响的，国务院可以制定企业所得税专项优惠政策，报全国人民代表大会常务委员会备案。

【解读】 本条是一个授权立法条款。授权国务院可以根据国民经济和社会发展的需要，或者由于突发事件等原因对企业经营活动产生重大影响时，制定企业所得税专项优惠政策。

第五章　源泉扣缴

第三十七条　对非居民企业取得本法第三条第三款规定的所得应缴纳的所得税，实行源泉扣缴，以支付人为扣缴义务人。税款由扣缴义务人在每次支付或者到期应支付时，从支付或者到期应支付的款项中扣缴。

【解读】 本条是关于源泉扣缴非居民企业所得税的规定。

本条对源泉扣缴非居民企业所得税做出了以下规定：

（一）源泉扣缴所得税范围。根据本条规定，在中国境内未设立机构、场所的非居民企业，或者虽设立机构、场所但取得的所得与其所设机构、场所没有实际联系的非居民企业，其来源于中国境内的所得应纳的所得税，实行源泉扣缴。

（二）扣缴所得税义务人。根据本条规定，非居民企业所得税扣缴义务人为支付非居民企业所得的支付人。支付人的认定依照本法《实施条例》第一百零四条规定。

（三）企业所得税扣缴义务发生时间。扣缴义务人在每次支付或者到期应支付非居民企业所得时，扣缴非居民企业所得税。本条所称支付依照本法《实施条例》第一百零五条第一款规定确认；本条所称到期应支付的款项依照本法《实施条例》第一百零五条第二款规定确认。非居民企业所得税源泉扣缴的征收管理依照国家税务总局国税发［2008］120号和国家税务总局《非居民企业所得税源泉扣缴管理暂行办法》的规定。

第三十八条　对非居民企业在中国境内取得工程作业和劳务所得应缴纳的所得税，税务机关可以指定工程价款或者劳务费的支付人为扣缴义务人。

【解读】 本条是关于指定企业所得税扣缴义务人的规定。

本条是一个行政执法授权条款。针对非居民企业在中国境内取得工程作业和劳务经营活动的特点，为防止税款流失，加强源泉控管，本条对非居民企业在中国境内取得工程作业和劳务经营活动所得扣缴税款做出特别规定，授权税务机关对非居民企业在中国境内取得工程作业和劳务所得应缴纳的所得税，可以指定工程价款或者劳务费的支付人为扣缴义务人，扣缴非居民企业应纳所得税。本条是一个原则性的规定，具体操作规范，依照本法《实施条例》第一百零六条及国家税务总局国税发［2008］120号的规定。

第三十九条　依照本法第三十七条、第三十八条规定应当扣缴的所得税，扣缴义务人未依法扣缴或者无法履行扣缴义务的，由纳税人在所得发生地缴纳。纳税人未依法缴纳的，税务机关可以从该纳税人在中国境内其他收入项目的支付人应付的款项中，追缴该纳税人的应纳税款。

【解读】 本条是关于追征未扣非居民企业所得税的规定。

为了维护国家税收利益，防止非居民企业逃避缴纳税款，本条对未扣非居民企业所得税缴纳和追征做出规定。根据本条规定，依照本法第三十七条、第三十八条规定应当扣缴的非居民企业所得税，扣缴义务人未依法扣缴或者无法履行扣缴义务的，不免除非居民企业纳税义务，由非居民企业纳税人在所得发生地自行缴纳。纳税人未依法缴纳的，税务机关可以从该纳税人在中国境内其他收入项目的支付人应付的款项中，追缴该纳税人的应纳税款。本条所称所得发生地依照本法《实施条例》第一百零七条规定确认。本条所称该纳税人在中国境内其他收入依照本法《实施条例》第一百零八条规定确认。本条对负责未扣缴的非居民企业所得税追征的税务机关只做了原则性的规定，负责追征税款的税务机关，依照国家税务总局国税发［2008］120号《关于调整新增企业所得税征管范围问题的通知》的规定。

第四十条　扣缴义务人每次代扣的税款，应当自代扣之日起七日内缴入国库，并向所在地的税务机关报送扣缴企业所得税报告表。

【解读】本条是关于扣缴税款申报、解缴的规定。

为了保证扣缴义务人代扣的税款及时入款，本条对代扣税款的申报、入库做出规定。根据本条规定，扣缴义务人在履行代扣非居民企业所得税义务后，应及时履行代扣税款的申报与解缴入库义务。扣缴义务人应当自代扣税款之日起七日内将代扣的税款缴入国库，并向所在地的主管税务机关报送扣缴企业所得税报告表。扣缴义务人不依照本条规定申报和解缴代扣税款的，应当依照《中华人民共和国税收征收管理法》及其实施细则的有关规定处理。

第六章　特别纳税调整

第四十一条　企业与其关联方之间的业务往来，不符合独立交易原则而减少企业或者其关联方应纳税收入或者所得额的，税务机关有权按照合理方法调整。

企业与其关联方共同开发、受让无形资产，或者共同提供、接受劳务发生的成本，在计算应纳税所得额时应当按照独立交易原则进行分摊。

【解读】本条是关于关联企业间业务往来交易原则及纳税调整的规定。

为了防止企业通过关联交易方式逃避纳税，本条对企业与其关联方之间的业务往来交易原则及违反规定交易原则实施特别纳税调整，做出了原则性规定。

(一) 关联交易原则。根据本条规定，企业与关联方之间发生下列经济业务活动时，应当遵循独立交易原则：①企业与其关联方之间发生的业务往来必须按照独立交易原则进行定价，不得采取降低或者提高业务往来定价，转移收入，增加成本、费用，减少应纳税所得额；②企业与其关联方共同开发、受让无形资产，或者共同提供、接受劳务发生的成本，在计算应纳税所得额时应当按照独立交易原则进行分摊。本条所称关联方依照本法《实施条例》第一百零九条规定确认。本条所称独立交易原则依照本法《实施条例》第一百一十条规定。

(二) 特别纳税调整。本条授权税务机关行使特别纳税调整权。根据本条规定，企业与其关联方之间的业务往来，不符合独立交易原则而减少企业或者其关联方应纳税收入或者所得额的，税务机关有权按照合理方法调整。本条所称合理方法依照本法《实施条例》第一百一十一条规定。

第四十二条　企业可以向税务机关提出与其关联方之间业务往来的定价原则和计算方法，税务机关与企业协商、确认后，达成预约定价安排。

【解读】本条规定了企业与其关联方之间业务往来可以实行预约定价安排制度。

预约定价安排是指企业就其未来年度关联交易的定价原则和计算方法，向税务机关提出申请，与税务机关按照独立交易原则协商、确认后达成的协议。根据本条规定，企业可以事前向税务机关提出与其关联方之间业务往来的定价原则和计算方法，经税务机关与企业协商、确认后，达成预约定价安排。企业与税务机关达成预约定价安排的，企业与其关联方之间发生业务往来时，应按预约定价安排进行。预约定价安排的内容、程序依照国家税务总局《特别纳税调整实施办法（试行）》规定。

第四十三条　企业向税务机关报送年度企业所得税纳税申报表时，应当就其与关联方之间的业务往来，附送年度关联业务往来报告表。

税务机关在进行关联业务调查时，企业及其关联方，以及与关联业务调查有关的其他企业，应当按照规定提供相关资料。

【解读】本条规定了企业报送和提供关联业务资料的义务。

为了及时实施对关联交易的监督与管理，本条规定了企业向税务机关报送、提供年度关联业务往来报告和资料的义务。根据本条第一款规定，在纳税年度内发生关联交易的企业，在向税务机关报送纳税年度企业所得税纳税申报表的同时，应当就其与关联方之间的业务往来，附送年度关联业务往来报告表。报送的相关资料及内容依照本法《实施条例》第一百一十四条规定的内容。

根据本条第二款规定，税务机关对企业关联业务调查时，企业及其关联方，以及与关联业务调查有关的其他企业，应当按照规定提供相关资料。与关联业务调查有关的其他企业是指本法《实施条例》第一百一十四条规定的企业。

第四十四条　企业不提供与其关联方之间业务往来资料，或者提供虚假、不完整资料，未能真实反映其关联业务往来情况的，税务机关有权依法核定其应纳税所得额。

【解读】本条是一个税务行政行为授权条款。

根据本条规定，税务机关在进行关联业务调查时，企业存在以下情形，税务机关有权依法核定其应纳税所得额：①企业不提供与其关联方之间业务往来资料。②企业提供虚假、不完整资料。③企业未能真实反映其关联业务往来情况。税务机关核定企业应纳税所得额的方法依照国家税务总局《特别纳税调整实施办法（试行）》规定。

第四十五条　由居民企业，或者由居民企业和中国居民控制的设立在实际税负明显低于本法第四条第一款规定税率水平的国家（地区）的企业，并非由于合理的经营需要而对利润不作分配或者减少分配的，上述利润中应归属于该居民企业的部分，应当计入该居民企业的当期收入。

【解读】本条对受控外国企业未分配利润或者减少分配利润的归属确认问题予以规定。

为了防止企业利用国家（地区）间税率差别逃避纳税，本条规定，中国居民企业，或者由中国居民企业和中国居民控制的设立在实际税负明显低于本法第四条第一款规定税率水平（25%）的国家（地区）的企业，并非由于合理的经营需要而对利润不作分配或者减少分配的，上述利润中应归属于该居民企业的部分，应当计入该居民企业的当期收入。

本条适用的条件是：①适用主体条件。对利润不作分配或者减少分配的企业是指由中国居民企业或者中国居民企业和中国公民控制的外国企业。不受中国居民企业或者中国居民企业和中国公民控制的外国企业，不适用本条规定。中国居民是指依照本法《实施条例》第一百一十六条规定的居民。所谓受控企业是指符合本法《实施条例》第一百一十七条、国家税务总局《特别纳税调整实施办法（试行）》及国家税务总局国税函［2009］37号规定的企业。②税负水平条件。受控外国企业必须是设立在实际税负明显低于12.5%税率水平的国家（地区）。受控外国企业设立在实际税负不低于12.5%税率水平的国家（地区），不适用本条规定。③不分配或者减少分配利润的目的条件。受控外国企业不作分配或者减少分配利润的目的为并非由于合理的经营需要即以逃避纳税为目的。④归属居民企业利润数额。计入中国居民企业当期收入的利润为受控外国企业不作分配或者少作分配利润中，应归属于该居民企业的部分，而不是不作分配或者少作分配利润的全部。

第四十六条　企业从其关联方接受的债权性投资与权益性投资的比例超过规定标准而发生的利息支出，不得在计算应纳税所得额时扣除。

【解读】本条是关于防止资本弱化的规定。

从关联方接受的债权性投资是指企业直接或者间接从关联方获得的，需要偿还本金和支付利息或者需要以其他具有支付利息性质的方式予以补偿的融资。从关联方接受的权益性投资是指企业接受的不需要偿还本金和支付利息，投资人对企业净资产拥有所有权的投资。故意提高关联方债权性投资与权益性投资比例，进行资本弱化，增加债权性投资利息费用支出，是企业逃避纳税的一种手段。本条对企业从其关联方接受的债权性投资与权益性投资比例做出原则性规定。企业从其关联方接受的债权性投资与权益性投资的比例超过规定标准部分的债权性投资所支付的利息，不得在计算应纳税所得额时扣除。

企业间接从关联方获得的债权性投资范围的认定，依照本法《实施条例》第一百一十九条规定。企业从其关联方接受的债权性投资与权益性投资的比例标准依照财政部、国家税务总局财税［2008］121号规定确认。

第四十七条　企业实施其他不具有合理商业目的的安排而减少其应纳税收入或者所得额的，税务机关有权按照合理方法调整。

【解读】本条是一个具体行政行为授权条款。

根据本条规定，税务机关在税收征管中发现企业实施其他不具有合理商业目的的安排而减少其应纳税收入或者所得额时，有权依照合理的方法，对企业的应税收入或者所得额进行调整。为了防止特别纳税调整权被滥用，本条在授权税务机关行使特别纳税调整权利的同时，也规定了特别纳税调整的限制条件即实施特别纳税调整的前置条件。根据本条规定，税务机关实施特别纳税调整的前置条件为企业实施其他不具有合理商业目的的安排而减少其应纳税收入或者所得额。税务机关对纳税人实施特别纳税调整必须符合前置条件，不符合前置条件的不得予以特别纳税调整。不具有合理商业目的的判定，依照本法《实施条例》第一百二十条和国家税务总局《特别纳税调整实施办法（试行）》的规定。特别纳税调整的方法必须具有合理性。

第四十八条　税务机关依照本章规定做出纳税调整，需要补征税款的，应当补征税款，并按照国务院规定加收利息。

【解读】本条是关于特别纳税调整补税加收利息的规定。

税务机关对企业实施特别纳税调整后存在两种结果：一是经过特别纳税调整后，企业不需补交税款；二是经过纳税调整后需要补缴税款。根据本条规定，企业经特别纳税调整，需要补缴税款的，在补缴税款的同时，对补缴的税款应当按照规定加收利息。按规定加收利息后，不再加收滞纳金。加收利息的方法和标准，依照本法《实施条例》第一百二十二条规定。

第七章　征收管理

第四十九条　企业所得税的征收管理除本法规定外，依照《中华人民共和国税收征收管理法》的规定执行。

【解读】本条是关于企业所得税收征收管理适用税法的规定。

根据本条规定，企业所得税的征收管理应当依照本法的规定，本法未做出规定的，应当依照《中华人民共和税收征管理法》的规定实施征收管理。

第五十条　除税收法律、行政法规另有规定外，居民企业以企业登记注册地为纳税地点；但登记注册地在境外的，以实际管理机构所在地为纳税地点。

居民企业在中国境内设立不具有法人资格的营业机构的，应当汇总计算并缴纳企业所得税。

【解读】本条是关于居民企业申报缴纳企业所得税地点的规定。

申报纳税地点是税收实体法要素之一。税法明确纳税人申报纳税地点的意义在于：①确定负责企业所得税征收管理的税务机关，划分各税务机关税收征管范围，明确税收征管责任。②保证纳税人及时履行纳税义务。

根据本条第一款规定，中国居民企业申报纳税地点为：①依照中国法律、法规在中国境内成立的居民企业即境内注册居民企业，其所得税纳税地点为其登记注册地。企业登记注册地依照本法《实施条例》第一百二十四条规定确认。②依照外国（地区）法律成立但实际管理机构在中国境内的居民企业即非境内注册居民企业，其所得税纳税地点为其实际管理机构所在地。

根据本条第二款规定，居民企业在中国境内设立的非法人分支机构，不是企业所得税纳税人，其所得税由居民企业总机构汇总计算缴纳。居民企业总机构、分支机构汇总纳税的具体事项，依照国家税务总局《跨地区经营汇总纳税企业所得税征收管理暂行办法》的规定。

第五十一条　非居民企业取得本法第三条第二款规定的所得，以机构、场所所在地为纳税地点。非居民企业在中国境内设立两个或者两个以上机构、场所的，经税务机关审核批准，可以选择由其主要机构、场所汇总缴纳企业所得税。

非居民企业取得本法第三条第三款规定的所得，以扣缴义务人所在地为纳税地点。

【解读】本条是关于非居民企业申报纳税地点的规定。

根据本条第一款规定，在中国境内设立机构、场所的非居民企业，其所设机构、场所取得的来源于中国境内的所得，以及发生在中国境外但与其所设机构、场所有实际联系的所得，其申报纳税地点为该机构、场所所在地；非居民企业在中国境内设立两个或者两个以上机构、场所的，经税务机关审核批准，可以选择由其主要机构、场所汇总缴纳企业所得税，其纳税地点为汇总纳税的机构、场所所在地。未经税务机关审核批准的，以非居民企业设立的机构、场所的各自所在地为申报纳税地点。本条所称的主要机构、场所应具备的条件依照本法《实施条例》第一百二十六条规定确认。有权审核批准非居民企业所设机构、场所汇总纳税的税务机关为本法《实施条例》第一百二十七条规定的税务机关。非居民企业在中国境内设立的机构、场所汇总缴纳企业所得税的具体事项，依照国家税务总局《非居民企业所得税汇算清缴管理办法》规定。

根据本条第二款规定，在中国境内未设立机构、场所的，或者虽设立机构、场所但取得的所得与其所设机构、场所没有实际联系的非居民企业，其取得来源于中国境内的所得，以其所得税扣缴义务人所在地为纳税地点。

第五十二条　除国务院另有规定外，企业之间不得合并缴纳企业所得税。

【解读】本条是关于企业合并缴纳所得税的规定。

合并缴纳企业所得税与汇总缴纳企业所得税不同。合并缴纳企业所得税是指中国境内注册的居民企业即母公司与子公司之间合并缴纳企业所得税。合并缴纳企业所得税的各企业均为企业所得税纳税义务人。汇总缴纳企业所得税是指居民企业总机构与其在中国境内设立各非法人分支机构之间，或者经税务机关审核批准，非居民企业在中国境内设立两个或者两个以上机构、场所之间，统一核算，汇总清算纳税年度企业所得税。

根据本条规定，中国居民企业间不得合并缴纳企业所得税。确需合并缴纳企业所得税的，由国务院做出特别规定。

第五十三条　企业所得税按纳税年度计算。纳税年度自公历 1 月 1 日起至 12 月 31 日止。

企业在一个纳税年度中间开业，或者终止经营活动，使该纳税年度的实际经营期不足十二个月的，应当以其实际经营期为一个纳税年度。

企业依法清算时，应当以清算期间作为一个纳税年度。

【解读】本条是关于企业所得税纳税期限的规定。

根据本条规定，企业所得税是以纳税年度为计算应纳企业所得税期限。企业纳税年度汇算的应纳企业所得税额为一个纳税期内实际应缴纳的企业所得税税额。企业所得税纳税年度自公历 1 月 1 日起至 12 月 31 日止。企业在一个纳税年度中间开业，或者终止经营活动，使该纳税年度的实际经营期不足 12 个月的，应当以其实际经营期为一个纳税年度。企业依法清算时，应当以清算期间作为一个纳税年度。

第五十四条　企业所得税分月或者分季预缴。

企业应当自月份或者季度终了之日起十五日内，向税务机关报送预缴企业所得税纳税申报表，预缴税款。

企业应当自年度终了之日起五个月内，向税务机关报送年度企业所得税纳税申报表，并汇算清缴，结清应缴应退税款。

企业在报送企业所得税纳税申报表时，应当按照规定附送财务会计报告和其他有关资料。

【解读】 本条是关于企业所得税纳税申报缴纳期限的规定。

企业所得税申报缴纳期限与企业所得税计算期限是两个不同的时间概念，其各自包含的内容也不同。企业所得税申报缴纳期限是指企业所得税纳税人向税务机关申报缴纳企业所得税的期间。在此期间纳税人应当履行申报缴税义务。而企业所得税纳税期限是指企业核算或者计算应纳企业所得税的期间。在此期间，企业主要是对应纳企业所得税进行核算，期间终了时计算出企业应纳的企业所得税税额。

根据本法第五十三条规定，由于企业所得税按纳税年度计算缴纳，时间跨度较长。为加强企业所得税的日常管理，控制企业欠税发生，保证国家应征企业所得税税收收入在一个纳税年度内均衡入库，满足财政支出需要，本条规定了企业所得税实行分期预缴，年度汇算清缴，多退少补的税款缴纳方式。

根据本条第一款规定，企业所得税实行分月或者分季预缴。企业实行按月份预缴还是按季度预缴，由主管税务机关根据企业应纳税额多少的具体情况确定。企业应当按税务机关确定的期限预缴税款。

根据本条第二款规定，税务机关确定企业按月预缴企业所得税的，应当自月份终了之日起 15 日内，向税务机关报送预缴企业所得税纳税申报表并预缴税款。税务机关确定企业按季度预缴税款的，应自季度终了之日起 15 日内，向税务机关报送预缴企业所得税纳税申报表并预缴税款。境内跨地区经营企业的总机构及其设立的分支机构预缴企业所得税，依照国家税务总局《跨地区经营汇总纳税企业所得税征收管理暂行办法》的规定。

根据本条第三款规定，企业所得税实行年度汇算清缴制度。企业应当自纳税年度终了之日起 5 个月内，对本纳税年度的企业所得税进行汇算，并向主管税务机关报送年度企业所得税纳税申报表，结清本纳税年度应缴、应退税款。企业汇算年度少缴的税款，应在上述期限内补缴。企业汇算的年度多缴的税款，应在上述期间内向主管税务机关提出退还申请，经税务机关审核确认后给予退还，或者抵扣下一纳税年度应纳企业所得税。跨地区经营企业总机构及其设立的分支机构的年度所得税汇算清缴事项，依照国家税务总局《跨地区经营汇总纳税企业所得税征收管理暂行办法》的规定。

本条第四款是一个附加性义务条款。根据本条第四款规定，企业在报送企业所得税纳税申报表时，应当按照规定附报财务会计报告和其他有关资料。

第五十五条　企业在年度中间终止经营活动的，应当自实际经营终止之日起六十日内，向税务机关办理当期企业所得税汇算清缴。

企业应当在办理注销登记前，就其清算所得向税务机关申报并依法缴纳企业所得税。

【解读】 本条是关于企业终止经营活动汇算经营所得税及清算所得缴纳所得税的规定。

企业在年度中间终止经营活动的，使该纳税年度的实际经营期不足 12 个月的，应当以其实际经营期为一个纳税年度。根据本条第一款规定，企业在年度中间终止经营活动的，应当自实际经营终止之日起60日内，对当期经营所得进行汇算并向主管税务机关申报缴纳税款。企业汇算少缴的税款，应在上述期限内补缴。企业汇算多缴的税款，应在上述期限内向主管税务机关提出退还申请，经税务机关审核确认后给予退还。

企业在年度中间终止经营活动的，依法清算时，应当以清算期间作为一个纳税年度。根据本条第二款规定，企业在年度中间终止经营活动，应当进行清算，在办理注销税务登记前，就其清算所得向税务机关申报并依法缴纳清算企业所得税。本条第二款所称清算所得依照本法《实施条例》第十一条以及财政部、国家税务总局财税［2009］60号规定确认。

第五十六条　依照本法缴纳的企业所得税，以人民币计算。所得以人民币以外的货币计算的，应当折合成人民币计算并缴纳税款。

【解读】 本条规定了企业缴纳所得税计量货币。

根据本条规定，企业所得税以人民币为法定计量货币。企业所得以人民币以外的货币计算的，应当折合成人民币后计算缴纳税款。企业所得以人民币以外的货币计算的，其折合成人民币的计算方法依照本法《实施细则》第一百三十条规定。

第八章　附　则

第五十七条　本法公布前已经批准设立的企业，依照当时的税收法律、行政法规规定，享受低税率优惠的，按照国务院规定，可以在本法施行后五年内，逐步过渡到本法规定的税率；享受定期减免税优惠的，按照国务院规定，可以在本法施行后继续享受到期满为止，但因未获利而尚未享受优惠的，优惠期限从本法施行年度起计算。

法律设置的发展对外经济合作和技术交流的特定地区内，以及国务院已规定执行上述地区特殊政策的地区内新设立的国家需要重点扶持的高新技术企业，可以享受过渡性税收优惠，具体办法由国务院规定。

国家已确定的其他鼓励类企业，可以按照国务院规定享受减免税优惠。

【解读】 本条是新税法与原税法过渡性或者衔接性条款。过渡性政策授权国务院规定。财政部、国家税务总局财税［2009］69号对本条规定的过渡性税收优惠做出具体规定。本条第一款所称本法公布前已经批准设立的企业依照本法《实施条例》第一百三十一条规定确认。

第五十八条　中华人民共和国政府同外国政府订立的有关税收的协定与本法有不同规定的，依照协定的规定办理。

【解读】 本条是关于本法与国际税收协定间法律效力的规定。

国际税收协定是指两个或两个以上的国家为了协调相互间在处理跨国纳税人征纳事务方面的税收关系，依照平等原则，通过政府间谈判所签订或者缔结的具有法律效力的书面税收协议。国际税收协定可以分为双边税收协定和多边税收协定。双边税收协定是指只有两个国家参加缔约的国际税收协定。多边税收协定是指有两个以上国家参加缔约的国际税收协定。国际税收协定协调的是国家间的税收关系。按照国际惯例，一个国家在处理有关国际税务关系时，如果税收协定与国内税法发生矛盾和冲突时，一般采取税收协定优先的做法。根据本条规定，我国在处理企业所得税有关国际税务关系时，采取税收协定优先的做法。中华人民共和国同外国缔结的有关税收的条约、协定同本法有不同规定的，适用条约、协定的规定。

第五十九条　国务院根据本法制定实施条例。

【解读】 本条是一个立法授权条款。

本法为企业所得税基本法律，法律条文中规范的内容比较原则化。为了增强税收征收管理的可操作性，减少税务机关与企业之间的歧义，提高征管效率，降低征税、纳税成本，本条授权国务院依据本法制定《实施条例》，对本法做出补充规定或者对本法条文做出解释性规定。本法《实施条例》制定的补充规定或者对本法条文做出的解释与本法具有等同效力。

第六十条　本法自2008年1月1日起施行。1991年4月9日第七届全国人民代表大会第四次会议通过的《中华人民共和国外商投资企业和外国企业所得税法》和1993年12月13日国务院发布的《中华人民共和国企业所得税暂行条例》同时废止。

【解读】 本条规定了本法生效时间和原法失效时间。

根据本条规定，本法自2008年1月1日起生效即具有法律效力。1991年4月9日第七届全国人民代表大会第四次会议通过的《中华人民共和国外商投资企业和外国企业所得税法》和1993年12月13日国务院发布的《中华人民共和国企业所得税暂行条例》自2008年1月1日起废止即失效。因本法未对其是否具有溯及力特别做出规定，所以，本法不具有溯及以往的效力。企业在2008年1月1日及其以后发生的企业所得税事项依照本法规定。企业在2008年1月1日以前发生的企业所得税事项，依照原税收法律、法规规定。

中华人民共和国企业所得税法实施条例条文解读

第一章　总　则

第一条　根据《中华人民共和国企业所得税法》（以下简称企业所得税法）的规定，制定本条例。

【解读】 本条是关于本细则制定依据条款。

《中华人民共和国企业所得税法》第五十九条规定，国务院根据本法制定实施条例。国务院制定本细则的依据是《中华人民共和国企业所得税法》。本条例属于执行企业所得税法的行政法规。

第二条　企业所得税法第一条所称个人独资企业、合伙企业，是指依照中国法律、行政法规成立的个人独资企业、合伙企业。

【解读】 本条是关于个人独资企业、合伙企业的界定条款。

本条对企业所得税法第一条所称个人独资企业、合伙企业做出解释性规定。根据本条规定，个人独资企业、合伙企业是指依照中国法律、行政法规成立的个人独资企业、合伙企业。《中华人民共和国个人独资企业法》第二条规定，个人独资企业是指依照本法在中国境内设立，由一个自然人投资，财产为投资人个人所有，投资人以其个人财产对企业债务承担无限责任的经营实体。

《中华人民共和国合伙企业法》第二条第一款规定，合伙企业是指自然人、法人和其他组织依照本法在中国境内设立的普通合伙企业和有限合伙企业。根据《中华人民共和国合伙企业法》第二条第二款规定，普通合伙企业由普通合伙人组成，合伙人对合伙企业债务承担无限连带责任。本法对普通合伙人承担责任的形式有特别规定的，从其规定。根据《中华人民共和国合伙企业法》第二条第三款规定，有限合伙企业由普通合伙人和有限合伙人组成，普通合伙人对合伙企业债务承担无限连带责任，有限合伙人以其认缴的出资额为限对合伙企业债务承担责任。

第三条　企业所得税法第二条所称依法在中国境内成立的企业，包括依照中国法律、行政法规在中国境内成立的企业、事业单位、社会团体以及其他取得收入的组织。

企业所得税法第二条所称依照外国（地区）法律成立的企业，包括依照外国（地区）法律成立的企业和其他取得收入的组织。

【解读】本条第一款对企业所得税法第二条所称依法在中国境内成立的企业做出解释性规定。根据本条规定，在中国境内成立的企业，包括依照中国法律、行政法规在中国境内成立的企业、事业单位、社会团体以及其他取得收入的组织。本条第二款对企业所得税法第二条所称依照外国（地区）法律成立的企业做出解释性规定。根据本条规定，依照外国（地区）法律成立的企业，包括依照外国（地区）法律成立的企业和其他取得收入的组织。

第四条　企业所得税法第二条所称实际管理机构是指对企业的生产经营、人员、账务、财产等实施实质性全面管理和控制的机构。

【解读】本条对企业所得税法第二条所称实际管理机构做出了解释性规定。根据本条规定，实际管理机构是指对企业的生产经营、人员、账务、财产等实施实质性全面管理和控制的机构。国家税务总局国税发［2009］82号对境外注册中资控股企业依据实际管理机构标准认定为居民企业并按居民企业征税做出规定。

第五条　企业所得税法第二条第三款所称机构、场所，是指在中国境内从事生产经营活动的机构、场所，包括：

（一）管理机构、营业机构、办事机构；

（二）工厂、农场、开采自然资源的场所；

（三）提供劳务的场所；

（四）从事建筑、安装、装配、修理、勘探等工程作业的场所；

（五）其他从事生产经营活动的机构、场所。

非居民企业委托营业代理人在中国境内从事生产经营活动的，包括委托单位或者个人经常代其签订合同，或者储存、交付货物等，该营业代理人视为非居民企业在中国境内设立的机构、场所。

【解读】本条第一款对企业所得税法第二条第三款所称机构、场所做出了解释性规定并列举了机构、场所类型。国家税务总局令第19号《非居民承包工程作业和提供劳务税收管理暂行办法》对非居民企业承包工程作业和提供劳务税收管理做出规定。

根据本条第二款规定，非居民企业委托营业代理人在中国境内从事生产经营活动的，受托营业代理人视为非居民企业在中国境内设立的机构、场所。受托营业代理人在中国境内从事生产经营活动，包括委托单位或者个人经常代其签订合同，或者储存、交付货物等。

第六条　企业所得税法第三条所称所得，包括销售货物所得、提供劳务所得、转让财产所得、股息、红利等权益性投资所得、利息所得、租金所得、特许权使用费所得、接受捐赠所得和其他所得。

【解读】本条对企业所得税法第三条所称所得做出解释性规定。所得包括销售货物所得、提供劳务所得、转让财产所得、股息红利等权益性投资所得、利息所得、租金所得、特许权使用费所得、接受捐赠所得和其他所得。销售货物所得为销售货物收入减除销售货物成本、费用、税金（不包括收取的增值税）后的余额；提供劳务所得为提供劳务收入减除提供劳务成本、费用、税金（属于增值税应税劳务的，不包括收取的增值税）后的余额；转让财产所得为转让财产收入减除转让财产净值、费用、税金（属于增值税应税财产的，不包括收取的增值税）后的余额；股息、红利等权益性投资所得为收取股息、红利等权益性投资收入全额；利息所得为收取利息收入的全额；租金所得为收取租金收入减除租赁资产费用、税金后的余额；特许权使用费所得为出让特许权收取的收入减除费用、税金后的余额；接受捐赠所得为实际接受捐赠资产的收入额减除接受捐赠费用。接受捐赠资产为货币资产的，接受捐赠资产的收入额为收到货币资产金额。接受捐赠资产为非货币资产的，接受捐赠资产的收入额为收到非货币资产的公允价值。

第七条　企业所得税法第三条所称来源于中国境内、境外的所得，按照以下原则确定：

（一）销售货物所得，按照交易活动发生地确定；

（二）提供劳务所得，按照劳务发生地确定；

（三）转让财产所得，不动产转让所得按照不动产所在地确定，动产转让所得按照转让动产的企业或者机构、场所所在地确定，权益性投资资产转让所得按照被投资企业所在地确定；

（四）股息、红利等权益性投资所得，按照分配所得的企业所在地确定；

（五）利息所得、租金所得、特许权使用费所得，按照负担、支付所得的企业或者机构、场所所在地确定，或者按照负担、支付所得的个人的住所地确定；

（六）其他所得，由国务院财政、税务主管部门确定。

【解读】本条是关于确认来源于中国境内、境外所得的规定。

（一）本条第（一）项规定的交易活动发生地，是指企业销售货物行为发生的场所（营业机构）。企业销售货物行为发生的场所在中国境内的，其销售货物的所得为来源于中国境内；企业销售货物行为发生的场所在中国境外的，其销售货物的所得为来源于中国境外。

（二）本条第（二）项规定的劳务发生地，是指企业提供劳务行为发生的场所或者接受其提供劳务服务的场所。企业提供劳务行为发生的场所或者接受其提供劳务服务的场所在中国境内的，其提供劳务的所得为来源于中国境内；企业提供劳务行为发生的场所或者接受提供劳务的场所在中国境外的，其提供劳务的所得为来源于中国境外。

（三）企业转让不动产的，其转让的不动产所在地在中国境内的，转让不动产所得属来源于中国境内所得。企业转让的不动产所在地在中国境外的，转让的不动产所得属来源于中国境外所得。企业转让动产的，转让动产的企业或者其机构、场所在中国境内的，转让动产的所得属来源于中国境内所得；转让动产的企业或者其机构、场所在中国境外的，企业转让的动产所得属来源于中国境外所得。企业转让权益性投资资产的，被投资企业所在地在中国境内的，其转让权益性投资资产所得属来源于中国境内所得；被投资企业所在地在中国境外的，其转让权益性投资资产所得属来源于中国境外所得。投资上市交易的中国居民企业股权资产，无论该居民企业在中国境内上市，还是在中国境外上市，转让所拥有的该居民企业股权所得，均为来源于中国境内所得。

（四）企业取得股息、红利等权益性投资所得。企业取得股息、红利等权益性投资所得的，分配股息、红利等权益性投资所得的企业所在地在中国境内的，其取得的股息、红利等权益性投资所得属来源于中国境内所得。分配股息、红利等权益性投资所得的企业所在地在中国境外的，其取得的股息、红利等权益性投资所得属来源于中国境外所得。

（五）企业取得利息所得、租金所得、特许权使用费所得。企业取得利息所得、租金所得、特许权使用费所得的，负担、支付利息所得、租金所得、特许权使用费所得的企业或者机构、场所所在地，或者负担、支付所得的个人的住所地在中国境内的，其取得的利息所得、租金所得、特许权使用费所得属来源于中国境内所得。负担、支付利息所得、租金所得、特许权使用费所得的企业或者机构、场所所在地，或者负担、支付所得的个人的住所地在中国境外的，其取得的利息所得、租金所得、特许权使用费所得属来源于中国境外所得。

第八条　企业所得税法第三条所称实际联系，是指非居民企业在中国境内设立的机构、场所拥有据以取得所得的股权、债权，以及拥有、管理、控制据以取得所得的财产等。

【解读】本条对企业所得税法第三条所称实际联系做出解释性规定。非居民企业在中国境内设立的机构、场所的以下两种所得属于与该机构、场所有实际联系的所得，应当依照企业所得税法及本细则的规定缴纳企业所得税：①非居民企业在中国境内设立的机构、场所通过其所拥有的股权、债权而取得的所得。②非居民企业在中国境内设立的机构、场所通过其拥有、管理、控制的财产而取得的所得。

第二章　应纳税所得额

第一节　一般规定

第九条　企业应纳税所得额的计算，以权责发生制为原则，属于当期的收入和费用，不论款项是否收付，均作为当期的收入和费用；不属于当期的收入和费用，即使款项已经在当期收付，均不作为当期的收入和费用。本条例和国务院财政、税务主管部门另有规定的除外。

【解读】本条是关于企业纳税所得额计算原则的规定。

根据本条规定，企业应纳税所得额的计算，以权责发生制原则为主，实行权责发生制与收付实现制现结合。企业当期的收入和费用实行收付实现制的，应当依照国务院财政、税务主管部门规定。国务院财政、税务主管部门未做出规定的，应执行权责发生制。

第十条 企业所得税法第五条所称亏损，是指企业依照企业所得税法和本条例的规定将每一纳税年度的收入总额减除不征税收入、免税收入和各项扣除后小于零的数额。

【解读】 本条对企业所得税法第五条所称亏损做出解释性规定。

根据本条规定，企业所得税法第五条所称亏损是指依照《中华人民共和国企业所得税法》及本条例规定确认的企业年度亏损，而不是企业会计核算体现的年度亏损。亏损额为企业每一纳税年度的收入总额减除不征税收入、免税收入和各项扣除后小于零的数额。企业所得税法第五条所称亏损与企业财务会计所称的亏损在税收法律规范性质、认定标准、计算口径等方面是完全不同的两个概念。

第十一条 企业所得税法第五十五条所称清算所得，是指企业的全部资产可变现价值或者交易价格减除资产净值、清算费用以及相关税费等后的余额。

投资方企业从被清算企业分得的剩余资产，其中相当于从被清算企业累计未分配利润和累计盈余公积中应当分得的部分，应当确认为股息所得；剩余资产减除上述股息所得后的余额，超过或者低于投资成本的部分，应当确认为投资资产转让所得或者损失。

【解读】 本条第一款对企业所得税法第五十五条所称清算所得做出解释性规定。

企业清算是指企业终止经营活动，依照法律规定，对企业资产、债权、债务所进行的清查、收回和清偿工作。清算所得是指企业的全部资产可变现价值或者交易价格减除资产净值、清算费用以及相关税费等后的余额。企业清算所得依照企业所得税法规定缴纳企业所得税。

根据本条第二款规定，投资方企业从被清算企业分得的剩余资产，因情况不同，应当分别确认权益性投资所得和投资资产转让所得。①投资方企业从被清算企业分得的剩余资产中相当于从被清算企业累计未分配利润和累计盈余公积中应当分得的部分，应当确认为股息所得。②投资方企业从被清算企业分得的剩余资产，减除确认的股息所得后的余额，超过投资成本的部分确认为投资资产转让所得。投资方企业从被清算企业分得的剩余资产，减除确认的股息所得后的余额，低于投资成本的部分确认为投资损失。

企业清算业务的企业所得税具体处理事项及方法，依照财政部、国家税务总局财税［2009］60号《关于企业清算业务企业所得税处理若干问题的通知》规定。

第二节 收 入

第十二条 企业所得税法第六条所称企业取得收入的货币形式，包括现金、存款、应收账款、应收票据、准备持有至到期的债券投资以及债务的豁免等。

企业所得税法第六条所称企业取得收入的非货币形式，包括固定资产、生物资产、无形资产、股权投资、存货、不准备持有至到期的债券投资、劳务以及有关权益等。

【解读】本条第一款对企业所得税法第六条所称企业取得收入的货币形式做出解释性规定。根据本条第一款规定，企业取得收入的货币形式，包括现金、存款、应收账款、应收票据、准备持有至到期的债券投资以及债务的豁免等。

本条第二款对企业所得税法第六条所称企业取得收入的非货币形式做出解释性规定。根据本条第二款规定，企业取得收入的非货币形式，包括固定资产、生物资产、无形资产、股权投资、存货、不准备持有至到期的债券投资、劳务以及有关权益等。

第十三条　企业所得税法第六条所称企业以非货币形式取得的收入，应当按照公允价值确定收入额。

前款所称公允价值，是指按照市场价格确定的价值。

【解读】本条是关于企业以非货币形式取得的收入确认标准的规定。企业取得的收入都以货币计量。所以，企业以非货币形式取得的收入必须确认其价值。根据本条规定，企业以非货币形式取得的收入，应当按照取得的非货币形式资产的公允价值确定收入额。所称公允价值，是指按照市场价格确定的价值。

第十四条　企业所得税法第六条第（一）项所称销售货物收入，是指企业销售商品、产品、原材料、包装物、低值易耗品以及其他存货取得的收入。

【解读】本条对企业所得税法第六条第（一）项所称销售货物收入做出解释性规定。企业销售收入的确认条件、原则、时间依照国家税务总局国税函［2008］875号第一条规定。

第十五条　企业所得税法第六条第（二）项所称提供劳务收入，是指企业从事建筑安装、修理修配、交通运输、仓储租赁、金融保险、邮电通信、咨询经纪、文化体育、科学研究、技术服务、教育培训、餐饮住宿、中介代理、卫生保健、社区服务、旅游、娱乐、加工以及其他劳务服务活动取得的收入。

【解读】本条对企业所得税法第六条第（二）项所称提供劳务收入做出解释性规定。企业提供劳务收入的确认条件、原则和时间依照国家税务总局国税函［2008］875号第二条规定。非居民企业船舶、航空运输收入征收企业所得税依照国家税务总局国税函［2008］952号规定。

第十六条　企业所得税法第六条第（三）项所称转让财产收入，是指企业转让固定资产、生物资产、无形资产、股权、债权等财产取得的收入。

【解读】本条对企业所得税法第六条第（三）项所称转让财产收入做出了解释性规定。转让财产收入，是指企业转让固定资产、生物资产、无形资产、股权、债权等财产取得的收入。

第十七条　企业所得税法第六条第（四）项所称股息、红利等权益性投资收益，是指企业因权益性投资从被投资方取得的收入。

股息、红利等权益性投资收益，除国务院财政、税务主管部门另有规定外，按照被投资方做出利润分配决定的日期确认收入的实现。

【解读】本条对企业所得税法第六条第（四）项所称股息、红利等权益性投资收益做出解释性规定。股息、红利等权益性投资收益是指企业因权益性投资从被投资方取得的收入。股息、红利等权益性投资收益，除国务院财政、税务主管部门另有规定外，按照被投资方做出利润分配决定的日期确认收入的实现。

第十八条　企业所得税法第六条第（五）项所称利息收入，是指企业将资金提供他人使用但不构成权益性投资，或者因他人占用本企业资金取得的收入，包括存款利息、贷款利息、债券利息、欠款利息等收入。

利息收入，按照合同约定的债务人应付利息的日期确认收入的实现。

【解读】本条对企业所得税法第六条第（五）项所称利息收入做出解释性规定。利息收入是指企业将资金提供他人使用但不构成权益性投资，或者因他人占用本企业资金取得的收入，包括存款利息、贷款利息、债券利息、欠款利息等收入。利息收入按照合同约定的债务人应付利息的日期确认收入的实现。

第十九条　企业所得税法第六条第（六）项所称租金收入，是指企业提供固定资产、包装物或者其他有形资产的使用权取得的收入。

租金收入，按照合同约定的承租人应付租金的日期确认收入的实现。

【解读】本条对企业所得税法第六条第（六）项所称租金收入做出解释性规定。租金收入是指企业提供固定资产、包装物或者其他有形资产的使用权取得的收入。租金收入按照合同约定的承租人应付租金的日期确认收入的实现。

第二十条　企业所得税法第六条第（七）项所称特许权使用费收入，是指企业提供专利权、非专利技术、商标权、著作权以及其他特许权的使用权取得的收入。

特许权使用费收入，按照合同约定的特许权使用人应付特许权使用费的日期确认收入的实现。

【解读】本条对企业所得税法第六条第（七）项所称特许权使用费收入做出解释性规定。特许权使用费收入是指企业提供专利权、非专利技术、商标权、著作权以及其他特许权的使用权取得的收入。特许权使用费收入按照合同约定的特许权使用人应付特许权使用费的日期确认收入的实现。

第二十一条　企业所得税法第六条第（八）项所称接受捐赠收入，是指企业接受的来自其他企业、组织或者个人无偿给予的货币性资产、非货币性资产。

接受捐赠收入，按照实际收到捐赠资产的日期确认收入的实现。

【解读】本条对企业所得税法第六条第（八）项所称接受捐赠收入做出解释性规定。接受捐赠收入是指企业接受的来自其他企业、组织或者个人无偿给予的货币性资产、非货币性资产。接受捐赠收入按照实际收到捐赠资产的日期确认收入的实现。

第二十二条　企业所得税法第六条第（九）项所称其他收入，是指企业取得的除企业所得税法第六条第（一）项至第（八）项规定的收入外的其他收入，包括企业资产溢余收入、逾期未退包装物押金收入、确实无法偿付的应付款项、已作坏账损失处理后又收回的应收款项、债务重组收入、补贴收入、违约金收入、汇兑收益等。

【解读】本条对企业所得税法第六条第（九）项所称其他收入做出解释性规定。其他收入是指企业取得的除企业所得税法第六条第（一）项至第（八）项规定的收入以外的其他收入，包括企业资产溢余收入、逾期未退包装物押金收入、确实无法偿付的应付款项、已作坏账损失处理后又收回的应收款项、债务重组收入、补贴收入、违约金收入、汇兑收益等。

第二十三条　企业的下列生产经营业务可以分期确认收入的实现：

（一）以分期收款方式销售货物的，按照合同约定的收款日期确认收入的实现；

（二）企业受托加工制造大型机械设备、船舶、飞机，以及从事建筑、安装、装配工程业务或者提供其他劳务等，持续时间超过12个月的，按照纳税年度内完工进度或者完成的工作量确认收入的实现。

【解读】本条是关于企业可以分期确认收入实现的规定。

根据本条规定，企业的下列生产经营业务可以分期确认收入的实现：①企业销售货物合同约定，以分期收款方式销售货物的，按照合同约定的收款日期确认收入的实现。②企业受托加工制造大型机械设备、船舶、飞机，以及从事建筑、安装、装配工程业务或者提供其他劳务等，持续时间超过12个月的，按照纳税年度内完工进度或者完成的工作量确认收入的实现。按照完工进度确认收入实现的，本纳税年度实现的收入为提供劳务收入总额乘以完工进度，扣除以前纳税年度累计已确认提供劳务收入后的金额。按照工作量确认收入实现的，本纳税年度实现的收入为提供劳务收入总额乘以完成的工作量比例，扣除以前纳税年度累计已确认提供劳务收入后的金额。

第二十四条　采取产品分成方式取得收入的，按照企业分得产品的日期确认收入的实现，其收入额按照产品的公允价值确定。

【解读】本条是关于采取产品分成方式取得收入实现的规定。

对生产产品采用分成方式是企业从事生产经营活动的一种通行做法。产品分成一般适用于企业间合作从事生产产品。它是指两个或两个以上企业在合作进行生产经营的过程中，合作各方对合作生产出的产品按照约定进行分配，并以此作为生产经营收入。由于产品分成是以实物代替货币作为收入，企业分得的产品又是以数量或者质量来计量的，企业是否销售、何时销售分得的产品都具有不确定性，且产品的价格随着市场供求关系而波动，因此只有在分得产品时确认收入的实现，才能够体现生产经营的真实所得。

第二十五条　企业发生非货币性资产交换，以及将货物、财产、劳务用于捐赠、偿债、赞助、集资、广告、样品、职工福利或者利润分配等用途的，应当视同销售货物、转让财产或者提供劳务，但国务院财政、税务主管部门另有规定的除外。

【解读】本条对企业视同销售货物、转让财产或者提供劳务做出规定。

本条规定了两种视同销售情形：①企业发生非货币性资产交换视同销售。非货币性资产交换也称以物易物，是企业经济活动中比较常见的一种交易方式。非货币性资产交换必须同时满足两个条件才能确认为收入：一是该项交换具有商业实质。也就是换出资产方是以销售为目的而换出资产并从换入方取得经济利益或者其他利益。换入方是以为了取得经济利益或者其他利益而换入资产。二是换入资产或换出资产的公允价值能够可靠地计量。②将货物、财产、劳务用于捐赠、偿债、赞助、集资、广告、样品、职工福利或者利润分配等用途。

国家税务总局国税函［2008］828号对企业处置资产（视同销售）是否征收企业

所得税做出具体规定。国家税务总局国税函［2009］118号对企业政策性搬迁或处置资产收入是否征收企业所得税做出规定。

第二十六条　企业所得税法第七条第（一）项所称财政拨款，是指各级人民政府对纳入预算管理的事业单位、社会团体等组织拨付的财政资金，但国务院和国务院财政、税务主管部门另有规定的除外。

企业所得税法第七条第（二）项所称行政事业性收费，是指依照法律法规等有关规定，按照国务院规定程序批准，在实施社会公共管理，以及在向公民、法人或者其他组织提供特定公共服务过程中，向特定对象收取并纳入财政管理的费用。

企业所得税法第七条第（二）项所称政府性基金，是指企业依照法律、行政法规等有关规定，代政府收取的具有专项用途的财政资金。

企业所得税法第七条第（三）项所称国务院规定的其他不征税收入，是指企业取得的，由国务院财政、税务主管部门规定专项用途并经国务院批准的财政性资金。

【解读】本条第一款对企业所得税法第七条第（一）项所称财政拨款做出解释性规定。财政拨款又称为财政性资金。根据本条规定，财政拨款是指各级人民政府对纳入预算管理的事业单位、社会团体等组织拨付的财政资金，但国务院和国务院财政、税务主管部门另有规定的除外。财政部、国家税务总局财税［2008］151号对企业取得财政性资金是否征税做出了规定。

本条第二款、第三款对企业所得税法第七条第（二）项所称行政事业性收费、政府性基金做出解释性规定。根据本条第二款规定，行政事业性收费是指依照法律、法规等有关规定，按照国务院规定程序批准，在实施社会公共管理，以及在向公民、法人或者其他组织提供特定公共服务过程中，向特定对象收取并纳入财政管理的费用。根据本条第三款规定，政府性基金是指企业依照法律、行政法规等有关规定，代政府收取的具有专项用途的财政资金。财政部、国家税务总局财税［2008］151号对企业收取的行政事业性收费、政府性基金是否征税做出了规定。

本条第四款对企业所得税法第七条第（三）项所称国务院规定的其他不征税收入做出解释性规定。根据本条第三款规定，国务院规定的其他不征税收入是指企业取得的，由国务院财政、税务主管部门规定专项用途并经国务院批准的财政性资金。财政部、国家税务总局财税［2009］87号对企业取得的财政、税务主管部门规定专项用途并经国务院批准的财政性资金是否征收企业所得税做出了规定。

第三节　扣　除

第二十七条　企业所得税法第八条所称有关的支出，是指与取得收入直接相关的支出。

企业所得税法第八条所称合理的支出，是指符合生产经营活动常规，应当计入当期损益或者有关资产成本的必要和正常的支出。

【解读】本条第一款对企业所得税法第八条所称有关的支出做出解释性规定。根据本条规定，与取得收入有关的支出是指与企业取得收入直接相关的支出。企业发生的支出是否与取得收入有相关性一般应从支出发生的根源和性质方面进行分析和判断。允许税前扣除的支出，一是能给企业带来现实的实际经济利益的支出，二是能给企业带来可预期经济利益流入的支出。

本条第一款对企业所得税法第八条所称合理的支出做出解释性规定。合理性原则是企业所得税税前扣除的另一项基本原则，它是以税前扣除真实性和合法性原则为基础或者前提。合理的支出是指符合生产经营活动常规，应当计入当期损益或者有关资产成本的必要和正常的支出。

第二十八条　企业发生的支出应当区分收益性支出和资本性支出。收益性支出在发生当期直接扣除；资本性支出应当分期扣除或者计入有关资产成本，不得在发生当期直接扣除。

企业的不征税收入用于支出所形成的费用或者财产，不得扣除或者计算对应的折旧、摊销扣除。

除企业所得税法和本条例另有规定外，企业实际发生的成本、费用、税金、损失和其他支出，不得重复扣除。

【解读】 本条第一款对企业发生的收益性支出和资本性支出税前扣除做出规定。企业发生的支出一般主要有两种：一种是收益性支出；另一种是资本性支出。收益性支出是指企业支出的效益仅及于本纳税年度的支出；资本性支出是指企业支出的效益及于本纳税年度及以后纳税年度的支出。按照税收支出与效益配比的原则，企业发生的收益性支出在发生当期准予直接扣除。企业发生的资本性支出分为两种情况处理：①以折旧、摊销的方式分期扣除；②计入有关资产成本，不得在发生当期直接扣除，在相关资产处置时一次性扣除。

本条第二款对企业的不征税收入用于支出所形成的费用或者财产不准扣除做出规定。企业所得税法规定，企业取得的不征税收入在计算应纳税所得额时，从企业收入总额中先予以扣减。按照税收支出与收入配比原则，本条规定企业的不征税收入用于支出所形成的费用或者财产，不得扣除或者计算对应的折旧、摊销扣除。

本条第三款规定，除企业所得税法和本条例另有规定外，企业实际发生的成本、费用、税金、损失和其他支出，不得重复扣除。所称不得重复扣除，是指同一项成本、费用、税金、损失和其他支出只能扣除一次。企业所得税法和本条例规定准予重复扣除的，也仅限于同一项目的支出。企业所得税法和本条例规定准予重复扣除的费用为开发新技术、新产品、新工艺发生的研究开发费用和安置残疾人员及国家鼓励安置的其他就业人员所支付的工资费用的加计扣除部分。

第二十九条　企业所得税法第八条所称成本，是指企业在生产经营活动中发生的销售成本、销货成本、业务支出以及其他耗费。

【解读】 本条对企业所得税法第八条所称成本做出原则性解释规定。根据本条规定，成本是指企业在生产经营活动中发生的销售成本、销货成本、业务支出以及其他耗费。销售成本是指企业在生产产品过程中，生产产品所耗用的原材料、辅助材料、物料、直接人工费用等。销货成本是指企业销售购进货物的买价和可直接归属于销售货物所发生的支出。业务支出是指企业提供服务过程中直接耗费的原材料、直接人工费用等直接可归属于服务的其他支出。

第三十条　企业所得税法第八条所称费用，是指企业在生产经营活动中发生的销售费用、管理费用和财务费用，已经计入成本的有关费用除外。

【解读】本条对企业所得税法第八条所称费用做出解释性规定。费用是指企业在生产经营活动中发生的销售费用、管理费用和财务费用，已经计入成本的有关费用除外。

销售费用是企业为销售产品、商品和其他货物以及提供劳务过程中发生的各种费用，包括广告费、运输费、装卸费、包装费、展览费、保险费、销售佣金、代销手续费、经营性租赁费及销售部门发生的差旅费、工资、福利费，流通企业运输途中的商品合理损耗、入库前的挑选整理费，房地产开发产品销售之前的改装修复费、看护费、采暖费等。

管理费用是企业的行政管理部门等为管理组织企业经营活动提供各项支援性服务而发生的费用，包括企业的研究开发费（技术开发费）、劳动保护费、业务招待费、工会经费、职工教育经费、股东大会或董事会费、开办费摊销、无形资产摊销（含土地使用费、土地损失补偿费）、坏账损失、印花税等税金、消防费、排污费、绿化费、外事费和法律、财务、资料处理的费用（咨询费、诉讼费、聘请中介机构费、商标注册费等）及分摊的总机构管理费。总机构管理费包括总部行政管理人员的工资薪金、福利费、差旅费、办公费、折旧费、修理费、物料消耗、低值易耗品摊销等。

财务费用是企业筹集经营性资金而发生的费用，包括利息净支出、汇兑净损失、金融机构手续费以及其他非资本化支出等。

第三十一条　企业所得税法第八条所称税金，是指企业发生的除企业所得税和允许抵扣的增值税以外的各项税金及其附加。

【解读】本条对企业所得税法第八条所称税金做出解释性规定。根据本条规定，准予企业在当期扣除的税金包括消费税、营业税、资源税、城市维护建设税、房产税、城镇土地使用税、车船税、土地增值税、印花税、教育费附加等。准予企业计入资产成本分期摊销的税金包括关税、烟叶税、车辆购置税、耕地占用税、契税、进口货物缴纳的消费税等。

第三十二条　企业所得税法第八条所称损失，是指企业在生产经营活动中发生的固定资产和存货的盘亏、毁损、报废损失，转让财产损失，呆账损失，坏账损失，自然灾害等不可抗力因素造成的损失以及其他损失。

企业发生的损失，减除责任人赔偿和保险赔款后的余额，依照国务院财政、税务主管部门的规定扣除。

企业已经作为损失处理的资产，在以后纳税年度又全部收回或者部分收回时，应当计入当期收入。

【解读】本条第一款对企业发生的准予税前扣除的损失做出解释性规定。损失是指企业在生产经营活动中发生的固定资产和存货的盘亏、毁损、报废损失，转让财产损失，呆账损失，坏账损失，自然灾害等不可抗力因素造成的损失以及其他损失。

本条第二款对财产损失金额的确认做出原则性规定。财政部、国家税务总局财税［2009］57号对企业资产损失税前扣除范围、金额确认做出具体规定。国家税务总局国税发［2009］88号《企业资产损失税前扣除管理办法》对企业财产损失税前扣除的法定程序做出了具体的规定。

第三十三条　企业所得税法第八条所称其他支出，是指除成本、费用、税金、损失外，企业在生产经营活动中发生的与生产经营活动有关的、合理的支出。

【解读】 本条对企业所得税法第八条所称其他支出做出解释性规定。其他支出是指除成本、费用、税金、损失外，企业在生产经营活动中发生的与生产经营活动有关的、合理的支出。

第三十四条　企业发生的合理的工资薪金支出，准予扣除。

前款所称工资薪金，是指企业每一纳税年度支付给在本企业任职或者受雇的员工的所有现金形式或者非现金形式的劳动报酬，包括基本工资、奖金、津贴、补贴、年终加薪、加班工资，以及与员工任职或者受雇有关的其他支出。

【解读】 本条是关于工资薪金扣除的规定。工资薪金是指企业每一纳税年度支付给在本企业任职或者受雇的员工的所有现金形式或者非现金形式的劳动报酬，包括基本工资、奖金、津贴、补贴、年终加薪、加班工资，以及与员工任职或者受雇有关的其他支出。

本条第二款规定的工资薪金范围与企业会计准则所规定的职工薪酬范围不同。职工薪酬包括职工工资薪金。国家税务总局国税函［2009］3号第一条对本条第一款所称合理的工资薪金做出了解释性规定。

第三十五条　企业依照国务院有关主管部门或者省级人民政府规定的范围和标准为职工缴纳的基本养老保险费、基本医疗保险费、失业保险费、工伤保险费、生育保险费等基本社会保险费和住房公积金，准予扣除。

企业为投资者或者职工支付的补充养老保险费、补充医疗保险费，在国务院财政、税务主管部门规定的范围和标准内，准予扣除。

【解读】 本条是关于职工保险费扣除的规定。

根据本条第一款规定，企业为职工缴纳的基本养老保险费、基本医疗保险费、失业保险费、工伤保险费、生育保险费等基本社会保险费和住房公积金，准予税前扣除必须符合以下条件：①企业为职工缴纳的基本社会保险和住房公积金必须符合国务院有关主管部门或者省级人民政府规定的缴纳范围，包括缴纳基本社会保险费项目范围和职工范围。超出规定范围的，不得扣除。②企业为职工缴纳的基本社会保险和住房公积金必须符合国务院有关主管部门或者省级人民政府规定的缴纳标准即缴纳的金额或者比例。企业为职工缴纳的基本社会保险费和住房公积金即使符合规定的缴纳范围条件，但超过缴纳标准的，多缴的部分也不得扣除。

本条第二款对企业为投资者或者职工支付的补充养老保险费、补充医疗保险费准予税前扣除做出原则性规定。财政部、国家税务总局财税［2009］27号对本条所称企业为投资者或者职工支付的补充养老保险费、补充医疗保险费做出具体规定。

第三十六条　除企业依照国家有关规定为特殊工种职工支付的人身安全保险费和国务院财政、税务主管部门规定可以扣除的其他商业保险费外，企业为投资者或者职工支付的商业保险费，不得扣除。

【解读】 本条是关于企业为职工支付商业保险费用扣除的规定。

根据本条规定，企业为职工缴纳的以下两种商业性保险费用准予扣除：①企业依照国家有关规定为特殊工种职工支付的人身安全保险费。此类保险属于国家法律、行政法规做出明确规定的强制性商业保险。如高空作业、矿藏采掘、交通运输（包括航空、海洋、公路运输等）等。②国务院财政、税务主管部门规定可以扣除的其他商业保险费。企业为本企业车辆缴纳的交通法律、法规规定的第三人交通事故强制保险费准予扣除。

第三十七条　企业在生产经营活动中发生的合理的不需要资本化的借款费用，准予扣除。

企业为购置、建造固定资产、无形资产和经过12个月以上的建造才能达到预定可销售状态的存货发生借款的，在有关资产购置、建造期间发生的合理的借款费用，应当作为资本性支出计入有关资产的成本，并依照本条例的规定扣除。

【解读】本条是关于企业借款费用扣除的规定。

本条第一款规定，企业在生产经营活动中发生的合理的不需要资本化的借款费用准予扣除。这里所称的借款为债务性借款。借款费用是指企业因借款而发生的利息及其他相关成本，包括借款利息、折价或者溢价的摊销、辅助费用以及因外币借款而发生的汇兑差额。

本条第二款规定了企业应当资本化的借款支出范围。资本化支出的合理借款费用扣除应根据企业所得税法及本细则的规定。①企业为购置、建造固定资产、无形资产，在购置、建造、研发期间发生的合理借款费用，计入固定资产、无形资产成本。计入固定资产、无形资产成本的借款费用，通过计提折旧、摊销分期扣除。②企业经过12个月以上的建造才能达到预定可销售状态的存货，在存货资产建造期间发生的合理借款费用，应当计入有关存货资产的成本，在存货销售时扣除。

第三十八条　企业在生产经营活动中发生的下列利息支出，准予扣除：

（一）非金融企业向金融企业借款的利息支出、金融企业的各项存款利息支出和同业拆借利息支出、企业经批准发行债券的利息支出；

（二）非金融企业向非金融企业借款的利息支出，不超过按照金融企业同期同类贷款利率计算的数额的部分。

【解读】本条规定了非资本化借款利息支出扣除标准。

企业为了满足生产经营所需资金，会经常发生资金的借贷业务。按照税收支出与收入配比原则，企业发生的非资本化借款利息支出应当准予在当期税前扣除。但鉴于我国现行金融市场管理现状，为了防止企业利用借款方式随意增加利息支出，变相转移收入，增加费用，侵蚀税基，逃避纳税，本条对企业非资本化利息支出标准做出规定。

（一）非金融企业向金融企业借款利息支出准予扣除。由于我国金融企业的借贷业务依照国家法律、行政法规进行并受到国家金融监管部门的有效监管，金融企业贷款基准利率、利率浮动标准均由国家规定，所以，本条规定非金融企业向金融企业借款的利息支出准予在发生当期扣除。

（二）金融企业的各项存款利息支出准予扣除。吸收公众存款是金融企业经营活动的重要内容。国家对金融企业吸收公众存款做出较为严格的法律规定，存款利率标准有着明确的要求和限制，所以，本条规定金融企业吸收的各项存款利息支出准予在当期扣除。

（三）金融企业同业拆借利息支出准予扣除。金融企业同业拆借，是指经中国人民银行批准进入全国银行间同业拆借市场的金融机构之间，通过全国统一的同业拆借网络进行的无担保资金融通行为。同业拆借的目的在于调剂头寸和临时性资金余缺。国家对金融企业同业拆借业务有严格的法律规定并对拆借利率等给予规定和限制，所以，本条规定金融企业同业拆借利息支出准予扣除。

（四）企业发行债券利息支出准予扣除。发行企业债券是企业融资的一种重要形式。国家法律、法规对发行债券的企业条件、发行债券的规模及债券利率等都有具体规范和要求且企业发行债券必须经国家有关部门批准。所以，本条规定企业经批准发行债券的利息支出准予扣除。

（五）非金融企业间借款利息支出的扣除标准。由于我国现阶段对非金融企业间的资金借贷业务没有给予法律上的具体规定且监管难度较大，所以，本条规定非金融企业间的借款利息支出，不超过按照金融企业同期同类贷款利率计算的数额的部分，准予在发生当期扣除。由于我国现行的金融贷款利率实行基准利率和浮动利率制度，商业银行间执行的利率标准不同，所以，本条所称的不超过金融企业同期同类贷款利率应为国家规定的浮动利率上限标准。

财政部、国家税务总局财税［2008］121号对企业关联方利息支出税前扣除标准有关税收政策问题做出了规定。

第三十九条　企业在货币交易中，以及纳税年度终了时将人民币以外的货币性资产、负债按照期末即期人民币汇率中间价折算为人民币时产生的汇兑损失，除已经计入有关资产成本以及与向所有者进行利润分配相关的部分外，准予扣除。

【解读】本条是关于汇兑损失扣除的规定。

根据本条规定，企业在货币交易中，按照期末即期人民币汇率中间价折算为人民币时产生的汇兑损失，除已经计入有关资产成本以及与向所有者进行利润分配相关的部分外，准予扣除。货币交易是指企业以外币计价或者结算的交易，包括企业买入或者卖出以外币计价的商品或者劳务，借入或者借出外币资金，以及其他以外币计价或者结算的交易。

依据我国现行法律规定，企业所拥有的资产或者负债，在日常的财务会计核算中，可以人民币计量，也可以人民币以外的货币计量，但在纳税年度终了时，需要按照期末即期人民币汇率中间价为标准，将其折算成人民币，以反映企业的真正经济利益流动情况。如期末即期人民币汇率中间价低于企业取得货币性资产、负债时的汇率时，企业因汇率变动产生损失为汇兑损失。根据本条规定，纳税年度终了时，企业将人民币以外的货币性资产、负债按照期末即期人民币汇率中间价折算为人民币时产生的汇兑损失，除已经计入有关资产成本以及与向所有者进行利润分配相关的部分外，准予扣除。

第四十条　企业发生的职工福利费支出，不超过工资薪金总额14%的部分，准予扣除。

【解读】本条对企业职工福利费支出税前扣除标准做出规定。

根据本条规定，准予企业税前扣除的职工福利费支出必须同时满足两个条件：①

准予企业税前扣除的福利费支出，必须符合规定的支出范围。不属于规定的福利费支出范围的支出不准计入福利费扣除。②准予扣除的职工福利费是纳税年度实际发生的，而不是按比例预提的。③准予扣除的企业职工福利费支出额必须在本条规定的限额以内。准予扣除的职工福利费支出最高限额计算公式如下：

扣除限额 = 纳税年度职工工资薪金总额 ×14%

纳税年度实际发生的福利支出≥扣除限额时，准予在纳税年度扣除的福利费支出为扣除限额。纳税年度实际发生的福利支出<扣除限额时，准予在纳税年度扣除的福利费支出为实际支出额。国家税务总局国税函［2009］3号第二条对本条所称工资薪金总额、福利费支出范围做出解释性规定。

第四十一条　企业拨缴的工会经费，不超过工资薪金总额2%的部分，准予扣除。

【解读】本条对企业工会经费支出税前扣除标准做出了规定。根据本条规定，准予企业税前扣除的工会经费应当同时满足两个条件：①准予税前扣除的工会经费必须是企业已经拨付给本企业工会组织或者上交给上级工会组织的工会经费，而不是按比例预提的工会经费。②准予扣除的工会经费必须在本条规定的标准以内。准予扣除的工会经费限额计算公式如下：

扣除限额 = 企业工资薪金总额 ×2%

纳税年度实际拨缴的工会经费≥扣除限额时，准予在纳税年度扣除的工会经费支出为扣除限额。纳税年度实际拨缴的工会经费<扣除限额时，准予在纳税年度扣除的工会经费支出为实际拨缴的数额。国家税务总局国税函［2009］3号第二条对本条所称工资薪金总额做出解释性规定。

第四十二条　除国务院财政、税务主管部门另有规定外，企业发生的职工教育经费支出，不超过工资薪金总额2.5%的部分，准予扣除；超过部分，准予在以后纳税年度结转扣除。

【解读】本条对企业职工教育经费的税前扣除标准以及超过部分的处理做出规定。根据本条规定，除国务院财政、税务主管部门另有规定外，准予企业税前扣除的职工教育经费必须同时满足两个条件：①准予企业税前扣除的教育经费支出，必须符合规定的支出范围。②准予税前扣除的职工教育经费支出必须是企业已经实际发生的支出费用，而不是按比例预提的教育经费。③准予扣除的职工教育经费必须在规定的扣除限额以内。准予扣除的职工教育经费限额计算公式如下：

扣除限额 = 企业纳税年度工资薪金总额 ×2.5%

纳税年度实际支出的教育经费≥扣除限额时，准予纳税年度扣除的职工教育经费支出为扣除限额。纳税年度实际支出的教育经费<扣除限额时，准予纳税年度扣除的教育经费支出为实际发生的教育经费数额。

根据本条规定，企业当年尚未扣除部分的教育经费支出准予结转以后年度扣除。下一年度应扣除的职工教育经费额 = 上年结转额 + 当年实际发生额。纳税年度实际发生的教育经费（包括上年结转数额）≥扣除限额时，准予纳税年度扣除的职工教育经费支出为扣除限额。纳税年度实际发生的教育经费（包括上年结转数额）<扣除限额

时，准予纳税年度扣除的教育经费（包括上年结转数额）支出为实际发生的教育经费（包括上年结转数额）数额。

国家税务总局国税函［2009］3号第二条对本条所称工资薪金总额做出解释性规定。国家税务总局国税函［2009］202号第四条对软件生产企业职工教育经费的税前扣除问题做出特别规定。

第四十三条　企业发生的与生产经营活动有关的业务招待费支出，按照发生额的60%扣除，但最高不得超过当年销售（营业）收入的5‰。

【解读】本条对企业业务招待费支出税前扣除标准做出规定。根据本条规定，准予企业税前扣除的业务招待费支出必须同时满足两个条件：①准予企业税前扣除的业务招待费支出必须是实际已经发生且其支出必须与生产经营活动有关；②准予扣除的招待费支出必须在规定的限额以内。准予扣除的限额计算公式如下：

扣除限额＝发生的业务招待费×60%≤当年销售（营业）收入×5‰

纳税年度实际发生的业务招待费的60%≥纳税年度销售收入的5‰时，准予扣除的业务招待费支出为纳税年度销售（营业）收入×5‰。纳税年度实际发生的业务招待费的60%＜纳税年度销售收入的5‰时，准予扣除的业务招待费支出为纳税年度实际发生的业务招待费的60%。

国家税务总局国税函［2009］202号第一条对本条所称的年销售（营业）收入范围做出规定。当年销售收入额包括视同销售的销售额。

第四十四条　企业发生的符合条件的广告费和业务宣传费支出，除国务院财政、税务主管部门另有规定外，不超过当年销售（营业）收入15%的部分，准予扣除；超过部分，准予在以后纳税年度结转扣除。

【解读】本条对企业的广告费和业务宣传费支出税前扣除做出规定。根据本条规定，准予企业税前扣除的广告费和业务宣传费支出必须同时满足两个条件：①企业的广告和业务宣传费支出必须符合税法规定的范围条件且在当年实际发生；②当年扣除的广告和业务宣传费支出金额必须在规定的限额以内。准予扣除的广告和业务宣传费支出扣除限额计算公式如下：

扣除限额＝当年销售（营业）收入×15%

纳税年度实际发生的广告和业务宣传费≥扣除限额时，准予企业当年扣除的广告和业务宣传费支出数额为扣除限额数额。纳税年度实际发生的广告和业务宣传费＜扣除限额时，准予企业当年扣除的广告和业务宣传费支出数额为实际发生的广告费和业务宣传费支出数额。

根据本条规定，企业当年尚未扣除部分的广告和业务宣传费支出，准予结转以后年度扣除。下一年度应扣除的广告和业务宣传费金额＝上年结转额＋当年实际发生额。纳税年度实际发生的广告费和业务宣传费支出（包括上年结转数额）≥扣除限额时，准予纳税年度扣除的广告费和业务宣传费支出为扣除限额。纳税年度实际发生的广告费和业务宣传费支出（包括上年结转数额）＜扣除限额时，准予纳税年度扣除的广告费和业务宣传费支出（包括上年结转数额）数额为实际发生的广告费和业务宣传费支出（包括上年结转数额）数额。

国家税务总局国税函［2009］202号第一条对本条所称当年销售（营业）收入范围做出规定。销售额包括视同销售的销售额。财政部、国家税务总局财税［2009］72号对化妆品制造、医药制造和饮料制造等行业的企业发生的广告费和业务宣传费支出税前扣除比例做出了特别规定。

第四十五条　企业依照法律、行政法规有关规定提取的用于环境保护、生态恢复等方面的专项资金，准予扣除。上述专项资金提取后改变用途的，不得扣除。

【解读】根据本条规定，准予企业税前扣除的环境保护、生态恢复等方面的专项资金，必须同时满足以下条件：①企业提取的用于环境保护、生态恢复等方面的专项资金，必须有法律、行政法规依据或者法律、行政法规许可；②企业提取的专项资金范围和标准，必须符合法律、行政法规的规定；③企业提取的专项资金，必须做到专款专用，提取后改变用途的不得扣除。在改变用途当期调增应纳税所得额。

第四十六条　企业参加财产保险，按照规定缴纳的保险费，准予扣除。

【解读】本条是关于企业财产保险费用扣除的规定。

根据本条规定，企业参加财产保险，按照规定缴纳的保险费，准予扣除。企业财产保险包括财产损失保险、责任保险、信用保险等。企业参加的财产保险，是以企业财产及其有关利益为保险标的，所以，企业的财产保险费用支出范围必须符合保险的标的要求，否则，其财产保险费用支出不得扣除。

第四十七条　企业根据生产经营活动的需要租入固定资产支付的租赁费，按照以下方法扣除：

（一）以经营租赁方式租入固定资产发生的租赁费支出，按照租赁期限均匀扣除；

（二）以融资租赁方式租入固定资产发生的租赁费支出，按照规定构成融资租入固定资产价值的部分应当提取折旧费用，分期扣除。

【解读】本条是关于租入固定资产支付的租赁费扣除的规定。

根据本条规定，企业以经营租赁方式租入固定资产发生的租赁费支出，按照租赁期限均匀扣除。租赁期间可以按年度确认，也可以按月度确认。租赁期间的确认依照固定资产租赁合同或者协议规定。

根据本条规定，以融资租赁方式租入固定资产发生的租赁费，按规定计入租入固定资产的价值，并提取折旧费用，予以分期扣除。

第四十八条　企业发生的合理的劳动保护支出，准予扣除。

【解读】本条是关于劳动保护支出扣除的规定。

根据本条规定，准予企业扣除的劳动保护支出应同时具备以下条件：①必须是因工作需要，为其雇员配备或提供的工作服、手套、安全保护用品、防暑降温品等劳动保护支出；②必须是企业已经实际发生的支出；③必须是合理的支出。

第四十九条　企业之间支付的管理费、企业内营业机构之间支付的租金和特许权使用费，以及非银行企业内营业机构之间支付的利息，不得扣除。

【解读】本条所称企业之间支付的管理费是指属于不同独立法人的母子公司之间支

付的管理费。属于不同独立法人的母子公司之间，确实发生提供管理服务的管理费，应按照独立企业之间公平交易原则确定管理服务的价格，作为企业正常的劳务费用进行税务处理，不得再采用分摊管理费用的方式在税前扣除。企业内部营业机构属于企业的组成部分，根据企业所得税法汇总纳税的规定，它不是一个独立的纳税人，企业内营业机构之间支付的租金和特许权使用费，不得扣除。非银行企业内营业机构之间支付的利息，由于企业内各营业机构不是独立的纳税人，企业内营业机构之间支付的利息不得扣除。

第五十条　非居民企业在中国境内设立的机构、场所，就其中国境外总机构发生的与该机构、场所生产经营有关的费用，能够提供总机构出具的费用汇集范围、定额、分配依据和方法等证明文件，并合理分摊的，准予扣除。

【解读】本条是关于非居民企业总分机构、场所之间有关费用扣除的规定。

根据本条规定，准予非居民企业在中国境内设立的机构、场所分担境外中国总机构费用必须同时具备以下条件：①分摊的费用必须是由中国境外总机构所负担的。②分摊的费用与其在中国境内设立的机构、场所生产经营有关。③在中国境内设立的机构、场所能够提供总机构出具的费用汇集范围、定额、分配依据和方法等证明文件。④有关费用必须是合理分摊的。

第五十一条　企业所得税法第九条所称公益性捐赠，是指企业通过公益性社会团体或者县级以上人民政府及其部门，用于《中华人民共和国公益事业捐赠法》规定的公益事业的捐赠。

【解读】本条对企业所得税法第九条所称公益性捐赠做出解释性规定。

本条所称公益性社会团体依照本法《实施条例》第五十二条规定认定。财政部、国家税务总局、民政部财税［2008］160号对本条所称的县级以上人民政府及其部门做出了解释性规定。

第五十二条　本条例第五十一条所称公益性社会团体，是指同时符合下列条件的基金会、慈善组织等社会团体：

（一）依法登记，具有法人资格；

（二）以发展公益事业为宗旨，且不以营利为目的；

（三）全部资产及其增值为该法人所有；

（四）收益和营运结余主要用于符合该法人设立目的的事业；

（五）终止后的剩余财产不归属任何个人或者营利组织；

（六）不经营与其设立目的无关的业务；

（七）有健全的财务会计制度；

（八）捐赠者不以任何形式参与社会团体财产的分配；

（九）国务院财政、税务主管部门会同国务院民政部门等登记管理部门规定的其他条件。

【解读】本条对本条例第五十一条所称公益性社会团体做出规定性解释。本条规定了公益性社会团体应具备的条件。财政部、国家税务总局、民政部财税［2008］160号对本条所称公益性社会团体做出了解释性规定。

第五十三条 企业发生的公益性捐赠支出，不超过年度利润总额12%的部分，准予扣除。

年度利润总额，是指企业依照国家统一会计制度的规定计算的年度会计利润。

【解读】 本条是关于公益性捐赠支出扣除标准的规定。

根据本条第一款规定，企业当年发生的公益性捐赠支出税前扣除限额计算公式如下：

$$扣除限额 = 企业纳税年度会计利润 \times 12\%$$

企业当年亏损的，其发生的公益性捐赠支出限额为零。企业纳税年度发生的公益性捐赠支出不准扣除。企业纳税年度实际发生的公益性捐赠支出≥扣除限额时，准予扣除的公益性捐赠支出为扣除限额数额。企业纳税年度实际发生的公益性捐赠支出<扣除限额时，准予扣除的公益性捐赠支出为企业纳税年度实际发生的公益性捐赠支出数额。

本条第二款所称年度利润总额，是指企业依照国家统一会计制度的规定计算的年度会计利润，不是纳税年度的计税所得额。

财政部、国家税务总局、民政部财税［2008］160号对企业发生的公益性捐赠支出税前扣除做出具体规定。国家税务总局国税函［2009］202号第三条对企业特定事项捐赠的税前扣除问题做出了规定。

第五十四条 企业所得税法第十条第（六）项所称赞助支出，是指企业发生的与生产经营活动无关的各种非广告性质支出。

【解读】 本条对企业所得税法第十条第（六）项所称赞助支出做出解释性规定。根据本条规定，赞助支出是指企业发生的与生产经营活动无关的各种非广告性质支出。赞助性支出具有两个基本特征：一是赞助支出与企业的生产经营活动无关；二是赞助性支出为非广告性质支出。

第五十五条 企业所得税法第十条第（七）项所称未经核定的准备金支出，是指不符合国务院财政、税务主管部门规定的各项资产减值准备、风险准备等准备金支出。

【解读】 本条对企业所得税法第十条第（七）项所称未经核定的准备金支出做出解释性规定。国家税务总局国税函［2009］202号第二条对2008年1月1日以前计提的各类准备金余额处理问题做出规定。证券行业准备金支出企业所得税税前扣除有关问题，依照财政部、国家税务总局财税［2009］33号规定。保险公司准备金支出企业所得税税前扣除有关问题，依照财政部、国家税务总局财税［2009］48号规定。金融企业贷款损失准备金企业所得税税前扣除有关问题，依照财政部、国家税务总局财税［2009］64号规定。中小企业信用担保机构有关准备金税前扣除问题，依照财政部、国家税务总局财税［2009］62号规定。

第四节 资产的税务处理

第五十六条 企业的各项资产，包括固定资产、生物资产、无形资产、长期待摊费用、投资资产、存货等，以历史成本为计税基础。

前款所称历史成本，是指企业取得该项资产时实际发生的支出。

企业持有各项资产期间资产增值或者减值，除国务院财政、税务主管部门规定可以确认损益外，不得调整该资产的计税基础。

【解读】本条是关于企业资产计税基础的规定。

根据本条规定，企业的各项资产以历史成本为计税基础。历史成本是指企业取得该项资产时实际发生的支出。企业持有各项资产期间资产增值或者减值，除国务院财政、税务主管部门规定可以确认损益外，不得调整该资产的计税基础。

第五十七条　企业所得税法第十一条所称固定资产，是指企业为生产产品、提供劳务、出租或者经营管理而持有的、使用时间超过 12 个月的非货币性资产，包括房屋、建筑物、机器、机械、运输工具以及其他与生产经营活动有关的设备、器具、工具等。

【解读】本条对企业所得税法第十一条所称固定资产做出解释性规定。

根据本条规定，企业固定资产必须同时符合以下标准：①固定资产必须是非货币形式的资产；②固定资产必须是企业为生产产品、提供劳务、出租或者经营管理而持有的资产；③固定资产必须是使用时间超过 12 个月的资产。

第五十八条　固定资产按照以下方法确定计税基础：

（一）外购的固定资产，以购买价款和支付的相关税费以及直接归属于使该资产达到预定用途发生的其他支出为计税基础；

（二）自行建造的固定资产，以竣工结算前发生的支出为计税基础；

（三）融资租入的固定资产，以租赁合同约定的付款总额和承租人在签订租赁合同过程中发生的相关费用为计税基础，租赁合同未约定付款总额的，以该资产的公允价值和承租人在签订租赁合同过程中发生的相关费用为计税基础；

（四）盘盈的固定资产，以同类固定资产的重置完全价值为计税基础；

（五）通过捐赠、投资、非货币性资产交换、债务重组等方式取得的固定资产，以该资产的公允价值和支付的相关税费为计税基础；

（六）改建的固定资产，除企业所得税法第十三条第（一）项和第（二）项规定的支出外，以改建过程中发生的改建支出增加计税基础。

【解读】本条是关于企业固定资产计税基础的规定。

（一）外购的固定资产计税基础。根据本条第（一）项规定，企业外购固定资产计税基础主要由三部分费用组成：①固定资产买价。固定资产买价是指企业通过货币形式或者非货币形式，为购买固定资产所支付的直接对价物，这是构成固定资产计税基础的主要部分。②购买固定资产支付的税金（如印花税、耕地占用税、契税、车辆购置税、不得抵扣的增值税等）、行政事业性收费等相关税费。③直接归属于使该资产达到预定用途发生的其他支出（运输费、装卸费、安装费和专业人员服务费等）。

（二）自行建造的固定资产计税基础。自行建造的固定资产计税基础为以竣工结算前发生的各项支出，包括建造固定资产所需的原材料费用、人工费、管理费、缴纳的相关税费、应予资本化的借款费用及其他相关费用等。

（三）融资租入的固定资产计税基础。因融资租入的固定资产的具体情况不同，其计税基础确认不同：①租赁合同约定付款总额的，以租赁合同约定的付款总额和承租人在签订租赁合同过程中发生的相关费用为计税基础。②租赁合同未约定付款总额的，以该资产的公允价值和承租人在签订租赁合同过程中发生的相关费用为计税基础。

（四）盘盈的固定资产计税基础。盘盈的固定资产以同类固定资产的重置完全价值为计税基础。盘盈的固定资产是指盘点中发现的账外固定资产。重置完全价值计价即按现有的生产能力、技术标准，重新购置同样的固定资产所需要付出的代价。

（五）通过捐赠、投资、非货币性资产交换、债务重组等方式取得的固定资产，以该资产的公允价值和支付的相关税费为计税基础。

（六）改建的固定资产计税基础。除已足额提取折旧的固定资产的改建支出和租入固定资产的改建支出是作为企业的长期待摊费用外，其他改建的固定资产以改建过程中发生的改建支出增加计税基础。改建支出包括材料费、人工费、相关税费等。

第五十九条　固定资产按照直线法计算的折旧，准予扣除。

企业应当自固定资产投入使用月份的次月起计算折旧；停止使用的固定资产，应当自停止使用月份的次月起停止计算折旧。

企业应当根据固定资产的性质和使用情况，合理确定固定资产的预计净残值。固定资产的预计净残值一经确定，不得变更。

【解读】本条是关于固定资产折旧方法的规定。

本条第一款规定，企业固定资产按照直线法计算的折旧，准予扣除。直线法（平均年限法），它是指按固定资产使用年限平均计算折旧的一种方法。采用直线法计算的每期折旧额均相等，其计算公式为：

年折旧额 =（固定资产原值 - 预计净残值）÷预计使用年限

月度折旧额 = 年折旧额 ÷ 12

本条第二款规定了固定资产折旧的起始、终止时间。企业应当自固定资产投入使用月份的次月起计算折旧；停止使用的固定资产，应当自停止使用月份的次月起停止计算折旧。本条第二款规定了固定资产预计残值。固定资产残值由企业根据固定资产的性质和使用情况合理确定。固定资产的预计净残值一经确定，不得变更。

第六十条　除国务院财政、税务主管部门另有规定外，固定资产计算折旧的最低年限如下：

（一）房屋、建筑物，为20年；

（二）飞机、火车、轮船、机器、机械和其他生产设备，为10年；

（三）与生产经营活动有关的器具、工具、家具等，为5年；

（四）飞机、火车、轮船以外的运输工具，为4年；

（五）电子设备，为3年。

【解读】本条是关于企业固定资产最低折旧年限的规定。

根据本条规定，企业按低于本条规定年限计算的折旧，不准扣除，应当在年度所得税纳税申报时做调增纳税所得额处理。所得税法及本条例特别规定的除外。财政部、国家税务总局财税［2008］1号第一条第（五）项对企事业单位购进软件的折旧或者摊销年限给予优惠规定。

第六十一条　从事开采石油、天然气等矿产资源的企业，在开始商业性生产前发生的费用和有关固定资产的折耗、折旧方法，由国务院财政、税务主管部门另行规定。

【解读】本条是授权立法条款。

从事开采石油、天然气等矿产资源的企业，在开始商业性生产前发生的费用和有关固定资产具有一定的特殊性，所以本条将从事开采石油、天然气等矿产资源的企业，在开始商业性生产前发生的费用和有关固定资产的折耗、折旧方法授权国务院财政、税务主管部门另行规定。开采油（气）资源企业费用和有关固定资产折耗、摊销、折旧税务处理问题依照财政部、国家税务总局财税［2009］49号规定。

第六十二条　生产性生物资产按照以下方法确定计税基础：

（一）外购的生产性生物资产，以购买价款和支付的相关税费为计税基础；

（二）通过捐赠、投资、非货币性资产交换、债务重组等方式取得的生产性生物资产，以该资产的公允价值和支付的相关税费为计税基础。

前款所称生产性生物资产，是指企业为生产农产品、提供劳务或者出租等而持有的生物资产，包括经济林、薪炭林、产畜和役畜等。

【解读】本条是关于生产性生物资产计税基础的规定。

生产性生物资产是指为产出农产品、提供劳务或者出租等目的而持有的生物资产，包括经济林、薪炭林、产畜和役畜等。生产性生物资产按照以下方法确定计税基础：

（一）外购的生产性生物资产计税基础。外购的生产性生物资产是指企业通过一定的等价形式补偿，从其他企业、单位或者个人购置的生产性生物资产。外购的生产性生物资产计税基础由三部分组成：①购买价款。购买价款是指企业通过货币形式或者非货币形式，为购买生产性生物资产所支付的直接对价物。购买价款是生产性生物资产计税基础的主体构成部分。②支付的相关税费。支付的相关税费包括企业为购买生产性生物资产而缴纳的税金（如印花税）、行政事业性收费等。③相关费用。是指可直接归属于购买该资产的支出，包括运输费、保险费、场地整理费、装卸费、专业人员服务费等。

（二）通过捐赠、投资、非货币性资产交换、债务重组等方式取得的生产性生物资产计税基础由两部分组成：①捐赠、投资、非货币性资产交换、债务重组等方式取得的生产性生物资产的公允价值；②支付的相关税费，如装卸费、栽植费、保险费、运输费、专业人员服务费等。

第六十三条　生产性生物资产按照直线法计算的折旧，准予扣除。

企业应当自生产性生物资产投入使用月份的次月起计算折旧；停止使用的生产性生物资产，应当自停止使用月份的次月起停止计算折旧。

企业应当根据生产性生物资产的性质和使用情况，合理确定生产性生物资产的预计净残值。生产性生物资产的预计净残值一经确定，不得变更。

【解读】本条是关于生产性生物资产折旧方法的规定。

本条第一款规定，企业生产性生物资产按照直线法计算的折旧，准予扣除。生产性生物资产折旧计算公式为：

$$年折旧额=（生产性生物资产原值-预计净残值）\div 预计使用年限$$

月度折旧额计算公式：月度折旧额＝年折旧额÷12

本条第二款规定了生产性生物资产计算折旧的起始、终止时间。企业应当自生产性生物资产投入使用月份的次月起计算折旧；停止使用的生产性生物资产，应当自停止使用月份的次月起停止计算折旧。本条第三款规定了生产性生物资产预计残值。生产性生物资产由企业根据生产性生物资产的性质和使用情况，合理确定预计净残值。生产性生物资产的预计净残值，一经确定，不得变更。

第六十四条　生产性生物资产计算折旧的最低年限如下：

（一）林木类生产性生物资产，为10年；

（二）畜类生产性生物资产，为3年。

【解读】本条是关于企业生产性生物资产计算折旧最低年限的规定。

根据本条规定，企业按低于本条规定年限计算的折旧，不准扣除，在年度所得税纳税申报时，应做调增纳税所得额处理。

第六十五条　企业所得税法第十二条所称无形资产，是指企业为生产产品、提供劳务、出租或者经营管理而持有的、没有实物形态的非货币性长期资产，包括专利权、商标权、著作权、土地使用权、非专利技术、商誉等。

【解读】本条对企业所得税法第十二条所称无形资产做出解释性规定。

根据本条规定，无形资产是指企业为生产产品、提供劳务、出租或者经营管理而持有的、没有实物形态的非货币性长期资产，包括专利权、商标权、著作权、土地使用权、非专利技术、商誉等。

第六十六条　无形资产按照以下方法确定计税基础：

（一）外购的无形资产，以购买价款和支付的相关税费以及直接归属于使该资产达到预定用途发生的其他支出为计税基础；

（二）自行开发的无形资产，以开发过程中该资产符合资本化条件后至达到预定用途前发生的支出为计税基础；

（三）通过捐赠、投资、非货币性资产交换、债务重组等方式取得的无形资产，以该资产的公允价值和支付的相关税费为计税基础。

【解读】本条是关于无形资产计税基础的规定。

根据本条规定，企业无形资产按照以下方法确定计税基础：

（一）外购的无形资产计税基础。外购的无形资产计税基础由三部分构成：①购买价款。购买价款是指直接支付给出让人的货币性资金或者其他有价支付物。②支付的相关税费。支付的相关税费是指企业因购买该无形资产而缴纳的各种法定税金、收费等。③直接归属于使该资产达到预定用途发生的其他支出，包括使无形资产达到预定用途所发生的专业服务费、测试无形资产是否能够正常发挥作用的费用等。

（二）自行开发的无形资产，以开发过程中该资产符合资本化条件后至达到预定用途前发生的支出为计税基础。

第六十七条　无形资产按照直线法计算的摊销费用，准予扣除。

无形资产的摊销年限不得低于10年。

作为投资或者受让的无形资产，有关法律规定或者合同约定了使用年限的，可以按照规定或者约定的使用年限分期摊销。

外购商誉的支出，在企业整体转让或者清算时，准予扣除。

【解读】本条是关于无形资产费用摊销方法的规定。

根据本条第一款规定，企业无形资产按照直线法计算的摊销费用，准予扣除。直线法是指按照无形资产使用年限平均计算摊销费用的一种方法。直线法计算摊销费用公式为：

年摊销费用金额 =（无形资产原值 - 预计净残值）÷预计使用年限

月份摊销费用金额 = 年摊销费用金额 ÷12

本条第二款、第三款规定了无形资产摊销最低期限。无形资产摊销最低期限除企业所得税法及本条例和国务院财政、税务主管部门特别规定外，应依照本条第二款、第三款规定的期限摊销。本条第四款规定，企业外购商誉的支出，在企业整体转让或者清算时，准予扣除。

第六十八条　企业所得税法第十三条第（一）项和第（二）项所称固定资产的改建支出，是指改变房屋或者建筑物结构、延长使用年限等发生的支出。

企业所得税法第十三条第（一）项规定的支出，按照固定资产预计尚可使用年限分期摊销；第（二）项规定的支出，按照合同约定的剩余租赁期限分期摊销。

改建的固定资产延长使用年限的，除企业所得税法第十三条第（一）项和第（二）项规定外，应当适当延长折旧年限。

【解读】本条是关于固定资产改建支出摊销的规定。

本条第一款对企业所得税法第十三条规定的已足额提取折旧的固定资产的改建支出和经营租入固定资产的改建支出做出解释性规定。企业已足额提取折旧的固定资产的改建支出和经营租入固定资产的改建支出是指改变房屋或者建筑物结构、延长使用年限等发生的支出。

（一）已足额提取折旧的固定资产的改建支出摊销。根据本条第二款规定，已足额提取折旧的固定资产的改建支出，按照固定资产预计尚可使用年限分期摊销。

（二）经营租入固定资产的改建支出摊销。根据本条第二款规定，租入固定资产的改建支出，按照合同约定的剩余租赁期限分期摊销。

根据本条第三款规定，除了已足额提取折旧的固定资产和以经营租赁方式租入的固定资产外，企业所拥有的固定资产，仍具有可利用价值，仍在计算折旧的，企业用于对这些固定资产的改建支出，将增加固定资产的价值或者延长固定资产的使用年限，其性质属于资本化投入，应计入固定资产原值，按规定提取折旧进行扣除，而不是作为长期待摊费用分期摊销。

第六十九条　企业所得税法第十三条第（三）项所称固定资产的大修理支出，是指同时符合下列条件的支出：

（一）修理支出达到取得固定资产时的计税基础50%以上；

（二）修理后固定资产的使用年限延长2年以上。

企业所得税法第十三条第（三）项规定的支出，按照固定资产尚可使用年限分期摊销。

【解读】本条是关于固定资产大修理支出摊销的规定。

本条第一款对企业所得税法第十三条第（三）项所称固定资产的大修理支出条件做出规定。固定资产大修理支出为同时符合下列条件的支出：①修理支出达到取得固定资产时的计税基础50%以上。②修理后的固定资产，其使用年限延长2年以上。

本条第二款规定固定资产的大修理支出，按照固定资产尚可使用年限分期摊销。固定资产尚可使用年限为该固定资产大修理前的剩余使用年限加上修理后延长使用年限。

第七十条　企业所得税法第十三条第（四）项所称其他应当作为长期待摊费用的支出，自支出发生月份的次月起，分期摊销，摊销年限不得低于3年。

【解读】本条是关于其他应当作为长期待摊费用支出摊销的规定。

根据企业所得税法第十三条和本条规定，除已足额提取折旧的固定资产的改建支出、经营租入固定资产的改建支出和固定资产的大修理支出外，其他应作为长期待摊费用的支出，自支出发生月份的次月起，分期摊销，摊销年限不得低于3年。

第七十一条　企业所得税法第十四条所称投资资产，是指企业对外进行权益性投资和债权性投资形成的资产。

企业在转让或者处置投资资产时，投资资产的成本，准予扣除。

投资资产按照以下方法确定成本：

（一）通过支付现金方式取得的投资资产，以购买价款为成本；

（二）通过支付现金以外的方式取得的投资资产，以该资产的公允价值和支付的相关税费为成本。

【解读】本条是关于投资资产成本扣除的规定。

（一）投资资产。本条第一款对企业所得税法第十四条所称投资资产做出解释性规定。投资资产是指企业对外进行权益性投资和债权性投资形成的资产。企业对外投资资产是指企业对外进行权益性投资和债权性投资形成的资产。债权性投资是指投资企业通过投资获得债权，受资企业承担债务，从而形成投资企业与受资企业之间的债权债务关系；权益性投资是指投资企业通过投资取得受资企业的相应份额的所有权，从而形成投资企业与受资企业之间的所有权关系。

（二）投资资产成本的确认。根据本条第三款的规定，因企业投资资产形成的来源不同，投资资产按照以下方法确定成本：①通过支付现金方式取得的投资资产，以购买价款为成本。②通过支付现金以外的方式取得的投资资产，以该资产的公允价值和支付的相关税费为成本。

（三）投资资产成本的扣除。企业所得税法第十四条规定，企业对外投资期间，投资资产的成本在计算应纳税所得额时不得扣除。企业在转让或者处置投资资产时，投资资产的成本准予扣除。

第七十二条　企业所得税法第十五条所称存货，是指企业持有以备出售的产品或者商品、处在生产过程中的在产品、在生产或者提供劳务过程中耗用的材料和物料等。

存货按照以下方法确定成本：

（一）通过支付现金方式取得的存货，以购买价款和支付的相关税费为成本；

（二）通过支付现金以外的方式取得的存货，以该存货的公允价值和支付的相关税费为成本；

（三）生产性生物资产收获的农产品，以产出或者采收过程中发生的材料费、人工费和分摊的间接费用等必要支出为成本。

【解读】 本条是关于存货成本的规定。

本条第一款对企业所得税法第十五条所称存货做出解释性规定。存货是指企业持有以备出售的产品或者商品、处在生产过程中的在产品、在生产或者提供劳务过程中耗用的材料和物料等。产成品是指企业已经完成全部生产过程并验收入库，可以作为商品对外销售或者移交委托方的产品。商品是指企业购买的，或者委托加工完成后，可以直接对外销售的各种物品。半成品是指企业经过一定生产过程并已检验合格，仍需进一步加工的中间产品。在产品是指企业仍处在生产过程中的产品，包括正在各个生产工序加工的产品和已加工完毕但尚未检验或者已检验但尚未办理入库手续的产品。企业在生产或者提供劳务过程中耗用的材料和物料包括原材料、周转材料。原材料是指企业在生产过程中经加工改变其形态或者性质并构成产品主要实体的各种原料及主要材料、辅助材料、外购半成品（外购件）、修理用备件（备品备件）、包装材料、燃料等。周转材料包括包装物、低值易耗品等，其中，包装物是指为了包装本企业产品（商品）而储备的各种包装容器，如桶、箱、瓶、坛、袋等；低值易耗品是指不符合固定资产确认条件的各种用具物品，如工具、管理用具、玻璃器皿、劳动保护用品，以及在经营过程中周转使用的容器等。

根据本条第二款规定，企业存货按照以下方法确定成本：①通过支付现金方式取得的存货，以购买价款和支付的相关税费（如进口货物缴纳的进口关税、消费税，不能抵扣的增值税进项税额，在存货采购过程中发生的仓储费，包装费，运输途中的合理损耗，入库前的挑选整理费用等）为成本。②通过支付现金以外的方式取得的存货，以该存货的公允价值和支付的相关税费为成本。③生产性生物资产收获的农产品，以产出或者采收过程中发生的材料费、人工费和分摊的间接费用等必要支出为成本。

第七十三条　企业使用或者销售的存货的成本计算方法，可以在先进先出法、加权平均法、个别计价法中选用一种。计价方法一经选用，不得随意变更。

【解读】 本条是关于存货成本计算方法的规定。

根据本条规定，企业使用或者销售的存货成本计算方法，可以在先进先出法、加权平均法、个别计价法中选用一种。计价方法一经选用，不得随意变更。

先进先出法：指根据先入库先发出的原则，对于发出的存货以先入库存货的单价计算发出存货成本的方法。采用这种方法的具体做法是：先按存货的期初余额的单价计算发出的存货的成本，领发完毕后，再按第一批入库的存货的单价计算，依次从前向后类推，计算发出存货和结存货的成本。

加权平均法：亦称全月一次加权平均法，是指以当月全部进货数量加上月初存货数量作为权数，去除当月全部进货成本加上月初存货成本，计算出存货的加权平均单位成本，以此为基础计算当月发出存货的成本和期末存货的成本的一种方法。

$$存货的加权平均单位成本=\frac{（月初结存存货成本+本月购入存货成本）}{（月初结存存货数量+本月购入存货数量）}$$

$$月末库存存货成本=月末库存存货数量\times存货加权平均单位成本$$

$$本期发出存货的成本=本期发出存货的数量\times存货加权平均单位成本$$

个别计价法：采用这一方法是假设存货的成本流转与实物流转相一致，按照各种存货，逐一辨认各批发出存货和期末存货所属的购进或生产批别，分别按其购入或生产时所确定的单位成本作为计算各批发出存货和期末存货成本的方法。个别计价法的计算公式：

$$发出存货的实际成本=各批（次）存货发出数量\times该批次存货实际进货单价$$

第七十四条　企业所得税法第十六条所称资产的净值和第十九条所称财产净值，是指有关资产、财产的计税基础减除已经按照规定扣除的折旧、折耗、摊销、准备金等后的余额。

【解读】本条对企业所得税法第十六条所称资产净值和第十九条所称财产净值做出解释性规定。资产净值或者财产净值是指有关资产、财产的计税基础减除已经按照规定扣除的折旧、折耗、摊销、准备金等后的余额。

第七十五条　除国务院财政、税务主管部门另有规定外，企业在重组过程中，应当在交易发生时确认有关资产的转让所得或者损失，相关资产应当按照交易价格重新确定计税基础。

【解读】本条是关于企业重组资产计税基础的规定。

根据本条规定，除国务院财政、税务主管部门另有规定外，企业在重组过程中，应当在交易发生时，确认有关资产的转让所得或者损失。企业在确认有关资产的转让所得或者损失基础上，相关资产应当按照交易价格重新确定计税基础。财政部、国家税务总局财税［2009］59号对企业重组相关资产的处置做出了具体规定。

第三章　应纳税额

第七十六条　企业所得税法第二十二条规定的应纳税额的计算公式为：

$$应纳税额=应纳税所得额\times适用税率-减免税额-抵免税额$$

公式中的减免税额和抵免税额，是指依照企业所得税法和国务院的税收优惠规定减征、免征和抵免的应纳税额。

【解读】本条对企业所得税法第二十二条规定的应纳税额做出解释性规定。根据本条规定，企业应纳税额的计算公式为：

$$应纳税额=应纳税所得额\times适用税率-减免税额-抵免税额$$

公式中的应纳税所得额为企业依照企业所得税法及本条例规定确认的应纳税额。公式中的适用税率为企业依照企业所得税法及本条例规定确认的税率。企业有享受优惠税率项目的，各项目应税所得分别适用不同税率。跨地区经营企业，其总机构与分支机构适用不同税率的，依照《跨地区经营汇总纳税企业所得税征收管理暂行办法》

规定。公式中的减税、免税额为依照企业所得税法和国务院的税收优惠规定减征、免征的应纳税额。公式中的抵免税额为依照企业所得税法和国务院的税收优惠规定准予抵免的税额。

第七十七条　企业所得税法第二十三条所称已在境外缴纳的所得税税额，是指企业来源于中国境外的所得依照中国境外税收法律以及相关规定应当缴纳并已经实际缴纳的企业所得税性质的税款。

【解读】本条对企业所得税法第二十三条所称已在境外缴纳的所得税税额做出解释性规定。根据本条规定准予企业抵免的已在境外缴纳的所得税税额，应当同时符合以下条件：①已在境外缴纳的所得税税额必须是企业来源于中国境外的所得依照中国境外税收法律以及相关规定应当缴纳并已经实际缴纳的税款。②已在境外缴纳的所得税税额必须是企业来源于中国境外的所得依照中国境外税收法律以及相关规定应当缴纳并已经实际缴纳的企业所得税性质的税款。已缴纳的不具有所得税性质的税款不得抵免。

第七十八条　企业所得税法第二十三条所称抵免限额，是指企业来源于中国境外的所得，依照企业所得税法和本条例的规定计算的应纳税额。除国务院财政、税务主管部门另有规定外，该抵免限额应当分国（地区）不分项计算，计算公式如下：

抵免限额 = 中国境内、境外所得依照企业所得税法和本条例的规定计算的应纳税总额 × 来源于某国（地区）的应纳税所得额 ÷ 中国境内、境外应纳税所得总额

【解读】本条对企业所得税法第二十三条所称抵免限额做出解释性规定。抵免限额是指企业来源于中国境外的所得，依照企业所得税法和本条例的规定计算的应纳税额。抵免限额具有以下含义：①计算抵免限额的来源于中国境外的所得，必须是依照企业所得税法及本条规定，应当缴纳企业所得税的所得；②抵免限额的计算适用企业所得税法及本条规定的税率；③抵免限额按来源于中国境外国家（地区）分别计算，但来源于中国境外的同一国家（地区）的不同项目所得不分别计算抵免限额。抵免限额计算公式如下：

抵免限额 = 中国境内、境外所得依照企业所得税法和本条例的规定计算的应纳税总额 × 来源于某国（地区）的应纳税所得额 ÷ 中国境内、境外应纳税所得总额

第七十九条　企业所得税法第二十三条所称 5 个年度，是指从企业取得的来源于中国境外的所得，已经在中国境外缴纳的企业所得税性质的税额超过抵免限额的当年的次年起连续 5 个纳税年度。

【解读】本条对企业所得税法第二十三条所称 5 个年度做出解释性规定。根据本条规定，企业取得的来源于中国境外的所得，已经在中国境外缴纳的企业所得税性质的税额超过抵免限额的当年的次年起连续 5 个纳税年度，具有以下含义：①5 个纳税年度的起始时间从超过抵免限额的当年的次年起计算。②5 个纳税年度连续计算。

第八十条　企业所得税法第二十四条所称直接控制，是指居民企业直接持有外国企业 20% 以上股份。

企业所得税法第二十四条所称间接控制，是指居民企业以间接持股方式持有外国

企业20%以上股份，具体认定办法由国务院财政、税务主管部门另行制定。

【解读】 本条第一款对企业所得税法第二十四条所称直接控制做出解释性规定。根据本条规定，居民企业直接持有外国企业20%以上股份的，此外国企业为中国居民企业直接控制的外国企业。

本条第二款对企业所得税法第二十四条所称间接控制做出解释性规定。根据本条规定，居民企业以间接持股方式持有外国企业20%以上股份的，该外国企业为中国居民企业间接控制的外国企业。本条将间接控制的认定办法授权国务院财政、税务主管部门制定。国家税务总局《特别纳税调整实施办法（试行）》及国家税务总局国税函［2009］37号对间接控制的认定标准给予了规定。

第八十一条　企业依照企业所得税法第二十三条、第二十四条的规定抵免企业所得税税额时，应当提供中国境外税务机关出具的税款所属年度的有关纳税凭证。

【解读】 本条是关于企业抵免已在境外缴纳的所得税税额证明的规定。为了加强企业已在境外缴纳的所得税税额抵免管理，防止企业利用此优惠政策，逃避缴纳税款，本条规定，企业有来源于中国境外所得，需要抵免已在境外缴纳的所得税税额时，必须提供中国境外税务机关或者税务当局出具的税款所属年度的有关纳税凭证。不提供或者不能提供中国境外税务机关出具的税款所属年度的有关纳税凭证的，不得抵免已在境外缴纳的所得税税额。

第四章　税收优惠

第八十二条　企业所得税法第二十六条第（一）项所称国债利息收入，是指企业持有国务院财政部门发行的国债取得的利息收入。

【解读】 本条对企业所得税法第二十六条第（一）项所称国债利息收入做出解释性规定。根据本条规定，企业所得税法第二十六条第（一）项规定的免税国债利息收入仅限于企业投资国务院财政部门发行的各种国家债券取得的利息收入。

第八十三条　企业所得税法第二十六条第（二）项所称符合条件的居民企业之间的股息、红利等权益性投资收益，是指居民企业直接投资于其他居民企业取得的投资收益。企业所得税法第二十六条第（二）项和第（三）项所称股息、红利等权益性投资收益，不包括连续持有居民企业公开发行并上市流通的股票不足12个月取得的投资收益。

【解读】 本条对企业所得税法第二十六条第（二）项所称符合条件的居民企业之间的股息、红利等权益性投资收益做出解释性规定。居民企业之间的股息、红利等权益性投资收益符合免税的条件：①居民企业从其他居民企业取得的股息、红利等权益性投资收益应当是居民企业直接投资于其他居民企业取得的投资收益。②居民企业从其他居民企业取得的股息、红利等权益性投资收益，但不包括连续持有居民企业公开发行并上市流通的股票不足12个月取得的投资收益。

本条对企业所得税法第二十六条第（三）项规定的在中国境内设立机构、场所的非居民企业，从居民企业取得与该机构、场所有实际联系的股息、红利等权益性投资收益免税范围给予界定。在中国境内设立机构、场所的非居民企业，从居民企业取得与该机构、场所有实际联系的股息、红利等权益性投资收益免税，不包括连续持有居民企业公开发行并上市流通的股票不足12个月取得的投资收益。

第八十四条　企业所得税法第二十六条第（四）项所称符合条件的非营利组织，是指同时符合下列条件的组织：

（一）依法履行非营利组织登记手续；

（二）从事公益性或者非营利性活动；

（三）取得的收入除用于与该组织有关的、合理的支出外，全部用于登记核定或者章程规定的公益性或者非营利性事业；

（四）财产及其孳息不用于分配；

（五）按照登记核定或者章程规定，该组织注销后的剩余财产用于公益性或者非营利性目的，或者由登记管理机关转赠给与该组织性质、宗旨相同的组织，并向社会公告；

（六）投入人对投入该组织的财产不保留或者享有任何财产权利；

（七）工作人员工资福利开支控制在规定的比例内，不变相分配该组织的财产。

前款规定的非营利组织的认定管理办法由国务院财政、税务主管部门会同国务院有关部门制定。

【解读】本条对企业所得税法第二十六条第（四）项所称非营利组织条件给予界定。同时具备本条规定的七个条件的组织为企业所得税法第二十六条第（四）项所称非营利组织。非营利组织的认定依照财政部、国家税务总局财税［2009］123号关于非营利组织免税资格认定管理有关问题通知的规定。

第八十五条　企业所得税法第二十六条第（四）项所称符合条件的非营利组织的收入，不包括非营利组织从事营利性活动取得的收入，但国务院财政、税务主管部门另有规定的除外。

【解读】本条对企业所得税法第二十六条第（四）项所称符合条件的非营利组织的收入给予界定。根据本条规定，符合条件的非营利组织的收入，不包括非营利组织从事营利性活动取得的收入。符合条件的非营利组织的收入的认定，依照财政部、国家税务总局财税［2009］122号关于非营利组织企业所得税免税收入问题通知的规定。

第八十六条　企业所得税法第二十七条第（一）项规定的企业从事农、林、牧、渔业项目的所得，可以免征、减征企业所得税，是指：

（一）企业从事下列项目的所得，免征企业所得税：

1. 蔬菜、谷物、薯类、油料、豆类、棉花、麻类、糖料、水果、坚果的种植；

2. 农作物新品种的选育；

3. 中药材的种植；

4. 林木的培育和种植；

5. 牲畜、家禽的饲养；

6. 林产品的采集；

7. 灌溉、农产品初加工、兽医、农技推广、农机作业和维修等农、林、牧、渔服务业项目；

8. 远洋捕捞。

（二）企业从事下列项目的所得，减半征收企业所得税：

1. 花卉、茶以及其他饮料作物和香料作物的种植；

2. 海水养殖、内陆养殖。

企业从事国家限制和禁止发展的项目，不得享受本条规定的企业所得税优惠。

【解读】本条对企业所得税法第二十七条第（一）项规定的企业从事农、林、牧、渔业项目的所得，可以免征、减征企业所得税范围给予界定。

本条第一款第（一）项规定了企业从事农产品免征企业所得税的范围。本条第一款第（二）项规定了企业从事农产品减征企业所得税的范围。财政部、国家税务总局财税［2008］149号和国家税务总局国税函［2008］850号对本条规定的税收优惠范围做出了具体规定。

第八十七条　企业所得税法第二十七条第（二）项所称国家重点扶持的公共基础设施项目，是指《公共基础设施项目企业所得税优惠目录》规定的港口码头、机场、铁路、公路、城市公共交通、电力、水利等项目。

企业从事前款规定的国家重点扶持的公共基础设施项目的投资经营的所得，自项目取得第一笔生产经营收入所属纳税年度起，第一年至第三年免征企业所得税，第四年至第六年减半征收企业所得税。

企业承包经营、承包建设和内部自建自用本条规定的项目，不得享受本条规定的企业所得税优惠。

【解读】本条第一款对企业所得税法第二十七条第（二）项所称国家重点扶持的公共基础设施项目做出解释性规定。财政部、国家税务总局财税［2008］46号，国家税务总局国税发［2009］80号，财政部、国家税务总局、国家发展改革委财税［2008］116号对本条规定的税收优惠范围做出了具体规定。

本条第二款对国家重点扶持的公共基础设施项目免税、减税做出具体规定。①企业享受税收优惠的起始时间。企业从事规定的国家重点扶持的公共基础设施项目的投资经营的所得，从项目取得第一笔生产经营收入所属纳税年度起，享受免税、减税优惠。②享受免税、减税优惠。企业从事规定的国家重点扶持的公共基础设施项目的投资经营的所得，从项目取得第一笔生产经营收入所属纳税年度起，第一年至第三年免征企业所得税，第四年至第六年减半征收企业所得税。

第八十八条　企业所得税法第二十七条第（三）项所称符合条件的环境保护、节能节水项目，包括公共污水处理、公共垃圾处理、沼气综合开发利用、节能减排技术改造、海水淡化等。项目的具体条件和范围由国务院财政、税务主管部门商国务院有关部门制订，报国务院批准后公布施行。

企业从事前款规定的符合条件的环境保护、节能节水项目的所得，自项目取得第一笔生产经营收入所属纳税年度起，第一年至第三年免征企业所得税，第四年至第六年减半征收企业所得税。

【解读】本条对企业所得税法第二十七条第（三）项所称符合条件的环境保护、节能节水项目减税、免税做出规定。财政部、国家税务总局财税［2008］48号，财政部，国家税务总局、国家发展改革委财税［2008］115号，财政部、国家税务总局、安全监管总局财税［2008］118号对本条规定的税收优惠范围做出了具体规定。

第八十九条　依照本条例第八十七条和第八十八条规定享受减免税优惠的项目，在减免税期限内转让的，受让方自受让之日起，可以在剩余期限内享受规定的减免税优惠；减免税期限届满后转让的，受让方不得就该项目重复享受减免税优惠。

【解读】本条对本条例第八十七条和第八十八条规定享受减免税优惠的项目减税、免税做出补充规定。为了体现税收促进国家扶持和鼓励的产业发展原则，本条规定，享受本条例第八十七条和第八十八条规定减免税优惠的项目，在减免税期限内转让的，受让方自受让之日起，可以在剩余期限内享受规定的减免税优惠；减免税期限届满后转让的，受让方不得就该项目重复享受减免税优惠。

第九十条　企业所得税法第二十七条第（四）项所称符合条件的技术转让所得免征、减征企业所得税，是指一个纳税年度内，居民企业技术转让所得不超过500万元的部分，免征企业所得税；超过500万元的部分，减半征收企业所得税。

【解读】本条对企业所得税法第二十七条第（四）项所称符合条件的技术转让所得免征、减征企业所得税做出解释性规定。根据本条规定，享受技术转让所得免征、减征企业所得税优惠的企业仅限于居民企业。在一个纳税年度内，居民企业技术转让所得500万元及其以下的部分，免征企业所得税；超过500万元的部分，减半征收企业所得税。企业技术转让所得年度应纳税额计算公式如下：

应纳税额＝（纳税年度转让技术所得－500）×适用税率÷2

公式中的纳税年度转让技术所得以万元为计量单位。居民企业享受技术转让优惠条件依照国家税务总局国税函［2009］212号规定。

第九十一条　非居民企业取得企业所得税法第二十七条第（五）项规定的所得，减按10%的税率征收企业所得税。

下列所得可以免征企业所得税：

（一）外国政府向中国政府提供贷款取得的利息所得；

（二）国际金融组织向中国政府和居民企业提供优惠贷款取得的利息所得；

（三）经国务院批准的其他所得。

【解读】本条第一款对非居民企业在中国境内未设立机构、场所的，或者虽设立机构、场所但取得的所得与其所设机构、场所没有实际联系的，其来源于中国境内的所得减税优惠做出具体规定。将企业所得税法规定的20%税率调减为10%税率征收企业所得税。

根据本条第二款规定，外国政府向中国政府提供贷款取得的利息所得、国际金融组织向中国政府和居民企业提供优惠贷款取得的利息所得、经国务院批准的其他所得给予免税优惠。外国政府在我国设立代表机构免税审批程序依照国家税务总局国税函［2008］945号规定。

第九十二条　企业所得税法第二十八条第一款所称符合条件的小型微利企业，是指从事国家非限制和禁止行业，并符合下列条件的企业：

（一）工业企业，年度应纳税所得额不超过30万元，从业人数不超过100人，资产总额不超过3000万元；

（二）其他企业，年度应纳税所得额不超过30万元，从业人数不超过80人，资产总额不超过1000万元。

【解读】 本条对企业所得税法第二十八条第一款规定享受20%优惠税率的小型微利企业条件给予界定。根据本条规定，享受20%优惠税率的小型微利企业条件为：①工业企业，年度应纳税所得额不超过30万元，从业人数不超过100人，资产总额不超过3000万元。②其他企业，年度应纳税所得额不超过30万元，从业人数不超过80人，资产总额不超过1000万元。

国家税务总局国税函［2008］650号对享受小型微利企业税收优惠企业范围做出规定。国务院国发［2009］36号关于进一步促进中小企业发展的若干意见和财政部、国家税务总局财税［2009］133号关于小型微利企业有关企业所得税政策的通知，对年应纳税所得额低于3万元小型微利企业给予更加税收优惠规定。

第九十三条　企业所得税法第二十八条第二款所称国家需要重点扶持的高新技术企业，是指拥有核心自主知识产权，并同时符合下列条件的企业：

（一）产品（服务）属于《国家重点支持的高新技术领域》规定的范围；

（二）研究开发费用占销售收入的比例不低于规定比例；

（三）高新技术产品（服务）收入占企业总收入的比例不低于规定比例；

（四）科技人员占企业职工总数的比例不低于规定比例；

（五）高新技术企业认定管理办法规定的其他条件。

《国家重点支持的高新技术领域》和高新技术企业认定管理办法由国务院科技、财政、税务主管部门商国务院有关部门制订，报国务院批准后公布施行。

【解读】 本条对企业所得税法第二十八条第二款所称国家需要重点扶持的高新技术企业条件做出规定。高新技术企业认定与管理依照科技部、财政部、国家税务总局国科发火［2008］172号和［2008］705号规定。

第九十四条　企业所得税法第二十九条所称民族自治地方，是指依照《中华人民共和国民族区域自治法》的规定，实行民族区域自治的自治区、自治州、自治县。

对民族自治地方内国家限制和禁止行业的企业，不得减征或者免征企业所得税。

【解读】 本条对企业所得税法第二十九条所称民族自治地方做出解释规定。规定民族自治地方内国家限制和禁止行业的企业，不得减征或者免征企业所得税。

第九十五条　企业所得税法第三十条第（一）项所称研究开发费用的加计扣除，是指企业为开发新技术、新产品、新工艺发生的研究开发费用，未形成无形资产计入当期损益的，在按照规定据实扣除的基础上，按照研究开发费用的50%加计扣除；形成无形资产的，按照无形资产成本的150%摊销。

【解读】 本条对企业所得税法第三十条第（一）项所称研究开发费用的加计扣除做出解释性规定。根据本条规定，企业未形成无形资产的研究开发费用加计扣除，在年度纳税申报时，按加计扣除金额调减应纳税所得额。应纳税所得额调减额计算公式如下：

应纳税所得额调减额＝研究开发费用金额×50%

企业形成无形资产的研发费用，无形资产成本加计摊销金额，在年度纳税申报时，按加计摊销金额调减应纳税所得额。

应纳税所得额调减额＝当年应摊销的无形资产成本×50%

研究开发费用的加计扣除的认定与管理依照国家税务总局国税发［2008］116号《企业研究开发费用税前扣除管理办法（试行）》规定。

第九十六条　企业所得税法第三十条第（二）项所称企业安置残疾人员所支付的工资的加计扣除，是指企业安置残疾人员的，在按照支付给残疾职工工资据实扣除的基础上，按照支付给残疾职工工资的100%加计扣除。残疾人员的范围适用《中华人民共和国残疾人保障法》的有关规定。

企业所得税法第三十条第（二）项所称企业安置国家鼓励安置的其他就业人员所支付的工资的加计扣除办法，由国务院另行规定。

【解读】本条第一款对企业所得税法第三十条第（二）项所称企业安置残疾人员所支付的工资加计扣除做出解释性规定。根据本条规定，企业安置残疾人员所支付的工资加计扣除，在年度纳税申报时，按加计扣除金额调减应纳税所得额。

应纳税所得额调减额＝年度支付残疾职工工资×100%

财政部、国家税务总局财税［2009］70号对本条第一款规定的税收优惠做出具体规定。政部国家税务总局财税［2009］23号对本条第二款规定的税收优惠做出具体规定。

第九十七条　企业所得税法第三十一条所称抵扣应纳税所得额，是指创业投资企业采取股权投资方式投资于未上市的中小高新技术企业2年以上的，可以按照其投资额的70%在股权持有满2年的当年抵扣该创业投资企业的应纳税所得额；当年不足抵扣的，可以在以后纳税年度结转抵扣。

【解读】本条对企业所得税法第三十一条所称抵扣应纳税所得额做出解释性规定。根据本条规定，创业投资企业的投资同时符合下列条件，才能享受本条规定税收优惠：①创业投资企业必须以股权投资方式进行投资。②创业投资企业的投资对象必须是未上市的中小高新技术企业。③创业投资企业对其股权投资持有时间必须满两年。

满足以上条件的创业投资企业，投资额抵扣当年应纳税所得额限额计算公式如下：

准予抵扣税额＝投资额×70%

创业投资企业的认定依照国家税务总局国税发［2009］87号《关于实施创业投资企业所得税优惠问题的通知》的规定。

第九十八条　企业所得税法第三十二条所称可以采取缩短折旧年限或者采取加速折旧的方法的固定资产，包括：

（一）由于技术进步，产品更新换代较快的固定资产；

（二）常年处于强震动、高腐蚀状态的固定资产。

采取缩短折旧年限方法的，最低折旧年限不得低于本条例第六十条规定折旧年限的60%；采取加速折旧方法的，可以采取双倍余额递减法或者年数总和法。

【解读】本条第一款对企业所得税法第三十二条所称可以采取缩短折旧年限或者采取加速折旧的方法的固定资产条件做出规定。根据本条第一款规定，可以采取缩短折旧年限或者采取加速折旧的方法的固定资产，应当符合下列条件之一：①由于技术进步，产品更新换代较快的固定资产；②常年处于强震动、高腐蚀状态的固定资产。

根据本条第二跨规定，固定资产采取缩短折旧年限方法的，其最低折旧年限为本条例规定的最低折旧年限×60%。固定资产采取加速折旧方法的，可以采取双倍余额递减法或者年数总和法。企业固定资产加速折旧方法依照国家税务总局国税发［2009］81号规定。

第九十九条　企业所得税法第三十三条所称减计收入，是指企业以《资源综合利用企业所得税优惠目录》规定的资源作为主要原材料，生产国家非限制和禁止并符合国家行业相关标准的产品取得的收入，减按90%计入收入总额。

前款所称原材料占生产产品材料的比例不得低于《资源综合利用企业所得税优惠目录》规定的标准。

【解读】本条第一款对企业所得税法第三十三条所称减计收入做出解释性规定。根据本条第一款规定，企业享受减计收入税收优惠的产品，必须同时满足以下条件：①企业生产的产品所用主要原料必须是《资源综合利用企业所得税优惠目录》规定的资源。②生产的产品不是国家限制和禁止的产品。③生产的产品必须符合国家行业相关标准。

企业生产销售符合条件产品，应税收入额计算公式如下：

$$应税收入额=符合条件产品销售收入\times 90\%$$

或者

企业生产销售符合条件产品，减计收入额计算公式如下：

$$减计收入额=符合条件产品销售收入\times(1-90\%)$$

财政部、国家税务总局财税［2008］47号，财政部、国家税务总局、国家发展改革委财税［2008］117号，国家税务总局国税函［2009］185号对本条规定的税收优惠范围，做出了具体规定。

第一百条　企业所得税法第三十四条所称税额抵免，是指企业购置并实际使用《环境保护专用设备企业所得税优惠目录》、《节能节水专用设备企业所得税优惠目录》和《安全生产专用设备企业所得税优惠目录》规定的环境保护、节能节水、安全生产等专用设备的，该专用设备的投资额的10%可以从企业当年的应纳税额中抵免；当年不足抵免的，可以在以后5个纳税年度结转抵免。

享受前款规定的企业所得税优惠的企业，应当实际购置并自身实际投入使用前款规定的专用设备；企业购置上述专用设备在5年内转让、出租的，应当停止享受企业所得税优惠，并补缴已经抵免的企业所得税税款。

【解读】本条第一款对企业所得税法第三十四条所称税额抵免做出解释性规定。根据本条规定，享受本条规定的企业所得税优惠的企业应同时满足以下条件：①企业享受税收优惠的设备仅限于《目录》中列举的范围。②企业享受税收优惠的设备应属企业购置，非购置的不享受税收优惠。③购置的设备企业必须自身实际已经投入使用。购置但未投入使用的，不享受税收优惠。④企业实际使用购置设备的年限满5年。抵免税额计算公式如下：

企业抵免应纳税额的限额 = 专用设备投资额 ×10%。

根据本条第二款规定，企业将享受税收优惠的购置专用设备在5年内转让、出租的，应当停止享受企业所得税优惠，并补缴已经抵免的企业所得税税款。

第一百零一条　本章第八十七条、第九十九条、第一百条规定的企业所得税优惠目录，由国务院财政、税务主管部门商国务院有关部门制订，报国务院批准后公布施行。

【解读】 本条为授权立法条款。本条将本条例第八十七条、第九十九条、第一百条规定的企业所得税优惠目录授权国务院财政、税务主管部门商国务院有关部门制订。《公共基础设施项目企业所得税优惠目录（2008年版）》已由财政部、国家税务总局、国家发展改革委财税［2008］116号公布；《资源综合利用企业所得税优惠目录（2008年版）》已由财政部、国家税务总局、国家发展改革委财税［2008］117号公布；《节能节水专用设备企业所得税优惠目录（2008年版）》和《环境保护专用设备企业所得税优惠目录（2008年版）》已由财政部、国家税务总局、国家发展改革委财税［2008］115号公布；《安全生产专用设备企业所得税优惠目录（2008年版）》已由财政部、国家税务总局、安全监管总局财税［2008］118号公布。上述目录具体内容，参见附录资料相关目录表。

第一百零二条　企业同时从事适用不同企业所得税待遇的项目的，其优惠项目应当单独计算所得，并合理分摊企业的期间费用；没有单独计算的，不得享受企业所得税优惠。

【解读】 本条是关于企业同时享受两项及其以上优惠项目单独计算所得的规定。企业所得税免征、减征管理依照国家税务总局国税发［2008］111号规定。

第五章　源泉扣缴

第一百零三条　依照企业所得税法对非居民企业应当缴纳的企业所得税实行源泉扣缴的，应当依照企业所得税法第十九条的规定计算应纳税所得额。

企业所得税法第十九条所称收入全额，是指非居民企业向支付人收取的全部价款和价外费用。

【解读】 本条第一款对源泉扣缴非居民企业所得税计算方法给予规定。根据本条规定，对非居民企业应当缴纳的企业所得税实行源泉扣缴的，扣缴义务人应按以下方法计算扣缴税额：①股息、红利等权益性投资收益和利息、租金、特许权使用费所得，以收入全额为扣缴的应纳税所得额。②转让财产所得，以收入全额减除财产净值后的余额为扣缴应纳税所得额。③其他所得，参照前两项规定的方法计算扣缴应纳税所得额。

本条第二款对企业所得税法第十九条所称收入全额做出解释性格规定。收入全额是指非居民企业向支付人收取的全部价款和价外费用。

第一百零四条 企业所得税法第三十七条所称支付人，是指依照有关法律规定或者合同约定，对非居民企业直接负有支付相关款项义务的单位或者个人。

【解读】本条对企业所得税法第三十七条所称支付人做出解释性规定。支付人是指依照有关法律规定或者合同约定对非居民企业直接负有支付相关款项义务的单位或者个人。

第一百零五条 企业所得税法第三十七条所称支付，包括现金支付、汇拨支付、转账支付和权益兑价支付等货币支付和非货币支付。

企业所得税法第三十七条所称到期应支付的款项，是指支付人按照权责发生制原则应当计入相关成本、费用的应付款项。

【解读】本条第一款对企业所得税法第三十七条所称支付做出解释性规定。支付包括现金支付、汇拨支付、转账支付和权益兑价支付等货币支付和非货币支付。本条第二款对企业所得税法第三十七条所称到期应支付的款项做出解释性规定。到期应支付的款项是指支付人按照权责发生制原则应当计入相关成本、费用的应付款项。

第一百零六条 企业所得税法第三十八条规定的可以指定扣缴义务人的情形，包括：

（一）预计工程作业或者提供劳务期限不足一个纳税年度，且有证据表明不履行纳税义务的；

（二）没有办理税务登记或者临时税务登记，且未委托中国境内的代理人履行纳税义务的；

（三）未按照规定期限办理企业所得税纳税申报或者预缴申报的。

前款规定的扣缴义务人，由县级以上税务机关指定，并同时告知扣缴义务人所扣税款的计算依据、计算方法、扣缴期限和扣缴方式。

【解读】本条第一款对企业所得税法第三十八条规定的可以指定扣缴义务人的情形做出规定。根据本条规定，非居民企业存在以下情形时，税务机关可以指定扣缴义务人：①预计工程作业或者提供劳务期限不足一个纳税年度，且有证据表明不履行纳税义务的。②没有办理税务登记或者临时税务登记，且未委托中国境内的代理人履行纳税义务的。③未按照规定期限办理企业所得税纳税申报或者预缴申报的。

本条第二款规定了指定扣缴义务人权力税务机关及其告知义务。扣缴义务人由县级以上税务机关指定，并同时告知扣缴义务人所扣税款的计算依据、计算方法、扣缴期限和扣缴方式。

第一百零七条 企业所得税法第三十九条所称所得发生地，是指依照本条例第七条规定的原则确定的所得发生地。在中国境内存在多处所得发生地的，由纳税人选择其中之一申报缴纳企业所得税。

第一百零八条 企业所得税法第三十九条所称该纳税人在中国境内其他收入，是指该纳税人在中国境内取得的其他各种来源的收入。

税务机关在追缴该纳税人应纳税款时，应当将追缴理由、追缴数额、缴纳期限和缴纳方式等告知该纳税人。

第六章　特别纳税调整

第一百零九条　企业所得税法第四十一条所称关联方，是指与企业有下列关联关系之一的企业、其他组织或者个人：

（一）在资金、经营、购销等方面存在直接或者间接的控制关系；

（二）直接或者间接地同为第三者控制；

（三）在利益上具有相关联的其他关系。

【解读】 本条对企业所得税法第四十一条所称关联方做出解释性规定。国家税务总局国税发［2009］2号《特别纳税调整实施办法（试行）》第九条对本条所称关联关系做出了具体规定。

第一百一十条　企业所得税法第四十一条所称独立交易原则，是指没有关联关系的交易各方，按照公平成交价格和营业常规进行业务往来遵循的原则。

【解读】 本条对企业所得税法第四十一条所称独立交易原则做出解释性规定。独立交易原则是指没有关联关系的交易各方，按照公平成交价格和营业常规进行业务往来遵循的原则。

第一百一十一条　企业所得税法第四十一条所称合理方法，包括：

（一）可比非受控价格法，是指按照没有关联关系的交易各方进行相同或者类似业务往来的价格进行定价的方法；

（二）再销售价格法，是指按照从关联方购进商品再销售给没有关联关系的交易方的价格，减除相同或者类似业务的销售毛利进行定价的方法；

（三）成本加成法，是指按照成本加合理的费用和利润进行定价的方法；

（四）交易净利润法，是指按照没有关联关系的交易各方进行相同或者类似业务往来取得的净利润水平确定利润的方法；

（五）利润分割法，是指将企业与其关联方的合并利润或者亏损在各方之间采用合理标准进行分配的方法；

（六）其他符合独立交易原则的方法。

【解读】 本条对企业所得税法第四十一条所称合理方法做出具体规定。国家税务总局国税发［2009］2号《特别纳税调整实施办法（试行）》对关联企业发生关联交易是否遵循独立交易原则标准以及选择转让定价方法做出了具体规定。

第一百一十二条　企业可以依照企业所得税法第四十一条第二款的规定，按照独立交易原则与其关联方分摊共同发生的成本，达成成本分摊协议。

企业与其关联方分摊成本时，应当按照成本与预期收益相配比的原则进行分摊，并在税务机关规定的期限内，按照税务机关的要求报送有关资料。

企业与其关联方分摊成本时违反本条第一款、第二款规定的，其自行分摊的成本不得在计算应纳税所得额时扣除。

【解读】 本条是关于关联企业分摊成本的规定。企业关联交易成本分摊协议管理，依照国家税务总局国税发［2009］2号《特别纳税调整实施办法（试行）》规定。

第一百一十三条 企业所得税法第四十二条所称预约定价安排，是指企业就其未来年度关联交易的定价原则和计算方法，向税务机关提出申请，与税务机关按照独立交易原则协商、确认后达成的协议。

【解读】 本条对企业所得税法第四十二条所称预约定价安排做出解释性规定。关联企业业务往来预约定价安排处理，依照国家税务总局国税发［2009］2号《特别纳税调整实施办法（试行）》规定。

第一百一十四条 企业所得税法第四十三条所称相关资料，包括：

（一）与关联业务往来有关的价格、费用的制定标准、计算方法和说明等同期资料；

（二）关联业务往来所涉及的财产、财产使用权、劳务等的再销售（转让）价格或者最终销售（转让）价格的相关资料；

（三）与关联业务调查有关的其他企业应当提供的与被调查企业可比的产品价格、定价方式以及利润水平等资料；

（四）其他与关联业务往来有关的资料。

企业所得税法第四十三条所称与关联业务调查有关的其他企业，是指与被调查企业在生产经营内容和方式上相类似的企业。

企业应当在税务机关规定的期限内提供与关联业务往来有关的价格、费用的制定标准、计算方法和说明等资料。关联方以及与关联业务调查有关的其他企业应当在税务机关与其约定的期限内提供相关资料。

【解读】 本条第一款对企业所得税法第四十三条所称相关资料范围做出解释性规定。本条第二款对企业所得税法第四十三条所称与关联业务调查有关的其他企业做出解释性规定。关联企业关联交易相关资料管理，依照国家税务总局国税发［2009］2号《特别纳税调整实施办法（试行）》规定。

第一百一十五条 税务机关依照企业所得税法第四十四条的规定核定企业的应纳税所得额时，可以采用下列方法：

（一）参照同类或者类似企业的利润率水平核定；

（二）按照企业成本加合理的费用和利润的方法核定；

（三）按照关联企业集团整体利润的合理比例核定；

（四）按照其他合理方法核定。

企业对税务机关按照前款规定的方法核定的应纳税所得额有异议的，应当提供相关证据，经税务机关认定后，调整核定的应纳税所得额。

【解读】 本条是关于核定企业应纳税所得额的方法规定。企业所得税法第四十四条规定，企业不提供与其关联方之间业务往来资料，或者提供虚假、不完整资料，未能真实反映其关联业务往来情况的，税务机关有权依法核定其应纳税所得额。税务机关核定其应纳税所得额依照本条及国家税务总局国税发［2009］2号《特别纳税调整实施办法（试行）》规定的方法。

第一百一十六条 企业所得税法第四十五条所称中国居民，是指根据《中华人民共和国个人所得税法》的规定，就其从中国境内、境外取得的所得在中国缴纳个人所得税的个人。

【解读】本条对企业所得税法第四十五条所称中国居民做出解释性规定。中国居民是指就其从中国境内、境外取得的所得在中国缴纳个人所得税的个人。中国居民的认定依照《中华人民共和国个人所得税法》规定。

第一百一十七条　企业所得税法第四十五条所称控制，包括：

（一）居民企业或者中国居民直接或者间接单一持有外国企业10%以上有表决权股份，且由其共同持有该外国企业50%以上股份；

（二）居民企业，或者居民企业和中国居民持股比例没有达到第（一）项规定的标准，但在股份、资金、经营、购销等方面对该外国企业构成实质控制。

【解读】本条对企业所得税法第四十五条所称控制做出解释性规定。控制的认定方法依照国家税务总局国税发［2009］2号《特别纳税调整实施办法（试行）》规定。

第一百一十八条　企业所得税法第四十五条所称实际税负明显低于企业所得税法第四条第一款规定税率水平，是指低于企业所得税法第四条第一款规定税率的50%。

【解读】本条对企业所得税法第四十五条所称实际税负明显低于企业所得税法第四条第一款规定税率水平做出解释性规定。实际税负明显低于企业所得税法第四条第一款规定税率水平，是指实际税负低于12.5%。

第一百一十九条　企业所得税法第四十六条所称债权性投资，是指企业直接或者间接从关联方获得的，需要偿还本金和支付利息或者需要以其他具有支付利息性质的方式予以补偿的融资。

企业间接从关联方获得的债权性投资，包括：

（一）关联方通过无关联第三方提供的债权性投资；

（二）无关联第三方提供的、由关联方担保且负有连带责任的债权性投资；

（三）其他间接从关联方获得的具有负债实质的债权性投资。

企业所得税法第四十六条所称权益性投资，是指企业接受的不需要偿还本金和支付利息，投资人对企业净资产拥有所有权的投资。

企业所得税法第四十六条所称标准，由国务院财政、税务主管部门另行规定。

【解读】本条对企业所得税法第四十六条所称债权性投资做出解释性规定。关联方债权性投资是指企业直接或者间接从关联方获得的，需要偿还本金和支付利息或者需要以其他具有支付利息性质的方式予以补偿的融资。关联方债权性投资标准依照财政部、国家税务总局财税［2008］121号关于企业关联方利息支出税前扣除标准有关税收政策问题的通知的规定。

第一百二十条　企业所得税法第四十七条所称不具有合理商业目的，是指以减少、免除或者推迟缴纳税款为主要目的。

【解读】本条对企业所得税法第四十七条所称不具有合理商业目的做出解释性规定。国家税务总局国税发［2009］2号《特别纳税调整实施办法（试行）》对此做出具体规定。

第一百二十一条　税务机关根据税收法律、行政法规的规定，对企业作出特别纳税调整的，应当对补征的税款，自税款所属纳税年度的次年 6 月 1 日起至补缴税款之日止的期间，按日加收利息。

前款规定加收的利息，不得在计算应纳税所得额时扣除。

【解读】 本条是关于特别纳税调整补税加收利息的规定。

税务机关对企业做出特别纳税调整补征税款加收利息的，加收利息计算公式如下：

加收利息金额 = 补征税款 × 加息天数 × 加息率

公式中加息天数为自税款所属纳税年度的次年 6 月 1 日起至补缴税款之日止。国家税务总局国税发［2009］2 号《特别纳税调整实施办法（试行）》对按日加收利息计算方法做出了具体规定。

第一百二十二条　企业所得税法第四十八条所称利息，应当按照税款所属纳税年度中国人民银行公布的与补税期间同期的人民币贷款基准利率加 5 个百分点计算。

企业依照企业所得税法第四十三条和本条例的规定提供有关资料的，可以只按前款规定的人民币贷款基准利率计算利息。

【解读】 本条对企业所得税法第四十八条所称利息做出解释性规定。根据本条第一款规定，依照《中华人民共和国企业所得税法》有关特别纳税调整的规定，对企业做出特别纳税调整时，补征税款加收利息的加收率 = 补税期间同期的人民币贷款基准利率 +5%。

国家税务总局国税发［2009］2 号《特别纳税调整实施办法（试行）》对按日加收利息计算方法做出了具体规定。

第一百二十三条　企业与其关联方之间的业务往来，不符合独立交易原则，或者企业实施其他不具有合理商业目的的安排的，税务机关有权在该业务发生的纳税年度起 10 年内，进行纳税调整。

【解读】 本条规定了特别纳税调整的追溯期限。纳税人有本条规定情形的，特别纳税调整的追溯期为 10 年。根据本条的规定，追溯特别纳税调整的前置条件是企业与其关联方之间的业务往来，不符合独立交易原则，或者企业与其关联方之间实施其他不具有合理商业目的的安排。只要企业符合其中一个前置条件，税务机关就可实施特别纳税调整追溯。

第七章　征收管理

第一百二十四条　企业所得税法第五十条所称企业登记注册地，是指企业依照国家有关规定登记注册的住所地。

【解读】 本条对企业所得税法第五十条所称企业登记注册地做出解释性规定。企业登记注册地为工商登记注册地。

第一百二十五条　企业汇总计算并缴纳企业所得税时，应当统一核算应纳税所得额，具体办法由国务院财政、税务主管部门另行制定。

【解读】 本条是关于汇总纳税方法的规定。

根据本条规定，企业汇总计算并缴纳企业所得税时，应当统一核算应纳税所得额。境内注册居民企业实行汇总计算并缴纳企业所得税的，依照国家税务总局国税发[2008] 28号《跨地区经营汇总纳税企业所得税征收管理暂行办法》、国家税务总局国税函[2008] 747号、国家税务总局国税函[2008] 958号、国家税务总局国税函[2009] 221号规定。

非居民企业在中国境内设立机构、场所所得税汇算清缴依照国家税务总局国税发[2009] 6号《非居民企业所得税汇算清缴管理办法》和国家税务总局国税发[2009] 11号《非居民企业所得税汇算清缴工作规程》规定。

第一百二十六条　企业所得税法第五十一条所称主要机构、场所，应当同时符合下列条件：

（一）对其他各机构、场所的生产经营活动负有监督管理责任；

（二）设有完整的账簿、凭证，能够准确反映各机构、场所的收入、成本、费用和盈亏情况。

【解读】本条是关于企业所得税法第五十一条所称主要机构、场所条件的规定。

非居民企业在中国境内设立机构、场所汇总纳税方法依照本条及国家税务总局国税发[2009] 6号非居民企业所得税汇算清缴管理办法的规定。

第一百二十七条　企业所得税法第五十一条所称经税务机关审核批准，是指经各机构、场所所在地税务机关的共同上级税务机关审核批准。

非居民企业经批准汇总缴纳企业所得税后，需要增设、合并、迁移、关闭机构、场所或者停止机构、场所业务的，应当事先由负责汇总申报缴纳企业所得税的主要机构、场所向其所在地税务机关报告；需要变更汇总缴纳企业所得税的主要机构、场所的，依照前款规定办理。

第一百二十八条　企业所得税分月或者分季预缴，由税务机关具体核定。

企业根据企业所得税法第五十四条规定分月或者分季预缴企业所得税时，应当按照月度或者季度的实际利润额预缴；按照月度或者季度的实际利润额预缴有困难的，可以按照上一纳税年度应纳税所得额的月度或者季度平均额预缴，或者按照经税务机关认可的其他方法预缴。预缴方法一经确定，该纳税年度内不得随意变更。

【解读】房地产开发企业缴纳税款方式，依照国家税务总局国税函[2008] 299号、国家税务总局国税发[2009] 31号《房地产开发经营业务企业所得税处理办法》规定。

第一百二十九条　企业在纳税年度内无论盈利或者亏损，都应当依照企业所得税法第五十四条规定的期限，向税务机关报送预缴企业所得税纳税申报表、年度企业所得税纳税申报表、财务会计报告和税务机关规定应当报送的其他有关资料。

【解读】本条对企业所得税纳税申报给予规定。向主管税务机关按时办理纳税申报是企业所得税纳税人的法定义务。根据本条规定，企业在纳税年度内无论盈利（包括免税）或亏损，都应当依照企业所得税法第五十四条规定的期限，向税务机关报送预缴企业所得税纳税申报表、年度企业所得税纳税申报表、财务会计报告和税务机关规定应当报送的其他有关资料。

第一百三十条　企业所得以人民币以外的货币计算的，预缴企业所得税时，应当按照月度或者季度最后一日的人民币汇率中间价，折合成人民币计算应纳税所得额。年度终了汇算清缴时，对已经按照月度或者季度预缴税款的，不再重新折合计算，只就该纳税年度内未缴纳企业所得税的部分，按照纳税年度最后一日的人民币汇率中间价，折合成人民币计算应纳税所得额。

经税务机关检查确认，企业少计或者多计前款规定的所得的，应当按照检查确认补税或者退税时的上一个月最后一日的人民币汇率中间价，将少计或者多计的所得折合成人民币计算应纳税所得额，再计算应补缴或者应退的税款。

【解读】本条是关于企业所得以人民币以外的货币计算，其外币折合人民币计算的规定。根据本条规定，企业所得以人民币以外的货币计算，其外币折合人民币计算方法分为三种：①预缴企业所得税。企业按月预缴税款的，应当按照月度最后一日的人民币汇率中间价，将以外币计算的所得额折合成人民币计算应纳税所得额。企业按季度预缴税款的，应当按季度最后一日的人民币汇率中间价，将以外币计算的所得额折合成人民币计算应纳税所得额。②年度汇算清缴。企业年度汇算清缴时，只就该纳税年度内未缴纳税款的部分，按照纳税年度最后一日的人民币汇率中间价，将以外币计算的所得额折合成人民币计算应纳税所得额。对已经按照月度或者季度预缴税款的，不再重新折合计算。③以前年度少缴税款。企业少计或者多计以前年度所得的，按照税务机关检查确认补税或者退税时的上一个月最后一日的人民币汇率中间价，将少计或者多计的所得折合成人民币计算应纳税所得额，再计算应补缴或者应退的税款。

第八章　附　则

第一百三十一条　企业所得税法第五十七条第一款所称本法公布前已经批准设立的企业，是指企业所得税法公布前已经完成登记注册的企业。

第一百三十二条　在香港特别行政区、澳门特别行政区和台湾地区成立的企业，参照适用企业所得税法第二条第二款、第三款的有关规定。

【解读】根据本条规定，在香港特别行政区、澳门特别行政区和台湾地区成立的企业，参照适用企业所得税法第二条第二款、第三款的有关规定，视同《中华人民共和国企业所得税法》规定的非居民企业。

第一百三十三条　本条例自2008年1月1日起施行。1991年6月30日国务院发布的《中华人民共和国外商投资企业和外国企业所得税法实施细则》和1994年2月4日财政部发布的《中华人民共和国企业所得税暂行条例实施细则》同时废止。

【解读】本条规定本条例生效时间和原条例、实施细则废止时间。

根据本条规定，本条例自2008年1月1日起生效。1991年6月30日国务院发布的《中华人民共和国外商投资企业和外国企业所得税法实施细则》和1994年2月4日财政部发布的《中华人民共和国企业所得税暂行条例实施细则》同时失效。由于本条例没有对本条例溯及力问题做出特别规定，所以本条例没有溯及力。企业在2008年1月1日及其以后发生的企业所得税事项依照《中华人民共和国企业所得税法》和本条例规定。企业在2008年1月1日以前发生的企业所得税事项，依照原税收法律、法规规定。

二、综合性政策

国家税务总局国税发［2008］120号
关于调整新增企业所得税征管范围问题的通知条文解读

一、基本规定

以2008年为基年，2008年底之前国家税务局、地方税务局各自管理的企业所得税纳税人不作调整。2009年起新增企业所得税纳税人中，应缴纳增值税的企业，其企业所得税由国家税务局管理；应缴纳营业税的企业，其企业所得税由地方税务局管理。

同时，2009年起下列新增企业的所得税征管范围实行以下规定：

（一）企业所得税全额为中央收入的企业和在国家税务局缴纳营业税的企业，其企业所得税由国家税务局管理。

（二）银行（信用社）、保险公司的企业所得税由国家税务局管理，除上述规定外的其他各类金融企业的企业所得税由地方税务局管理。

（三）外商投资企业和外国企业常驻代表机构的企业所得税仍由国家税务局管理。

【解读】本条是关于企业所得税税收征管范围划分的规定。

（一）国家税务局负责征管的企业所得税。根据本条规定，自2009年1月1日起，下列企业的所得税由国家税务局负责征管：①截止到2008年12月31日止，由国家税务局负责征管的企业所得税，2009年1月1日以后仍由国家税务局负责；②2009年1月1日及其以后新成立的只缴纳增值税的企业，其企业所得税征管由国家税务局负责；③2009年1月1日及其以后新成立的企业，无论其是缴纳增值税还是缴纳营业税，其缴纳的企业所得税全额为中央收入的，其企业所得税征管由国家税务局负责；④2009年1月1日及其以后新成立缴纳营业税企业，其营业税的征管由国家税务局负责的，其所得税征管由国家税务局负责；⑤2009年1月1日及其以后新成立的银行、信用社、保险公司的企业所得税由国家税务局负责征管；⑥2009年1月1日及其以后新成立的外商投资企业和外国企业常驻代表机构的企业所得税由国家税务局负责征管；⑦本通知第二条规定由国家税务局负责征管的企业所得税。

（二）地方税务局征管的企业所得税。根据本条规定，自2009年1月1日起，下列企业的所得税由地方税务局负责征管：①截止到2008年12月31日，由地方税务局负责征管的企业所得税，2009年1月1日以后仍由地方税务局负责征管；②2009年1月1日及其以后新成立的只缴纳营业税的企业，其企业所得税征管由地方税务局负责。本条特别规定的除外；③银行、信用社、保险公司以外的其他各类金融企业的企业所得税由地方税务局管理；⑤本通知第二条规定由地方税务局负责征管的企业所得税。

二、对若干具体问题的规定

（一）境内单位和个人向非居民企业支付《中华人民共和国企业所得税法》第三条第三款规定的所得的，该项所得应扣缴的企业所得税的征管，分别由支付该项所得的境内单位和个人的所得税主管国家税务局或地方税务局负责。

（二）2008 年底之前已成立跨区经营汇总纳税企业，2009 年起新设立的分支机构，其企业所得税的征管部门应与总机构企业所得税征管部门相一致；2009 年起新增跨区经营汇总纳税企业，总机构按基本规定确定的原则划分征管归属，其分支机构企业所得税的管理部门也应与总机构企业所得税管理部门相一致。

（三）按税法规定免缴流转税的企业，按其免缴的流转税税种确定企业所得税征管归属；既不缴纳增值税也不缴纳营业税的企业，其企业所得税暂由地方税务局管理。

（四）既缴纳增值税又缴纳营业税的企业，原则上按照其税务登记时自行申报的主营业务应缴纳的流转税税种确定征管归属；企业税务登记时无法确定主营业务的，一般以工商登记注明的第一项业务为准；一经确定，原则上不再调整。

（五）2009 年起新增企业，是指按照《财政部、国家税务总局关于享受企业所得税优惠政策的新办企业认定标准的通知》（财税［2006］1 号）及有关规定的新办企业认定标准成立的企业。

【解读】本条是关于企业所得税征管范围的其他规定。

（一）非居民企业扣缴所得税征管范围。根据本条第（一）项规定，境内单位和个人向非居民企业支付《中华人民共和国企业所得税法》第三条第三款规定的所得的，支付该项所得的境内单位和个人的所得税由国家税务局负责征管的，该项所得应扣缴的企业所得税的征管，由该主管国家税务局负责；境内单位和个人向非居民企业支付《中华人民共和国企业所得税法》第三条第三款规定的所得的，支付该项所得的境内单位和个人的所得税由地方税务局负责征管的，该项所得应扣缴的企业所得税的征管，由该地方国家税务局负责。

（二）跨地区经营企业所得税征管范围。根据本条第（二）款规定：①2008 年 12 月 31 日及其以前成立的跨地区经营汇总纳税企业的总机构及其设立的分支机构的企业所得税征管范围，依照本通知第一条规定。②跨地区经营汇总纳税企业在 2009 年 1 月 1 日及其以后设立的跨地区经营分支机构，如果汇总纳税企业总机构的企业所得税征管由国家税务局负责的，其设立的分支机构的所得税征管由国家税务局负责。如果汇总纳税企业总机构的企业所得税征管由地方税务局负责的，其设立的分支机构的所得税征管由地方税务局负责。③2009 年 1 月 1 日及其以后新办跨区经营汇总纳税企业，其总机构企业所得税征管范围确定，依照本《通知》第一条规定办理。汇总纳税企业总机构所得税征管由国家税务局负责的，其设立的分支机构的企业所得税征管由国家税务局负责。汇总纳税企业总机构所得税征管由地方税务局负责的，其设立的分支机构的企业所得税征管由地方税局负责。

（三）免缴流转税的企业所得税征管范围。根据本条第（三）项规定：①2009 年 1 月 1 日及其以后新办的企业，只有增值税应税项目，但按税法规定免缴增值税的企业，其所得税征管由国家税务局负责。②2009 年 1 月 1 日及其以后新办的企业，只有营业税应税项目，但按税法规定免缴营业税的企业，其所得税征管由地方税务局负责。③2009 年 1 月 1 日及其以后新办的企业，既有增值税应税项目又有营业税应税项目，但按税法规定免缴增值税、营业税的企业，其征管范围确认，依照本条第（四）项规定办理。④依照税法规定，既没有增值税应税项目也没有营业税应税项目的企业，其企业所得税征管暂由地方税务局负责。

（四）既缴纳增值税又缴纳营业税的企业征管范围。根据本条第（四）项规定，2009 年 1 月 1 日及其以后新办的企业，既缴纳增值税又缴纳营业税的企业，其主营业务为增值税应税项目的，其所得税征管由国家税务负责。其主营业务为营业税应税项目的，其所得税征管由地方税务负责。主营、兼营业务不能划分的，以登记业务第一项为准。第一项经营业务缴纳增值税的，其企业所得税征管由国家税务局负责，第一项经营业务缴纳营业税的，其企业所得税征管由地方税务局负责。

根据本条第（五）项规定，本通知所称 2009 年新增企业应当同时满足以下两个条件：①按照国家法律、法规以及有关规定在工商行政主管部门办理设立登记，新注册成立的企业。②新办企业的权益性出资人（股东或其他权益投资方）实际出资中固定资产、无形资产等非货币性资产的累计出资额占新办企业注册资金的比例一般不得超过25%。其中，新办企业的注册资金为企业在工商行政主管部门登记的实收资本或股本。非货币性资产包括建筑物、机器、设备等固定资产，以及专利权、商标权、非专利技术等无形资产。新办企业的权益性投资人以非货币性资产进行出资的，经有资质的会计（审计、税务）事务所进行评估的，以评估后的价值作为出资金额；未经评估的，由纳税人提供同类资产或类似资产当日或最近月份的市场价格，由主管税务机关核定。

三、各地国家税务局、地方税务局要加强沟通协调，及时研究和解决实施过程中出现的新问题，本着保证税收收入不流失和不给纳税人增加额外负担的原则，确保征管范围调整方案落实到位。

本通知自 2009 年 1 月 1 日起执行。

国家税务总局国税函［2009］50 号
关于明确非居民企业所得税征管范围的补充通知条文解读

一、对“一、基本规定（三）”规定的情形，除外国企业常驻代表机构外，还应包括在中国境内设立机构、场所的其他非居民企业。

【解读】本条对国家税务总局国税发［2008］120 号《关于调整新增企业所得税征管范围问题的通知》第一条第三项做出补充规定。根据国家税务总局国税发［2008］120 号《关于调整新增企业所得税征管范围问题的通知》第一条第三项和本条规定，外商投资企业和外国企业常驻代表机构以及在中国境内设立机构、场所的其他非居民企业的企业所得税，自 2009 年 1 月 1 日起由国家税务局负责征收管理。

二、除“二、对若干具体问题的规定（一）”规定的情形外，不缴纳企业所得税的境内单位，其发生的企业所得税源泉扣缴管理工作仍由国家税务局负责。

【解读】本条对国家税务总局国税发［2008］120 号《关于调整新增企业所得税征管范围问题的通知》第二条第一项做出补充规定。根据国家税务总局国税发［2008］120 号《关于调整新增企业所得税征管范围问题的通知》第二条第一项和本条规定，境内单位和个人向非居民企业支付《中华人民共和国企业所得税法》第三条第三款规定的所得的，支付该项所得的境内单位和个人的所得税由国家税务局负责征管的，非居民企业该项所得应扣缴的企业所得税的征管，由该主管国家税务局负责；境内单位向非居民企业支付《中华人民共和国企业所得税法》第三条第三款规定的所得的，境内单位不缴纳企业所得税的，非居民企业该项所得应扣缴的企业所得税的征管，由该主管国家税务局负责。

财政部、国家税务总局财税［2008］151号
关于财政性资金、行政事业性收费、政府性基金有关企业所得税政策问题的通知条文解读

一、财政性资金

（一）企业取得的各类财政性资金，除属于国家投资和资金使用后要求归还本金的以外，均应计入企业当年收入总额。

（二）对企业取得的由国务院财政、税务主管部门规定专项用途并经国务院批准的财政性资金，准予作为不征税收入，在计算应纳税所得额时从收入总额中减除。

（三）纳入预算管理的事业单位、社会团体等组织按照核定的预算和经费报领关系收到的由财政部门或上级单位拨入的财政补助收入，准予作为不征税收入，在计算应纳税所得额时从收入总额中减除，但国务院和国务院财政、税务主管部门另有规定的除外。

本条所称财政性资金，是指企业取得的来源于政府及其有关部门的财政补助、补贴、贷款贴息，以及其他各类财政专项资金，包括直接减免的增值税和即征即退、先征后退、先征后返的各种税收，但不包括企业按规定取得的出口退税款；所称国家投资，是指国家以投资者身份投入企业、并按有关规定相应增加企业实收资本（股本）的直接投资。

【解读】本条是关于企业取得财政性资金收入不征税的规定。

财政性资金是指企业取得的来源于各级政府及其有关部门的财政补助、补贴、贷款贴息，以及其他各类财政专项资金，包括直接减免的增值税和即征即退、先征后退、先征后返的各种税收，但不包括企业按规定取得的出口退税款。根据本条规定，企业取得的各类财政性资金，无论是否属于不征税收入，均应计入企业当年收入总额。属于国家投资和资金使用后要求归还本金的除外。所称国家投资，是指国家以投资者身份投入企业、并按有关规定相应增加企业实收资本（股本）的直接投资。

企业取得的下列财政性资金为不征税收入，在计算应纳税所得额时从收入总额中减除：①企业取得的由国务院财政、税务主管部门规定专项用途并经国务院批准的财政性资金；②纳入预算管理的事业单位、社会团体等组织按照核定的预算和经费报领关系收到的由财政部门或上级单位拨入的财政补助收入。国务院和国务院财政、税务主管部门另有规定的除外。

二、关于政府性基金和行政事业性收费

（一）企业按照规定缴纳的、由国务院或财政部批准设立的政府性基金以及由国务院和省、自治区、直辖市人民政府及其财政、价格主管部门批准设立的行政事业性收

费，准予在计算应纳税所得额时扣除。

企业缴纳的不符合上述审批管理权限设立的基金、收费，不得在计算应纳税所得额时扣除。

（二）企业收取的各种基金、收费，应计入企业当年收入总额。

（三）对企业依照法律、法规及国务院有关规定收取并上缴财政的政府性基金和行政事业性收费，准予作为不征税收入，于上缴财政的当年在计算应纳税所得额时从收入总额中减除；未上缴财政的部分，不得从收入总额中减除。

【解读】本条是关于政府性基金和行政事业性收费不征税和税前扣除的规定。

（一）企业缴纳的政府性基金和行政事业性收费税前扣除。根据本条规定，企业缴纳的准予税前扣除的政府性基金为国务院或者财政部批准设立的政府性基金。企业缴纳的准予税前扣除的行政事业性收费为国务院和省、自治区、直辖市人民政府及其财政、价格主管部门批准设立的行政事业性收费。企业缴纳的不符合本条第（一）规定的条件的各类基金和行政性收费均不得扣除。

（二）企业收取的不征税政府性基金、行政事业性收费。根据本条规定，企业收取的各种基金、收费，无论是否征税均应计入企业当年收入总额。企业收取的同时符合以下条件的政府性基金、行政事业性收费不征收企业所得税：①企业收取的政府性基金、行政事业性收费属于国家法律、行政法规以及国务院规定准予收取或者代为政府部门收取的；②企业收取的政府性基金、行政事业性收费符合国家法律、行政法规以及国务院规定的标准；③企业收取的政府性基金和行政事业性收费应当并已上缴财政部门的。

企业收取的政府性基金、行政事业性收费不属于国家法律、行政法规以及国务院规定范围或者虽属于规定范围但超过规定标准或未上缴财政的，不得从收入总额中减除，应计算缴纳企业所得税。

三、企业的不征税收入用于支出所形成的费用，不得在计算应纳税所得额时扣除；企业的不征税收入用于支出所形成的资产，其计算的折旧、摊销不得在计算应纳税所得额时扣除。

【解读】本条是关于企业不征税收入支出形成的费用、资产扣除的规定。按照税收的收入与费用配比原则，企业收取的不征税收入用于支出的，其所形成的费用应当抵减不征税收入，不得在计算应纳税所得额时扣除。其所形成的资产计算的折旧或者摊销的费用应当抵减不征税收入，不得在计算应纳税所得额时扣除。

四、本通知自2008年1月1日起执行。

财政部、国家税务总局财税［2009］87号
关于专项用途财政性资金有关企业所得税处理问题的通知条文解读

一、对企业在2008年1月1日至2010年12月31日期间从县级以上各级人民政府财政部门及其他部门取得的应计入收入总额的财政性资金，凡同时符合以下条件的，可以作为不征税收入，在计算应纳税所得额时从收入总额中减除：

（一）企业能够提供资金拨付文件，且文件中规定该资金的专项用途；

（二）财政部门或其他拨付资金的政府部门对该资金有专门的资金管理办法或具体管理要求；

（三）企业对该资金以及以该资金发生的支出单独进行核算。

二、根据实施条例第二十八条的规定，上述不征税收入用于支出所形成的费用，不得在计算应纳税所得额时扣除；用于支出所形成的资产，其计算的折旧、摊销不得在计算应纳税所得额时扣除。

三、企业将符合本通知第一条规定条件的财政性资金作不征税收入处理后，在5年（60个月）内未发生支出且未缴回财政或其他拨付资金的政府部门的部分，应重新计入取得该资金第六年的收入总额；重新计入收入总额的财政性资金发生的支出，允许在计算应纳税所得额时扣除。

【解读】本条是关于超期未缴回财政性资金征收所得税的规定。本条将企业取得的财政性资金使用有效期限定为5年，在有效期内未支出，也未缴回的，从收到财政资金的第六年起并入当年应税收入，计算缴纳企业所得税。按照税收的收入与支出配比原则，并入征税收入计算缴纳企业所得税的财政性资金所发生的支出，允许在计算应纳税所得额时扣除。

财政部、国家税务总局财税［2008］159号
关于合伙企业合伙人所得税问题的通知条文解读

一、本通知所称合伙企业是指依照中国法律、行政法规成立的合伙企业。

【解读】根据《中华人民共和国合伙企业法》第二条第一款规定，合伙企业是指自然人、法人和其他组织依照本法在中国境内设立的普通合伙企业和有限合伙企业。根据《中华人民共和国合伙企业法》第二条第二款规定，普通合伙企业由普通合伙人组成，合伙人对合伙企业债务承担无限连带责任。本法对普通合伙人承担责任的形式有特别规定的，从其规定。根据《中华人民共和国合伙企业法》第二条第三款规定，有限合伙企业由普通合伙人和有限合伙人组成，普通合伙人对合伙企业债务承担无限连带责任，有限合伙人以其认缴的出资额为限对合伙企业债务承担责任。

二、合伙企业以每一个合伙人为纳税义务人。合伙企业合伙人是自然人的，缴纳个人所得税；合伙人是法人和其他组织的，缴纳企业所得税。

【解读】根据本条规定，合伙企业既不是企业所得税纳税人，也不是个人所得税纳税人。合伙企业的合伙人为企业所得税或者个人所得税纳税人。合伙企业合伙人是自然人的，其从合伙企业分得的经营所得和其他所得，依照《中华人民共和国个人所得税法》及有关规定，缴纳个人所得税。合伙人是法人和其他组织的，其从合伙企业分得的经营所得和其他所得并入其当年度所得，依照《中华人民共和国企业所得税法》缴纳企业所得税。

三、合伙企业生产经营所得和其他所得采取"先分后税"的原则。具体应纳税所得额的计算按照《关于个人独资企业和合伙企业投资者征收个人所得税的规定》（财税［2000］91号）及《财政部、国家税务总局关于调整个体工商户个人独资企业和合伙

企业个人所得税税前扣除标准有关问题的通知》（财税［2008］65号）的有关规定执行。

前款所称生产经营所得和其他所得，包括合伙企业分配给所有合伙人的所得和企业当年留存的所得（利润）。

【解读】根据本条规定，合伙企业的经营所得和其他所得实行由合伙人先分配、后纳税的课税原则。合伙企业经营所得和其他所得分配后，合伙人取得的分配所得，依照相关税收法律，由合伙人缴纳税款。

四、合伙企业的合伙人按照下列原则确定应纳税所得额：

（一）合伙企业的合伙人以合伙企业的生产经营所得和其他所得，按照合伙协议约定的分配比例确定应纳税所得额。

（二）合伙协议未约定或者约定不明确的，以全部生产经营所得和其他所得，按照合伙人协商决定的分配比例确定应纳税所得额。

（三）协商不成的，以全部生产经营所得和其他所得，按照合伙人实缴出资比例确定应纳税所得额。

（四）无法确定出资比例的，以全部生产经营所得和其他所得，按照合伙人数量平均计算每个合伙人的应纳税所得额。

合伙协议不得约定将全部利润分配给部分合伙人。

【解读】根据本条规定，合伙企业的合伙人应纳税所得额计算公式为：①某合伙人应税所得额＝合伙企业经营所得和其他所得合计额×合伙协议约定的分配比例；②某合伙人应税所得额＝合伙企业经营所得和其他所得合计额×合伙人协商决定的分配比例；③某合伙人应税所得额＝合伙企业经营所得和其他所得合计额×（某合伙人出资额÷各合伙人出资总额）；④某合伙人应税所得额＝合伙企业经营所得和其他所得合计额÷合伙人数。

本条第二款是一个反避税条款，防止合伙企业合伙人将合伙企业所有经营所得和其他所得全部分配给一个不负担纳税义务的合伙人，进而逃避税收。

五、合伙企业的合伙人是法人和其他组织的，合伙人在计算其缴纳企业所得税时，不得用合伙企业的亏损抵减其盈利。

六、上述规定自2008年1月1日起执行。此前规定与本通知有抵触的，以本通知为准。

财政部、国家税务总局财税［2009］68号
关于期货投资者保障基金有关税收问题的通知条文解读

一、对中国期货保证金监控中心有限责任公司（以下简称期货保障基金公司）根据《期货投资者保障基金管理暂行办法》（证监会令第38号，以下简称《暂行办法》）取得的下列收入，不计入其应征企业所得税收入：

1. 期货交易所按风险准备金账户总额的15%和交易手续费的3%上缴的期货保障基金收入；

2. 期货公司按代理交易额的千万分之五至十上缴的期货保障基金收入；

3. 依法向有关责任方追偿所得；

4. 期货公司破产清算所得；

5. 捐赠所得。

【解读】本条是关于不征税收入的规定。根据本条规定，中国期货保证金监控中心有限责任公司取得的下列收入为企业所得税法规定的不征税收入：①期货交易所按风险准备金账户总额的15%和交易手续费的3%上缴的期货保障基金收入；②期货公司按代理交易额的千万分之五至十上缴的期货保障基金收入；③依法向有关责任方追偿所得；④期货公司破产清算所得；⑤捐赠所得。中国期货保证金监控中心有限责任公司取得本条规定的不征税收入应当计入收入总额，在计算应纳所得税时从收入总额中减除。

二、对期货保障基金公司取得的银行存款利息收入、购买国债、中央银行和中央级金融机构发行债券的利息收入，以及证监会和财政部批准的其他资金运用取得的收入，暂免征收企业所得税。

【解读】本条是关于免税收入的规定。根据本条规定，期货保障基金公司取得的下列收入为企业所得税法规定的免税收入：①银行存款利息收入；②购买国债利息收入；③购买中央银行和中央级金融机构发行债券的利息收入；④证监会和财政部批准的其他资金运用取得的收入。期货保障基金公司取得的本条规定的免税收入应当计入收入总额，在计算应纳所得税时从收入总额中减除。

三、略。

四、略。

五、略。

六、本通知自2008年1月1日起至2010年12月31日止执行。对期货保障基金公司在2008年1月1日至文到之日已缴纳的应予免征的营业税，从以后应缴纳的营业税税款中抵减。

国家税务总局国税发［2009］82号
关于境外注册中资控股企业依据实际管理机构标准认定为居民企业有关问题的通知条文解读

一、境外中资企业是指由中国境内的企业或企业集团作为主要控股投资者，在境外依据外国（地区）法律注册成立的企业。

【解读】本条给予境外中资企业法律定义。根据本条规定，同时符合下列条件的境外企业为境外中资企业：①向中国境外投资的主体为依照中国法律注册的中国居民企业，包括不同经济类型的企业或者企业集团；②向境外投资的居民企业为被投资企业的主要控股股东或者主要控股投资者；③被投资企业在境外，依据外国（地区）法律注册成立的企业。

二、境外中资企业同时符合以下条件的，根据企业所得税法第二条第二款和实施条例第四条的规定，应判定其为实际管理机构在中国境内的居民企业（以下称非境内注册居民企业），并实施相应的税收管理，就其来源于中国境内、境外的所得征收企业所得税。

（一）企业负责实施日常生产经营管理运作的高层管理人员及其高层管理部门履行职责的场所主要位于中国境内；

（二）企业的财务决策（如借款、放款、融资、财务风险管理等）和人事决策（如任命、解聘和薪酬等）由位于中国境内的机构或人员决定，或需要得到位于中国境内的机构或人员批准；

（三）企业的主要财产、会计账簿、公司印章、董事会和股东会议纪要档案等位于或存放于中国境内；

（四）企业1/2（含1/2）以上有投票权的董事或高层管理人员经常居住于中国境内。

【解读】本条规定了非境内注册的中国居民企业判定条件。根据本条规定，凡同时符合本条规定条件的境外中资企业，其实际管理机构为在中国境内，为非境内注册的中国居民企业，应依照《中华人民共和国企业所得税法》的规定，就其来源于中国境内、境外的所得计算缴纳企业所得税。不同时符合本条规定的四个条件的境外中资企业，为非居民企业。

三、对于实际管理机构的判断，应当遵循实质重于形式的原则。

四、非境内注册居民企业从中国境内其他居民企业取得的股息、红利等权益性投资收益，按照企业所得税法第二十六条和实施条例第八十三条的规定，作为其免税收入。非境内注册居民企业的投资者从该居民企业分得的股息红利等权益性投资收益，根据实施条例第七条第（四）款的规定，属于来源于中国境内的所得，应当征收企业所得税；该权益性投资收益中符合企业所得税法第二十六条和实施条例第八十三条规定的部分，可作为收益人的免税收入。

【解读】本条是关于非境内注册居民企业及其投资者取得来源于中国境内权益性投资收益征收或者免征企业所得税的规定。

根据本条规定：①非境内注册居民企业直接投资于中国境内注册的其他居民企业取得的股息、红利等权益性投资收益，作为其免税收入，但不包括连续持有居民企业公开发行并上市流通的股票不足12个月取得的投资收益。②非境内注册居民企业的投资者直接投资于在中国境内注册的其他居民企业取得的股息、红利等权益性投资收益，属于来源于中国境内所得，应依照《中华人民共和国企业所得税法》及其实施条例的规定，计算缴纳企业所得税。但以下两种情况除外：一是非境内注册居民企业的投资者为中国境内注册的居民企业，其直接投资于在中国境内注册的其他居民企业取得的股息、红利等权益性投资收益，作为其免税收入，但不包括连续持有居民企业公开发行并上市流通的股票不足12个月取得的投资收益。二是非境内注册居民企业的投资者为非居民企业，其在中国境内设立机构、场所的，该非居民企业从其直接投资的居民企业取得的股息、红利等权益性投资收益与其所设机构、场所有实际联系，作为免税收入，但不包括连续持有居民企业公开发行并上市流通的股票不足12个月取得的投资收益。

五、非境内注册居民企业在中国境内投资设立的企业，其外商投资企业的税收法律地位不变。

六、境外中资企业被判定为非境内注册居民企业的，按照企业所得税法第四十五条以及受控外国企业管理的有关规定，不视为受控外国企业，但其所控制的其他受控外国企业仍应按照有关规定进行税务处理。

七、境外中资企业可向其实际管理机构所在地或中国主要投资者所在地主管税务机关提出居民企业申请，主管税务机关对其居民企业身份进行初步审核后，层报国家税务总局确认；境外中资企业未提出居民企业申请的，其中国主要投资者的主管税务机关可以根据所掌握的情况对其是否属于中国居民企业做出初步判定，层报国家税务总局确认。

境外中资企业或其中国主要投资者向税务机关提出居民企业申请时，应同时向税务机关提供如下资料：

（一）企业法律身份证明文件；

（二）企业集团组织结构说明及生产经营概况；

（三）企业最近一个年度的公证会计师审计报告；

（四）负责企业生产经营等事项的高层管理机构履行职责的场所的地址证明；

（五）企业董事及高层管理人员在中国境内居住记录；

（六）企业重大事项的董事会决议及会议记录；

（七）主管税务机关要求的其他资料。

八、境外中资企业被认定为中国居民企业后成为双重居民身份的，按照中国与相关国家（或地区）签署的税收协定（或安排）的规定执行。

九、本通知自 2008 年 1 月 1 日起执行。

国家税务总局国税函［2009］202 号
关于企业所得税执行中若干税务处理问题的通知条文解读

一、关于销售（营业）收入基数的确定问题

企业在计算业务招待费、广告费和业务宣传费等费用扣除限额时，其销售（营业）收入额应包括《实施条例》第二十五条规定的视同销售（营业）收入额。

【解读】本条是关于业务招待费、广告费和业务宣传费扣除限额计算基数问题的规定。根据本条规定，企业年度业务招待费扣除限额计算公式：业务招待费扣除限额＝当年发生的业务招待费金额×60%≤［销售（营业）收入＋视同（营业）收入］×5‰。

根据本条规定，企业年度广告费和业务宣传费准予扣除限额计算公式：广告费和业务宣传费扣除限额＝［销售（营业）收入＋视同（营业）收入］×扣除比例。

二、2008 年 1 月 1 日以前计提的各类准备金余额处理问题

根据《实施条例》第五十五条规定，除财政部和国家税务总局核准计提的准备金可以税前扣除外，其他行业、企业计提的各项资产减值准备、风险准备等准备金均不得税前扣除。

2008 年 1 月 1 日前按照原企业所得税法规定计提的各类准备金，2008 年 1 月 1 日

以后，未经财政部和国家税务总局核准的，企业以后年度实际发生的相应损失，应先冲减各项准备金余额。

【解读】根据本条规定，自2008年1月1日起，行业、企业未经财政部、国家税务总局核准而计提的各类准备金均不得税前扣除。财政部、国家税务总局财税［2009］62号、［2009］33号、［2009］48号、［2009］64号分别对部分行业、企业计提的准备金税前扣除做出了具体规定。

三、关于特定事项捐赠的税前扣除问题

企业发生为汶川地震灾后重建、举办北京奥运会和上海世博会等特定事项的捐赠，按照《财政部、海关总署、国家税务总局关于支持汶川地震灾后恢复重建有关税收政策问题的通知》（财税［2008］104号）、《财政部、国家税务总局、海关总署关于29届奥运会税收政策问题的通知》（财税［2003］10号）、《财政部、国家税务总局关于2010年上海世博会有关税收政策问题的通知》（财税［2005］180号）等相关规定，可以据实全额扣除。企业发生的其他捐赠，应按《企业所得税法》第九条及《实施条例》第五十一、五十二、五十三条的规定计算扣除。

四、软件生产企业职工教育经费的税前扣除问题

软件生产企业发生的职工教育经费中的职工培训费用，根据《财政部、国家税务总局关于企业所得税若干优惠政策的通知》（财税［2008］1号）规定，可以全额在企业所得税前扣除。软件生产企业应准确划分职工教育经费中的职工培训费支出，对于不能准确划分的，以及准确划分后职工教育经费中扣除职工培训费用的余额，一律按照《实施条例》第四十二条规定的比例扣除。

【解读】财政部、国家税务总局财税［2008］1号第一条第（四）项规定，软件生产企业的职工培训费用，可按实际发生额在计算应纳税所得额时扣除。

三、企业收入（所得）

国家税务总局国税函［2008］875号
关于确认企业所得税收入若干问题的通知条文

一、除企业所得税法及实施条例另有规定外，企业销售收入的确认，必须遵循权责发生制原则和实质重于形式原则。

（一）企业销售商品同时满足下列条件的，应确认收入的实现：

1. 商品销售合同已经签订，企业已将商品所有权相关的主要风险和报酬转移给购货方；

2. 企业对已售出的商品既没有保留通常与所有权相联系的继续管理权，也没有实施有效控制；

3. 收入的金额能够可靠地计量；

4. 已发生或将发生的销售方的成本能够可靠地核算。

（二）符合上款收入确认条件，采取下列商品销售方式的，应按以下规定确认收入实现时间：

1. 销售商品采用托收承付方式的，在办妥托收手续时确认收入。

2. 销售商品采取预收款方式的，在发出商品时确认收入。

3. 销售商品需要安装和检验的，在购买方接受商品以及安装和检验完毕时确认收入。如果安装程序比较简单，可在发出商品时确认收入。

4. 销售商品采用支付手续费方式委托代销的，在收到代销清单时确认收入。

（三）采用售后回购方式销售商品的，销售的商品按售价确认收入，回购的商品作为购进商品处理。有证据表明不符合销售收入确认条件的，如以销售商品方式进行融资，收到的款项应确认为负债，回购价格大于原售价的，差额应在回购期间确认为利息费用。

（四）销售商品以旧换新的，销售商品应当按照销售商品收入确认条件确认收入，回收的商品作为购进商品处理。

（五）企业为促进商品销售而在商品价格上给予的价格扣除属于商业折扣，商品销售涉及商业折扣的，应当按照扣除商业折扣后的金额确定销售商品收入金额。

债权人为鼓励债务人在规定的期限内付款而向债务人提供的债务扣除属于现金折扣，销售商品涉及现金折扣的，应当按扣除现金折扣前的金额确定销售商品收入金额，现金折扣在实际发生时作为财务费用扣除。

企业因售出商品的质量不合格等原因而在售价上给的减让属于销售折让；企业因售出商品质量、品种不符合要求等原因而发生的退货属于销售退回。企业已经确认销售收入的售出商品发生销售折让和销售退回，应当在发生当期冲减当期销售商品收入。

二、企业在各个纳税期末，提供劳务交易的结果能够可靠估计的，应采用完工进度（完工百分比）法确认提供劳务收入。

（一）提供劳务交易的结果能够可靠估计，是指同时满足下列条件：

1. 收入的金额能够可靠地计量；

2. 交易的完工进度能够可靠地确定；

3. 交易中已发生和将发生的成本能够可靠地核算。

（二）企业提供劳务完工进度的确定，可选用下列方法：

1. 已完工作的测量；

2. 已提供劳务占劳务总量的比例；

3. 发生成本占总成本的比例。

（三）企业应按照从接受劳务方已收或应收的合同或协议价款确定劳务收入总额，根据纳税期末提供劳务收入总额乘以完工进度扣除以前纳税年度累计已确认提供劳务收入后的金额，确认为当期劳务收入；同时，按照提供劳务估计总成本乘以完工进度扣除以前纳税期间累计已确认劳务成本后的金额，结转为当期劳务成本。

（四）下列提供劳务满足收入确认条件的，应按规定确认收入：

1. 安装费。应根据安装完工进度确认收入。安装工作是商品销售附带条件的，安装费在确认商品销售实现时确认收入。

2. 宣传媒介的收费。应在相关的广告或商业行为出现于公众面前时确认收入。广告的制作费，应根据制作广告的完工进度确认收入。

3. 软件费。为特定客户开发软件的收费，应根据开发的完工进度确认收入。

4. 服务费。包含在商品售价内可区分的服务费，在提供服务的期间分期确认收入。

5. 艺术表演、招待宴会和其他特殊活动的收费。在相关活动发生时确认收入。收费涉及几项活动的，预收的款项应合理分配给每项活动，分别确认收入。

6. 会员费。申请入会或加入会员，只允许取得会籍，所有其他服务或商品都要另行收费的，在取得该会员费时确认收入。申请入会或加入会员后，会员在会员期内不再付费就可得到各种服务或商品，或者以低于非会员的价格销售商品或提供服务的，该会员费应在整个受益期内分期确认收入。

7. 特许权费。属于提供设备和其他有形资产的特许权费，在交付资产或转移资产所有权时确认收入；属于提供初始及后续服务的特许权费，在提供服务时确认收入。

8. 劳务费。长期为客户提供重复的劳务收取的劳务费，在相关劳务活动发生时确认收入。

三、企业以买一赠一等方式组合销售本企业商品的，不属于捐赠，应将总的销售金额按各项商品的公允价值的比例来分摊确认各项的销售收入。

国家税务总局国税函［2008］952号
关于非居民企业船舶、航空运输收入计算征收企业所得税有关问题的通知条文

一、非居民企业在我国境内从事船舶、航空等国际运输业务的，以其在中国境内起运客货收入总额的5%为应纳税所得额。

二、纳税人的应纳税额，按照每次从中国境内起运旅客、货物出境取得的收入总额，依照1.25%的计征率计算征收企业所得税。调整后的综合计征率为4.25%，其中营业税为3%，企业所得税为1.25%。

三、本通知自2008年1月1日起执行。

财政部、国家税务总局财税［2008］136号
关于全国社会保障基金有关企业所得税问题的通知条文

一、对社保基金理事会、社保基金投资管理人管理的社保基金银行存款利息收入，社保基金从证券市场中取得的收入，包括买卖证券投资基金、股票、债券的差价收入，证券投资基金红利收入，股票的股息、红利收入，债券的利息收入及产业投资基金收益、信托投资收益等其他投资收入，作为企业所得税不征税收入。

二、对社保基金投资管理人、社保基金托管人从事社保基金管理活动取得的收入，依照税法的规定征收企业所得税。

三、本通知从2008年1月1日起执行。

四、税前扣除项目

国家税务总局国税发［2008］116号
关于印发《企业研究开发费用税前扣除管理办法（试行）》的通知条文解读

第一条　为鼓励企业开展研究开发活动，规范企业研究开发费用的税前扣除及有关税收优惠政策的执行，根据《中华人民共和国企业所得税法》及其实施条例、《中华人民共和国税收征收管理法》及其实施细则和《国务院关于印发实施〈国家中长期科学和技术发展规划纲要（2006－2020）〉若干配套政策的通知》（国发［2006］6号）的有关规定，制定本办法。

第二条　本办法适用于财务核算健全并能准确归集研究开发费用的居民企业（以下简称企业）。

第三条　本办法所称研究开发活动是指企业为获得科学与技术（不包括人文、社会科学）新知识，创造性运用科学技术新知识，或实质性改进技术、工艺、产品（服务）而持续进行的具有明确目标的研究开发活动。

创造性运用科学技术新知识，或实质性改进技术、工艺、产品（服务），是指企业通过研究开发活动在技术、工艺、产品（服务）方面的创新取得了有价值的成果，对本地区（省、自治区、直辖市或计划单列市）相关行业的技术、工艺领先具有推动作用，不包括企业产品（服务）的常规性升级或对公开的科研成果直接应用等活动（如直接采用公开的新工艺、材料、装置、产品、服务或知识等）。

第四条　企业从事《国家重点支持的高新技术领域》和国家发展改革委员会等部门公布的《当前优先发展的高技术产业化重点领域指南（2007年度）》规定项目的研究开发活动，其在一个纳税年度中实际发生的下列费用支出，允许在计算应纳税所得额时按照规定实行加计扣除。

（一）新产品设计费、新工艺规程制定费以及与研发活动直接相关的技术图书资料费、资料翻译费。

（二）从事研发活动直接消耗的材料、燃料和动力费用。

（三）在职直接从事研发活动人员的工资、薪金、奖金、津贴、补贴。

（四）专门用于研发活动的仪器、设备的折旧费或租赁费。

（五）专门用于研发活动的软件、专利权、非专利技术等无形资产的摊销费用。

（六）专门用于中间试验和产品试制的模具、工艺装备开发及制造费。

（七）勘探开发技术的现场试验费。

（八）研发成果的论证、评审、验收费用。

第五条　对企业共同合作开发的项目，凡符合上述条件的，由合作各方就自身承担的研发费用分别按照规定计算加计扣除。

第六条　对企业委托给外单位进行开发的研发费用，凡符合上述条件的，由委托方按照规定计算加计扣除，受托方不得再进行加计扣除。

对委托开发的项目，受托方应向委托方提供该研发项目的费用支出明细情况，否则，该委托开发项目的费用支出不得实行加计扣除。

第七条　企业根据财务会计核算和研发项目的实际情况，对发生的研发费用进行收益化或资本化处理的，可按下述规定计算加计扣除：

（一）研发费用计入当期损益未形成无形资产的，允许再按其当年研发费用实际发生额的50%，直接抵扣当年的应纳税所得额。

（二）研发费用形成无形资产的，按照该无形资产成本的150%在税前摊销。除法律另有规定外，摊销年限不得低于10年。

【解读】根据本条第（一）项规定，企业发生的研发费用，未形成无形资产的，进行收益化处理，将研发费用直接计入当年损益，在税前扣除。在企业所得税纳税年度申报时，再按其当年研发费用实际发生额的50%加计扣除，调减应纳税所得额。加计扣除额或者调减应纳税所得额＝当年研发费用实际发生额×50%。

根据本条第（二）项规定，企业发生的研发费用，形成无形资产的，进行资本化处理，按规定年限摊销。每年摊销的费用金额＝无形资产计税基础×（1＋50%）÷摊销年限。

企业跨年度研发项目，当年实际发生的研发费用，在当年已按收益化处理的，研发费用形成无形资产时，不得再做摊销扣除。

第八条　法律、行政法规和国家税务总局规定不允许企业所得税前扣除的费用和支出项目，均不允许计入研究开发费用。

第九条　企业未设立专门的研发机构或企业研发机构同时承担生产经营任务的，应对研发费用和生产经营费用分开进行核算，准确、合理的计算各项研究开发费用支出，对划分不清的，不得实行加计扣除。

第十条　企业必须对研究开发费用实行专账管理，同时必须按照本办法附表的规定项目，准确归集填写年度可加计扣除的各项研究开发费用实际发生金额。企业应于年度汇算清缴所得税申报时向主管税务机关报送本办法规定的相应资料。申报的研究开发费用不真实或者资料不齐全的，不得享受研究开发费用加计扣除，主管税务机关有权对企业申报的结果进行合理调整。

企业在一个纳税年度内进行多个研究开发活动的，应按照不同开发项目分别归集可加计扣除的研究开发费用额。

第十一条　企业申请研究开发费加计扣除时，应向主管税务机关报送如下资料：

（一）自主、委托、合作研究开发项目计划书和研究开发费预算。

（二）自主、委托、合作研究开发专门机构或项目组的编制情况和专业人员名单。

（三）自主、委托、合作研究开发项目当年研究开发费用发生情况归集表。

（四）企业总经理办公会或董事会关于自主、委托、合作研究开发项目立项的决议文件。

（五）委托、合作研究开发项目的合同或协议。

（六）研究开发项目的效用情况说明、研究成果报告等资料。

第十二条　企业实际发生的研究开发费，在年度中间预缴所得税时，允许据实计算扣除，在年度终了进行所得税年度申报和汇算清缴时，再依照本办法的规定计算加计扣除。

第十三条　主管税务机关对企业申报的研究开发项目有异议的，可要求企业提供政府科技部门的鉴定意见书。

第十四条　企业研究开发费各项目的实际发生额归集不准确、汇总额计算不准确的，主管税务机关有权调整其税前扣除额或加计扣除额。

第十五条　企业集团根据生产经营和科技开发的实际情况，对技术要求高、投资数额大，需要由集团公司进行集中开发的研究开发项目，其实际发生的研究开发费，可以按照合理的分摊方法在受益集团成员公司间进行分摊。

第十六条　企业集团采取合理分摊研究开发费的，企业集团应提供集中研究开发项目的协议或合同，该协议或合同应明确规定参与各方在该研究开发项目中的权利和义务、费用分摊方法等内容。如不提供协议或合同，研究开发费不得加计扣除。

第十七条　企业集团采取合理分摊研究开发费的，企业集团集中研究开发项目实际发生的研究开发费，应当按照权利和义务、费用支出和收益分享一致的原则，合理确定研究开发费用的分摊方法。

第十八条　企业集团采取合理分摊研究开发费的，企业集团母公司负责编制集中研究开发项目的立项书、研究开发费用预算表、决算表和决算分摊表。

第十九条　税企双方对企业集团集中研究开发费的分摊方法和金额有争议的，如企业集团成员公司设在不同省、自治区、直辖市和计划单列市的，企业按照国家税务总局的裁决意见扣除实际分摊的研究开发费；企业集团成员公司在同一省、自治区、直辖市和计划单列市的，企业按照省税务机关的裁决意见扣除实际分摊的研究开发费。

第二十条　本办法从2008年1月1日起执行。

财政部、国家税务总局财税［2008］121号
关于企业关联方利息支出税前扣除标准有关税收政策问题的通知条文解读

一、在计算应纳税所得额时，企业实际支付给关联方的利息支出，不超过以下规定比例和税法及其实施条例有关规定计算的部分，准予扣除，超过的部分不得在发生当期和以后年度扣除。

企业实际支付给关联方的利息支出，除符合本通知第二条规定外，其接受关联方债权性投资与其权益性投资比例为：

（一）金融企业，为5:1；

（二）其他企业，为2:1。

【解读】根据本条规定，除符合本通知第二条规定外，企业接受关联方债权性投资与其权益性投资比例符合本条第二款规定的，且支付给关联方债权性投资利息支出的利率符合《中华人民共和国企业所得税法》及其实施条例规定，其支付的利息准予税前扣除。企业接受关联方债权性投资与其权益性投资比例超过本条第二款规定的部分，

其支付给关联方债权性投资利息支出的利率无论是否符合《中华人民共和国企业所得税法》及其实施条例规定，其支付的利息不得税前扣除；企业接受关联方债权性投资与其权益性投资比例符合本条第二款规定，但支付给关联方债权性投资利息支出的利率不符合《中华人民共和国企业所得税法》及其实施条例规定，其支付的利息超过部分不得税前扣除。

二、企业如果能够按照税法及其实施条例的有关规定提供相关资料，并证明相关交易活动符合独立交易原则的；或者该企业的实际税负不高于境内关联方的，其实际支付给境内关联方的利息支出，在计算应纳税所得额时准予扣除。

三、企业同时从事金融业务和非金融业务，其实际支付给关联方的利息支出，应按照合理方法分开计算；没有按照合理方法分开计算的，一律按本通知第一条有关其他企业的比例计算准予税前扣除的利息支出。

四、企业自关联方取得的不符合规定的利息收入应按照有关规定缴纳企业所得税。

财政部、国家税务总局、民政部财税［2008］160号
关于公益性捐赠税前扣除有关问题的通知条文

一、企业通过公益性社会团体或者县级以上人民政府及其部门，用于公益事业的捐赠支出，在年度利润总额12%以内的部分，准予在计算应纳税所得额时扣除。年度利润总额，是指企业依照国家统一会计制度的规定计算的大于零的数额。

二、个人通过社会团体、国家机关向公益事业的捐赠支出，按照现行税收法律、行政法规及相关政策规定准予在所得税税前扣除。

三、本通知第一条所称的用于公益事业的捐赠支出，是指《中华人民共和国公益事业捐赠法》规定的向公益事业的捐赠支出，具体范围包括：

（一）救助灾害、救济贫困、扶助残疾人等困难的社会群体和个人的活动；

（二）教育、科学、文化、卫生、体育事业；

（三）环境保护、社会公共设施建设；

（四）促进社会发展和进步的其他社会公共和福利事业

四、本通知第一条所称的公益性社会团体和第二条所称的社会团体均指依据国务院发布的《基金会管理条例》和《社会团体登记管理条例》的规定，经民政部门依法登记、符合以下条件的基金会、慈善组织等公益性社会团体：

（一）符合《中华人民共和国企业所得税法实施条例》第五十二条第（一）项到第（八）项规定的条件；

（二）申请前3年内未受到行政处罚；

（三）基金会在民政部门依法登记3年以上（含3年）的，应当在申请前连续2年年度检查合格，或最近1年年度检查合格且社会组织评估等级在3A以上（含3A），登记3年以下1年以上（含1年）的，应当在申请前1年年度检查合格或社会组织评估等级在3A以上（含3A），登记1年以下的基金会具备本款第（一）项、第（二）项规定的条件；

（四）公益性社会团体（不含基金会）在民政部门依法登记3年以上，净资产不低于登记的活动资金数额，申请前连续2年年度检查合格，或最近1年年度检查合格且

社会组织评估等级在3A以上（含3A），申请前连续3年每年用于公益活动的支出不低于上年总收入的70%（含70%），同时需达到当年总支出的50%以上（含50%）。

前款所称年度检查合格是指民政部门对基金会、公益性社会团体（不含基金会）进行年度检查，作出年度检查合格的结论；社会组织评估等级在3A以上（含3A）是指社会组织在民政部门主导的社会组织评估中被评为3A、4A、5A级别，且评估结果在有效期内。

五、本通知第一条所称的县级以上人民政府及其部门和第二条所称的国家机关均指县级（含县级，下同）以上人民政府及其组成部门和直属机构。

六、符合本通知第四条规定的基金会、慈善组织等公益性社会团体，可按程序申请公益性捐赠税前扣除资格。

（一）经民政部批准成立的公益性社会团体，可分别向财政部、国家税务总局、民政部提出申请；

（二）经省级民政部门批准成立的基金会，可分别向省级财政、税务（国、地税，下同）、民政部门提出申请。经地方县级以上人民政府民政部门批准成立的公益性社会团体（不含基金会），可分别向省、自治区、直辖市和计划单列市财政、税务、民政部门提出申请；

（三）民政部门负责对公益性社会团体的资格进行初步审核，财政、税务部门会同民政部门对公益性社会团体的捐赠税前扣除资格联合进行审核确认；

（四）对符合条件的公益性社会团体，按照上述管理权限，由财政部、国家税务总局和民政部及省、自治区、直辖市和计划单列市财政、税务和民政部门分别定期予以公布。

七、申请捐赠税前扣除资格的公益性社会团体，需报送以下材料：

（一）申请报告；

（二）民政部或地方县级以上人民政府民政部门颁发的登记证书复印件；

（三）组织章程；

（四）申请前相应年度的资金来源、使用情况，财务报告，公益活动的明细，注册会计师的审计报告；

（五）民政部门出具的申请前相应年度的年度检查结论、社会组织评估结论。

八、公益性社会团体和县级以上人民政府及其组成部门和直属机构在接受捐赠时，应按照行政管理级次分别使用由财政部或省、自治区、直辖市财政部门印制的公益性捐赠票据，并加盖本单位的印章；对个人索取捐赠票据的，应予以开具。

新设立的基金会在申请获得捐赠税前扣除资格后，原始基金的捐赠人可凭捐赠票据依法享受税前扣除。

九、公益性社会团体和县级以上人民政府及其组成部门和直属机构在接受捐赠时，捐赠资产的价值，按以下原则确认：

（一）接受捐赠的货币性资产，应当按照实际收到的金额计算；

（二）接受捐赠的非货币性资产，应当以其公允价值计算。捐赠方在向公益性社会团体和县级以上人民政府及其组成部门和直属机构捐赠时，应当提供注明捐赠非货币性资产公允价值的证明，如果不能提供上述证明，公益性社会团体和县级以上人民政府及其组成部门和直属机构不得向其开具公益性捐赠票据。

十、存在以下情形之一的公益性社会团体，应取消公益性捐赠税前扣除资格：

（一）年度检查不合格或最近一次社会组织评估等级低于3A的；

（二）在申请公益性捐赠税前扣除资格时有弄虚作假行为的；

（三）存在偷税行为或为他人偷税提供便利的；

（四）存在违反该组织章程的活动，或者接受的捐赠款项用于组织章程规定用途之外的支出等情况的；

（五）受到行政处罚的。

被取消公益性捐赠税前扣除资格的公益性社会团体，存在本条第一款第（一）项情形的，1年内不得重新申请公益性捐赠税前扣除资格，存在第（二）项、第（三）项、第（四）项、第（五）项情形的，3年内不得重新申请公益性捐赠税前扣除资格。

对本条第一款第（三）项、第（四）项情形，应对其接受捐赠收入和其他各项收入依法补征企业所得税。

十一、本通知从2008年1月1日起执行。本通知发布前已经取得和未取得捐赠税前扣除资格的公益性社会团体，均应按本通知的规定提出申请。《财政部、国家税务总局关于公益救济性捐赠税前扣除政策及相关管理问题的通知》（财税［2007］6号）停止执行。

财政部、国家税务总局、民政部财税［2009］85号
关于公布2008年度2009年度第一批获得公益性捐赠税前扣除资格的公益性社会团体名单的通知条文

根据《财政部国家税务总局民政部关于公益性捐赠税前扣除有关问题的通知》（财税［2008］160号）精神，现将经民政部初步审核，财政部、国家税务总局会同民政部联合审核确认的2008年度、2009年度第一批获得公益性捐赠税前扣除资格的公益性社会团体名单，予以公布。

国家税务总局国税函［2009］3号
关于企业工资薪金及职工福利费扣除问题的通知条文解读

一、关于合理工资薪金问题

《实施条例》第三十四条所称的“合理工资薪金”，是指企业按照股东大会、董事会、薪酬委员会或相关管理机构制订的工资薪金制度规定实际发放给员工的工资薪金。税务机关在对工资薪金进行合理性确认时，可按以下原则掌握：

（一）企业制订了较为规范的员工工资薪金制度；

（二）企业所制订的工资薪金制度符合行业及地区水平；

（三）企业在一定时期所发放的工资薪金是相对固定的，工资薪金的调整是有序进行的；

（四）企业对实际发放的工资薪金，已依法履行了代扣代缴个人所得税义务。

（五）有关工资薪金的安排，不以减少或逃避税款为目的；

二、关于工资薪金总额问题

《实施条例》第四十、四十一、四十二条所称的“工资薪金总额”，是指企业按照本通知第一条规定实际发放的工资薪金总和，不包括企业的职工福利费、职工教育经费、工会经费以及养老保险费、医疗保险费、失业保险费、工伤保险费、生育保险费等社会保险费和住房公积金。属于国有性质的企业，其工资薪金，不得超过政府有关部门给予的限定数额；超过部分，不得计入企业工资薪金总额，也不得在计算企业应纳税所得额时扣除。

【解读】根据本条规定，企业所得税法规定的企业职工工资薪金与《企业会计准则》所规定的职工薪酬不同。《企业会计准则》所规定的职工薪酬包括工资薪金。企业计算准予扣除的职工福利费、职工教育经费和工会经费的工资总额，依照本条规定执行。

三、关于职工福利费扣除问题

《实施条例》第四十条规定的企业职工福利费，包括以下内容：

（一）尚未实行分离办社会职能的企业，其内设福利部门所发生的设备、设施和人员费用，包括职工食堂、职工浴室、理发室、医务所、托儿所、疗养院等集体福利部门的设备、设施及维修保养费用和福利部门工作人员的工资薪金、社会保险费、住房公积金、劳务费等。

（二）为职工卫生保健、生活、住房、交通等所发放的各项补贴和非货币性福利，包括企业向职工发放的因公外地就医费用、未实行医疗统筹企业职工医疗费用、职工供养直系亲属医疗补贴、供暖费补贴、职工防暑降温费、职工困难补贴、救济费、职工食堂经费补贴、职工交通补贴等。

（三）按照其他规定发生的其他职工福利费，包括丧葬补助费、抚恤费、安家费、探亲假路费等。

【解读】本条规定了职工福利费支出范围。根据本条规定，企业职工福利费支出范围主要有三个方面：①用于职工集体福利或者职工公共福利支出；②直接用于职工个人福利支出；③用于职工个人的其他福利支出。

四、关于职工福利费核算问题

企业发生的职工福利费，应该单独设置账册，进行准确核算。没有单独设置账册准确核算的，税务机关应责令企业在规定的期限内进行改正。逾期仍未改正的，税务机关可对企业发生的职工福利费进行合理的核定。

五、本通知自2008年1月1日起执行。

财政部、国家税务总局财税［2009］29号
关于企业手续费及佣金支出税前扣除政策的通知条文

一、企业发生与生产经营有关的手续费及佣金支出，不超过以下规定计算限额以内的部分，准予扣除；超过部分，不得扣除。

1. 保险企业：财产保险企业按当年全部保费收入扣除退保金等后余额的15%（含本数，下同）计算限额；人身保险企业按当年全部保费收入扣除退保金等后余额的10%计算限额。

2. 其他企业：按与具有合法经营资格中介服务机构或个人（不含交易双方及其雇员、代理人和代表人等）所签订服务协议或合同确认的收入金额的5%计算限额。

二、企业应与具有合法经营资格中介服务企业或个人签订代办协议或合同，并按国家有关规定支付手续费及佣金。除委托个人代理外，企业以现金等非转账方式支付的手续费及佣金不得在税前扣除。企业为发行权益性证券支付给有关证券承销机构的手续费及佣金不得在税前扣除。

三、企业不得将手续费及佣金支出计入回扣、业务提成、返利、进场费等费用。

四、企业已计入固定资产、无形资产等相关资产的手续费及佣金支出，应当通过折旧、摊销等方式分期扣除，不得在发生当期直接扣除。

五、企业支付的手续费及佣金不得直接冲减服务协议或合同金额，并如实入账。

六、企业应当如实向当地主管税务机关提供当年手续费及佣金计算分配表和其他相关资料，并依法取得合法真实凭证。

七、本通知自印发之日起实施。新税法实施之日至本通知印发之日前企业手续费及佣金所得税税前扣除事项按本通知规定处理。

财政部、国家税务总局财税［2009］33号
关于证券行业准备金支出企业所得税税前扣除有关问题的通知条文

一、证券类准备金

（一）证券交易所风险基金。

上海、深圳证券交易所依据《证券交易所风险基金管理暂行办法》（证监发［2000］22号）的有关规定，按证券交易所交易收取经手费的20%、会员年费的10%提取的证券交易所风险基金，在各基金净资产不超过10亿元的额度内，准予在企业所得税税前扣除。

（二）证券结算风险基金。

1. 中国证券登记结算公司所属上海分公司、深圳分公司依据《证券结算风险基金管理办法》（证监发［2006］65号）的有关规定，按证券登记结算公司业务收入的20%提取的证券结算风险基金，在各基金净资产不超过30亿元的额度内，准予在企业所得税税前扣除。

2. 证券公司依据《证券结算风险基金管理办法》（证监发［2006］65号）的有关规定，作为结算会员按人民币普通股和基金成交金额的十万分之三、国债现货成交金额的十万分之一、1天期国债回购成交额的千万分之五、2天期国债回购成交额的千万分之十、3天期国债回购成交额的千万分之十五、4天期国债回购成交额的千万分之二十、7天期国债回购成交额的千万分之五十、14天期国债回购成交额的十万分之一、28天期国债回购成交额的十万分之二、91天期国债回购成交额的十万分之六、182天期国债回购成交额的十万分之十二逐日交纳的证券结算风险基金，准予在企业所得税税前扣除。

（三）证券投资者保护基金。

1. 上海、深圳证券交易所依据《证券投资者保护基金管理办法》（证监会令第27

号）的有关规定，在风险基金分别达到规定的上限后，按交易经手费的20%缴纳的证券投资者保护基金，准予在企业所得税税前扣除。

2. 证券公司依据《证券投资者保护基金管理办法》（证监会令第27号）的有关规定，按其营业收入0.5%—5%缴纳的证券投资者保护基金，准予在企业所得税税前扣除。

二、期货类准备金

（一）期货交易所风险准备金。

上海期货交易所、大连商品交易所、郑州商品交易所和中国金融期货交易所依据《期货交易管理条例》（国务院令第489号）、《期货交易所管理办法》（证监会令第42号）和《商品期货交易财务管理暂行规定》（财商字［1997］44号）的有关规定，分别按向会员收取手续费收入的20%计提的风险准备金，在风险准备金余额达到有关规定的额度内，准予在企业所得税税前扣除。

（二）期货公司风险准备金。

期货公司依据《期货公司管理办法》（证监会令第43号）和《商品期货交易财务管理暂行规定》（财商字［1997］44号）的有关规定，从其收取的交易手续费收入减去应付期货交易所手续费后的净收入的5%提取的期货公司风险准备金，准予在企业所得税税前扣除。

（三）期货投资者保障基金。

1. 上海期货交易所、大连商品交易所、郑州商品交易所和中国金融期货交易所依据《期货投资者保障基金管理暂行办法》（证监会令第38号）的有关规定，按其向期货公司会员收取的交易手续费的3%缴纳的期货投资者保障基金，在基金总额达到有关规定的额度内，准予在企业所得税税前扣除。

2. 期货公司依据《期货投资者保障基金管理暂行办法》（证监会令第38号）的有关规定，从其收取的交易手续费中按照代理交易额的千万分之五至千万分之十的比例缴纳的期货投资者保障基金，在基金总额达到有关规定的额度内，准予在企业所得税税前扣除。

三、上述准备金如发生清算、退还，应按规定补征企业所得税。

四、本通知自2008年1月1日起至2010年12月31日止执行。

财政部、国家税务总局财税［2009］68号
关于期货投资者保障基金有关税收问题的通知条文

一、对中国期货保证金监控中心有限责任公司（以下简称期货保障基金公司）根据《期货投资者保障基金管理暂行办法》（证监会令第38号，以下简称《暂行办法》）取得的下列收入，不计入其应征企业所得税收入：

1. 期货交易所按风险准备金账户总额的15%和交易手续费的3%上缴的期货保障基金收入；

2. 期货公司按代理交易额的千万分之五至十上缴的期货保障基金收入；

3. 依法向有关责任方追偿所得；

4. 期货公司破产清算所得；

5. 捐赠所得。

二、对期货保障基金公司取得的银行存款利息收入、购买国债、中央银行和中央级金融机构发行债券的利息收入，以及证监会和财政部批准的其他资金运用取得的收入，暂免征收企业所得税。

三、对期货保障基金公司根据《暂行办法》取得的下列收入，暂免征收营业税：

1. 期货交易所按风险准备金账户总额的15%和交易手续费的3%上缴的期货保障基金收入；

2. 期货公司按代理交易额的千万分之五至十上缴的期货保障基金收入；

3. 依法向有关责任方追偿所得收入；

4. 期货公司破产清算受偿收入；

5. 按规定从期货交易所取得的运营收入。

四、期货交易所和期货公司根据《暂行办法》上缴的期货保障基金中属于营业税征税范围的部分，允许从其营业税计税营业额中扣除。

五、对期货保障基金公司新设立的资金账簿、期货保障基金参加被处置期货公司的财产清算而签订的产权转移书据以及期货保障基金以自有财产和接受的受偿资产与保险公司签订的财产保险合同等免征印花税。对上述应税合同和产权转移书据的其他当事人照章征收印花税。

六、本通知自2008年1月1日起至2010年12月31日止执行。对期货保障基金公司在2008年1月1日至文到之日已缴纳的应予免征的营业税，从以后应缴纳的营业税税款中抵减。

财政部、国家税务总局财税［2009］48号
关于保险公司准备金支出企业所得税税前扣除有关问题的通知条文

一、保险公司按下列规定缴纳的保险保障基金，准予据实税前扣除：

1. 非投资型财产保险业务，不得超过保费收入的0.8%；投资型财产保险业务，有保证收益的，不得超过业务收入的0.08%，无保证收益的，不得超过业务收入的0.05%。

2. 有保证收益的人寿保险业务，不得超过业务收入的0.15%；无保证收益的人寿保险业务，不得超过业务收入的0.05%。

3. 短期健康保险业务，不得超过保费收入的0.8%；长期健康保险业务，不得超过保费收入的0.15%。

4. 非投资型意外伤害保险业务，不得超过保费收入的0.8%；投资型意外伤害保险业务，有保证收益的，不得超过业务收入的0.08%，无保证收益的，不得超过业务收入的0.05%。

保险保障基金，是指按照《中华人民共和国保险法》和《保险保障基金管理办法》（保监会、财政部、人民银行令2008年第2号）规定缴纳形成的，在规定情形下用于救助保单持有人、保单受让公司或者处置保险业风险的非政府性行业风险救助基金。

保费收入，是指投保人按照保险合同约定，向保险公司支付的保险费。

业务收入，是指投保人按照保险合同约定，为购买相应的保险产品支付给保险公司的全部金额。

非投资型财产保险业务，是指仅具有保险保障功能而不具有投资理财功能的财产保险业务。

投资型财产保险业务，是指兼具有保险保障与投资理财功能的财产保险业务。

有保证收益，是指保险产品在投资收益方面提供固定收益或最低收益保障。

无保证收益，是指保险产品在投资收益方面不提供收益保证，投保人承担全部投资风险。

二、保险公司有下列情形之一的，其缴纳的保险保障基金不得在税前扣除：

1. 财产保险公司的保险保障基金余额达到公司总资产 6% 的。

2. 人身保险公司的保险保障基金余额达到公司总资产 1% 的。

三、保险公司按规定提取的未到期责任准备金、寿险责任准备金、长期健康险责任准备金、未决赔款准备金，准予在税前扣除。

1. 未到期责任准备金、寿险责任准备金、长期健康险责任准备金依据精算师或出具专项审计报告的中介机构确定的金额提取。

未到期责任准备金，是指保险人为尚未终止的非寿险保险责任提取的准备金。

寿险责任准备金，是指保险人为尚未终止的人寿保险责任提取的准备金。

长期健康险责任准备金，是指保险人为尚未终止的长期健康保险责任提取的准备金。

2. 未决赔款准备金分已发生已报案未决赔款准备金、已发生未报案未决赔款准备金和理赔费用准备金。已发生已报案未决赔款准备金，按最高不超过当期已经提出的保险赔款或者给付金额的 100% 提取；已发生未报案未决赔款准备金按不超过当年实际赔款支出额的 8% 提取。

未决赔款准备金，是指保险人为非寿险保险事故已发生尚未结案的赔案提取的准备金。

已发生已报案未决赔款准备金，是指保险人为非寿险保险事故已经发生并已向保险人提出索赔、尚未结案的赔案提取的准备金。

已发生未报案未决赔款准备金，是指保险人为非寿险保险事故已经发生、尚未向保险人提出索赔的赔案提取的准备金。

理赔费用准备金，是指保险人为非寿险保险事故已发生尚未结案的赔案可能发生的律师费、诉讼费、损失检验费、相关理赔人员薪酬等费用提取的准备金。

四、保险公司实际发生的各种保险赔款、给付，应首先冲抵按规定提取的准备金，不足冲抵部分，准予在当年税前扣除。

五、本通知自 2008 年 1 月 1 日至 2010 年 12 月 31 日执行。

国家税务总局国税函［2009］313 号
关于保险公司再保险业务赔款支出税前扣除问题的通知条文

根据《中华人民共和国企业所得税法实施条例》第九条的规定，从事再保险业务的保险公司（以下称再保险公司）发生的再保险业务赔款支出，按照权责发生制的原则，应在收到从事直保业务公司（以下称直保公司）再保险业务赔款账单时，作为企业当期成本费用扣除。为便于再保险公司再保险业务的核算，凡在次年企业所得税汇算清缴前，再保险公司收到直保公司再保险业务赔款账单中属于上年度的赔款，准予调整作为上年度的成本费用扣除，同时调整已计提的未决赔款准备金；次年汇算清缴后收到直保公司再保险业务赔款账单的，按该赔款账单上发生的赔款支出，在收单年度作为成本费用扣除。

财政部、国家税务总局财税［2009］64号 关于金融企业贷款损失准备金企业所得税税前扣除有关问题的通知条文

一、准予提取贷款损失准备的贷款资产范围包括：

（一）贷款（含抵押、质押、担保等贷款）；

（二）银行卡透支、贴现、信用垫款（含银行承兑汇票垫款、信用证垫款、担保垫款等）、进出口押汇、同业拆出等各项具有贷款特征的风险资产；

（三）由金融企业转贷并承担对外还款责任的国外贷款，包括国际金融组织贷款、外国买方信贷、外国政府贷款、日本国际协力银行不附条件贷款和外国政府混合贷款等资产。

二、金融企业准予当年税前扣除的贷款损失准备计算公式如下：

准予当年税前扣除的贷款损失准备 = 本年末准予提取贷款损失准备的贷款资产余额 ×1% - 截至上年末已在税前扣除的贷款损失准备余额

金融企业按上述公式计算的数额如为负数，应当相应调增当年应纳税所得额。

三、金融企业的委托贷款、代理贷款、国债投资、应收股利、上交央行准备金，以及金融企业剥离的债权和股权、应收财政贴息、央行款项等不承担风险和损失的资产，不得提取贷款损失准备在税前扣除。

四、金融企业发生的符合条件的贷款损失，按规定报经税务机关审批后，应先冲减已在税前扣除的贷款损失准备，不足冲减部分可据实在计算当年应纳税所得额时扣除。

五、本通知自2008年1月1日起至2010年12月31日止执行。

财政部、国家税务总局财税［2009］62号 关于中小企业信用担保机构有关准备金税前扣除问题的通知条文

一、中小企业信用担保机构可按照不超过当年年末担保责任余额1%的比例计提担保赔偿准备，允许在企业所得税税前扣除。

二、中小企业信用担保机构可按照不超过当年担保费收入50%的比例计提未到期责任准备，允许在企业所得税税前扣除，同时将上年度计提的未到期责任准备余额转为当期收入。

三、中小企业信用担保机构实际发生的代偿损失，应依次冲减已在税前扣除的担

保赔偿准备和在税后利润中提取的一般风险准备，不足冲减部分据实在企业所得税税前扣除。

四、本通知所称中小企业信用担保机构是指以中小企业为服务对象的信用担保机构。

五、本通知自2008年1月1日起至2010年12月31日止执行。

财政部、国家税务总局财税［2009］99号
关于金融企业涉农贷款和中小企业贷款损失准备金税前扣除政策的通知条文

一、金融企业根据《贷款风险分类指导原则》（银发［2001］416号），对其涉农贷款和中小企业贷款进行风险分类后，按照以下比例计提的贷款损失专项准备金，准予在计算应纳税所得额时扣除：

（一）关注类贷款，计提比例为2%；

（二）次级类贷款，计提比例为25%；

（三）可疑类贷款，计提比例为50%；

（四）损失类贷款，计提比例为100%。

二、本通知所称涉农贷款，是指《涉农贷款专项统计制度》（银发［2007］246号）统计的以下贷款：

（一）农户贷款；

（二）农村企业及各类组织贷款。

本条所称农户贷款，是指金融企业发放给农户的所有贷款。农户贷款的判定应以贷款发放时的承贷主体是否属于农户为准。农户，是指长期（一年以上）居住在乡镇（不包括城关镇）行政管理区域内的住户，还包括长期居住在城关镇所辖行政村范围内的住户和户口不在本地而在本地居住一年以上的住户，国有农场的职工和农村个体工商户。位于乡镇（不包括城关镇）行政管理区域内和在城关镇所辖行政村范围内的国有经济的机关、团体、学校、企事业单位的集体户；有本地户口，但举家外出谋生一年以上的住户，无论是否保留承包耕地均不属于农户。农户以户为统计单位，既可以从事农业生产经营，也可以从事非农业生产经营。

本条所称农村企业及各类组织贷款，是指金融企业发放给注册地位于农村区域的企业及各类组织的所有贷款。农村区域，是指除地级及以上城市的城市行政区及其市辖建制镇之外的区域。

三、本通知所称中小企业贷款，是指金融企业对年销售额和资产总额均不超过2亿元的企业的贷款。

四、金融企业发生的符合条件的涉农贷款和中小企业贷款损失，应先冲减已在税前扣除的贷款损失准备金，不足冲减部分可据实在计算应纳税所得额时扣除。

五、本通知自2008年1月1日起至2010年12月31日止执行。

财政部、国家税务总局财税［2009］110号
关于保险公司提取农业巨灾风险准备金企业所得税税前扣除问题的通知条文

一、保险公司经营中央财政和地方财政保费补贴的种植业险种（以下简称补贴险种）的，按不超过补贴险种当年保费收入25%的比例计提的巨灾风险准备金，准予在企业所得税前据实扣除。具体计算公式如下：

本年度扣除的巨灾风险准备金＝本年度保费收入×25%—上年度已在税前扣除的巨灾风险准备金结存余额。

按上述公式计算的数额如为负数，应调增当年应纳税所得额。

二、保险公司应当按专款专用原则建立健全巨灾风险准备金管理使用制度。在向主管税务机关报送企业所得税纳税申报表时，同时附送巨灾风险准备金提取、使用情况的说明和报表。

三、本通知自2008年1月1日起至2010年12月31日止执行。

财政部、国家税务总局财税［2009］57号
关于企业资产损失税前扣除政策的通知条文

一、本通知所称资产损失，是指企业在生产经营活动中实际发生的、与取得应税收入有关的资产损失，包括现金损失，存款损失，坏账损失，贷款损失，股权投资损失，固定资产和存货的盘亏、毁损、报废、被盗损失，自然灾害等不可抗力因素造成的损失以及其他损失。

二、企业清查出的现金短缺减除责任人赔偿后的余额，作为现金损失在计算应纳税所得额时扣除。

三、企业将货币性资金存入法定具有吸收存款职能的机构，因该机构依法破产、清算，或者政府责令停业、关闭等原因，确实不能收回的部分，作为存款损失在计算应纳税所得额时扣除。

四、企业除贷款类债权外的应收、预付账款符合下列条件之一的，减除可收回金额后确认的无法收回的应收、预付款项，可以作为坏账损失在计算应纳税所得额时扣除：

（一）债务人依法宣告破产、关闭、解散、被撤销，或者被依法注销、吊销营业执照，其清算财产不足清偿的；

（二）债务人死亡，或者依法被宣告失踪、死亡，其财产或者遗产不足清偿的；

（三）债务人逾期3年以上未清偿，且有确凿证据证明已无力清偿债务的；

（四）与债务人达成债务重组协议或法院批准破产重整计划后，无法追偿的；

（五）因自然灾害、战争等不可抗力导致无法收回的；

（六）国务院财政、税务主管部门规定的其他条件。

五、企业经采取所有可能的措施和实施必要的程序之后，符合下列条件之一的贷款类债权，可以作为贷款损失在计算应纳税所得额时扣除：

（一）借款人和担保人依法宣告破产、关闭、解散、被撤销，并终止法人资格，或者已完全停止经营活动，被依法注销、吊销营业执照，对借款人和担保人进行追偿后，未能收回的债权；

（二）借款人死亡，或者依法被宣告失踪、死亡，依法对其财产或者遗产进行清偿，并对担保人进行追偿后，未能收回的债权；

（三）借款人遭受重大自然灾害或者意外事故，损失巨大且不能获得保险补偿，或者以保险赔偿后，确实无力偿还部分或者全部债务，对借款人财产进行清偿和对担保人进行追偿后，未能收回的债权；

（四）借款人触犯刑律，依法受到制裁，其财产不足归还所借债务，又无其他债务承担者，经追偿后确实无法收回的债权；

（五）由于借款人和担保人不能偿还到期债务，企业诉诸法律，经法院对借款人和担保人强制执行，借款人和担保人均无财产可执行，法院裁定执行程序终结或终止（中止）后，仍无法收回的债权；

（六）由于借款人和担保人不能偿还到期债务，企业诉诸法律后，经法院调解或经债权人会议通过，与借款人和担保人达成和解协议或重整协议，在借款人和担保人履行完还款义务后，无法追偿的剩余债权；

（七）由于上述（一）至（六）项原因借款人不能偿还到期债务，企业依法取得抵债资产，抵债金额小于贷款本息的差额，经追偿后仍无法收回的债权；

（八）开立信用证、办理承兑汇票、开具保函等发生垫款时，凡开证申请人和保证人由于上述（一）至（七）项原因，无法偿还垫款，金融企业经追偿后仍无法收回的垫款；

（九）银行卡持卡人和担保人由于上述（一）至（七）项原因，未能还清透支款项，金融企业经追偿后仍无法收回的透支款项；

（十）助学贷款逾期后，在金融企业确定的有效追索期限内，依法处置助学贷款抵押物（质押物），并向担保人追索连带责任后，仍无法收回的贷款；

（十一）经国务院专案批准核销的贷款类债权；

（十二）国务院财政、税务主管部门规定的其他条件。

六、企业的股权投资符合下列条件之一的，减除可收回金额后确认的无法收回的股权投资，可以作为股权投资损失在计算应纳税所得额时扣除：

（一）被投资方依法宣告破产、关闭、解散、被撤销，或者被依法注销、吊销营业执照的；

（二）被投资方财务状况严重恶化，累计发生巨额亏损，已连续停止经营 3 年以上，且无重新恢复经营改组计划的；

（三）对被投资方不具有控制权，投资期限届满或者投资期限已超过 10 年，且被投资单位因连续 3 年经营亏损导致资不抵债的；

（四）被投资方财务状况严重恶化，累计发生巨额亏损，已完成清算或清算期超过 3 年以上的；

（五）国务院财政、税务主管部门规定的其他条件。

七、对企业盘亏的固定资产或存货，以该固定资产的账面净值或存货的成本减除责任人赔偿后的余额，作为固定资产或存货盘亏损失在计算应纳税所得额时扣除。

八、对企业毁损、报废的固定资产或存货，以该固定资产的账面净值或存货的成本减除残值、保险赔款和责任人赔偿后的余额，作为固定资产或存货毁损、报废损失在计算应纳税所得额时扣除。

九、对企业被盗的固定资产或存货，以该固定资产的账面净值或存货的成本减除保险赔款和责任人赔偿后的余额，作为固定资产或存货被盗损失在计算应纳税所得额时扣除。

十、企业因存货盘亏、毁损、报废、被盗等原因不得从增值税销项税额中抵扣的进项税额，可以与存货损失一起在计算应纳税所得额时扣除。

十一、企业在计算应纳税所得额时已经扣除的资产损失，在以后纳税年度全部或者部分收回时，其收回部分应当作为收入计入收回当期的应纳税所得额。

十二、企业境内、境外营业机构发生的资产损失应分开核算，对境外营业机构由于发生资产损失而产生的亏损，不得在计算境内应纳税所得额时扣除。

十三、企业对其扣除的各项资产损失，应当提供能够证明资产损失确属已实际发生的合法证据，包括具有法律效力的外部证据、具有法定资质的中介机构的经济鉴证证明、具有法定资质的专业机构的技术鉴定证明等。

十四、本通知自2008年1月1日起执行。

国家税务总局国税发［2009］88号
关于印发《企业资产损失税前扣除管理办法》的通知条文

第一条　根据《中华人民共和国企业所得税法》及其实施条例、《中华人民共和国税收征收管理法》及其实施细则、《财政部、国家税务总局关于企业资产损失税前扣除政策的通知》（财税［2009］57号）等税收法律、法规和政策规定，制定本办法。

第二条　本办法所称资产是指企业拥有或者控制的、用于经营管理活动且与取得应税收入有关的资产，包括现金、银行存款、应收及预付款项（包括应收票据）等货币资产，存货、固定资产、在建工程、生产性生物资产等非货币资产，以及债权性投资和股权（权益）性投资。

第三条　企业发生的上述资产损失，应在按税收规定实际确认或者实际发生的当年申报扣除，不得提前或延后扣除。

因各类原因导致资产损失未能在发生当年准确计算并按期扣除的，经税务机关批准后，可追补确认在损失发生的年度税前扣除，并相应调整该资产损失发生年度的应纳所得税额。调整后计算的多缴税额，应按照有关规定予以退税，或者抵顶企业当期应纳税款。

第四条　企业发生的资产损失，按本办法规定须经有关税务机关审批的，应在规定时间内按程序及时申报和审批。

第五条　企业实际发生的资产损失按税务管理方式可分为自行计算扣除的资产损失和须经税务机关审批后才能扣除的资产损失。

下列资产损失，属于由企业自行计算扣除的资产损失：

（一）企业在正常经营管理活动中因销售、转让、变卖固定资产、生产性生物资产、存货发生的资产损失；

（二）企业各项存货发生的正常损耗；

（三）企业固定资产达到或超过使用年限而正常报废清理的损失；

（四）企业生产性生物资产达到或超过使用年限而正常死亡发生的资产损失；

（五）企业按照有关规定通过证券交易场所、银行间市场买卖债券、股票、基金以及金融衍生产品等发生的损失；

（六）其他经国家税务总局确认不需经税务机关审批的其他资产损失。

上述以外的资产损失，属于需经税务机关审批后才能扣除的资产损失。

企业发生的资产损失，凡无法准确辨别是否属于自行计算扣除的资产损失，可向税务机关提出审批申请。

第六条　税务机关对企业资产损失税前扣除的审批是对纳税人按规定提供的申报材料与法定条件进行符合性审查。企业资产损失税前扣除不实行层层审批，企业可直接向有权审批税务机关申请。税务机关审批权限如下：

（一）企业因国务院决定事项所形成的资产损失，由国家税务总局规定资产损失的具体审批事项后，报省级税务机关负责审批。

（二）其他资产损失按属地审批的原则，由企业所在地管辖的省级税务机关根据损失金额大小、证据涉及地区等因素，适当划分审批权限。

（三）企业捆绑资产所发生的损失，由企业总机构所在地税务机关审批。

第七条　负责审批的税务机关应对企业资产损失税前扣除审批申请即报即批。作出审批决定的时限为：

（一）由省级税务机关负责审批的，自受理之日起 30 个工作日内；

（二）由省级以下税务机关负责审批的，其审批时限由省级税务机关确定，但审批时限最长不得超过省级税务机关负责审批的时限。

因情况复杂需要核实，在规定期限内不能作出审批决定的，经本级税务机关负责人批准，可以适当延长期限，但延期期限不得超过 30 天。同时，应将延长期限的理由告知申请人。

第八条　税务机关受理企业当年的资产损失审批申请的截止日为本年度终了后第 45 日。企业因特殊原因不能按时申请审批的，经负责审批的税务机关同意后可适当延期申请。

第九条　企业资产损失税前扣除，在企业自行计算扣除或者按照审批权限由有关税务机关按照规定进行审批扣除后，应由企业主管税务机关进行实地核查确认追踪管理。各级税务机关应将资产损失审批纳入岗位责任制考核体系，根据本办法的要求，规范程序，明确责任，建立健全监督制约机制和责任追究制度。

第十条　企业发生属于由企业自行计算扣除的资产损失，应按照企业内部管理控制的要求，做好资产损失的确认工作，并保留好有关资产会计核算资料和原始凭证及内部审批证明等证据，以备税务机关日常检查。

企业按规定向税务机关报送资产损失税前扣除申请时，均应提供能够证明资产损失确属已实际发生的合法证据，包括：具有法律效力的外部证据和特定事项的企业内部证据。

第十一条　具有法律效力的外部证据，是指司法机关、行政机关、专业技术鉴定部门等依法出具的与本企业资产损失相关的具有法律效力的书面文件，主要包括：

（一）司法机关的判决或者裁定；

（二）公安机关的立案结案证明、回复；

（三）工商部门出具的注销、吊销及停业证明；

（四）企业的破产清算公告或清偿文件；

（五）行政机关的公文；

（六）国家及授权专业技术鉴定部门的鉴定报告；

（七）具有法定资质的中介机构的经济鉴定证明；

（八）经济仲裁机构的仲裁文书；

（九）保险公司对投保资产出具的出险调查单、理赔计算单等；

（十）符合法律条件的其他证据。

第十二条 特定事项的企业内部证据，是指会计核算制度健全，内部控制制度完善的企业，对各项资产发生毁损、报废、盘亏、死亡、变质等内部证明或承担责任的声明，主要包括：

（一）有关会计核算资料和原始凭证；

（二）资产盘点表；

（三）相关经济行为的业务合同；

（四）企业内部技术鉴定部门的鉴定文件或资料（数额较大、影响较大的资产损失项目，应聘请行业内的专家参加鉴定和论证）；

（五）企业内部核批文件及有关情况说明；

（六）对责任人由于经营管理责任造成损失的责任认定及赔偿情况说明；

（七）法定代表人、企业负责人和企业财务负责人对特定事项真实性承担法律责任的声明。

第十三条 企业货币资产损失包括现金损失、银行存款损失和应收（预付）账款损失等。

第十四条 企业清查出的现金短缺扣除责任人赔偿后的余额，确认为现金损失。现金损失确认应提供以下证据：

（一）现金保管人确认的现金盘点表（包括倒推至基准日的记录）；

（二）现金保管人对于短款的说明及相关核准文件；

（三）对责任人由于管理责任造成损失的责任认定及赔偿情况的说明；

（四）涉及刑事犯罪的，应提供司法机关的涉案材料。

第十五条 企业将货币性资金存入法定具有吸收存款职能的机构，因该机构依法破产、清算，或者政府责令停业、关闭等原因，确实不能收回的部分，确认为存款损失。存款损失应提供以下相关证据：

（一）企业存款的原始凭据；

（二）法定具有吸收存款职能的机构破产、清算的法律文件；

（三）政府责令停业、关闭文件等外部证据；

（四）清算后剩余资产分配的文件。

第十六条 企业应收、预付账款发生符合坏账损失条件的，申请坏账损失税前扣除，应提供下列相关依据：

（一）法院的破产公告和破产清算的清偿文件；

（二）法院的败诉判决书、裁决书，或者胜诉但被法院裁定终（中）止执行的法律文书；

（三）工商部门的注销、吊销证明；

（四）政府部门有关撤销、责令关闭的行政决定文件；

（五）公安等有关部门的死亡、失踪证明；

（六）逾期三年以上及已无力清偿债务的确凿证明；

（七）与债务人的债务重组协议及其相关证明；

（八）其他相关证明。

第十七条　逾期不能收回的应收款项中，单笔数额较小、不足以弥补清收成本的，由企业作出专项说明，对确实不能收回的部分，认定为损失。

第十八条　逾期三年以上的应收款项，企业有依法催收磋商记录，确认债务人已资不抵债、连续三年亏损或连续停止经营三年以上的，并能认定三年内没有任何业务往来，可以认定为损失。

第十九条　企业非货币资产损失包括存货损失、固定资产损失、在建工程损失、生物资产损失等。

第二十条　存货盘亏损失，其盘亏金额扣除责任人赔偿后的余额部分，依据下列证据认定损失：

（一）存货盘点表；

（二）存货保管人对于盘亏的情况说明；

（三）盘亏存货的价值确定依据（包括相关入库手续、相同相近存货采购发票价格或其他确定依据）；

（四）企业内部有关责任认定、责任人赔偿说明和内部核批文件。

第二十一条　存货报废、毁损和变质损失，其账面价值扣除残值及保险赔偿或责任赔偿后的余额部分，依据下列相关证据认定损失：

（一）单项或批量金额较小（占企业同类存货 10% 以下、或减少当年应纳税所得、增加亏损 10% 以下、或 10 万元以下。下同）的存货，由企业内部有关技术部门出具技术鉴定证明；

（二）单项或批量金额超过上述规定标准的较大存货，应取得专业技术鉴定部门的鉴定报告或者具有法定资质中介机构出具的经济鉴定证明；

（三）涉及保险索赔的，应当有保险公司理赔情况说明；

（四）企业内部关于存货报废、毁损、变质情况说明及审批文件；

（五）残值情况说明；

（六）企业内部有关责任认定、责任赔偿说明和内部核批文件。

第二十二条　存货被盗损失，其账面价值扣除保险理赔以及责任赔偿后的余额部分，依据下列证据认定损失：

（一）向公安机关的报案记录，公安机关立案、破案和结案的证明材料；

（二）涉及责任人的责任认定及赔偿情况说明；

（三）涉及保险索赔的，应当有保险公司理赔情况说明。

第二十三条　固定资产盘亏、丢失损失，其账面净值扣除责任人赔偿后的余额部分，依据下列证据确认损失：

（一）固定资产盘点表；

（二）盘亏、丢失情况说明，单项或批量金额较大的固定资产盘亏、丢失，企业应逐项作出专项说明，并出具具有法定资质中介机构出具的经济鉴定证明；

（三）企业内部有关责任认定和内部核准文件等。

第二十四条　固定资产报废、毁损损失，其账面净值扣除残值、保险赔偿和责任人赔偿后的余额部分，依据下列相关证据认定损失：

（一）企业内部有关部门出具的鉴定证明；

（二）单项或批量金额较小的固定资产报废、毁损，可由企业逐项作出说明，并出具内部有关技术部门的技术鉴定证明；

单项或批量金额较大的固定资产报废、毁损，企业应逐项作出专项说明，并出具专业技术鉴定机构的鉴定报告，也可以同时附送中介机构的经济鉴定证明。

（三）自然灾害等不可抗力原因造成固定资产毁损、报废的，应当有相关职能部门出具的鉴定报告，如消防部门出具受灾证明，公安部门出具的事故现场处理报告、车辆报损证明，房管部门的房屋拆除证明，锅炉、电梯等安检部门的检验报告等；

（四）企业固定资产报废、毁损情况说明及内部核批文件；

（五）涉及保险索赔的，应当有保险公司理赔情况说明。

第二十五条　固定资产被盗损失，其账面净值扣除保险理赔以及责任赔偿后的余额部分，依据下列证据认定损失：

（一）向公安机关的报案记录，公安机关立案、破案和结案的证明材料；

（二）涉及责任人的责任认定及赔偿情况说明；

（三）涉及保险索赔的，应当有保险公司理赔情况说明。

第二十六条　在建工程停建、废弃和报废、拆除损失，其账面价值扣除残值后的余额部分，依据下列证据认定损失：

（一）国家明令停建项目的文件；

（二）有关政府部门出具的工程停建、拆除文件；

（三）企业对报废、废弃的在建工程项目出具的鉴定意见和原因说明及核批文件，单项数额较大的在建工程项目报废，应当有专业技术鉴定部门的鉴定报告；

（四）工程项目实际投资额的确定依据。

第二十七条　在建工程自然灾害和意外事故毁损损失，其账面价值扣除残值、保险赔偿及责任赔偿后的余额部分，依据下列证据认定损失：

（一）有关自然灾害或者意外事故证明；

（二）涉及保险索赔的，应当有保险理赔说明；

（三）企业内部有关责任认定、责任人赔偿说明和核准文件。

第二十八条　工程物资发生损失的，比照本办法存货损失的规定进行认定。

第二十九条　生产性生物资产盘亏损失，其账面净值扣除责任人赔偿后的余额部分，依据下列证据确认损失：

（一）生产性生物资产盘点表；

（二）盘亏情况说明，单项或批量金额较大的生产性生物资产，企业应逐项作出专项说明；

（三）企业内部有关责任认定和内部核准文件等。

第三十条　因森林病虫害、疫情、死亡而产生的生产性生物资产损失，其账面净值扣除残值、保险赔偿和责任人赔偿后的余额部分，依据下列相关证据认定损失：

（一）企业内部有关部门出具的鉴定证明；

（二）单项或批量金额较大的生产性生物资产森林病虫害、疫情、死亡，企业应逐项作出专项说明，并出具专业技术鉴定部门的鉴定报告；

（三）因不可抗力原因造成生产性生物资产森林病虫害、疫情、死亡，应当有相关职能部门出具的鉴定报告，如林业部门出具的森林病虫害证明、卫生防疫部门出具的疫情证明、消防部门出具的受灾证明，公安部门出具的事故现场处理报告等；

（四）企业生产性生物资产森林病虫害、疫情、死亡情况说明及内部核批文件；

（五）涉及保险索赔的，应当有保险公司理赔情况说明。

第三十一条　对被盗伐、被盗、丢失而产生的生产性生物资产损失，其账面净值扣除保险理赔以及责任赔偿后的余额部分，依据下列证据认定损失：

（一）生产性生物资产被盗后，向公安机关的报案记录或公安机关立案、破案和结案的证明材料；

（二）涉及责任人的责任认定及赔偿情况说明；

（三）涉及保险索赔的，应当有保险公司理赔情况说明。

第三十二条　企业由于未能按期赎回抵押资产，使抵押资产被拍卖或变卖，其账面净值大于变卖价值的差额部分，依据拍卖或变卖证明，认定为资产损失。

第三十三条　企业投资损失包括债权性投资损失和股权（权益）性投资损失。

第三十四条　下列各类符合坏账损失条件的债权投资，依据下列相关证据认定损失：

（一）债务人和担保人依法宣告破产、关闭、解散或撤销，并终止法人资格，企业对债务人和担保人进行追偿后，未能收回的债权，应提交债务人和担保人破产、关闭、解散证明、撤销文件、县级及县级以上工商行政管理部门注销证明和资产清偿证明。

（二）债务人死亡，或者依法宣告失踪或者死亡，企业依法对其资产或者遗产进行清偿，并对担保人进行追偿后，未能收回的债权，应提交债务人和担保人债务人死亡失踪证明，资产或者遗产清偿证明。

（三）债务人遭受重大自然灾害或意外事故，损失巨大且不能获得保险补偿，确实无力偿还的债务；或者保险赔偿清偿后，确实无力偿还的债务，企业对其资产进行清偿和对担保人进行追偿后，未能收回的债权，应提交债务人遭受重大自然灾害或意外事故证明，保险赔偿证明、资产清偿证明。

（四）债务人和担保人虽未依法宣告破产、关闭、解散或撤销，但已完全停止经营活动，被县及县以上工商行政管理部门依法吊销营业执照，企业对债务人和担保人进行追偿后，未收回的债权，应提交债务人和担保人被县及县以上工商行政管理部门注销或吊销证明和资产清偿证明。

（五）债务人和担保人虽未依法宣告破产、关闭、解散或撤销，但已完全停止经营活动或下落不明，连续两年以上未参加工商年检，企业对债务人和担保人进行追偿后，未收回的债权，应提交县及县以上工商行政管理部门查询证明和资产清偿证明。

（六）债务人触犯刑律，依法受到制裁，其资产不足归还所借债务，又无其他债务承担者，经追偿后确实无法收回的债权，应提交法院裁定证明和资产清偿证明。

（七）债务人和担保人不能偿还到期债务，企业诉诸法律，经法院对债务人和担保人强制执行，债务人和担保人均无资产可执行，法院裁定终结或终止执行后，企业仍无法收回的债权。应提交法院强制执行证明和资产清偿证明，其中终止执行的，还应按市场公允价估算债务人和担保人的资产，如果其价值不足以清偿属于《破产法》规定的优先清偿项目，由企业出具专项说明，可将应收债权全额确定为债权损失；如果清偿《破产法》规定的优先清偿项目后仍有结余但不足以清偿所欠债务的，按所欠债务的比例确定企业应收债权的损失金额。

对同一债务人有多项债权的，可以按类推的原则确认债权损失金额。

（八）企业对债务人和担保人诉诸法律后，因债务人和担保人主体资格不符或消亡，同时又无其他债务承担人，被法院驳回起诉或裁定免除（或免除部分）债务人责任，或因借款合同、担保合同等权利凭证遗失或法律追溯失效，法院不予受理或不予支持，经追偿后确实无法收回的债权，应提交法院驳回起诉的证明，或裁定免除债务人责任的判决书、裁定书或民事调解书，或法院不予受理或不予支持证明。

（九）债务人由于上述一至八项原因不能偿还到期债务，企业依法取得抵债资产，但仍不足以抵偿相关的债权，经追偿后仍无法收回的金额，应提交抵债资产接收、抵债金额确定证明和上述一至八项相关的证明。

（十）债务人由于上述一至九项原因不能偿还到期债务，企业依法进行债务重组而发生的损失，应提交损失原因证明材料、具有法律效力的债务重组方案。

（十一）企业经批准采取打包出售、公开拍卖、招标等市场方式出售、转让股权、债权的，其出售转让价格低于账面价值的差额，应提交资产处置方案、出售转让合同（或协议）、成交及入账证明、资产账面价值清单。

（十二）企业因内部控制制度不健全、操作程序不规范或因业务创新但政策不明确、不配套等原因而形成的损失，应由企业承担的金额，应提交损失原因证明材料或业务监管部门定性证明、损失专项说明。

（十三）企业因刑事案件原因形成的损失，应由企业承担的金额或经公安机关立案侦查2年以上仍无法追回的金额，应提交损失原因证明材料，公、检、法部门的立案侦查情况或判决书。

（十四）金融企业对于余额在500万元以下（含500万元）的抵押（质押）贷款，农村信用社、村镇银行为50万元以下（含50万元）的抵押（质押）贷款，经追索1年以上，仍无法收回的金额，应提交损失原因证明材料、追索记录（包括电话追索、信件追索和上门追索等原始记录，并由经办人员和负责人签章确认）等。

（十五）经国务院专案批准核销的债权，应提交国务院批准文件或经国务院同意后由国务院有关部门批准的文件。

第三十五条　金融企业符合坏账条件的银行卡透支款项以及相关的已计入应纳税所得额的其他应收款项，依据下列相关证据认定损失：

（一）持卡人和担保人依法宣告破产，资产经法定清偿后，未能还清的款项，应提交法院破产证明和资产清偿证明。

（二）持卡人和担保人死亡或依法宣告失踪或者死亡，以其资产或遗产清偿后，未能还清的款项，应提交死亡或失踪证明和资产或遗产清偿证明。

（三）经诉讼或仲裁并经强制执行程序后，仍无法收回的款项，应提交诉讼判决书或仲裁书和强制执行证明。

（四）持卡人和担保人因经营管理不善、资不抵债，经有关部门批准关闭，被县及县级以上工商行政管理部门注销、吊销营业执照，以其资产清偿后，仍未能还清的款项，应提交有关管理部门批准持卡人关闭的文件和工商行政管理部门注销持卡人营业执照的证明。

（五）余额在2万元以下（含2万元），经追索2年以上，仍无法收回的款项，应提交追索记录，包括电话追索、信件追索和上门追索等原始记录，并由经办人员和负责人签章确认。

第三十六条　金融企业符合坏账条件的助学贷款，依据下列相关证据认定损失：

（一）债务人死亡，或者依法宣告失踪或者死亡，或丧失完全民事行为能力或劳动能力，无继承人或受遗赠人，在依法处置其助学贷款抵押物（质押物）及债务人的私有资产，并向担保人追索连带责任后，仍未能归还的贷款，应提交债务人死亡或者失踪的宣告，或公安部门、医院出具的债务人死亡证明；司法部门出具的债务人丧失完全民事能力的证明，或经县以上医院出具的债务人丧失劳动能力的证明，以及对助学贷款抵押物（质押物）处理和对担保人的追索情况。

（二）经诉讼并经强制执行程序后，在依法处置其助学贷款抵押物（质押物）及债务人的私有资产，并向担保人追索连带责任后，仍未能归还的贷款，应提交法院判决书或法院在案件无法继续执行时作出的终结裁定书，以及对助学贷款抵押物（质押物）处理和对担保人的追索情况。

（三）贷款逾期后，在企业确定的有效追索期限内，依法处置其助学贷款抵押物（质押物）及债务人的私有资产，同时向担保人追索连带责任后，仍未能归还的贷款，应提交对助学贷款抵押物（质押物）和对担保人的追索情况。

第三十七条　企业符合条件的股权（权益）性投资损失，应依据下列相关证据认定损失：

（一）企业法定代表人、主要负责人和财务负责人签章证实有关投资损失的书面声明；

（二）有关被投资方破产公告、破产清偿文件；工商部门注销、吊销文件；政府有关部门的行政决定文件；终止经营、停止交易的法律或其他证明文件；

（三）有关资产的成本和价值回收情况说明；

（四）被投资方清算剩余资产分配情况的证明。

第三十八条　企业的股权（权益）投资当有确凿证据表明已形成资产损失时，应扣除责任人和保险赔款、变价收入或可收回金额后，再确认发生的资产损失。

可收回金额一律暂定为账面余额的5%。

第三十九条　企业委托金融机构向其他单位贷款，接受贷款单位不能按期偿还的，比照本办法进行处理。

第四十条　企业委托符合法定资格要求的机构进行理财，应按业务实质和《中华人民共和国企业所得税法》及实施条例的规定区分为债权性投资和股权（权益）性投资，并按相关投资确认损失的条件和证据要求申报委托理财损失。

第四十一条　企业对外提供与本企业应纳税收入有关的担保，因被担保人不能按期偿还债务而承担连带还款责任，经清查和追索，被担保人无偿还能力，对无法追回的，比照本办法应收账款损失进行处理。

与本企业应纳税收入有关的担保是指企业对外提供的与本企业投资、融资、材料采购、产品销售等主要生产经营活动密切相关的担保。

企业为其他独立纳税人提供的与本企业应纳税收入无关的贷款担保等，因被担保方还不清贷款而由该担保人承担的本息等，不得申报扣除。

第四十二条 下列股权和债权不得确认为在企业所得税前扣除的损失：

（一）债务人或者担保人有经济偿还能力，不论何种原因，未按期偿还的企业债权；

（二）违反法律、法规的规定，以各种形式、借口逃废或者悬空的企业债权；

（三）行政干预逃废或者悬空的企业债权；

（四）企业未向债务人和担保人追偿的债权；

（五）企业发生非经营活动的债权；

（六）国家规定可以从事贷款业务以外的企业因资金直接拆借而发生的损失；

（七）其他不应当核销的企业债权和股权。

第四十三条 税务机关应按本办法规定的时间和程序，本着公正、透明、廉洁、高效和方便纳税人的原则，及时受理和审批纳税人申报的资产损失审批事项。非因客观原因未能及时受理或审批的，或者未按规定程序进行审批和核实造成审批错误的，应按《中华人民共和国税收征收管理法》和税收执法责任制的有关规定追究责任。

上一级税务机关应对下一级税务机关每一纳税年度审批的资产损失事项进行抽查监督。

第四十四条 税务机关对企业申请税前扣除的资产损失的审批不改变企业的依法申报责任，企业采用伪造、变造有关资料证明等手段多列多报资产损失，或本办法规定需要审批而未审批直接税前扣除资产损失造成少缴税款的，税务机关根据《中华人民共和国税收征收管理法》的有关规定进行处理。

因税务机关责任审批或核实错误，造成企业未缴或少缴税款的，按《中华人民共和国税收征收管理法》第五十二条规定执行。

第四十五条 税务机关对企业自行申报扣除和经审批扣除的资产损失进行纳税检查时，根据实质重于形式原则对有关证据的真实性、合法性和合理性进行审查，对有确凿证据证明由于不真实、不合法或不合理的证据或估计而造成的税前扣除，应依法进行纳税调整，并区分情况分清责任，按规定对纳税人和有关责任人依法进行处罚。有关技术鉴定部门或中介机构为纳税人提供虚假证明而税前扣除资产损失，导致未缴、少缴税款的，按《中华人民共和国税收征收管理法》及其实施细则的规定处理。

第四十六条 各省、自治区、直辖市和计划单列市国家税务局、地方税务局可以根据本办法，对企业资产损失税前扣除制定具体实施办法。

第四十七条 本办法自 2008 年 1 月 1 日起执行。

财政部、国家税务总局财税［2009］27号
关于补充养老保险费、补充医疗保险费有关企业所得税政策问题的通知条文

自2008年1月1日起，企业根据国家有关政策规定，为在本企业任职或者受雇的全体员工支付的补充养老保险费、补充医疗保险费，分别在不超过职工工资总额5%标准内的部分，在计算应纳税所得额时准予扣除；超过的部分，不予扣除。

财政部、国家税务总局财税［2009］72号
关于部分行业广告费和业务宣传费税前扣除政策的通知条文

1. 对化妆品制造、医药制造和饮料制造（不含酒类制造，下同）企业发生的广告费和业务宣传费支出，不超过当年销售（营业）收入30%的部分，准予扣除；超过部分，准予在以后纳税年度结转扣除。

2. 对采取特许经营模式的饮料制造企业，饮料品牌使用方发生的不超过当年销售（营业）收入30%的广告费和业务宣传费支出可以在本企业扣除，也可以将其中的部分或全部归集至饮料品牌持有方或管理方，由饮料品牌持有方或管理方作为销售费用据实在企业所得税前扣除。饮料品牌持有方或管理方在计算本企业广告费和业务宣传费支出企业所得税税前扣除限额时，可将饮料品牌使用方归集至本企业的广告费和业务宣传费剔除。饮料品牌持有方或管理方应当将上述广告费和业务宣传费单独核算，并将品牌使用方当年销售（营业）收入数据资料以及广告费和业务宣传费支出的证明材料专案保存以备检查。

前款所称饮料企业特许经营模式指由饮料品牌持有方或管理方授权品牌使用方在指定地区生产及销售其产成品，并将可以由双方共同为该品牌产品承担的广告费及业务宣传费用统一归集至品牌持有方或管理方承担的营业模式。

3. 烟草企业的烟草广告费和业务宣传费支出，一律不得在计算应纳税所得额时扣除。

4. 本通知自2008年1月1日起至2010年12月31日止执行。

五、资产的税务处理

国家税务总局国税函［2008］828号
关于企业处置资产所得税处理问题的通知条文解读

一、企业发生下列情形的处置资产，除将资产转移至境外以外，由于资产所有权属在形式和实质上均不发生改变，可作为内部处置资产，不视同销售确认收入，相关资产的计税基础延续计算。

（一）将资产用于生产、制造、加工另一产品；

（二）改变资产形状、结构或性能；

（三）改变资产用途（如，自建商品房转为自用或经营）；

（四）将资产在总机构及其分支机构之间转移；

（五）上述两种或两种以上情形的混合；

（六）其他不改变资产所有权属的用途。

【解读】根据本条规定，企业将资产转移至境外的，应视同销售，依照规定缴纳企业所得税。根据本条规定，企业资产发生本条规定情形的，其计税基础未发生变化的，其计税基础仍按原计税基础确认；其计税基础发生变化的，在原计税基础上增计、减计计税基础。

二、企业将资产移送他人的下列情形，因资产所有权属已发生改变而不属于内部处置资产，应按规定视同销售确定收入。

（一）用于市场推广或销售；

（二）用于交际应酬；

（三）用于职工奖励或福利；

（四）用于股息分配；

（五）用于对外捐赠；

（六）其他改变资产所有权属的用途。

三、企业发生本通知第二条规定情形时，属于企业自制的资产，应按企业同类资产同期对外销售价格确定销售收入；属于外购的资产，可按购入时的价格确定销售收入。

四、本通知自2008年1月1日起执行。对2008年1月1日以前发生的处置资产，2008年1月1日以后尚未进行税务处理的，按本通知规定执行。

财政部、国家税务总局财税［2009］49号 关于开采油（气）资源企业费用和有关固定资产折耗、摊销、折旧税务处理问题的通知条文解读

一、本通知所称费用和有关固定资产，是指油气企业在开始商业性生产前取得矿区权益和勘探、开发的支出所形成的费用和固定资产。

本通知所称商业性生产，是指油（气）田（井）经过勘探、开发、稳定生产并商业销售石油、天然气的阶段。

二、关于矿区权益支出的折耗。

（一）矿区权益支出，是指油气企业为了取得在矿区内的探矿权、采矿权、土地或海域使用权等所发生的各项支出，包括有偿取得各类矿区权益的使用费、相关中介费或其他可直接归属于矿区权益的合理支出。

（二）油气企业在开始商业性生产前发生的矿区权益支出，可在发生的当期，从本企业其他油（气）田收入中扣除；或者自对应的油（气）田开始商业性生产月份的次月起，分3年按直线法计提的折耗准予扣除。

（三）油气企业对其发生的矿区权益支出未选择在发生的当期扣除的，由于未发现商业性油（气）构造而终止作业，其尚未计提折耗的剩余部分，可在终止作业的当年作为损失扣除。

【解读】本条第（一）项对矿区权益支出给予法律定义。根据本条第（二）项规定，矿区权益支出摊销，根据企业的情况不同，采取不同的摊销方法。已有油气田企业的摊销方法有两种：①已有油气田的企业，开发新油气田的矿区权益支出，可在发生的当期，从本企业其他油（气）田的收入中扣除。②已有油气田的企业，开发新油气田的矿区权益支出，不采取前述方法摊销的，可自新开发的油（气）田开始商业性生产月份的次月起，分3年按直线法计提的折耗准予扣除。新办油气田企业，发生的矿区权益支出，自对应的油（气）田开始商业性生产月份的次月起，分3年按直线法计提的折耗准予扣除。

根据本条第（三）项规定，已有油气田的企业，对其发生的矿区权益支出未选择在发生的当期扣除的，由于未发现商业性油（气）构造而终止作业，其尚未计提折耗的剩余部分，可在终止作业的当年作为损失扣除。新办油气田企业，由于未发现商业性油（气）构造而终止作业，发生的矿区权益支出，可在终止作业的当年作为损失扣除。

三、关于勘探支出的摊销。

（一）勘探支出，是指油气企业为了识别勘探区域或探明油气储量而进行的地质调查、地球物理勘探、钻井勘探活动以及其他相关活动所发生的各项支出。

（二）油气企业在开始商业性生产前发生的勘探支出（不包括预计可形成资产的钻井勘探支出），可在发生的当期，从本企业其他油（气）田收入中扣除；或者自对应的油（气）田开始商业性生产月份的次月起，分3年按直线法计提的摊销准予扣除。

（三）油气企业对其发生的勘探支出未选择在发生的当期扣除的，由于未发现商业

性油（气）构造而终止作业，其尚未摊销的剩余部分，可在终止作业的当年作为损失扣除。

（四）油气企业的钻井勘探支出，凡确定该井可作商业性生产，且该钻井勘探支出形成的资产符合《实施条例》第五十七条规定条件的，应当将该钻井勘探支出结转为开发资产的成本，按照本通知第四条的规定计提折旧。

【解读】本条第（一）项对勘探支出给予法律定义。根据本条第（二）项规定，勘探支出摊销，根据企业的情况不同，采取不同的摊销方法。已有油气田企业的摊销方法有两种：①已有油气田的企业，开发新油气田的勘探支出，可在发生的当期，从本企业其他油（气）田的收入中扣除。②已有油气田的企业，开发新油气田的勘探支出，不采取前述方法摊销的，可以新开发的油（气）田开始商业性生产月份的次月起，分3年按直线法计提的折耗准予扣除。新办油气田企业，发生的勘探支出，自对应的油（气）田开始商业性生产月份的次月起，分3年按直线法计提的折耗准予扣除。

根据本条第（三）项规定，已有油气田的企业，对其发生的勘探支出未选择在发生的当期扣除的，由于未发现商业性油（气）构造而终止作业，其尚未摊销的剩余部分，可在终止作业的当年作为损失扣除。新办油气田企业，由于未发现商业性油（气）构造而终止作业，发生的勘探支出，可在终止作业的当年作为损失扣除。

根据本条第（四）项规定，油气企业的钻井勘探支出必须严格区分资本化支出和非资本化支出。非资本化支出可按本条规定的方法摊销，资本化支出应计入资产成本或计税基础，按本《通知》第四条规定计提折旧。

四、关于开发资产的折旧。

（一）开发支出，是指油气企业为了取得已探明矿区中的油气而建造或更新井及相关设施活动所发生的各项支出。

（二）油气企业在开始商业性生产之前发生的开发支出，可不分用途，全部累计作为开发资产的成本，自对应的油（气）田开始商业性生产月份的次月起，可不留残值，按直线法计提的折旧准予扣除，其最低折旧年限为8年。

（三）油气企业终止本油（气）田生产的，其开发资产尚未计提折旧的剩余部分可在该油（气）田终止生产的当年作为损失扣除。

【解读】本条第（一）项给予开发支出法律定义。本条第（二）项规定了开发支出必须资本化以及资本化的开发支出计提折旧的方法和年限。根据本条第（二）款规定，准予扣除的开发支出所形成的固定资产月折旧额计算公式为：

$$月折旧额 = 固定资产原值 \div (8 \times 12)$$

五、油气企业应按照本通知规定选择有关费用和资产的折耗、摊销、折旧方法和年限，一经确定，不得变更。

六、油气企业在本油（气）田进入商业性生产之后对本油（气）田新发生的矿区权益、勘探支出、开发支出，按照本通知规定处理。

七、本通知自发布之日起实施。《实施条例》实施之日至本通知发布之日前，油气企业矿区权益、勘探、开发等费用和固定资产的折耗、摊销、折旧方法和年限事项按本通知规定处理。

《实施条例》实施之日前，油气企业矿区权益、勘探、开发等费用和固定资产已发生且开始摊销或计提的折耗、折旧，不做调整。对没有摊销完的费用和继续使用的矿区权益和有关固定资产，可以就其尚未摊销或计提折耗、折旧的余额，按本通知规定处理。

国家税务总局国税发［2009］81号
关于企业固定资产加速折旧所得税处理有关问题的通知条文解读

一、根据《企业所得税法》第三十二条及《实施条例》第九十八条的相关规定，企业拥有并用于生产经营的主要或关键的固定资产，由于以下原因确需加速折旧的，可以缩短折旧年限或者采取加速折旧的方法：

（一）由于技术进步，产品更新换代较快的；

（二）常年处于强震动、高腐蚀状态的。

【解读】根据本条规定，企业确需加速折旧的资产范围必须同时具备以下条件：①固定资产是企业拥有且用于生产经营；②固定资产是企业生产经营的主要或者关键资产。根据本条规定，属于加速折旧范围内的固定资产，准予加速折旧，不属于本条规定的原因之一，不准予加速折旧。

二、企业拥有并使用的固定资产符合本通知第一条规定的，可按以下情况分别处理：

（一）企业过去没有使用过与该项固定资产功能相同或类似的固定资产，但有充分的证据证明该固定资产的预计使用年限短于《实施条例》规定的计算折旧最低年限的，企业可根据该固定资产的预计使用年限和本通知的规定，对该固定资产采取缩短折旧年限或者加速折旧的方法。

（二）企业在原有的固定资产未达到《实施条例》规定的最低折旧年限前，使用功能相同或类似的新固定资产替代旧固定资产的，企业可根据旧固定资产的实际使用年限和本通知的规定，对新替代的固定资产采取缩短折旧年限或者加速折旧的方法。

【解读】本条第（一）项规定了企业在用固定资产加速折旧的处理原则和方法。本条第（二）项规定了企业使用替代固定资产加速折旧的处理原则和方法。

三、企业采取缩短折旧年限方法的，对其购置的新固定资产，最低折旧年限不得低于《实施条例》第六十条规定的折旧年限的60%；若为购置已使用过的固定资产，其最低折旧年限不得低于《实施条例》规定的最低折旧年限减去已使用年限后剩余年限的60%。最低折旧年限一经确定，一般不得变更。

【解读】根据本条规定，企业采取缩短折旧年限方法的，其固定资产折旧年限≥税法规定最低折旧年限×60%。

四、企业拥有并使用符合本通知第一条规定条件的固定资产采取加速折旧方法的，可以采用双倍余额递减法或者年数总和法。加速折旧方法一经确定，一般不得变更。

（一）双倍余额递减法，是指在不考虑固定资产预计净残值的情况下，根据每期期初固定资产原值减去累计折旧后的金额和双倍的直线法折旧率计算固定资产折旧的一种方法。应用这种方法计算折旧额时，由于每年年初固定资产净值没有减去预计净残值，所以在计算固定资产折旧额时，应在其折旧年限到期前的两年期间，将固定资产净值减去预计净残值后的余额平均摊销。计算公式如下：

年折旧率＝2÷预计使用寿命（年）×100%

月折旧率＝年折旧率÷12

月折旧额＝月初固定资产账面净值×月折旧率

（二）年数总和法，又称年限合计法，是指将固定资产的原值减去预计净残值后的余额，乘以一个以固定资产尚可使用寿命为分子、以预计使用寿命逐年数字之和为分母的逐年递减的分数计算每年的折旧额。计算公式如下：

年折旧率＝尚可使用年限÷预计使用寿命的年数总和×100%

月折旧率＝年折旧率÷12

月折旧额＝（固定资产原值－预计净残值）×月折旧率

五、企业确需对固定资产采取缩短折旧年限或者加速折旧方法的，应在取得该固定资产后一个月内，向其企业所得税主管税务机关（以下简称主管税务机关）备案，并报送以下资料：

（一）固定资产的功能、预计使用年限短于《实施条例》规定计算折旧的最低年限的理由、证明资料及有关情况的说明；

（二）被替代的旧固定资产的功能、使用及处置等情况的说明；

（三）固定资产加速折旧拟采用的方法和折旧额的说明；

（四）主管税务机关要求报送的其他资料。

企业主管税务机关应在企业所得税年度纳税评估时，对企业采取加速折旧的固定资产的使用环境及状况进行实地核查。对不符合加速折旧规定条件的，主管税务机关有权要求企业停止该项固定资产加速折旧。

六、对于采取缩短折旧年限的固定资产，足额计提折旧后继续使用而未进行处置（包括报废等情形）超过12个月的，今后对其更新替代、改造改建后形成的功能相同或者类似的固定资产，不得再采取缩短折旧年限的方法。

七、对于企业采取缩短折旧年限或者采取加速折旧方法的，主管税务机关应设立相应的税收管理台账，并加强监督，实施跟踪管理。对发现不符合《实施条例》第九十八条及本通知规定的，主管税务机关要及时责令企业进行纳税调整。

八、适用总、分机构汇总纳税的企业，对其所属分支机构使用的符合《实施条例》第九十八条及本通知规定情形的固定资产采取缩短折旧年限或者采取加速折旧方法的，由其总机构向其所在地主管税务机关备案。分支机构所在地主管税务机关应负责配合总机构所在地主管税务机关实施跟踪管理。

九、本通知自2008年1月1日起执行。

国家税务总局国税函［2009］118号
关于企业政策性搬迁或处置收入有关企业所得税处理问题的通知条文

一、本通知所称企业政策性搬迁和处置收入，是指因政府城市规划、基础设施建设等政策性原因，企业需要整体搬迁（包括部分搬迁或部分拆除）或处置相关资产而按规定标准从政府取得的搬迁补偿收入或处置相关资产而取得的收入，以及通过市场（招标、拍卖、挂牌等形式）取得的土地使用权转让收入。

二、对企业取得的政策性搬迁或处置收入，应按以下方式进行企业所得税处理：

（一）企业根据搬迁规划，异地重建后恢复原有或转换新的生产经营业务，用企业搬迁或处置收入购置或建造与搬迁前相同或类似性质、用途或者新的固定资产和土地使用权（以下简称重置固定资产），或对其他固定资产进行改良，或进行技术改造，或安置职工的，准予其搬迁或处置收入扣除固定资产重置或改良支出、技术改造支出和职工安置支出后的余额，计入企业应纳税所得额。

（二）企业没有重置或改良固定资产、技术改造或购置其他固定资产的计划或立项报告，应将搬迁收入加上各类拆迁固定资产的变卖收入、减除各类拆迁固定资产的折余价值和处置费用后的余额计入企业当年应纳税所得额，计算缴纳企业所得税。

（三）企业利用政策性搬迁或处置收入购置或改良的固定资产，可以按照现行税收规定计算折旧或摊销，并在企业所得税税前扣除。

（四）企业从规划搬迁次年起的五年内，其取得的搬迁收入或处置收入暂不计入企业当年应纳税所得额，在五年期内完成搬迁的，企业搬迁收入按上述规定处理。

三、主管税务机关应对企业取得的政策性搬迁收入和原厂土地转让收入加强管理。重点审核有无政府搬迁文件或公告，有无搬迁协议和搬迁计划，有无企业技术改造、重置或改良固定资产的计划或立项，是否在规定期限内进行技术改造、重置或改良固定资产和购置其他固定资产等。

六、税收优惠

财政部、国家税务总局财税［2008］1号
关于企业所得税若干优惠政策的通知条文

一、关于鼓励软件产业和集成电路产业发展的优惠政策

（一）软件生产企业实行增值税即征即退政策所退还的税款，由企业用于研究开发软件产品和扩大再生产，不作为企业所得税应税收入，不予征收企业所得税。

（二）我国境内新办软件生产企业经认定后，自获利年度起，第一年和第二年免征企业所得税，第三年至第五年减半征收企业所得税。

（三）国家规划布局内的重点软件生产企业，如当年未享受免税优惠的，减按10%的税率征收企业所得税。

（四）软件生产企业的职工培训费用，可按实际发生额在计算应纳税所得额时扣除。

（五）企事业单位购进软件，凡符合固定资产或无形资产确认条件的，可以按照固定资产或无形资产进行核算，经主管税务机关核准，其折旧或摊销年限可以适当缩短，最短可为2年。

（六）集成电路设计企业视同软件企业，享受上述软件企业的有关企业所得税政策。

（七）集成电路生产企业的生产性设备，经主管税务机关核准，其折旧年限可以适当缩短，最短可为3年。

（八）投资额超过80亿元人民币或集成电路线宽小于0.25um的集成电路生产企业，可以减按15%的税率缴纳企业所得税，其中，经营期在15年以上的，从开始获利的年度起，第一年至第五年免征企业所得税，第六年至第十年减半征收企业所得税。

（九）对生产线宽小于0.8微米（含）集成电路产品的生产企业，经认定后，自获利年度起，第一年和第二年免征企业所得税，第三年至第五年减半征收企业所得税。

已经享受自获利年度起企业所得税“两免三减半”政策的企业，不再重复执行本条规定。

（十）自2008年1月1日起至2010年底，对集成电路生产企业、封装企业的投资者，以其取得的缴纳企业所得税后的利润，直接投资于本企业增加注册资本，或作为资本投资开办其他集成电路生产企业、封装企业，经营期不少于5年的，按40%的比例退还其再投资部分已缴纳的企业所得税税款。再投资不满5年撤出该项投资的，追缴已退的企业所得税税款，

自2008年1月1日起至2010年底，对国内外经济组织作为投资者，以其在境内取得的缴纳企业所得税后的利润，作为资本投资于西部地区开办集成电路生产企业、封

装企业或软件产品生产企业，经营期不少于5年的，按80%的比例退还其再投资部分已缴纳的企业所得税税款。再投资不满5年撤出该项投资的，追缴已退的企业所得税税款。

二、关于鼓励证券投资基金发展的优惠政策

（一）对证券投资基金从证券市场中取得的收入，包括买卖股票、债券的差价收入，股权的股息、红利收入，债券的利息收入及其他收入，暂不征收企业所得税。

（二）对投资者从证券投资基金分配中取得的收入，暂不征收企业所得税。

（三）对证券投资基金管理人运用基金买卖股票、债券的差价收入，暂不征收企业所得税。

三、关于其他有关行业、企业的优惠政策

为保证部分行业、企业税收优惠政策执行的连续性，对原有关就业再就业，奥运会和世博会，社会公益，债转股、清产核资、重组、改制、转制等企业改革，涉农和国家储备，其他单项优惠政策共6类定期企业所得税优惠政策（见附件），自2008年1月1日起，继续按原优惠政策规定的办法和时间执行到期。

四、关于外国投资者从外商投资企业取得利润的优惠政策

2008年1月1日之前外商投资企业形成的累积未分配利润，在2008年以后分配给外国投资者的，免征企业所得税；2008年及以后年度外商投资企业新增利润分配给外国投资者的，依法缴纳企业所得税。

五、除《中华人民共和国企业所得税法》、《中华人民共和国企业所得税法实施条例》、《国务院关于实施企业所得税过渡优惠政策的通知》（国发［2007］39号），《国务院关于经济特区和上海浦东新区新设立高新技术企业实行过渡性税收优惠的通知》（国发［2007］40号）及本通知规定的优惠政策以外，2008年1月1日之前实施的其他企业所得税优惠政策一律废止。各地区、各部门一律不得越权制定企业所得税的优惠政策。

财政部、国家税务总局财税［2008］110号
关于地方商品储备有关税收问题的通知条文

一、对承担地方粮、油、棉、糖、肉等商品储备任务的地方商品储备管理公司及其直属库取得的财政补贴收入免征营业税、企业所得税。

二、对承担地方粮、油、棉、糖、肉等商品储备任务的地方商品储备管理公司及其直属库资金账簿免征印花税，对其经营上述地方储备商品业务过程中书立的购销合同免征印花税，对合同其他各方当事人应缴纳的印花税照章征收。

三、对承担地方粮、油、棉、糖、肉等商品储备任务的地方商品储备管理公司及其直属库经营上述地方储备商品业务自用的房产、土地，免征房产税、城镇土地使用税。

本通知所称地方商品储备管理公司及其直属库，是指承担由省级人民政府批准、财政拨付储备经费的粮、油、棉、糖、肉等5种储备商品的地方商品储备企业。

本通知执行期限为发文之日至2008年12月31日。

请遵照执行。

财政部、国家税务总局财税［2009］69号
关于执行企业所得税优惠政策若干问题的通知条文

一、执行《国务院关于实施企业所得税过渡优惠政策的通知》（国发［2007］39号）规定的过渡优惠政策及西部大开发优惠政策的企业，在定期减免税的减半期内，可以按照企业适用税率计算的应纳税额减半征税。其他各类情形的定期减免税，均应按照企业所得税25%的法定税率计算的应纳税额减半征税。

二、《国务院关于实施企业所得税过渡优惠政策的通知》（国发［2007］39号）第三条所称不得叠加享受，且一经选择，不得改变的税收优惠情形，限于企业所得税过渡优惠政策与企业所得税法及其实施条例中规定的定期减免税和减低税率类的税收优惠。

企业所得税法及其实施条例中规定的各项税收优惠，凡企业符合规定条件的，可以同时享受。

三、企业在享受过渡税收优惠过程中发生合并、分立、重组等情形的，按照《财政部国家税务总局关于企业重组业务企业所得税处理若干问题的通知》（财税［2009］59号）的统一规定执行。

四、2008年1月1日以后，居民企业之间分配属于2007年度及以前年度的累积未分配利润而形成的股息、红利等权益性投资收益，均应按照企业所得税法第二十六条及实施条例第十七条、第八十三条的规定处理。

五、企业在2007年3月16日之前设立的分支机构单独依据原内、外资企业所得税法的优惠规定已享受有关税收优惠的，凡符合《国务院关于实施企业所得税过渡优惠政策的通知》（国发［2007］39号）所列政策条件的，该分支机构可以单独享受国发［2007］39号规定的企业所得税过渡优惠政策。

六、实施条例第九十一条第（二）项所称国际金融组织，包括国际货币基金组织、世界银行、亚洲开发银行、国际开发协会、国际农业发展基金、欧洲投资银行以及财政部和国家税务总局确定的其他国际金融组织；所称优惠贷款，是指低于金融企业同期同类贷款利率水平的贷款。

七、实施条例第九十二条第（一）项和第（二）项所称从业人数，是指与企业建立劳动关系的职工人数和企业接受的劳务派遣用工人数之和；从业人数和资产总额指标，按企业全年月平均值确定，具体计算公式如下：

月平均值＝（月初值＋月末值）÷2

全年月平均值＝全年各月平均值之和÷12

年度中间开业或者终止经营活动的，以其实际经营期作为一个纳税年度确定上述相关指标。

八、企业所得税法第二十八条规定的小型微利企业待遇，应适用于具备建账核算自身应纳税所得额条件的企业，按照《企业所得税核定征收办法》（国税发［2008］30号）缴纳企业所得税的企业，在不具备准确核算应纳税所得额条件前，暂不适用小型微利企业适用税率。

九、2007年底前设立的软件生产企业和集成电路生产企业，经认定后可以按《财

政部国家税务总局关于企业所得税若干优惠政策的通知》（财税［2008］1号）的规定享受企业所得税定期减免税优惠政策。在2007年度或以前年度已获利并开始享受定期减免税优惠政策的，可自2008年度起继续享受至期满为止。

十、实施条例第一百条规定的购置并实际使用的环境保护、节能节水和安全生产专用设备，包括承租方企业以融资租赁方式租入的、并在融资租赁合同中约定租赁期届满时租赁设备所有权转移给承租方企业，且符合规定条件的上述专用设备。凡融资租赁期届满后租赁设备所有权未转移至承租方企业的，承租方企业应停止享受抵免企业所得税优惠，并补缴已经抵免的企业所得税税款。

十一、实施条例第九十七条所称投资于未上市的中小高新技术企业2年以上的，包括发生在2008年1月1日以前满2年的投资；所称中小高新技术企业是指按照《高新技术企业认定管理办法》（国科发火［2008］172号）和《高新技术企业认定管理工作指引》（国科发火［2008］362号）取得高新技术企业资格，且年销售额和资产总额均不超过2亿元、从业人数不超过500人的企业，其中2007年底前已取得高新技术企业资格的，在其规定有效期内不需重新认定。

十二、本通知自2008年1月1日起执行。

财政部、国家税务总局财税［2008］46号
关于执行公共基础设施项目企业所得税优惠目录有关问题的通知条文

一、企业从事《目录》内符合相关条件和技术标准及国家投资管理相关规定、于2008年1月1日后经批准的公共基础设施项目，其投资经营的所得，自该项目取得第一笔生产经营收入所属纳税年度起，第一年至第三年免征企业所得税，第四年至第六年减半征收企业所得税。

第一笔生产经营收入，是指公共基础设施项目已建成并投入运营后所取得的第一笔收入。

二、企业同时从事不在《目录》范围内的项目取得的所得，应与享受优惠的公共基础设施项目所得分开核算，并合理分摊期间费用，没有分开核算的，不得享受上述企业所得税优惠政策。

三、企业承包经营、承包建设和内部自建自用公共基础设施项目，不得享受上述企业所得税优惠。

四、根据经济社会发展需要及企业所得税优惠政策实施情况，国务院财政、税务主管部门会同国家发展改革委等有关部门适时对《目录》内的项目进行调整和修订，并在报国务院批准后对《目录》进行更新。

财政部、国家税务总局国家发展改革委财税［2008］116号
关于公布公共基础设施项目企业所得税优惠目录（2008年版）的通知条文

《公共基础设施项目企业所得税优惠目录（2008年版）》已经国务院批准，现予以公布，自2008年1月1日起施行。

【解读】《公共基础设施项目企业所得税优惠目录（2008年版）》具体内容，参见附录资料。

国家税务总局国税发［2009］80号
关于实施国家重点扶持的公共基础设施项目企业所得税优惠问题的通知条文

一、对居民企业（以下简称企业）经有关部门批准，从事符合《公共基础设施项目企业所得税优惠目录》（以下简称《目录》）规定范围、条件和标准的公共基础设施项目的投资经营所得，自该项目取得第一笔生产经营收入所属纳税年度起，第一年至第三年免征企业所得税，第四年至第六年减半征收企业所得税。

企业从事承包经营、承包建设和内部自建自用《目录》规定项目的所得，不得享受前款规定的企业所得税优惠。

二、本通知所称第一笔生产经营收入，是指公共基础设施项目建成并投入运营（包括试运营）后所取得的第一笔主营业务收入。

三、本通知所称承包经营，是指与从事该项目经营的法人主体相独立的另一法人经营主体，通过承包该项目的经营管理而取得劳务性收益的经营活动。

四、本通知所称承包建设，是指与从事该项目经营的法人主体相独立的另一法人经营主体，通过承包该项目的工程建设而取得建筑劳务收益的经营活动。

五、本通知所称内部自建自用，是指项目的建设仅作为本企业主体经营业务的设施，满足本企业自身的生产经营活动需要，而不属于向他人提供公共服务业务的公共基础设施建设项目。

六、企业同时从事不在《目录》范围的生产经营项目取得的所得，应与享受优惠的公共基础设施项目经营所得分开核算，并合理分摊企业的期间共同费用；没有单独核算的，不得享受上述企业所得税优惠。

期间共同费用的合理分摊比例可以按照投资额、销售收入、资产额、人员工资等参数确定。上述比例一经确定，不得随意变更。凡特殊情况需要改变的，需报主管税务机关核准。

七、从事《目录》范围项目投资的居民企业应于从该项目取得的第一笔生产经营收入后15日内向主管税务机关备案并报送如下材料后，方可享受有关企业所得税优惠：

（一）有关部门批准该项目文件复印件；

（二）该项目完工验收报告复印件；

（三）该项目投资额验资报告复印件；

（四）税务机关要求提供的其他资料。

八、企业因生产经营发生变化或因《目录》调整，不再符合本办法规定减免税条件的，企业应当自发生变化15日内向主管税务机关提交书面报告并停止享受优惠，依法缴纳企业所得税。

九、企业在减免税期限内转让所享受减免税优惠的项目，受让方承续经营该项目的，可自受让之日起，在剩余优惠期限内享受规定的减免税优惠；减免税期限届满后转让的，受让方不得就该项目重复享受减免税优惠。

十、税务机关应结合纳税检查、执法检查或其他专项检查，每年定期对企业享受公共基础设施项目企业所得税减免税款事项进行核查，核查的主要内容包括：

（一）企业是否继续符合减免所得税的资格条件，所提供的有关情况证明材料是否真实。

（二）企业享受减免企业所得税的条件发生变化时，是否及时将变化情况报送税务机关，并根据本办法规定对适用优惠进行了调整。

十一、企业实际经营情况不符合企业所得税减免税规定条件的或采取虚假申报等手段获取减免税的、享受减免税条件发生变化未及时向税务机关报告的，以及未按本办法规定程序报送备案资料而自行减免税的，企业主管税务机关应按照税收征管法有关规定进行处理。

十二、本通知自2008年1月1日起执行。

财政部、国家税务总局财税［2008］47号
关于执行资源综合利用企业所得税优惠目录有关问题的通知条文

一、企业自2008年1月1日起以《目录》中所列资源为主要原材料，生产《目录》内符合国家或行业相关标准的产品取得的收入，在计算应纳税所得额时，减按90%计入当年收入总额。享受上述税收优惠时，《目录》内所列资源占产品原料的比例应符合《目录》规定的技术标准。

二、企业同时从事其他项目而取得的非资源综合利用收入，应与资源综合利用收入分开核算，没有分开核算的，不得享受优惠政策。

三、企业从事不符合实施条例和《目录》规定范围、条件和技术标准的项目，不得享受资源综合利用企业所得税优惠政策。

四、根据经济社会发展需要及企业所得税优惠政策实施情况，国务院财政、税务主管部门会同国家发展改革委等有关部门适时对《目录》内的项目进行调整和修订，并在报国务院批准后对《目录》进行更新。

财政部、国家税务总局、国家发展改革委财税［2008］117号
关于公布《资源综合利用企业所得税优惠目录（2008年版）》的通知条文

《资源综合利用企业所得税优惠目录（2008年版）》，已经国务院批准，现予以公布，自2008年1月1日起施行。2004年1月12日国家发展改革委、财政部、国家税务总局发布的《资源综合利用目录（2003年修订）》同时废止。

【解读】《资源综合利用企业所得税优惠目录（2008年版）》的具体内容，参见附录资料《资源综合利用企业所得税优惠目录（2008年版）》。

国家税务总局国税函［2009］185号
关于资源综合利用企业所得税优惠管理问题的通知条文

一、本通知所称资源综合利用企业所得税优惠，是指企业自2008年1月1日起以《资源综合利用企业所得税优惠目录（2008年版）》（以下简称《目录》）规定的资源作为主要原材料，生产国家非限制和非禁止并符合国家及行业相关标准的产品取得的收入，减按90%计入企业当年收入总额。

二、经资源综合利用主管部门按《目录》规定认定的生产资源综合利用产品的企业（不包括仅对资源综合利用工艺和技术进行认定的企业），取得《资源综合利用认定证书》，可按本通知规定申请享受资源综合利用企业所得税优惠。

三、企业资源综合利用产品的认定程序，按《国家发展改革委、财政部、国家税务总局关于印发〈国家鼓励的资源综合利用认定管理办法〉的通知》（发改环资［2006］1864号）的规定执行。

四、2008年1月1日之前经资源综合利用主管部门认定取得《资源综合利用认定证书》的企业，应按本通知第二条、第三条的规定，重新办理认定并取得《资源综合利用认定证书》，方可申请享受资源综合利用企业所得税优惠。

五、企业从事非资源综合利用项目取得的收入与生产资源综合利用产品取得的收入没有分开核算的，不得享受资源综合利用企业所得税优惠。

六、税务机关对资源综合利用企业所得税优惠实行备案管理。备案管理的具体程序，按照国家税务总局的相关规定执行。

七、享受资源综合利用企业所得税优惠的企业因经营状况发生变化而不符合《目录》规定的条件的，应自发生变化之日起15个工作日内向主管税务机关报告，并停止享受资源综合利用企业所得税优惠。

八、企业实际经营情况不符合《目录》规定条件，采用欺骗等手段获取企业所得税优惠，或者因经营状况发生变化而不符合享受优惠条件，但未及时向主管税务机关报告的，按照税收征管法及其实施细则的有关规定进行处理。

九、税务机关应对企业的实际经营情况进行监督检查。税务机关发现资源综合利用主管部门认定有误的，应停止企业享受资源综合利用企业所得税优惠，并及时与有关认定部门协调沟通，提请纠正，已经享受的优惠税额应予追缴。

十、各省、自治区、直辖市和计划单列市国家税务局、地方税务局可根据本通知制定具体管理办法。

十一、本通知自2008年1月1日起执行。

财政部、国家税务总局财税［2008］48号
关于执行《环境保护专用设备企业所得税优惠目录》《节能节水专用设备企业所得税优惠目录》和《安全生产专用设备企业所得税优惠目录》有关问题的通知条文

一、企业自2008年1月1日起购置并实际使用列入《目录》范围内的环境保护、

节能节水和安全生产专用设备，可以按专用设备投资额的10%抵免当年企业所得税应纳税额；企业当年应纳税额不足抵免的，可以向以后年度结转，但结转期不得超过5个纳税年度。

二、专用设备投资额，是指购买专用设备发票价税合计价格，但不包括按有关规定退还的增值税税款以及设备运输、安装和调试等费用。

三、当年应纳税额，是指企业当年的应纳税所得额乘以适用税率，扣除依照企业所得税法和国务院有关税收优惠规定以及税收过渡优惠规定减征、免征税额后的余额。

四、企业利用自筹资金和银行贷款购置专用设备的投资额，可以按企业所得税法的规定抵免企业应纳所得税额；企业利用财政拨款购置专用设备的投资额，不得抵免企业应纳所得税额。

五、企业购置并实际投入适用、已开始享受税收优惠的专用设备，如从购置之日起5个纳税年度内转让、出租的，应在该专用设备停止使用当月停止享受企业所得税优惠，并补缴已经抵免的企业所得税税款。转让的受让方可以按照该专用设备投资额的10%抵免当年企业所得税应纳税额；当年应纳税额不足抵免的，可以在以后5个纳税年度结转抵免。

六、根据经济社会发展需要及企业所得税优惠政策实施情况，国务院财政、税务主管部门会同国家发展改革委、安监总局等有关部门适时对《目录》内的项目进行调整和修订，并在报国务院批准后对《目录》进行更新。

财政部、国家税务总局、国家发展改革委财税［2008］115号
关于公布《节能节水专用设备企业所得税优惠目录（2008年版）》和《环境保护专用设备企业所得税优惠目录（2008年版）》的通知条文解读

《节能节水专用设备企业所得税优惠目录（2008年版）》和《环境保护专用设备企业所得税优惠目录（2008年版）》，已经国务院批准，现予以公布，自2008年1月1日起施行。

【解读】《节能节水专用设备企业所得税优惠目录（2008年版）》具体内容，参见附录资料《节能节水专用设备企业所得税优惠目录（2008年版）》。《环境保护专用设备企业所得税优惠目录（2008年版）》具体内容，参见附录资料。

财政部、国家税务总局安全监管总局财税［2008］118号
关于公布《安全生产专用设备企业所得税优惠目录（2008年版）》的通知条文解读

《安全生产专用设备企业所得税优惠目录（2008年版）》已经国务院批准，现予以公布，自2008年1月1日起施行。

【解读】《安全生产专用设备企业所得税优惠目录（2008年版）》的具体内容，参见附录资料《安全生产专用设备企业所得税优惠目录（2008年版）》。

财政部、国家税务总局财税［2009］30号
关于中国清洁发展机制基金及清洁发展机制项目实施企业有关企业所得税政策问题的通知条文

一、关于清洁基金的企业所得税政策。

对清洁基金取得的下列收入，免征企业所得税：

（一）CDM项目温室气体减排量转让收入上缴国家的部分；

（二）国际金融组织赠款收入；

（三）基金资金的存款利息收入、购买国债的利息收入；

（四）国内外机构、组织和个人的捐赠收入。

二、关于CDM项目实施企业的企业所得税政策。

（一）CDM项目实施企业按照《清洁发展机制项目运行管理办法》（发展改革委、科技部、外交部、财政部令第37号）的规定，将温室气体减排量的转让收入，按照以下比例上缴给国家的部分，准予在计算应纳税所得额时扣除：

1. 氢氟碳化物（HFC）和全氟碳化物（PFC）类项目，为温室气体减排量转让收入的65%；

2. 氧化亚氮（N_2O）类项目，为温室气体减排量转让收入的30%；

3.《清洁发展机制项目运行管理办法》第四条规定的重点领域以及植树造林项目等类清洁发展机制项目，为温室气体减排量转让收入的2%。

（二）对企业实施的将温室气体减排量转让收入的65%上缴给国家的HFC和PFC类CDM项目，以及将温室气体减排量转让收入的30%上缴给国家的N_2O类CDM项目，其实施该类CDM项目的所得，自项目取得第一笔减排量转让收入所属纳税年度起，第一年至第三年免征企业所得税，第四年至第六年减半征收企业所得税。

企业实施CDM项目的所得，是指企业实施CDM项目取得的温室气体减排量转让收入扣除上缴国家的部分，再扣除企业实施CDM项目发生的相关成本、费用后的净所得。

企业应单独核算其享受优惠的CDM项目的所得，并合理分摊有关期间费用，没有单独核算的，不得享受上述企业所得税优惠政策。

三、本通知自2007年1月1日起执行。

财政部、国家税务总局财税［2008］149号
关于发布享受企业所得税优惠政策的农产品初加工范围（试行）的通知条文

根据《中华人民共和国企业所得税法》及其实施条例的规定，为贯彻落实农、林、牧、渔业项目企业所得税优惠政策，现将《享受企业所得税优惠政策的农产品初加工范围（试行）》印发给你们，自2008年1月1日起执行。

【解读】《享受企业所得税优惠政策的农产品初加工范围（试行）》的具体内容，参见附录资料《享受企业所得税优惠政策的农产品初加工范围（试行）》。

国家税务总局国税函［2008］850号
关于贯彻落实从事农、林、牧、渔业项目
企业所得税优惠政策有关事项的通知条文

一、《中华人民共和国企业所得税法实施条例》第八十六条规定的农、林、牧、渔业项目企业所得税优惠政策，各地可直接贯彻执行。对属已明确的免税项目，如有征税的，要及时退还税款。

农、林、牧、渔业项目中尚需进一步细化规定的农产品初加工等少数项目，税务总局正与相关部门抓紧研究，拟于近期下发执行。对从事此类项目的企业，因有特殊困难，不能按期缴纳企业所得税税款的，可按《中华人民共和国税收征收管理法》及其实施细则的相关规定，申请延期缴纳税款。

二、各地可暂按《国家税务总局关于印发〈税收减免管理办法（试行）〉的通知》（国税发［2005］129号）规定的程序，办理《中华人民共和国企业所得税法》及其实施条例规定的从事农、林、牧、渔业项目的企业所得税优惠政策事宜。

三、各级国税局、地税局要密切配合，确保从事农、林、牧、渔业项目的企业所得税优惠政策执行口径一致。各地对执行中发现的新情况和新问题要及时向税务总局（所得税司）反映，确保政策落实到位。

科技部、财政部、国家税务总局国科发火［2008］172号
关于印发《高新技术企业认定管理办法》的通知条文

第一章　总　则

第一条　为扶持和鼓励高新技术企业的发展，根据《中华人民共和国企业所得税法》（以下称《企业所得税法》）、《中华人民共和国企业所得税法实施条例》（以下称《实施条例》）有关规定，特制定本办法。

第二条　本办法所称的高新技术企业是指：在《国家重点支持的高新技术领域》（见附件）内，持续进行研究开发与技术成果转化，形成企业核心自主知识产权，并以此为基础开展经营活动，在中国境内（不包括港、澳、台地区）注册一年以上的居民企业。

第三条　高新技术企业认定管理工作应遵循突出企业主体、鼓励技术创新、实施动态管理、坚持公平公正的原则。

第四条　依据本办法认定的高新技术企业，可依照《企业所得税法》及其《实施条例》、《中华人民共和国税收征收管理法》（以下称《税收征管法》）及《中华人民共和国税收征收管理法实施细则》（以下称《实施细则》）等有关规定，申请享受税收优惠政策。

第五条　科技部、财政部、税务总局负责指导、管理和监督全国高新技术企业认定工作。

第二章　组织与实施

第六条　科技部、财政部、税务总局组成全国高新技术企业认定管理工作领导小组（以下称“领导小组”），其主要职责为：

（一）确定全国高新技术企业认定管理工作方向，审议高新技术企业认定管理工作报告；

（二）协调、解决认定及相关政策落实中的重大问题；

（三）裁决高新技术企业认定事项中的重大争议，监督、检查各地区认定工作；

（四）对高新技术企业认定工作出现重大问题的地区，提出整改意见。

第七条　领导小组下设办公室。办公室设在科技部，其主要职责为：

（一）提交高新技术企业认定管理工作报告；

（二）组织实施对高新技术企业认定管理工作的检查；

（三）负责高新技术企业认定工作的专家资格的备案管理；

（四）建立并管理“高新技术企业认定管理工作网”；

（五）领导小组交办的其他工作。

第八条　各省、自治区、直辖市、计划单列市科技行政管理部门同本级财政、税务部门组成本地区高新技术企业认定管理机构（以下称“认定机构”），根据本办法开展下列工作：

（一）负责本行政区域内的高新技术企业认定工作；

（二）接受企业提出的高新技术企业资格复审；

（三）负责对已认定企业进行监督检查，受理、核实并处理有关举报；

（四）选择参与高新技术企业认定工作的专家并报领导小组办公室备案。

第九条　企业取得高新技术企业资格后，应依照本办法第四条的规定到主管税务机关办理减税、免税手续。

享受减税、免税优惠的高新技术企业，减税、免税条件发生变化的，应当自发生变化之日起15日内向主管税务机关报告；不再符合减税、免税条件的，应当依法履行纳税义务；未依法纳税的，主管税务机关应当予以追缴。同时，主管税务机关在执行税收优惠政策过程中，发现企业不具备高新技术企业资格的，应提请认定机构复核。复核期间，可暂停企业享受减免税优惠。

第三章　条件与程序

第十条　高新技术企业认定须同时满足以下条件：

（一）在中国境内（不含港、澳、台地区）注册的企业，近三年内通过自主研发、受让、受赠、并购等方式，或通过5年以上的独占许可方式，对其主要产品（服务）的核心技术拥有自主知识产权；

（二）产品（服务）属于《国家重点支持的高新技术领域》规定的范围；

（三）具有大学专科以上学历的科技人员占企业当年职工总数的30%以上，其中研发人员占企业当年职工总数的10%以上；

（四）企业为获得科学技术（不包括人文、社会科学）新知识，创造性运用科学技术新知识，或实质性改进技术、产品（服务）而持续进行了研究开发活动，且近三个会计年度的研究开发费用总额占销售收入总额的比例符合如下要求：

1. 最近一年销售收入小于5,000万元的企业，比例不低于6%；

2. 最近一年销售收入在5,000万元至20,000万元的企业，比例不低于4%；

3. 最近一年销售收入在20,000万元以上的企业，比例不低于3%。

其中，企业在中国境内发生的研究开发费用总额占全部研究开发费用总额的比例不低于60%。企业注册成立时间不足三年的，按实际经营年限计算。

（五）高新技术产品（服务）收入占企业当年总收入的60%以上；

（六）企业研究开发组织管理水平、科技成果转化能力、自主知识产权数量、销售与总资产成长性等指标符合《高新技术企业认定管理工作指引》（另行制定）的要求。

第十一条　高新技术企业认定的程序如下：

（一）企业自我评价及申请。

企业登录“高新技术企业认定管理工作网”，对照本办法第十条规定条件，进行自我评价。认为符合认定条件的，企业可向认定机构提出认定申请。

（二）提交下列申请材料：

1. 高新技术企业认定申请书；

2. 企业营业执照副本、税务登记证（复印件）；

3. 知识产权证书（独占许可合同）、生产批文，新产品或新技术证明（查新）材料、产品质量检验报告、省级以上科技计划立项证明，以及其他相关证明材料；

4. 企业职工人数、学历结构以及研发人员占企业职工的比例说明；

5. 经具有资质的中介机构鉴证的企业近三个会计年度研究开发费用情况表（实际年限不足三年的按实际经营年限），并附研究开发活动说明材料；

6. 经具有资质的中介机构鉴证的企业近三个会计年度的财务报表（含资产负债表、损益表、现金流量表，实际年限不足三年的按实际经营年限）以及技术性收入的情况表。

（三）合规性审查。

认定机构应建立高新技术企业认定评审专家库；依据企业的申请材料，抽取专家库内专家对申报企业进行审查，提出认定意见。

（四）认定、公示与备案。

认定机构对企业进行认定。经认定的高新技术企业在“高新技术企业认定管理工作网”上公示15个工作日，没有异议的，报送领导小组办公室备案，在“高新技术企业认定管理工作网”上公告认定结果，并向企业颁发统一印制的“高新技术企业证书”。

第十二条　高新技术企业资格自颁发证书之日起有效期为三年。企业应在期满前三个月内提出复审申请，不提出复审申请或复审不合格的，其高新技术企业资格到期自动失效。

第十三条　高新技术企业复审须提交近三年开展研究开发等技术创新活动的报告。

复审时应重点审查第十条（四）款，对符合条件的，按照第十一条（四）款进行公示与备案。

通过复审的高新技术企业资格有效期为三年。期满后，企业再次提出认定申请的，按本办法第十一条的规定办理。

第十四条　高新技术企业经营业务、生产技术活动等发生重大变化（如并购、重组、转业等）的，应在十五日内向认定管理机构报告；变化后不符合本办法规定条件的，应自当年起终止其高新技术企业资格；需要申请高新技术企业认定的，按本办法第十一条的规定办理。

高新技术企业更名的，由认定机构确认并经公示、备案后重新核发认定证书，编号与有效期不变。

第四章　罚　则

第十五条　已认定的高新技术企业有下述情况之一的，应取消其资格：

（一）在申请认定过程中提供虚假信息的；

（二）有偷、骗税等行为的；

（三）发生重大安全、质量事故的；

（四）有环境等违法、违规行为，受到有关部门处罚的。

被取消高新技术企业资格的企业，认定机构在5年内不再受理该企业的认定申请。

第十六条　参与高新技术企业认定工作的各类机构和人员对所承担认定工作负有诚信以及合规义务，并对申报认定企业的有关资料信息负有保密义务。违反高新技术企业认定工作相关要求和纪律的，给予相应处理。

第五章　附　则

第十七条　原《国家高新技术产业开发区外高新技术企业认定条件和办法》（国科发火字［1996］018号）、原《国家高新技术产业开发区高新技术企业认定条件和办法》（国科发火字［2000］324号），自本办法实施之日起停止执行。

第十八条　本办法由科技部、财政部、税务总局负责解释。

第十九条　科技部、财政部、税务总局另行制定《高新技术企业认定管理工作指引》。

第二十条　本办法自2008年1月1日起实施。

科技部、财政部、国家税务总局国科发火［2008］705号
关于认真做好2008年高新技术企业认定管理工作的通知条文

一、尽快建立健全工作机制，加快认定进程。

各地科技、财政、税务部门务必抓紧时间，健全工作机制，在严格执行认定工作原则和规程的情况下，对符合条件的企业加快认定工作，并力争在今年底前完成。要把握工作进度，遇到问题要及时研究解决。全国高新技术企业认定管理工作领导小组办公室将对一些地区进行重点检查。

为了保证政策实施的规范化，不提倡制定本地区高新技术企业认定管理工作的“实施细则”、“实施条例”．已经制定的，须报领导小组办公室备案，有问题的要及时纠正。

二、关于核心自主知识产权。

在计算企业拥有的核心自主知识产权时，企业近3年内（至申报日前）获得的核

心自主知识产权均视为有效。

三、关于中介机构。

各地认定机构要加强对中介机构的管理。中介机构要严格按照《高新技术企业认定管理办法》和《高新技术企业认定管理工作指引》的规定，以及国家有关专项审计的要求，出具专项审计报告。我们将于明年正式启用高新技术企业认定专项审计报告的统一格式，今年已经出具的审计报告不需要重做。

国家税务总局国税函［2009］203 号
关于实施高新技术企业所得税优惠有关问题的通知条文

一、当年可减按 15% 的税率征收企业所得税或按照《国务院关于经济特区和上海浦东新区新设立高新技术企业实行过渡性税收优惠的通知》（国发［2007］40 号）享受过渡性税收优惠的高新技术企业，在实际实施有关税收优惠的当年，减免税条件发生变化的，应按《科学技术部、财政部、国家税务总局关于印发〈高新技术企业认定管理办法〉的通知》（国科发火［2008］172 号）第九条第二款的规定处理。

二、原依法享受企业所得税定期减免税优惠尚未期满同时符合本通知第一条规定条件的高新技术企业，根据《高新技术企业认定管理办法》以及《科学技术部、财政部、国家税务总局关于印发〈高新技术企业认定管理工作指引〉的通知》（国科发火［2008］362 号）的相关规定，在按照新标准取得认定机构颁发的高新技术企业资格证书之后，可以在 2008 年 1 月 1 日后，享受对尚未到期的定期减免税优惠执行到期满的过渡政策。

三、2006 年 1 月 1 日至 2007 年 3 月 16 日期间成立，截止到 2007 年底仍未获利（弥补完以前年度亏损后应纳税所得额为零）的高新技术企业，根据《高新技术企业认定管理办法》以及《高新技术企业认定管理工作指引》的相关规定，按照新标准取得认定机构颁发的高新技术企业证书后，可依据企业所得税法第五十七条的规定，免税期限自 2008 年 1 月 1 日起计算。

四、认定（复审）合格的高新技术企业，自认定（复审）批准的有效期当年开始，可申请享受企业所得税优惠。企业取得省、自治区、直辖市、计划单列市高新技术企业认定管理机构颁发的高新技术企业证书后，可持"高新技术企业证书"及其复印件和有关资料，向主管税务机关申请办理减免税手续。手续办理完毕后，高新技术企业可按 15% 的税率进行所得税预缴申报或享受过渡性税收优惠。

五、纳税年度终了后至报送年度纳税申报表以前，已办理减免税手续的企业应向主管税务机关备案以下资料：

（一）产品（服务）属于《国家重点支持的高新技术领域》规定的范围的说明；

（二）企业年度研究开发费用结构明细表（见附件）；

（三）企业当年高新技术产品（服务）收入占企业总收入的比例说明；

（四）企业具有大学专科以上学历的科技人员占企业当年职工总数的比例说明、研发人员占企业当年职工总数的比例说明。

以上资料的计算、填报口径参照《高新技术企业认定管理工作指引》的有关规定执行。

六、未取得高新技术企业资格、或虽取得高新技术企业资格但不符合企业所得税法及实施条例以及本通知有关规定条件的企业，不得享受高新技术企业的优惠；已享受优惠的，应追缴其已减免的企业所得税税款。

七、本通知自2008年1月1日起执行。

国家税务总局国税函［2008］945号
关于外国政府等在我国设立代表机构免税审批程序有关问题的通知条文

一、外国政府、国际组织、非营利机构、各民间团体等在我国设立的代表机构(以下简称代表机构)，可由代表机构（或其总机构、上级部门）向当地主管国家税务局提出企业所得税的免税申请，并向主管国家税务局提供外国政府、国际组织、非营利机构、各民间团体所在国主管税务当局（包括总机构所在地地方税务当局)、政府机构确认的代表机构性质证明。

二、主管国家税务局对代表机构的企业所得税免税申请进行审核后层报省、自治区、直辖市和计划单列市国家税务局批准。

三、代表机构在我国境内发生营业税应税行为取得的收入，应按照税法规定征收营业税，不发生营业税应税行为时不予征税。因此，代表机构不需要向当地主管地方税务局提出营业税免税申请。

四、各省、自治区、直辖市和计划单列市国家税务局应根据本通知规定制定具体的审批程序。

财政部、国家税务总局财税［2009］70号
关于安置残疾人员就业有关企业所得税优惠政策问题的通知条文解读

一、企业安置残疾人员的，在按照支付给残疾职工工资据实扣除的基础上，可以在计算应纳税所得额时按照支付给残疾职工工资的100%加计扣除。

企业就支付给残疾职工的工资，在进行企业所得税预缴申报时，允许据实计算扣除；在年度终了进行企业所得税年度申报和汇算清缴时，再依照本条第一款的规定计算加计扣除。

【解读】根据本条规定，企业安置残疾人员，支付给残疾职工工资准予税前加计扣除。加计扣除金额在年度所得税汇算时，调减应税所得额。

二、残疾人员的范围适用《中华人民共和国残疾人保障法》的有关规定。

三、企业享受安置残疾职工工资100%加计扣除应同时具备如下条件：

（一）依法与安置的每位残疾人签订了1年以上（含1年）的劳动合同或服务协议，并且安置的每位残疾人在企业实际上岗工作。

（二）为安置的每位残疾人按月足额缴纳了企业所在区县人民政府根据国家政策规定的基本养老保险、基本医疗保险、失业保险和工伤保险等社会保险。

（三）定期通过银行等金融机构向安置的每位残疾人实际支付了不低于企业所在区

县适用的经省级人民政府批准的最低工资标准的工资。

（四）具备安置残疾人上岗工作的基本设施。

四、企业应在年度终了进行企业所得税年度申报和汇算清缴时，向主管税务机关报送本通知第四条规定的相关资料、已安置残疾职工名单及其《中华人民共和国残疾人证》或《中华人民共和国残疾军人证（1至8级）》复印件和主管税务机关要求提供的其他资料，办理享受企业所得税加计扣除优惠的备案手续。

五、在企业汇算清缴结束后，主管税务机关在对企业进行日常管理、纳税评估和纳税检查时，应对安置残疾人员企业所得税加计扣除优惠的情况进行核实。

六、本通知自2008年1月1日起执行。

财政部、国家税务总局财税［2009］23号
关于延长下岗失业人员再就业有关税收政策的通知条文

一、对持《再就业优惠证》人员从事个体经营的，3年内按每户每年8000元为限额依次扣减其当年实际应缴纳的营业税、城市维护建设税、教育费附加和个人所得税。

二、对符合条件的企业在新增加的岗位中，当年新招用持《再就业优惠证》人员，与其签订1年以上期限劳动合同并缴纳社会保险费的，3年内按实际招用人数予以定额依次扣减营业税、城市维护建设税、教育费附加和企业所得税。定额标准为每人每年4000元，可上下浮动20%。由各省、自治区、直辖市人民政府根据本地区实际情况在此幅度内确定具体定额标准，并报财政部和国家税务总局备案。

三、上述税收优惠政策的审批期限为2009年1月1日至2009年12月31日。具体操作办法继续按照《财政部国家税务总局关于下岗失业人员再就业有关税收政策问题的通知》（财税［2005］186号）和《国家税务总局劳动和社会保障部关于下岗失业人员再就业有关税收政策具体实施意见的通知》（国税发［2006］8号）的相关规定执行。

财政部、海关总署、国家税务总局财税［2009］31号
关于支持文化企业发展若干税收政策问题的通知条文

一、广播电影电视行政主管部门（包括中央、省、地市及县级）按照各自职能权限批准从事电影制片、发行、放映的电影集团公司（含成员企业）、电影制片厂及其他电影企业取得的销售电影拷贝收入、转让电影版权收入、电影发行收入以及在农村取得的电影放映收入免征增值税和营业税。

二、2010年底前，广播电视运营服务企业按规定收取的有线数字电视基本收视维护费，经省级人民政府同意并报财政部、国家税务总局批准，免征营业税，期限不超过3年。

三、出口图书、报纸、期刊、音像制品、电子出版物、电影和电视完成片按规定享受增值税出口退税政策。

四、文化企业在境外演出从境外取得的收入免征营业税。

五、在文化产业支撑技术等领域内，依据《关于印发〈高新技术企业认定管理办

法〉的通知》（国科发火［2008］172号）和《关于印发〈高新技术企业认定管理工作指引〉的通知》（国科发火［2008］362号）的规定认定的高新技术企业，减按15%的税率征收企业所得税；文化企业开发新技术、新产品、新工艺发生的研究开发费用，允许按国家税法规定在计算应纳税所得额时加计扣除。文化产业支撑技术等领域的具体范围由科技部、财政部、国家税务总局和中宣部另行发文明确。

六、出版、发行企业库存呆滞出版物，纸质图书超过五年（包括出版当年，下同）、音像制品、电子出版物和投影片（含缩微制品）超过两年、纸质期刊和挂历年画等超过一年的，可以作为财产损失在税前据实扣除。已作为财产损失税前扣除的呆滞出版物，以后年度处置的，其处置收入应纳入处置当年的应税收入。

七、为生产重点文化产品而进口国内不能生产的自用设备及配套件、备件等，按现行税收政策有关规定，免征进口关税。

八、对2008年12月31日前新办文化企业，其企业所得税优惠政策可以按照财税［2005］2号文件规定执行到期。

九、本通知适用于所有文化企业。文化企业是指从事新闻出版、广播影视和文化艺术的企业。文化企业具体范围见附件。

除上述条款中有明确期限规定者外，上述税收优惠政策执行期限为2009年1月1日至2013年12月31日。

国家税务总局国税发［2009］87号
关于实施创业投资企业所得税优惠问题的通知条文

一、创业投资企业是指依照《创业投资企业管理暂行办法》（国家发展和改革委员会等10部委令2005年第39号，以下简称《暂行办法》）和《外商投资创业投资企业管理规定》（商务部等5部委令2003年第2号）在中华人民共和国境内设立的专门从事创业投资活动的企业或其他经济组织。

二、创业投资企业采取股权投资方式投资于未上市的中小高新技术企业2年（24个月）以上，凡符合以下条件的，可以按照其对中小高新技术企业投资额的70%，在股权持有满2年的当年抵扣该创业投资企业的应纳税所得额；当年不足抵扣的，可以在以后纳税年度结转抵扣。

（一）经营范围符合《暂行办法》规定，且工商登记为“创业投资有限责任公司”、“创业投资股份有限公司”等专业性法人创业投资企业。

（二）按照《暂行办法》规定的条件和程序完成备案，经备案管理部门年度检查核实，投资运作符合《暂行办法》的有关规定。

（三）创业投资企业投资的中小高新技术企业，除应按照科技部、财政部、国家税务总局《关于印发〈高新技术企业认定管理办法〉的通知》（国科发火［2008］172号）和《关于印发〈高新技术企业认定管理工作指引〉的通知》（国科发火［2008］362号）的规定，通过高新技术企业认定以外，还应符合职工人数不超过500人，年销售（营业）额不超过2亿元，资产总额不超过2亿元的条件。

2007年底前按原有规定取得高新技术企业资格的中小高新技术企业，且在2008年继续符合新的高新技术企业标准的，向其投资满24个月的计算，可自创业投资企业实际向其投资的时间起计算。

（四）财政部、国家税务总局规定的其他条件。

三、中小企业接受创业投资之后，经认定符合高新技术企业标准的，应自其被认定为高新技术企业的年度起，计算创业投资企业的投资期限。该期限内中小企业接受创业投资后，企业规模超过中小企业标准，但仍符合高新技术企业标准的，不影响创业投资企业享受有关税收优惠。

四、创业投资企业申请享受投资抵扣应纳税所得额，应在其报送申请投资抵扣应纳税所得额年度纳税申报表以前，向主管税务机关报送以下资料备案：

（一）经备案管理部门核实后出具的年检合格通知书（副本）；

（二）关于创业投资企业投资运作情况的说明；

（三）中小高新技术企业投资合同或章程的复印件、实际所投资金验资报告等相关材料；

（四）中小高新技术企业基本情况［包括企业职工人数、年销售（营业）额、资产总额等］说明；

（五）由省、自治区、直辖市和计划单列市高新技术企业认定管理机构出具的中小高新技术企业有效的高新技术企业证书（复印件）。

五、本通知自2008年1月1日起执行。

国家税务总局国税函［2009］212号
关于技术转让所得减免企业所得税有关问题的通知条文

一、根据企业所得税法第二十七条第（四）项规定，享受减免企业所得税优惠的技术转让应符合以下条件：

（一）享受优惠的技术转让主体是企业所得税法规定的居民企业；

（二）技术转让属于财政部、国家税务总局规定的范围；

（三）境内技术转让经省级以上科技部门认定；

（四）向境外转让技术经省级以上商务部门认定；

（五）国务院税务主管部门规定的其他条件。

二、符合条件的技术转让所得应按以下方法计算：

技术转让所得＝技术转让收入－技术转让成本－相关税费

技术转让收入是指当事人履行技术转让合同后获得的价款，不包括销售或转让设备、仪器、零部件、原材料等非技术性收入。不属于与技术转让项目密不可分的技术咨询、技术服务、技术培训等收入，不得计入技术转让收入。

技术转让成本是指转让的无形资产的净值，即该无形资产的计税基础减除在资产使用期间按照规定计算的摊销扣除额后的余额。

相关税费是指技术转让过程中实际发生的有关税费，包括除企业所得税和允许抵扣的增值税以外的各项税金及其附加、合同签订费用、律师费等相关费用及其他支出。

三、享受技术转让所得减免企业所得税优惠的企业，应单独计算技术转让所得，并合理分摊企业的期间费用；没有单独计算的，不得享受技术转让所得企业所得税优惠。

四、企业发生技术转让，应在纳税年度终了后至报送年度纳税申报表以前，向主管税务机关办理减免税备案手续。

（一）企业发生境内技术转让，向主管税务机关备案时应报送以下资料：

1. 技术转让合同（副本）；

2. 省级以上科技部门出具的技术合同登记证明；

3. 技术转让所得归集、分摊、计算的相关资料；

4. 实际缴纳相关税费的证明资料；

5. 主管税务机关要求提供的其他资料。

（二）企业向境外转让技术，向主管税务机关备案时应报送以下资料：

1. 技术出口合同（副本）；

2. 省级以上商务部门出具的技术出口合同登记证书或技术出口许可证；

3. 技术出口合同数据表；

4. 技术转让所得归集、分摊、计算的相关资料；

5. 实际缴纳相关税费的证明资料；

6. 主管税务机关要求提供的其他资料。

五、本通知自2008年1月1日起执行。

国家税务总局国税发［2008］111号
关于企业所得税减免税管理问题的通知条文

一、企业所得税的各类减免税应按照《国家税务总局关于印发〈税收减免管理办法（试行）〉的通知》（国税发［2005］129号）的相关规定办理。

国税发［2005］129号文件规定与《中华人民共和国企业所得税法》及其实施条例规定不一致的，按《中华人民共和国企业所得税法》及其实施条例的规定执行。

二、企业所得税减免税实行审批管理的，必须是《中华人民共和国企业所得税法》及其实施条例等法律法规和国务院明确规定需要审批的内容。

对列入备案管理的企业所得税减免的范围、方式，由各省、自治区、直辖市和计划单列市国家税务局、地方税务局（企业所得税管理部门）自行研究确定，但同一省、自治区、直辖市和计划单列市范围内必须一致。

三、企业所得税减免税期限超过一个纳税年度的，主管税务机关可以进行一次性确认，但每年必须对相关减免税条件进行审核，对情况变化导致不符合减免税条件的，应停止享受减免税政策。

四、企业所得税减免税有资质认定要求的，纳税人须先取得有关资质认定，税务部门在办理减免税手续时，可进一步简化手续，具体认定方式由各省、自治区、直辖市和计划单列市国家税务局、地方税务局研究确定。

五、对各类企业所得税减免税管理，税务机关应本着精简、高效、便利的原则，方便纳税人，减少报送资料，简化手续。

六、本通知自2008年1月1日起执行。

国家税务总局国税函［2008］650号
关于非居民企业不享受小型微利企业所得税优惠政策问题的通知条文

企业所得税法第二十八条规定的小型微利企业是指企业的全部生产经营活动产生的所得均负有我国企业所得税纳税义务的企业。因此，仅就来源于我国所得负有我国纳税义务的非居民企业，不适用该条规定的对符合条件的小型微利企业减按20%税率征收企业所得税的政策。

国务院国发［2009］36号
关于进一步促进中小企业发展的若干意见条文

三、加大对中小企业的财税扶持力度

（十一）落实和完善税收优惠政策。国家运用税收政策促进中小企业发展，具体政策由财政部、税务总局会同有关部门研究制定。为有效应对国际金融危机，扶持中小企业发展，自2010年1月1日至2010年12月31日，对年应纳税所得额低于3万元（含3万元）的小型微利企业，其所得减按50%计入应纳税所得额，按20%的税率缴纳企业所得税。中小企业投资国家鼓励类项目，除《国内投资项目不予免税的进口商品目录》所列商品外，所需的进口自用设备以及按照合同随设备进口的技术及配套件、备件，免征进口关税。中小企业缴纳城镇土地使用税确有困难的，可按有关规定向省级财税部门或省级人民政府提出减免税申请。中小企业因有特殊困难不能按期纳税的，可依法申请在三个月内延期缴纳。

财政部、国家税务总局财税［2009］133号
关于小型微利企业有关企业所得税政策的通知条文

一、自2010年1月1日至2010年12月31日，对年应纳税所得额低于3万元（含3万元）的小型微利企业，其所得减按50%计入应纳税所得额，按20%的税率缴纳企业所得税。

二、本通知所称小型微利企业，是指符合《中华人民共和国企业所得税法》及其实施条例以及相关税收政策规定的小型微利企业。

财政部、国家税务总局财税［2009］122号
关于非营利组织企业所得税免税收入问题的通知条文

一、非营利组织的下列收入为免税收入：

（一）接受其他单位或者个人捐赠的收入；

（二）除《中华人民共和国企业所得税法》第七条规定的财政拨款以外的其他政府补助收入，但不包括因政府购买服务取得的收入；

（三）按照省级以上民政、财政部门规定收取的会费；

（四）不征税收入和免税收入孳生的银行存款利息收入；

（五）财政部、国家税务总局规定的其他收入。

二、本通知从2008年1月1日起执行。

财政部、国家税务总局财税［2009］123号
关于非营利组织免税资格认定管理有关问题的通知条文

一、依据本通知认定的符合条件的非营利组织，必须同时满足以下条件：

（一）依照国家有关法律法规设立或登记的事业单位、社会团体、基金会、民办非企业单位、宗教活动场所以及财政部、国家税务总局认定的其他组织；

（二）从事公益性或者非营利性活动，且活动范围主要在中国境内；

（三）取得的收入除用于与该组织有关的、合理的支出外，全部用于登记核定或者章程规定的公益性或者非营利性事业；

（四）财产及其孳息不用于分配，但不包括合理的工资薪金支出；

（五）按照登记核定或者章程规定，该组织注销后的剩余财产用于公益性或者非营利性目的，或者由登记管理机关转赠给与该组织性质、宗旨相同的组织，并向社会公告；

（六）投入人对投入该组织的财产不保留或者享有任何财产权利，本款所称投入人是指除各级人民政府及其部门外的法人、自然人和其他组织；

（七）工作人员工资福利开支控制在规定的比例内，不变相分配该组织的财产，其中：工作人员平均工资薪金水平不得超过上年度税务登记所在地人均工资水平的两倍，工作人员福利按照国家有关规定执行；

（八）除当年新设立或登记的事业单位、社会团体、基金会及民办非企业单位外，事业单位、社会团体、基金会及民办非企业单位申请前年度的检查结论为“合格”；

（九）对取得的应纳税收入及其有关的成本、费用、损失应与免税收入及其有关的成本、费用、损失分别核算。

二、经省级（含省级）以上登记管理机关批准设立或登记的非营利组织，凡符合规定条件的，应向其所在地省级税务主管机关提出免税资格申请，并提供本通知规定的相关材料；经市（地）级或县级登记管理机关批准设立或登记的非营利组织，凡符合规定条件的，分别向其所在地市（地）级或县级税务主管机关提出免税资格申请，并提供本通知规定的相关材料。

财政、税务部门按照上述管理权限，对非营利组织享受免税的资格联合进行审核确认，并定期予以公布。

三、申请享受免税资格的非营利组织，需报送以下材料：

（一）申请报告；

（二）事业单位、社会团体、基金会、民办非企业单位的组织章程或宗教活动场所的管理制度；

（三）税务登记证复印件；

（四）非营利组织登记证复印件；

（五）申请前年度的资金来源及使用情况、公益活动和非营利活动的明细情况；

（六）具有资质的中介机构鉴证的申请前会计年度的财务报表和审计报告；

（七）登记管理机关出具的事业单位、社会团体、基金会、民办非企业单位申请前年度的年度检查结论；

（八）财政、税务部门要求提供的其他材料。

四、非营利组织免税优惠资格的有效期为五年。非营利组织应在期满前三个月内提出复审申请，不提出复审申请或复审不合格的，其享受免税优惠的资格到期自动失效。

非营利组织免税资格复审，按照初次申请免税优惠资格的规定办理。

五、非营利组织必须按照《中华人民共和国税收征收管理法》（以下简称《税收征管法》）及《中华人民共和国税收征收管理法实施细则》（以下简称《实施细则》）等有关规定，办理税务登记，按期进行纳税申报。取得免税资格的非营利组织应按照规定向主管税务机关办理免税手续，免税条件发生变化的，应当自发生变化之日起十五日内向主管税务机关报告；不再符合免税条件的，应当依法履行纳税义务；未依法纳税的，主管税务机关应当予以追缴。取得免税资格的非营利组织注销时，剩余财产处置违反本通知第一条第五项规定的，主管税务机关应追缴其应纳企业所得税款。

主管税务机关应根据非营利组织报送的纳税申报表及有关资料进行审查，当年符合《企业所得税法》及其《实施条例》和有关规定免税条件的收入，免予征收企业所得税；当年不符合免税条件的收入，照章征收企业所得税。主管税务机关在执行税收优惠政策过程中，发现非营利组织不再具备本通知规定的免税条件的，应及时报告核准该非营利组织免税资格的财政、税务部门，由其进行复核。

核准非营利组织免税资格的财政、税务部门根据本通知规定的管理权限，对非营利组织的免税优惠资格进行复核，复核不合格的，取消其享受免税优惠的资格。

六、已认定的享受免税优惠政策的非营利组织有下述情况之一的，应取消其资格：

（一）事业单位、社会团体、基金会及民办非企业单位逾期未参加年检或年度检查结论为“不合格”的；

（二）在申请认定过程中提供虚假信息的；

（三）有逃避缴纳税款或帮助他人逃避缴纳税款行为的；

（四）通过关联交易或非关联交易和服务活动，变相转移、隐匿、分配该组织财产的；

（五）因违反《税收征管法》及其《实施细则》而受到税务机关处罚的；

（六）受到登记管理机关处罚的。

因上述第（一）项规定的情形被取消免税优惠资格的非营利组织，财政、税务部门在一年内不再受理该组织的认定申请；因上述规定的除第（一）项以外的其他情形被取消免税优惠资格的非营利组织，财政、税务部门在五年内不再受理该组织的认定申请。

七、本通知从2008年1月1日起执行。

七、源泉扣缴

国家税务总局国税函［2008］897号

关于中国居民企业向境外H股非居民企业股东派发股息代扣代缴企业所得税有关问题的通知条文

一、中国居民企业向境外H股非居民企业股东派发2008年及以后年度股息时，统一按10%的税率代扣代缴企业所得税。

二、非居民企业股东在获得股息之后，可以自行或通过委托代理人或代扣代缴义务人，向主管税务机关提出享受税收协定（安排）待遇的申请，提供证明自己为符合税收协定（安排）规定的实际受益所有人的资料。主管税务机关审核无误后，应就已征税款和根据税收协定（安排）规定税率计算的应纳税款的差额予以退税。

三、各地应加强对我国境外上市企业派发股息情况的了解，并发挥售付汇凭证的作用，确保代扣代缴税款及时足额入库。

国家税务总局国税函［2008］955号

关于加强非居民企业来源于我国利息所得扣缴企业所得税工作的通知条文

一、自2008年1月1日起，我国金融机构向境外外国银行支付贷款利息、我国境内外资金融机构向境外支付贷款利息，应按照企业所得税法及其实施条例规定代扣代缴企业所得税。

二、我国境内机构向我国银行的境外分行支付的贷款利息，应按照企业所得税法及其实施条例规定代扣代缴企业所得税。

三、各地应建立健全非居民企业利息所得源泉扣缴企业所得税监控机制，确保及时足额扣缴税款。

国家税务总局国税发［2009］3号

关于印发《非居民企业所得税源泉扣缴管理暂行办法》的通知条文

第一条　为规范和加强非居民企业所得税源泉扣缴管理，根据《中华人民共和国企业所得税法》（以下简称企业所得税法）及其实施条例、《中华人民共和国税收征收管理法》（以下简称税收征管法）及其实施细则、《税务登记管理办法》、中国政府对外签署的避免双重征税协定（含与香港、澳门特别行政区签署的税收安排，以下统称税收协定）等相关法律法规，制定本办法。

第二条　本办法所称非居民企业，是指依照外国（地区）法律成立且实际管理机构不在中国境内，但在中国境内未设立机构、场所且有来源于中国境内所得的企业，以及虽设立机构、场所但取得的所得与其所设机构、场所没有实际联系的企业。

第三条　对非居民企业取得来源于中国境内的股息、红利等权益性投资收益和利息、租金、特许权使用费所得、转让财产所得以及其他所得应当缴纳的企业所得税，实行源泉扣缴，以依照有关法律规定或者合同约定对非居民企业直接负有支付相关款项义务的单位或者个人为扣缴义务人。

第四条　扣缴义务人与非居民企业首次签订与本办法第三条规定的所得有关的业务合同或协议（以下简称合同）的，扣缴义务人应当自合同签订之日起30日内，向其主管税务机关申报办理扣缴税款登记。

第五条　扣缴义务人每次与非居民企业签订与本办法第三条规定的所得有关的业务合同时，应当自签订合同（包括修改、补充、延期合同）之日起30日内，向其主管税务机关报送《扣缴企业所得税合同备案登记表》、合同复印件及相关资料。文本为外文的应同时附送中文译本。

股权转让交易双方均为非居民企业且在境外交易的，被转让股权的境内企业在依法变更税务登记时，应将股权转让合同复印件报送主管税务机关。

第六条　扣缴义务人应当设立代扣代缴税款账簿和合同资料档案，准确记录企业所得税的扣缴情况，并接受税务机关的检查。

第七条　扣缴义务人在每次向非居民企业支付或者到期应支付本办法第三条规定的所得时，应从支付或者到期应支付的款项中扣缴企业所得税。

本条所称到期应支付的款项，是指支付人按照权责发生制原则应当计入相关成本、费用的应付款项。

扣缴义务人每次代扣代缴税款时，应当向其主管税务机关报送《中华人民共和国扣缴企业所得税报告表》（以下简称扣缴表）及相关资料，并自代扣之日起7日内缴入国库。

第八条　扣缴企业所得税应纳税额计算。

扣缴企业所得税应纳税额 = 应纳税所得额 × 实际征收率

应纳税所得额是指依照企业所得税法第十九条规定计算的下列应纳税所得额：

（一）股息、红利等权益性投资收益和利息、租金、特许权使用费所得，以收入全额为应纳税所得额，不得扣除税法规定之外的税费支出。

（二）转让财产所得，以收入全额减除财产净值后的余额为应纳税所得额。

（三）其他所得，参照前两项规定的方法计算应纳税所得额。

实际征收率是指企业所得税法及其实施条例等相关法律法规规定的税率，或者税收协定规定的更低的税率。

第九条　扣缴义务人对外支付或者到期应支付的款项为人民币以外货币的，在申报扣缴企业所得税时，应当按照扣缴当日国家公布的人民币汇率中间价，折合成人民币计算应纳税所得额。

第十条　扣缴义务人与非居民企业签订与本办法第三条规定的所得有关的业务合同时，凡合同中约定由扣缴义务人负担应纳税款的，应将非居民企业取得的不含税所得换算为含税所得后计算征税。

第十一条 按照企业所得税法及其实施条例和相关税收法规规定，给予非居民企业减免税优惠的，应按相关税收减免管理办法和行政审批程序的规定办理。对未经审批或者减免税申请未得到批准之前，扣缴义务人发生支付款项的，应按规定代扣代缴企业所得税。

第十二条 非居民企业可以适用的税收协定与本办法有不同规定的，可申请执行税收协定规定；非居民企业未提出执行税收协定规定申请的，按国内税收法律法规的有关规定执行。

第十三条 非居民企业已按国内税收法律法规的有关规定征税后，提出享受减免税或税收协定待遇申请的，主管税务机关经审核确认应享受减免税或税收协定待遇的，对多缴纳的税款应依据税收征管法及其实施细则的有关规定予以退税。

第十四条 因非居民企业拒绝代扣税款的，扣缴义务人应当暂停支付相当于非居民企业应纳税款的款项，并在1日之内向其主管税务机关报告，并报送书面情况说明。

第十五条 扣缴义务人未依法扣缴或者无法履行扣缴义务的，非居民企业应于扣缴义务人支付或者到期应支付之日起7日内，到所得发生地主管税务机关申报缴纳企业所得税。

股权转让交易双方为非居民企业且在境外交易的，由取得所得的非居民企业自行或委托代理人向被转让股权的境内企业所在地主管税务机关申报纳税。被转让股权的境内企业应协助税务机关向非居民企业征缴税款。

扣缴义务人所在地与所得发生地不在一地的，扣缴义务人所在地主管税务机关应自确定扣缴义务人未依法扣缴或者无法履行扣缴义务之日起5个工作日内，向所得发生地主管税务机关发送《非居民企业税务事项联络函》，告知非居民企业的申报纳税事项。

第十六条 非居民企业依照本办法第十五条规定申报缴纳企业所得税，但在中国境内存在多处所得发生地，并选定其中之一申报缴纳企业所得税的，应向申报纳税所在地主管税务机关如实报告有关情况。申报纳税所在地主管税务机关在受理申报纳税后，应将非居民企业申报缴纳所得税情况书面通知扣缴义务人所在地和其他所得发生地主管税务机关。

第十七条 非居民企业未依照本办法第十五条的规定申报缴纳企业所得税，由申报纳税所在地主管税务机关责令限期缴纳，逾期仍未缴纳的，申报纳税所在地主管税务机关可以收集、查实该非居民企业在中国境内其他收入项目及其支付人（以下简称其他支付人）的相关信息，并向其他支付人发出《税务事项通知书》，从其他支付人应付的款项中，追缴该非居民企业的应纳税款和滞纳金。

其他支付人所在地与申报纳税所在地不在一地的，其他支付人所在地主管税务机关应给予配合和协助。

第十八条 对多次付款的合同项目，扣缴义务人应当在履行合同最后一次付款前15日内，向主管税务机关报送合同全部付款明细、前期扣缴表和完税凭证等资料，办理扣缴税款清算手续。

第十九条 主管税务机关应当建立《扣缴企业所得税管理台账》，加强合同履行情况的跟踪监管，及时了解合同签约内容与实际履行中的动态变化，监控合同款项支付、代扣代缴税款等情况。必要时应查核企业相关账簿，掌握股息、利息、租金、特许权使用费、转让财产收益等支付和列支情况，特别是未实际支付但已计入成本费用的利息、租金、特许权使用费等情况，有否漏扣企业所得税问题。

主管税务机关应根据备案合同资料、扣缴企业所得税管理台账记录、对外售付汇开具税务证明等监管资料和已申报扣缴税款情况，核对办理税款清算手续。

第二十条　主管税务机关可根据需要对代扣代缴企业所得税的情况实施专项检查，实施检查的主管税务机关应将检查结果及时传递给同级国家税务局或地方税务局。专项检查可以采取国、地税联合检查的方式。

第二十一条　税务机关在企业所得税源泉扣缴管理中，遇有需要向税收协定缔约对方获取涉税信息或告知非居民企业在中国境内的税收违法行为时，可按照《国家税务总局关于印发〈国际税收情报交换工作规程〉的通知》（国税发［2006］70号）规定办理。

第二十二条　扣缴义务人未按照规定办理扣缴税款登记的，主管税务机关应当按照《税务登记管理办法》第四十五条、四十六条的规定处理。

本办法第五条第二款所述被转让股权的境内企业未依法变更税务登记的，主管税务机关应当按照《税务登记管理办法》第四十二条的规定处理。

第二十三条　扣缴义务人未按本办法第五条规定的期限向主管税务机关报送《扣缴企业所得税合同备案登记表》、合同复印件及相关资料的，未按规定期限向主管税务机关报送扣缴表的，未履行扣缴义务不缴或者少缴已扣税款的、或者应扣未扣税款的，非居民企业未按规定期限申报纳税的、不缴或者少缴应纳税款的，主管税务机关应当按照税收征管法及其实施细则的有关规定处理。

第二十四条　本办法由国家税务总局负责解释，各省、自治区、直辖市和计划单列市国家税务局、地方税务局可根据本办法制定具体操作规程。

第二十五条　本办法自2009年1月1日起施行。

国家税务总局国税函［2009］47号
关于中国居民企业向QFII支付股息、红利、利息代扣代缴企业所得税有关问题的通知条文

一、QFII取得来源于中国境内的股息、红利和利息收入，应当按照企业所得税法规定缴纳10%的企业所得税。如果是股息、红利，则由派发股息、红利的企业代扣代缴；如果是利息，则由企业在支付或到期应支付时代扣代缴。

二、QFII取得股息、红利和利息收入，需要享受税收协定（安排）待遇的，可向主管税务机关提出申请，主管税务机关审核无误后按照税收协定的规定执行；涉及退税的，应及时予以办理。

三、各地税务机关应了解QFII在我国从事投资的情况，及时提供税收服务，建立税收管理档案，确保代扣代缴税款及时足额入库。

国家税务总局国税函［2009］173号
关于中国居民企业向全国社会保障基金所持H股派发股息不予代扣代缴企业所得税的通知条文

根据《财政部、国家税务总局关于全国社会保障基金有关企业所得税问题的通知》（财税［2008］136号）规定，全国社会保障基金（以下简称“社保基金”）从证券市场取得的收入为企业所得税不征税收入。在香港上市的境内居民企业派发股息时，可凭香港中央结算（代理人）有限公司确定的社保基金所持H股证明，不予代扣代缴企业所得税。

在香港以外上市的境内居民企业向境外派发股息时，可凭有关证券结算公司确定的社保基金所持股证明，不予代扣代缴企业所得税。

在境外上市的境内居民企业向其他经批准对股息不征企业所得税的机构派发股息时，可参照本通知执行。

八、特别纳税调整

国家税务总局国税发［2009］2号
关于印发《特别纳税调整实施办法（试行）》的通知条文

第一条　为了规范特别纳税调整管理，根据《中华人民共和国企业所得税法》（以下简称所得税法）、《中华人民共和国企业所得税法实施条例》（以下简称所得税法实施条例）、《中华人民共和国税收征收管理法》（以下简称征管法）、《中华人民共和国税收征收管理法实施细则》（以下简称征管法实施细则）以及我国政府与有关国家（地区）政府签署的避免双重征税协定（安排）（以下简称税收协定）的有关规定，制定本办法。

第二条　本办法适用于税务机关对企业的转让定价、预约定价安排、成本分摊协议、受控外国企业、资本弱化以及一般反避税等特别纳税调整事项的管理。

第三条　转让定价管理是指税务机关按照所得税法第六章和征管法第三十六条的有关规定，对企业与其关联方之间的业务往来（以下简称关联交易）是否符合独立交易原则进行审核评估和调查调整等工作的总称。

第四条　预约定价安排管理是指税务机关按照所得税法第四十二条和征管法实施细则第五十三条的规定，对企业提出的未来年度关联交易的定价原则和计算方法进行审核评估，并与企业协商达成预约定价安排等工作的总称。

第五条　成本分摊协议管理是指税务机关按照所得税法第四十一条第二款的规定，对企业与其关联方签署的成本分摊协议是否符合独立交易原则进行审核评估和调查调整等工作的总称。

第六条　受控外国企业管理是指税务机关按照所得税法第四十五条的规定，对受控外国企业不作利润分配或减少分配进行审核评估和调查，并对归属于中国居民企业所得进行调整等工作的总称。

第七条　资本弱化管理是指税务机关按照所得税法第四十六条的规定，对企业接受关联方债权性投资与企业接受的权益性投资的比例是否符合规定比例或独立交易原则进行审核评估和调查调整等工作的总称。

第八条　一般反避税管理是指税务机关按照所得税法第四十七条的规定，对企业实施其他不具有合理商业目的的安排而减少其应纳税收入或所得额进行审核评估和调查调整等工作的总称。

第九条　所得税法实施条例第一百零九条及征管法实施细则第五十一条所称关联关系，主要是指企业与其他企业、组织或个人具有下列之一关系：

（一）一方直接或间接持有另一方的股份总和达到25%以上，或者双方直接或间接同为第三方所持有的股份达到25%以上。若一方通过中间方对另一方间接持有股份，只要一方对中间方持股比例达到25%以上，则一方对另一方的持股比例按照中间方对另一方的持股比例计算。

（二）一方与另一方（独立金融机构除外）之间借贷资金占一方实收资本50%以上，或者一方借贷资金总额的10%以上是由另一方（独立金融机构除外）担保。

（三）一方半数以上的高级管理人员（包括董事会成员和经理）或至少一名可以控制董事会的董事会高级成员是由另一方委派，或者双方半数以上的高级管理人员（包括董事会成员和经理）或至少一名可以控制董事会的董事会高级成员同为第三方委派。

（四）一方半数以上的高级管理人员（包括董事会成员和经理）同时担任另一方的高级管理人员（包括董事会成员和经理），或者一方至少一名可以控制董事会的董事会高级成员同时担任另一方的董事会高级成员。

（五）一方的生产经营活动必须由另一方提供的工业产权、专有技术等特许权才能正常进行。

（六）一方的购买或销售活动主要由另一方控制。

（七）一方接受或提供劳务主要由另一方控制。

（八）一方对另一方的生产经营、交易具有实质控制，或者双方在利益上具有相关联的其他关系，包括虽未达到本条第（一）项持股比例，但一方与另一方的主要持股方享受基本相同的经济利益，以及家族、亲属关系等。

第十条　关联交易主要包括以下类型：

（一）有形资产的购销、转让和使用，包括房屋建筑物、交通工具、机器设备、工具、商品、产品等有形资产的购销、转让和租赁业务；

（二）无形资产的转让和使用，包括土地使用权、版权（著作权）、专利、商标、客户名单、营销渠道、牌号、商业秘密和专有技术等特许权，以及工业品外观设计或实用新型等工业产权的所有权转让和使用权的提供业务；

（三）融通资金，包括各类长短期资金拆借和担保以及各类计息预付款和延期付款等业务；

（四）提供劳务，包括市场调查、行销、管理、行政事务、技术服务、维修、设计、咨询、代理、科研、法律、会计事务等服务的提供。

第十一条　实行查账征收的居民企业和在中国境内设立机构、场所并据实申报缴纳企业所得税的非居民企业向税务机关报送年度企业所得税纳税申报表时，应附送《中华人民共和国企业年度关联业务往来报告表》，包括《关联关系表》、《关联交易汇总表》、《购销表》、《劳务表》、《无形资产表》、《固定资产表》、《融通资金表》、《对外投资情况表》和《对外支付款项情况表》。

第十二条　企业按规定期限报送本办法第十一条规定的报告表确有困难，需要延期的，应按征管法及其实施细则的有关规定办理。

第十三条　企业应根据所得税法实施条例第一百一十四条的规定，按纳税年度准备、保存、并按税务机关要求提供其关联交易的同期资料。

第十四条　同期资料主要包括以下内容：

（一）组织结构

1. 企业所属的企业集团相关组织结构及股权结构；

2. 企业关联关系的年度变化情况；

3. 与企业发生交易的关联方信息，包括关联企业的名称、法定代表人、董事和经理等高级管理人员构成情况、注册地址及实际经营地址，以及关联个人的名称、国籍、居住地、家庭成员构成等情况，并注明对企业关联交易定价具有直接影响的关联方；

4. 各关联方适用的具有所得税性质的税种、税率及相应可享受的税收优惠。

（二）生产经营情况

1. 企业的业务概况，包括企业发展变化概况、所处的行业及发展概况、经营策略、产业政策、行业限制等影响企业和行业的主要经济和法律问题，集团产业链以及企业所处地位；

2. 企业的主营业务构成，主营业务收入及其占收入总额的比重，主营业务利润及其占利润总额的比重；

3. 企业所处的行业地位及相关市场竞争环境的分析；

4. 企业内部组织结构，企业及其关联方在关联交易中执行的功能、承担的风险以及使用的资产等相关信息，并参照填写《企业功能风险分析表》；

5. 企业集团合并财务报表，可视企业集团会计年度情况延期准备，但最迟不得超过关联交易发生年度的次年 12 月 31 日。

（三）关联交易情况

1. 关联交易类型、参与方、时间、金额、结算货币、交易条件等；

2. 关联交易所采用的贸易方式、年度变化情况及其理由；

3. 关联交易的业务流程，包括各个环节的信息流、物流和资金流，与非关联交易业务流程的异同；

4. 关联交易所涉及的无形资产及其对定价的影响；

5. 与关联交易相关的合同或协议副本及其履行情况的说明；

6. 对影响关联交易定价的主要经济和法律因素的分析；

7. 关联交易和非关联交易的收入、成本、费用和利润的划分情况，不能直接划分的，按照合理比例划分，说明确定该划分比例的理由，并参照填写《企业年度关联交易财务状况分析表》。

（四）可比性分析

1. 可比性分析所考虑的因素，包括交易资产或劳务特性、交易各方功能和风险、合同条款、经济环境、经营策略等；

2. 可比企业执行的功能、承担的风险以及使用的资产等相关信息；

3. 可比交易的说明，如：有形资产的物理特性、质量及其效用；融资业务的正常利率水平、金额、币种、期限、担保、融资人的资信、还款方式、计息方法等；劳务的性质与程度；无形资产的类型及交易形式，通过交易获得的使用无形资产的权利，使用无形资产获得的收益；

4. 可比信息来源、选择条件及理由；

5. 可比数据的差异调整及理由。

（五）转让定价方法的选择和使用

1. 转让定价方法的选用及理由，企业选择利润法时，须说明对企业集团整体利润或剩余利润水平所做的贡献；

2. 可比信息如何支持所选用的转让定价方法；

3. 确定可比非关联交易价格或利润的过程中所做的假设和判断；

4. 运用合理的转让定价方法和可比性分析结果，确定可比非关联交易价格或利润，以及遵循独立交易原则的说明；

5. 其他支持所选用转让定价方法的资料。

第十五条　属于下列情形之一的企业，可免于准备同期资料：

（一）年度发生的关联购销金额（来料加工业务按年度进出口报关价格计算）在2亿元人民币以下且其他关联交易金额（关联融通资金按利息收付金额计算）在4000万元人民币以下，上述金额不包括企业在年度内执行成本分摊协议或预约定价安排所涉及的关联交易金额；

（二）关联交易属于执行预约定价安排所涉及的范围；

（三）外资股份低于50%且仅与境内关联方发生关联交易。

第十六条　除本办法第七章另有规定外，企业应在关联交易发生年度的次年5月31日之前准备完毕该年度同期资料，并自税务机关要求之日起20日内提供。

企业因不可抗力无法按期提供同期资料的，应在不可抗力消除后20日内提供同期资料。

第十七条　企业按照税务机关要求提供的同期资料，须加盖公章，并由法定代表人或法定代表人授权的代表签字或盖章。同期资料涉及引用的信息资料，应标明出处来源。

第十八条　企业因合并、分立等原因变更或注销税务登记的，应由合并、分立后的企业保存同期资料。

第十九条　同期资料应使用中文。如原始资料为外文的，应附送中文副本。

第二十条　同期资料应自企业关联交易发生年度的次年6月1日起保存10年。

第二十一条　企业发生关联交易以及税务机关审核、评估关联交易均应遵循独立交易原则，选用合理的转让定价方法。

根据所得税法实施条例第一百一十一条的规定，转让定价方法包括可比非受控价格法、再销售价格法、成本加成法、交易净利润法、利润分割法和其他符合独立交易原则的方法。

第二十二条　选用合理的转让定价方法应进行可比性分析。可比性分析因素主要包括以下五个方面：

（一）交易资产或劳务特性，主要包括：有形资产的物理特性、质量、数量等，劳务的性质和范围，无形资产的类型、交易形式、期限、范围、预期收益等；

（二）交易各方功能和风险，功能主要包括：研发、设计，采购，加工、装配、制造，存货管理、分销、售后服务、广告，运输、仓储，融资，财务、会计、法律及人力资源管理等，在比较功能时，应关注企业为发挥功能所使用资产的相似程度；风险主要包括：研发风险，采购风险，生产风险，分销风险，市场推广风险，管理及财务风险等；

（三）合同条款，主要包括：交易标的，交易数量、价格，收付款方式和条件，交货条件，售后服务范围和条件，提供附加劳务的约定，变更、修改合同内容的权利，合同有效期，终止或续签合同的权利；

（四）经济环境，主要包括：行业概况，地理区域，市场规模，市场层级，市场占有率，市场竞争程度，消费者购买力，商品或劳务可替代性，生产要素价格，运输成本，政府管制等；

（五）经营策略，主要包括：创新和开发策略，多元化经营策略，风险规避策略，市场占有策略等。

第二十三条 可比非受控价格法以非关联方之间进行的与关联交易相同或类似业务活动所收取的价格作为关联交易的公平成交价格。

可比性分析应特别考察关联交易与非关联交易在交易资产或劳务的特性、合同条款及经济环境上的差异，按照不同交易类型具体包括如下内容：

（一）有形资产的购销或转让。

1. 购销或转让过程，包括交易的时间与地点、交货条件、交货手续、支付条件、交易数量、售后服务的时间和地点等；

2. 购销或转让环节，包括出厂环节、批发环节、零售环节、出口环节等；

3. 购销或转让货物，包括品名、品牌、规格、型号、性能、结构、外型、包装等；

4. 购销或转让环境，包括民族风俗、消费者偏好、政局稳定程度以及财政、税收、外汇政策等。

（二）有形资产的使用。

1. 资产的性能、规格、型号、结构、类型、折旧方法；

2. 提供使用权的时间、期限、地点；

3. 资产所有者对资产的投资支出、维修费用等。

（三）无形资产的转让和使用。

1. 无形资产类别、用途、适用行业、预期收益；

2. 无形资产的开发投资、转让条件、独占程度、受有关国家法律保护的程度及期限、受让成本和费用、功能风险情况、可替代性等。

（四）融通资金：融资的金额、币种、期限、担保、融资人的资信、还款方式、计息方法等。

（五）提供劳务：业务性质、技术要求、专业水准、承担责任、付款条件和方式、直接和间接成本等。

关联交易与非关联交易之间在以上方面存在重大差异的，应就该差异对价格的影响进行合理调整，无法合理调整的，应根据本章规定选择其他合理的转让定价方法。

可比非受控价格法可以适用于所有类型的关联交易。

第二十四条 再销售价格法以关联方购进商品再销售给非关联方的价格减去可比非关联交易毛利后的金额作为关联方购进商品的公平成交价格。其计算公式如下：

公平成交价格＝再销售给非关联方的价格×（1－可比非关联交易毛利率）

可比非关联交易毛利率＝可比非关联交易毛利/可比非关联交易收入净额×100%

可比性分析应特别考察关联交易与非关联交易在功能风险及合同条款上的差异以及影响毛利率的其他因素，具体包括销售、广告及服务功能，存货风险，机器、设备的价值及使用年限，无形资产的使用及价值，批发或零售环节，商业经验，会计处理及管理效率等。

关联交易与非关联交易之间在以上方面存在重大差异的，应就该差异对毛利率的影响进行合理调整，无法合理调整的，应根据本章规定选择其他合理的转让定价方法。

再销售价格法通常适用于再销售者未对商品进行改变外型、性能、结构或更换商标等实质性增值加工的简单加工或单纯购销业务。

第二十五条　成本加成法以关联交易发生的合理成本加上可比非关联交易毛利作为关联交易的公平成交价格。其计算公式如下：

公平成交价格＝关联交易的合理成本×（1＋可比非关联交易成本加成率）

可比非关联交易成本加成率＝可比非关联交易毛利/可比非关联交易成本×100%

可比性分析应特别考察关联交易与非关联交易在功能风险及合同条款上的差异以及影响成本加成率的其他因素，具体包括制造、加工、安装及测试功能，市场及汇兑风险，机器、设备的价值及使用年限，无形资产的使用及价值，商业经验，会计处理及管理效率等。

关联交易与非关联交易之间在以上方面存在重大差异的，应就该差异对成本加成率的影响进行合理调整，无法合理调整的，应根据本章规定选择其他合理的转让定价方法。

成本加成法通常适用于有形资产的购销、转让和使用，劳务提供或资金融通的关联交易。

第二十六条　交易净利润法以可比非关联交易的利润率指标确定关联交易的净利润。利润率指标包括资产收益率、销售利润率、完全成本加成率、贝里比率等。

可比性分析应特别考察关联交易与非关联交易之间在功能风险及经济环境上的差异以及影响营业利润的其他因素，具体包括执行功能、承担风险和使用资产，行业和市场情况，经营规模，经济周期和产品生命周期，成本、费用、所得和资产在各交易间的分摊，会计处理及经营管理效率等。

关联交易与非关联交易之间在以上方面存在重大差异的，应就该差异对营业利润的影响进行合理调整，无法合理调整的，应根据本章规定选择其他合理的转让定价方法。

交易净利润法通常适用于有形资产的购销、转让和使用，无形资产的转让和使用以及劳务提供等关联交易。

第二十七条　利润分割法根据企业与其关联方对关联交易合并利润的贡献计算各自应该分配的利润额。利润分割法分为一般利润分割法和剩余利润分割法。

一般利润分割法根据关联交易各参与方所执行的功能、承担的风险以及使用的资产，确定各自应取得的利润。

剩余利润分割法将关联交易各参与方的合并利润减去分配给各方的常规利润的余额作为剩余利润，再根据各方对剩余利润的贡献程度进行分配。

可比性分析应特别考察交易各方执行的功能、承担的风险和使用的资产，成本、费用、所得和资产在各交易方之间的分摊，会计处理，确定交易各方对剩余利润贡献所使用信息和假设条件的可靠性等。

利润分割法通常适用于各参与方关联交易高度整合且难以单独评估各方交易结果的情况。

第二十八条　税务机关有权依据税收征管法及其实施细则有关税务检查的规定，

确定调查企业，进行转让定价调查、调整。被调查企业必须据实报告其关联交易情况，并提供相关资料，不得拒绝或隐瞒。

第二十九条　转让定价调查应重点选择以下企业：

（一）关联交易数额较大或类型较多的企业；

（二）长期亏损、微利或跳跃性盈利的企业；

（三）低于同行业利润水平的企业；

（四）利润水平与其所承担的功能风险明显不相匹配的企业；

（五）与避税港关联方发生业务往来的企业；

（六）未按规定进行关联申报或准备同期资料的企业；

（七）其他明显违背独立交易原则的企业。

第三十条　实际税负相同的境内关联方之间的交易，只要该交易没有直接或间接导致国家总体税收收入的减少，原则上不做转让定价调查、调整。

第三十一条　税务机关应结合日常征管工作，开展案头审核，确定调查企业。案头审核应主要根据被调查企业历年报送的年度所得税申报资料及关联业务往来报告表等纳税资料，对企业的生产经营状况、关联交易等情况进行综合评估分析。

企业可以在案头审核阶段向税务机关提供同期资料。

第三十二条　税务机关对已确定的调查对象，应根据所得税法第六章、所得税法实施条例第六章、征管法第四章及征管法实施细则第六章的规定，实施现场调查。

（一）现场调查人员须2名以上。

（二）现场调查时调查人员应出示《税务检查证》，并送达《税务检查通知书》。

（三）现场调查可根据需要依照法定程序采取询问、调取账簿资料和实地核查等方式。

（四）询问当事人应有专人记录《询问（调查）笔录》，并告知当事人不如实提供情况应当承担的法律责任。《询问（调查）笔录》应交当事人核对确认。

（五）需调取账簿及有关资料的，应按照征管法实施细则第八十六条的规定，填制《调取账簿资料通知书》、《调取账簿资料清单》，办理有关法定手续，调取的账簿、记账凭证等资料，应妥善保管，并按法定时限如数退还。

（六）实地核查过程中发现的问题和情况，由调查人员填写《询问（调查）笔录》。《询问（调查）笔录》应由2名以上调查人员签字，并根据需要由被调查企业核对确认，若被调查企业拒绝，可由2名以上调查人员签认备案。

（七）可以以记录、录音、录像、照相和复制的方式索取与案件有关的资料，但必须注明原件的保存方及出处，由原件保存或提供方核对签注“与原件核对无误”字样，并盖章或押印。

（八）需要证人作证的，应事先告知证人不如实提供情况应当承担的法律责任。证人的证言材料应由本人签字或押印。

第三十三条　根据所得税法第四十三条第二款及所得税法实施条例第一百一十四条的规定，税务机关在实施转让定价调查时，有权要求企业及其关联方，以及与关联业务调查有关的其他企业（以下简称可比企业）提供相关资料，并送达《税务事项通知书》。

（一）企业应在《税务事项通知书》规定的期限内提供相关资料，因特殊情况不能按期提供的，应向税务机关提交书面延期申请，经批准，可以延期提供，但最长不得超过30日。税务机关应自收到企业延期申请之日起15日内函复，逾期未函复的，视同税务机关已同意企业的延期申请。

（二）企业的关联方以及可比企业应在与税务机关约定的期限内提供相关资料，约定期限一般不应超过60日。

企业、关联方及可比企业应按税务机关要求提供真实、完整的相关资料。

第三十四条 税务机关应按本办法第二章的有关规定，核实企业申报信息，并要求企业填制《企业可比性因素分析表》。

税务机关在企业关联申报和提供资料的基础上，填制《企业关联关系认定表》、《企业关联交易认定表》和《企业可比性因素分析认定表》，并由被调查企业核对确认。

第三十五条 转让定价调查涉及向关联方和可比企业调查取证的，税务机关向企业送达《税务检查通知书》，进行调查取证。

第三十六条 税务机关审核企业、关联方及可比企业提供的相关资料，可采用现场调查、发函协查和查阅公开信息等方式核实。需取得境外有关资料的，可按有关规定启动税收协定的情报交换程序，或通过我驻外机构调查收集有关信息。涉及境外关联方的相关资料，税务机关也可要求企业提供公证机构的证明。

第三十七条 税务机关应选用本办法第四章规定的转让定价方法分析、评估企业关联交易是否符合独立交易原则，分析评估时可以使用公开信息资料，也可以使用非公开信息资料。

第三十八条 税务机关分析、评估企业关联交易时，因企业与可比企业营运资本占用不同而对营业利润产生的差异原则上不做调整。确需调整的，须层报国家税务总局批准。

第三十九条 按照关联方订单从事加工制造，不承担经营决策、产品研发、销售等功能的企业，不应承担由于决策失误、开工不足、产品滞销等原因带来的风险和损失，通常应保持一定的利润率水平。对出现亏损的企业，税务机关应在经济分析的基础上，选择适当的可比价格或可比企业，确定企业的利润水平。

第四十条 企业与关联方之间收取价款与支付价款的交易相互抵消的，税务机关在可比性分析和纳税调整时，原则上应还原抵消交易。

第四十一条 税务机关采用四分位法分析、评估企业利润水平时，企业利润水平低于可比企业利润率区间中位值的，原则上应按照不低于中位值进行调整。

第四十二条 经调查，企业关联交易符合独立交易原则的，税务机关应做出转让定价调查结论，并向企业送达《特别纳税调查结论通知书》。

第四十三条 经调查，企业关联交易不符合独立交易原则而减少其应纳税收入或者所得额的，税务机关应按以下程序实施转让定价纳税调整：

（一）在测算、论证和可比性分析的基础上，拟定特别纳税调查初步调整方案；

（二）根据初步调整方案与企业协商谈判，税企双方均应指定主谈人，调查人员应做好《协商内容记录》，并由双方主谈人签字确认，若企业拒签，可由2名以上调查人员签认备案；

（三）企业对初步调整方案有异议的，应在税务机关规定的期限内进一步提供相关资料，税务机关收到资料后，应认真审核，并及时做出审议决定；

（四）根据审议决定，向企业送达《特别纳税调查初步调整通知书》，企业对初步调整意见有异议的，应自收到通知书之日起 7 日内书面提出，税务机关收到企业意见后，应再次协商审议；企业逾期未提出异议的，视为同意初步调整意见；

（五）确定最终调整方案，向企业送达《特别纳税调查调整通知书》。

第四十四条　企业收到《特别纳税调查调整通知书》后，应按规定期限缴纳税款及利息。

第四十五条　税务机关对企业实施转让定价纳税调整后，应自企业被调整的最后年度的下一年度起 5 年内实施跟踪管理。在跟踪管理期内，企业应在跟踪年度的次年 6 月 20 日之前向税务机关提供跟踪年度的同期资料，税务机关根据同期资料和纳税申报资料重点分析、评估以下内容：

（一）企业投资、经营状况及其变化情况；

（二）企业纳税申报额变化情况；

（三）企业经营成果变化情况；

（四）关联交易变化情况等。

税务机关在跟踪管理期内发现企业转让定价异常等情况，应及时与企业沟通，要求企业自行调整，或按照本章有关规定开展转让定价调查调整。

第四十六条　企业可以依据所得税法第四十二条、所得税法实施条例第一百一十三条及征管法实施细则第五十三条的规定，与税务机关就企业未来年度关联交易的定价原则和计算方法达成预约定价安排。预约定价安排的谈签与执行通常经过预备会谈、正式申请、审核评估、磋商、签订安排和监控执行 6 个阶段。预约定价安排包括单边、双边和多边 3 种类型。

第四十七条　预约定价安排应由设区的市、自治州以上的税务机关受理。

第四十八条　预约定价安排一般适用于同时满足以下条件的企业：

（一）年度发生的关联交易金额在 4000 万元人民币以上；

（二）依法履行关联申报义务；

（三）按规定准备、保存和提供同期资料。

第四十九条　预约定价安排适用于自企业提交正式书面申请年度的次年起 3 至 5 个连续年度的关联交易。

预约定价安排的谈签不影响税务机关对企业提交预约定价安排正式书面申请当年或以前年度关联交易的转让定价调查调整。

如果企业申请当年或以前年度的关联交易与预约定价安排适用年度相同或类似，经企业申请，税务机关批准，可将预约定价安排确定的定价原则和计算方法适用于申请当年或以前年度关联交易的评估和调整。

第五十条　企业正式申请谈签预约定价安排前，应向税务机关书面提出谈签意向，税务机关可以根据企业的书面要求，与企业就预约定价安排的相关内容及达成预约定价安排的可行性开展预备会谈，并填制《预约定价安排会谈记录》。预备会谈可以采用匿名的方式。

（一）企业申请单边预约定价安排的，应向税务机关书面提出谈签意向。在预备会谈期间，企业应就以下内容提供资料，并与税务机关进行讨论：

1. 安排的适用年度；

2. 安排涉及的关联方及关联交易；

3. 企业以前年度生产经营情况；

4. 安排涉及各关联方功能和风险的说明；

5. 是否应用安排确定的方法解决以前年度的转让定价问题；

6. 其他需要说明的情况。

（二）企业申请双边或多边预约定价安排的，应同时向国家税务总局和主管税务机关书面提出谈签意向，国家税务总局组织与企业开展预备会谈，预备会谈的内容除本条第（一）项外，还应特别包括：

1. 向税收协定缔约对方税务主管当局提出预备会谈申请的情况；

2. 安排涉及的关联方以前年度生产经营情况及关联交易情况；

3. 向税收协定缔约对方税务主管当局提出的预约定价安排拟采用的定价原则和计算方法。

（三）预备会谈达成一致意见的，税务机关应自达成一致意见之日起15日内书面通知企业，可以就预约定价安排相关事宜进行正式谈判，并向企业送达《预约定价安排正式会谈通知书》；预备会谈不能达成一致意见的，税务机关应自最后一次预备会谈结束之日起15日内书面通知企业，向企业送达《拒绝企业申请预约定价安排通知书》，拒绝企业申请预约定价安排，并说明理由。

第五十一条　企业应在接到税务机关正式会谈通知之日起3个月内，向税务机关提出预约定价安排书面申请报告，并报送《预约定价安排正式申请书》。企业申请双边或多边预约定价安排的，应将《预约定价安排正式申请书》和《启动相互协商程序申请书》同时报送国家税务总局和主管税务机关。

（一）预约定价安排书面申请报告应包括如下内容：

1. 相关的集团组织架构、公司内部结构、关联关系、关联交易情况；

2. 企业近三年财务、会计报表资料，产品功能和资产（包括无形资产和有形资产）的资料；

3. 安排所涉及的关联交易类别和纳税年度；

4. 关联方之间功能和风险划分，包括划分所依据的机构、人员、费用、资产等；

5. 安排适用的转让定价原则和计算方法，以及支持这一原则和方法的功能风险分析、可比性分析和假设条件等；

6. 市场情况的说明，包括行业发展趋势和竞争环境；

7. 安排预约期间的年度经营规模、经营效益预测以及经营规划等；

8. 与安排有关的关联交易、经营安排及利润水平等财务方面的信息；

9. 是否涉及双重征税等问题；

10. 涉及境内、外有关法律、税收协定等相关问题。

（二）企业因下列特殊原因无法按期提交书面申请报告的，可向税务机关提出书面延期申请，并报送《预约定价安排正式申请延期报送申请书》：

1. 需要特别准备某些方面的资料；

2. 需要对资料做技术上的处理，如文字翻译等；

3. 其他非主观原因。

税务机关应自收到企业书面延期申请后15日内，对其延期事项做出书面答复，并向企业送达《预约定价安排正式申请延期报送答复书》。逾期未做出答复的，视同税务机关已同意企业的延期申请。

（三）上述申请内容所涉及的文件资料和情况说明，包括能够支持拟选用的定价原则、计算方法和能证实符合预约定价安排条件的所有文件资料，企业和税务机关均应妥善保存。

第五十二条　税务机关应自收到企业提交的预约定价安排正式书面申请及所需文件、资料之日起5个月内，进行审核和评估。根据审核和评估的具体情况可要求企业补充提供有关资料，形成审核评估结论。

因特殊情况，需要延长审核评估时间的，税务机关应及时书面通知企业，并向企业送达《预约定价安排审核评估延期通知书》，延长期限不得超过3个月。

税务机关应主要审核和评估以下内容：

（一）历史经营状况，分析、评估企业的经营规划、发展趋势、经营范围等文件资料，重点审核可行性研究报告、投资预（决）算、董事会决议等，综合分析反映经营业绩的有关信息和资料，如财务、会计报表、审计报告等。

（二）功能和风险状况，分析、评估企业与其关联方之间在供货、生产、运输、销售等各环节以及在研究、开发无形资产等方面各自所拥有的份额，执行的功能以及在存货、信贷、外汇、市场等方面所承担的风险。

（三）可比信息，分析、评估企业提供的境内、外可比价格信息，说明可比企业和申请企业之间的实质性差异，并进行调整。若不能确认可比交易或经营活动的合理性，应明确企业须进一步提供的有关文件、资料，以证明其所选用的转让定价原则和计算方法公平地反映了被审核的关联交易和经营现状，并得到相关财务、经营等资料的证实。

（四）假设条件，分析、评估对行业盈利能力和对企业生产经营的影响因素及其影响程度，合理确定预约定价安排适用的假设条件。

（五）转让定价原则和计算方法，分析、评估企业在预约定价安排中选用的转让定价原则和计算方法是否以及如何真实地运用于以前、现在和未来年度的关联交易以及相关财务、经营资料之中，是否符合法律、法规的规定。

（六）预期的公平交易价格或利润区间，通过对确定的可比价格、利润率、可比企业交易等情况的进一步审核和评估，测算出税务机关和企业均可接受的价格或利润区间。

第五十三条　税务机关应自单边预约定价安排形成审核评估结论之日起30日内，与企业进行预约定价安排磋商，磋商达成一致的，应将预约定价安排草案和审核评估报告一并层报国家税务总局审定。

国家税务总局与税收协定缔约对方税务主管当局开展双边或多边预约定价安排的磋商，磋商达成一致的，根据磋商备忘录拟定预约定价安排草案。

预约定价安排草案应包括如下内容：

（一）关联方名称、地址等基本信息；

（二）安排涉及的关联交易及适用年度；

（三）安排选定的可比价格或交易、转让定价原则和计算方法、预期经营结果等；

（四）与转让定价方法运用和计算基础相关的术语定义；

（五）假设条件；

（六）企业年度报告、记录保存、假设条件变动通知等义务；

（七）安排的法律效力，文件资料等信息的保密性；

（八）相互责任条款；

（九）安排的修订；

（十）解决争议的方法和途径；

（十一）生效日期；

（十二）附则。

第五十四条 税务机关与企业就单边预约定价安排草案内容达成一致后，双方的法定代表人或法定代表人授权的代表正式签订单边预约定价安排。国家税务总局与税收协定缔约对方税务主管当局就双边或多边预约定价安排草案内容达成一致后，双方或多方税务主管当局授权的代表正式签订双边或多边预约定价安排。主管税务机关根据双边或多边预约定价安排与企业签订《双边（多边）预约定价安排执行协议书》。

第五十五条 在预约定价安排正式谈判后和预约定价安排签订前，税务机关和企业均可暂停、终止谈判。涉及双边或多边预约定价安排的，经缔约各方税务主管当局协商，可暂停、终止谈判。终止谈判的，双方应将谈判中相互提供的全部资料退还给对方。

第五十六条 税务机关应建立监控管理制度，监控预约定价安排的执行情况。

（一）在预约定价安排执行期内，企业应完整保存与安排有关的文件和资料（包括账簿和有关记录等），不得丢失、销毁和转移；并在纳税年度终了后5个月内，向税务机关报送执行预约定价安排情况的年度报告。

年度报告应说明报告期内经营情况以及企业遵守预约定价安排的情况，包括预约定价安排要求的所有事项，以及是否有修订或实质上终止该预约定价安排的要求。如有未决问题或将要发生的问题，企业应在年度报告中予以说明，以便与税务机关协商是否修订或终止安排。

（二）在预约定价安排执行期内，税务机关应定期（一般为半年）检查企业履行安排的情况。检查内容主要包括：企业是否遵守了安排条款及要求；为谈签安排而提供的资料和年度报告是否反映了企业的实际经营情况；转让定价方法所依据的资料和计算方法是否正确；安排所描述的假设条件是否仍然有效；企业对转让定价方法的运用是否与假设条件相一致等。

税务机关如发现企业有违反安排的一般情况，可视情况进行处理，直至终止安排；如发现企业存在隐瞒或拒不执行安排的情况，税务机关应认定预约定价安排自始无效。

（三）在预约定价安排执行期内，如果企业发生实际经营结果不在安排所预期的价格或利润区间之内的情况，税务机关应在报经上一级税务机关核准后，将实际经营结果调整到安排所确定的价格或利润区间内。涉及双边或多边预约定价安排的，应当层报国家税务总局核准。

（四）在预约定价安排执行期内，企业发生影响预约定价安排的实质性变化，应在发生变化后30日内向税务机关书面报告，详细说明该变化对预约定价安排执行的影响，并附相关资料。由于非主观原因而无法按期报告的，可以延期报告，但延长期不得超过30日。

税务机关应在收到企业书面报告之日起60日内，予以审核和处理，包括审查企业变化情况、与企业协商修订预约定价安排条款和相关条件，或根据实质性变化对预约定价安排的影响程度采取修订或终止安排等措施。原预约定价安排终止执行后，税务机关可以和企业按照本章规定的程序和要求，重新谈签新的预约定价安排。

（五）国家税务局和地方税务局与企业共同签订的预约定价安排，在执行期内，企业应分别向国家税务局和地方税务局报送执行预约定价安排情况的年度报告和实质性变化报告。国家税务局和地方税务局应对企业执行安排的情况，实行联合检查和审核。

第五十七条　预约定价安排期满后自动失效。如企业需要续签的，应在预约定价安排执行期满前90日内向税务机关提出续签申请，报送《预约定价安排续签申请书》，并提供可靠的证明材料，说明现行预约定价安排所述事实和相关环境没有发生实质性变化，并且一直遵守该预约定价安排中的各项条款和约定。税务机关应自收到企业续签申请之日起15日内做出是否受理的书面答复，向企业送达《预约定价安排申请续签答复书》。税务机关应审核、评估企业的续签申请资料，与企业协商拟定预约定价安排草案，并按双方商定的续签时间、地点等相关事宜，与企业完成续签工作。

第五十八条　预约定价安排的谈签或执行同时涉及两个以上省、自治区、直辖市和计划单列市税务机关，或者同时涉及国家税务局和地方税务局的，由国家税务总局统一组织协调。企业可以直接向国家税务总局书面提出谈签意向。

第五十九条　税务机关与企业达成的预约定价安排，只要企业遵守了安排的全部条款及其要求，各地国家税务局、地方税务局均应执行。

第六十条　税务机关与企业在预约定价安排预备会谈、正式谈签、审核、分析等全过程中所获取或得到的所有信息资料，双方均负有保密义务。税务机关和企业每次会谈，均应对会谈内容进行书面记录，同时载明每次会谈时相互提供资料的份数和内容，并由双方主谈人员签字或盖章。

第六十一条　税务机关与企业不能达成预约定价安排的，税务机关在会谈、协商过程中所获取的有关企业的提议、推理、观念和判断等非事实性信息，不得用于以后对该预约定价安排涉及交易行为的税务调查。

第六十二条　在预约定价安排执行期间，如果税务机关与企业发生分歧，双方应进行协商。协商不能解决的，可报上一级税务机关协调；涉及双边或多边预约定价安排的，须层报国家税务总局协调。对上一级税务机关或国家税务总局的协调结果或决定，下一级税务机关应当予以执行。但企业仍不能接受的，应当终止安排的执行。

第六十三条　税务机关应在与企业正式签订单边预约定价安排或双边或多边预约定价安排执行协议书后10日内，以及预约定价安排执行中发生修订、终止等情况后20日内，将单边预约定价安排正式文本、双边或多边预约定价安排执行协议书以及安排变动情况的说明层报国家税务总局备案。

第六十四条　根据所得税法第四十一条第二款及所得税法实施条例第一百一十二条的规定，企业与其关联方签署成本分摊协议，共同开发、受让无形资产，或者共同提供、接受劳务，应符合本章规定。

第六十五条　成本分摊协议的参与方对开发、受让的无形资产或参与的劳务活动享有受益权，并承担相应的活动成本。关联方承担的成本应与非关联方在可比条件下为获得上述受益权而支付的成本相一致。

参与方使用成本分摊协议所开发或受让的无形资产不需另支付特许权使用费。

第六十六条 企业对成本分摊协议所涉及无形资产或劳务的受益权应有合理的、可计量的预期收益，且以合理商业假设和营业常规为基础。

第六十七条 涉及劳务的成本分摊协议一般适用于集团采购和集团营销策划。

第六十八条 成本分摊协议主要包括以下内容：

（一）参与方的名称、所在国家（地区）、关联关系、在协议中的权利和义务；

（二）成本分摊协议所涉及的无形资产或劳务的内容、范围，协议涉及研发或劳务活动的具体承担者及其职责、任务；

（三）协议期限；

（四）参与方预期收益的计算方法和假设；

（五）参与方初始投入和后续成本支付的金额、形式、价值确认的方法以及符合独立交易原则的说明；

（六）参与方会计方法的运用及变更说明；

（七）参与方加入或退出协议的程序及处理规定；

（八）参与方之间补偿支付的条件及处理规定；

（九）协议变更或终止的条件及处理规定；

（十）非参与方使用协议成果的规定。

第六十九条 企业应自成本分摊协议达成之日起 30 日内，层报国家税务总局备案。税务机关判定成本分摊协议是否符合独立交易原则须层报国家税务总局审核。

第七十条 已经执行并形成一定资产的成本分摊协议，参与方发生变更或协议终止执行，应根据独立交易原则做如下处理：

（一）加入支付，即新参与方为获得已有协议成果的受益权应做出合理的支付；

（二）退出补偿，即原参与方退出协议安排，将已有协议成果的受益权转让给其他参与方应获得合理的补偿；

（三）参与方变更后，应对各方受益和成本分摊情况做出相应调整；

（四）协议终止时，各参与方应对已有协议成果做出合理分配。

企业不按独立交易原则对上述情况做出处理而减少其应纳税所得额的，税务机关有权做出调整。

第七十一条 成本分摊协议执行期间，参与方实际分享的收益与分摊的成本不相配比的，应根据实际情况做出补偿调整。

第七十二条 对于符合独立交易原则的成本分摊协议，有关税务处理如下：

（一）企业按照协议分摊的成本，应在协议规定的各年度税前扣除；

（二）涉及补偿调整的，应在补偿调整的年度计入应纳税所得额；

（三）涉及无形资产的成本分摊协议，加入支付、退出补偿或终止协议时对协议成果分配的，应按资产购置或处置的有关规定处理。

第七十三条 企业可根据本办法第六章的规定采取预约定价安排的方式达成成本分摊协议。

第七十四条 企业执行成本分摊协议期间，除遵照本办法第三章规定外，还应准备和保存以下成本分摊协议的同期资料：

（一）成本分摊协议副本；

（二）成本分摊协议各参与方之间达成的为实施该协议的其他协议；

（三）非参与方使用协议成果的情况、支付的金额及形式；

（四）本年度成本分摊协议的参与方加入或退出的情况，包括加入或退出的参与方名称、所在国家（地区）、关联关系，加入支付或退出补偿的金额及形式；

（五）成本分摊协议的变更或终止情况，包括变更或终止的原因、对已形成协议成果的处理或分配；

（六）本年度按照成本分摊协议发生的成本总额及构成情况；

（七）本年度各参与方成本分摊的情况，包括成本支付的金额、形式、对象，做出或接受补偿支付的金额、形式、对象；

（八）本年度协议预期收益与实际结果的比较及由此做出的调整。

企业执行成本分摊协议期间，无论成本分摊协议是否采取预约定价安排的方式，均应在本年度的次年6月20日之前向税务机关提供成本分摊协议的同期资料。

第七十五条　企业与其关联方签署成本分摊协议，有下列情形之一的，其自行分摊的成本不得税前扣除：

（一）不具有合理商业目的和经济实质；

（二）不符合独立交易原则；

（三）没有遵循成本与收益配比原则；

（四）未按本办法有关规定备案或准备、保存和提供有关成本分摊协议的同期资料；

（五）自签署成本分摊协议之日起经营期限少于20年。

第七十六条　受控外国企业是指根据所得税法第四十五条的规定，由居民企业，或者由居民企业和居民个人（以下统称中国居民股东，包括中国居民企业股东和中国居民个人股东）控制的设立在实际税负低于所得税法第四条第一款规定税率水平50%的国家（地区），并非出于合理经营需要对利润不作分配或减少分配的外国企业。

第七十七条　本办法第七十六条所称控制，是指在股份、资金、经营、购销等方面构成实质控制。其中，股份控制是指由中国居民股东在纳税年度任何一天单层直接或多层间接单一持有外国企业10%以上有表决权股份，且共同持有该外国企业50%以上股份。

中国居民股东多层间接持有股份按各层持股比例相乘计算，中间层持有股份超过50%的，按100%计算。

第七十八条　中国居民企业股东应在年度企业所得税纳税申报时提供对外投资信息，附送《对外投资情况表》。

第七十九条　税务机关应汇总、审核中国居民企业股东申报的对外投资信息，向受控外国企业的中国居民企业股东送达《受控外国企业中国居民股东确认通知书》。中国居民企业股东符合所得税法第四十五条征税条件的，按照有关规定征税。

第八十条　计入中国居民企业股东当期的视同受控外国企业股息分配的所得，应按以下公式计算：

$$\text{中国居民企业股东当期所得}=\text{视同股息分配额}\times\text{实际持股天数}\div\text{受控外国企业纳税年度天数}\times\text{股东持股比例}$$

中国居民股东多层间接持有股份的，股东持股比例按各层持股比例相乘计算。

第八十一条 受控外国企业与中国居民企业股东纳税年度存在差异的，应将视同股息分配所得计入受控外国企业纳税年度终止日所属的中国居民企业股东的纳税年度。

第八十二条 计入中国居民企业股东当期所得已在境外缴纳的企业所得税税款，可按照所得税法或税收协定的有关规定抵免。

第八十三条 受控外国企业实际分配的利润已根据所得税法第四十五条规定征税的，不再计入中国居民企业股东的当期所得。

第八十四条 中国居民企业股东能够提供资料证明其控制的外国企业满足以下条件之一的，可免于将外国企业不作分配或减少分配的利润视同股息分配额，计入中国居民企业股东的当期所得：

（一）设立在国家税务总局指定的非低税率国家（地区）；

（二）主要取得积极经营活动所得；

（三）年度利润总额低于500万元人民币。

第八十五条 所得税法第四十六条所称不得在计算应纳税所得额时扣除的利息支出应按以下公式计算：

不得扣除利息支出＝年度实际支付的全部关联方利息×（1－标准比例/关联债资比例）

其中：

标准比例是指《财政部、国家税务总局关于企业关联方利息支出税前扣除标准有关税收政策问题的通知》（财税［2008］121号）规定的比例。

关联债资比例是指根据所得税法第四十六条及所得税法实施条例第一百一十九的规定，企业从其全部关联方接受的债权性投资（以下简称关联债权投资）占企业接受的权益性投资（以下简称权益投资）的比例，关联债权投资包括关联方以各种形式提供担保的债权性投资。

第八十六条 关联债资比例的具体计算方法如下：

关联债资比例＝年度各月平均关联债权投资之和/年度各月平均权益投资之和

其中：

各月平均关联债权投资＝（关联债权投资月初账面余额＋月末账面余额）/2

各月平均权益投资＝（权益投资月初账面余额＋月末账面余额）/2

权益投资为企业资产负债表所列示的所有者权益金额。如果所有者权益小于实收资本（股本）与资本公积之和，则权益投资为实收资本（股本）与资本公积之和；如果实收资本（股本）与资本公积之和小于实收资本（股本）金额，则权益投资为实收资本（股本）金额。

第八十七条 所得税法第四十六条所称的利息支出包括直接或间接关联债权投资实际支付的利息、担保费、抵押费和其他具有利息性质的费用。

第八十八条 所得税法第四十六条规定不得在计算应纳税所得额时扣除的利息支出，不得结转到以后纳税年度；应按照实际支付给各关联方利息占关联方利息总额的比例，在各关联方之间进行分配，其中，分配给实际税负高于企业的境内关联方的利息准予扣除；直接或间接实际支付给境外关联方的利息应视同分配的股息，按照股息和利息分别适用的所得税税率差补征企业所得税，如已扣缴的所得税税款多于按股息计算应征所得税税款，多出的部分不予退税。

第八十九条　企业关联债资比例超过标准比例的利息支出，如要在计算应纳税所得额时扣除，除遵照本办法第三章规定外，还应准备、保存、并按税务机关要求提供以下同期资料，证明关联债权投资金额、利率、期限、融资条件以及债资比例等均符合独立交易原则：

（一）企业偿债能力和举债能力分析；

（二）企业集团举债能力及融资结构情况分析；

（三）企业注册资本等权益投资的变动情况说明；

（四）关联债权投资的性质、目的及取得时的市场状况；

（五）关联债权投资的货币种类、金额、利率、期限及融资条件；

（六）企业提供的抵押品情况及条件；

（七）担保人状况及担保条件；

（八）同类同期贷款的利率情况及融资条件；

（九）可转换公司债券的转换条件；

（十）其他能够证明符合独立交易原则的资料。

第九十条　企业未按规定准备、保存和提供同期资料证明关联债权投资金额、利率、期限、融资条件以及债资比例等符合独立交易原则的，其超过标准比例的关联方利息支出，不得在计算应纳税所得额时扣除。

第九十一条　本章所称“实际支付利息”是指企业按照权责发生制原则计入相关成本、费用的利息。

企业实际支付关联方利息存在转让定价问题的，税务机关应首先按照本办法第五章的有关规定实施转让定价调查调整。

第九十二条　税务机关可依据所得税法第四十七条及所得税法实施条例第一百二十条的规定对存在以下避税安排的企业，启动一般反避税调查：

（一）滥用税收优惠；

（二）滥用税收协定；

（三）滥用公司组织形式；

（四）利用避税港避税；

（五）其他不具有合理商业目的的安排。

第九十三条　税务机关应按照实质重于形式的原则审核企业是否存在避税安排，并综合考虑安排的以下内容：

（一）安排的形式和实质；

（二）安排订立的时间和执行期间；

（三）安排实现的方式；

（四）安排各个步骤或组成部分之间的联系；

（五）安排涉及各方财务状况的变化；

（六）安排的税收结果。

第九十四条　税务机关应按照经济实质对企业的避税安排重新定性，取消企业从避税安排获得的税收利益。对于没有经济实质的企业，特别是设在避税港并导致其关联方或非关联方避税的企业，可在税收上否定该企业的存在。

第九十五条 税务机关启动一般反避税调查时，应按照征管法及其实施细则的有关规定向企业送达《税务检查通知书》。企业应自收到通知书之日起60日内提供资料证明其安排具有合理的商业目的。企业未在规定期限内提供资料，或提供资料不能证明安排具有合理商业目的的，税务机关可根据已掌握的信息实施纳税调整，并向企业送达《特别纳税调查调整通知书》。

第九十六条 税务机关实施一般反避税调查，可按照征管法第五十七条的规定要求避税安排的筹划方如实提供有关资料及证明材料。

第九十七条 一般反避税调查及调整须层报国家税务总局批准。

第九十八条 关联交易一方被实施转让定价调查调整的，应允许另一方做相应调整，以消除双重征税。相应调整涉及税收协定国家（地区）关联方的，经企业申请，国家税务总局与税收协定缔约对方税务主管当局根据税收协定有关相互协商程序的规定开展磋商谈判。

第九十九条 涉及税收协定国家（地区）关联方的转让定价相应调整，企业应同时向国家税务总局和主管税务机关提出书面申请，报送《启动相互协商程序申请书》，并提供企业或其关联方被转让定价调整的通知书复印件等有关资料。

第一百条 企业应自企业或其关联方收到转让定价调整通知书之日起三年内提出相应调整的申请，超过三年的，税务机关不予受理。

第一百零一条 税务机关对企业实施转让定价调整，涉及企业向境外关联方支付利息、租金、特许权使用费等已扣缴的税款，不再做相应调整。

第一百零二条 国家税务总局按照本办法第六章规定接受企业谈签双边或多边预约定价安排申请的，应与税收协定缔约对方税务主管当局根据税收协定相互协商程序的有关规定开展磋商谈判。

第一百零三条 相应调整或相互磋商的结果，由国家税务总局以书面形式经主管税务机关送达企业。

第一百零四条 本办法第九章所称不得在计算应纳税所得额时扣除的利息支出以及视同股息分配的利息支出，不适用本章相应调整的规定。

第一百零五条 企业未按照本办法的规定向税务机关报送企业年度关联业务往来报告表，或者未保存同期资料或其他相关资料的，依照征管法第六十条和第六十二条的规定处理。

第一百零六条 企业拒绝提供同期资料等关联交易的相关资料，或者提供虚假、不完整资料，未能真实反映其关联业务往来情况的，依照征管法第七十条、征管法实施细则第九十六条、所得税法第四十四条及所得税法实施条例第一百一十五条的规定处理。

第一百零七条 税务机关根据所得税法及其实施条例的规定，对企业做出特别纳税调整的，应对2008年1月1日以后发生交易补征的企业所得税税款，按日加收利息。

（一）计息期间自税款所属纳税年度的次年6月1日起至补缴（预缴）税款入库之日止。

（二）利息率按照税款所属纳税年度12月31日实行的与补税期间同期的中国人民

银行人民币贷款基准利率（以下简称“基准利率”）加5个百分点计算，并按一年365天折算日利息率。

（三）企业按照本办法规定提供同期资料和其他相关资料的，或者企业符合本办法第十五条的规定免于准备同期资料但根据税务机关要求提供其他相关资料的，可以只按基准利率计算加收利息。

企业按照本办法第十五条第（一）项的规定免于准备同期资料，但经税务机关调查，其实际关联交易额达到必须准备同期资料的标准的，税务机关对补征税款加收利息，适用本条第（二）项规定。

（四）按照本条规定加收的利息，不得在计算应纳税所得额时扣除。

第一百零八条　企业在税务机关做出特别纳税调整决定前预缴税款的，收到调整补税通知书后补缴税款时，按照应补缴税款所属年度的先后顺序确定已预缴税款的所属年度，以预缴入库日为截止日，分别计算应加收的利息额。

第一百零九条　企业对特别纳税调整应补征的税款及利息，应在税务机关调整通知书规定的期限内缴纳入库。企业有特殊困难，不能按期缴纳税款的，应依照征管法第三十一条及征管法实施细则第四十一条和第四十二条的有关规定办理延期缴纳税款。逾期不申请延期又不缴纳税款的，税务机关应按照征管法第三十二条及其他有关规定处理。

第一百一十条　税务机关对转让定价管理和预约定价安排管理以外的其他特别纳税调整事项实施的调查调整程序可参照适用本办法第五章的有关规定。

第一百一十一条　各级国家税务局和地方税务局对企业实施特别纳税调查调整要加强联系，可根据需要组成联合调查组进行调查。

第一百一十二条　税务机关及其工作人员应依据《国家税务总局关于纳税人涉税保密信息管理暂行办法》（国税发［2008］93号）等有关保密的规定保管、使用企业提供的信息资料。

第一百一十三条　本办法所规定期限的最后一日是法定休假日的，以休假日期满的次日为期限的最后一日；在期限内有连续3日以上法定休假日的，按休假日天数顺延。

第一百一十四条　本办法所涉及的“以上”、“以下”、“日内”、“之日”、“之前”、“少于”、“低于”、“超过”等均包含本数。

第一百一十五条　被调查企业在税务机关实施特别纳税调查调整期间申请变更经营地址或注销税务登记的，税务机关在调查结案前原则上不予办理税务变更、注销手续。

第一百一十六条　企业按本办法第三章的规定准备2008纳税年度发生关联交易的同期资料，可延期至2009年12月31日。

第一百一十七条　本办法由国家税务总局负责解释和修订。

第一百一十八条　本办法自2008年1月1日起施行。《国家税务总局关于关联企业间业务往来税务管理规程（试行）》（国税发［1998］59号）、《国家税务总局关于修订〈关联企业间业务往来税务管理规程〉（试行）的通知》（国税发［2004］143号）和《国家税务总局关于关联企业间业务往来预约定价实施规则》（国税发［2004］118号）同时废止。在本办法发布前实施的有关规定与本办法不一致的，以本办法为准。

国家税务总局国税函［2009］37号
关于简化判定中国居民股东控制外国企业所在国实际税负的通知条文

中国居民企业或居民个人能够提供资料证明其控制的外国企业设立在美国、英国、法国、德国、日本、意大利、加拿大、澳大利亚、印度、南非、新西兰和挪威的，可免于将该外国企业不作分配或者减少分配的利润视同股息分配额，计入中国居民企业的当期所得。

国家税务总局国税函［2009］188号
关于加强转让定价跟踪管理有关问题的通知条文

一、2008年1月1日以后结案的转让定价调整案件，税务机关应自企业被调整的最后年度的下一年度起5年内实施跟踪管理。

二、跟踪管理期内，涉及2008年度的转让定价调整，企业应在2009年12月31日之前向税务机关提供年度同期资料；涉及2009年及以后年度的转让定价调整，企业应在跟踪年度的次年6月20日之前向税务机关提供年度同期资料。税务机关应根据同期资料和纳税申报资料做好分析、评估工作。

三、各地税务机关应建立健全转让定价跟踪管理监控机制，对于在跟踪管理年度提出谈签预约定价安排申请的企业，在预约定价安排正式签署之前，税务机关应严格按照转让定价调整方案，对企业的关联交易实施跟踪管理，防止企业利润下滑保证税款及时足额入库。

国家税务总局国税函［2009］363号
关于强化跨境关联交易监控和调查的通知条文

一、跨国企业在中国境内设立的承担单一生产（来料加工或进料加工）、分销或合约研发等有限功能和风险的企业，不应承担金融危机的市场和决策等风险，按照功能风险与利润相配比的转让定价原则，应保持合理的利润水平。

二、上述承担有限功能和风险的企业如出现亏损，无论是否达到准备同期资料的标准，均应在亏损发生年度准备同期资料及其他相关资料，并于次年6月20日之前报送主管税务机关。

三、各地税务机关要加强对跨境关联交易的监控，重点调查通过各种途径将境外经营亏损（包括潜在亏损）转移到境内以及将境内利润转移至避税港的跨国企业，强化功能风险分析和可比性分析，选择合理的转让定价方法，确定企业的利润水平。

九、税款缴纳

国家税务总局国税发［2008］28号 关于印发《跨地区经营汇总纳税企业所得税征收管理暂行办法》的通知条文

第一章 总 则

第一条 为加强跨地区经营汇总纳税企业所得税征收管理，根据《中华人民共和国企业所得税法》及其实施条例、《中华人民共和国税收征收管理法》及其实施细则和《财政部、国家税务总局、中国人民银行关于印发〈跨省市总分机构企业所得税分配及预算管理暂行办法〉的通知》（财预［2008］10号）的有关规定，制定本办法。

第二条 居民企业在中国境内跨地区（指跨省、自治区、直辖市和计划单列市，下同）设立不具有法人资格的营业机构、场所（以下称分支机构）的，该居民企业为汇总纳税企业（以下称企业），除另有规定外，适用本办法。

铁路运输企业（包括广铁集团和大秦铁路公司）、国有邮政企业、中国工商银行股份有限公司、中国农业银行、中国银行股份有限公司、国家开发银行、中国农业发展银行、中国进出口银行、中央汇金投资有限责任公司、中国建设银行股份有限公司、中国建银投资有限责任公司、中国石油天然气股份有限公司、中国石油化工股份有限公司以及海洋石油天然气企业（包括港澳台和外商投资、外国海上石油天然气企业）等缴纳所得税未纳入中央和地方分享范围的企业，不适用本办法。

第三条 企业实行“统一计算、分级管理、就地预缴、汇总清算、财政调库”的企业所得税征收管理办法。

第四条 统一计算，是指企业总机构统一计算包括企业所属各个不具有法人资格的营业机构、场所在内的全部应纳税所得额、应纳税额。

第五条 分级管理，是指总机构、分支机构所在地的主管税务机关都有对当地机构进行企业所得税管理的责任，总机构和分支机构应分别接受机构所在地主管税务机关的管理。

第六条 就地预缴，是指总机构、分支机构应按本办法的规定，分月或分季分别向所在地主管税务机关申报预缴企业所得税。

第七条 汇总清算，是指在年度终了后，总机构负责进行企业所得税的年度汇算清缴，统一计算企业的年度应纳所得税额，抵减总机构、分支机构当年已就地分期预缴的企业所得税款后，多退少补税款。

第八条 财政调库，是指财政部定期将缴入中央国库的跨地区总分机构企业所得税待分配收入，按照核定的系数调整至地方金库。

第九条 总机构和具有主体生产经营职能的二级分支机构，就地分期预缴企业所得税。

二级分支机构及其下属机构均由二级分支机构集中就地预缴企业所得税；三级及以下分支机构不就地预缴企业所得税，其经营收入、职工工资和资产总额统一计入二级分支机构。

第十条 总机构设立具有独立生产经营职能部门，且具有独立生产经营职能部门的经营收入、职工工资和资产总额与管理职能部门分开核算的，可将具有独立生产经营职能的部门视同一个分支机构，就地预缴企业所得税。具有独立生产经营职能部门与管理职能部门的经营收入、职工工资和资产总额不能分开核算的，具有独立生产经营职能的部门不得视同一个分支机构，不就地预缴企业所得税。

第十一条 不具有主体生产经营职能，且在当地不缴纳增值税、营业税的产品售后服务、内部研发、仓储等企业内部辅助性的二级及以下分支机构，不就地预缴企业所得税。

第十二条 上年度认定为小型微利企业的，其分支机构不就地预缴企业所得税。

第十三条 新设立的分支机构，设立当年不就地预缴企业所得税。

第十四条 撤销的分支机构，撤销当年剩余期限内应分摊的企业所得税款由总机构缴入中央国库。

第十五条 企业在中国境外设立的不具有法人资格的营业机构，不就地预缴企业所得税。

企业计算分期预缴的所得税时，其实际利润额、应纳税额及分摊因素数额，均不包括其在中国境外设立的营业机构。

第十六条 总机构和分支机构处于不同税率地区的，先由总机构统一计算全部应纳税所得额，然后依照本办法第十九条规定的比例和第二十三条规定的三因素及其权重，计算划分不同税率地区机构的应纳税所得额后，再分别按总机构和分支机构所在地的适用税率计算应纳税额。

第十七条 总机构和分支机构2007年及以前年度按独立纳税人计缴所得税尚未弥补完的亏损，允许在法定剩余年限内继续弥补。

第二章 税款预缴和汇算清缴

第十八条 企业应根据当期实际利润额，按照本办法规定的预缴分摊方法计算总机构和分支机构的企业所得税预缴额，分别由总机构和分支机构分月或者分季就地预缴。

在规定期限内按实际利润额预缴有困难的，经总机构所在地主管税务机关认可，可以按照上一年度应纳税所得额的1/12或1/4，由总机构、分支机构就地预缴企业所得税。

预缴方式一经确定，当年度不得变更。

第十九条 总机构和分支机构应分期预缴的企业所得税，50%在各分支机构间分摊预缴，50%由总机构预缴。总机构预缴的部分，其中25%就地入库，25%预缴入中央国库，按照财预［2008］10号文件的有关规定进行分配。

第二十条 按照当期实际利润额预缴的税款分摊方法。

（一）分支机构应分摊的预缴数

总机构根据统一计算的企业当期实际应纳所得税额，在每月或季度终了后10日内，按照各分支机构应分摊的比例，将本期企业全部应纳所得税额的50%在各分支机构之间进行分摊并通知到各分支机构；各分支机构应在每月或季度终了之日起15日内，就其分摊的所得税额向所在地主管税务机关申报预缴。

（二）总机构应分摊的预缴数

总机构根据统一计算的企业当期应纳所得税额的25%，在每月或季度终了后15日内自行就地申报预缴。

（三）总机构缴入中央国库分配税款的预缴数

总机构根据统一计算的企业当期应纳所得税额的25%，在每月或季度终了后15日内自行就地申报预缴。

第二十一条　按照上一年度应纳税所得额的1/12或1/4预缴的税款分摊方法。

（一）分支机构应分摊的预缴数

总机构根据上年汇算清缴统一计算应缴纳所得税额的1/12或1/4，在每月或季度终了之日起10日内，按照各分支机构应分摊的比例，将本期企业全部应纳所得税额的50%在各分支机构之间进行分摊并通知到各分支机构；各分支机构应在每月或季度终了之日起15日内，就其分摊的所得税额向所在地主管税务机关申报预缴。

（二）总机构应分摊的预缴数

总机构根据上年汇算清缴统一计算应缴纳所得税额的1/12或1/4，将企业全部应纳所得税额的25%部分，在每月或季度终了后15日内自行向所在地主管税务机关申报预缴。

（三）总机构缴入中央国库分配税款的预缴数

总机构根据上年汇算清缴统一计算应缴纳所得税额的1/12或1/4，将企业全部应纳所得税额的25%部分，在每月或季度终了后15日内，自行向所在地主管税务机关申报预缴。

第二十二条　总机构在年度终了后5个月内，应依照法律、法规和其他有关规定进行汇总纳税企业的所得税年度汇算清缴。各分支机构不进行企业所得税汇算清缴。

当年应补缴的所得税款，由总机构缴入中央国库。当年多缴的所得税款，由总机构所在地主管税务机关开具"税收收入退还书"等凭证，按规定程序从中央国库办理退库。

第三章　分支机构分摊税款比例

第二十三条　总机构应按照以前年度（1~6月份按上上年度，7~12月份按上年度）分支机构的经营收入、职工工资和资产总额三个因素计算各分支机构应分摊所得税款的比例，三因素的权重依次为0.35、0.35、0.30。计算公式如下：

某分支机构分摊比例＝0.35×（该分支机构营业收入/各分支机构营业收入之和）＋0.35×（该分支机构工资总额/各分支机构工资总额之和）＋0.30×（该分支机构资产总额/各分支机构资产总额之和）

以上公式中分支机构仅指需要就地预缴的分支机构，该税款分摊比例按上述方法一经确定后，当年不作调整。

第二十四条　本办法所称分支机构经营收入，是指分支机构在销售商品或者提供劳务等经营业务中实现的全部营业收入。其中，生产经营企业的经营收入是指销售商品、提供劳务等取得的全部收入；金融企业的经营收入是指利息和手续费等全部收入；保险企业的经营收入是指保费等全部收入。

第二十五条　本办法所称分支机构职工工资，是指分支机构为获得职工提供的服务而给予职工的各种形式的报酬。

第二十六条　本办法所称分支机构资产总额，是指分支机构拥有或者控制的除无形资产外能以货币计量的经济资源总额。

第二十七条　各分支机构的经营收入、职工工资和资产总额的数据均以企业财务会计决算报告数据为准。

第二十八条　分支机构所在地主管税务机关对总机构计算确定的分摊所得税款比例有异议的，应于收到《中华人民共和国企业所得税汇总纳税分支机构分配表》后30日内向企业总机构所在地主管税务机关提出书面复核建议，并附送相关数据资料。总机构所在地主管税务机关必须于收到复核建议后30日内，对分摊税款的比例进行复核，并作出调整或维持原比例的决定。分支机构所在地主管税务机关应执行总机构所在地主管税务机关的复核决定。

第二十九条　分摊所得税款比例复核期间，分支机构应先按总机构确定的分摊比例申报预缴税款。

第四章　征收管理

第三十条　总机构和分支机构均应依法办理税务登记，接受所在地税务机关的监督和管理。

第三十一条　总机构应在每年6月20日前，将依照本办法第二十三条规定方法计算确定的各分支机构当年应分摊税款的比例，填入《中华人民共和国企业所得税汇总纳税分支机构分配表》（见《国家税务总局关于印发〈中华人民共和国企业所得税月（季）度预缴纳税申报表〉等报表的通知》（国税函［2008］44号）附件4，该附件填报说明第二条第10项“各分支机构分配比例”的计算公式依照本办法第二十三条的规定执行），报送总机构所在地主管税务机关，同时下发各分支机构。

第三十二条　总机构所在地主管税务机关收到总机构报送的《中华人民共和国企业所得税汇总纳税分支机构分配表》后10日内，应通过国家税务总局跨地区经营汇总纳税企业信息交换平台或邮寄等方式，及时传送给各分支机构所在地主管税务机关。

第三十三条　总机构应当将其所有二级分支机构（包括不参与就地预缴分支机构）的信息及二级分支机构主管税务机关的邮编、地址报主管税务机关备案。

第三十四条　分支机构应将总机构信息、上级机构、下属分支机构信息报主管税务机关备案。

第三十五条　分支机构注销后15日内，总机构应将分支机构注销情况报主管税务机关备案。

第三十六条　总机构及其分支机构除按纳税申报规定向主管税务机关报送相关资料外，还应报送《中华人民共和国企业所得税汇总纳税分支机构分配表》、财务会计决算报告和职工工资总额情况表。

第三十七条　分支机构的各项财产损失，应由分支机构所在地主管税务机关审核并出具证明后，再由总机构向所在地主管税务机关申报扣除。

第三十八条　各分支机构主管税务机关应根据总机构主管税务机关反馈的《中华人民共和国企业所得税汇总纳税分支机构分配表》，对其主管分支机构应分摊入库的所得税税款和计算分摊税款比例的3项指标进行查验核对。发现计算分摊税款比例的3项指标有问题的，应及时将相关情况通报总机构主管税务机关。分支机构未按税款分配数额预缴所得税造成少缴税款的，主管税务机关应按照《中华人民共和国税收征收管理法》及其实施细则的有关规定对其处罚，并将处罚结果通知总机构主管税务机关。

第五章　附　则

第三十九条　居民企业在同一省、自治区、直辖市和计划单列市内跨地、市（区、县）设立不具有法人资格营业机构、场所的，其企业所得税征收管理办法，由各省、自治区、直辖市和计划单列市国家税务局、地方税务局参照本办法联合制定。

第四十条　本办法自2008年1月1日起执行。

第四十一条　本办法由国家税务总局负责解释。

国家税务总局国税函［2008］747号
关于跨地区经营汇总纳税企业所得税征收管理有关问题的通知条文

一、关于总机构不向分支机构提供企业所得税分配表，导致分支机构无法正常就地申报预缴企业所得税的处理问题。

首先，分支机构主管税务机关要对二级分支机构进行审核鉴定，如该二级分支机构具有主体生产经营职能，可以确定为应就地申报预缴所得税的二级分支机构；其次，对确定为就地申报预缴所得税的二级分支机构，主管税务机关应责成该分支机构督促总机构限期提供税款分配表，同时函请总机构主管税务机关责成总机构限期提供税款分配表，并由总机构主管税务机关对总机构按照《中华人民共和国税收征收管理法》的有关规定予以处罚；总机构主管税务机关未尽责的，由上级税务机关对总机构主管税务机关依照税收执法责任制的规定严肃处理。

二、关于实行跨地区汇总纳税的企业能否核定征收所得税的问题。

跨地区汇总纳税企业的所得税收入涉及到跨区利益，跨区法人应健全财务核算制度并准确计算经营成果，不适用《国家税务总局关于印发〈企业所得税核定征收办法（试行）〉的通知》（国税发［2008］30号）。

国家税务总局国税函［2008］958号
关于跨地区经营外商独资银行汇总纳税问题的通知条文

一、由外国银行在中国设立的分行改制而成的跨地区经营外商独资银行，其所属跨地区经营分支机构应按照《国家税务总局关于印发〈跨地区经营汇总纳税企业所得税征收管理暂行办法〉的通知》（国税发［2008］28号）的规定就地预缴企业所得税。

二、对外商独资银行当年新设立的跨地区经营分支机构，因总机构无法获得新设分支机构上上年度的经营收入、职工工资和资产总额三个因素的相关数据而未分配税金的，新设分支机构在次年上半年可不就地预缴企业所得税。

三、本通知自2008年1月1日起执行。本通知下发之前，外商独资银行总行没有向所属的跨地区经营分支机构分配应就地预缴税款的，所属的跨地区经营分支机构在以后预缴期间不再就地补缴。外商独资银行2007年新设立的跨地区经营分支机构，已就地预缴企业所得税的，在以后预缴期间也不再进行调整。

四、其他跨地区经营汇总纳税企业，符合上述情况的，参照上述规定执行。

国家税务总局国税函［2009］221号
关于跨地区经营汇总纳税企业所得税征收管理若干问题的通知条文

一、关于二级分支机构的判定问题。

二级分支机构是指总机构对其财务、业务、人员等直接进行统一核算和管理的领取非法人营业执照的分支机构。

总机构应及时将其所属二级分支机构名单报送总机构所在地主管税务机关，并向其所属二级分支机构及时出具有效证明（支持证明的材料包括总机构拨款证明、总分机构协议或合同、公司章程、管理制度等）。

二级分支机构在办理税务登记时应向其所在地主管税务机关报送非法人营业执照（复印件）和由总机构出具的二级分支机构的有效证明。其所在地主管税务机关应对二级分支机构进行审核鉴定，督促其及时预缴企业所得税。

以总机构名义进行生产经营的非法人分支机构，无法提供有效证据证明其二级及二级以下分支机构身份的，应视同独立纳税人计算并就地缴纳企业所得税，不执行《国家税务总局关于印发〈跨地区经营汇总纳税企业所得税征收管理暂行办法〉的通知》（国税发［2008］28号）的相关规定。

二、关于总分支机构适用不同税率时企业所得税款计算和缴纳问题。

预缴时，总机构和分支机构处于不同税率地区的，先由总机构统一计算全部应纳税所得额，然后按照国税发［2008］28号文件第十九条规定的比例和第二十三条规定的三因素及其权重，计算划分不同税率地区机构的应纳税所得额，再分别按各自的适用税率计算应纳税额后加总计算出企业的应纳所得税总额。再按照国税发［2008］28号文件第十九条规定的比例和第二十三条规定的三因素及其权重，向总机构和分支机构分摊就地预缴的企业所得税款。

汇缴时，企业年度应纳所得税额应按上述方法并采用各分支机构汇算清缴所属年度的三因素计算确定。

除《国务院关于实施企业所得税过渡优惠政策的通知》（国发［2007］39号）、《财政部、国家税务总局关于企业所得税若干优惠政策的通知》（财税［2008］1号）和《财政部、国家税务总局关于贯彻落实国务院关于实施企业所得税过渡优惠政策有关问题的通知》（财税［2008］21号）有关规定外，跨地区经营汇总纳税企业不得按照上述总分支机构处于不同税率地区的计算方法计算并缴纳企业所得税，应按照企业适用统一的税率计算并缴纳企业所得税。

三、关于预缴和年度汇算清缴时分支机构报送资料问题。

跨地区经营汇总纳税企业在进行企业所得税预缴和年度汇算清缴时，二级分支机构应向其所在地主管税务机关报送其本级及以下分支机构的生产经营情况，主管税务机关应对报送资料加强审核，并作为对二级分支机构计算分摊税款比例的三项指标和应分摊入库所得税税款进行查验核对的依据。

四、关于应执行未执行或未准确执行国税发［2008］28 号文件企业的处理问题。

对应执行国税发［2008］28 号文件规定而未执行或未正确执行上述文件规定的跨地区经营汇总纳税企业，在预缴企业所得税时造成总机构与分支机构之间同时存在一方（或几方）多预缴另一方（或几方）少预缴税款的，其总机构或分支机构就地预缴的企业所得税低于按上述文件规定计算分配的数额的，应在随后的预缴期间内，由总机构将按上述文件规定计算分配的税款差额分配到总机构或分支机构补缴；其总机构或分支机构就地预缴的企业所得税高于按上述文件规定计算分配的数额的，应在随后的预缴期间内，由总机构将按上述文件规定计算分配的税款差额从总机构或分支机构的预缴数中扣减。

五、国税发［2008］28 号文件第二条第二款所列企业不适用本通知规定。

六、本通知自 2009 年 1 月 1 日起执行。

国家税务总局令第 19 号
非居民承包工程作业和提供劳务税收管理暂行办法条文

第一章　总　则

第一条　为规范对非居民在中国境内承包工程作业和提供劳务的税收征收管理，根据《中华人民共和国税收征收管理法》（以下简称税收征管法）及其实施细则、《中华人民共和国企业所得税法》（以下简称企业所得税法）及其实施条例、《中华人民共和国营业税暂行条例》及其实施细则、《中华人民共和国增值税暂行条例》及其实施细则、中国政府对外签署的避免双重征税协定（含与香港、澳门特别行政区签署的税收安排，以下统称税收协定）等相关法律法规，制定本办法。

第二条　本办法所称非居民，包括非居民企业和非居民个人。非居民企业是指依照外国（地区）法律成立且实际管理机构不在中国境内，但在中国境内设立机构、场所的，或者在中国境内未设立机构、场所，但有来源于中国境内所得的企业。非居民个人是指在中国境内无住所又不居住或者无住所而在境内居住不满一年的个人。

第三条　本办法所称承包工程作业，是指在中国境内承包建筑、安装、装配、修缮、装饰、勘探及其他工程作业。

本办法所称提供劳务是指在中国境内从事加工、修理修配、交通运输、仓储租赁、咨询经纪、设计、文化体育、技术服务、教育培训、旅游、娱乐及其他劳务活动。

第四条　本办法所称非居民在中国境内承包工程作业和提供劳务税收管理，是指对非居民营业税、增值税和企业所得税的纳税事项管理。涉及个人所得税、印花税等税收的管理，应依照有关规定执行。

第二章　税源管理

第一节　登记备案管理

第五条　非居民企业在中国境内承包工程作业或提供劳务的，应当自项目合同或协议（以下简称合同）签订之日起30日内，向项目所在地主管税务机关办理税务登记手续。

依照法律、行政法规规定负有税款扣缴义务的境内机构和个人，应当自扣缴义务发生之日起30日内，向所在地主管税务机关办理扣缴税款登记手续。

境内机构和个人向非居民发包工程作业或劳务项目的，应当自项目合同签订之日起30日内，向主管税务机关报送《境内机构和个人发包工程作业或劳务项目报告表》（见附件1，略），并附送非居民的税务登记证、合同、税务代理委托书复印件或非居民对有关事项的书面说明等资料。

第六条　非居民企业在中国境内承包工程作业或提供劳务的，应当在项目完工后15日内，向项目所在地主管税务机关报送项目完工证明、验收证明等相关文件复印件，并依据《税务登记管理办法》的有关规定申报办理注销税务登记。

第七条　境内机构和个人向非居民发包工程作业或劳务项目合同发生变更的，发包方或劳务受让方应自变更之日起10日内向所在地主管税务机关报送《非居民项目合同变更情况报告表》（见附件2，略）。

第八条　境内机构和个人向非居民发包工程作业或劳务项目，从境外取得的与项目款项支付有关的发票和其他付款凭证，应在自取得之日起30日内向所在地主管税务机关报送《非居民项目合同款项支付情况报告表》（见附件3，略）及付款凭证复印件。

境内机构和个人不向非居民支付工程价款或劳务费的，应当在项目完工开具验收证明前，向其主管税务机关报告非居民在项目所在地的项目执行进度、支付人名称及其支付款项金额、支付日期等相关情况。

第九条　境内机构和个人向非居民发包工程作业或劳务项目，与非居民的主管税务机关不一致的，应当自非居民申报期限届满之日起15日内向境内机构和个人的主管税务机关报送非居民申报纳税证明资料复印件。

第二节　税源信息管理

第十条　税务机关应当建立税源监控机制，获取并利用发改委、建设、外汇管理、商务、教育、文化、体育等部门关于非居民在中国境内承包工程作业和提供劳务的相关信息，并可根据工作需要，将信息使用情况反馈给有关部门。

第十一条　非居民或境内机构和个人的同一涉税事项同时涉及国家税务局和地方税务局的，各主管税务机关办理涉税事项后应当制作《非居民承包工程作业和提供劳务项目信息传递表》（见附件4，略），并按月传递给对方纳入非居民税收管理档案。

第三章　申报征收

第一节　企业所得税

第十二条　非居民企业在中国境内承包工程作业或提供劳务项目的，企业所得税按纳税年度计算、分季预缴，年终汇算清缴，并在工程项目完工或劳务合同履行完毕后结清税款。

第十三条　非居民企业进行企业所得税纳税申报时，应当如实报送纳税申报表，并附送下列资料：

（一）工程作业（劳务）决算（结算）报告或其他说明材料；

（二）参与工程作业或劳务项目外籍人员姓名、国籍、出入境时间、在华工作时间、地点、内容、报酬标准、支付方式、相关费用等情况的书面报告；

（三）财务会计报告或财务情况说明；

（四）非居民企业依据税收协定在中国境内未构成常设机构，需要享受税收协定待遇的，应提交《非居民企业承包工程作业和提供劳务享受税收协定待遇报告表》（以下简称报告表）（见附件5，略），并附送居民身份证明及税务机关要求提交的其他证明资料。

非居民企业未按上述规定提交报告表及有关证明资料，或因项目执行发生变更等情形不符合享受税收协定待遇条件的，不得享受税收协定待遇，应依照企业所得税法规定缴纳税款。

第十四条　工程价款或劳务费的支付人所在地县（区）以上主管税务机关根据附件1及非居民企业申报纳税证明资料或其他信息，确定符合企业所得税法实施条例第一百零六条所列指定扣缴的三种情形之一的，可指定工程价款或劳务费的支付人为扣缴义务人，并将《非居民企业承包工程作业和提供劳务企业所得税扣缴义务通知书》（见附件6，略）送达被指定方。

第十五条　指定扣缴义务人应当在申报期限内向主管税务机关报送扣缴企业所得税报告表及其他有关资料。

第十六条　扣缴义务人未依法履行扣缴义务或无法履行扣缴义务的，由非居民企业在项目所在地申报缴纳。主管税务机关应自确定未履行扣缴义务之日起15日内通知非居民企业在项目所在地申报纳税。

第十七条　非居民企业逾期仍未缴纳税款的，项目所在地主管税务机关应自逾期之日起15日内，收集该非居民企业从中国境内取得其他收入项目的信息，包括收入类型，支付人的名称、地址，支付金额、方式和日期等，并向其他收入项目支付人（以下简称其他支付人）发出《非居民企业欠税追缴告知书》（见附件7，略），并依法追缴税款和滞纳金。

非居民企业从中国境内取得其他收入项目，包括非居民企业从事其他工程作业或劳务项目所得，以及企业所得税法第三条第二、三款规定的其他收入项目。非居民企业有多个其他支付人的，项目所在地主管税务机关应根据信息准确性、收入金额、追缴成本等因素确定追缴顺序。

第十八条　其他支付人主管税务机关应当提供必要的信息，协助项目所在地主管税务机关执行追缴事宜。

第二节　营业税和增值税

第十九条　略。

第二十条　略。

第二十一条 略。

第四章 跟踪管理

第二十二条 主管税务机关应当按项目建档、分项管理的原则，建立非居民承包工程作业和提供劳务项目的管理台账和纳税档案，及时准确掌握工程和劳务项目的合同执行、施工进度、价款支付、对外付汇、税款缴纳等情况。

第二十三条 境内机构和个人从境外取得的付款凭证，主管税务机关对其真实性有疑义的，可要求其提供境外公证机构或者注册会计师的确认证明，经税务机关审核认可后，方可作为计账核算的凭证。

第二十四条 主管税务机关应对非居民享受协定待遇进行事后管理，审核其提交的报告表和证明资料的真实性和准确性，对其不构成常设机构的情形进行认定。对于不符合享受协定待遇条件且未履行纳税义务的情形，税务机关应该依法追缴其应纳税款、滞纳金及罚款。

第二十五条 税务机关应当利用售付汇信息，包括境内机构和个人向非居民支付服务贸易款项的历史记录，以及当年新增发包项目付款计划等信息，对承包工程作业和提供劳务项目实施监控。对于付汇前有欠税情形的，应当及时通知纳税人或扣缴义务人缴纳，必要时可以告知有关外汇管理部门或指定外汇支付银行依法暂停付汇。

第二十六条 主管税务机关应对非居民参与国家、省、地市级重点建设项目，包括城市基础设施建设、能源建设、企业技术设备引进等项目中涉及的承包工程作业或提供劳务，以及其他有非居民参与的合同金额超过5000万元人民币的，实施重点税源监控管理；对承包方和发包方是否存在关联关系、合同实际执行情况、常设机构判定、境内外劳务收入划分等事项进行重点跟踪核查，对发现的问题，可以实施情报交换、反避税调查或税务稽查。

第二十七条 省（自治区、直辖市和计划单列市）税务机关应当于年度终了后45日内，将《非居民承包工程作业和提供劳务重点建设项目统计表》（见附件8，略），以及项目涉及的企业所得税、增值税、营业税、印花税、个人所得税等税收收入和税源变动情况的分析报告报送国家税务总局（国际税务司）。

第二十八条 主管税务机关可根据需要对非居民承包工程作业和提供劳务的纳税情况实施税务审计，必要时应将审计结果及时传递给同级国家税务局或地方税务局。税务审计可以采取国家税务局、地方税务局联合审计的方式进行。

第二十九条 主管税务机关在境内难以获取涉税信息时，可以制作专项情报，由国家税务总局（国际税务司）向税收协定缔约国对方提出专项情报请求；非居民在中国境内未依法履行纳税义务的，主管税务机关可制作自动或自发情报，提交国家税务总局依照有关规定将非居民在中国境内的税收违法行为告知协定缔约国对方主管税务当局；对非居民承包工程作业和提供劳务有必要进行境外审计的，可根据税收情报交换有关规定，经国家税务总局批准后组织实施。

第三十条 欠缴税款的非居民企业法定代表人或非居民个人在出境前未按照规定结清应纳税款、滞纳金又不提供纳税担保的，税务机关可以通知出入境管理机关阻止其出境。

第三十一条 对于非居民工程或劳务项目完毕，未按期结清税款并已离境的，主管税务机关可制作《税务事项告知书》（见附件9，略），通过信函、电子邮件、传真等方式，告知该非居民限期履行纳税义务，同时通知境内发包方或劳务受让者协助追缴税款。

第五章　法律责任

第三十二条　非居民、扣缴义务人或代理人实施承包工程作业和提供劳务有关事项存在税收违法行为的，税务机关应按照税收征管法及其实施细则的有关规定处理。

第三十三条　境内机构或个人发包工程作业或劳务项目，未按本办法第五条、第七条、第八条、第九条规定向主管税务机关报告有关事项的，由税务机关责令限期改正，可以处2000元以下的罚款；情节严重的，处2000元以上10000元以下的罚款。

第六章　附　则

第三十四条　各省、自治区、直辖市和计划单列市国家税务局、地方税务局可根据本办法制定具体实施办法。

国家税务总局国税发［2009］6号
关于印发《非居民企业所得税汇算清缴管理办法》的通知条文

一、汇算清缴对象。

（一）依照外国（地区）法律成立且实际管理机构不在中国境内，但在中国境内设立机构、场所的非居民企业（以下称为企业），无论盈利或者亏损，均应按照企业所得税法及本办法规定参加所得税汇算清缴。

（二）企业具有下列情形之一的，可不参加当年度的所得税汇算清缴：

1. 临时来华承包工程和提供劳务不足1年，在年度中间终止经营活动，且已经结清税款；

2. 汇算清缴期内已办理注销；

3. 其他经主管税务机关批准可不参加当年度所得税汇算清缴。

二、汇算清缴时限。

（一）企业应当自年度终了之日起5个月内，向税务机关报送年度企业所得税纳税申报表，并汇算清缴，结清应缴应退税款。

（二）企业在年度中间终止经营活动的，应当自实际经营终止之日起60日内，向税务机关办理当期企业所得税汇算清缴。

三、申报纳税。

（一）企业办理所得税年度申报时，应当如实填写和报送下列报表、资料：

1. 年度企业所得税纳税申报表及其附表；

2. 年度财务会计报告；

3. 税务机关规定应当报送的其他有关资料。

（二）企业因特殊原因，不能在规定期限内办理年度所得税申报，应当在年度终了之日起5个月内，向主管税务机关提出延期申报申请。主管税务机关批准后，可以适当延长申报期限。

（三）企业采用电子方式办理纳税申报的，应附报纸质纳税申报资料。

（四）企业委托中介机构代理年度企业所得税纳税申报的，应附送委托人签章的委托书原件。

（五）企业申报年度所得税后，经主管税务机关审核，需补缴或退还所得税的，应在收到主管税务机关送达的《非居民企业所得税汇算清缴涉税事宜通知书》后，按规定时限将税款补缴入库，或按照主管税务机关的要求办理退税手续。

（六）经批准采取汇总申报缴纳所得税的企业，其履行汇总纳税的机构、场所（以下简称汇缴机构），应当于每年5月31日前，向汇缴机构所在地主管税务机关索取《非居民企业汇总申报企业所得税证明》（以下称为《汇总申报纳税证明》）；企业其他机构、场所（以下简称其他机构）应当于每年6月30前将《汇总申报纳税证明》及其财务会计报告送交其所在地主管税务机关。

在上述规定期限内，其他机构未向其所在地主管税务机关提供《汇总申报纳税证明》，且又无汇缴机构延期申报批准文件的，其他机构所在地主管税务机关应负责检查核实或核定该其他机构应纳税所得额，计算征收应补缴税款并实施处罚。

（七）企业补缴税款确因特殊困难需延期缴纳的，按税收征管法及其实施细则的有关规定办理。

（八）企业在所得税汇算清缴期限内，发现当年度所得税申报有误的，应当在年度终了之日起5个月内向主管税务机关重新办理年度所得税申报。

（九）企业报送报表期限的最后一日是法定休假日的，以休假日期满的次日为期限的最后一日；在期限内有连续三日以上法定休假日的，按休假日天数顺延。

四、法律责任。

（一）企业未按规定期限办理年度所得税申报，且未经主管税务机关批准延期申报，或报送资料不全、不符合要求的，应在收到主管税务机关送达的《责令限期改正通知书》后按规定时限补报。

企业未按规定期限办理年度所得税申报，且未经主管税务机关批准延期申报的，主管税务机关除责令其限期申报外，可按照税收征管法的规定处以2000元以下的罚款，逾期仍不申报的，可处以2000元以上10000元以下的罚款，同时核定其年度应纳税额，责令其限期缴纳。企业在收到主管税务机关送达的《非居民企业所得税应纳税款核定通知书》后，应在规定时限内缴纳税款。

（二）企业未按规定期限办理所得税汇算清缴，主管税务机关除责令其限期办理外，对发生税款滞纳的，按照税收征管法的规定，加收滞纳金。

（三）企业同税务机关在纳税上发生争议时，依照税收征管法相关规定执行。

五、本办法自2008年1月1日起执行。

国家税务总局国税发［2009］11号
关于印发《非居民企业所得税汇算清缴工作规程》的通知条文

为贯彻落实《国家税务总局关于印发〈非居民企业所得税汇算清缴管理办法〉的通知》（国税发［2009］6号，以下简称《办法》），规范税务机关对非居民企业所得税的汇算清缴工作，提高汇算清缴工作质量，制定本规程。

一、汇算清缴工作内容。

非居民企业所得税汇算清缴包括两方面内容：一是非居民企业（以下简称企业）应首先按照《办法》的规定，自行调整、计算本纳税年度的实际应纳税所得额、实际应纳所得税额，自核本纳税年度应补（退）所得税税款并缴纳应补税款；二是主管税务机关对企业报送的申报表及其他有关资料进行审核，下发汇缴事项通知书，办理年度所得税多退少补工作，并进行资料汇总、情况分析和工作总结。

二、汇算清缴工作程序。

企业所得税汇算清缴工作分为准备、实施、总结三个阶段，各阶段工作的主要内容及时间要求安排如下：

（一）准备阶段。主管税务机关应在年度终了之日起三个月内做好以下准备工作：

1. 宣传辅导。以公告或其他方式向企业明确汇算清缴范围、时间要求、应报送的资料及其他应注意事项。必要时，应组织企业办税人员进行培训、辅导相关的税收政策和办税程序及手续。

2. 明确职责。汇算清缴工作应有领导负责，由具体负责非居民企业所得税日常管理的部门组织实施，由各相关职能部门协同配合共同完成。必要时，应组织对相关工作人员的业务培训。

3. 建立台账。建立日常管理台账，主要记载企业预缴税款、享受税收优惠、弥补亏损等事项，以便在汇算清缴工作中进行核对。

4. 备办文书。向上级税务机关领取或按照规定的式样印制汇算清缴有关的表、证、单、书。

（二）实施阶段。主管税务机关应在年度终了之日起五个月内完成企业年度所得税纳税申报表及有关资料的受理、审核以及办理处罚、税款的补（退）手续。

1. 资料受理。主管税务机关接到企业的年度所得税纳税申报表和有关资料后，应检查企业报送的资料是否齐全，如发现企业未按规定报齐有关附表、文件等资料，应责令限期补齐；对填报项目不完整的，应退回企业并责令限期补正。

2. 资料审核。对企业报送的有关资料，主管税务机关应就以下几个方面内容进行审核：

（1）企业年度所得税纳税申报表及其附表与年度财务会计报告的数字是否一致，各项目之间的逻辑关系是否对应，计算是否正确。

（2）企业是否按规定结转或弥补以前年度亏损额。

（3）企业是否符合税收减免条件。

（4）企业在中国境内设立两个或者两个以上机构、场所，选择由其主要机构、场所汇总缴纳企业所得税的，是否经税务机关审核批准，以及各机构、场所账表所记载涉及计算应纳税所得额的各项数据是否准确。

（5）企业有来源于中国境外的应纳税所得额的，境外所得应补企业所得税额是否正确。

（6）企业已预缴税款填写是否正确。

3. 结清税款。主管税务机关应结合季度所得税申报表及日常征管情况，对企业报送的年度申报表及其附表和其他有关资料进行初步审核，在5月31日前，对应补缴所得税、应办理退税的企业发送《非居民企业所得税汇算清缴涉税事宜通知书》，并办理税款多退少补事宜。

4. 实施处罚。主管税务机关对企业未按《办法》规定办理年度所得税申报，应按照规定实施处罚；必要时发送《非居民企业所得税应纳税款核定通知书》，核定企业年度应纳税额，责令其缴纳。

5. 汇总申报协调。

（1）汇缴机构所在地主管税务机关在接受企业年度所得税汇总申报后，应于5月31日前为企业出具《非居民企业汇总申报所得税证明》。

（2）汇缴机构所在地主管税务机关对企业的汇总申报资料进行审核时，对其他机构的情况有疑问需要进一步审核的，可以向其他机构所在地主管税务机关发送《非居民企业汇总申报纳税事项协查函》，其他机构所在地主管税务机关应负责就协查事项进行调查核实，并将结果函复汇缴机构所在地主管税务机关。

（3）其他机构所在地主管税务机关在日常管理或税务检查中，发现其他机构有少计收入或多列成本费用等所得税的问题，应将有关情况及时向汇缴机构所在地主管税务机关发送《非居民企业汇总申报纳税事项处理联络函》。

（4）其他机构所在地主管税务机关按照《办法》规定对其他机构就地征收税款或调整亏损额的，应及时将征收税款及应纳税所得额调整额以《非居民企业汇总申报纳税事项处理联络函》通知汇缴机构所在地主管税务机关，汇缴机构所在地主管税务机关应对企业应纳税所得额及应纳税总额作相应调整，并在应补（退）税额中减除已在其他机构所在地缴纳的税款。

（三）总结阶段。各地税务机关应在7月15日前完成汇算清缴工作的资料归档、数据统计、汇总以及总结等工作，并于7月31日前向税务总局报送企业所得税汇算清缴工作总结及有关报表。工作总结的主要内容应包括：

1. 基本情况及相关分析。

（1）基本情况。主要包括企业税务登记户数、应参加汇算清缴企业户数、实际参加汇算清缴企业户数、未参加汇算清缴企业户数及其原因、据实申报企业户数、核定征收企业户数；据实申报企业的盈利户数、营业收入、利润总额、弥补以前年度亏损、应纳税所得额、应纳所得税额、减免所得税额、实际缴纳所得税额、亏损户数、亏损企业营业收入、亏损金额等内容；核定征收企业中换算的收入总额、应纳税所得额、应纳所得税额、减免所得税额、实际缴纳所得税额。

（2）主要指标分析和说明。主要分析汇算清缴面、所得税预缴率、税收负担率、企业亏损面等指标。

（3）据实申报企业盈亏情况分析。根据盈利企业户数、实际参加汇缴户数分析盈利面变化情况；分析盈利和亏损企业的营业收入、成本、费用、未弥补亏损前利润总额、亏损总额等指标的变化情况及原因等。

（4）纳税情况分析。包括预缴率变化，所得税预缴、补税和退税等情况。

2. 企业自行申报情况。主要包括申报表及其附表的填写和报送，自行调整的企业户数、主要项目和金额等情况。

3. 税务机关依法调整情况。主要包括税务机关依法调整的户数、主要项目、金额，同时应分别说明调增（减）应纳税所得额及应纳所得税额、亏损总额的户数、金额等情况。

4. 主要做法。包括汇算清缴工作的组织安排和落实情况，对税务人员的业务培训及对企业的前期宣传、培训、辅导情况，对申报表的审核情况以及汇算清缴工作的检查考核评比等情况。

5. 发现的问题及意见或建议。分企业和税务机关两个方面，企业方面主要包括申报表的填报、申报软件的操作使用情况和《办法》的执行情况等；税务机关方面主要包括所得税汇算清缴工作规程在实际操作中的应用情况及效果，说明存在的问题及改进的意见和建议。

三、《办法》及本规程所涉及的文书，由各省、自治区、直辖市和计划单列市国家税务局和相关地方税务局按照规定式样自行印制。

国家税务总局国税函［2008］251号
关于小型微利企业所得税预缴问题的通知条文

一、企业按当年实际利润预缴所得税的，如上年度符合《中华人民共和国企业所得税法实施条例》第九十二条规定的小型微利企业条件，在本年度填写《中华人民共和国企业所得税月（季）度纳税申报表（A类）》（国税函［2008］44号文件附件1）时，第4行“利润总额”与5%的乘积，暂填入第7行“减免所得税额”内。

二、小型微利企业条件中，“从业人数”按企业全年平均从业人数计算，“资产总额”按企业年初和年末的资产总额平均计算。

三、企业在当年首次预缴企业所得税时，须向主管税务机关提供企业上年度符合小型微利企业条件的相关证明材料。主管税务机关对企业提供的相关证明材料核实后，认定企业上年度不符合小型微利企业条件的，该企业当年不得按本通知第一条规定填报纳税申报表。

四、纳税年度终了后，主管税务机关要根据企业当年有关指标，核实企业当年是否符合小型微利企业条件。企业当年有关指标不符合小型微利企业条件，但已按本通知第一条规定计算减免所得税额的，在年度汇算清缴时要补缴按本通知第一条规定计算的减免所得税额。

国家税务总局国税函［2009］34号
关于加强企业所得税预缴工作的通知条文

一、根据《中华人民共和国企业所得税法》及其实施条例规定，企业所得税应当按照月度或者季度的实际利润额预缴；按照月度或者季度的实际利润额预缴有困难的，可以按照上一纳税年度应纳税所得额的月度或者季度平均额预缴，或者按照经税务机关认可的其他方法预缴。为确保税款足额及时入库，各级税务机关对纳入当地重点税源管理的企业，原则上应按照实际利润额预缴方法征收企业所得税。

二、各级税务机关根据企业上年度企业所得税预缴和汇算清缴情况，对全年企业所得税预缴税款占企业所得税应缴税款比例明显偏低的，要及时查明原因，调整预缴方法或预缴税额。

三、各级税务机关要处理好企业所得税预缴和汇算清缴税款入库的关系，原则上各地企业所得税年度预缴税款占当年企业所得税入库税款（预缴数 + 汇算清缴数）应不少于 70%。

四、各级税务机关要进一步加大监督管理力度。对未按规定申报预缴企业所得税的，按照《中华人民共和国税收征收管理法》及其实施细则的有关规定进行处理。

五、加强企业所得税预缴工作是税收征管中的一项重要任务，各级税务机关要高度重视，周密部署，精心组织实施。税务总局将适时组织督促检查，通报此项工作的落实情况。

国家税务总局国税函［2008］635 号
关于填报企业所得税月（季）度预缴纳税申报表有关问题的通知条文

一、《中华人民共和国企业所得税月（季）度预缴纳税申报表（A 类）》第 4 行“利润总额”修改为“实际利润额”。填报说明第五条第 3 项相应修改为：“第 4 行‘实际利润额’：填报按会计制度核算的利润总额减除以前年度待弥补亏损以及不征税收入、免税收入后的余额。事业单位、社会团体、民办非企业单位比照填报。房地产开发企业本期取得预售收入按规定计算出的预计利润额计入本行。”

为了节约成本，已经印制了《中华人民共和国企业所得税月（季）度预缴纳税申报表（A 类）》并尚未使用完的，可继续使用，其中“利润总额”一栏按照上述说明的口径填写。

二、《中华人民共和国企业所得税月（季）度预缴纳税申报表（A 类）》填报说明第五条第 16 项“（分支机构本行填报总机构申报的第 24 行‘分支机构分摊的所得税额’）”中的“第 24 行”修改为“第 20 行”。

三、《中华人民共和国企业所得税月（季）度预缴纳税申报表（A 类）》填报说明第五条第 14 ~ 16 项之后增加：“上述第 18 至 20 行，汇总纳税总、分机构税率一致的，按《通知》填报；汇总纳税总、分机构税率不一致的，按《国家税务总局关于印发〈跨地区经营汇总纳税企业所得税征收管理暂行办法〉的通知》（国税发［2008］28 号）及相关补充文件的规定计算填报。即第 9 行或 14 行或 16 行与第 18 ~ 20 行关系不成立，且《中华人民共和国企业所得税汇总纳税分支机构分配表》中分支机构分摊的所得税额 × 分配比例 = 分配税额计算关系不成立。”

国家税务总局国税函［2008］1081 号
关于《中华人民共和国企业所得税年度纳税申报表》的补充通知条文

一、按照企业所得税核定征收办法缴纳企业所得税的纳税人在年度申报缴纳企业所得税时，使用《国家税务总局关于印发〈中华人民共和国企业所得税月（季）度预缴纳税申报表〉等报表的通知》（国税函［2008］44 号）附件 2 中华人民共和国企业所得税月（季）度预缴纳税申报表（B 类）。其中，“税款所属期间”：正常经营的纳税人，填报公历当年 1 月 1 日至 12 月 31 日；纳税人年度中间开业的，填报实际生产经营之日的当月1日至同年12月31日；纳税人年度中间发生合并、分立、破产、停业等情况的，填报公历当年1月1日至实际停业或法院裁定并宣告破产之日的当月月末；纳税人年度中间开业且年度中间又发生合并、分立、破产、停业等情况的，填报实际生产经营之日的当月1日至实际停业或法院裁定并宣告破产之日的当月月末。

二、国税发［2008］101号附件2“中华人民共和国企业所得税年度纳税申报表及附表填报说明”作废，以本补充通知附件为准。

国家税务总局国税函［2009］698号
关于加强非居民企业股权转让所得企业所得税管理的通知条文

一、本通知所称股权转让所得是指非居民企业转让中国居民企业的股权（不包括在公开的证券市场上买入并卖出中国居民企业的股票）所取得的所得。

二、扣缴义务人未依法扣缴或者无法履行扣缴义务的，非居民企业应自合同、协议约定的股权转让之日（如果转让方提前取得股权转让收入的，应自实际取得股权转让收入之日）起7日内，到被转让股权的中国居民企业所在地主管税务机关（负责该居民企业所得税征管的税务机关）申报缴纳企业所得税。非居民企业未按期如实申报的，依照税收征管法有关规定处理。

三、股权转让所得是指股权转让价减除股权成本价后的差额。

股权转让价是指股权转让人就转让的股权所收取的包括现金、非货币资产或者权益等形式的金额。如被持股企业有未分配利润或税后提存的各项基金等，股权转让人随股权一并转让该股东留存收益权的金额，不得从股权转让价中扣除。

股权成本价是指股权转让人投资入股时向中国居民企业实际交付的出资金额，或购买该项股权时向该股权的原转让人实际支付的股权转让金额。

四、在计算股权转让所得时，以非居民企业向被转让股权的中国居民企业投资时或向原投资方购买该股权时的币种计算股权转让价和股权成本价。如果同一非居民企业存在多次投资的，以首次投入资本时的币种计算股权转让价和股权成本价，以加权平均法计算股权成本价；多次投资时币种不一致的，则应按照每次投入资本当日的汇率换算成首次投资时的币种。

五、境外投资方（实际控制方）间接转让中国居民企业股权，如果被转让的境外控股公司所在国（地区）实际税负低于12．5%或者对其居民境外所得不征所得税的，应自股权转让合同签订之日起30日内，向被转让股权的中国居民企业所在地主管税务机关提供以下资料：

（一）股权转让合同或协议；

（二）境外投资方与其所转让的境外控股公司在资金、经营、购销等方面的关系；

（三）境外投资方所转让的境外控股公司的生产经营、人员、账务、财产等情况；

（四）境外投资方所转让的境外控股公司与中国居民企业在资金、经营、购销等方面的关系；

（五）境外投资方设立被转让的境外控股公司具有合理商业目的的说明；

（六）税务机关要求的其他相关资料。

六、境外投资方（实际控制方）通过滥用组织形式等安排间接转让中国居民企业股权，且不具有合理的商业目的，规避企业所得税纳税义务的，主管税务机关层报税务总局审核后可以按照经济实质对该股权转让交易重新定性，否定被用作税收安排的境外控股公司的存在。

七、非居民企业向其关联方转让中国居民企业股权，其转让价格不符合独立交易原则而减少应纳税所得额的，税务机关有权按照合理方法进行调整。

八、境外投资方（实际控制方）同时转让境内或境外多个控股公司股权的，被转让股权的中国居民企业应将整体转让合同和涉及本企业的分部合同提供给主管税务机关。如果没有分部合同的，被转让股权的中国居民企业应向主管税务机关提供被整体转让的各个控股公司的详细资料，准确划分境内被转让企业的转让价格。如果不能准确划分的，主管税务机关有权选择合理的方法对转让价格进行调整。

九、非居民企业取得股权转让所得，符合财税［2009］59 号文件规定的特殊性重组条件并选择特殊性税务处理的，应向主管税务机关提交书面备案资料，证明其符合特殊性重组规定的条件，并经省级税务机关核准。

十、本通知自 2008 年 1 月 1 日起执行。

十、企业清算所得税

财政部、国家税务总局财税［2009］60号

关于企业清算业务企业所得税处理若干问题的通知

一、企业清算的所得税处理，是指企业在不再持续经营，发生结束自身业务、处置资产、偿还债务以及向所有者分配剩余财产等经济行为时，对清算所得、清算所得税、股息分配等事项的处理。

二、下列企业应进行清算的所得税处理：

（一）按《公司法》、《企业破产法》等规定需要进行清算的企业；

（二）企业重组中需要按清算处理的企业。

三、企业清算的所得税处理包括以下内容：

（一）全部资产均应按可变现价值或交易价格，确认资产转让所得或损失；

（二）确认债权清理、债务清偿的所得或损失；

（三）改变持续经营核算原则，对预提或待摊性质的费用进行处理；

（四）依法弥补亏损，确定清算所得；

（五）计算并缴纳清算所得税；

（六）确定可向股东分配的剩余财产、应付股息等。

四、企业的全部资产可变现价值或交易价格，减除资产的计税基础、清算费用、相关税费，加上债务清偿损益等后的余额，为清算所得。

企业应将整个清算期作为一个独立的纳税年度计算清算所得。

五、企业全部资产的可变现价值或交易价格减除清算费用，职工的工资、社会保险费用和法定补偿金，结清清算所得税、以前年度欠税等税款，清偿企业债务，按规定计算可以向所有者分配的剩余资产。

被清算企业的股东分得的剩余资产的金额，其中相当于被清算企业累计未分配利润和累计盈余公积中按该股东所占股份比例计算的部分，应确认为股息所得；剩余资产减除股息所得后的余额，超过或低于股东投资成本的部分，应确认为股东的投资转让所得或损失。

被清算企业的股东从被清算企业分得的资产应按可变现价值或实际交易价格确定计税基础。

六、本通知自2008年1月1日起执行。

国家税务总局国税函［2009］388号
关于印发《中华人民共和国企业清算所得税申报表》的通知条文解读

为贯彻落实《中华人民共和国企业所得税法》及其实施条例，税务总局制定了企业清算所得税申报表及其附表。现将《中华人民共和国企业清算所得税申报表》及附表印发给你们，请各地税务机关及时做好上述报表的印制、发放、学习、培训及软件修改等工作。执行中有何问题，请及时向税务总局（所得税司）报告。

【解读】《中华人民共和国企业清算所得税申报表》及附表内容，参见附录资料《中华人民共和国企业清算所得税申报表》及附表。

十一、核定征收企业所得税

国家税务总局国税发［2008］30号
关于印发《企业所得税核定征收办法》（试行）的通知条文

一、严格按照规定的范围和标准确定企业所得税的征收方式。不得违规扩大核定征收企业所得税范围。严禁按照行业或者企业规模大小，“一刀切”地搞企业所得税核定征收。

二、按公平、公正、公开原则核定征收企业所得税。应根据纳税人的生产经营行业特点，综合考虑企业的地理位置、经营规模、收入水平、利润水平等因素，分类逐户核定应纳所得税额或者应税所得率，保证同一区域内规模相当的同类或者类似企业的所得税税负基本相当。

三、做好核定征收企业所得税的服务工作。核定征收企业所得税的工作部署与安排要考虑方便纳税人，符合纳税人的实际情况，并在规定的时限内及时办结鉴定和认定工作。

四、推进纳税人建账建制工作。税务机关应积极督促核定征收企业所得税的纳税人建账建制，改善经营管理，引导纳税人向查账征收方式过渡。对符合查账征收条件的纳税人，要及时调整征收方式，实行查账征收。

五、加强对核定征收方式纳税人的检查工作。对实行核定征收企业所得税方式的纳税人，要加大检查力度，将汇算清缴的审核检查和日常征管检查结合起来，合理确定年度稽查面，防止纳税人有意通过核定征收方式降低税负。

六、国家税务局和地方税务局密切配合。要联合开展核定征收企业所得税工作，共同确定分行业的应税所得率，共同协商确定分户的应纳所得税额，做到分属国家税务局和地方税务局管辖，生产经营地点、经营规模、经营范围基本相同的纳税人，核定的应纳所得税额和应税所得率基本一致。

企业所得税核定征收办法（试行）条文

第一条　为了加强企业所得税征收管理，规范核定征收企业所得税工作，保障国家税款及时足额入库，维护纳税人合法权益，根据《中华人民共和国企业所得税法》及其实施条例、《中华人民共和国税收征收管理法》及其实施细则的有关规定，制定本办法。

第二条　本办法适用于居民企业纳税人。

第三条　纳税人具有下列情形之一的，核定征收企业所得税：

（一）依照法律、行政法规的规定可以不设置账簿的；

（二）依照法律、行政法规的规定应当设置但未设置账簿的；

（三）擅自销毁账簿或者拒不提供纳税资料的；

（四）虽设置账簿，但账目混乱或者成本资料、收入凭证、费用凭证残缺不全，难以查账的；

（五）发生纳税义务，未按照规定的期限办理纳税申报，经税务机关责令限期申报，逾期仍不申报的；

（六）申报的计税依据明显偏低，又无正当理由的。

特殊行业、特殊类型的纳税人和一定规模以上的纳税人不适用本办法。上述特定纳税人由国家税务总局另行明确。

第四条　税务机关应根据纳税人具体情况，对核定征收企业所得税的纳税人，核定应税所得率或者核定应纳所得税额。

具有下列情形之一的，核定其应税所得率：

（一）能正确核算（查实）收入总额，但不能正确核算（查实）成本费用总额的；

（二）能正确核算（查实）成本费用总额，但不能正确核算（查实）收入总额的；

（三）通过合理方法，能计算和推定纳税人收入总额或成本费用总额的。

纳税人不属于以上情形的，核定其应纳所得税额。

第五条　税务机关采用下列方法核定征收企业所得税：

（一）参照当地同类行业或者类似行业中经营规模和收入水平相近的纳税人的税负水平核定；

（二）按照应税收入额或成本费用支出额定率核定；

（三）按照耗用的原材料、燃料、动力等推算或测算核定；

（四）按照其他合理方法核定。

采用前款所列一种方法不足以正确核定应纳税所得额或应纳税额的，可以同时采用两种以上的方法核定。采用两种以上方法测算的应纳税额不一致时，可按测算的应纳税额从高核定。

第六条　采用应税所得率方式核定征收企业所得税的，应纳所得税额计算公式如下：

应纳所得税额＝应纳税所得额×适用税率

应纳税所得额＝应税收入额×应税所得率

或：应纳税所得额＝成本（费用）支出额/（1－应税所得率）×应税所得率

第七条　实行应税所得率方式核定征收企业所得税的纳税人，经营多业的，无论其经营项目是否单独核算，均由税务机关根据其主营项目确定适用的应税所得率。

主营项目应为纳税人所有经营项目中，收入总额或者成本（费用）支出额或者耗用原材料、燃料、动力数量所占比重最大的项目。

第八条　应税所得率按下表规定的幅度标准确定：

行　业	应税所得率（%）
农、林、牧、渔业	3～10
制造业	5～15
批发和零售贸易业	4～15

交通运输业	7 ~ 15
建筑业	8 ~ 20
饮食业	8 ~ 25
娱乐业	15 ~ 30
其他行业	10 ~ 30

第九条 纳税人的生产经营范围、主营业务发生重大变化，或者应纳税所得额或应纳税额增减变化达到20%的，应及时向税务机关申报调整已确定的应纳税额或应税所得率。

第十条 主管税务机关应及时向纳税人送达《企业所得税核定征收鉴定表》（表样附后），及时完成对其核定征收企业所得税的鉴定工作。具体程序如下：

（一）纳税人应在收到《企业所得税核定征收鉴定表》后10个工作日内，填好该表并报送主管税务机关。《企业所得税核定征收鉴定表》一式三联，主管税务机关和县税务机关各执一联，另一联送达纳税人执行。主管税务机关还可根据实际工作需要，适当增加联次备用。

（二）主管税务机关应在受理《企业所得税核定征收鉴定表》后20个工作日内，分类逐户审查核实，提出鉴定意见，并报县税务机关复核、认定。

（三）县税务机关应在收到《企业所得税核定征收鉴定表》后30个工作日内，完成复核、认定工作。

纳税人收到《企业所得税核定征收鉴定表》后，未在规定期限内填列、报送的，税务机关视同纳税人已经报送，按上述程序进行复核认定。

第十一条 税务机关应在每年6月底前对上年度实行核定征收企业所得税的纳税人进行重新鉴定。重新鉴定工作完成前，纳税人可暂按上年度的核定征收方式预缴企业所得税；重新鉴定工作完成后，按重新鉴定的结果进行调整。

第十二条 主管税务机关应当分类逐户公示核定的应纳所得税额或应税所得率。主管税务机关应当按照便于纳税人及社会各界了解、监督的原则确定公示地点、方式。

纳税人对税务机关确定的企业所得税征收方式、核定的应纳所得税额或应税所得率有异议的，应当提供合法、有效的相关证据，税务机关经核实认定后调整有异议的事项。

第十三条 纳税人实行核定应税所得率方式的，按下列规定申报纳税：

（一）主管税务机关根据纳税人应纳税额的大小确定纳税人按月或者按季预缴，年终汇算清缴。预缴方法一经确定，一个纳税年度内不得改变。

（二）纳税人应依照确定的应税所得率计算纳税期间实际应缴纳的税额，进行预缴。按实际数额预缴有困难的，经主管税务机关同意，可按上一年度应纳税额的1/12或1/4预缴，或者按经主管税务机关认可的其他方法预缴。

（三）纳税人预缴税款或年终进行汇算清缴时，应按规定填写《中华人民共和国企业所得税月（季）度预缴纳税申报表（B类）》，在规定的纳税申报时限内报送主管税务机关。

第十四条 纳税人实行核定应纳所得税额方式的，按下列规定申报纳税：

（一）纳税人在应纳所得税额尚未确定之前，可暂按上年度应纳所得税额的1/12或1/4预缴，或者按经主管税务机关认可的其他方法，按月或按季分期预缴。

（二）在应纳所得税额确定以后，减除当年已预缴的所得税额，余额按剩余月份或季度均分，以此确定以后各月或各季的应纳税额，由纳税人按月或按季填写《中华人民共和国企业所得税月（季）度预缴纳税申报表（B类）》，在规定的纳税申报期限内进行纳税申报。

（三）纳税人年度终了后，在规定的时限内按照实际经营额或实际应纳税额向税务机关申报纳税。申报额超过核定经营额或应纳税额的，按申报额缴纳税款；申报额低于核定经营额或应纳税额的，按核定经营额或应纳税额缴纳税款。

第十五条　对违反本办法规定的行为，按照《中华人民共和国税收征收管理法》及其实施细则的有关规定处理。

第十六条　各省、自治区、直辖市和计划单列市国家税务局、地方税务局，根据本办法的规定联合制定具体实施办法，并报国家税务总局备案。

第十七条　本办法自2008年1月1日起执行。《国家税务总局关于印发〈核定征收企业所得税暂行办法〉的通知》（国税发［2000］38号）同时废止。

国家税务总局国税函［2009］377号
关于企业所得税核定征收若干问题的通知条文

一、国税发［2008］30号文件第三条第二款所称“特定纳税人”包括以下类型的企业：

（一）享受《中华人民共和国企业所得税法》及其实施条例和国务院规定的一项或几项企业所得税优惠政策的企业（不包括仅享受《中华人民共和国企业所得税法》第二十六条规定免税收入优惠政策的企业）；

（二）汇总纳税企业；

（三）上市公司；

（四）银行、信用社、小额贷款公司、保险公司、证券公司、期货公司、信托投资公司、金融资产管理公司、融资租赁公司、担保公司、财务公司、典当公司等金融企业；

（五）会计、审计、资产评估、税务、房地产估价、土地估价、工程造价、律师、价格鉴证、公证机构、基层法律服务机构、专利代理、商标代理以及其他经济鉴证类社会中介机构；

（六）国家税务总局规定的其他企业。

对上述规定之外的企业，主管税务机关要严格按照规定的范围和标准确定企业所得税的征收方式，不得违规扩大核定征收企业所得税范围；对其中达不到查账征收条件的企业核定征收企业所得税，并促使其完善会计核算和财务管理，达到查账征收条件后要及时转为查账征收。

二、国税发［2008］30号文件第六条中的“应税收入额”等于收入总额减去不征税收入和免税收入后的余额。用公式表示为：

应税收入额＝收入总额－不征税收入－免税收入

其中，收入总额为企业以货币形式和非货币形式从各种来源取得的收入。

三、本通知从2009年1月1日起执行。

十二、企业重组所得税管理

财政部、国家税务总局财税［2009］59号
关于企业重组业务企业所得税处理若干问题的通知条文

一、本通知所称企业重组，是指企业在日常经营活动以外发生的法律结构或经济结构重大改变的交易，包括企业法律形式改变、债务重组、股权收购、资产收购、合并、分立等。

（一）企业法律形式改变，是指企业注册名称、住所以及企业组织形式等的简单改变，但符合本通知规定其他重组的类型除外。

（二）债务重组，是指在债务人发生财务困难的情况下，债权人按照其与债务人达成的书面协议或者法院裁定书，就其债务人的债务作出让步的事项。

（三）股权收购，是指一家企业（以下称为收购企业）购买另一家企业（以下称为被收购企业）的股权，以实现对被收购企业控制的交易。收购企业支付对价的形式包括股权支付、非股权支付或两者的组合。

（四）资产收购，是指一家企业（以下称为受让企业）购买另一家企业（以下称为转让企业）实质经营性资产的交易。受让企业支付对价的形式包括股权支付、非股权支付或两者的组合。

（五）合并，是指一家或多家企业（以下称为被合并企业）将其全部资产和负债转让给另一家现存或新设企业（以下称为合并企业），被合并企业股东换取合并企业的股权或非股权支付，实现两个或两个以上企业的依法合并。

（六）分立，是指一家企业（以下称为被分立企业）将部分或全部资产分离转让给现存或新设的企业（以下称为分立企业），被分立企业股东换取分立企业的股权或非股权支付，实现企业的依法分立。

二、本通知所称股权支付，是指企业重组中购买、换取资产的一方支付的对价中，以本企业或其控股企业的股权、股份作为支付的形式；所称非股权支付，是指以本企业的现金、银行存款、应收款项、本企业或其控股企业股权和股份以外的有价证券、存货、固定资产、其他资产以及承担债务等作为支付的形式。

三、企业重组的税务处理区分不同条件分别适用一般性税务处理规定和特殊性税务处理规定。

四、企业重组，除符合本通知规定适用特殊性税务处理规定的外，按以下规定进行税务处理：

（一）企业由法人转变为个人独资企业、合伙企业等非法人组织，或将登记注册地转移至中华人民共和国境外（包括港澳台地区），应视同企业进行清算、分配，股东重新投资成立新企业。企业的全部资产以及股东投资的计税基础均应以公允价值为基础

确定。

企业发生其他法律形式简单改变的，可直接变更税务登记，除另有规定外，有关企业所得税纳税事项（包括亏损结转、税收优惠等权益和义务）由变更后企业承继，但因住所发生变化而不符合税收优惠条件的除外。

（二）企业债务重组，相关交易应按以下规定处理：

1. 以非货币资产清偿债务，应当分解为转让相关非货币性资产、按非货币性资产公允价值清偿债务两项业务，确认相关资产的所得或损失。

2. 发生债权转股权的，应当分解为债务清偿和股权投资两项业务，确认有关债务清偿所得或损失。

3. 债务人应当按照支付的债务清偿额低于债务计税基础的差额，确认债务重组所得；债权人应当按照收到的债务清偿额低于债权计税基础的差额，确认债务重组损失。

4. 债务人的相关所得税纳税事项原则上保持不变。

（三）企业股权收购、资产收购重组交易，相关交易应按以下规定处理：

1. 被收购方应确认股权、资产转让所得或损失。

2. 收购方取得股权或资产的计税基础应以公允价值为基础确定。

3. 被收购企业的相关所得税事项原则上保持不变。

（四）企业合并，当事各方应按下列规定处理：

1. 合并企业应按公允价值确定接受被合并企业各项资产和负债的计税基础。

2. 被合并企业及其股东都应按清算进行所得税处理。

3. 被合并企业的亏损不得在合并企业结转弥补。

（五）企业分立，当事各方应按下列规定处理：

1. 被分立企业对分立出去资产应按公允价值确认资产转让所得或损失。

2. 分立企业应按公允价值确认接受资产的计税基础。

3. 被分立企业继续存在时，其股东取得的对价应视同被分立企业分配进行处理。

4. 被分立企业不再继续存在时，被分立企业及其股东都应按清算进行所得税处理。

5. 企业分立相关企业的亏损不得相互结转弥补。

五、企业重组同时符合下列条件的，适用特殊性税务处理规定：

（一）具有合理的商业目的，且不以减少、免除或者推迟缴纳税款为主要目的。

（二）被收购、合并或分立部分的资产或股权比例符合本通知规定的比例。

（三）企业重组后的连续 12 个月内不改变重组资产原来的实质性经营活动。

（四）重组交易对价中涉及股权支付金额符合本通知规定比例。

（五）企业重组中取得股权支付的原主要股东，在重组后连续 12 个月内，不得转让所取得的股权。

六、企业重组符合本通知第五条规定条件的，交易各方对其交易中的股权支付部分，可以按以下规定进行特殊性税务处理：

（一）企业债务重组确认的应纳税所得额占该企业当年应纳税所得额 50% 以上，可以在 5 个纳税年度的期间内，均匀计入各年度的应纳税所得额。

企业发生债权转股权业务，对债务清偿和股权投资两项业务暂不确认有关债务清偿所得或损失，股权投资的计税基础以原债权的计税基础确定。企业的其他相关所得税事项保持不变。

（二）股权收购，收购企业购买的股权不低于被收购企业全部股权的75%，且收购企业在该股权收购发生时的股权支付金额不低于其交易支付总额的85%，可以选择按以下规定处理：

1. 被收购企业的股东取得收购企业股权的计税基础，以被收购股权的原有计税基础确定。

2. 收购企业取得被收购企业股权的计税基础，以被收购股权的原有计税基础确定。

3. 收购企业、被收购企业的原有各项资产和负债的计税基础和其他相关所得税事项保持不变。

（三）资产收购，受让企业收购的资产不低于转让企业全部资产的75%，且受让企业在该资产收购发生时的股权支付金额不低于其交易支付总额的85%，可以选择按以下规定处理：

1. 转让企业取得受让企业股权的计税基础，以被转让资产的原有计税基础确定。

2. 受让企业取得转让企业资产的计税基础，以被转让资产的原有计税基础确定。

（四）企业合并，企业股东在该企业合并发生时取得的股权支付金额不低于其交易支付总额的85%，以及同一控制下且不需要支付对价的企业合并，可以选择按以下规定处理：

1. 合并企业接受被合并企业资产和负债的计税基础，以被合并企业的原有计税基础确定。

2. 被合并企业合并前的相关所得税事项由合并企业承继。

3. 可由合并企业弥补的被合并企业亏损的限额＝被合并企业净资产公允价值×截至合并业务发生当年年末国家发行的最长期限的国债利率。

4. 被合并企业股东取得合并企业股权的计税基础，以其原持有的被合并企业股权的计税基础确定。

（五）企业分立，被分立企业所有股东按原持股比例取得分立企业的股权，分立企业和被分立企业均不改变原来的实质经营活动，且被分立企业股东在该企业分立发生时取得的股权支付金额不低于其交易支付总额的85%，可以选择按以下规定处理：

1. 分立企业接受被分立企业资产和负债的计税基础，以被分立企业的原有计税基础确定。

2. 被分立企业已分立出去资产相应的所得税事项由分立企业承继。

3. 被分立企业未超过法定弥补期限的亏损额可按分立资产占全部资产的比例进行分配，由分立企业继续弥补。

4. 被分立企业的股东取得分立企业的股权（以下简称“新股”），如需部分或全部放弃原持有的被分立企业的股权（以下简称“旧股”），“新股”的计税基础应以放弃“旧股”的计税基础确定。如不需放弃“旧股”，则其取得“新股”的计税基础可从以下两种方法中选择确定：直接将“新股”的计税基础确定为零；或者以被分立企业分立出去的净资产占被分立企业全部净资产的比例先调减原持有的“旧股”的计税基础，再将调减的计税基础平均分配到“新股”上。

（六）重组交易各方按本条（一）至（五）项规定对交易中股权支付暂不确认有关资产的转让所得或损失的，其非股权支付仍应在交易当期确认相应的资产转让所得或损失，并调整相应资产的计税基础。

非股权支付对应的资产转让所得或损失 =（被转让资产的公允价值 - 被转让资产的计税基础）×（非股权支付金额 ÷ 被转让资产的公允价值）

七、企业发生涉及中国境内与境外之间（包括港澳台地区）的股权和资产收购交易，除应符合本通知第五条规定的条件外，还应同时符合下列条件，才可选择适用特殊性税务处理规定：

（一）非居民企业向其100%直接控股的另一非居民企业转让其拥有的居民企业股权，没有因此造成以后该项股权转让所得预提税负担变化，且转让方非居民企业向主管税务机关书面承诺在3年（含3年）内不转让其拥有受让方非居民企业的股权；

（二）非居民企业向与其具有100%直接控股关系的居民企业转让其拥有的另一居民企业股权；

（三）居民企业以其拥有的资产或股权向其100%直接控股的非居民企业进行投资；

（四）财政部、国家税务总局核准的其他情形。

八、本通知第七条第（三）项所指的居民企业以其拥有的资产或股权向其100%直接控股关系的非居民企业进行投资，其资产或股权转让收益如选择特殊性税务处理，可以在10个纳税年度内均匀计入各年度应纳税所得额。

九、在企业吸收合并中，合并后的存续企业性质及适用税收优惠的条件未发生改变的，可以继续享受合并前该企业剩余期限的税收优惠，其优惠金额按存续企业合并前一年的应纳税所得额（亏损计为零）计算。

在企业存续分立中，分立后的存续企业性质及适用税收优惠的条件未发生改变的，可以继续享受分立前该企业剩余期限的税收优惠，其优惠金额按该企业分立前一年的应纳税所得额（亏损计为零）乘以分立后存续企业资产占分立前该企业全部资产的比例计算。

十、企业在重组发生前后连续12个月内分步对其资产、股权进行交易，应根据实质重于形式原则将上述交易作为一项企业重组交易进行处理。

十一、企业发生符合本通知规定的特殊性重组条件并选择特殊性税务处理的，当事各方应在该重组业务完成当年企业所得税年度申报时，向主管税务机关提交书面备案资料，证明其符合各类特殊性重组规定的条件。企业未按规定书面备案的，一律不得按特殊重组业务进行税务处理。

十二、对企业在重组过程中涉及的需要特别处理的企业所得税事项，由国务院财政、税务主管部门另行规定。

十三、本通知自2008年1月1日起执行。

十三、房地产企业所得税管理

国家税务总局国税函［2008］299号
关于房地产开发企业所得税预缴问题的通知条文

一、房地产开发企业按当年实际利润据实分季（或月）预缴企业所得税的，对开发、建造的住宅、商业用房以及其他建筑物、附着物、配套设施等开发产品，在未完工前采取预售方式销售取得的预售收入，按照规定的预计利润率分季（或月）计算出预计利润额，计入利润总额预缴，开发产品完工、结算计税成本后按照实际利润再行调整。

二、预计利润率暂按以下规定的标准确定：

（一）非经济适用房开发项目

1. 位于省、自治区、直辖市和计划单列市人民政府所在地城区和郊区的，不得低于20%。

2. 位于地级市、地区、盟、州城区及郊区的，不得低于15%。

3. 位于其他地区的，不得低于10%。

（二）经济适用房开发项目

经济适用房开发项目符合建设部、国家发展改革委员会、国土资源部、中国人民银行《关于印发<经济适用房管理办法>的通知》（建住房［2004］77号）等有关规定的，不得低于3%。

三、房地产开发企业按当年实际利润据实预缴企业所得税的，对开发、建造的住宅、商业用房以及其他建筑物、附着物、配套设施等开发产品，在未完工前采取预售方式销售取得的预售收入，按照规定的预计利润率分季（或月）计算出预计利润额，填报在《中华人民共和国企业所得税月（季）度预缴纳税申报表（A类）》（国税函［2008］44号文件附件1）第4行“利润总额”内。

四、房地产开发企业对经济适用房项目的预售收入进行初始纳税申报时，必须附送有关部门批准经济适用房项目开发、销售的文件以及其他相关证明材料。凡不符合规定或未附送有关部门的批准文件以及其他相关证明材料的，一律按销售非经济适用房的规定执行。

五、本通知适用于从事房地产开发经营业务的居民纳税人。

六、本通知自2008年1月1日起执行。已按原预计利润率办理完毕2008年一季度预缴的外商投资房地产开发企业，从二季度起按本通知执行。

国家税务总局国税发［2009］31号
关于印发《房地产开发经营业务企业所得税处理办法》的通知条文

第一章 总 则

第一条 根据《中华人民共和国企业所得税法》及其实施条例、《中华人民共和国税收征收管理法》及其实施细则等有关税收法律、行政法规的规定，制定本办法。

第二条 本办法适用于中国境内从事房地产开发经营业务的企业（以下简称企业）。

第三条 企业房地产开发经营业务包括土地的开发，建造、销售住宅、商业用房以及其他建筑物、附着物、配套设施等开发产品。除土地开发之外，其他开发产品符合下列条件之一的，应视为已经完工：

（一）开发产品竣工证明材料已报房地产管理部门备案。

（二）开发产品已开始投入使用。

（三）开发产品已取得了初始产权证明。

第四条 企业出现《中华人民共和国税收征收管理法》第三十五条规定的情形，税务机关可对其以往应缴的企业所得税按核定征收方式进行征收管理，并逐步规范，同时按《中华人民共和国税收征收管理法》等税收法律、行政法规的规定进行处理，但不得事先确定企业的所得税按核定征收方式进行征收、管理。

第二章 收入的税务处理

第五条 开发产品销售收入的范围为销售开发产品过程中取得的全部价款，包括现金、现金等价物及其他经济利益。企业代有关部门、单位和企业收取的各种基金、费用和附加等，凡纳入开发产品价内或由企业开具发票的，应按规定全部确认为销售收入；未纳入开发产品价内并由企业之外的其他收取部门、单位开具发票的，可作为代收代缴款项进行管理。

第六条 企业通过正式签订《房地产销售合同》或《房地产预售合同》所取得的收入，应确认为销售收入的实现，具体按以下规定确认：

（一）采取一次性全额收款方式销售开发产品的，应于实际收讫价款或取得索取价款凭据（权利）之日，确认收入的实现。

（二）采取分期收款方式销售开发产品的，应按销售合同或协议约定的价款和付款日确认收入的实现。付款方提前付款的，在实际付款日确认收入的实现。

（三）采取银行按揭方式销售开发产品的，应按销售合同或协议约定的价款确定收入额，其首付款应于实际收到日确认收入的实现，余款在银行按揭贷款办理转账之日确认收入的实现。

（四）采取委托方式销售开发产品的，应按以下原则确认收入的实现：

1. 采取支付手续费方式委托销售开发产品的，应按销售合同或协议中约定的价款于收到受托方已销开发产品清单之日确认收入的实现。

2. 采取视同买断方式委托销售开发产品的，属于企业与购买方签订销售合同或协议，或企业、受托方、购买方三方共同签订销售合同或协议的，如果销售合同或协议中约定的价格高于买断价格，则应按销售合同或协议中约定的价格计算的价款于收到受托方已销开发产品清单之日确认收入的实现；如果属于前两种情况中销售合同或协议中约定的价格低于买断价格，以及属于受托方与购买方签订销售合同或协议的，则应按买断价格计算的价款于收到受托方已销开发产品清单之日确认收入的实现。

3. 采取基价（保底价）并实行超基价双方分成方式委托销售开发产品的，属于由企业与购买方签订销售合同或协议，或企业、受托方、购买方三方共同签订销售合同或协议的，如果销售合同或协议中约定的价格高于基价，则应按销售合同或协议中约定的价格计算的价款于收到受托方已销开发产品清单之日确认收入的实现，企业按规定支付受托方的分成额，不得直接从销售收入中减除；如果销售合同或协议约定的价格低于基价的，则应按基价计算的价款于收到受托方已销开发产品清单之日确认收入的实现。属于由受托方与购买方直接签订销售合同的，则应按基价加上按规定取得的分成额于收到受托方已销开发产品清单之日确认收入的实现。

4. 采取包销方式委托销售开发产品的，包销期内可根据包销合同的有关约定，参照上述 1 至 3 项规定确认收入的实现；包销期满后尚未出售的开发产品，企业应根据包销合同或协议约定的价款和付款方式确认收入的实现。

第七条　企业将开发产品用于捐赠、赞助、职工福利、奖励、对外投资、分配给股东或投资人、抵偿债务、换取其他企事业单位和个人的非货币性资产等行为，应视同销售，于开发产品所有权或使用权转移，或于实际取得利益权利时确认收入（或利润）的实现。确认收入（或利润）的方法和顺序为：

（一）按本企业近期或本年度最近月份同类开发产品市场销售价格确定；

（二）由主管税务机关参照当地同类开发产品市场公允价值确定；

（三）按开发产品的成本利润率确定。开发产品的成本利润率不得低于 15%，具体比例由主管税务机关确定。

第八条　企业销售未完工开发产品的计税毛利率由各省、自治、直辖市国家税务局、地方税务局按下列规定进行确定：

（一）开发项目位于省、自治区、直辖市和计划单列市人民政府所在地城市城区和郊区的，不得低于 15%。

（二）开发项目位于地及地级市城区及郊区的，不得低于 10%。

（三）开发项目位于其他地区的，不得低于 5%。

（四）属于经济适用房、限价房和危改房的，不得低于 3%。

第九条　企业销售未完工开发产品取得的收入，应先按预计计税毛利率分季（或月）计算出预计毛利额，计入当期应纳税所得额。开发产品完工后，企业应及时结算其计税成本并计算此前销售收入的实际毛利额，同时将其实际毛利额与其对应的预计毛利额之间的差额，计入当年度企业本项目与其他项目合并计算的应纳税所得额。

在年度纳税申报时，企业须出具对该项开发产品实际毛利额与预计毛利额之间差异调整情况的报告以及税务机关需要的其他相关资料。

第十条　企业新建的开发产品在尚未完工或办理房地产初始登记、取得产权证前，与承租人签订租赁预约协议的，自开发产品交付承租人使用之日起，出租方取得的预租价款按租金确认收入的实现。

第三章　成本、费用扣除的税务处理

第十一条　企业在进行成本、费用的核算与扣除时，必须按规定区分期间费用和开发产品计税成本、已销开发产品计税成本与未销开发产品计税成本。

第十二条　企业发生的期间费用、已销开发产品计税成本、营业税金及附加、土地增值税准予当期按规定扣除。

第十三条　开发产品计税成本的核算应按第四章的规定进行处理。

第十四条　已销开发产品的计税成本，按当期已实现销售的可售面积和可售面积单位工程成本确认。可售面积单位工程成本和已销开发产品的计税成本按下列公式计算确定：

可售面积单位工程成本＝成本对象总成本÷成本对象总可售面积

已销开发产品的计税成本＝已实现销售的可售面积×可售面积单位工程成本

第十五条　企业对尚未出售的已完工开发产品和按照有关法律、法规或合同规定对已售开发产品（包括共用部位、共用设施设备）进行日常维护、保养、修理等实际发生的维修费用，准予在当期据实扣除。

第十六条　企业将已计入销售收入的共用部位、共用设施设备维修基金按规定移交给有关部门、单位的，应于移交时扣除。

第十七条　企业在开发区内建造的会所、物业管理场所、电站、热力站、水厂、文体场馆、幼儿园等配套设施，按以下规定进行处理：

（一）属于非营利性且产权属于全体业主的，或无偿赠与地方政府、公用事业单位的，可将其视为公共配套设施，其建造费用按公共配套设施费的有关规定进行处理。

（二）属于营利性的，或产权归企业所有的，或未明确产权归属的，或无偿赠与地方政府、公用事业单位以外其他单位的，应当单独核算其成本。除企业自用应按建造固定资产进行处理外，其他一律按建造开发产品进行处理。

第十八条　企业在开发区内建造的邮电通讯、学校、医疗设施应单独核算成本，其中，由企业与国家有关业务管理部门、单位合资建设，完工后有偿移交的，国家有关业务管理部门、单位给予的经济补偿可直接抵扣该项目的建造成本，抵扣后的差额应调整当期应纳税所得额。

第十九条　企业采取银行按揭方式销售开发产品的，凡约定企业为购买方的按揭贷款提供担保的，其销售开发产品时向银行提供的保证金（担保金）不得从销售收入中减除，也不得作为费用在当期税前扣除，但实际发生损失时可据实扣除。

第二十条　企业委托境外机构销售开发产品的，其支付境外机构的销售费用（含佣金或手续费）不超过委托销售收入10%的部分，准予据实扣除。

第二十一条　企业的利息支出按以下规定进行处理：

（一）企业为建造开发产品借入资金而发生的符合税收规定的借款费用，可按企业会计准则的规定进行归集和分配，其中属于财务费用性质的借款费用，可直接在税前扣除。

（二）企业集团或其成员企业统一向金融机构借款分摊集团内部其他成员企业使用的，借入方凡能出具从金融机构取得借款的证明文件，可以在使用借款的企业间合理的分摊利息费用，使用借款的企业分摊的合理利息准予在税前扣除。

第二十二条　企业因国家无偿收回土地使用权而形成的损失，可作为财产损失按有关规定在税前扣除。

第二十三条　企业开发产品（以成本对象为计量单位）整体报废或毁损，其净损失按有关规定审核确认后准予在税前扣除。

第二十四条　企业开发产品转为自用的，其实际使用时间累计未超过12个月又销售的，不得在税前扣除折旧费用。

第四章　计税成本的核算

第二十五条　计税成本是指企业在开发、建造开发产品（包括固定资产，下同）过程中所发生的按照税收规定进行核算与计量的应归入某项成本对象的各项费用。

第二十六条　成本对象是指为归集和分配开发产品开发、建造过程中的各项耗费而确定的费用承担项目。计税成本对象的确定原则如下：

（一）可否销售原则。开发产品能够对外经营销售的，应作为独立的计税成本对象进行成本核算；不能对外经营销售的，可先作为过渡性成本对象进行归集，然后再将其相关成本摊入能够对外经营销售的成本对象。

（二）分类归集原则。对同一开发地点、竣工时间相近、产品结构类型没有明显差异的群体开发的项目，可作为一个成本对象进行核算。

（三）功能区分原则。开发项目某组成部分相对独立，且具有不同使用功能时，可以作为独立的成本对象进行核算。

（四）定价差异原则。开发产品因其产品类型或功能不同等而导致其预期售价存在较大差异的，应分别作为成本对象进行核算。

（五）成本差异原则。开发产品因建筑上存在明显差异可能导致其建造成本出现较大差异的，要分别作为成本对象进行核算。

（六）权益区分原则。开发项目属于受托代建的或多方合作开发的，应结合上述原则分别划分成本对象进行核算。

成本对象由企业在开工之前合理确定，并报主管税务机关备案。成本对象一经确定，不能随意更改或相互混淆，如确需改变成本对象的，应征得主管税务机关同意。

第二十七条　开发产品计税成本支出的内容如下：

（一）土地征用费及拆迁补偿费。指为取得土地开发使用权（或开发权）而发生的各项费用，主要包括土地买价或出让金、大市政配套费、契税、耕地占用税、土地使用费、土地闲置费、土地变更用途和超面积补交的地价及相关税费、拆迁补偿支出、安置及动迁支出、回迁房建造支出、农作物补偿费、危房补偿费等。

（二）前期工程费。指项目开发前期发生的水文地质勘察、测绘、规划、设计、可行性研究、筹建、场地通平等前期费用。

（三）建筑安装工程费。指开发项目开发过程中发生的各项建筑安装费用。主要包括开发项目建筑工程费和开发项目安装工程费等。

（四）基础设施建设费。指开发项目在开发过程中所发生的各项基础设施支出，主要包括开发项目内道路、供水、供电、供气、排污、排洪、通讯、照明等社区管网工程费和环境卫生、园林绿化等园林环境工程费。

（五）公共配套设施费：指开发项目内发生的、独立的、非营利性的，且产权属于全体业主的，或无偿赠与地方政府、政府公用事业单位的公共配套设施支出。

（六）开发间接费。指企业为直接组织和管理开发项目所发生的，且不能将其归属于特定成本对象的成本费用性支出。主要包括管理人员工资、职工福利费、折旧费、修理费、办公费、水电费、劳动保护费、工程管理费、周转房摊销以及项目营销设施建造费等。

第二十八条　企业计税成本核算的一般程序如下：

（一）对当期实际发生的各项支出，按其性质、经济用途及发生的地点、时间区进行整理、归类，并将其区分为应计入成本对象的成本和应在当期税前扣除的期间费用。同时还应按规定对在有关预提费用和待摊费用进行计量与确认。

（二）对应计入成本对象中的各项实际支出、预提费用、待摊费用等合理的划分为直接成本、间接成本和共同成本，并按规定将其合理的归集、分配至已完工成本对象、在建成本对象和未建成本对象。

（三）对期前已完工成本对象应负担的成本费用按已销开发产品、未销开发产品和固定资产进行分配，其中应由已销开发产品负担的部分，在当期纳税申报时进行扣除，未销开发产品应负担的成本费用待其实际销售时再予扣除。

（四）对本期已完工成本对象分类为开发产品和固定资产并对其计税成本进行结算。其中属于开发产品的，应按可售面积计算其单位工程成本，据此再计算已销开发产品计税成本和未销开发产品计税成本。对本期已销开发产品的计税成本，准予在当期扣除，未销开发产品计税成本待其实际销售时再予扣除。

（五）对本期未完工和尚未建造的成本对象应当负担的成本费用，应按分别建立明细台账，待开发产品完工后再予结算。

第二十九条　企业开发、建造的开发产品应按制造成本法进行计量与核算。其中，应计入开发产品成本中的费用属于直接成本和能够分清成本对象的间接成本，直接计入成本对象，共同成本和不能分清负担对象的间接成本，应按受益的原则和配比的原则分配至各成本对象，具体分配方法可按以下规定选择其一：

（一）占地面积法。指按已动工开发成本对象占地面积占开发用地总面积的比例进行分配。

1. 一次性开发的，按某一成本对象占地面积占全部成本对象占地总面积的比例进行分配。

2. 分期开发的，首先按本期全部成本对象占地面积占开发用地总面积的比例进行分配，然后再按某一成本对象占地面积占期内全部成本对象占地总面积的比例进行分配。

期内全部成本对象应负担的占地面积为期内开发用地占地面积减除应由各期成本对象共同负担的占地面积。

（二）建筑面积法。指按已动工开发成本对象建筑面积占开发用地总建筑面积的比例进行分配。

1. 一次性开发的，按某一成本对象建筑面积占全部成本对象建筑面积的比例进行分配。

2. 分期开发的，首先按期内成本对象建筑面积占开发用地计划建筑面积的比例进行分配，然后再按某一成本对象建筑面积占期内成本对象总建筑面积的比例进行分配。

（三）直接成本法。指按期内某一成本对象的直接开发成本占期内全部成本对象直接开发成本的比例进行分配。

（四）预算造价法。指按期内某一成本对象预算造价占期内全部成本对象预算造价的比例进行分配。

第三十条　企业下列成本应按以下方法进行分配：

（一）土地成本，一般按占地面积法进行分配。如果确需结合其他方法进行分配的，应商税务机关同意。

土地开发同时连结房地产开发的，属于一次性取得土地分期开发房地产的情况，其土地开发成本经商税务机关同意后可先按土地整体预算成本进行分配，待土地整体开发完毕再行调整。

（二）单独作为过渡性成本对象核算的公共配套设施开发成本，应按建筑面积法进行分配。

（三）借款费用属于不同成本对象共同负担的，按直接成本法或按预算造价法进行分配。

（四）其他成本项目的分配法由企业自行确定。

第三十一条　企业以非货币交易方式取得土地使用权的，应按下列规定确定其成本：

（一）企业、单位以换取开发产品为目的，将土地使用权投资企业的，按下列规定进行处理：

1. 换取的开发产品如为该项土地开发、建造的，接受投资的企业在接受土地使用权时暂不确认其成本，待首次分出开发产品时，再按应分出开发产品（包括首次分出的和以后应分出的）的市场公允价值和土地使用权转移过程中应支付的相关税费计算确认该项土地使用权的成本。如涉及补价，土地使用权的取得成本还应加上应支付的补价款或减除应收到的补价款。

2. 换取的开发产品如为其他土地开发、建造的，接受投资的企业在投资交易发生时，按应付出开发产品市场公允价值和土地使用权转移过程中应支付的相关税费计算确认该项土地使用权的成本。如涉及补价，土地使用权的取得成本还应加上应支付的补价款或减除应收到的补价款。

（二）企业、单位以股权的形式，将土地使用权投资企业的，接受投资的企业应在投资交易发生时，按该项土地使用权的市场公允价值和土地使用权转移过程中应支付的相关税费计算确认该项土地使用权的取得成本。如涉及补价，土地使用权的取得成本还应加上应支付的补价款或减除应收到的补价款。

第三十二条　除以下几项预提（应付）费用外，计税成本均应为实际发生的成本。

（一）出包工程未最终办理结算而未取得全额发票的，在证明资料充分的前提下，其发票不足金额可以预提，但最高不得超过合同总金额的10%。

（二）公共配套设施尚未建造或尚未完工的，可按预算造价合理预提建造费用。此类公共配套设施必须符合已在售房合同、协议或广告、模型中明确承诺建造且不可撤销，或按照法律法规规定必须配套建造的条件。

（三）应向政府上交但尚未上交的报批报建费用、物业完善费用可以按规定预提。

物业完善费用是指按规定应由企业承担的物业管理基金、公建维修基金或其他专项基金。

第三十三条　企业单独建造的停车场所，应作为成本对象单独核算。利用地下基础设施形成的停车场所，作为公共配套设施进行处理。

第三十四条　企业在结算计税成本时其实际发生的支出应当取得但未取得合法凭据的，不得计入计税成本，待实际取得合法凭据时，再按规定计入计税成本。

第三十五条　开发产品完工以后，企业可在完工年度企业所得税汇算清缴前选择确定计税成本核算的终止日，不得滞后。凡已完工开发产品在完工年度未按规定结算计税成本，主管税务机关有权确定或核定其计税成本，据此进行纳税调整，并按《中华人民共和国税收征收管理法》的有关规定对其进行处理。

第五章　特定事项的税务处理

第三十六条　企业以本企业为主体联合其他企业、单位、个人合作或合资开发房地产项目，且该项目未成立独立法人公司的，按下列规定进行处理：

（一）凡开发合同或协议中约定向投资各方（即合作、合资方，下同）分配开发产品的，企业在首次分配开发产品时，如该项目已经结算计税成本，其应分配给投资方开发产品的计税成本与其投资额之间的差额计入当期应纳税所得额；如未结算计税成本，则将投资方的投资额视同销售收入进行相关的税务处理。

（二）凡开发合同或协议中约定分配项目利润的，应按以下规定进行处理：

1. 企业应将该项目形成的营业利润额并入当期应纳税所得额统一申报缴纳企业所得税，不得在税前分配该项目的利润。同时不能因接受投资方投资额而在成本中摊销或在税前扣除相关的利息支出。

2. 投资方取得该项目的营业利润应视同股息、红利进行相关的税务处理。

第三十七条　企业以换取开发产品为目的，将土地使用权投资其他企业房地产开发项目的，按以下规定进行处理：

企业应在首次取得开发产品时，将其分解为转让土地使用权和购入开发产品两项经济业务进行所得税处理，并按应从该项目取得的开发产品（包括首次取得的和以后应取得的）的市场公允价值计算确认土地使用权转让所得或损失。

第六章　附　则

第三十八条　从事房地产开发经营业务的外商投资企业在 2007 年 12 月 31 日前存有销售未完工开发产品取得的收入，至该项开发产品完工后，一律按本办法第九条规定的办法进行税务处理。

第三十九条　本通知自 2008 年 1 月 1 日起执行。

十四、税收协定执行文件

国家税务总局国税函［2009］507号
关于执行税收协定特许权使用费条款有关问题的通知条文

一、凡税收协定特许权使用费定义中明确包括使用工业、商业、科学设备收取的款项（即我国税法有关租金所得）的，有关所得应适用税收协定特许权使用费条款的规定。税收协定对此规定的税率低于税收法律规定税率的，应适用税收协定规定的税率。

上述规定不适用于使用不动产产生的所得，使用不动产产生的所得适用税收协定不动产条款的规定。

二、税收协定特许权使用费条款定义中所列举的有关工业、商业或科学经验的情报应理解为专有技术，一般是指进行某项产品的生产或工序复制所必需的、未曾公开的、具有专有技术性质的信息或资料（以下简称专有技术）。

三、与专有技术有关的特许权使用费一般涉及技术许可方同意将其未公开的技术许可给另一方，使另一方能自由使用，技术许可方通常不亲自参与技术受让方对被许可技术的具体实施，并且不保证实施的结果。被许可的技术通常已经存在，但也包括应技术受让方的需求而研发后许可使用并在合同中列有保密等使用限制的技术。

四、在服务合同中，如果服务提供方提供服务过程中使用了某些专门知识和技术，但并不转让或许可这些技术，则此类服务不属于特许权使用费范围。但如果服务提供方提供服务形成的成果属于税收协定特许权使用费定义范围，并且服务提供方仍保有该项成果的所有权，服务接受方对此成果仅有使用权，则此类服务产生的所得，适用税收协定特许权使用费条款的规定。

五、在转让或许可专有技术使用权过程中如技术许可方派人员为该项技术的使用提供有关支持、指导等服务并收取服务费，无论是单独收取还是包括在技术价款中，均应视为特许权使用费，适用税收协定特许权使用费条款的规定。但如上述人员的服务已构成常设机构，则对服务部分的所得应适用税收协定营业利润条款的规定。如果纳税人不能准确计算应归属常设机构的营业利润，则税务机关可根据税收协定常设机构利润归属原则予以确定。

六、下列款项或报酬不应是特许权使用费，应为劳务活动所得：

（一）单纯货物贸易项下作为售后服务的报酬；

（二）产品保证期内卖方为买方提供服务所取得的报酬；

（三）专门从事工程、管理、咨询等专业服务的机构或个人提供的相关服务所取得的款项；

（四）国家税务总局规定的其他类似报酬。

上述劳务所得通常适用税收协定营业利润条款的规定，但个别税收协定对此另有特殊规定的除外（如中英税收协定专门列有技术费条款）。

七、税收协定特许权使用费条款的规定应仅适用于缔约对方居民受益所有人，第三国设在缔约对方的常设机构从我国境内取得的特许权使用费应适用该第三国与我国的税收协定的规定；我国居民企业设在缔约对方的常设机构不属于对方居民，不应作为对方居民适用税收协定特许权使用费条款的规定；由位于我国境内的外国企业的机构、场所或常设机构负担并支付给与我国签有税收协定的缔约对方居民的特许权使用费，适用我国与该缔约国税收协定特许权使用费条款的规定。

八、本通知于2009年10月1日起执行。各地应按本通知规定做好税收协定特许权使用费条款的执行工作，并将执行中遇到的问题及时报告税务总局。

国家税务总局国税发［2009］124号
关于印发非居民享受税收协定待遇管理办法（试行）的通知条文

第一章　总　则

第一条　为了规范和加强非居民享受税收协定待遇的管理，根据《中华人民共和国个人所得税法》及其实施条例、《中华人民共和国企业所得税法》及其实施条例、《中华人民共和国税收征收管理法》（以下称征管法）及其实施细则（以下统称国内税收法律规定）和中华人民共和国政府对外签署的避免双重征税协定（含与香港、澳门特别行政区签署的税收安排，以下统称税收协定）的有关规定，制定本办法。

第二条　在中国发生纳税义务的非居民需要享受税收协定待遇的，适用本办法，税收协定国际运输条款规定的待遇除外。

本办法所称税收协定待遇是指按照税收协定可以减轻或者免除按照国内税收法律规定应该履行的纳税义务。

第三条　非居民需要享受税收协定待遇的，应按照本办法规定办理审批或备案手续。凡未办理审批或备案手续的，不得享受有关税收协定待遇。

第四条　税务机关应为纳税人提供优质和高效服务，及时通过电话、面谈、网络、函件等多种方式解答有关非居民享受税收协定待遇的税务咨询。

第五条　本办法所称非居民是指，按有关国内税收法律规定或税收协定不属于中国税收居民的纳税人（含非居民企业和非居民个人）。

第六条　本办法所称主管税务机关是指，对非居民在中国的纳税义务，按税收法律规定负有征管职责的国家税务局或地方税务局。

第二章　审批申请和备案报告

第七条　非居民需要享受以下税收协定条款规定的税收协定待遇的，应向主管税务机关或者有权审批的税务机关提出享受税收协定待遇审批申请：

（一）税收协定股息条款；

（二）税收协定利息条款；

（三）税收协定特许权使用费条款；

（四）税收协定财产收益条款。

第八条　本办法规定的有权审批的税务机关由省、自治区、直辖市和计划单列市税务机关（以下称省级税务机关）根据本地机构设置、人员配备和工作负荷等实际情况确定后及时公布，并报国家税务总局备案。

第九条　在按本办法第七条规定提出非居民享受税收协定待遇审批申请时，纳税人应填报并提交以下资料：

（一）《非居民享受税收协定待遇审批申请表》（见附件2）；

（二）《非居民享受税收协定待遇身份信息报告表》（分别企业和个人填报，见附件3和附件4）；

（三）由税收协定缔约对方主管当局在上一公历年度开始以后出具的税收居民身份证明；

（四）与取得相关所得有关的产权书据、合同、协议、支付凭证等权属证明或者中介、公证机构出具的相关证明；

（五）税务机关要求提供的与享受税收协定待遇有关的其他资料。

在按前款规定提交资料时，非居民可免予提交已经向主管税务机关提交的资料，但应报告接受的主管税务机关名称和接受时间。

第十条　同一非居民的同一项所得需要多次享受应提请审批的同一项税收协定待遇的，在首次办理享受税收协定待遇审批后的3个公历年度内（含本年度）可免予向同一主管税务机关就同一项所得重复提出审批申请。

前款规定的同一项所得是指下列之一项所得：

（一）持有在同一企业的同一项权益性投资所取得的股息；

（二）持有同一债务人的同一项债权所取得的利息；

（三）向同一人许可同一项权利所取得的特许权使用费。

本条第一款所述同一项税收协定待遇是指同一税收协定的同一条款规定的税收协定待遇，不包括不同税收协定的相同条款或者相同税收协定的不同条款规定的税收协定待遇。

第十一条　非居民需要享受以下税收协定条款规定的税收协定待遇的，在发生纳税义务之前或者申报相关纳税义务时，纳税人或者扣缴义务人应向主管税务机关备案：

（一）税收协定常设机构以及营业利润条款；

（二）税收协定独立个人劳务条款；

（三）税收协定非独立个人劳务条款；

（四）除本条第（一）至（三）项和本办法第七条所列税收协定条款以外的其他税收协定条款。

第十二条　在按本办法第十一条规定备案时，纳税人应填报并提交以下资料：

（一）《非居民享受税收协定待遇备案报告表》（见附件1）；

（二）由税收协定缔约对方主管当局在上一公历年度开始以后出具的税收居民身份证明；

（三）税务机关要求提供的与享受税收协定待遇有关的其他资料。

在按前款规定提交资料时，纳税人或扣缴义务人可不再填报《非居民承包工程作业和提供劳务税收管理暂行办法》（国家税务总局令第19号）第十三条第一款第

（四）项规定的《非居民企业承包工程作业和提供劳务享受税收协定待遇报告表》以及其他已经向主管税务机关提交的资料。

第十三条 非居民发生的纳税义务按国内税收法律规定实行源泉扣缴的，在按本办法第十一条规定备案时，纳税人应向扣缴义务人提交按本办法第十二条规定应该填报、提交的资料，由扣缴义务人作为扣缴报告的附报资料，向主管税务机关备案。

第三章 审批与执行

第十四条 税务机关在接受非居民享受税收协定待遇审批申请后，应分别情况进行以下处理：

（一）主管税务机关不是有权审批的税务机关但接受非居民享受税收协定待遇审批申请的，由主管税务机关按照有权审批的税务机关的规定直接上报或层报有权审批的税务机关；

（二）有权审批的税务机关可以要求或委托下级税务机关调查核实有关的情况；

（三）对按本办法第十五条规定不予受理的审批申请，有权审批的税务机关应当及时书面告知申请人不予受理决定及理由；

（四）审批申请及提供的有关资料存在不准确、不齐全等不能满足审批需要情形的，有权审批的税务机关应当告知并允许申请人更正或补正。

第十五条 属于以下情形之一的，有权审批的税务机关可不予受理非居民享受税收协定待遇审批申请：

（一）按国内税收法律规定不构成纳税义务的所得事项；

（二）申请享受的税收协定待遇不属于本办法第七条规定的应该审批的范围；

（三）提出审批申请的时间已经超过了按本办法第二十一条和第二十八条规定可以追补享受税收协定待遇的时限；

（四）未按照本办法规定提供与享受税收协定待遇有关的资料，或者提供的资料不符合要求，且在有权审批的税务机关通知更正或补正后90日内仍不补正或更正，又无正当理由的；

（五）其他不应受理的情形。

第十六条 在有权审批的税务机关或者主管税务机关接受非居民享受税收协定待遇申请之日起的下列时间内，有权审批的税务机关应做出审批决定（包括不予受理决定），并书面通知申请人审批结果；做出不予享受税收协定待遇或者按本办法第十七条规定暂不享受税收协定待遇决定的，应说明理由：

（一）由县、区级及以下税务机关负责审批的，为20个工作日；

（二）由地、市级税务机关负责审批的，为30个工作日；

（三）由省级税务机关负责审批的，为40个工作日。

在前款规定期限内不能做出决定的，经有权审批的税务机关负责人批准，可以延长10个工作日，并将延长期限的理由告知申请人。

有权审批的税务机关在本条前两款规定的时限内未书面通知申请人审批结果的，视同有权审批的税务机关已做出准予非居民享受税收协定待遇的审批。

第十七条 在审查非居民享受税收协定待遇审批申请时，有权审批的税务机关发现不能准确判定非居民是否可以享受有关税收协定待遇的，应书面通知申请人暂不执行有关税收协定待遇及理由，并将有关情况向上级税务机关报告；需要启动相互协商或情报交换程序的，应同时按有关规定启动相应程序。

处理前款所述上报情况的各级税务机关应在本办法第十六条规定的工作时限内做出处理决定并直接或逐级通知有权审批的税务机关；或者完成再上报程序，直至层报国家税务总局。

第十八条 在取得准予享受税收协定待遇审批后，纳税人或者扣缴义务人可在申报纳税时按照审批决定执行，但应填报《非居民享受税收协定待遇执行情况报告表》（见附件 5），向主管税务机关报告实际执行情况。

第四章 后续管理

第十九条 非居民已经按照本办法第二章和第三章规定完成备案或审批程序，并已实际享受税收协定待遇的，纳税人、扣缴义务人和税务机关应按本章规定继续做好非居民享受税收协定待遇后续管理工作。

第二十条 纳税人或者扣缴义务人按照本办法规定已报告的信息发生变化的，应分别以下情况处理：

（一）发生变化的信息不影响非居民继续享受相关税收协定待遇的，可继续享受或执行相关税收协定待遇；

（二）发生变化的信息导致非居民改变享受相关税收协定待遇的，应重新按本办法规定办理备案或审批手续；

（三）发生变化的信息导致非居民不应继续享受相关税收协定待遇的，应自发生变化之日起立即停止享受或执行相关税收协定待遇，并按国内税收法律规定申报纳税或执行扣缴义务。

第二十一条 在中国发生纳税义务的非居民可享受但未曾享受税收协定待遇，且因未享受该本可享受的税收协定待遇而多缴税款的，可自结算缴纳该多缴税款之日起三年内向主管税务机关提出追补享受税收协定待遇的申请，在按本办法规定补办备案或审批手续，并经主管税务机关核准后追补享受税收协定待遇，退还多缴的税款；超过前述规定时限的申请，主管税务机关不予受理。

按前款规定取得的退税款属于征管法实施细则第七十八条第二款规定的减免退税，不退还利息。

第二十二条 纳税人或者扣缴义务人已经享受或者执行了有关税收协定待遇的，应该取得并保管与非居民享受税收协定待遇有关的凭证、资料，保管期限不得短于10年。

第二十三条 主管税务机关应收集和保管与非居民享受税收协定待遇审批、备案以及执行情况有关的信息，确保有关数据完整和准确，并建立与反避税调查、税收情报交换、税务检查和相互协商等国际税收管理程序间信息共享和互动的动态管理监控机制。

各级税务机关应做好所负责辖区内非居民享受税收协定待遇情况汇总统计工作，按年向上级税务机关填报《非居民享受税收协定待遇执行情况汇总表》（见附件 6）。

第二十四条 税务机关应通过审核评税、纳税检查、执法检查等征管或监督环节，根据执行税收协定风险，每年定期或不定期地从非居民已享受税收协定待遇（含备案类和审批类）中随机选取一定数量的样本进行审核、复核或复查，审核、复核或复查内容包括：

（一）非居民是否符合享受税收协定待遇的条件，是否以隐瞒有关情况或者提供虚假材料等手段骗取税收协定待遇；

（二）非居民享受税收协定待遇的条件发生变化的，是否按照规定进行了正确的税务处理；

（三）是否存在未经税务机关审批或备案自行享受协定待遇的情况；

（四）有权审批的税务机关是否正确履行了本办法规定的审批职责，审批决定是否恰当；

（五）是否存在其他未正确执行本规定的情况。

第二十五条　在审查非居民已享受税收协定待遇情况时，主管税务机关发现报告责任人未履行或未全部履行本办法规定的报告义务；或者需要报告责任人在其已提供资料以外补充提供与非居民享受税收协定待遇有关的其他资料的，可限期要求报告责任人提供相关资料。

本办法规定的报告责任人包括按有关规定应向税务机关报告信息或提供资料的纳税人、扣缴义务人或其他相关责任人。

第二十六条　在处理非居民享受税收协定待遇的各项工作中，税务机关之间（含国家税务机关与地方税务机关之间以及跨地税务机关之间）应相互支持和协助，努力实现信息共享。

有关非居民享受税收协定待遇的信息管理涉及多个主管税务机关或有权审批的税务机关的，各税务机关可要求其他相关税务机关协助查证信息；被要求的税务机关应自接到协助查证要求之日起20日内回复办理情况。

不同主管税务机关或有权审批的税务机关涉及同一非居民享受税收协定待遇同一事项的处理，应力求协调一致；不能协调一致的，报共同的上级税务机关裁定。

第二十七条　主管税务机关发现非居民已享受税收协定待遇但存在以下情形之一的，应做出不予非居民享受税收协定待遇的处理决定：

（一）未按本办法规定提出审批申请，或者虽已提出审批申请但有权审批的税务机关未做出或未被视同做出准予非居民享受税收协定待遇决定，且经主管税务机关限期改正但仍未改正，又无正当理由的；

（二）未按本办法规定办理备案报告，且经主管税务机关限期改正但仍未改正，又无正当理由的；

（三）未按本办法规定提供相关资料，且经主管税务机关限期改正但仍未改正，又无正当理由的；

（四）未在主管税务机关要求的限期内补充提供有关资料，又无正当理由的；

（五）因情况变化应停止享受税收协定待遇但未按本办法第二十条第（三）项规定立即停止享受相关税收协定待遇的；

（六）经调查核实不应享受相关税收协定待遇的其他情形。

第二十八条　属于本办法第二十七条第（一）项至第（四）项情形的非居民可自结算缴纳补征税款之日起三年内向主管税务机关提出追补享受税收协定待遇的申请，并按照主管税务机关要求改正违反本办法的行为，经税务机关核实确可以享受有关税收协定待遇后追补享受相关税收协定待遇，退还补征税款，但不退还相关滞纳金、罚款和利息。

第二十九条　纳税人提请税务主管当局相互协商的，按照税收协定相互协商程序条款及其有关规定执行，可不受本办法第二十一条和第二十八条规定的时间限制。

第三十条　在审查非居民已享受税收协定待遇情况或追补享受税收协定待遇申请时，主管税务机关发现不能准确判定非居民是否可以享受相关税收协定待遇的，应将有关情况向上级税务机关报告；需要启动相互协商或情报交换程序的，应同时按有关规定启动相应程序；决定暂不退税，或者要求纳税人或扣缴义务人暂不享受或执行税收协定待遇，或者按有关规定提供纳税担保的，应将处理决定及理由书面通知纳税人或扣缴义务人。

第三十一条　各级税务机关应将非居民享受税收协定待遇管理工作纳入岗位责任制考核体系，根据税收行政执法责任追究制度，补充完善以下内容：

（一）建立健全跟踪反馈制度。税务机关应当定期或不定期对非居民享受税收协定待遇审批或备案工作情况进行跟踪与反馈，适时完善工作机制。

（二）建立档案评查制度。各级税务机关应当建立、健全反映非居民享受税收协定待遇过程和结果的档案，妥善保管各类档案资料，上级税务机关应定期对档案资料进行评查。

（三）建立层级监督制度。上级税务机关应建立经常性的监督制度，加强对下级税务机关执行税收协定情况的监督，不断提高执行税收协定的准确度。

第五章　法律责任

第三十二条　主管税务机关发现非居民已享受的税收协定待遇存在以下情形之一的，按征管法第六十二条规定处理：

（一）未按本办法规定提出审批申请；或者虽已提出审批申请但有权审批的税务机关未做出或未被视同做出准予非居民享受税收协定待遇决定的；

（二）未按本办法规定办理备案报告的；

（三）未按本办法规定或者主管税务机关要求提供相关资料的。

第三十三条　按本办法规定应填报或提交的资料与同一报告责任人以前已经向同一主管税务机关填报或提交的资料相同的，该同一报告责任人可免予重复填报或提交相关资料。

第三十四条　主管税务机关在执行本办法第二十七条规定时，对纳税人和扣缴义务人分别以下情形处理：

（一）对按国内税收法律规定应实行自行申报纳税的，按照征管法有关规定向纳税人补征税款，加收滞纳金。其中纳税人伪造、变造、隐匿、擅自销毁账簿、记账凭证，或者在账簿上多列支出或者不列、少列收入，或者经税务机关通知申报而拒不申报或者进行虚假的纳税申报，构成不当享受税收协定待遇而不缴或者少缴应纳税款的，按照征管法第六十三条第一款规定处罚；

（二）对按国内税收法律规定应实行源泉扣缴的，按照征管法有关规定向纳税人补征税款；对扣缴义务人按照征管法第六十九条规定处理。

第三十五条　税务机关应按本办法规定及时办理非居民享受税收协定待遇相关事

项。因税务机关责任造成处理错误的，应按征管法和税收执法责任制的有关规定追究责任。

下列时间不计入税务机关按本办法规定处理有关事项所占用的工作时间：

（一）纳税人或扣缴义务人按要求补充提供资料的时间；

（二）与协定缔约对方主管当局进行情报交换或相互协商的时间。

第三十六条　非居民享受税收协定待遇审批是对纳税人或者扣缴义务人提供的资料与税收协定规定条件的相关性进行的审核，不改变纳税人或者扣缴义务人真实申报责任。

第三十七条　有权审批的税务机关因纳税人或扣缴义务人提供虚假的信息资料做出准予享受税收协定待遇审批决定的，有权审批的税务机关或其上级税务机关经核实后有权撤销原审批决定，并分别以下情形处理：

（一）纳税人或者扣缴义务人尚未执行原审批决定，但非居民仍需享受相关税收协定待遇的，可要求其重新办理审批手续；

（二）纳税人或者扣缴义务人已经执行原审批决定，但根据核实的情况不能认定非居民不应享受相关税收协定待遇的，按照本办法第三十二条规定处理，并责令限期重新办理审批手续；

（三）纳税人或者扣缴义务人已经执行原审批决定，且根据核实的情况能够认定非居民不能享受相关税收协定待遇的，按本办法第二十七条和第三十四条规定处理。

第三十八条　因税务机关审批不当造成非居民不应享受而实际享受税收协定待遇的，除因纳税人或扣缴义务人提供虚假信息资料所致情形外，按照征管法第五十二条第一款规定处理。

第三十九条　纳税人或者扣缴义务人违反本办法规定的行为被认定为违反国内税收法律规定的行为，并按国内税收法律规定已作追究责任处理的，不再按本办法规定重复追究责任。

第四十条　纳税人或者扣缴义务人对主管税务机关或有权审批的税务机关做出涉及本规定的各种处理决定不服的，可以按照有关规定陈述理由、申辩意见、要求听证、提起行政复议或者诉讼。

第六章　附　则

第四十一条　非居民可以委托代理人办理按本办法规定应由其办理的事项；代理人在代为办理非居民的委托事项时，应出具非居民的书面授权委托书。

第四十二条　纳税人或者扣缴义务人可以复印件向税务机关提交按本办法规定应该提交的凭证或者证明，但应标注原件存放处，加盖报告责任人印章，并按税务机关要求报验原件。

第四十三条　按本办法规定填报或提交的资料应采用中文文本。相关资料原件为外文文本且税务机关根据有关规定要求翻译成中文文本的，报告责任人应按照税务机关的要求翻译成中文文本。

第四十四条　税收协定或国家税务总局与协定缔约对方税务主管当局通过相互协商形成的有关执行税收协定的协议与本办法规定不同的，按税收协定或协议执行。

第四十五条　本办法自 2009 年 10 月 1 日起执行，《国家税务总局关于修改〈外国居民享受避免双重征税协定待遇申请表〉的通知》（国税函发［1995］089 号）同时废止。

需要享受税收协定待遇的纳税义务发生在 2009 年 10 月 1 日之后（含当日）的，一律按本办法执行；在 2009 年 10 月 1 日之前发生的纳税义务在 2009 年 10 月 1 日之后需要追补享受税收协定待遇的，也应按本办法规定执行。

国家税务总局国税函［2009］81 号
关于执行税收协定股息条款有关问题的通知条文

一、本通知所称税收协定股息条款是指专门适用于股息所得的税收协定条款，不含按税收协定规定应作为营业利润处理的股息所得所适用的税收协定条款。

二、按照税收协定股息条款规定，中国居民公司向税收协定缔约对方税收居民支付股息，且该对方税收居民（或股息收取人）是该股息的受益所有人，则该对方税收居民取得的该项股息可享受税收协定待遇，即按税收协定规定的税率计算其在中国应缴纳的所得税。如果税收协定规定的税率高于中国国内税收法律规定的税率，则纳税人仍可按中国国内税收法律规定纳税。

纳税人需要享受上款规定的税收协定待遇的，应同时符合以下条件：

（一）可享受税收协定待遇的纳税人应是税收协定缔约对方税收居民；

（二）可享受税收协定待遇的纳税人应是相关股息的受益所有人；

（三）可享受税收协定待遇的股息应是按照中国国内税收法律规定确定的股息、红利等权益性投资收益；

（四）国家税务总局规定的其他条件。

三、根据有关税收协定股息条款规定，凡税收协定缔约对方税收居民直接拥有支付股息的中国居民公司一定比例以上资本（一般为 25% 或 10%）的，该对方税收居民取得的股息可按税收协定规定税率征税。该对方税收居民需要享受该税收协定待遇的，应同时符合以下条件：

（一）取得股息的该对方税收居民根据税收协定规定应限于公司；

（二）在该中国居民公司的全部所有者权益和有表决权股份中，该对方税收居民直接拥有的比例均符合规定比例；

（三）该对方税收居民直接拥有该中国居民公司的资本比例，在取得股息前连续 12 个月以内任何时候均符合税收协定规定的比例。

四、以获取优惠的税收地位为主要目的的交易或安排不应构成适用税收协定股息条款优惠规定的理由，纳税人因该交易或安排而不当享受税收协定待遇的，主管税务机关有权进行调整。

五、纳税人需要按照税收协定股息条款规定纳税的，相关纳税人或扣缴义务人应该取得并保有支持其执行税收协定股息条款规定的信息资料，并按有关规定及时根据税务机关的要求报告或提供。有关的信息资料包括：

（一）由协定缔约对方税务主管当局或其授权代表签发的税收居民身份证明以及支持该证明的税收协定缔约对方国内法律依据和相关事实证据；

（二）纳税人在税收协定缔约对方的纳税情况，特别是与取得由中国居民公司支付股息有关的纳税情况；

（三）纳税人是否构成任一第三方（国家或地区）税收居民；

（四）纳税人是否构成中国税收居民；

（五）纳税人据以取得中国居民公司所支付股息的相关投资（转让）合同、产权凭证、利润分配决议、支付凭证等权属证明；

（六）纳税人在中国居民公司的持股情况；

（七）其他与执行税收协定股息条款规定有关的信息资料。

六、各地应按本通知规定做好税收协定股息条款的执行工作，并将执行中遇到的问题及时报告税务总局。

国家税务总局国税函［2007］872号
关于外籍个人和港澳台居民个人储蓄存款利息所得适用协定税率有关问题的补充通知条文

一、外籍个人和港澳台居民个人从中国境内取得储蓄存款的利息所得，其居民国（地区）与我国（内地）签订的税收协定（包括内地与香港特别行政区和澳门特别行政区分别签订的税收安排）规定的税率低于我国法律法规规定的税率的，可以享受协定待遇，但须提交享受税收协定待遇申请表；协定税率高于我国法律法规规定的税率的，按我国法律法规规定的税率执行。

二、本通知所称外籍个人和港澳台居民个人是指根据《中华人民共和国个人所得税法》第一条第二款和税收协定的规定，仅就从中国境内取得的所得缴纳个人所得税的个人。

三、本通知附件的协定税率是对国税发［1999］201号和国税发［2000］31号文件附表的汇总和更新。

本通知自文发之日起执行。

国家税务总局国税发［2006］35号
关于税收协定常设机构认定等有关问题的通知条文

我国对外谈签的税收协定第五条（常设机构）第一款规定："常设机构"一语是指企业进行全部或部分营业的固定场所；第四款规定：应认为，常设机构不包括专门为本企业进行准备性或辅助性活动的目的所设的固定营业场所。根据联合国税收协定范本注释、经济合作发展组织税收协定范本注释以及世界上多数国家的做法，对"营业"一语和"准备性或辅助性"一语的含义以及其他涉及常设机构的问题，解释如下：

一、"营业"一语是对英语"business"一词的翻译，实际含义不仅仅包括生产经营活动，还包括非赢利机构从事的一般业务活动。因此，税收协定缔约对方的非赢利机构，通过在我国设立的固定基地或场所从事业务活动，除为该机构进行准备性或辅助性活动外，应认为在我国构成常设机构。

二、对于"准备性或辅助性"活动的判定，应注意以下原则：

（一）固定基地或场所是否仅为总机构提供服务，或者是否与他人有业务往来；

（二）固定基地或场所的业务性质是否与总机构的业务性质一致；

（三）固定基地或场所的业务活动是否为总机构业务的重要组成部分。

如果固定基地或场所不仅为总机构服务，而且与他人有业务往来，或固定基地或场所的业务性质与总机构的业务性质一致，且其业务为总机构业务的重要组成部分，则不能认为该固定基地或场所的活动是准备性或辅助性的。

三、对于缔约国对方居民个人为常设机构工作取得的工资、薪金所得，应按照税收协定“非独立个人劳务”（或“受雇所得”）条款和相关国内税法的规定，计算征收个人所得税。对于涉及为缔约国对方政府提供服务的，按照税收协定“政府服务”条款的规定确定征免税。

四、纳税人认为其在中国境内的机构、场所仅为总机构提供准备性、辅助性服务，不构成常设机构的，应向税务机关提供相关证明资料，由税务机关进行判定。

国家税务总局国税函［2006］229号

关于执行税收协定利息条款有关问题的通知条文

一、凡协定利息条款中规定缔约国对方中央银行、政府拥有的金融机构或其他组织从我国取得的利息应在我国免予征税的，上述有关银行（机构）可在每项贷款合同签署后，向利息发生地主管税务机关申请享受有关协定待遇。利息发生地主管税务机关应为其办理免征利息所得税手续。纳税人申请免征利息所得税时，应附报缔约国对方税务主管当局出具的其属于政府拥有银行或金融机构的证明及有关贷款合同副本。

二、凡协定有关条文、议定书、会谈纪要或换函等已列名缔约国对方在我国免征利息所得税具体银行、金融机构的，纳税人可按本通知第一条的规定办理免征利息所得税手续，仅附报有关合同副本即可。

三、各利息发生地税务机关在接到纳税人关于按协定规定免征利息所得税要求时，请正确执行协定的规定，尽快予以办理。执行中如遇有列名的银行名称发生变化或银行重组等情况，对纳税人能否享受上述协定待遇判定不清，执行出现困难或有异议时，可层报国家税务总局确认。

四、本通知自发文之日起执行，《国家税务总局关于执行税收协定对利息所得免税有关问题的通知》（国税发［1996］29号）同时废止。

国家税务总局国税发［2005］115号

关于印发《中国居民（国民）申请启动税务相互协商程序暂行办法》的通知条文

第一条 为了维护中国居民（国民）的合法权益，协助中国居民（国民）解决其在税收协定缔约对方遇到的税务问题，根据我国（政府）和其他国家（政府）签署的关于对所得（和财产）避免双重征税和防止偷漏税的协定，以及内地与特别行政区签署的关于对所得避免双重征税和防止偷漏税的安排（以下统称“税收协定”）、《中华人民共和国税收征收管理法》及其实施细则，结合中国税收征管工作实际，制定本办法。

第二条 申请启动相互协商程序，是指中国居民（国民）认为，缔约对方所采取的措施，已经或将会导致不符合税收协定所规定的征税行为，向国家税务总局（以下简称总局）提出申请，请求总局与缔约对方主管当局通过相互协商解决有关问题。

第三条 本办法第二条所称“中国居民”，是指按照《中华人民共和国企业所得税暂行条例》、《中华人民共和国外商投资企业和外国企业所得税法》和《中华人民共和国个人所得税法》，就来源于中国境内、境外的所得负有中国纳税义务的企业或个人。

第四条 本办法第二条所称“中国国民”，是指具有中国国籍的个人、中国法人和中国非法人团体。

第五条 本办法第二条所称“缔约对方”，是指同中国签订有税收协定，且该税收协定已经生效执行的国家和地区（我国已经生效执行的税收协定可在总局网站www. chinatax. gov. cn查询）。

第六条 相互协商程序适用的税种按照税收协定的有关规定确定，一般为涉及所得或财产的税收。相互协商程序适用的税种不限于税种范围条款所规定的税种的，中国居民（国民）也可以就其他税种引起的争议申请启动相互协商程序。

第七条 中国居民遇有下列情况之一的，可以申请启动相互协商程序：

（一）需申请双边预约定价安排的；

（二）对联属企业间业务往来利润调整征税，可能或已经导致不同税收管辖权之间重复征税的；

（三）对股息、利息、特许权使用费等的征税和适用税率存有异议的；

（四）违背了税收协定无差别待遇条款的规定，可能或已经形成歧视待遇的；

（五）对常设机构和居民身份的认定，以及常设机构的利润归属和费用扣除存有异议的；

（六）在税收协定的理解和执行上出现了争议而不能自行解决的其他问题；

（七）其他可能或已经形成不同税收管辖权之间重复征税的。

第八条 中国国民认为缔约对方违背了税收协定无差别待遇条款的规定，对其可能或已经形成歧视待遇时，可以申请启动相互协商程序。

第九条 启动相互协商程序的申请，应在有关税收协定规定的期限内（一般为在下达不符合税收协定规定的第一次征税通知之日起三年内），以书面形式向主管的省、自治区、直辖市和计划单列市国家税务局或地方税务局提出。

第十条 申请应包括以下内容：

（一）申请者基本情况。包括：相关中国居民（国民）在缔约对方的姓名或名称、纳税识别号或登记号、详细地址、邮政编码、联系人、联系电话、主管税务机关名称及其地址（用中、英文书写）；相关中国居民（国民）在中国的姓名或名称、详细地址、邮政编码、联系人、联系电话和主管税务机关名称。

（二）案件事实。一般应包括：案件涉及的国家（地区）、人及其关系、经济活动、纳税年度、所得（收入）类型、税种、税额、税收协定（和其他法律）相关条款。

（三）申请者与缔约对方主管当局的争议焦点。

（四）缔约对方主管当局对争议点的看法、理由和依据。可视情况附缔约对方税务主管机关的税务处理决定或通知。

（五）申请者对争议点的看法、理由和依据。如果所涉及的案件已经或将要交付诉讼或其他法律救济，需说明有关经过并附相关决定、判决复印件及其中文翻译件。

（六）申请者所了解到的，在缔约对方的相关、类似或相同案件的判例。

（七）说明：申请和所附材料是否应予保密及其所属秘密级别（秘密、机密、绝密）。

（八）最终声明："我谨郑重声明，本申请及其附件所提供的信息是真实的、完整的和准确的。"

（九）税务机关认为有必要提供的其他材料。

第十一条　受理申请的税务机关在接到申请并经过初步审理后，应在15个工作日内上报总局。

第十二条　总局审理后，对具备相互协商条件的，将与有关缔约对方主管当局进行相互协商；对完全不具备相互协商条件的，将以书面形式经受理申请机关告知申请者；对不完全具备相互协商条件，但进一步补充材料或说明情况后可以进行相互协商的，总局将通过受理申请机关与申请者联系。

对于紧迫案件，总局可以直接与申请者联系。

第十三条　对于相互协商结果，总局将以书面形式经受理申请机关转达申请者。

第十四条　本办法由国家税务总局解释。

第十五条　本办法自2005年7月1日起实施。

国家税务总局国税函［2009］601号
关于如何理解和认定税收协定中"受益所有人"的通知条文

根据中华人民共和国政府对外签署的避免双重征税协定（含内地与香港、澳门签署的税收安排，以下统称税收协定）的有关规定，现就缔约对方居民申请享受股息、利息和特许权使用费等条款规定的税收协定待遇时，如何认定申请人的"受益所有人"身份的问题通知如下：

一、"受益所有人"是指对所得或所得据以产生的权利或财产具有所有权和支配权的人。"受益所有人"一般从事实质性的经营活动，可以是个人、公司或其他任何团体。代理人、导管公司等不属于"受益所有人"。

导管公司是指通常以逃避或减少税收、转移或累积利润等为目的而设立的公司。这类公司仅在所在国登记注册，以满足法律所要求的组织形式，而不从事制造、经销、管理等实质性经营活动。

二、在判定"受益所有人"身份时，不能仅从技术层面或国内法的角度理解，还应该从税收协定的目的（即避免双重征税和防止偷漏税）出发，按照"实质重于形式"的原则，结合具体案例的实际情况进行分析和判定。一般来说，下列因素不利于对申请人"受益所有人"身份的认定：

（一）申请人有义务在规定时间（比如在收到所得的12个月）内将所得的全部或绝大部分（比如60%以上）支付或派发给第三国（地区）居民。

（二）除持有所得据以产生的财产或权利外，申请人没有或几乎没有其他经营活动。

（三）在申请人是公司等实体的情况下，申请人的资产、规模和人员配置较小（或少），与所得数额难以匹配。

（四）对于所得或所得据以产生的财产或权利，申请人没有或几乎没有控制权或处置权，也不承担或很少承担风险。

（五）缔约对方国家（地区）对有关所得不征税或免税，或征税但实际税率极低。

（六）在利息据以产生和支付的贷款合同之外，存在债权人与第三人之间在数额、利率和签订时间等方面相近的其他贷款或存款合同。

（七）在特许权使用费据以产生和支付的版权、专利、技术等使用权转让合同之外，存在申请人与第三人之间在有关版权、专利、技术等的使用权或所有权方面的转让合同。

针对不同性质的所得，通过对上述因素的综合分析，认为申请人不符合本通知第一条规定的，不应将申请人认定为"受益所有人"。

三、纳税人在申请享受税收协定待遇时，应提供能证明其具有"受益所有人"身份的与本通知第三条所列因素相关的资料。

各地在审批非居民享受税收协定有关条款待遇的申请时，要按照上述规定处理"受益所有人"的身份认定问题，必要时可通过信息交换机制确认相关资料。各地在具体执行中应及时总结经验、发现问题，对于疑难案例可层报税务总局（国际税务司）解决。

十五、批复性文件

国家税务总局国税函［2009］1号
关于债务重组所得企业所得税处理问题的批复条文

海南省国家税务局：

你局《关于企业债务重组所得征免企业所得税问题的请示》（琼国税发［2008］231号）收悉，经研究，批复如下：

《企业债务重组业务所得税处理办法》（国家税务总局令第6号）自2003年3月1日起执行。此前，企业债务重组中因豁免债务等取得的债务重组所得，应按照当时的会计准则处理，即“以低于债务账面价值的现金清偿某项债务的，债务人应将重组债务的账面价值与支付的现金之间的差额；或以债务转为资本清偿某项债务的，债务人应将重组债务的账面价值与债权人因放弃债权而享有股权的份额之间的差额”，确认为资本公积。

国家税务总局国税函［2009］18号
关于广西合山煤业有限责任公司取得补偿款有关所得税处理问题的批复条文

广西壮族自治区国家税务局：

你局《关于广西合山煤业有限责任公司取得补偿款有关所得税处理问题的请示》（桂国税发［2008］183号）收悉，经研究，批复如下：根据《中华人民共和国企业所得税法》及其实施条例规定的权责发生制原则，广西合山煤业有限责任公司取得的未来煤矿开采期间因增加排水或防止浸没支出等而获得的补偿款，应确认为递延收益，按直线法在取得补偿款当年及以后的10年内分期计入应纳税所得，如实际开采年限短于10年，应在最后一个开采年度将尚未计入应纳税所得的赔偿款全部计入应纳税所得。

国家税务总局国税函［2009］312号
关于企业投资者投资未到位而发生的利息支出企业所得税前扣除问题的批复条文

大连市国家税务局：

你局《关于企业贷款中相当于投资者投资未到位部分的利息支出能否税前列支的请示》（大国税发［2009］68号）收悉。经研究，批复如下：

关于企业由于投资者投资未到位而发生的利息支出扣除问题，根据《中华人民共和国企业所得税法实施条例》第二十七条规定，凡企业投资者在规定期限内未缴足其应缴资本额的，该企业对外借款所发生的利息，相当于投资者实缴资本额与在规定期限内应缴资本额的差额应计付的利息，其不属于企业合理的支出，应由企业投资者负担，不得在计算企业应纳税所得额时扣除。

具体计算不得扣除的利息，应以企业一个年度内每一账面实收资本与借款余额保持不变的期间作为一个计算期，每一计算期内不得扣除的借款利息按该期间借款利息发生额乘以该期间企业未缴足的注册资本占借款总额的比例计算，公式为：

企业每一计算期不得扣除的借款利息＝该期间借款利息额×
该期间未缴足注册资本额÷该期间借款额

企业一个年度内不得扣除的借款利息总额为该年度内每一计算期不得扣除的借款利息额之和。

国家税务总局国税函［2009］375号
关于股权分置改革中上市公司取得资产及债务豁免对价收入征免所得税问题的批复条文

四川省地方税务局：

你局《关于股权分置改革中上市公司取得资产及债务豁免对价收入是否征收所得税问题的请示》（川地税发［2009］25号）收悉，经研究，批复如下：

根据《财政部、国家税务总局关于企业所得税若干优惠政策的通知》（财税［2008］1号）的规定，《财政部、国家税务总局关于股权分置试点改革有关税收政策问题的通知》（财税［2005］103号）的有关规定，自2008年1月1日起继续执行到股权分置试点改革结束。

股权分置改革中，上市公司因股权分置改革而接受的非流通股股东作为对价注入资产和被非流通股股东豁免债务，上市公司应增加注册资本或资本公积，不征收企业所得税。

国家税务总局国税函［2009］567号
关于资源综合利用有关企业所得税优惠问题的批复条文

江西省地方税务局：

你局《关于资源综合利用企业享受企业所得税税收优惠政策问题的请示》（赣地税发［2009］131号）收悉。经研究，批复如下：

江西泰和玉华水泥有限公司旋窑余热利用电厂利用该公司旋窑水泥生产过程中产生的余热发电，其生产活动虽符合《资源综合利用企业所得税优惠目录（2008年版）》的规定范围，但由于旋窑余热利用电厂属于江西泰和玉华水泥有限公司的内设非法人分支机构，不构成企业所得税纳税人，且其余热发电产品直接供给所属公司使用，不计入企业收入，因此，旋窑余热利用电厂利用该公司旋窑水泥生产过程中产生的余热发电业务不能享受资源综合利用减计收入的企业所得税优惠政策。

2

第二部分

增值税

一、基本法律、法规

二、综合性政策

三、税率税目调整

四、期货交易管理

五、油气田企业增值税管理

六、纳税申报与税款缴纳

七、增值税一般纳税人管理

八、增值税税收优惠

九、增值税专用发票管理

十、批复性文件

一、基本法律、法规

中华人民共和国增值税暂行条例条文解读

第一条　在中华人民共和国境内销售货物或者提供加工、修理修配劳务以及进口货物的单位和个人，为增值税的纳税人，应当依照本条例缴纳增值税。

【解读】 本条对本条例的法律空间效力、对人的效力以及增值税纳税主体做出规定。

（一）本条例的空间法律效力。本条例为税收行政法规，在中华人民共和国境内具有约束力，超出中华人民共和国境域本条例则没有法律效力。

（二）本条例对人的效力。本条例仅对在中华人民共和国境内销售货物或者提供加工、修理修配劳务以及进口货物的单位和个人具有约束力。本条例对在中华人民共和国境内非销售货物或者提供加工、修理修配劳务以及进口货物的单位和个人没有法律效力，不受本条例约束。本条所称单位，是指本条例《实施细则》第九条第一款规定的单位。本条所称个人，是指本条例《实施细则》第九条第二款规定的个人。

（三）增值税纳税人。根据本条规定，在中华人民共和国境内销售货物或者提供加工、修理修配劳务以及向中华人民共和国境内进口货物的单位和个人，为增值税纳税人。增值税纳税人应当依照本条例的规定履行增值税纳税义务，缴纳增值税。在中华人民共和国境内的单位和个人成为增值税纳税人，应同时具备以下条件：①法定行为条件。单位、个人必须发生本条所规定的销售货物或者提供加工、修理修配劳务以及进口本条规定的货物的行为。②行为的空间条件。单位和个人销售货物或提供加工、修理修配劳务行为发生在中华人民共和国境内，或者从中华人民共和国境外向境内进口货物。

根据本条规定，增值税纳税人有四种：①在中华人民共和国境内销售增值税应税货物的单位、个人，为销售货物增值税纳税人。这里所称货物是指本条例《实施细则》第二条第一款规定的货物。所称在中华人民共和国境内销售货物，是指本条例《实施细则》第八条第（一）项规定的销售货物。②在中华人民共和国境内提供加工劳务的单位、个人，为提供加工劳务增值税纳税人。这里所称加工是指本条例《实施细则》第二条第二款规定的加工。所称在中华人民共和国境内提供加工应税劳务，是指本条例《实施细则》第八条第（二）项规定的提供加工劳务。③在中华人民共和国境内提供修理修配劳务的单位、个人，为提供修理修配劳务增值税纳税人。这里所称修理修配是指本条例《实施细则》第二条第三款规定的修理修配，所称在中华人民共和国境内提供修理修配应税劳务是指本条例《实施细则》第八条第（二）项规定的提供修理修配劳务。④进口增值税应税货物的单位和个人，为进口货物增值税纳税人。在日常税收征管中，由于单位、个人的经济活动的多样性，同一单位、个人可能是单一型增值税纳税人，也可能是复合型增值税纳税人。

第二条 增值税税率：

（一）纳税人销售或者进口货物，除本条第（二）项、第（三）项规定外，税率为17%。

（二）纳税人销售或者进口下列货物，税率为13%：

1. 粮食、食用植物油；

2. 自来水、暖气、冷气、热水、煤气、石油液化气、天然气、沼气、居民用煤炭制品；

3. 图书、报纸、杂志；

4. 饲料、化肥、农药、农机、农膜；

5. 国务院规定的其他货物。

（三）纳税人出口货物，税率为零；但是，国务院另有规定的除外。

（四）纳税人提供加工、修理修配劳务（以下称应税劳务），税率为17%。

税率的调整，由国务院决定。

【解读】本条是关于增值税税率的规定。

根据本条规定，增值税实行法定比例税率。增值税基本税率为17%，优惠税率为13%和零税率。增值税税率的调整由国务院决定。增值税一般纳税人计算增值税销项税额和增值税纳税人（包括增值税一般纳税人、小规模纳税人）进口货物缴纳进口环节增值税时适用增值税税率。

（一）适用17%基本税率的货物及劳务。除本条第一款第（二）项、第（三）项规定外，增值税一般纳税人销售增值税应税货物或者增值税纳税人（包括增值税一般纳税人、小规模纳税人）进口应税货物适用17%基本税率，计算增值税销项税额或者进口环节增值税。增值税一般纳税人提供加工、修理修配劳务，适用17%基本税率，计算增值税销项税额。

（二）适用13%税率的货物。增值税一般纳税人销售或者增值税（包括增值税一般纳税人、小规模纳税人）进口粮食、食用植物油、自来水、暖气、冷气、热水、煤气、石油液化气、天然气、沼气、居民用煤炭制品、图书、报纸、杂志、饲料、化肥、农药、农机、农膜等应税货物，适用13%税率，计算增值税销项税额或者进口环节增值税。

（三）适用零税率货物。增值税纳税人（增值税一般纳税人、小规模纳税人）出口货物，适用零税率。国务院另有规定的除外。

第三条 纳税人兼营不同税率的货物或者应税劳务，应当分别核算不同税率货物或者应税劳务的销售额；未分别核算销售额的，从高适用税率。

【解读】本条是关于增值税一般纳税人销售不同税率货物或者劳务，适用增值税税率的规定。

根据本条规定，增值税一般纳税人兼营不同税率的货物或者应税劳务，应当分别核算不同税率货物或者应税劳务的销售额，未分别核算销售额的，在计算增值税销项税额时，不得再确认各自的销售额。

（一）增值税一般纳税人兼营两种或两种以上不同税率的应税货物，应在账簿上分别核算不同税率应税货物的销售额。纳税人分别核算应税货物销售额的，按销售货物各自所适用的增值税税率分别计算增值税销项税额。未分别核算应税货物销售额的，按销售货物中的最高税率适用，合并计算增值税销项税额。

（二）增值税一般纳税人既销售增值税应税货物，又兼营增值税应税劳务的，应在账簿上分别核算增值税应税货物的销售额和增值税应税劳务的销售额。纳税人分别核算销售额的，按销售货物所适用的增值税税率和应税劳务所适用的增值税税率分别计算应税货物和应税劳务的增值税销项税额。纳税人未分别核算销售额的，按销售应税货物或者应税劳务中的最高税率适用，合并计算增值税销项税额。

（三）增值税一般纳税人既销售不同税率应税货物，又兼营增值税应税劳务的，应在账簿上分别核算不同税率增值税应税货物的销售额和增值税应税劳务的销售额。纳税人分别核算销售额的，按销售货物各自所适用的增值税税率和应税劳务所适用的增值税税率分别计算应税货物和应税劳务的增值税销项税额。纳税人未分别核算销售额的，按销售应税货物或者应税劳务中的最高税率适用，合并计算增值税销项税额。

第四条　除本条例第十一条规定外，纳税人销售货物或者提供应税劳务（以下简称销售货物或者应税劳务），应纳税额为当期销项税额抵扣当期进项税额后的余额。应纳税额计算公式：

应纳税额＝当期销项税额－当期进项税额

当期销项税额小于当期进项税额不足抵扣时，其不足部分可以结转下期继续抵扣。

【解读】本条规定了增值税一般纳税人应纳增值税税额的计算方法。

根据本条第一款规定，增值税一般纳税人当期应纳增值税税额的计算，实行当期增值税销项税额抵扣当期增值税进项税额的方法。应纳税额计算公式：

应纳税额＝当期销项税额－当期进项税额

公式中的当期销项税额＞当期进项税额时，当期销项税额抵扣当期进项税额为正余额，即为当期应纳增值税额。公式中的当期销项税额＜当期进项税额时，当期销项税额抵扣当期进项税额为负余额，为结转下期继续抵扣的进项税额。公式中的当期销项税额＝当期进项税额时，当期销项税额抵扣当期进项税额的余额为零，当期既没有应纳税额，也没有留抵税额。

公式中的当期销项税额为增值税一般纳税人当期销售货物或者提供劳务的销售额，按照本条例第五条规定的方法计算的增值税税额。公式中的当期进项税额为增值税一般纳税人当期外购货物或者接受劳务，按照本条例第八条规定取得或计算的增值税税额。对持续从事生产经营的纳税人而言，公式中的当期进项税额还应包括上期结转到本期继续抵扣的进项税额。

本条第二款规定了持续经营的增值税一般纳税人，其当期销项税额小于当期进项税额不足抵扣时，未抵扣部分的进项税额的处理方法。根据本条第二款规定，增值税一般纳税人当期销项税额小于当期进项税额不足抵扣部分的进项税额，税务机关不予退还，但可以结转下期抵扣增值税销项税额。

第五条　纳税人销售货物或者应税劳务，按照销售额和本条例第二条规定的税率计算并向购买方收取的增值税额，为销项税额。销项税额计算公式：

销项税额 = 销售额 × 税率

【解读】本条是关于增值税销项税额的规定。

根据本条规定，增值税销项税额是指纳税人销售增值税应税货物或者应税劳务，按照销售货物或者应税劳务的销售额及其适用税率计算并向购买方收取的增值税税额。销项税额计算公式：

销项税额 = 销售额 × 税率

公式中的销售额为本条例第六条规定的销售额。公式中的税率为本条例第二条规定的税率。增值税销项税额包含以下含义：①增值税销项税额以增值税一般纳税人销售货物或者提供劳务的销售额为计税依据。②增值税销项税额为增值税一般纳税人销售应税货物或者应税劳务的销售额与销售应税货物或者应税劳务所适用的增值税税率乘积。其计算公式：销项税额 = 销售额 × 税率。③销项税额是由销售方向购买方或者劳务提供方向劳务接受方，在销售货物或者劳务的价款之外另行收取的。它体现了增值税价外税的基本特征和税收转嫁的属性。

第六条　销售额为纳税人销售货物或者应税劳务向购买方收取的全部价款和价外费用，但是不包括收取的销项税额。

销售额以人民币计算。纳税人以人民币以外的货币结算销售额的，应当折合成人民币计算。

【解读】本条是关于销售额的规定。

根据本条第一款规定，销售额为纳税人销售货物或者应税劳务向购买方收取的全部价款和价外费用。增值税计税销售额由两部分构成：一是纳税人销售货物或者应税劳务向购买方收取的全部价款，这部分是销售额的主体部分；二是纳税人销售货物或者应税劳务在价款之外向购买方收取的价外费用。本条所称价外费用是指本条例《实施细则》第十二条规定的费用。

增值税计税销售额为不含税销售额即不含增值税销售额。

本条第二款对增值税计税销售额计量货币做出规定。根据本条第二款规定，增值税计税销售额以人民币为法定计量货币，纳税人以人民币以外货币结算的销售额，应当按照规定的方法和汇率折合成人民币。人民币以外货币折合成人民币的方法，依照本条例《实施细则》第十五条规定。

第七条　纳税人销售货物或者应税劳务的价格明显偏低并无正当理由的，由主管税务机关核定其销售额。

【解读】本条是关于销售额核定的规定。

为了防止纳税人利用价格的调整，隐瞒或者转移销售货物或者应税劳务销售收入，减少计税依据，从而逃避缴纳增值税，本条授权主管税务机关行使核定纳税人销售额的具体税务行政行为权力。纳税人销售货物或者应税劳务的价格明显偏低并无正当理由的，由主管税务机关核定其销售额。税务机关核定纳税人销售货物或者应税劳务的销售额时，依照《税收征管法实施细则》第四十七条规定。

为防止税务机关滥用税务行政权，本条对主管税务机关授权的同时，也规定了税务机关行使行政权力的前置条件。税务机关对纳税人行使核定销售额的前置条件有两个：一是纳税人销售货物或者应税劳务的价格明显偏低；二是纳税人销售货物或者应税劳务的价格明显偏低无正当理由。只有纳税人同时具备两个前置条件时，税务机关才能行使核定其销售额的权力。

第八条　纳税人购进货物或者接受应税劳务（以下简称购进货物或者应税劳务）支付或者负担的增值税额，为进项税额。

下列进项税额准予从销项税额中抵扣：

（一）从销售方取得的增值税专用发票上注明的增值税额。

（二）从海关取得的海关进口增值税专用缴款书上注明的增值税额。

（三）购进农产品，除取得增值税专用发票或者海关进口增值税专用缴款书外，按照农产品收购发票或者销售发票上注明的农产品买价和13%的扣除率计算的进项税额。进项税额计算公式：

进项税额＝买价×扣除率

（四）购进或者销售货物以及在生产经营过程中支付运输费用的，按照运输费用结算单据上注明的运输费用金额和7%的扣除率计算的进项税额。进项税额计算公式：

进项税额＝运输费用金额×扣除率

准予抵扣的项目和扣除率的调整，由国务院决定。

【解读】本条是关于增值税进项税额及其抵扣的规定。准予抵扣进项税额的项目和扣除率的调整，由国务院决定。

增值税进项税额是指纳税人购进货物或者接受应税劳务支付或者负担的增值税额。增值税进项税额体现了增值税价外税的基本特点和税收转嫁的性质。对持续生产、经营的纳税人而言，外购货物或者接受劳务所支付的增值税额，在外购货物未被销售之前处于待转嫁状态，它体现的是纳税人资金的占用，而不是税收的承担。增值税进项税额是否能被转嫁存在不确定性。如果纳税人将购进货物或者接受应税劳务通过再销售方式流转至下一环节，其进项税额则得以转嫁；如果纳税人将购进货物或者接受应税劳务自行消费或用于非应税项目，或者发生非常损失，进项税额则自行承担。

根据本条规定，增值税实行购进扣税法。当期购进的货物或者劳务所支付或者负担的进项税额准予抵扣当期的销项税额。购进货物是指用于增值税应税项目的增值税应税货物，包括用于应税项目的原材料、辅助材料、配件、半成品、商品以及动产类固定资产等。财政部、国家税务总局财税［2008］170号对动产类固定资产进项税额抵扣做出了具体的规定。接受应税劳务是指用于增值税应税项目的增值税应税劳务，包括加工劳务、修理修配劳务以及国务院规定的其他增值税应税劳务。

根据本条第二款规定，下列进项税额准予从销项税额中抵扣：

（一）增值税一般纳税人用于应税项目的外购货物或者接受劳务，从销售方取得的增值税专用发票上注明的增值税额准予抵扣。准予抵扣的增值税税额必须同时满足以下条件：①外购货物或者应税劳务必须取得增值税专用发票。取得普通发票不得抵扣。②取得的增值税专用发票必须是销货方开具的。从销售方以外单位、个人取得的增值税专用发票不得抵扣。③抵扣税额必须是增值税专用发票上注明的增值税额。增值税专用发票上未注明增值税额的，不得计算进项税额。增值税专用发票上注明增值税额不正确的不得抵扣。

（二）增值税一般纳税人用于应税项目的进口货物，从海关取得的海关进口增值税专用缴款书上注明的增值税额准予抵扣。准予抵扣的增值税税额应同时满足以下条件：①进口货物必须取得海关填制或者出具的海关进口增值税专用缴款书。②海关进口增值税专用缴款书必须是从进口货物报关海关取得的。③取得海关进口增值税专用缴款书注明的增值税额。

（三）增值税一般纳税人购进农产品，除取得增值税专用发票或者海关进口增值税专用缴款书外，按照农产品收购发票或者销货方开具的销售发票上注明的农产品买价和13%的扣除率计算的进项税额准予抵扣。纳税人计算准予扣除进项税额后，其外购农产品的企业所得税计税基础为农产品买价减除进项税额后的余额。所称农产品买价是指本条例《实施细则》第十七条规定的买价。

（四）纳税人购进货物或者销售货物以及在生产经营过程中支付运输费用的，按照运输费用结算单据上注明的运输费用金额和7%的扣除率计算的进项税额准予抵扣。修订后的条例扩大了运费进项税额抵扣范围。原条例仅限于纳税人购进、销售货物支付的运费。修订后的条例将纳税人在生产经营过程中支付的运费列入抵扣范围。纳税人在生产经营过程中发生的运费包括纳税人存货移库发生的运输费用。纳税人计算准予抵扣进项税额后，其运费的企业所得税计税基础为支付的运输费用减除准予抵扣的进项税额后的余额。所称运输费用金额是指本条例《实施细则》第十八条规定的运费金额。

第九条　纳税人购进货物或者应税劳务，取得的增值税扣税凭证不符合法律、行政法规或者国务院税务主管部门有关规定的，其进项税额不得从销项税额中抵扣。

【解读】本条是关于增值税抵扣凭证的规定。

根据本条规定，增值税一般纳税人购进货物或者应税劳务，虽然取得了本条例第八条规定的抵扣凭证，但其取得的抵扣凭证不符合法律、行政法规或者国务院税务主管部门有关规定的，抵扣凭证上注明的增值税额或者依据抵扣凭证注明的买价或金额计算的进项税额，也不得抵扣销项税额。本条所称增值税扣税凭证是指本条例《实施细则》第十九条规定的抵扣凭证。

符合法律、行政法规规定或者国务院税务主管部门有关规定的增值税扣税凭证，应当同时符合以下要件：①增值税一般纳税取得的抵扣凭证符合本条例第八条、本条例《实施细则》第十九条规定的抵扣凭证范围。②抵扣凭证本体真实，不是伪造的。③取得的增值税专用发票必须是从销货方或者提供劳务方开具的。海关进口增值税专用缴款书必须是从进口货物报关海关取得的。运输费用结算单据必须是从运输劳务提供方取得的。④抵扣凭证记载的内容是购销双方真实的经济活动，而不是虚构的。⑤抵扣凭证的填写必须符合税收法律、行政法规或者国务院税务主管部门的规定。⑥抵扣凭证必须在法定的有效期限内予以认证，并通过认证系统的认证。

第十条　下列项目的进项税额不得从销项税额中抵扣：

（一）用于非增值税应税项目、免征增值税项目、集体福利或者个人消费的购进货物或者应税劳务；

（二）非正常损失的购进货物及相关的应税劳务；

（三）非正常损失的在产品、产成品所耗用的购进货物或者应税劳务；

（四）国务院财政、税务主管部门规定的纳税人自用消费品；

（五）本条第（一）项至第（四）项规定的货物的运输费用和销售免税货物的运输费用。

【解读】 本条是关于不得抵扣进项税额的规定。

本条采用反列举的方式，规定了不准从销项税额中抵扣的进项税额。根据本条规定，纳税人外购货物或者提供劳务的进项税额虽然符合本条例第八条、第九条规定，但存在本条规定情形的，其进项税额不准从销项税额抵扣。

根据本条第（一）项规定，纳税人用于非增值税应税项目、免征增值税项目、集体福利或者个人消费的购进货物或者应税劳务的进项税额不得抵扣。纳税人购进货物或者劳务时，直接用于非增值税应税项目、免征增值税项目、集体福利或者个人消费的，进项税额计入相关项目的成本或者费用。纳税人购进货物或者劳务时，用途不明的，暂按用于应税项目处理，进项税额准予抵扣。外购货物购进后改变用途的，应从改变用途的当期将已抵扣的进项税额转出。其计算公式为：转出进项税额＝改变用途货物或者劳务的购进成本×适用税率。转出的进项税额计入相关项目的成本或者费用。所称非增值税应税项目是指营业税项目，具体范围依照本条例《实施细则》第二十三条规定执行。所称个人消费的外购货物或者应税劳务是指本条例《实施细则》第二十二条规定的个人消费。

根据本条第（二）项规定，纳税人购进货物发生非正常损失的，其购进货物及相关应税劳务的进项税额不得抵扣。其已抵扣的进项税额，应从确认损失的当期做进项税额转出。转出进项税额＝非常损失货物或者劳务的购进成本×适用税率。转出的进项税额应计入购进货物损失，与损失的货物一并处理。

根据本条第（三）项规定，纳税人的在产品、产成品发生非常损失的，非常损失的在产品、产成品所耗用的购进货物或者应税劳务的进项税额不得抵扣。其已抵扣的进项税额应从确认损失的当期做进项税额转出。转出进项税额＝非常损失在产品、产成品耗用外购货物或者劳务的购进成本×适用税率。转出的进项税额应计入相关项目的损失，与损失的产品、产成品一并处理。

本条所称购进货物是指本条例《实施细则》第二十一条规定的货物和财政部、国家税务总局财税［2008］170 号规定的固定资产，本条所称非正常损失是指本条例《实施细则》第二十四条规定的损失。

第十一条　小规模纳税人销售货物或者应税劳务，实行按照销售额和征收率计算应纳税额的简易办法，并不得抵扣进项税额。应纳税额计算公式：

应纳税额＝销售额×征收率

小规模纳税人的标准由国务院财政、税务主管部门规定。

【解读】 本条规定了增值税小规模纳税人应纳税额的计算方法和小规模纳税人标准。

本条第一款规定了增值税小规模纳税人增值税应纳税额的计算方法。根据本条第一款规定，增值税小规模纳税人销售货物或者应税劳务实行简易征收办法，不实行销项税额抵扣进项税额方法计算应纳税额，其购进货物或者接受劳务的进项税额不得抵扣应纳税额。应纳税额计算公式：

$$应纳税额 = 销售额 \times 征收率$$

公式中的销售额为不含增值税销售额，公式中的征收率为本条例第十二条规定的征收率。

本条第二款为授权立法条款。将增值税小规模纳税人标准的制定授权国务院财政、税务主管部门。增值税小规模纳税人标准依照本条例《实施细则》第二十八条规定。

第十二条　小规模纳税人增值税征收率为3%。

征收率的调整，由国务院决定。

【解读】本条规定了增值税小规模纳税人增值税征收率。增值税征收率的调整权归属国务院。

根据本条规定，增值税小规模纳税人计算应纳增值税税额适用3%的征收率。修订后的条例，将增值税小规模纳税人的征收率由修订前的6%、4%统一降至3%，减轻了增值税小规模纳税人的增值税税收负担。

第十三条　小规模纳税人以外的纳税人应当向主管税务机关申请资格认定。具体认定办法由国务院税务主管部门制定。

小规模纳税人会计核算健全，能够提供准确税务资料的，可以向主管税务机关申请资格认定，不作为小规模纳税人，依照本条例有关规定计算应纳税额。

【解读】本条是关于增值税一般纳税人资格认定的规定。

本条规定了增值税一般纳税人资格认定范围。根据本条规定，下列增值税纳税人应当申请认定增值税一般纳税人资格：①增值税小规模纳税人以外的增值税纳税人。②会计核算健全，能够提供准确税务资料的增值税小规模纳税人。会计核算健全标准依照本条例《实施细则》第三十二条规定执行。

为了加强增值税小规模纳税人以外增值税纳税人的管理，本条对增值税小规模纳税人以外增值税纳税人的管理做出原则性规定。根据本条第一款规定，增值税小规模纳税人以外的增值税纳税人必须依照国家税务总局的规定进行增值税一般纳税人资格认定。增值税一般纳税人资格认定依照国家税务总局《增值税一般纳税人申请认定办法》规定执行。

第十四条　纳税人进口货物，按照组成计税价格和本条例第二条规定的税率计算应纳税额。组成计税价格和应纳税额计算公式：

$$组成计税价格 = 关税完税价格 + 关税 + 消费税$$

$$应纳税额 = 组成计税价格 \times 税率$$

【解读】本条规定了进口货物增值税计税依据。

本条规定了增值税纳税人（包括增值税一般纳税人和小规模纳税人）进口应税货物进口环节增值税计税依据和计算方法。根据本条规定，增值税纳税人进口货物增值税的计税依据为进口货物组成计税价格。进口应税货物组成计税价格公式：

$$组成计税价格 = 关税完税价格 + 关税 + 消费税$$

公式中的消费税是指纳税人进口货物为消费税应税货物，在进口环节应缴纳的消费税。如果纳税人进口的货物不是消费税应税货物，公式中的消费税为零。组成计税价格公式：

组成计税价格＝关税完税价格＋关税

根据本条规定，纳税人进口货物在进口环节应纳增值税计算公式：

应纳税额＝组成计税价格×税率

公式中的税率为本条例第二条第（一）项、第（二）项规定的税率。海关代扣纳税人（包括增值税一般纳税人和小规模纳税人）增值税时，均适用本条例第二条第（一）项、第（二）项规定的税率，不适用征收率。

第十五条　下列项目免征增值税：

（一）农业生产者销售的自产农产品；

（二）避孕药品和用具；

（三）古旧图书；

（四）直接用于科学研究、科学试验和教学的进口仪器、设备；

（五）外国政府、国际组织无偿援助的进口物资和设备；

（六）由残疾人的组织直接进口供残疾人专用的物品；

（七）销售的自己使用过的物品。

除前款规定外，增值税的免税、减税项目由国务院规定。任何地区、部门均不得规定免税、减税项目。

【解读】本条规定了增值税税收优惠。

本条第一款第（一）项所称农业为本条例《实施细则》第三十五条规定的产业，所称的农产品为本条例《实施细则》第三十五条规定的农产品，所称的农业生产者为本条例《实施细则》第三十五条规定的生产者。农业生产者销售的自产农产品免征增值税应当同时具备的条件：①享受税收优惠的主体必须是从事农业生产的单位、个人。②农业生产者销售的农产品为农业生产者自己生产的农产品，不是购进的农产品。销售农产品免税环节为农产品生产销售环节，而不是农产品流通环节即批发、零售环节。③农业生产者销售的自产农产品必须是本条规定的农产品范围。农产品范围参见附录资料《农业产品征税范围注释》。

本条第一款第（二）项规定避孕药品和用具免征增值税是指免征避孕药品和用具生产销售环节的增值税。流通环节不予免征增值税。纳税人生产销售的避孕药品和用具属于国家卫生行政管理部门规定的范围。

本条第一款第（三）项所称古旧图书为本条例《实施细则》第三十五条规定的古旧图书范围。本条第一款第（七）项所称自己使用过的物品为本条例《实施细则》第三十五条规定的物品。本条第一款第（四）项、第（五）项、第（六）项免税是指免征纳税人进口货物进口环节的增值税，而不是国内流通环节的增值税。

为了维护税法的严肃性，保证税法的统一性和税收的公平性，本条第二款规定了增值税的免税、减税项目确定权。增值税的减免由国务院规定，任何地区、部门均不得规定免税、减税项目。

第十六条　纳税人兼营免税、减税项目的，应当分别核算免税、减税项目的销售额；未分别核算销售额的，不得免税、减税。

【解读】 本条是关于征税、减税、免税项目销售额核算的规定。

为了促使纳税人正确核算生产经营情况，防止税款流失，维护纳税人合法权益，避免或者减少税务机关与纳税人在征税过程中发生歧义，本条对纳税人同时经营应税项目、减税项目、免税项目的销售额核算问题做出规定。根据本条规定，纳税人同时经营应税项目、减税项目、免税项目时，应分别核算各项目的销售额。分别核算销售额的，依照税法规定征收增值税、减征增值税和免征增值税；未分别核算销售额的，不得划分减税、免税销售额，免税、减税项目一律按征税项目计算缴纳增值税。

第十七条　纳税人销售额未达到国务院财政、税务主管部门规定的增值税起征点的，免征增值税；达到起征点的，依照本条例规定全额计算缴纳增值税。

【解读】 本条是关于增值税起征点的规定。

税收起征点是指计税依据的临界点。根据本条规定，增值税征收实行起征点制度。纳税人销售额未达到规定起征点的，其销售收入免税，达到或超过起征点的全额征税。本条将增值税起征点的制定权，授权国务院财政、税务主管部门。增值税起征点的适用范围和幅度依照本条例《实施细则》第三十七条规定执行。

第十八条　中华人民共和国境外的单位或者个人在境内提供应税劳务，在境内未设有经营机构的，以其境内代理人为扣缴义务人；在境内没有代理人的，以购买方为扣缴义务人。

【解读】 本条是关于增值税代扣代缴的规定。

为了加强增值税的征收管理，防止税款流失，提高征管效率，本条对增值税代扣代缴制度做出规定。代扣代缴增值税为法定义务。根据本条规定，中华人民共和国境外的单位或者个人在境内提供应税劳务，在境内未设有经营机构的，其境内代理人为扣缴义务人；在境内没有代理人的，以购买方为扣缴义务人。扣缴义务人应当依照本条例规定代扣代缴、代收代缴纳税人的应纳增值税，依法履行代扣代缴义务。

代扣代缴制定的规定，体现了我国增值税实行属地管辖原则。

第十九条　增值税纳税义务发生时间：

（一）销售货物或者应税劳务，为收讫销售款项或者取得索取销售款项凭据的当天；先开具发票的，为开具发票的当天。

（二）进口货物，为报关进口的当天。

增值税扣缴义务发生时间为纳税人增值税纳税义务发生的当天。

【解读】 本条是关于增值税纳税义务发生时间的规定。增值税纳税义务发生时间是认定增值税纳税人产生纳税义务的时间界限，是纳税人履行纳税义务的始点。

（一）境内销售货物或者提供劳务纳税义务发生时间。本条第一款第（一）项对纳税人在中华人民共和国境内销售货物或者应税劳务的纳税义务发生时间做了原则性规定：①销售货物或者应税劳务的纳税人，收讫销售款项的，其纳税义务发生时间为收讫销售款项的当天。收讫销售款项当天的确认，依照本条例《实施细则》第三十八条规定。②销售货物或者应税劳务，没有收讫销售款项，但取得了索取销售款项凭据的，其纳税义务发生时间为取得索取销售款项凭据的当天。取得索取销售款项凭据当天的确认，依照本条例《实施细则》第三十八条规定。③销售货物或者应税劳务，既未收讫销售款项，也未取得索取销售款项凭据，但已给购货方或者劳务提供方开具销售货物或者劳务发票的，为开具发票的当天。

由于本条例规定增值税一般纳税人应纳增值税实行销项税额抵扣进项税额方法，所以，纳税义务发生时间存在法理上的纳税义务发生时间和实际纳税义务发生时间。本条第一款第（一）项规定的纳税义务发生时间，对增值税一般纳税人而言，应当属于法理上的纳税义务发生时间。而实际纳税义务发生时间为纳税人按应纳税额计算方法，计算有应纳税额的当天。

（二）进口货物进口环节增值税纳税义务发生时间。本条第一款第（二）项对纳税人进口货物进口环节增值税纳税义务发生时间给予规定。纳税人进口货物，进口环节增值税纳税义务发生时间为纳税人向海关报关进口货物的当天。

（三）增值税扣缴义务发生时间。本条第二款规定，增值税扣缴义务发生时间为增值税纳税义务发生的当天。也就是增值税扣缴义务发生时间与增值税纳税义务发生时间为同一时间。依照本条第一款第（一）项规定，增值税纳税人发生纳税义务时，增值税扣缴义务人就应当履行扣缴义务。

这里需要说明的是，增值税纳税义务发生时间与本条例第二十三条规定的增值税缴纳期限不是同一时间概念。从法理上讲，纳税人发生了纳税义务，就应依法缴纳税款。为了便于税务机关实施征收管理，减少纳税人缴纳税款次数，提高征管效率，减少税收征管成本和纳税人的纳税成本，本条例第二十三条规定了税款缴纳期限。

第二十条 增值税由税务机关征收，进口货物的增值税由海关代征。

个人携带或者邮寄进境自用物品的增值税，连同关税一并计征。具体办法由国务院关税税则委员会会同有关部门制定。

【解读】本条规定了增值税征收机关。

根据本条第一款规定，增值税由税务机关负责征收管理。纳税人进口货物进口环节增值税由海关负责代征。根据国务院有关税收征管范围划分的规定，境内销售货物或者应税劳务的增值税由国家税务局负责征收。

第二十一条 纳税人销售货物或者应税劳务，应当向索取增值税专用发票的购买方开具增值税专用发票，并在增值税专用发票上分别注明销售额和销项税额。

属于下列情形之一的，不得开具增值税专用发票：

（一）向消费者个人销售货物或者应税劳务的；

（二）销售货物或者应税劳务适用免税规定的；

（三）小规模纳税人销售货物或者应税劳务的。

【解读】本条是关于销售货物或者应税劳务开具增值税专用发票的规定。

增值税专用发票是增值税一般纳税人抵扣进项税额的法定凭证。本条第一款对增值税一般纳税人销售货物或者提供应税劳务开具增值税专用发票做出原则性规定。根据本条规定，增值税一般纳税人销售货物或者提供应税劳务时，应当向购买方开具增值税专用发票，并按规定在增值税专用发票上分别注明货物或者劳务的销售额和销项税额。增值税专用发票开具的具体规定依照《增值税专用发票管理办法》。

本条第二款采用反列举的方法，规定了增值税一般纳税人发生增值税应税行为时，不得开具增值税专用发票的三种情形。

第二十二条　增值税纳税地点：

（一）固定业户应当向其机构所在地的主管税务机关申报纳税。总机构和分支机构不在同一县（市）的，应当分别向各自所在地的主管税务机关申报纳税；经国务院财政、税务主管部门或者其授权的财政、税务机关批准，可以由总机构汇总向总机构所在地的主管税务机关申报纳税。

（二）固定业户到外县（市）销售货物或者应税劳务，应当向其机构所在地的主管税务机关申请开具外出经营活动税收管理证明，并向其机构所在地的主管税务机关申报纳税；未开具证明的，应当向销售地或者劳务发生地的主管税务机关申报纳税；未向销售地或者劳务发生地的主管税务机关申报纳税的，由其机构所在地的主管税务机关补征税款。

（三）非固定业户销售货物或者应税劳务，应当向销售地或者劳务发生地的主管税务机关申报纳税；未向销售地或者劳务发生地的主管税务机关申报纳税的，由其机构所在地或者居住地的主管税务机关补征税款。

（四）进口货物，应当向报关地海关申报纳税。

扣缴义务人应当向其机构所在地或者居住地的主管税务机关申报缴纳其扣缴的税款。

【解读】本条是关于增值税申报纳税地点的规定。

增值税纳税人发生纳税义务后在何地申报缴纳税款不仅是明确税务机关征管管辖范围、征管责任的要求，也是保证纳税人及时履行纳税义务和地方财政收入的需要。本条对不同类型的增值税纳税人纳税地点做出不同的规定。

（一）固定业户增值税纳税人申报纳税地点。根据本条第一款第（一）项规定，固定业户增值税纳税人，应当向其机构所在地的主管国家税务机关申报纳税。机构所在地是指纳税人生产经营机构所在地。在工商行政管理机关注册登记的，为营业执照登记注册地（营业执照包括法人营业执照和非法人营业执照）。设立分支机构的纳税人，其总机构和分支机构不在同一县（市）的，由总机构和分支机构分别向各自所在地的主管国家税务机关申报纳税。总机构和分支机构在同一县（市）内或者在同一设区的市市区内的，由总机构向其所在地的主管国家税务机关申报纳税。经国务院财政、税务主管部门或者其授权的财政、税务机关批准，总机构和分支机构不在同一县（市）的，可以由总机构汇总向总机构所在地的主管国家税务机关申报纳税。

（二）固定业户增值税纳税人外出经营申报纳税地点。根据本条第一款第（二）项和《中华人民共和国税收征收管理法》及其实施细则的规定，固定业户到外县（市）销售货物或者应税劳务，实行外出经营活动税收管理证明制度。到外县（市）销售货物或者应税劳务的纳税人，应当向其机构所在地主管税务机关申请开具外出经营活动税收管理证明，并向其机构所在地主管税务机关申报纳税；未开具证明的，应当向销售地或者劳务发生地主管税务机关申报纳税；未向销售地或者劳务发生地主管税务机关申报纳税的，由其机构所在地的主管税务机关补征税款。

（三）非固定业户增值税纳税人申报纳税地点。根据本条第一款第（三）项规定，非固定业户销售货物或者应税劳务，应当向销售地或者劳务发生地主管国家税务机关申报纳税；未向销售地或者劳务发生地主管国家税务机关申报纳税的，由其机构所在地或者居住地主管国家税务机关补征税款。

（四）进口货物申报纳税地点。根据本条第一款第（四）项规定，纳税人进口货物的，进口环节增值税由纳税人向报关地海关申报纳税。

（五）代扣税款申报解缴地点。根据本条第二款规定，扣缴义务人应当向其机构所在地或者居住地主管国家税务机关申报缴纳其扣缴的税款。

第二十三条　增值税的纳税期限分别为1日、3日、5日、10日、15日、1个月或者1个季度。纳税人的具体纳税期限，由主管税务机关根据纳税人应纳税额的大小分别核定；不能按照固定期限纳税的，可以按次纳税。

纳税人以1个月或者1个季度为1个纳税期的，自期满之日起15日内申报纳税；以1日、3日、5日、10日或者15日为1个纳税期的，自期满之日起5日内预缴税款，于次月1日起15日内申报纳税并结清上月应纳税款。

扣缴义务人解缴税款的期限，依照前两款规定执行。

【解读】本条是关于增值税纳税申报和税款缴纳期限的规定。

增值税纳税期限是指增值税纳税人发生纳税义务后，在多长时间内缴纳一次税款。为了防止产生欠税，保证税款均衡及时入库，本条第一款规定，增值税纳税期限分别为1日、3日、5日、10日、15日、1个月或者1个季度。纳税人的具体纳税期限，由主管国家税务机关根据纳税人应纳税额的大小分别核定。以1个季度为纳税期限的，只适用于本条例《实施细则》第三十九条规定的纳税人。纳税人不能按照固定期限纳税的，可以按次纳税。

根据本条第二款规定，税务机关确定以1个月或者1个季度为1个纳税期的，纳税人应自期满之日起15日内向主管税务机关办理上期纳税申报并缴纳税款；税务机关确定以1日、3日、5日、10日或者15日为1个纳税期的，纳税人应自期满之日起5日内预缴当期税款，于次月1日起15日内办理上期纳税申报并结清上期应纳税款。多缴税款的，向主管税务机关申请退还，少缴税款的应在上述规定时间内补缴少缴的税款。

第二十四条　纳税人进口货物，应当自海关填发海关进口增值税专用缴款书之日起15日内缴纳税款。

【解读】进口货物的纳税人，在货物报关进口后，应当自报关海关填发海关进口增值税专用缴款书之日起15日内，向报关海关缴纳进口货物税款。

第二十五条　纳税人出口货物适用退（免）税规定的，应当向海关办理出口手续，凭出口报关单等有关凭证，在规定的出口退（免）税申报期内按月向主管税务机关申报办理该项出口货物的退（免）税。具体办法由国务院财政、税务主管部门制定。

出口货物办理退税后发生退货或者退关的，纳税人应当依法补缴已退的税款。

【解读】本条是关于出口货物税收优惠及其管理的规定。

本条第一款对纳税人出口货物享受退（免）税税收优惠、办理出口退（免）税程序和期限做出了原则规定。授权国务院财政、税务主管部门制定具体退（免税）税管理办法。出口货物退税不适用增值税税率，退税率由国务院另行确定。退税率最高不高于出口货物适用的增值税税率。

根据本条第二款规定，纳税人出口货物办理退税后发生退货或者退关情形时，应当依法补缴已退的增值税。

第二十六条 增值税的征收管理依照《中华人民共和国税收征收管理法》及本条例有关规定执行。

【解读】本条对增值税征收管理适用税收法律、行政法规给予规定。

根据本条规定，增值税的征收管理依照《中华人民共和国税收征收管理法》及本条例有关规定执行。

第二十七条 本条例自2009年1月1日起施行。

【解读】本条是关于本条例生效时间的规定。

根据本条规定，修订后的本条例生效时间为2009年1月1日。由于本条例没有特别规定本条例溯及以往的效力问题，所以修订后的本条例不具有溯及以往的效力。单位、个人在2009年1月1日及其以后发生的增值税涉税事项依照本条例规定办理。单位、个人在2009年1月1日以前发生的增值税涉税事项依照原条例规定办理。

中华人民共和国增值税暂行条例实施细则条文解读

第一条 根据《中华人民共和国增值税暂行条例》（以下简称条例），制定本细则。

【解读】本条明确了制定本细则法律依据。

本细则为税收行政性规章，是经国务院授权，依据《中华人民共和国增值税暂行条例》而制定，在中华人民共和国境内具有效力。

第二条 条例第一条所称货物，是指有形动产，包括电力、热力、气体在内。

条例第一条所称提供加工，是指受托加工货物，即委托方提供原料及主要材料，受托方按照委托方的要求，制造货物并收取加工费的业务。

条例第一条所称修理修配，是指受托对损伤和丧失功能的货物进行修复，使其恢复原状和功能的业务。

【解读】本条第一款对增值税条例第一款所称货物做出解释性规定。根据本条款规定，增值税应税货物为单位、个人销售的有形动产。单位、个人销售的有形不动产不属于增值税应税货物，不征收增值税。

本条第二款对增值税条例第一条所称提供加工做出解释性规定。根据本条款规定，纳税人提供加工，是指受托加工货物。受托加工货物应同时满足以下条件：①由委托方向受托方提供加工产品所需的原料及主要材料。委托方提供的原料及主要材料为向受托方以外单位、个人购买的。②受托方按照委托方的要求制造的货物的所有权属委托方，货物制造完成由委托方收回。③受托方制造货物只收取加工费。

本条第三款对增值税条例第一条所称修理修配做出解释性规定。根据本条款规定，修理修配应同时具备以下条件：①修理修配的工艺属于修复性工艺。②修理修配的对象为损伤和丧失功能的货物。③修理修配的目的或者结果是使损伤的货物恢复原状，使丧失功能的货物恢复原有功能。

第三条 条例第一条所称销售货物，是指有偿转让货物的所有权。

条例第一条所称提供加工、修理修配劳务（以下称应税劳务），是指有偿提供加工、修理修配劳务。单位或者个体工商户聘用的员工为本单位或者雇主提供加工、修理修配劳务，不包括在内。

本细则所称有偿，是指从购买方取得货币、货物或者其他经济利益。

【解读】本条第一条对增值税条例第一款所称销售货物做出解释性规定。根据本条规定，纳税人销售货物是指以从购买方取得货币、货物或者其他经济利益为目的，转让货物所有权。

本条第二款对增值税条例第一条所称提供加工、修理修配劳务做出解释性规定。根据本条款规定，纳税人提供加工、修理修配劳务是指以从接受加工、修理修配劳务方取得货币、货物或者其他经济利益为目的，而提供的加工、修理修配劳务。

第四条 单位或者个体工商户的下列行为，视同销售货物：

（一）将货物交付其他单位或者个人代销；

（二）销售代销货物；

（三）设有两个以上机构并实行统一核算的纳税人，将货物从一个机构移送其他机构用于销售，但相关机构设在同一县（市）的除外；

（四）将自产或者委托加工的货物用于非增值税应税项目；

（五）将自产、委托加工的货物用于集体福利或者个人消费；

（六）将自产、委托加工或者购进的货物作为投资，提供给其他单位或者个体工商户；

（七）将自产、委托加工或者购进的货物分配给股东或者投资者；

（八）将自产、委托加工或者购进的货物无偿赠送其他单位或者个人。

【解读】本条是关于视同销售货物的规定。

视同销售货物是指单位、个人因非销售而处置货物时，按照财务会计制度规定，不做货物销售处理，而按本条规定应当做销售货物处理，征收增值税的货物。本条规定了单位或者个体工商户八种视同销售行为。本条所称单位是指从事生产、经营的单位。

本条规定视同销售的目的在于：①保证增值税征收链条的连续性。如本条规定将货物交付其他单位或者个人代销或者销售代销货物。②保证地方财政收入的平衡和稳定。如设有两个以上机构并实行统一核算的纳税人，将货物从一个机构移送其他机构用于销售，但相关机构设在同一县（市）的除外。③公平增值税税负。如将自产或者委托加工的货物用于非增值税应税项目，将自产、委托加工的货物用于集体福利或者个人消费；将自产、委托加工或者购进的货物作为投资，提供给其他单位或者个体工商户；将自产、委托加工或者购进的货物分配给股东或者投资者，将自产、委托加工或者购进的货物无偿赠送其他单位或者个人。

单位或者个体工商户将货物交付其他单位或者个人代销，或者销售代销货物，应当同时满足以下条件，否则，属于经销或者赊销。①委托方与受托方签订代销合同，并约定相关代销内容。②委托方与受托方约定货物销售价格且双方销售货物价格相同。受托方按约定价格销售代销货物并做销售货物处理。委托方在收到受托方代销货物清单时，按约定销售价格给受托方开具增值税专用发票并作销售货物处理。受托方代销货物增值税税负为零。③委托方只向受托方支付代销手续费或者受托方只向委托方收取代销货物手续费。

设有两个以上机构并实行统一核算的纳税人，将货物从一个机构移送其他机构用于销售的，视同销售，但相关机构设在同一县（市）的除外的规定，符合增值税条例第二十二条规定。

第五条　一项销售行为如果既涉及货物又涉及非增值税应税劳务，为混合销售行为。除本细则第六条的规定外，从事货物的生产、批发或者零售的企业、企业性单位和个体工商户的混合销售行为，视为销售货物，应当缴纳增值税；其他单位和个人的混合销售行为，视为销售非增值税应税劳务，不缴纳增值税。

本条第一款所称非增值税应税劳务，是指属于应缴营业税的交通运输业、建筑业、金融保险业、邮电通信业、文化体育业、娱乐业、服务业税目征收范围的劳务。

本条第一款所称从事货物的生产、批发或者零售的企业、企业性单位和个体工商户，包括以从事货物的生产、批发或者零售为主，并兼营非增值税应税劳务的单位和个体工商户在内。

【解读】本条是关于混合销售行为征收增值税的规定。

本条第一款对混合销售行为给予定义。所谓混合销售行为是指单位、个人的一项销售行为，既涉及增值税应税货物又涉及非增值税应税劳务。混合销售行为应当同时满足两个条件：①混合销售行为发生于或者置于一项销售行为或者经营活动之中，而不是两项相对独立的经营活动。两项独立的经营活动属于增值税条例规定的兼营。②一项销售行为或经营活动由两个或者两个以上经济活动事项构成。

本条第二款对何种混合销售行为征收增值税做出规定。根据本条第二款规定，混合销售行为分为增值税应税混合销售行为和非增值税应税混合销售行为。从事货物的生产、批发或者零售的企业、企业性单位和个体工商户发生的混合销售行为，属于增值税应税混合销售行为，视为销售货物，应当缴纳增值税；其他单位和个人发生的混合销售行为，视为销售非增值税应税劳务，不缴纳增值税。根据本条第一款规定，征收增值税的混合销售行为，不包括本细则第六条规定的混合销售行为。

在日常税收征管活动中，判定单位、个人发生的混合销售行为是否属于增值税应税混合销售行为，应坚持实质重于形式原则。满足以下条件之一的，其发生的混合销售行为，属于增值税应税混合销售行为。①单位、个人的经营活动只是货物的生产、批发或者零售。②单位、个人以从事货物的生产、批发或者零售为主，同时兼营非增值税应税劳务。以从事货物的生产、批发或者零售为主是指单位、个人主营业务为货物的生产、批发或者零售，或者货物的生产、批发或者零售的销售额占总销售额（营业额）50%以上。

第六条　纳税人的下列混合销售行为，应当分别核算货物的销售额和非增值税应税劳务的营业额，并根据其销售货物的销售额计算缴纳增值税，非增值税应税劳务的营业额不缴纳增值税；未分别核算的，由主管税务机关核定其货物的销售额：

（一）销售自产货物并同时提供建筑业劳务的行为；

（二）财政部、国家税务总局规定的其他情形。

【解读】 本条对特殊混合销售如何征收增值税做出规定。

根据本条规定，增值税纳税人发生销售自产货物并同时提供建筑业劳务和财政部、国家税务总局规定的其他情形的两种混合销售行为时，应当分别核算货物的销售额和非增值税应税劳务的营业额，分别核算货物销售额和非增值税劳务营业额的，根据其销售货物的销售额计算缴纳增值税。未分别核算的，由主管国家税务机关核定其货物的销售额，征收增值税。

纳税人发生属于本条第（一）项规定的混合销售行为，必须同时满足以下条件：①发生混合销售行为的主体必须是货物的生产单位、个人，而不是货物的经销单位、个人。②纳税人发生混合销售行为中所销售的货物必须是自己生产的货物，而不是外购的货物。③纳税人销售自己生产的货物时，提供的非增值税应税劳务仅限于建筑业劳务。建筑业劳务范围依照《营业税税目》关于建筑业的规定。

主管国家税务机关对未分别核算货物销售额和非增值税应税劳务营业额的，核定纳税人混合销售行为销售额中货物的销售额时，应考虑以下因素：①参照自产货物当期销售价格。没有当期销售价格的，参照最近一期自产货物销售价格，或者本年度自产货物的平均销售价格。②经营合同中有关销售货物、提供建筑劳务定价或者收费标准。

第七条　纳税人兼营非增值税应税项目的，应分别核算货物或者应税劳务的销售额和非增值税应税项目的营业额；未分别核算的，由主管税务机关核定货物或者应税劳务的销售额。

【解读】 本条是关于增值税纳税人兼营非增值税应税项目如何征收增值税的规定。

根据本条规定，纳税人兼营非增值税应税项目的，应按货物或者应税劳务的销售额征收增值税。纳税人销售应税货物、提供应税劳务的销售额和兼营非增值税应税项目营业额分别核算的，依据核算货物或者应税劳务的销售额征收增值税。未分别核算的，由主管国家税务机关核定货物或者应税劳务的销售额，征收增值税。由主管国家税务机关核定货物或者应税劳务的销售额时，应考虑以下因素：①参照同行业销售同货物当期销售价格。②纳税人销售增值税应税货物、提供劳务和非增值税应税项目经营合同中定价或者收费标准。

第八条　条例第一条所称在中华人民共和国境内（以下简称境内）销售货物或者提供加工、修理修配劳务，是指：

（一）销售货物的起运地或者所在地在境内；

（二）提供的应税劳务发生在境内。

【解读】 本条对条例第一条所称在中华人民共和国境内销售货物或者提供加工、修理修配劳务做出解释性规定。根据本条规定，在中华人民共和国境内销售货物是指销售货物的起运地或者所在地在中国境内。这里所称的起运地是指销售的货物运出地。所称的所在地是指销售货物的存在地。在中华人民共和国境内提供加工、修理修配是指提供的应税劳务行为发生地在中国境内。中华人民共和国境内是指中国海关管辖的关属境域内。

第九条　条例第一条所称单位，是指企业、行政单位、事业单位、军事单位、社会团体及其他单位。

条例第一条所称个人，是指个体工商户和其他个人。

【解读】本条第一款对条例第一条所称单位做出解释性规定。单位，是指企业、行政单位、事业单位、军事单位、社会团体及其他单位。企业包括各类型的中国居民企业及其设立的分支机构、中国非居民企业。

本条第二款对条例第一条所称个人做出解释性规定。其他个人包括中国公民、外籍个人和无国籍人。

第十条　单位租赁或者承包给其他单位或者个人经营的，以承租人或者承包人为纳税人。

【解读】本条是关于单位租赁或者承包经营纳税人的确定。

单位租赁或者承包给其他单位或者个人经营时，产生了两个经营主体，一是出租或者发包单位。出租或者发包单位所从事的经营活动属于租赁业务。二是承租人或者承包人。根据本条规定，缴纳增值税的纳税人将本单位租赁或者承包给他人（包括单位和个人）经营的，承租人或者承包人为增值税纳税人，出租或者发包单位不再是增值税纳税人。

第十一条　小规模纳税人以外的纳税人（以下称一般纳税人）因销售货物退回或者折让而退还给购买方的增值税额，应从发生销售货物退回或者折让当期的销项税额中扣减；因购进货物退出或者折让而收回的增值税额，应从发生购进货物退出或者折让当期的进项税额中扣减。

一般纳税人销售货物或者应税劳务，开具增值税专用发票后，发生销售货物退回或者折让、开票有误等情形，应按国家税务总局的规定开具红字增值税专用发票。未按规定开具红字增值税专用发票的，增值税额不得从销项税额中扣减。

【解读】本条是关于增值税一般纳税人销项税额、进项税额扣减的规定。

（一）销项税额扣减。为避免重复征税问题的发生，保证税收征收的合理性，本条规定，增值税一般纳税人销售货物并已计提增值税销项税额的，因销售货物退回或者折让而退还给购买方的增值税额，应从发生销售货物退回或者折让当期的销项税额中扣减。在日常的税收征管活动中，纳税人销售货物计提增值税销项税额分为两种情况：一是销售货物时开具增值税专用发票。销售货物已开具增值税专用发票的，发生销售货物退回或者折让的，应当按照国家税务总局的规定开具红字增值税专用发票。未按规定开具红字增值税专用发票的，增值税额不得从销项税额中扣减；二是销售货物时未开具增值税专用发票。销售货物时未开具增值税专用发票的，发生销售货物退回或者折让的，依据退货清单和退货入库单或者折让合同、协议等计算扣减销项税额。

增值税一般纳税人销售货物发生增值税专用发票开票有误时，应按规定开具红字增值税专用发票，未按规定开具红字增值税专用发票的，增值税额不得从销项税额中扣减。

（二）进项税额的扣减。增值税一般纳税人购进货物时，未收到销货方开具的增值税专用发票，发生购进货物退出或者折让的，不计算扣减退出或者折让货物进项税额。纳税人购进货物时，收到销货方开具的增值税专用发票，并登记入账核算进项税额的，发生购进货物退出或者折让的，应在收到销货方开具的红字增值税专用发票当期，依据收到的红字增值税专用发票注明的增值税额，扣减当期进项税额。

第十二条　条例第六条第一款所称价外费用，包括价外向购买方收取的手续费、补贴、基金、集资费、返还利润、奖励费、违约金、滞纳金、延期付款利息、赔偿金、代收款项、代垫款项、包装费、包装物租金、储备费、优质费、运输装卸费以及其他各种性质的价外收费。但下列项目不包括在内：

（一）受托加工应征消费税的消费品所代收代缴的消费税；

（二）同时符合以下条件的代垫运输费用：

1. 承运部门的运输费用发票开具给购买方的；

2. 纳税人将该项发票转交给购买方的。

（三）同时符合以下条件代为收取的政府性基金或者行政事业性收费：

1. 由国务院或者财政部批准设立的政府性基金，由国务院或者省级人民政府及其财政、价格主管部门批准设立的行政事业性收费；

2. 收取时开具省级以上财政部门印制的财政票据；

3. 所收款项全额上缴财政。

（四）销售货物的同时代办保险等而向购买方收取的保险费，以及向购买方收取的代购买方缴纳的车辆购置税、车辆牌照费。

【解读】本条对条例第六条第一款所称价外费用做出解释性规定。根据本条规定，除本条第（一）项至第（四）项规定的不属于纳税人销售货物收取的价外费用外，纳税人销售货物时，从购买方收取的价款以外的货币形式、非货币形式的收入或者经济利益均属价外费用。

第十三条　混合销售行为依照本细则第五条规定应当缴纳增值税的，其销售额为货物的销售额与非增值税应税劳务营业额的合计。

【解读】本条规定了混合销售行为计算缴纳增值税的计税依据。

根据本条规定，纳税人发生应当缴纳增值税混合销售行为的，其增值税计税销售额计算公式：混合销售的销售额 = 货物销售额 + 非增值税劳务营业额。

第十四条　一般纳税人销售货物或者应税劳务，采用销售额和销项税额合并定价方法的，按下列公式计算销售额：

销售额 = 含税销售额 ÷（1 + 税率）

【解读】本条规定了增值税一般纳税人不含税销售额计算方法。

增值税一般纳税人增值税计税销售额为不含税销售额。如果纳税人采用销售额和销项税额合并定价方法销售货物或者提供应税劳务的，其销售额为含税销售额，在计算增值税销项税额时，应将含税销售额换算为不含税销售额。根据本条规定，不含税销售额计算公式：

销售额 = 含税销售额 ÷（1 + 税率）

公式中的税率为纳税人销售货物或者提供劳务所适用的增值税税率。公式中的含税销售额包括纳税人收取的价外费用。

第十五条　纳税人按人民币以外的货币结算销售额的，其销售额的人民币折合率可以选择销售额发生的当天或者当月1日的人民币汇率中间价。纳税人应在事先确定采用何种折合率，确定后1年内不得变更。

【解读】本条是关于人民币汇率选择方法的规定。

为了便于增值税的征收管理，减少日常工作量，增强可操作性。本条对纳税人以人民币以外的货币结算销售额的，其销售额的人民币折合率的选择方法予以规定。根据本条规定，纳税人可从以下两种方法中选择任意一种人民币折合率方法，人民币折合率方法一经确定，在一年内不得变更。①以销售额发生的当天人民币汇率中间价为外币折合人民币折合率。②以当月1日的人民币汇率中间价为外币折合人民币折合率。

第十六条　纳税人有条例第七条所称价格明显偏低并无正当理由或者有本细则第四条所列视同销售货物行为而无销售额者，按下列顺序确定销售额：

（一）按纳税人最近时期同类货物的平均销售价格确定；

（二）按其他纳税人最近时期同类货物的平均销售价格确定；

（三）按组成计税价格确定。组成计税价格的公式为：

组成计税价格＝成本×（1＋成本利润率）

属于应征消费税的货物，其组成计税价格中应加计消费税额。

公式中的成本是指：销售自产货物的为实际生产成本，销售外购货物的为实际采购成本。公式中的成本利润率由国家税务总局确定。

【解读】本条是关于核定纳税人销售额方法的规定。

根据本条规定，纳税人销售货物价格明显偏低并无正当理由或者发生视同销售货物行为而无销售额的，应按下列顺序确定其销售额：①按纳税人最近时期同类货物的平均销售价格确定。②按其他纳税人最近时期同类货物的平均销售价格确定。③按组成计税价格确定。

因纳税人销售货物是否属于消费税应税货物，其组成计税价格的方法不同。销售货物不属于消费税应税货物的，其组成计税价格公式为：

组成计税价格＝成本×（1＋成本利润率）

属于消费税应税货物的，其组成计税价格为：

①消费税实行从价定率征收的，其组成计税价格计算公式：

组成计税价格＝（成本＋利润）÷（1－消费税比例税率）

②消费税实行从量定额征收的，其组成计税价格计算公式：

组成计税价格＝成本＋利润＋消费税单位税额

③实行复合计税方法计算纳税的组成计税价格计算公式：

组成计税价格＝（成本＋利润＋自产自用数量×消费税单位税额）÷（1－消费税比例税率）

如果纳税人销售的货物为自产货物的，上述公式中的成本，为货物单位实际生产成本。销售外购货物的，公式中的成本为单位实际采购成本；公式中的利润为成本×成本利润率；公式中的税率或者单位税额为消费税应税货物适用税率或者单位税额。

纳税人发生视同销售固定资产行为的，其视同销售的固定资产销售额的确认依照财政部、国家税务总局财税［2008］170号规定。

第十七条　条例第八条第二款第（三）项所称买价，包括纳税人购进农产品在农产品收购发票或者销售发票上注明的价款和按规定缴纳的烟叶税。

【解读】本条对条例第八条第二款第（三）项所称买价做出解释性规定。根据本条规定，纳税人购进的农产品，其买价为收购发票或者销售发票上注明的价款；纳税人购进的农产品为烟叶的，其买价为农产品收购发票上注明的价款和规定缴纳的烟叶税合计额。

第十八条　条例第八条第二款第（四）项所称运输费用金额，是指运输费用结算单据上注明的运输费用（包括铁路临管线及铁路专线运输费用）、建设基金，不包括装卸费、保险费等其他杂费。

【解读】本条对条例第八条第二款第（四）项所称运输费用金额做出解释性规定。根据本条规定，纳税人购进、销售货物或者在生产过程中发生的运费金额为运输费用结算单据上注明的运输费用（包括铁路临管线及铁路专线运输费用）、建设基金，不包括装卸费、保险费等其他杂费。

第十九条　条例第九条所称增值税扣税凭证，是指增值税专用发票、海关进口增值税专用缴款书、农产品收购发票和农产品销售发票以及运输费用结算单据。

【解读】本条对条例第九条所称增值税扣税凭证做出解释性规定。根据本条规定，准予增值税一般纳税人抵扣增值税进项税额的法定凭证为：①纳税人购进货物或者接受劳务，从销货方或者劳务提供方取得的增值税专用发票。②纳税人进口货物从海关取得的海关进口增值税专用缴款书。③纳税人购进农产品的农产品收购发票或者农产品销售普通发票。④纳税人从货物承运单位、个人取得的运输费用结算单据。

第二十条　混合销售行为依照本细则第五条规定应当缴纳增值税的，该混合销售行为所涉及的非增值税应税劳务所用购进货物的进项税额，符合条例第八条规定的，准予从销项税额中抵扣。

【解读】本条是关于增值税混合销售行为涉及的非增值税应税劳务所耗用购进货物进项税额抵扣问题的规定。根据本条规定，增值税一般纳税人发生增值税混合销售行为，混合销售征收增值税的，其混合销售行为涉及的非增值税应税劳务所耗用购进货物进项税额，符合增值税条例第八条规定抵扣条件的，其进项税额准予从销项税额中抵扣。不符合抵扣条件的不得抵扣。

第二十一条　条例第十条第（一）项所称购进货物，不包括既用于增值税应税项目（不含免征增值税项目）也用于非增值税应税项目、免征增值税（以下简称免税）项目、集体福利或者个人消费的固定资产。

前款所称固定资产，是指使用期限超过12个月的机器、机械、运输工具以及其他与生产经营有关的设备、工具、器具等。

【解读】本条对《增值税条例》第十条第（一）项所称购进货物做出解释性规定。《增值税条例》第十条第（一）项规定，增值税一般纳税人用于非增值税应税项目、免征增值税项目、集体福利或者个人消费的购进货物或者应税劳务的进项税额不得从销项税额中抵扣。本条第一款规定，增值税条例第十条第（一）项所称购进货物，不包括既用于增值税应税项目（不含免征增值税项目）也用于非增值税应税项目、免征增值税项目、集体福利或者个人消费的固定资产。

根据本条第一款规定，增值税一般纳税人购进的固定资产，专用于非增值税应税项目、免征增值税项目、集体福利或者个人消费的，其进项税额不得从销项税额中抵扣。增值税一般纳税人购进固定资产，既用于增值税应税项目（不含免征增值税项目）也用于非增值税应税项目、免征增值税项目、集体福利或者个人消费的，其进项税额准予抵扣。

按照合理性的原则，既用于增值税应税项目（不含免征增值税项目）也用于非增值税应税项目、免征增值税项目、集体福利或者个人消费的购进固定资产，应按一定的方法计算其不准抵扣的进项税额。但现行税收法律、行政法规和政策未对此做出规定。

本条所称的固定资产为使用期限超过12个月的机器、机械、运输工具以及其他与生产经营有关的设备、工具、器具等动产类固定资产。动产类固定资产与不动产类建筑物、构筑物等固定资产范围的界定依照财政部、国家税务总局财税［2009］113号文件规定执行。

第二十二条　条例第十条第（一）项所称个人消费包括纳税人的交际应酬消费。

【解读】本条对增值税条例第十条第（一）项所称个人消费做出解释性规定。根据本条规定，纳税人外购货物用于个人消费除用于职工个人福利等个人消费外，也包括纳税人用于各种交际的应酬消费。

第二十三条　条例第十条第（一）项和本细则所称非增值税应税项目，是指提供非增值税应税劳务、转让无形资产、销售不动产和不动产在建工程。

前款所称不动产是指不能移动或者移动后会引起性质、形状改变的财产，包括建筑物、构筑物和其他土地附着物。

纳税人新建、改建、扩建、修缮、装饰不动产，均属于不动产在建工程。

【解读】本条对增值税条例第十条第（一）项和本细则所称非增值税应税项目做出解释性规定。根据本条规定，非增值税应税项目，是指纳税人提供非增值税应税劳务、转让无形资产、销售不动产和不动产在建工程。

非增值税劳务是指加工、修理修配劳务以外的劳务。具体范围依照《中华人民共和国营业税税目税率》规定执行。

无形资产是指企业为生产产品、提供劳务、出租或者经营管理而持有的、没有实物形态的非货币性长期资产，包括专利权、商标权、著作权、土地使用权、非专利技术、商誉等。

不动产是指不能移动或者移动后会引起性质、形状改变的财产，包括建筑物、构筑物和其他土地附着物。纳税人新建、改建、扩建、修缮、装饰不动产，均属于不动产在建工程。不动产范围的界定依照财政部、国家税务总局财税［2009］113号规定。

第二十四条　条例第十条第（二）项所称非正常损失，是指因管理不善造成被盗、丢失、霉烂变质的损失。

【解读】本条对增值税条例第十条第（二）项所称非正常损失做出解释性规定。非正常损失包括因管理不善造成被盗、丢失、霉烂变质的损失和因自然灾害造成的损失。

第二十五条 纳税人自用的应征消费税的摩托车、汽车、游艇，其进项税额不得从销项税额中抵扣。

【解读】征收消费税的摩托车、汽车、游艇一般不是为增值税应税项目提供直接服务的，在多种情况下主要是用于单位或者单位以外人员集体或个人消费的资产。根据本条规定，纳税人自用的应征消费税的摩托车、汽车、游艇，其进项税额不得从销项税额中抵扣。

第二十六条 一般纳税人兼营免税项目或者非增值税应税劳务而无法划分不得抵扣的进项税额的，按下列公式计算不得抵扣的进项税额：

不得抵扣的进项税额＝当月无法划分的全部进项税额×当月免税项目销售额、非增值税应税劳务营业额合计÷当月全部销售额、营业额合计。

【解读】本条规定了增值税一般纳税人兼营免税项目或者非增值税应税劳务划分不得抵扣的进项税额的计算方法。根据增值税条例和本细则的规定，增值税一般纳税人用于兼营免税项目或者非增值税应税劳务的外购货物的进项税额不得抵扣。在日常税收征管中，对纳税人无法划分用于兼营免税项目或者非增值税应税劳务的外购货物进项税额的，本条规定了不得抵扣的进项税额的计算方法。计算不得抵扣进项税额公式：

不得抵扣的进项税额＝当月无法划分的全部进项税额×（当月免税项目销售额、非增值税应税劳务营业额合计÷当月全部销售额、营业额合计）

纳税人依照上述公式计算的不得抵扣进项税额，应在当期从进项税额中转出，并计入相关项目成本或者费用。

第二十七条 已抵扣进项税额的购进货物或者应税劳务，发生条例第十条规定的情形的（免税项目、非增值税应税劳务除外），应当将该项购进货物或者应税劳务的进项税额从当期的进项税额中扣减；无法确定该项进项税额的，按当期实际成本计算应扣减的进项税额。

【解读】本条对增值税条例第十条规定的购进货物或者应税劳务的进项税额不得抵扣做出具体的规定。根据本条规定，已抵扣进项税额的购进货物或者应税劳务发生条例第十条规定的情形的（免税项目、非增值税应税劳务除外），纳税人能够确定不得抵扣进项税额的，应从当期进项税额中扣减不得抵扣进项税额。不能确定不得抵扣进项税额的，按购进货物或者消耗的购进货物实际成本和适用的增值税税率计算应扣减的进项税额。不得抵扣进项税额计算公式：

不得抵扣的进项税＝购进货物或者消耗的购进货物实际成本×适用税率

第二十八条 条例第十一条所称小规模纳税人的标准为：

（一）从事货物生产或者提供应税劳务的纳税人，以及以从事货物生产或者提供应税劳务为主，并兼营货物批发或者零售的纳税人，年应征增值税销售额（以下简称应税销售额）在50万元以下（含本数，下同）的；

（二）除本条第一款第（一）项规定以外的纳税人，年应税销售额在80万元以下的。

本条第一款所称以从事货物生产或者提供应税劳务为主，是指纳税人的年货物生产或者提供应税劳务的销售额占年应税销售额的比重在50%以上。

【解读】本条对增值税小规模纳税人标准做出规定。根据本条规定，凡符合下列条件之一的增值税纳税人为小规模纳税人：①从事货物生产或者提供应税劳务，增值税应税销售额在50万元及其以下的。②以从事货物生产或者提供应税劳务为主并兼营货物批发或者零售，其年增值税应税销售额在50万元及其以下的。以从事货物生产或者提供应税劳务为主是指年货物生产或者提供应税劳务的销售额占年应税销售额的比重在50%以上。③除上述①和②以外的纳税人，年增值税应税销售额在80万元及其以下的。这里所称的年应税销售额是指一个公历年度实现的应税销售额。在一个公历年度实际经营期不足12个月的，以实际经营月份的销售额为年应税销售额。所称销售额均为不含税销售额。

第二十九条　年应税销售额超过小规模纳税人标准的其他个人按小规模纳税人纳税；非企业性单位、不经常发生应税行为的企业可选择按小规模纳税人纳税。

【解读】根据本条规定，除增值税小规模纳税人按简易办法征税外，下列纳税人也按简易办法征收增值税。①年增值税应税销售额超过小规模纳税人标准的其他个人。其他个人包括个体工商户及自然人个人。②非企业性单位、不经常发生增值税应税行为的企业可选择按小规模纳税人纳税。

财政部、国家税务总局财税［2009］9号对增值税一般纳税人销售货物按简易办法征收增值税予以规定。

第三十条　小规模纳税人的销售额不包括其应纳税额。

小规模纳税人销售货物或者应税劳务采用销售额和应纳税额合并定价方法的，按下列公式计算销售额：

销售额＝含税销售额÷（1＋征收率）

【解读】本条规定了增值税小规模纳税人不含税销售额计算方法。

根据本条规定，增值税小规模纳税人销售货物或者提供应税劳务的销售额不含增值税的销售额。增值税小规模纳税人销售额不含应纳税额的规定，体现了增值税价外税的基本特征。增值税小规模纳税人销售货物或者应税劳务采用销售额和应纳税额合并定价方法收取价款的，应将其含税销售额换算为不含税销售额。不含税销售额计算公式为：

销售额＝含税销售额÷（1＋征收率）

公式中的征收率为《增值税条例》及财政部、国家税务总局规定销售货物或者劳务所适用的征收率。

财政部、国家税务总局财税［2009］9号规定，增值税一般纳税人销售货物按简易办法征收增值税的，采用销售额和应纳税额合并定价方法收取价款的，比照上述方法办理。

第三十一条　小规模纳税人因销售货物退回或者折让退还给购买方的销售额，应从发生销售货物退回或者折让当期的销售额中扣减。

第三十二条　条例第十三条和本细则所称会计核算健全，是指能够按照国家统一的会计制度规定设置账簿，根据合法、有效凭证核算。

第三十三条　除国家税务总局另有规定外，纳税人一经认定为一般纳税人后，不得转为小规模纳税人。

第三十四条　有下列情形之一者，应按销售额依照增值税税率计算应纳税额，不得抵扣进项税额，也不得使用增值税专用发票：

（一）一般纳税人会计核算不健全，或者不能够提供准确税务资料的；

（二）除本细则第二十九条规定外，纳税人销售额超过小规模纳税人标准，未申请办理一般纳税人认定手续的。

【解读】本条是关于按销售额和增值税税率计算应纳税额并不得抵扣进项税额的规定。

为了加强增值税一般纳税人管理，提高增值税纳税人自觉申请认定增值税一般纳税人认定，建立健全会计核算制度，准确核算增值税进项税额、销项税额。本条对以下两种增值税纳税人计算缴纳增值税做出了特别的规定。

（一）申请并被认定为增值税一般纳税人的，其会计核算不健全，或者不能够提供准确税务资料的，应按销售额和增值税税率计算应纳税额，不得抵扣进项税额，也不得使用增值税专用发票。

（二）除本细则第二十九条规定准予按小规模纳税人计算应纳增值税外，销售增值税应税货物或者劳务的销售额超过小规模纳税人标准，未申请办理增值税一般纳税人认定手续的，按销售额和销售货物或者劳务的适用税率计算应纳税额，不得抵扣进项税额，也不得使用增值税专用发票。

第三十五条　条例第十五条规定的部分免税项目的范围，限定如下：

（一）第一款第（一）项所称农业，是指种植业、养殖业、林业、牧业、水产业。

农业生产者，包括从事农业生产的单位和个人。

农产品，是指初级农产品，具体范围由财政部、国家税务总局确定。

（二）第一款第（三）项所称古旧图书，是指向社会收购的古书和旧书。

（三）第一款第（七）项所称自己使用过的物品，是指其他个人自己使用过的物品。

【解读】本条第（一）项对增值税条例第十五条第一款第（一）项所称的农业、农业生产者及农产品做出解释性规定。农产品的具体范围，参见附录资料《农业产品征税范围注释》。

本条第（二）项对增值税条例第十五条第一款第（三）项所称古旧图书、增值税条例第十五条第一款第（七）项所称自己使用过的物品做出解释性规定。

第三十六条　纳税人销售货物或者应税劳务适用免税规定的，可以放弃免税，依照条例的规定缴纳增值税。放弃免税后，36个月内不得再申请免税。

【解读】本条是关于纳税人放弃享受税收优惠权力的规定。

根据本条规定，销售货物或者应税劳务享受免征增值税（包括政策免税、临时免税和专项免税）的纳税人，有放弃免税优惠的选择权力。是否享受税收优惠是纳税人的法定权力，税务机关不得给予行政干预。纳税人放弃免税优惠，依照规定缴纳增值税的，放弃享受免税权力后，销售该种货物或者劳务36个月内不得再申请免税。纳税人放弃享受税收优惠时间以纳税人应当享受免税当期的次月1日起计算。

第三十七条　增值税起征点的适用范围限于个人。

增值税起征点的幅度规定如下：

（一）销售货物的，为月销售额2000－5000元；

（二）销售应税劳务的，为月销售额1500－3000元；

（三）按次纳税的，为每次（日）销售额150－200元。

前款所称销售额，是指本细则第三十条第一款所称小规模纳税人的销售额。

省、自治区、直辖市财政厅（局）和国家税务局应在规定的幅度内，根据实际情况确定本地区适用的起征点，并报财政部、国家税务总局备案。

【解读】本条是关于增值税起征点的规定。

根据《增值税条例》第十七条规定，增值税征收实行起征点制度。纳税人销售额未达到规定的增值税起征点的，免征增值税；达到起征点的，依照本条例规定全额计算缴纳增值税。增值税起征点制度只适用于增值税个人纳税人，包括个体工商户和其他个人。本条第二款规定了按月或者按次征收增值税的起征点幅度。授权省、自治区、直辖市财政厅（局）、国家税务局根据实际情况，在规定的幅度内确定本地区起征点，并报财政部、国家税务总局备案。

第三十八条　条例第十九条第一款第（一）项规定的收讫销售款项或者取得索取销售款项凭据的当天，按销售结算方式的不同，具体为：

（一）采取直接收款方式销售货物，不论货物是否发出，均为收到销售款或者取得索取销售款凭据的当天；

（二）采取托收承付和委托银行收款方式销售货物，为发出货物并办妥托收手续的当天；

（三）采取赊销和分期收款方式销售货物，为书面合同约定的收款日期的当天，无书面合同的或者书面合同没有约定收款日期的，为货物发出的当天；

（四）采取预收货款方式销售货物，为货物发出的当天，但生产销售生产工期超过12个月的大型机械设备、船舶、飞机等货物，为收到预收款或者书面合同约定的收款日期的当天；

（五）委托其他纳税人代销货物，为收到代销单位的代销清单或者收到全部或者部分货款的当天。未收到代销清单及货款的，为发出代销货物满180天的当天；

（六）销售应税劳务，为提供劳务同时收讫销售款或者取得索取销售款的凭据的当天；

（七）纳税人发生本细则第四条第（三）项至第（八）项所列视同销售货物行为，为货物移送的当天。

【解读】本条对增值税条例第十九条第一款第（一）项规定的收讫销售款项或者取得索取销售款项凭据的当天做出具体规定。销售货物或者应税劳务的增值税纳税人，按下列标准确认其增值税纳税义务发生时间：

①采取直接收款方式销售货物的增值税纳税人，不论其货物是否发出，其纳税义务发生时间，为收到销售款或者取得索取销售款凭据的当天。②采取托收承付和委托银行收款方式销售货物的增值税纳税人，其纳税义务发生时间，为发出货物并办妥托收手续的当天。③采取赊销和分期收款方式销售货物的增值纳税人，其纳税义务发生时间，为书面合同约定的收款日期的当天，无书面合同的或者书面合同没有约定收款日期的，为货物发出的当天。④采取预收货款方式销售货物的增值税纳税人，其纳税义务发生时间，为货物发出的当天，但生产销售生产工期超过12个月的大型机械设备、船舶、飞机等货物，为收到预收款或者书面合同约定的收款日期的当天。⑤委托其他纳税人代销货物的增值税纳税人，其纳税义务发生时间，为收到代销单位的代销清单或者收到全部或者部分货款的当天。未收到代销清单及货款的，为发生代销货物满180天的当天。⑥销售应税劳务的增值税纳税人，其纳税义务发生时间，为提供劳务同时收讫销售款或者取得索取销售款的凭据的当天。⑦纳税人发生本细则第四条第（三）项至第（八）项所列视同销售货物行为，其纳税义务发生时间，为货物移送的当天。

第三十九条　条例第二十三条以1个季度为纳税期限的规定仅适用于小规模纳税人。小规模纳税人的具体纳税期限，由主管税务机关根据其应纳税额的大小分别核定。

【解读】本条规定了按季度申报制度的适用范围。

根据本条规定，以1个季度为纳税期限的规定仅适用于小规模纳税人。某个增值税小规模纳税人是否应当以1个季度为纳税期限，由主管税务机关根据其应纳税额的大小及其他情况核定。

第四十条　本细则自2009年1月1日起施行。

【解读】本条规定了本实施细则生效时间。修订后的本实施细则生效时间为2009年1月1日。由于本实施细则没有特别规定本实施细则具有溯及的问题，所以本实施细则不具有溯及以往的效力。单位、个人在2009年1月1日及其以后发生的增值税涉税事项依照本实施细则的规定办理。单位、个人在2009年1月1日以前发生的增值税涉税事项依照原实施细则的规定办理。

二、综合性政策

财政部、国家税务总局财税［2008］170号
关于全国实施增值税转型改革若干问题的通知条文解读

一、自2009年1月1日起，增值税一般纳税人（以下简称纳税人）购进（包括接受捐赠、实物投资，下同）或者自制（包括改扩建、安装，下同）固定资产发生的进项税额（以下简称固定资产进项税额），可根据《中华人民共和国增值税暂行条例》（国务院令第538号，以下简称条例）和《中华人民共和国增值税暂行条例实施细则》（财政部、国家税务总局令第50号，以下简称细则）的有关规定，凭增值税专用发票、海关进口增值税专用缴款书和运输费用结算单据（以下简称增值税扣税凭证）从销项税额中抵扣，其进项税额应当记入“应交税金——应交增值税（进项税额）”科目。

【解读】本条是关于固定资产进项税额抵扣的规定。

（一）固定资产进项税额抵扣范围及起始时间。根据本条规定，自2009年1月1日起，增值税一般纳税人购进（包括接受捐赠、实物投资）或者自制（包括改扩建、安装）的固定资产及发生的相关运输费用的进项税额，准予从当期销项税额中抵扣。本条所称固定资产依照财政部、国家税务总局财税［2009］113号《关于固定资产进项税额抵扣问题的通知》规定确认。

（二）固定资产进项税额抵扣凭证。增值税专用发票、海关进口增值税专用缴款书和运输费用结算单据为纳税人购进或者自制的固定资产进项税额抵扣法定凭证。

（三）准予抵扣的固定资产进项税额。增值税一般纳税人购进或者自制的固定资产及发生的相关运输费用准予抵扣的进项税额为：购进固定资产或者自制固定资产耗用外购货物，从销货方取得的增值税专用发票上注明的增值税额、从海关取得的海关进口增值税专用缴款书注明的增值税额、依据从承运单位取得的运输费用结算单据注明的金额计算的进项税额。

（四）固定资产进项税额抵扣方法。增值税一般纳税人购进或者自制的固定资产进项税额抵扣实行购进扣税法，其进项税额在发生时，直接记入“应交税金——应交增值税（进项税额）”科目。

二、纳税人允许抵扣的固定资产进项税额，是指纳税人2009年1月1日以后（含1月1日，下同）实际发生，并取得2009年1月1日以后开具的增值税扣税凭证上注明的或者依据增值税扣税凭证计算的增值税税额。

【解读】本条对本通知第一条做出解释性规定。对从2009年1月1日起准予纳税人抵扣的固定资产进项税额做出界定。根据本条规定，从2009年1月1日起准予抵扣的固定资产进项税额应当同时满足以下条件：①增值税一般纳税人购进或者自制的固

定资产进项税额为2009年1月1日及其以后实际支付或承担的。可以依照销货方销售货物收入实现标准认定；②购进固定资产或者自制固定资产耗用的货物、劳务所取得的增值税专用发票或者其他增值税抵扣凭证为销货方、海关、劳务提供方在2009年1月1日及其以后开具的。

三、东北老工业基地、中部六省老工业基地城市、内蒙古自治区东部地区已纳入扩大增值税抵扣范围试点的纳税人，2009年1月1日以后发生的固定资产进项税额，不再采取退税方式，其2008年12月31日以前（含12月31日，下同）发生的待抵扣固定资产进项税额期末余额，应于2009年1月份一次性转入"应交税金——应交增值税（进项税额）"科目。

【解读】本条是关于未抵扣的固定资产进项税额处理的规定。

根据本条规定，东北老工业基地、中部六省老工业基地城市、内蒙古自治区东部地区已纳入扩大增值税抵扣范围试点的增值税一般纳税人，2009年1月1日及其以后发生的固定资产进项税额，依照本通知第一条规定抵扣当期销项税额，不再采取退税方式。其2008年12月31日及其以前发生的待抵扣固定资产进项税额期末余额，应于2009年1月份一次性转入"应交税金——应交增值税（进项税额）"科目，按本通知规定抵扣销项税额。

四、自2009年1月1日起，纳税人销售自己使用过的固定资产（以下简称已使用过的固定资产），应区分不同情形征收增值税：

（一）销售自己使用过的2009年1月1日以后购进或者自制的固定资产，按照适用税率征收增值税；

（二）2008年12月31日以前未纳入扩大增值税抵扣范围试点的纳税人，销售自己使用过的2008年12月31日以前购进或者自制的固定资产，按照4%征收率减半征收增值税；

（三）2008年12月31日以前已纳入扩大增值税抵扣范围试点的纳税人，销售自己使用过的在本地区扩大增值税抵扣范围试点以前购进或者自制的固定资产，按照4%征收率减半征收增值税；销售自己使用过的在本地区扩大增值税抵扣范围试点以后购进或者自制的固定资产，按照适用税率征收增值税。

本通知所称已使用过的固定资产，是指纳税人根据财务会计制度已经计提折旧的固定资产。

【解读】本条是关于增值税一般纳税人销售自己使用过的固定资产征收增值税的规定。自己使用过的固定资产是指增值税一般纳税人拥有的并已投入生产运营，根据财务会计制度已经计提折旧的固定资产。由于2009年1月1日以前大部分地区增值税一般纳税人购进固定资产进项税额不准抵扣，所以本条针对不同情况，做出了不同的征税规定。

（一）自2009年1月1日起，增值税一般纳税人购进或者自制固定资产的进项税额准予抵扣，所以，增值税一般纳税人2009年1月1日及其以后销售自己使用过的2009年1月1日及其以后购进或者自制的固定资产，按固定资产的销售额和适用税率计算增值税销项税额。

（二）2009年1月1日以前未纳入扩大增值税抵扣范围试点的增值税一般纳税人购

进或者自制固定资产的进项税不得抵扣销项税额，所以，其在2009年1月1日及其以后销售自己使用过的2008年12月31日及其以前购进或者自制的固定资产，按照固定资产销售额和4%征收率减半计算应纳增值税。

（三）2009年1月1日以前纳入扩大增值税抵扣范围试点的增值税一般纳税人，在扩大增值税抵扣范围试点以后购进或者自制固定资产的进项税额给予退还，所以，2009年1月1日以前纳入扩大增值税抵扣范围试点的增值税一般纳税人，销售自己使用过的为本地区扩大增值税抵扣范围试点以前购进或者自制的固定资产，按照固定资产销售额和4%征收率减半计算应纳增值税；销售自己使用过的为本地区扩大增值税抵扣范围试点以后购进或者自制的固定资产，按照销售额和适用税率计算增值税销项税额。

五、纳税人已抵扣进项税额的固定资产发生条例第十条（一）至（三）项所列情形的，应在当月按下列公式计算不得抵扣的进项税额：

不得抵扣的进项税额＝固定资产净值×适用税率

本通知所称固定资产净值，是指纳税人按照财务会计制度计提折旧后计算的固定资产净值。

【解读】本条是关于固定资产进项税额不得抵扣的规定。根据本条规定，增值税一般纳税人已抵扣进项税额的固定资产发生下列情形时，在发生当月计算不得抵扣进项税额并将不得抵扣进项税额从当期进项税额中扣减。①已抵扣进项税额的购进或者自制固定资产专用于非增值税应税项目、免征增值税项目、集体福利或者个人消费的；②已抵扣进项税额的购进或者自制固定资产发生非常损失的；③已抵扣进项税额的固定资产在建工程发生非常损失的，其耗用的购进货物或者应税劳务。不得抵扣的固定资产进项税额计算公式：

不得抵扣的固定资产进项税额＝固定资产净值×适用税率

公式中的固定资产净值是指纳税人按照财务会计制度计提折旧后计算的固定资产净值。固定资产净值不得减除提取的准备金。

固定资产在建工程发生非常损失的，不得抵扣进项税额计算公式：

不得抵扣的固定资产进项税额＝在建工程耗用外购货物或者劳务成本×适用税率

公式中的劳务成本为外购的增值税应税劳务（包括运输费用）。适用税率为耗用外购货物或者劳务增值税税率（运输费用为扣除率）。外购货物或者劳务适用不同税率的，应分别计算不得抵扣进项税额。

六、纳税人发生细则第四条规定固定资产视同销售行为，对已使用过的固定资产无法确定销售额的，以固定资产净值为销售额。

【解读】本条规定视同销售固定资产销售额的确定方法。根据本条规定，纳税人发生固定资产视同销售行为，对已使用过的固定资产无法确定销售额的，以固定资产净值为销售额。固定资产净值为固定资产原值扣除已计提的折旧额后的余额。

七、自2009年1月1日起，进口设备增值税免税政策和外商投资企业采购国产设备增值税退税政策停止执行。具体办法，财政部、国家税务总局另行发文明确。

【解读】自2009年1月1日起，增值税一般纳税人购进固定资产进项税额准予抵扣销项税额。因纳税人进口设备缴纳的增值税和外商投资企业采购国产设备支付的增值税额属于抵扣范围，准予抵扣销项税额，所以，免税和退税优惠应当停止。财政部、国家税务总局财税［2008］176号对本条规定的内容，做出具体规定。

八、本通知自2009年1月1日起执行。

财政部、国家税务总局财税［2008］176号
关于停止外商投资企业购买国产设备退税政策的通知条文解读

一、自2009年1月1日起，对外商投资企业在投资总额内采购国产设备可全额退还国产设备增值税的政策停止执行。下列文件及条款同时废止：

（一）《国家税务总局关于印发<外商投资企业采购国产设备退税管理试行办法>的通知》（国税发［1997］171号）；

（二）《财政部国家税务总局关于出口货物退（免）税若干具体问题的通知》（财税［2004］116号）第一条；

（三）《财政部国家税务总局关于调整外商投资项目购买国产设备退税政策范围的通知》（财税［2006］61号）；

（四）《国家税务总局国家发展和改革委员会关于印发〈外商投资项目采购国产设备退税管理试行办法〉的通知》（国税发［2006］111号）；

（五）《国家税务总局关于外商投资企业以包工包料方式委托承建企业购买国产设备退税问题的通知》（国税函［2007］637号）。

【解读】财政部、国家税务总局财税［2008］170号《关于全国实施增值税转型改革若干问题的通知》实行后，本条列示的文件或文件条款没有继续施行必要，为此，本条对相关文件或文件条款做出废止的规定。

二、为保证政策调整平稳过渡，外商投资企业在2009年6月30日以前（含本日，下同）购进的国产设备，在增值税专用发票稽核信息核对无误的情况下，可选择按原规定继续执行增值税退税政策，但应当同时符合下列条件：

（一）2008年11月9日以前获得《符合国家产业政策的外商投资项目确认书》，并已于2008年12月31日以前在主管税务机关备案；

（二）2009年6月30日以前实际购进国产设备并开具增值税专用发票，且已在主管税务机关申报退税；

（三）购进的国产设备已列入《项目采购国产设备清单》。

【解读】本条是政策执行过渡性条款。为保证新政策的顺利实施和新旧政策平稳过渡，本条对新旧政策衔接问题做出具体规定。外商投资企业在2009年6月30日及其以前购进的国产设备，继续执行增值税退税政策的，应依照本条规定执行。

三、外商投资企业购进的已享受增值税退税政策国产设备的增值税额，不得再作为进项税额抵扣销项税额。

四、外商投资企业购进的已享受增值税退税政策的国产设备，由主管税务机关负责监管，监管期为5年。在监管期内，如果企业性质变更为内资企业，或者发生转让、赠送等设备所有权转让情形，或者发生出租、再投资等情形的，应当向主管退税机关补缴已退税款，应补税款按以下公式计算：

应补税款 = 国产设备净值 × 适用税率

国产设备净值是指企业按照财务会计制度计提折旧后计算的设备净值。

财政部、国家税务总局财税［2008］92号
关于嵌入式软件增值税政策的通知条文解读

一、增值税一般纳税人随同计算机网络、计算机硬件和机器设备等一并销售其自行开发生产的嵌入式软件，如果能够按照《财政部国家税务总局关于贯彻落实〈中共中央、国务院关于加强技术创新，发展高科技，实现产业化的决定〉有关税收问题的通知》（财税字［1999］273号）第一条第三款的规定，分别核算嵌入式软件与计算机硬件、机器设备等的销售额，可以享受软件产品增值税优惠政策。凡不能分别核算销售额的，仍按照《财政部国家税务总局关于增值税若干政策的通知》（财税［2005］165号）第十一条第一款规定，不予退税。

【解读】（财税字［1999］273号）第一条第三款的规定，对随同计算机网络、计算机硬件、机器设备等一并销售的软件产品，应当分别核算销售额。如果未分别核算或核算不清，按照计算机网络或计算机硬件以及机器设备等的适用税率征收增值税，不予退税。计算机软件产品是指记载有计算机程序及其有关文档的存储介质（包括软盘、硬盘、光盘等）。

（财税［2005］165号）第十一条第一款规定，嵌入式软件不属于财政部、国家税务总局《关于鼓励软件产业和集成电路产业发展有关税收政策问题的通知》（财税［2000］25号）规定的享受增值税优惠政策的软件产品。

二、纳税人按照下列公式核算嵌入式软件的销售额。

嵌入式软件销售额 = 嵌入式软件与计算机硬件、机器设备销售额合计 − ［计算机硬件、机器设备成本 ×（1 + 成本利润率）］

上述公式中的成本是指，销售自产（或外购）的计算机硬件与机器设备的实际生产（或采购）成本。成本利润率是指，纳税人一并销售的计算机硬件与机器设备的成本利润率，实际成本利润率高于10%的，按实际成本利润率确定，低于10%的，按10%确定。

【解读】本条是关于增值税一般纳税人发生本通知第一条销售行为时，确认嵌入式软件销售额方法。纳税人应依照本条规定确认嵌入式软件销售额并进行会计核算。否则，不得享受税收优惠。

三、税务机关应按下列公式计算嵌入式软件的即征即退税额，并办理退税。

即征即退税额 = 嵌入式软件销售额 × 17% − 嵌入式软件销售额 × 3%

【解读】本条是关于退还销售嵌入式软件已纳增值税税额计算方法的规定。享受嵌入式软件即征即退增值税优惠的纳税人，申请退还已纳增值税时，应依照本条规定的方法计算应退增值税税额。

四、税务机关应定期对纳税人的生产（或采购）成本等进行重点检查，审核纳税人是否如实核算成本及利润。对于软件销售额偏高、成本或利润计算明显不合理的，应及时纠正，涉嫌偷骗税的，应移交税务稽查部门处理。

五、本通知自《财政部、国家税务总局关于增值税若干政策的通知》（财税［2005］165号）发布之日起执行。《财政部、国家税务总局关于嵌入式软件增值税政策问题的通知》（财税［2006］174号）停止执行。本通知发布之前，纳税人销售软件产品符合本通知规定条件的，各地按本通知规定办理退税。

财政部、国家税务总局财税［2009］9号
关于部分货物适用增值税低税率和简易办法征收增值税政策的通知条文解读

一、下列货物继续适用13%的增值税税率：

（一）农产品。

农产品，是指种植业、养殖业、林业、牧业、水产业生产的各种植物、动物的初级产品。具体征税范围暂继续按照《财政部国家税务总局关于印发〈农业产品征税范围注释〉的通知》（财税字［1995］52号）及现行相关规定执行。

（二）音像制品。

音像制品，是指正式出版的录有内容的录音带、录像带、唱片、激光唱盘和激光视盘。

（三）电子出版物。

电子出版物，是指以数字代码方式，使用计算机应用程序，将图文声像等内容信息编辑加工后存储在具有确定的物理形态的磁、光、电等介质上，通过内嵌在计算机、手机、电子阅读设备、电子显示设备、数字音/视频播放设备、电子游戏机、导航仪以及其他具有类似功能的设备上读取使用，具有交互功能，用以表达思想、普及知识和积累文化的大众传播媒体。载体形态和格式主要包括只读光盘（CD只读光盘CD-ROM、交互式光盘CD-I、照片光盘Photo-CD、高密度只读光盘DVD-ROM、蓝光只读光盘HD-DVD ROM和BD ROM）、一次写入式光盘（一次写入CD光盘CD-R、一次写入高密度光盘DVD-R、一次写入蓝光光盘HD-DVD/R，BD-R）、可擦写光盘（可擦写CD光盘CD-RW、可擦写高密度光盘DVD-RW、可擦写蓝光光盘HDDVD-RW和BD-RW、磁光盘MO）、软磁盘（FD）、硬磁盘（HD）、集成电路卡（CF卡、MD卡、SM卡、MMC卡、RS-MMC卡、MS卡、SD卡、XD卡、T-Flash卡、记忆棒）和各种存储芯片。

（四）二甲醚。

二甲醚，是指化学分子式为CH3OCH3，常温常压下为具有轻微醚香味，易燃、无毒、无腐蚀性的气体。

【解读】为了支持部分产业的发展，保持税收政策的连续性，本条对《增值税条例》修订后部分货物适用税率做出规定。根据本条规定，增值税一般纳税人在2009年1月1日及其以后销售农产品、音像制品、电子出版物、二甲醚等货物仍适用13%税率。本条所称农产品的具体范围，参见附录资料《农业产品征税范围注释》。

二、下列按简易办法征收增值税的优惠政策继续执行，不得抵扣进项税额：

（一）纳税人销售自己使用过的物品，按下列政策执行：

1. 一般纳税人销售自己使用过的属于条例第十条规定不得抵扣且未抵扣进项税额的固定资产，按简易办法依4%征收率减半征收增值税。

一般纳税人销售自己使用过的其他固定资产，按照《财政部、国家税务总局关于全国实施增值税转型改革若干问题的通知》（财税［2008］170号）第四条的规定执行。

一般纳税人销售自己使用过的除固定资产以外的物品，应当按照适用税率征收增值税。

2. 小规模纳税人（除其他个人外，下同）销售自己使用过的固定资产，减按2%征收率征收增值税。

小规模纳税人销售自己使用过的除固定资产以外的物品，应按3%的征收率征收增值税。

（二）纳税人销售旧货，按照简易办法依照4%征收率减半征收增值税。

所称旧货，是指进入二次流通的具有部分使用价值的货物（含旧汽车、旧摩托车和旧游艇），但不包括自己使用过的物品。

（三）一般纳税人销售自产的下列货物，可选择按照简易办法依照6%征收率计算缴纳增值税：

1. 县级及县级以下小型水力发电单位生产的电力。小型水力发电单位，是指各类投资主体建设的装机容量为5万千瓦以下（含5万千瓦）的小型水力发电单位。

2. 建筑用和生产建筑材料所用的砂、土、石料。

3. 以自己采掘的砂、土、石料或其他矿物连续生产的砖、瓦、石灰（不含黏土实心砖、瓦）。

4. 用微生物、微生物代谢产物、动物毒素、人或动物的血液或组织制成的生物制品。

5. 自来水。

6. 商品混凝土（仅限于以水泥为原料生产的水泥混凝土）。

一般纳税人选择简易办法计算缴纳增值税后，36个月内不得变更。

（四）一般纳税人销售货物属于下列情形之一的，暂按简易办法依照4%征收率计算缴纳增值税：

1. 寄售商店代销寄售物品（包括居民个人寄售的物品在内）；

2. 典当业销售死当物品；

3. 经国务院或国务院授权机关批准的免税商店零售的免税品。

【解读】为了保持增值税税收政策的连续性，增强税收征收管理的可操作性，本条对增值税一般纳税人销售部分货物仍然实行简易征收办法做出规定。增值税一般纳税人销售本条列举的货物，应按照本条规定的方法和货物的征收率计算应纳增值税。增值税一般纳税人按本条规定计算的应纳增值税，不得抵扣进项税额。

三、对属于一般纳税人的自来水公司销售自来水按简易办法依照6%征收率征收增值税，不得抵扣其购进自来水取得增值税扣税凭证上注明的增值税税款。

【解读】本条对属于增值税一般纳税人的自来水公司，销售自来水计算缴纳增值税做出特别规定。根据本条规定，属于增值税一般纳税人的自来水公司销售自来水，可以选择以下两种方法之一计算缴纳增值税：一是实行简易征收办法，依照6%征收率计算应纳增值税，但不得抵扣其购进自来水取得增值税扣税凭证上注明的增值税税款；二是按《增值税条例》规定的税率和方法计算缴纳增值税，准予抵扣取得增值税扣税凭证上注明的增值税税款。

四、本通知自2009年1月1日起执行。

国家税务总局国税函［2009］90号
关于增值税简易征收政策有关管理问题的通知条文解读

一、关于纳税人销售自己使用过的固定资产。

（一）一般纳税人销售自己使用过的固定资产，凡根据《财政部、国家税务总局关于全国实施增值税转型改革若干问题的通知》（财税［2008］170号）和财税［2009］9号文件等规定，适用按简易办法依4%征收率减半征收增值税政策的，应开具普通发票，不得开具增值税专用发票。

（二）小规模纳税人销售自己使用过的固定资产，应开具普通发票，不得由税务机关代开增值税专用发票。

【解读】依照《增值税条例》及其实施细则以及相关政策规定，增值税纳税人销售自己使用过的固定资产，按简易征收办法和规定的征收率计算缴纳增值税，其应纳税额不予抵扣进项税。购买他人使用过并按简易征收办法和征收率计算缴纳增值税的固定资产，购买方不得抵扣所购固定资产进项税额。为加强源泉控管，无论是增值税一般纳税人还是小规模纳税人销售自己使用过的固定资产，按简易征收办法和4%征收率减半征收增值税的，均应开具普通发票。

二、纳税人销售旧货，应开具普通发票，不得自行开具或者由税务机关代开增值税专用发票。

三、一般纳税人销售货物适用财税［2009］9号文件第二条第（三）项、第（四）项和第三条规定的，可自行开具增值税专用发票。

【解读】增值税一般纳税人销售货物按财税［2009］9号文件第二条第（三）项、第（四）项和第三条规定是指增值税一般纳税人销售货物按规定税率计算增值税销项税额。

四、关于销售额和应纳税额。

（一）一般纳税人销售自己使用过的物品和旧货，适用按简易办法依4%征收率减半征收增值税政策的，按下列公式确定销售额和应纳税额：

销售额 = 含税销售额/（1 +4%）

应纳税额 = 销售额 ×4%/2

（二）小规模纳税人销售自己使用过的固定资产和旧货，按下列公式确定销售额和应纳税额：

销售额 = 含税销售额/（1 +3%）

应纳税额 = 销售额 ×2%

【解读】增值税一般纳税人销售自己使用过的固定资产和旧货适用按简易办法依征收率计算应纳增值税的，在一般情况下实行价税合并计价方法，其收取的销售额为含税销售额，在计算应纳增值税时，应将含税销售额换算成不含税销售额。本条规定了不含税销售额的计算方法。

五、小规模纳税人销售自己使用过的固定资产和旧货，其不含税销售额填写在《增值税纳税申报表（适用于小规模纳税人）》第 4 栏，其利用税控器开具的普通发票不含税销售额填写在第 5 栏。

六、本通知自 2009 年 1 月 1 日起执行。

财政部、国家税务总局财税［2009］113 号 关于固定资产进项税额抵扣问题的通知条文解读

《中华人民共和国增值税暂行条例实施细则》第二十三条第二款所称建筑物，是指供人们在其内生产、生活和其他活动的房屋或者场所，具体为《固定资产分类与代码》（GB/T14885 - 1994）中代码前两位为“02”的房屋；所称构筑物，是指人们不在其内生产、生活的人工建造物，具体为《固定资产分类与代码》（GB/T14885 - 1994）中代码前两位为“03”的构筑物；所称其他土地附着物，是指矿产资源及土地上生长的植物。

以建筑物或者构筑物为载体的附属设备和配套设施，无论在会计处理上是否单独记账与核算，均应作为建筑物或者构筑物的组成部分，其进项税额不得在销项税额中抵扣。附属设备和配套设施是指：给排水、采暖、卫生、通风、照明、通讯、煤气、消防、中央空调、电梯、电气、智能化楼宇设备和配套设施。

【解读】本通知对《中华人民共和国增值税暂行条例实施细则》第二十三条第二款所称建筑物、构筑物做出了解释性规定，增值税一般纳税人外购货物用于建筑物、构筑物的，其增值税进项税额不得抵扣。建筑物、构筑物的具体范围，参见附录资料《固定资产分类与代码》（GB/T14885 - 1994）。

财政部、国家税务总局财税［2009］141 号 关于民贸企业和边销茶有关增值税政策的通知条文

一、自 2009 年 1 月 1 日起至 2009 年 9 月 30 日，对民族贸易县内县级及其以下的民族贸易企业和供销社企业（以下简称民贸企业）销售货物（除石油、烟草外）继续

免征增值税。

有关免税管理问题，仍按照《财政部、国家税务总局、国家民委关于民族贸易企业销售货物增值税有关问题的通知》（财税［2007］133号）和《国家税务总局关于加强民族贸易企业增值税管理的通知》（国税函［2007］1289号）的有关规定执行。

自2009年10月1日起，上述免征增值税政策停止执行，对民贸企业销售货物照章征收增值税。财税［2007］133号、国税函［2007］1289号文件同时废止。

二、自2009年1月1日起至2010年12月31日，对国家定点生产企业销售自产的边销茶及经销企业销售的边销茶免征增值税。上述国家定点生产企业，是指国家经贸委、国家计委、国家民委、财政部、工商总局、质检总局、全国供销合作社2002年第53号公告和商务部、发展改革委、国家民委、财政部、工商总局、质检总局、全国供销合作总社2003年第47号公告列名的边销茶定点生产企业。

三、纳税人销售本通知规定的免税货物，如果已向购买方开具了增值税专用发票，应将专用发票追回后方可申请办理免税。凡专用发票无法追回的，一律照章征收增值税，不予免税。

四、《财政部、国家税务总局关于继续对民族贸易企业销售的货物及国家定点企业生产和经销单位经销的边销茶实行增值税优惠政策的通知》（财税［2006］103号）自2009年1月1日起废止。

三、税率税目调整

财政部、国家税务总局财税［2008］171号 关于金属矿、非金属矿采选产品增值税税率的通知条文

一、金属矿采选产品、非金属矿采选产品增值税税率由13%恢复到17%。

二、食用盐仍适用13%的增值税税率，其具体范围是指符合《食用盐》（GB5461－2000）和《食用盐卫生标准》（GB2721－2003）两项国家标准的食用盐。

三、本通知所称金属矿采选产品，包括黑色和有色金属矿采选产品；非金属矿采选产品，包括除金属矿采选产品以外的非金属矿采选产品、煤炭和盐。

四、本通知自2009年1月1日起执行。

四、期货交易管理

财政部、国家税务总局财税［2008］5号
关于黄金期货交易有关税收政策的通知条文

经国务院批准，自2008年1月1日起，上海期货交易黄金期货交易发生实物交割时，比照现行上海黄金交易所黄金交易的税收政策执行。现将有关政策明确如下：

一、上海期货交易所会员和客户通过上海期货交易所销售标准黄金（持上海期货交易所开具的《黄金结算专用发票》），发生实物交割但未出库的，免征增值税；发生实物交割并已出库的，由税务机关按照实际交割价格代开增值税专用发票，并实行增值税即征即退的政策，同时免征城市维护建设税和教育费附加。增值税专用发票中的单价、金额和税额的计算公式分别如下：

单价＝实际交割单价÷（1＋增值税税率）

金额＝数量×单价

税额＝金额×税率

实际交割单价是指不含上海期货交易所收取的手续费的单位价格。

其中，标准黄金是指：成色为AU9999、AU9995、AU999、AU995；规格为50克、100克、1公斤、3公斤、12.5公斤的黄金。

二、上海期货交易所黄金期货交易的增值税征收管理办法及增值税专用发票管理办法由国家税务总局另行制订。

国家税务总局国税发［2008］46号
关于印发上海期货交易所黄金期货交易增值税征收管理办法的通知条文

第一条　根据《中华人民共和国税收征收管理法》及实施细则、《中华人民共和国增值税暂行条例》及实施细则、《财政部、国家税务总局关于黄金期货交易有关税收政策的通知》（财税［2008］5号）等规定，制定本办法。

第二条　本办法所规定的“黄金”是指标准黄金，即成色与规格同时符合以下标准的金锭、金条及金块等黄金原料：

成色：AU9999，AU9995，AU999，AU995。

规格：50克，100克，1公斤，3公斤，12.5公斤。

非标准黄金，即成色与规格不同时符合以上标准的黄金原料，不适用本办法。

第三条　上海期货交易所黄金期货交易增值税的征收管理按以下规定执行：

（一）上海期货交易所应向主管税务机关申请印制《黄金结算专用发票》（一式三联，分为结算联、发票联和存根联）。

（二）上海期货交易所会员和客户，通过上海期货交易所进行黄金期货交易并发生实物交割的，按照以下规定办理：

1. 卖方会员或客户按交割结算价向上海期货交易所开具普通发票，对其免征增值税。上海期货交易所按交割结算价向卖方提供《黄金结算专用发票》结算联，发票联、存根联由交易所留存。

2. 买方会员或客户未提取黄金出库的，由上海期货交易所按交割结算价开具《黄金结算专用发票》并提供发票联，存根联、结算联由上海期货交易所留存。

3. 买方会员或客户提取黄金出库的，应向上海期货交易所主管税务机关出具期货交易交割结算单、标准仓单出库确认单、溢短结算单，由税务机关按实际交割价和提货数量，代上海期货交易所向具有增值税一般纳税人资格的买方会员或客户（提货方）开具增值税专用发票（抵扣联），增值税专用发票的发票联和记账联由上海期货交易所留存，抵扣联传递给提货方会员或客户。

买方会员或客户（提货方）不属于增值税一般纳税人的，不得向其开具增值税专用发票。

（三）上海期货交易所应对黄金期货交割并提货环节的增值税税款实行单独核算，并享受增值税即征即退政策，同时免征城市维护建设税、教育费附加。

第四条　会员和客户按以下规定核算增值税进项税额：

（一）上海期货交易所会员或客户（中国人民银行除外）应对在上海期货交易所或黄金交易所办理黄金实物交割提取出库时取得的进项税额实行单独核算，按取得的税务机关代开的增值税专用发票上注明的增值税税额（包括相对应的买入量）单独记账。

对会员或客户从上海期货交易所或黄金交易所购入黄金（指提货出库后）再通过上海期货交易所卖出的，应计算通过上海期货交易所卖出黄金进项税额的转出额，并从当期进项税额中转出，同时计入成本；对当期账面进项税额小于通过下列公式计算出的应转出的进项税额，其差额部分应当立即补征入库。

应转出的进项税额＝单位进项税额×当期黄金卖出量

单位进项税额＝购入黄金的累计进项税额÷累计黄金购入额

（二）对上海期货交易所会员或客户（中国人民银行除外）通过上海期货交易所销售企业原有库存黄金，应按实际成交价格计算相应进项税额的转出额，并从当期进项税额中转出，计入成本。

应转出的进项税额＝销售库存黄金实际成交价格÷（1＋增值税税率）×增值税税率

（三）买方会员或客户（提货方）取得增值税专用发票抵扣联后，应按发票上注明的税额从黄金材料成本科目中转入“应缴税金——进项税额”科目，核算进项税额。

第五条　增值税专用发票的单价和金额、税额按以下规定确定：

上海期货交易所买方会员或客户（提货方）提货出库时，主管税务机关代开增值税专用发票上注明的单价，应由实际交割货款和提货数量确定，但不包括手续费、仓储费等其他费用。其中，实际交割货款由交割货款和溢短结算货款组成，交割货款按后进先出法原则确定。具体计算公式如下：

税额 = 金额 × 增值税税率

金额 = 数量 × 单价

单价 = 实际交割价 ÷（1 + 增值税税率）

实际交割价 = 实际交割货款 ÷ 提货数量

实际交割货款 = 交割货款 + 溢短结算货款

交割货款 = 标准仓单张数 × 每张仓单标准数量 × 交割结算价

溢短结算货款 = 溢短 × 溢短结算日前一交易日上海期货交易所挂牌交易的最近月份黄金期货合约的结算价

其中，单价小数点后至少保留6位。

第六条　会员和客户应将上海期货交易所开具的《黄金结算专用发票》（发票联）作为会计记账凭证进行财务核算；买方会员和客户（提货方）取得税务部门代开的增值税专用发票（抵扣联），仅作为核算进项税额的凭证。

第七条　卖方会员或客户应凭上海期货交易所开具的《黄金结算专用发票》（结算联），向卖方会员或客户主管税务机关办理免税手续。

第八条　上海期货交易所会员应分别核算自营黄金期货交易、代理客户黄金期货交易与黄金实物交割业务的销售额以及增值税销项税额、进项税额、应纳税额。

第九条　本办法所规定的“提取黄金出库”，是指期货交易所会员或客户从指定的金库中提取在期货交易所已交割的黄金的行为。

第十条　本办法由国家税务总局解释。

第十一条　本办法自2008年1月1日起执行。

五、油气田企业增值税管理

财政部、国家税务总局财税［2009］8号
关于印发油气田企业增值税管理办法的通知条文解读

第一条　根据国务院批准的石油天然气企业增值税政策，为加强石油天然气企业的增值税征收管理工作，制定本办法。

【解读】本办法制定的依据是国务院批准的石油天然气企业增值税有关政策规定。

第二条　本办法适用于在中华人民共和国境内从事原油、天然气生产的企业。包括中国石油天然气集团公司（以下简称中石油集团）和中国石油化工集团公司（以下简称中石化集团）重组改制后设立的油气田分（子）公司、存续公司和其他石油天然气生产企业（以下简称油气田企业），不包括经国务院批准适用5%征收率缴纳增值税的油气田企业。

存续公司是指中石油集团和中石化集团重组改制后留存的企业。

其他石油天然气生产企业是指中石油集团和中石化集团以外的石油天然气生产企业。

油气田企业持续重组改制继续提供生产性劳务的企业，以及2009年1月1日以后新成立的油气田企业参股、控股的企业，按照本办法缴纳增值税。

【解读】本条是关于本办法适用主体范围的规定。根据本条规定，下列企业适用本办法。

（一）油气田企业。油气田企业是指在中华人民共和国境内从事原油、天然气生产的企业。本办法所称油气田企业应当同时满足以下条件：①企业的生产、经营活动为原油、天然气的生产。以原油、天然气为原料从事生产、加工的企业及经销原油、天然气的企业不属于油气田企业；②油气田企业生产原油、天然气的活动发生在中华人民共和国境内。

根据本条规定，符合本条规定条件的下列企业属于油气田企业：①中国石油天然气集团公司重组改制后设立的油气田分（子）公司、存续公司。所称分公司是指中国石油天然气集团公司重组改制后设立的非法人公司；所称子公司是指中国石油天然气集团公司重组改制后设立的法人公司。所称存续公司是指中国石油天然气集团公司重组改制后留存的企业；②中国石油化工集团公司重组改制后设立的油气田分（子）公司、存续公司。所称分公司是指中国石油化工集团公司重组改制后设立的非法人公司；所称子公司是指中国石油化工集团公司重组改制后设立的法人公司。所称存续公司是指中国石油化工集团公司重组改制后留存的企业；③其他石油天然气生产企业。所称其他石油天然气生产企业是指中国石油天然气集团公司和中国石油化工集团公司以外

的石油天然气生产企业。上述企业不包括经国务院批准适用5%征收率缴纳增值税的油气田企业。

（二）其他企业。根据本条规定，下列企业为油气田企业生产原油、天然气提供本办法第三条规定的生产性劳务，适用本办法。①油气田企业持续重组改制继续提供生产性劳务的企业；②2009年1月1日及其以后新成立的油气田企业参股、控股的企业。

第三条　油气田企业为生产原油、天然气提供的生产性劳务应缴纳增值税。

生产性劳务是指油气田企业为生产原油、天然气，从地质普查、勘探开发到原油天然气销售的一系列生产过程所发生的劳务（具体见本办法所附的《增值税生产性劳务征税范围注释》）。

缴纳增值税的生产性劳务仅限于油气田企业间相互提供属于《增值税生产性劳务征税范围注释》内的劳务。油气田企业与非油气田企业之间相互提供的生产性劳务不缴纳增值税。

【解读】本条是关于油气田企业为生产原油、天然气提供生产性劳务缴纳增值税的规定。

（一）提供生产性劳务缴纳增值税的企业。根据本办法第二条及本条规定，本办法第二条规定的企业，为油气田企业生产原油、天然气提供的生产性劳务缴纳增值税。

（二）提供生产性劳务计算缴纳增值税方法。根据本条规定，本办法第二条规定的企业，为油气田企业生产原油、天然气提供的生产性劳务，应当依照《增值税条例》及其实施细则和本办法第五条规定的税率计算缴纳增值税。

（二）提供生产性劳务范围。根据本办法第二条和本条规定，计算缴纳增值税的生产性劳务必须同时满足以下条件：①提供生产性劳务主体应为本办法第二条规定的企业；②接受生产性劳务的主体必须为本办法第二条所规定的油气田企业；③生产性劳务必须是为油气田企业生产原油、天然气而提供的。为油气田企业提供的非原油、天然气生产劳务依照《增值税条例》及其实施细则的规定计算缴纳增值税；④本办法第二条规定的企业为油气田企业生产原油、天然气提供的生产性劳务必须属于本办法规定的生产性劳务范围。生产性劳务范围，参见附录资料《油气田企业增值税生产性劳务征税范围注释》。

第四条　油气田企业将承包的生产性劳务分包给其他油气田企业或非油气田企业，应当就其总承包额计算缴纳增值税。非油气田企业将承包的生产性劳务分包给油气田企业或其他非油气田企业，其提供的生产性劳务不缴纳增值税。油气田企业分包非油气田企业的生产性劳务，也不缴纳增值税。

【解读】本条是关于增值税生产性劳务计税销售额的规定。

本办法第二条规定的企业为油气田企业生产原油、天然气提供生产性劳务的销售额为全部价款和价外费用。本办法第二条规定的企业采取总承包形式向油气田企业生产原油、天然气提供的生产性劳务的，将其总承包的生产性劳务转包给其他企业的（包括油气田企业和非油气田企业），其计算缴纳增值税的销售额为总承包额。

非本办法第二条规定的企业采取总承包形式向油气田企业生产原油、天然气提供生产性劳务的，将其总承包的生产性劳务转包给其他企业的（包括油气田企业和非油气田企业），其提供的生产性劳务不缴纳增值税。油气田企业分包非本办法第二条规定的企业生产性劳务，也不缴纳增值税。

第五条 油气田企业提供的生产性劳务，增值税税率为17%。

【解读】本条是关于为油气田企业提供生产性劳务增值税税率的规定。

根据本条规定，本办法第二条规定计算缴纳增值税的企业向油气田企业生产原油、天然气提供的生产性劳务收入按17%的增值税税率计算缴纳增值税。

第六条 油气田企业与其所属非独立核算单位之间以及其所属非独立核算单位之间移送货物或者提供应税劳务，不缴纳增值税。

本办法规定的应税劳务，是指加工、修理修配劳务和生产性劳务（下同）。

【解读】针对油气田企业生产经营特点，为便于油气田企业增值税管理，本条规定，无论油气田企业与其所属非独立核算单位或者其所属各非独立核算单位是否在同一县（市），油气田企业与其所属各非独立核算单位之间以及其所属非独立核算单位之间移送货物或者提供应税劳务，均不缴纳增值税。

第七条 油气田企业提供的应税劳务和非应税劳务应当分别核算销售额，未分别核算的，由主管税务机关核定应税劳务的销售额。

第八条 油气田企业下列项目的进项税额不得从销项税额中抵扣：

（一）用于非增值税应税项目、免征增值税项目、集体福利或者个人消费的购进货物或者应税劳务。

本办法规定的非增值税应税项目，是指提供非应税劳务、转让无形资产、销售不动产、建造非生产性建筑物及构筑物。

本办法规定的非应税劳务，是指属于应缴营业税的交通运输业、建筑业、金融保险业、邮电通信业、文化体育业、娱乐业、服务业税目征收范围的劳务，但不包括本办法规定的生产性劳务。

用于集体福利或个人消费的购进货物或者应税劳务，包括所属的学校、医院、宾馆、饭店、招待所、托儿所（幼儿园）、疗养院、文化娱乐单位等部门购进的货物或应税劳务。

（二）非正常损失的购进货物及相关的应税劳务。

（三）非正常损失的在产品、产成品所耗用的购进货物或者应税劳务。

（四）国务院财政、税务主管部门规定的纳税人自用消费品。

（五）本条第（一）项至第（四）项规定的货物的运输费用和销售免税货物的运输费用。

【解读】根据本条第（一）项规定，油气田企业的生产性建筑物及构筑物属于增值税应税项目。企业建造的生产性建筑物耗用的及构筑物耗用的外购货物、接受劳务的进项税额准予抵扣。油气田企业在建造建筑物及构筑物时，应严格划分生产性建筑物、构筑物与非生产性建筑物、构筑物。

第九条 油气田企业为生产原油、天然气接受其他油气田企业提供的生产性劳务，可凭劳务提供方开具的增值税专用发票注明的增值税额予以抵扣。

【解读】本条规定了油气田企业提供的生产性劳务进项税额抵扣凭证。油气田企业为生产原油、天然气而接受其他企业提供的生产性劳务时，应当向劳务提供方索取增值税专用发票，凭劳务提供方开具的增值税专用发票上注明的增值税额抵扣销项税额。

第十条　跨省、自治区、直辖市开采石油、天然气的油气田企业，由总机构汇总计算应纳增值税税额，并按照各油气田（井口）石油、天然气产量比例进行分配，各油气田按所分配的应纳增值税额向所在地税务机关缴纳。石油、天然气应纳增值税额的计算办法由总机构所在地省级税务部门商各油气田所在地同级税务部门确定。

在省、自治区、直辖市内的油气田企业，其增值税的计算缴纳方法由各省、自治区、直辖市财政和税务部门确定。

【解读】本条规定了油气田企业增值税缴纳方式。

根据本条规定，跨省、自治区、直辖市开采原油、天然气企业由总机构汇总计算应纳增值税税额，并按照各油气田（井口）石油、天然气产量比例进行分配，各油气田按所分配的应纳增值税额向所在地税务机关缴纳。

第十一条　油气田企业跨省、自治区、直辖市提供生产性劳务，应当在劳务发生地按3%预征率计算缴纳增值税。在劳务发生地预缴的税款可从其应纳增值税中抵减。

【解读】本条是关于提供生产性劳务就地预缴增值税的规定。根据本条规定，油气田企业跨省、自治区、直辖市提供生产性劳务，按照提供劳务收入额和本条规定的预征率计算应纳增值税并向提供生产性劳务发生地主管国家税务局申报预缴应纳税额。就地预缴增值税应纳税额计算公式：

应纳税额＝在劳务发生地取得的生产性劳务×预征率

企业在劳务发生地预缴的增值税税款可从其当期应纳增值税税额中扣减。企业当期实际缴纳应纳增值税计算公式：

当期实际应纳增值税额＝当期应纳增值税额－预缴增值税

财政部、国家税务总局财税［2009］97号对油气田企业跨省、自治区、直辖市提供生产性劳务增值税税款的征收管理做出了具体规定。

第十二条　油气田企业为生产原油、天然气提供的生产性劳务的纳税义务发生时间为油气田企业收讫劳务收入款或者取得索取劳务收入款项凭据的当天；先开具发票的，为开具发票的当天。

收讫劳务收入款的当天，是指油气田企业应税行为发生过程中或者完成后收取款项的当天；采取预收款方式的，为收到预收款的当天。

取得索取劳务收入款项凭据的当天，是指书面合同确定的付款日期的当天；未签订书面合同或者书面合同未确定付款日期的，为应税行为完成的当天。

第十三条　油气田企业所需发票，经主管税务机关审核批准后，可以采取纳税人统一集中领购、发放和管理的方法，也可以由机构内部所属非独立核算单位分别领购。

第十四条　油气田企业应统一申报货物及应税劳务应缴纳的增值税。

【解读】本条规定了油气田企业增值税核算方式。针对油气田企业生产经营的特殊性及其财务核算的特点，为减少企业办税成本，加强增值税征收管理，本条规定跨地区经营的油气田企业增值税实行统一核算，统一申报应税货物及劳务应缴纳的增值税。

第十五条　现行规定与本办法有抵触的，按本办法执行；本办法未尽事宜，按现行税收法律、法规执行。

第十六条　各省、自治区、直辖市税务机关可根据本规定制定具体实施办法，并报国家税务总局备案。

第十七条　本办法自2009年1月1日起执行。

财政部、国家税务总局财税［2009］97号
关于油气田企业增值税问题的补充通知条文解读

一、油气田企业向外省、自治区、直辖市其他油气田企业提供生产性劳务，应当在劳务发生地税务机关办理税务登记或注册税务登记。在劳务发生地设立分（子）公司的，应当申请办理增值税一般纳税人认定手续，经劳务发生地税务机关认定为一般纳税人后，按照增值税一般纳税人的计算方法在劳务发生地计算缴纳增值税。

子公司是指具有企业法人资格，实行独立核算的企业；分公司是指不具有企业法人资格，但领取了工商营业执照的企业。

【解读】为加强油气田企业跨省、自治区、直辖市提供生产性劳务增值税征收管理，平衡地区间税收收入，本条对《油气田企业增值税管理办法》第二条规定的企业向外省、自治区、直辖市其他油气田企业提供生产性劳务，增值税征收管理做出具体规定。

（一）属地纳税。依据《中华人民共和国税收征收管理法》及其实施细则、《中华人民共和国增值税条例》及其实施细则的规定，本条规定，《油气田企业增值税管理办法》第二条规定的企业向外省、自治区、直辖市其他油气田企业提供生产性劳务的，在劳务发生地设立分（子）公司的，其设立的分（子）公司，应当向劳务发生地主管国家税务机关申报设立税务登记并申请办理增值税一般纳税人，经认定后，按照增值税一般纳税人的计算方法在劳务发生地计算缴纳增值税。

（二）预缴税款。依据《中华人民共和国税收征收管理法》及其实施细则、财政部、国家税务总局财税［2009］8号《油气田企业增值税管理办法》规定，本条规定，《油气田企业增值税管理办法》第二条规定的企业向外省、自治区、直辖市其他油气田企业提供生产性劳务，在劳务发生地未设立分（子）公司的，该企业应向生产劳务发生地主管国家税务机关申报设立注册税务登记，在劳务发生地计算预缴增值税。

二、新疆以外地区在新疆未设立分（子）公司的油气田企业，在新疆提供的生产性劳务应按5%的预征率计算缴纳增值税，预缴的税款可在油气田企业的应纳增值税中抵减。

【解读】本条对新疆以外地区在新疆未设立分（子）公司的油气田企业，在新疆提供的生产性劳务预缴增值税做出特殊规定，增值税预征率由3%提高到5%。

三、本通知自2009年1月1日执行。

六、纳税申报与税款缴纳

增值税一般纳税人纳税申报办法条文解读

根据《中华人民共和国税收征收管理法》及其实施细则、《中华人民共和国增值税暂行条例》和《中华人民共和国发票管理办法》的有关规定，制定本办法。

【解读】本《办法》是在原《办法》的基础上，经国家税务总局国税发［2003］53号、国家税务总局国税函［2008］1075号两次修订。

一、凡增值税一般纳税人（以下简称纳税人）均按本办法进行纳税申报。

【解读】本条规定了本《办法》的适用范围。根据本条规定，本《办法》只适用于增值税一般纳税人办理增值税纳税申报。增值税小规模纳税人办理增值税纳税申报不适用本办法。

二、纳税人进行纳税申报必须实行电子信息采集。使用防伪税控系统开具增值税专用发票的纳税人必须在抄报税成功后，方可进行纳税申报。

三、纳税申报资料。

（一）必报资料：

1.《增值税纳税申报表（适用于增值税一般纳税人）》、《增值税纳税申报表附列资料（表一）》《增值税纳税申报表附列资料（表二）》和《固定资产进项税额抵扣情况表》；

2. 使用防伪税控系统的纳税人，必须报送记录当期纳税信息的IC卡（明细数据备份在软盘上的纳税人，还须报送备份数据软盘）、《增值税专用发票存根联明细表》及《增值税专用发票抵扣联明细表》；

3.《资产负债表》和《损益表》；

4.《成品油购销存情况明细表》（发生成品油零售业务的纳税人填报）；

5. 主管税务机关规定的其他必报资料。

纳税申报实行电子信息采集的纳税人，除向主管税务机关报送上述必报资料的电子数据外，还需报送纸介的《增值税纳税申报表（适用于一般纳税人）》（主表及附表）。

（二）备查资料：

1. 已开具的增值税专用发票和普通发票存根联；

2. 符合抵扣条件并且在本期申报抵扣的增值税专用发票抵扣联；

3. 海关进口货物完税凭证、运输发票、购进农产品普通发票的复印件；

4. 收购凭证的存根联或报查联；

5. 代扣代缴税款凭证存根联；

6. 主管税务机关规定的其他备查资料。

备查资料是否需要在当期报送，由各省级国家税务局确定。

【解读】《增值税纳税申报表（适用于增值税一般纳税人）》、《增值税纳税申报表附列资料（表一）》《增值税纳税申报表附列资料（表二）》和《固定资产进项税额抵扣情况表》，参见附录资料。

四、增值税纳税申报资料的管理。

（一）增值税纳税申报必报资料。

纳税人在纳税申报期内，应及时将全部必报资料的电子数据报送主管税务机关，并在主管税务机关按照税法规定确定的期限内（具体时间由各省级国家税务局确定），将本办法第三条、第一款要求报送的纸介的必报资料（具体份数由省一级国家税务局确定）报送主管税务机关，税务机关签收后，一份退还纳税人，其余留存。

（二）增值税纳税申报备查资料。

纳税人在月度终了后，应将备查资料认真整理并装订成册。

1. 属于整本开具的手工版增值税专用发票及普通发票的存根联，按原顺序装订；开具的电脑版增值税专用发票，包括防伪税控系统开具的增值税专用发票的存根联，应按开票顺序号码每25份装订一册，不足25份的按实际开具份数装订。

2. 对属于扣税凭证的单证，根据取得的时间顺序，按单证种类每25份装订一册，不足25份的按实际份数装订。

3. 装订时，必须使用税务机关统一规定的《征税/扣税单证汇总簿封面》（以下简称"《封面》"），并按规定填写封面内容，由办税人员和财务人员审核签章。启用《封面》后，纳税人可不再填写原增值税专用发票的封面内容。

4. 纳税人当月未使用完的手工版增值税专用发票，暂不加装《封面》，两个月仍未使用完的，应在主管税务机关对其剩余部分剪角作废的当月加装《封面》。

纳税人开具的普通发票及收购凭证在其整本使用完毕的当月，加装《封面》。

5.《封面》的内容包括纳税人单位名称、本册单证份数、金额、税额、本月此种单证总册数及本册单证编号、税款所属时间等，具体格式由各省一级国家税务局制定。

五、《增值税纳税申报表（适用于增值税一般纳税人）》（主表及附表）由纳税人向主管税务机关购领。

六、申报期限。

纳税人应按月进行纳税申报，申报期为次月1日起至15日止，遇最后一日为法定节假日的，顺延1日；在每月1日至15日内有连续3日以上法定休假日的，按休假日天数顺延。

七、罚则。

（一）纳税人未按规定期限办理纳税申报和报送纳税资料的，按照《中华人民共和国税收征收管理法》第六十二条的有关规定处罚。

（二）纳税人经税务机关通知申报而拒不申报或者进行虚假的纳税申报，不缴或者少缴应纳税款的，按偷税处理，并按《中华人民共和国税收征收管理法》第六十三条的有关规定处罚。

（三）纳税人不进行纳税申报，不缴或者少缴应纳税款的，按《中华人民共和国税收征收管理法》第六十四条的有关规定处罚。

国家税务总局国税函［2008］1075号
关于调整增值税纳税申报有关事项的通知条文解读

一、增值税一般纳税人纳税申报的调整事项。

（一）增值税一般纳税人纳税申报办法。

1.《增值税一般纳税人纳税申报办法》（国税发［2003］53号印发，以下简称《申报办法》）第三条第一款第1项调整为"《增值税纳税申报表（适用于增值税一般纳税人）》、《增值税纳税申报表附列资料（表一）、（表二）》和《固定资产进项税额抵扣情况表》"。

调整后的《增值税纳税申报表（适用于增值税一般纳税人）》，《增值税纳税申报表附列资料（表一）》，《增值税纳税申报表附列资料（表二）》，《固定资产进项税额抵扣情况表》，原《增值税纳税申报表附列资料（表三）、（表四）》废止。

2. 删除《申报办法》第三条第二款第3项中"及购进废旧物资普通发票"。

3.《申报办法》第六条调整为"纳税人应按月进行纳税申报，申报期为次月1日起至15日止，遇最后一日为法定节假日的，顺延1日；在每月1日至15日内有连续3日以上法定休假日的，按休假日天数顺延。"

（二）《增值税纳税申报表（适用于增值税一般纳税人）》。

《增值税纳税申报表（适用于增值税一般纳税人）》表头说明调整为"根据《中华人民共和国增值税暂行条例》第二十二条和第二十三条的规定制定本表。纳税人不论有无销售额，均应按主管税务机关核定的纳税期限按期填报本表，并于次月一日起十五日内，向当地税务机关申报。"

（三）《增值税纳税申报表附列资料（表一）》及其填表说明。

1. 第1、8、15栏均包含机动车销售统一发票数据；

2. 第2、9栏"非防伪税控系统开具的增值税专用发票"不再填写。

（四）《增值税纳税申报表附列资料（表二）》及其填表说明。

1. 第1－3、22－26、35栏均包含机动车销售统一发票和税务机关代开的增值税专用发票数据。

2. 第5、28栏项目名称调整为"海关进口增值税专用缴款书"。

辅导期纳税人第5栏填写本月税务机关告知的稽核比对结果通知书及其明细清单注明的稽核相符海关进口增值税专用缴款书、核查结果中允许抵扣的海关进口增值税专用缴款书的份数、金额、税额。

辅导期纳税人第28栏填写本月未收到稽核比对结果的海关进口增值税专用缴款书。

3. 第6、29栏项目名称调整为"农产品收购发票或者销售发票"。

4. 第8、31栏项目名称调整为"运输费用结算单据"。

辅导期纳税人第8栏填写税务机关告知的稽核比对结果通知书及其明细清单注明的稽核相符运输费用结算单据、核查结果中允许抵扣的运输费用结算单据的份数、金额、税额。

辅导期纳税人第31栏填写本月未收到稽核比对结果的运输费用结算单据数据。

5. 第11栏项目名称调整为“外贸企业进项税额抵扣证明”，其“税额”栏填写税务机关出口退税部门开具的《外贸企业出口视同内销征税货物进项税额抵扣证明》允许抵扣的进项税额。

6. 自2009年5月1日起，第7栏“废旧物资发票”不再填写。

7. 第9栏“6%征收率”及第10栏“4%征收率”不再填写。

8. 第15栏项目名称调整为“非应税项目、集体福利、个人消费用”，填写用于非增值税应税项目、集体福利或者个人消费的购进货物或者应税劳务转出的进项税额。

9. 第21栏增加为“红字专用发票通知单注明的进项税额”。填写纳税人按照主管税务机关开具的《开具红字增值税专用发票通知单》中“需要做进项税额转出”的税额。

10. 自2009年5月1日起，第30栏“废旧物资发票”不再填写。

11. 第32栏“6%征收率”及第33栏“4%征收率”不再填写。

12. 《增值税纳税申报表附列资料（表二）》所称的“本期进项税额明细”均包括固定资产进项税额。

13. 填表说明第四条第3款“前期认证相符且本期申报抵扣”，调整填写为前期认证相符本期申报抵扣的防伪税控增值税专用发票和机动车销售统一发票情况；辅导期纳税人由税务机关告知的稽核比对结果通知书及明细清单注明的稽核相符专用发票、核查结果中允许抵扣的专用发票和机动车销售统一发票的份数、金额、税额。该项应与第23栏“期初已认证相符但未申报抵扣”加第24栏“本期已认证相符且本期未申报抵扣”减第25栏“期末已认证相符但未申报抵扣”后数据相等。

14. 填表说明第六条第1款“期初已认证相符但未申报抵扣”，调整填写为前期认证相符，但按照税法规定，暂不予抵扣，结存至本期的防伪税控增值税专用发票和机动车销售统一发票；辅导期纳税人认证相符但未收到稽核比对结果的防伪税控增值税专用发票和机动车销售统一发票月初余额数。该项应与上期“期末已认证相符但未申报抵扣”栏数据相等。

15. 填表说明第六条第2款“本期已认证相符且本期未申报抵扣”，调整填写为本期认证相符，但因按照税法规定暂不予抵扣及按照税法规定不允许抵扣，而未申报抵扣的防伪税控增值税专用发票和机动车销售统一发票，包括外贸企业购进供出口的货物。辅导期纳税人填写本月已认证相符但未收到稽核比对结果的防伪税控增值税专用发票和机动车销售统一发票数据。

16. 填表说明第六条第2款“本期已认证相符且本期未申报抵扣”，调整填写为截至本期期末，按照税法规定仍暂不予抵扣及按照税法规定不允许抵扣且已认证相符的防伪税控增值税专用发票和机动车销售统一发票情况；辅导期纳税人填写已认证相符但未收到稽核比对结果的防伪税控增值税专用发票和机动车销售统一发票月末余额数。

17. 填表说明第六条第4款调整为“其中：按照税法规定不允许抵扣”，填写期末已认证相符但未申报抵扣的防伪税控增值税专用发票和机动车销售统一发票中，按照税法规定不允许抵扣，而只能作为出口退税凭证或应列入成本、资产等项目的防伪税控增值税专用发票和机动车销售统一发票。包括外贸出口企业用于出口而采购货物的防伪税控增值税专用发票等。

18. 填表说明第七条中“代扣代缴税额”项指标的填写依据，调整为《中华人民共和国增值税暂行条例》第十八条。

【解读】 本条是根据修订后的《中华人民共和国增值税条例》及其实施细则和财政部、国家税务总局财税［2008］170号《关于全国实施增值税转型改革若干问题的通知》规定，对原《增值税一般纳税人纳税申报办法》及增值税一般纳税人纳税申报表的相关内容进行了修改。修订的内容主要有以下方面：①调整了纳税申报资料种类；②延长了增值税纳税申报期限，由原来的7日延长到15日；③修订了增值税一般纳税人纳税申报表的内容。对纳税申报表项目、栏次填写的口径进行了调整。

二、小规模纳税人纳税申报的调整事项。

《国家税务总局关于做好增值税普通发票一窗式票表比对准备工作的通知》（国税发［2005］141号）所附的《增值税纳税申报表（适用于小规模纳税人）》（以下简称《小规模纳税人申报表》）及其填表说明按以下要求填写：

（一）《小规模纳税人申报表》的“本月数”调整为“本期数”。

《小规模纳税人申报表》填表说明中涉及“本月数”的均改为“本期数”。

（二）《小规模纳税人申报表》第4、5栏不再填写，其对应的填表说明一并取消。

调整后的《小规模纳税人申报表》。

三、纳税人在2009年1月征期仍使用现行增值税纳税申报资料，调整后的增值税纳税申报资料自2009年2月1日启用。

七、增值税一般纳税人管理

国家税务总局国税发［1994］59 号
关于印发增值税一般纳税人申请认定办法的通知条文

一、凡增值税一般纳税人（以下简称一般纳税人），均应依照本办法向其企业所在地主管税务机关申请办理一般纳税人认定手续。

一般纳税人总分支机构不在同一县（市）的，应分别向其机构所在地主管税务机关申请办理一般纳税人认定手续。

二、一般纳税人是指年应征增值税销售额（以下简称年应税销售额，包括一个公历年度内的全部应税销售额），超过财政部规定的小规模纳税人标准的企业和企业性单位（以下简称企业）。

下列纳税人不属于一般纳税人：

（一）年应税销售额未超过小规模纳税人标准的企业（以下简称小规模企业）；

（二）个人；

（三）非企业性单位。

三、年应税销售额未超过标准的小规模企业，会计核算健全，能准确核算并提供销项税额、进项税额的，可申请办理一般纳税人认定手续。

纳税人总分支机构实行统一核算，其总机构年应税销售额超过小规模企业标准，但分支机构年应税销售额未超过小规模企业标准的，其分支机构可申请办理一般纳税人认定手续。在办理认定手续时，须提供总机构所在地主管税务机关批准其总机构为一般纳税人的证明（总机构申请认定表的影印件）。

四、经税务机关审核认定的一般纳税人，可按《中华人民共和国增值税暂行条例》第四条的规定计算应纳税额，并使用增值税专用发票。

对符合一般纳税人条件但不申请办理一般纳税人认定手续的纳税人，应按销售额依照增值税税率计算应纳税额，不得抵扣进项税额，也不得使用增值税专用发票。

五、略。

六、已开业的小规模企业，其年应税销售额超过小规模纳税人标准的，应在次年 1 月底以前申请办理一般纳税人认定手续。

七、企业申请办理一般纳税人认定手续，应提出申请报告，并提供下列有关证件、资料：

（一）营业执照；

（二）有关合同、章程、协议书；

（三）银行账号证明；

（四）税务机关要求提供的其他有关证件、资料。

上款第四项所列证件、资料的内容由省级税务机关确定。

八、主管税务机关在初步审核企业的申请报告和有关资料后，发给《增值税一般纳税人申请认定表》，企业应如实填写《增值税一般纳税人申请认定表》。企业填报《增值税一般纳税人申请认定表》一式两份，审批后，一份交基层征收机关，一份退企业留存。

《增值税一般纳税人申请认定表》表样，由国家税务总局统一制定。

九、一般纳税人认定的审批权限，在县级以上税务机关。对于企业填报的《增值税一般纳税人申请认定表》，负责审批的税务机关应在收到之日起 30 日内审核完毕。符合一般纳税人条件的，在其《税务登记证》副本首页上方加盖“增值税一般纳税人”确认专章，作为领购增值税专用发票的证件。

“增值税一般纳税人”确认专章印色统一为红色，印模由国家税务总局制定。

国家税务总局国税函［2008］1079 号
关于增值税一般纳税人认定有关问题的通知条文

一、现行增值税一般纳税人认定的有关规定仍继续执行。

二、2008 年应税销售额超过新标准的小规模纳税人向主管税务机关申请一般纳税人资格认定的，主管税务机关应按照现行规定为其办理一般纳税人认定手续。

三、2009 年应税销售额超过新标准的小规模纳税人，应当按照《中华人民共和国增值税暂行条例》及其实施细则的有关规定向主管税务机关申请一般纳税人资格认定。未申请办理一般纳税人认定手续的，应按销售额依照增值税税率计算应纳税额，不得抵扣进项税额，也不得使用增值税专用发票。

四、年应税销售额未超过新标准的小规模纳税人，可以按照现行规定向主管税务机关申请一般纳税人资格认定。

八、增值税税收优惠

财政部、国家税务总局财税［2008］156号
关于资源综合利用及其他产品增值税政策的通知条文

一、对销售下列自产货物实行免征增值税政策：

（一）再生水。再生水是指对污水处理厂出水、工业排水（矿井水）、生活污水、垃圾处理厂渗透（滤）液等水源进行回收，经适当处理后达到一定水质标准，并在一定范围内重复利用的水资源。再生水应当符合水利部《再生水水质标准》（SL368—2006）的有关规定。

（二）以废旧轮胎为全部生产原料生产的胶粉。胶粉应当符合GB/T19208—2008规定的性能指标。

（三）翻新轮胎。翻新轮胎应当符合GB7037—2007、GB14646—2007或者HG/T3979—2007规定的性能指标，并且翻新轮胎的胎体100%来自废旧轮胎。

（四）生产原料中掺兑废渣比例不低于30%的特定建材产品。

特定建材产品，是指砖（不含烧结普通砖）、砌块、陶粒、墙板、管材、混凝土、砂浆、道路井盖、道路护栏、防火材料、耐火材料、保温材料、矿（岩）棉。

二、对污水处理劳务免征增值税。污水处理是指将污水加工处理后符合GB18918—2002有关规定的水质标准的业务。

三、对销售下列自产货物实行增值税即征即退的政策：

（一）以工业废气为原料生产的高纯度二氧化碳产品。高纯度二氧化碳产品，应当符合GB10621—2006的有关规定。

（二）以垃圾为燃料生产的电力或者热力。垃圾用量占发电燃料的比重不低于80%，并且生产排放达到GB13223—2003第1时段标准或者GB18485—2001的有关规定。

所称垃圾，是指城市生活垃圾、农作物秸秆、树皮废渣、污泥、医疗垃圾。

（三）以煤炭开采过程中伴生的舍弃物油母页岩为原料生产的页岩油。

（四）以废旧沥青混凝土为原料生产的再生沥青混凝土。废旧沥青混凝土用量占生产原料的比重不低于30%。

（五）采用旋窑法工艺生产并且生产原料中掺兑废渣比例不低于30%的水泥（包括水泥熟料）。

1. 对经生料烧制和熟料研磨工艺生产水泥产品的企业，掺兑废渣比例计算公式为：

掺兑废渣比例＝（生料烧制阶段掺兑废渣数量＋熟料研磨阶段掺兑废渣数量）÷（生料数量＋生料烧制和熟料研磨阶段掺兑废渣数量＋其他材料数量）×100%

2. 对外购熟料经研磨工艺生产水泥产品的企业，掺兑废渣比例计算公式为：

掺兑废渣比例 = 熟料研磨过程中掺兑废渣数量 ÷（熟料数量 + 熟料研磨过程中掺兑废渣数量 + 其他材料数量）×100%

四、销售下列自产货物实现的增值税实行即征即退 50% 的政策：

（一）以退役军用发射药为原料生产的涂料硝化棉粉。退役军用发射药在生产原料中的比重不低于 90%。

（二）对燃煤发电厂及各类工业企业产生的烟气、高硫天然气进行脱硫生产的副产品。副产品，是指石膏（其二水硫酸钙含量不低于 85%）、硫酸（其浓度不低于 15%）、硫酸铵（其总氮含量不低于 18%）和硫磺。

（三）以废弃酒糟和酿酒底锅水为原料生产的蒸汽、活性炭、白碳黑、乳酸、乳酸钙、沼气。废弃酒糟和酿酒底锅水在生产原料中所占的比重不低于 80%。

（四）以煤矸石、煤泥、石煤、油母页岩为燃料生产的电力和热力。煤矸石、煤泥、石煤、油母页岩用量占发电燃料的比重不低于 60%。

（五）利用风力生产的电力。

（六）部分新型墙体材料产品。具体范围按本通知附件 1《享受增值税优惠政策的新型墙体材料目录》执行。

五、对销售自产的综合利用生物柴油实行增值税先征后退政策。

综合利用生物柴油，是指以废弃的动物油和植物油为原料生产的柴油。废弃的动物油和植物油用量占生产原料的比重不低于 70%。

六、对增值税一般纳税人生产的黏土实心砖、瓦，一律按适用税率征收增值税，不得采取简易办法征收增值税。2008 年 7 月 1 日起，以立窑法工艺生产的水泥（包括水泥熟料），一律不得享受本通知规定的增值税即征即退政策。

七、申请享受本通知第一条、第三条、第四条第一项至第四项、第五条规定的资源综合利用产品增值税优惠政策的纳税人，应当按照《国家发展改革委、财政部、国家税务总局关于印发<国家鼓励的资源综合利用认定管理办法>的通知》（发改环资［2006］1864 号）的有关规定，申请并取得《资源综合利用认定证书》，否则不得申请享受增值税优惠政策。

八、本通知规定的增值税免税和即征即退政策由税务机关，增值税先征后退政策由财政部驻各地财政监察专员办事处及相关财政机关分别按照现行有关规定办理。

九、本通知所称废渣，是指采矿选矿废渣、冶炼废渣、化工废渣和其他废渣。废渣的具体范围，按附件 2《享受增值税优惠政策的废渣目录》执行。

本通知所称废渣掺兑比例和利用原材料占生产原料的比重，一律以重量比例计算，不得以体积计算。

十、本通知第一条、第二条规定的政策自 2009 年 1 月 1 日起执行，第三条至第五条规定的政策自 2008 年 7 月 1 日起执行。

财政部、国家税务总局财税［2009］148 号
关于以农林剩余物为原料的综合利用产品增值税政策的通知条文

一、自 2009 年 1 月 1 日起至 2010 年 12 月 31 日，对纳税人销售的以三剩物、次小

薪材、农作物秸秆、蔗渣等4类农林剩余物为原料自产的综合利用产品（产品目录见附件）由税务机关实行增值税即征即退办法，具体退税比例2009年为100%，2010年为80%。

二、申请办理增值税即征即退的纳税人，必须同时符合以下条件：

1. 2008年1月1日起，未因违反《中华人民共和国环境保护法》等环境保护法律法规受到刑事处罚或者县级以上环保部门相应的行政处罚。

2. 综合利用产品送交由省级以上质量技术监督部门资质认定的产品质量检验机构进行质量检验，并取得该机构出具的符合产品质量标准要求的检测报告。

3. 纳税人应单独核算综合利用产品的销售额和增值税销项税额、进项税额以及应纳税额。

三、纳税人申请退税时，除按有关规定提交的相关资料外，应提交下列材料：

1. 自2008年1月1日起未因违反《中华人民共和国环境保护法》等环境保护法律法规受到刑事处罚或者县级以上环保部门相应的行政处罚的书面申明。

2. 省级以上质量技术监督部门资质认定的产品质量检验机构出具的相关产品符合产品质量标准要求的检测报告。

四、税务机关应加强增值税即征即退管理，不定期对企业生产经营情况（包括本通知第三条第1项的书面申明内容）和退税申报资料的真实性进行核实，凡经核实有虚报资料、骗取退税等行为的，追缴其此前骗取的退税款，并取消其以后享受上述增值税优惠政策的资格。

五、本通知所述"三剩物"，是指采伐剩余物（指枝丫、树梢、树皮、树叶、树根及藤条、灌木等）、造材剩余物（指造材截头）和加工剩余物（指板皮、板条、木竹截头、锯末、碎单板、木芯、刨花、木块、篾黄、边角余料等）。

"次小薪材"，是指次加工材（指材质低于针、阔叶树加工用原木最低等级但具有一定利用价值的次加工原木，其中东北、内蒙古地区按LY/T1 505—1999标准执行，南方及其他地区按LY/T1369—1999标准执行）、小径材（指长度在2米以下或径级8厘米以下的小原木条、松木杆、脚手杆、杂木杆、短原木等）和薪材。

"农作物秸秆"，是指农业生产过程中，收获了粮食作物（指稻谷、小麦、玉米、薯类等）、油料作物（指油菜籽、花生、大豆、葵花子、芝麻籽、胡麻籽等）、棉花、麻类、糖料、烟叶、药材、蔬菜和水果等以后残留的茎秆。

"蔗渣"，是指以甘蔗为原料的制糖生产过程中产生的含纤维50%左右的固体废弃物。

六、《财政部、国家税务总局关于以三剩物和次小薪材为原料生产加工的综合利用产品增值税即征即退政策的通知》（财税［2006］102号）和《国家税务总局关于沙柳箱纸板实行增值税即征即退政策的批复》（国税函［2003］840号）相应废止。

财政部、国家税务总局财税［2008］157号
关于再生资源增值税政策的通知

一、取消"废旧物资回收经营单位销售其收购的废旧物资免征增值税"和"生产企业增值税一般纳税人购入废旧物资回收经营单位销售的废旧物资，可按废旧物资回

收经营单位开具的由税务机关监制的普通发票上注明的金额，按10%计算抵扣进项税额”的政策。

二、单位和个人销售再生资源，应当依照《中华人民共和国增值税暂行条例》（以下简称增值税条例）、《中华人民共和国增值税暂行条例实施细则》及财政部、国家税务总局的相关规定缴纳增值税。但个人（不含个体工商户）销售自己使用过的废旧物品免征增值税。增值税一般纳税人购进再生资源，应当凭取得的增值税条例及其细则规定的扣税凭证抵扣进项税额，原印有“废旧物资”字样的专用发票停止使用，不再作为增值税扣税凭证抵扣进项税额。

三、在2008年12月31日前，各地主管税务机关应注销企业在防伪税控系统中“废旧物资经营单位”的档案信息，收缴企业尚未开具的专用发票，重新核定企业增值税专用发票的最高开票限额和最大购票数量，做好增值税专用发票的发售工作。

四、在2010年底以前，对符合条件的增值税一般纳税人销售再生资源缴纳的增值税实行先征后退政策。

（一）适用退税政策的纳税人范围。

适用退税政策的增值税一般纳税人应当同时满足以下条件：

1. 按照《再生资源回收管理办法》（商务部令2007年第8号）第七条、第八条规定应当向有关部门备案的，已经按照有关规定备案；

2. 有固定的再生资源仓储、整理、加工场地；

3. 通过金融机构结算的再生资源销售额占全部再生资源销售额的比重不低于80%。

4. 自2007年1月1日起，未因违反《中华人民共和国反洗钱法》、《中华人民共和国环境保护法》、《中华人民共和国税收征收管理法》、《中华人民共和国发票管理办法》或者《再生资源回收管理办法》受到刑事处罚或者县级以上工商、商务、环保、税务、公安机关相应的行政处罚（警告和罚款除外）。

（二）退税比例。

对符合退税条件的纳税人2009年销售再生资源实现的增值税，按70%的比例退回给纳税人；对其2010年销售再生资源实现的增值税，按50%的比例退回给纳税人。

（三）纳税人申请退税时，除按有关规定提交的相关资料外，应提交下列资料：

1. 按照《再生资源回收管理办法》第七条、第八条规定应当向有关部门备案的，商务主管部门核发的备案登记证明的复印件；

2. 再生资源仓储、整理、加工场地的土地使用证和房屋产权证或者其租赁合同的复印件；

3. 通过金融机构结算的再生资源销售额及全部再生资源销售额的有关数据及资料。为保护纳税人的商业秘密，不要求纳税人提交其与客户通过银行交易的详细记录，对于有疑问的，可到纳税人机构所在地等场所进行现场核实。

4. 自2007年1月1日起，未因违反《中华人民共和国反洗钱法》、《中华人民共和国环境保护法》、《中华人民共和国税收征收管理法》、《中华人民共和国发票管理办法》或者《再生资源回收管理办法》受到刑事处罚或者县级以上工商、商务、环保、税务、公安机关相应的行政处罚（警告和罚款除外）的书面申明。

（四）退税业务由财政部驻当地财政监察专员办事处及负责初审和复审的财政部门

按照本通知及相关规定办理。

1. 退税申请办理时限。(1) 纳税人一般按季申请退税，申请退税金额较大的，也可以按月申请，具体时限由财政部驻当地财政监察专员办事处确定；(2) 负责初审的财政机关应当在收到退税申请之日起10个工作日内，同时向负责复审和终审的财政机关提交初审意见；(3) 负责复审的财政机关应当在收到初审意见之日起5个工作日内向负责终审的财政机关提交复审意见；(4) 负责终审的财政机关是财政部驻当地财政监察专员办事处，其应当在收到复审意见之日的10个工作日内完成终审并办理妥当有关退税手续。

2. 负责初审的财政机关对于纳税人第一次申请退税的，应当在上报初审意见前派人到现场审核有关条件的满足情况；有特殊原因不能做到的，应在提交初审意见后2个月内派人到现场审核有关条件的满足情况，发现有不满足条件的，及时通知负责复审或者终审的财政机关。

3. 负责初审、复审的财政机关应当定期（自收到纳税人第一次退税申请之日起至少每12个月一次）向同级公安、商务、环保和税务部门及人民银行对纳税人申明的内容进行核实，对经查实的与申明不符的问题要严肃处理。凡问题在初次申请退税之日前发生的，应当追缴纳税人此前骗取的退税款，根据《财政违法行为处罚处分条例》的相关规定进行处罚，并取消其以后申请享受本通知规定退税政策的资格；凡问题在初次申请退税之日后发生的，取消其刑事处罚和行政处罚生效之日起申请享受本通知规定退税政策的资格。

五、报废船舶拆解和报废机动车拆解企业，适用本通知的各项规定。

六、本通知所称再生资源，是指《再生资源回收管理办法》（商务部令2007年第8号）第二条所称的再生资源，即在社会生产和生活消费过程中产生的，已经失去原有全部或部分使用价值，经过回收、加工处理，能够使其重新获得使用价值的各种废弃物。上述加工处理，仅指清洗、挑选、整理等简单加工。

七、各级国家税务机关要加强与财政、公安、商务、环保、人民银行等部门的信息沟通，加强对重点行业的纳税评估，采取有效措施，强化对再生资源的产生、回收经营、加工处理等各个环节的税收管理，堵塞偷逃税收的漏洞，保证增值税链条机制的正常运行。

八、本通知自2009年1月1日起执行。

财政部、海关总署、国家税务总局财税［2009］31号
关于支持文化企业发展若干税收政策问题的通知条文

一、广播电影电视行政主管部门（包括中央、省、地市及县级）按照各自职能权限批准从事电影制片、发行、放映的电影集团公司（含成员企业）、电影制片厂及其他电影企业取得的销售电影拷贝收入、转让电影版权收入、电影发行收入以及在农村取得的电影放映收入免征增值税和营业税。

二、2010年底前，广播电视运营服务企业按规定收取的有线数字电视基本收视维护费，经省级人民政府同意并报财政部、国家税务总局批准，免征营业税，期限不超过3年。

三、出口图书、报纸、期刊、音像制品、电子出版物、电影和电视完成片按规定享受增值税出口退税政策。

四、文化企业在境外演出从境外取得的收入免征营业税。

五、在文化产业支撑技术等领域内，依据《关于印发〈高新技术企业认定管理办法〉的通知》（国科发火［2008］172号）和《关于印发〈高新技术企业认定管理工作指引〉的通知》（国科发火［2008］362号）的规定认定的高新技术企业，减按15%的税率征收企业所得税；文化企业开发新技术、新产品、新工艺发生的研究开发费用，允许按国家税法规定在计算应纳税所得额时加计扣除。文化产业支撑技术等领域的具体范围由科技部、财政部、国家税务总局和中宣部另行发文明确。

六、出版、发行企业库存呆滞出版物，纸质图书超过五年（包括出版当年，下同）、音像制品、电子出版物和投影片（含缩微制品）超过两年、纸质期刊和挂历年画等超过一年的，可以作为财产损失在税前据实扣除。已作为财产损失税前扣除的呆滞出版物，以后年度处置的，其处置收入应纳入处置当年的应税收入。

七、为生产重点文化产品而进口国内不能生产的自用设备及配套件、备件等，按现行税收政策有关规定，免征进口关税。

八、对2008年12月31日前新办文化企业，其企业所得税优惠政策可以按照财税［2005］2号文件规定执行到期。

九、本通知适用于所有文化企业。文化企业是指从事新闻出版、广播影视和文化艺术的企业。文化企业具体范围见附件。

除上述条款中有明确期限规定者外，上述税收优惠政策执行期限为2009年1月1日至2013年12月31日。

财政部、国家税务总局财税［2009］34号
关于文化体制改革中经营性文化事业单位转制为企业的若干税收优惠政策的通知条文

一、经营性文化事业单位转制为企业，自转制注册之日起免征企业所得税。

二、由财政部门拨付事业经费的文化单位转制为企业，自转制注册之日起对其自用房产免征房产税。

三、党报、党刊将其发行、印刷业务及相应的经营性资产剥离组建的文化企业，自注册之日起所取得的党报、党刊发行收入和印刷收入免征增值税。

四、对经营性文化事业单位转制中资产评估增值涉及的企业所得税，以及资产划转或转让涉及的增值税、营业税、城建税等给予适当的优惠政策，具体优惠政策由财政部、国家税务总局根据转制方案确定。

五、本通知所称经营性文化事业单位是指从事新闻出版、广播影视和文化艺术的事业单位；转制包括文化事业单位整体转为企业和文化事业单位中经营部分剥离转为企业。

六、本通知适用于文化体制改革地区的所有转制文化单位和不在文化体制改革地区的转制企业。有关名单由中央文化体制改革工作领导小组办公室提供，财政部、国家税务总局发布。

本通知执行期限为2009年1月1日至2013年12月31日。

国家税务总局国税函［2009］432号
关于增值税即征即退实施先评估后退税有关问题的通知条文

一、主管税务机关受理享受增值税即征即退优惠政策的纳税人的退税申请后，应对其销售额变动率和增值税税负率开展纳税评估。

（一）销售额变动率的计算公式：

1. 本期销售额环比变动率＝（本期即征即退货物和劳务销售额－上期即征即退货物和劳务销售额）÷上期即征即退货物和劳务销售额×100%。
2. 本期累计销售额环比变动率＝（本期即征即退货物和劳务累计销售额－上期即征即退货物和劳务累计销售额）÷上期即征即退货物和劳务累计销售额×100%。
3. 本期销售额同比变动率＝（本期即征即退货物和劳务销售额－去年同期即征即退货物和劳务销售额）÷去年同期即征即退货物和劳务销售额×100%。
4. 本期累计销售额同比变动率＝（本期即征即退货物和劳务累计销售额－去年同期即征即退货物和劳务累计销售额）÷去年同期即征即退货物和劳务累计销售额×100%。

（二）增值税税负率的计算公式：

增值税税负率＝本期即征即退货物和劳务应纳税额÷
本期即征即退货物和劳务销售额×100%

（三）销售额变动率和增值税税负率异常的具体标准由省税务机关确定，并报税务总局（货物和劳务税司）备案。

二、销售额变动率或者增值税税负率正常的，主管税务机关应办理退税手续。

三、销售额变动率或者增值税税负率异常的，主管税务机关应暂停退税审批，并在20个工作日内通过案头分析、税务约谈、实地调查等评估手段核实指标异常的原因。

（一）经过评估，指标异常的疑点可以排除的，主管税务机关可办理退税审批。

（二）经过评估，指标异常的疑点不能排除的，主管税务机关不得办理退税审批，并移交税务稽查部门查处。

四、主管税务机关应加强日常监督和后续管理工作，注意搜集和掌握纳税人的生产经营情况。除上述评估内容外，还可结合其他一些评估方法，认真做好纳税评估工作。要积极利用纳税评估这一有效机制，堵塞漏洞，确保增值税即征即退优惠政策落到实处。

五、本通知自2009年9月1日起执行。

财政部、海关总署、国家税务总局财税［2009］115 号
关于研发机构采购设备税收政策的通知条文

一、外资研发中心适用《科技开发用品免征进口税收暂行规定》（财政部、海关总署、国家税务总局令第 44 号）免征进口税收，根据其设立时间，应分别满足下列条件：

（一）对 2009 年 9 月 30 日及其之前设立的外资研发中心，应同时满足下列条件：

1. 研发费用标准：（1）对新设立不足两年的外资研发中心，作为独立法人的，其投资总额不低于 500 万美元；作为公司内设部门或分公司的，其研发总投入不低于 500 万美元；（2）对设立两年及以上的外资研发中心，企业研发经费年支出额不低于 1000 万元。

2. 专职研究与试验发展人员不低于 90 人。

3. 设立以来累计购置的设备原值不低于 1000 万元。

（二）对 2009 年 10 月 1 日及其之后设立的外资研发中心，应同时满足下列条件：

1. 研发费用标准：作为独立法人的，其投资总额不低于 800 万美元；作为公司内设部门或分公司的，其研发总投入不低于 800 万美元。

2. 专职研究与试验发展人员不低于 150 人。

3. 设立以来累计购置的设备原值不低于 2000 万元。

具体审核办法由商务部会同财政部、海关总署、国家税务总局另行制定。

二、适用采购国产设备全额退还增值税政策的内外资研发机构包括：

（一）《科技开发用品免征进口税收暂行规定》（财政部、海关总署、国家税务总局令第 44 号）规定的科学研究、技术开发机构。

（二）《科学研究和教学用品免征进口税收规定》（财政部、海关总署、国家税务总局令第 45 号）规定的科学研究机构和学校。

（三）符合本通知第一条规定条件的外资研发中心。

具体退税管理办法由国家税务总局会同财政部另行制定。

三、本通知所述设备，是指本通知附件所列的为科学研究、教学和科技开发提供必要条件的实验设备、装置和器械。

四、本通知执行期限为 2009 年 7 月 1 日至 2010 年 12 月 31 日。

国家税务总局国税函［2009］591 号
关于农村电网维护费征免增值税问题的通知条文

根据《财政部、国家税务总局关于免征农村电网维护费增值税问题的通知》（财税字［1998］47 号）规定，对农村电管站在收取电价时一并向用户收取的农村电网维护费（包括低压线路损耗和维护费以及电工经费）免征增值税。鉴于部分地区农村电网维护费改由其他单位收取后，只是收费的主体发生了变化，收取方法、对象以及使用用途均未发生变化，为保持政策的一致性，对其他单位收取的农村电网维护费免征增值税，不得开具增值税专用发票。

财政部、国家税务总局财税［2009］147号
关于继续实行宣传文化增值税和营业税优惠政策的通知条文

一、自2009年1月1日起至2010年12月31日，实行下列增值税先征后退政策：

（一）对下列出版物在出版环节实行增值税100%先征后退的政策：

1. 中国共产党和各民主党派的各级组织的机关报纸和机关期刊，各级人大、政协、政府、工会、共青团、妇联、科协、老龄委的机关报纸和机关期刊，新华社的机关报纸和机关期刊，军事部门的机关报纸和机关期刊。

上述各级组织的机关报纸和机关期刊，增值税先征后退范围掌握在一个单位一份报纸和一份期刊以内。

2. 专为少年儿童出版发行的报纸和期刊，中小学的学生课本。

3. 少数民族文字出版物。

4. 盲文图书和盲文期刊。

5. 经批准在内蒙古、广西、西藏、宁夏、新疆五个自治区内注册的出版单位出版的出版物。

6. 列入本通知附件1的图书、报纸和期刊。

（二）对下列出版物在出版环节实行增值税先征后退50%的政策：

1. 除本通知第一条第（一）项规定实行增值税100%先征后退的图书和期刊以外的其他图书和期刊、音像制品。

2. 列入本通知附件2的报纸。

（三）对下列印刷、制作业务实行增值税100%先征后退的政策：

1. 对少数民族文字出版物的印刷或制作业务。

2. 列入本通知附件3的新疆维吾尔自治区印刷企业的印刷业务。

二、自2009年1月1日起至2010年12月31日，对下列新华书店实行增值税免税或先征后退政策：

（一）对全国县（含县级市、区、旗，下同）及县以下新华书店和农村供销社在本地销售的出版物免征增值税。对新华书店组建的发行集团或原新华书店改制而成的连锁经营企业，其县及县以下网点在本地销售的出版物，免征增值税。

县（含县级市、区、旗）及县以下新华书店包括地、县（含县级市、区、旗）两级合二为一的新华书店，不包括位于市（含直辖市、地级市）所辖的区中的新华书店。

（二）对新疆维吾尔自治区新华书店和乌鲁木齐市新华书店销售的出版物实行增值税100%先征后退的政策。

三、自2009年1月1日起至2010年12月31日，对科普单位的门票收入，以及县（含县级市、区、旗）及县以上党政部门和科协开展的科普活动的门票收入免征营业税。对境外单位向境内科普单位转让科普影视作品播映权取得的收入免征营业税。

四、自2009年1月1日起至2010年12月31日，对依本通知第一条规定退还的增值税税款应专项用于技术研发、设备更新、新兴媒体的建设和重点出版物的引进开发。对依本通知第二条规定免征或退还的增值税税款应专项用于发行网点建设和信息系统建设。

五、享受本通知第一条第（一）项、第（二）项规定的增值税先征后退政策的纳税人必须是具有国家新闻出版总署颁发的具有相关出版物的出版许可证的出版单位（含以“租型”方式取得专有出版权进行出版物的印刷发行的出版单位）。承担省级以上新闻出版行政部门指定出版、发行任务的单位，因各种原因尚未办理出版、发行许可的出版单位，经省级财政监察专员办事处商同级新闻出版主管部门核准，可以享受相应的增值税先征后退政策。

纳税人应将享受上述税收优惠政策的出版物在财务上实行单独核算，不进行单独核算的不得享受本通知规定的优惠政策。违规出版物和多次出现违规的出版单位不得享受本通知规定的优惠政策，上述违规出版物和出版单位的具体名单由省级及以上新闻出版行政部门及时通知相应省级财政监察专员办事处。

六、本通知的有关定义。

（一）本通知所述“科普单位”，是指科技馆，自然博物馆，对公众开放的天文馆（站、台）、气象台（站）、地震台（站），以及高等院校、科研机构对公众开放的科普基地。

（二）本通知所述“出版物”，是指根据国家新闻出版总署的有关规定出版的图书、报纸、期刊、音像制品和电子出版物。所述图书、报纸和期刊，包括随同图书、报纸、期刊销售并难以分离的光盘、软盘和磁带等信息载体。

（三）图书、报纸、期刊（即杂志）的范围，仍然按照《国家税务总局关于印发<增值税部分货物征税范围注释>的通知》（国税发［1993］151号）的规定执行。

（四）本通知所述“专为少年儿童出版发行的报纸和期刊”，是指以初中及初中以下少年儿童为主要对象的报纸和期刊。

（五）本通知所述“中小学的学生课本”，是指普通中小学学生课本和中等职业教育课本。普通中小学学生课本是指根据教育部中、小学教学大纲的要求，由经国家新闻出版行政管理部门审定而具有“中小学教材”出版资质的出版单位出版发行的中、小学学生上课使用的正式课本，具体操作时按国家和省级教育行政部门每年春、秋两季下达的“中小学教学用书目录”中所列的“课本”的范围掌握；中等职业教育课本是指经国家和省级教育、人力资源社会保障行政部门审定，供中等专业学校、职业高中和成人专业学校学生使用的课本，具体操作时按国家和省级教育、人力资源社会保障行政部门每年下达的教学用书目录认定。中小学的学生课本不包括各种形式的教学参考书、图册、自读课本、课外读物、练习册以及其他各类辅助性教材和辅导读物。

（六）本通知第一条第（一）项和第（二）项规定的图书包括租型出版的图书。

七、办理和认定。

（一）本通知规定的各项增值税先征后退政策由财政部驻各地财政监察专员办事处根据财政部、国家税务总局、中国人民银行《关于税制改革后对某些企业实行“先征后退”有关预算管理问题的暂行规定的通知》［（94）财预字第55号］的规定办理。各地财政监察专员办事处和负责增值税先征后退初审工作的财政机关要采取措施，按照本通知第四条规定的用途监督纳税人用好退税或免税资金。

（二）科普单位、科普活动和科普单位进口自用科普影视作品的认定仍按《科技部、财政部、国家税务总局、海关总署新闻出版总署关于印发<科普税收优惠政策实施办法>的通知》（国科发政字［2003］416号）的有关规定执行。

八、本通知自2009年1月1日起执行。《财政部、国家税务总局关于宣传文化增值税和营业税优惠政策的通知》（财税［2006］153号）同时废止。

按照本通知第二条和第三条规定应予免征的增值税或营业税，凡在接到本通知以前已经征收入库的，可抵减纳税人以后月份应缴纳的增值税、营业税税款或者办理税款退库。纳税人如果已向购买方开具了增值税专用发票，应将专用发票追回后方可申请办理免税。凡专用发票无法追回的，一律照章征收增值税。

九、增值税专用发票管理

国家税务总局国税发［2006］156号
增值税专用发票使用规定条文解读

第一条　为加强增值税征收管理，规范增值税专用发票（以下简称专用发票）使用行为，根据《中华人民共和国增值税暂行条例》及其实施细则和《中华人民共和国税收征收管理法》及其实施细则，制定本规定。

第二条　专用发票，是增值税一般纳税人（以下简称一般纳税人）销售货物或者提供应税劳务开具的发票，是购买方支付增值税额并可按照增值税有关规定据以抵扣增值税进项税额的凭证。

第三条　一般纳税人应通过增值税防伪税控系统（以下简称防伪税控系统）使用专用发票。使用，包括领购、开具、缴销、认证纸质专用发票及其相应的数据电文。

本规定所称防伪税控系统，是指经国务院同意推行的，使用专用设备和通用设备、运用数字密码和电子存储技术管理专用发票的计算机管理系统。

本规定所称专用设备，是指金税卡、IC卡、读卡器和其他设备。

本规定所称通用设备，是指计算机、打印机、扫描器具和其他设备。

第四条　专用发票由基本联次或者基本联次附加其他联次构成，基本联次为三联：发票联、抵扣联和记账联。发票联，作为购买方核算采购成本和增值税进项税额的记账凭证；抵扣联，作为购买方报送主管税务机关认证和留存备查的凭证；记账联，作为销售方核算销售收入和增值税销项税额的记账凭证。其他联次用途，由一般纳税人自行确定。

第五条　专用发票实行最高开票限额管理。最高开票限额，是指单份专用发票开具的销售额合计数不得达到的上限额度。

最高开票限额由一般纳税人申请，税务机关依法审批。最高开票限额为十万元及以下的，由区县级税务机关审批；最高开票限额为一百万元的，由地市级税务机关审批；最高开票限额为一千万元及以上的，由省级税务机关审批。防伪税控系统的具体发行工作由区县级税务机关负责。

税务机关审批最高开票限额应进行实地核查。批准使用最高开票限额为十万元及以下的，由区县级税务机关派人实地核查；批准使用最高开票限额为一百万元的，由地市级税务机关派人实地核查；批准使用最高开票限额为一千万元及以上的，由地市级税务机关派人实地核查后将核查资料报省级税务机关审核。

一般纳税人申请最高开票限额时，需填报《最高开票限额申请表》。

【解读】国家税务总局国税函［2007］918号《关于下放增值税专用发票最高开票限额审批权限的通知》对最高开票限额审批权限做出了调整。

第六条　一般纳税人领购专用设备后，凭《最高开票限额申请表》、《发票领购簿》到主管税务机关办理初始发行。

本规定所称初始发行，是指主管税务机关将一般纳税人的下列信息载入空白金税卡和IC卡的行为。

（一）企业名称；

（二）税务登记代码；

（三）开票限额；

（四）购票限量；

（五）购票人员姓名、密码；

（六）开票机数量；

（七）国家税务总局规定的其他信息。

一般纳税人发生上列第一、三、四、五、六、七项信息变化，应向主管税务机关申请变更发行；发生第二项信息变化，应向主管税务机关申请注销发行。

第七条　一般纳税人凭《发票领购簿》、IC卡和经办人身份证明领购专用发票。

第八条　一般纳税人有下列情形之一的，不得领购开具专用发票：

（一）会计核算不健全，不能向税务机关准确提供增值税销项税额、进项税额、应纳税额数据及其他有关增值税税务资料的。

上列其他有关增值税税务资料的内容，由省、自治区、直辖市和计划单列市国家税务局确定。

（二）有《税收征管法》规定的税收违法行为，拒不接受税务机关处理的。

（三）有下列行为之一，经税务机关责令限期改正而仍未改正的：

1. 虚开增值税专用发票；

2. 私自印制专用发票；

3. 向税务机关以外的单位和个人买取专用发票；

4. 借用他人专用发票；

5. 未按本规定第十一条开具专用发票；

6. 未按规定保管专用发票和专用设备；

7. 未按规定申请办理防伪税控系统变更发行；

8. 未按规定接受税务机关检查。

有上列情形的，如已领购专用发票，主管税务机关应暂扣其结存的专用发票和IC卡。

第九条　有下列情形之一的，为本规定第八条所称未按规定保管专用发票和专用设备：

（一）未设专人保管专用发票和专用设备；

（二）未按税务机关要求存放专用发票和专用设备；

（三）未将认证相符的专用发票抵扣联、《认证结果通知书》和《认证结果清单》装订成册；

（四）未经税务机关查验，擅自销毁专用发票基本联次。

第十条　一般纳税人销售货物或者提供应税劳务，应向购买方开具专用发票。

商业企业一般纳税人零售的烟、酒、食品、服装、鞋帽（不包括劳保专用部分）、化妆品等消费品不得开具专用发票。

增值税小规模纳税人（以下简称小规模纳税人）需要开具专用发票的，可向主管税务机关申请代开。

销售免税货物不得开具专用发票，法律、法规及国家税务总局另有规定的除外。

第十一条　专用发票应按下列要求开具：

（一）项目齐全，与实际交易相符；

（二）字迹清楚，不得压线、错格；

（三）发票联和抵扣联加盖财务专用章或者发票专用章；

（四）按照增值税纳税义务的发生时间开具。

对不符合上列要求的专用发票，购买方有权拒收。

第十二条　一般纳税人销售货物或者提供应税劳务可汇总开具专用发票。汇总开具专用发票的，同时使用防伪税控系统开具《销售货物或者提供应税劳务清单》（附件2），并加盖财务专用章或者发票专用章。

第十三条　一般纳税人在开具专用发票当月，发生销货退回、开票有误等情形，收到退回的发票联、抵扣联符合作废条件的，按作废处理；开具时发现有误的，可即时作废。

作废专用发票须在防伪税控系统中将相应的数据电文按“作废”处理，在纸质专用发票（含未打印的专用发票）各联次上注明“作废”字样，全联次留存。

第十四条　一般纳税人取得专用发票后，发生销货退回、开票有误等情形但不符合作废条件的，或者因销货部分退回及发生销售折让的，购买方应向主管税务机关填报《开具红字增值税专用发票申请单》（以下简称《申请单》）。

《申请单》所对应的蓝字专用发票应经税务机关认证。

经认证结果为“认证相符”并且已经抵扣增值税进项税额的，一般纳税人在填报《申请单》时不填写相对应的蓝字专用发票信息。

经认证结果为“纳税人识别号认证不符”、“专用发票代码、号码认证不符”的，一般纳税人在填报《申请单》时应填写相对应的蓝字专用发票信息。

第十五条　《申请单》一式两联：第一联由购买方留存；第二联由购买方主管税务机关留存。

《申请单》应加盖一般纳税人财务专用章。

第十六条　主管税务机关对一般纳税人填报的《申请单》进行审核后，出具《开具红字增值税专用发票通知单》（以下简称《通知单》）。《通知单》应与《申请单》一一对应。

第十七条　《通知单》一式三联：第一联由购买方主管税务机关留存；第二联由购买方送交销售方留存；第三联由购买方留存。

《通知单》应加盖主管税务机关印章。

《通知单》应按月依次装订成册，并比照专用发票保管规定管理。

第十八条　购买方必须暂依《通知单》所列增值税税额从当期进项税额中转出，未抵扣增值税进项税额的可列入当期进项税额，待取得销售方开具的红字专用发票后，与留存的《通知单》一并作为记账凭证。属于本规定第十四条第四款所列情形的，不作进项税额转出。

第十九条　销售方凭购买方提供的《通知单》开具红字专用发票，在防伪税控系统中以销项负数开具。

红字专用发票应与《通知单》一一对应。

第二十条　同时具有下列情形的，为本规定所称作废条件：

(一) 收到退回的发票联、抵扣联时间未超过销售方开票当月；

(二) 销售方未抄税并且未记账；

(三) 购买方未认证或者认证结果为“纳税人识别号认证不符”、“专用发票代码、号码认证不符”。

本规定所称抄税，是报税前用IC卡或者IC卡和软盘抄取开票数据电文。

第二十一条　一般纳税人开具专用发票应在增值税纳税申报期内向主管税务机关报税，在申报所属月份内可分次向主管税务机关报税。

本规定所称报税，是纳税人持IC卡或者IC卡和软盘向税务机关报送开票数据电文。

第二十二条　因IC卡、软盘质量等问题无法报税的，应更换IC卡、软盘。

因硬盘损坏、更换金税卡等原因不能正常报税的，应提供已开具未向税务机关报税的专用发票记账联原件或者复印件，由主管税务机关补采开票数据。

第二十三条　一般纳税人注销税务登记或者转为小规模纳税人，应将专用设备和结存未用的纸质专用发票送交主管税务机关。

主管税务机关应缴销其专用发票，并按有关安全管理的要求处理专用设备。

第二十四条　本规定第二十三条所称专用发票的缴销，是指主管税务机关在纸质专用发票监制章处按“V”字剪角作废，同时作废相应的专用发票数据电文。

被缴销的纸质专用发票应退还纳税人。

第二十五条　用于抵扣增值税进项税额的专用发票应经税务机关认证相符（国家税务总局另有规定的除外）。认证相符的专用发票应作为购买方的记账凭证，不得退还销售方。

本规定所称认证，是税务机关通过防伪税控系统对专用发票所列数据的识别、确认。

本规定所称认证相符，是指纳税人识别号无误，专用发票所列密文解译后与明文一致。

第二十六条　经认证，有下列情形之一的，不得作为增值税进项税额的抵扣凭证，税务机关退还原件，购买方可要求销售方重新开具专用发票。

(一) 无法认证。

本规定所称无法认证，是指专用发票所列密文或者明文不能辨认，无法产生认证结果。

(二) 纳税人识别号认证不符。

本规定所称纳税人识别号认证不符，是指专用发票所列购买方纳税人识别号有误。

(三) 专用发票代码、号码认证不符。

本规定所称专用发票代码、号码认证不符，是指专用发票所列密文解译后与明文的代码或者号码不一致。

第二十七条　经认证，有下列情形之一的，暂不得作为增值税进项税额的抵扣凭证，税务机关扣留原件，查明原因，分别情况进行处理。

（一）重复认证。

本规定所称重复认证，是指已经认证相符的同一张专用发票再次认证。

（二）密文有误。

本规定所称密文有误，是指专用发票所列密文无法解译。

（三）认证不符。

本规定所称认证不符，是指纳税人识别号有误，或者专用发票所列密文解译后与明文不一致。

本项所称认证不符不含第二十六条第二项、第三项所列情形。

（四）列为失控专用发票。

本规定所称列为失控专用发票，是指认证时的专用发票已被登记为失控专用发票。

第二十八条　一般纳税人丢失已开具专用发票的发票联和抵扣联，如果丢失前已认证相符的，购买方凭销售方提供的相应专用发票记账联复印件及销售方所在地主管税务机关出具的《丢失增值税专用发票已报税证明单》（附件5），经购买方主管税务机关审核同意后，可作为增值税进项税额的抵扣凭证；如果丢失前未认证的，购买方凭销售方提供的相应专用发票记账联复印件到主管税务机关进行认证，认证相符的凭该专用发票记账联复印件及销售方所在地主管税务机关出具的《丢失增值税专用发票已报税证明单》，经购买方主管税务机关审核同意后，可作为增值税进项税额的抵扣凭证。

一般纳税人丢失已开具专用发票的抵扣联，如果丢失前已认证相符的，可使用专用发票发票联复印件留存备查；如果丢失前未认证的，可使用专用发票发票联到主管税务机关认证，专用发票发票联复印件留存备查。

一般纳税人丢失已开具专用发票的发票联，可将专用发票抵扣联作为记账凭证，专用发票抵扣联复印件留存备查。

第二十九条　专用发票抵扣联无法认证的，可使用专用发票发票联到主管税务机关认证。专用发票发票联复印件留存备查。

第三十条　本规定自2007年1月1日施行。

国家税务总局国税发［2007］18号
关于修订增值税专用发票使用规定的补充通知条文

一、增值税一般纳税人开具增值税专用发票（以下简称专用发票）后，发生销货退回、销售折让以及开票有误等情况需要开具红字专用发票的，视不同情况分别按以下办法处理：

（一）因专用发票抵扣联、发票联均无法认证的，由购买方填报《开具红字增值税专用发票申请单》（以下简称申请单），并在申请单上填写具体原因以及相对应蓝字专用发票的信息，主管税务机关审核后出具《开具红字增值税专用发票通知单》（以下简称通知单）。购买方不作进项税额转出处理。

（二）购买方所购货物不属于增值税扣税项目范围，取得的专用发票未经认证的，由购买方填报申请单，并在申请单上填写具体原因以及相对应蓝字专用发票的信息，主管税务机关审核后出具通知单。购买方不作进项税额转出处理。

（三）因开票有误购买方拒收专用发票的，销售方须在专用发票认证期限内向主管税务机关填报申请单，并在申请单上填写具体原因以及相对应蓝字专用发票的信息，同时提供由购买方出具的写明拒收理由、错误具体项目以及正确内容的书面材料，主管税务机关审核确认后出具通知单。销售方凭通知单开具红字专用发票。

（四）因开票有误等原因尚未将专用发票交付购买方的，销售方须在开具有误专用发票的次月内向主管税务机关填报申请单，并在申请单上填写具体原因以及相对应蓝字专用发票的信息，同时提供由销售方出具的写明具体理由、错误具体项目以及正确内容的书面材料，主管税务机关审核确认后出具通知单。销售方凭通知单开具红字专用发票。

（五）发生销货退回或销售折让的，除按照《通知》的规定进行处理外，销售方还应在开具红字专用发票后将该笔业务的相应记账凭证复印件报送主管税务机关备案。

二、税务机关为小规模纳税人代开专用发票需要开具红字专用发票的，比照一般纳税人开具红字专用发票的处理办法，通知单第二联交代开税务机关。

三、为实现对通知单的监控管理，税务总局正在开发通知单开具和管理系统。在系统推广应用之前，通知单暂由一般纳税人留存备查，税务机关不进行核销。红字专用发票暂不报送税务机关认证。

四、对2006年开具的专用发票，在2007年4月30日前可按照原规定开具红字专用发票。

国家税务总局国税函［2007］918号
关于下放增值税专用发票最高开票限额审批权限的通知条文

自2001年10月份起，税务总局先后下发了一些加强增值税专用发票（以下简称专用发票）最高开票限额管理的规定，增值税各项管理工作不断加强。为了在加强管理同时，提高工作效率，优化纳税服务，经研究，税务总局决定下放专用发票最高开票限额审批权限。现将有关问题通知如下：

一、自2007年9月1日起，原省、地市税务机关的增值税一般纳税人专用发票最高开票限额审批权限下放至区县税务机关。地市税务机关对此项工作要进行监督检查。

二、区县税务机关对纳税人申请的专用发票最高开票限额要严格审核，根据企业生产经营和产品销售的实际情况进行审批，既要控制发票数量以利于加强管理，又要保证纳税人生产经营的正常需要。

三、区县税务机关应结合本地实际情况，从加强发票管理和方便纳税人的要求出发，采取有效措施，合理简化程序、办理专用发票最高开票限额审批手续。

四、专用发票最高开票限额审批权限下放和手续简化后，各地税务机关要严格按照“以票控税、网络比对、税源监控、综合管理”的要求，落实各项管理措施，通过纳税申报“一窗式”管理、发票交叉稽核、异常发票检查以及纳税评估等日常管理手段，切实加强征管，做好增值税管理工作。

国家税务总局国税函［2005］1097号
关于辅导期增值税一般纳税人增购增值税专用发票预缴增值税有关问题的通知条文

一、纳税人在辅导期内增购专用发票，继续实行预缴增值税的办法，预缴的增值税可在本期增值税应纳税额中抵减，抵减后预缴增值税仍有余额的，应于下期增购专用发票时，按次抵减。

二、主管税务机关应加强对纳税人预缴税款抵减的审核工作

（一）纳税人发生预缴税款抵减的，应自行计算需抵减的税款并向主管税务机关提出抵减申请。

（二）主管税务机关接到申请后，经审核，纳税人缴税和专用发票发售情况无误，且纳税人预缴增值税余额大于本次预缴增值税的，不再预缴税款可直接发售专用发票；纳税人本次预缴增值税大于预缴增值税余额的，应按差额部分预缴后再发售专用发票。

三、主管税务机关应在纳税人辅导期结束后的第一个月内，一次性退还纳税人因增购专用发票发生的预缴增值税余额。

国家税务总局国税发［2000］187号
关于纳税人善意取得虚开的增值税专用发票处理问题的通知条文

购货方与销售方存在真实的交易，销售方使用的是其所在省（自治区、直辖市和计划单列市）的专用发票，专用发票注明的销售方名称、印章、货物数量、金额及税额等全部内容与实际相符，且没有证据表明购货方知道销售方提供的专用发票是以非法手段获得的，对购货方不以偷税或者骗取出口退税论处。但应按有关规定不予抵扣进项税款或者不予出口退税；购货方已经抵扣的进项税款或者取得的出口退税，应依法追缴。

购货方能够重新从销售方取得防伪税控系统开出的合法、有效专用发票的，或者取得手工开出的合法、有效专用发票且取得了销售方所在地税务机关已经或者正在依法对销售方虚开专用发票行为进行查处证明的，购货方所在地税务机关应依法准予抵扣进项税款或者出口退税。

如有证据表明购货方在进项税款得到抵扣、或者获得出口退税前知道该专用发票是销售方以非法手段获得的，对购货方应按《国家税务总局关于纳税人取得虚开的增值税专用发票处理问题的通知》（国税发［1997］134号）和《国家税务总局关于〈国家税务总局关于纳税人取得虚开的增值税专用发票处理问题的通知〉的补充通知》（国税发［2000］182号）的规定处理。

国家税务总局国税发［2000］182号
关于《国家税务总局关于纳税人取得虚开的增值税专用发票处理问题的通知》的补充通知条文

有下列情形之一的，无论购货方（受票方）与销售方是否进行了实际的交易，增

值税专用发票所注明的数量、金额与实际交易是否相符，购货方向税务机关申请抵扣进项税款或者出口退税的，对其均应按偷税或者骗取出口退税处理。

一、购货方取得的增值税专用发票所注明的销售方名称、印章与其进行实际交易的销售方不符的，即134号文件第二条规定的“购货方从销售方取得第三方开具的专用发票”的情况。

二、购货方取得的增值税专用发票为销售方所在省（自治区、直辖市和计划单列市）以外地区的，即134号文件第二条规定的“从销货地以外的地区取得专用发票”的情况。

三、其他有证据表明购货方明知取得的增值税专用发票系销售方以非法手段获得的，即134号文件第一条规定的“受票方利用他人虚开的专用发票，向税务机关申报抵扣税款进行偷税”的情况。

国家税务总局国税发［1997］134号
关于纳税人取得虚开的增值税专用发票处理问题的通知条文

一、受票方利用他人虚开的专用发票，向税务机关申报抵扣税款进行偷税的，应当依照《中华人民共和国税收征收管理法》及有关规定追缴税款，处以偷税数额五倍以下的罚款；进项税金大于销项税金的，还应当调减其留抵的进项税额。利用虚开的专用发票进行骗取出口退税的，应当依法追缴税款，处以骗税数额五倍以下的罚款。

二、在货物交易中，购货方从销售方取得第三方开具的专用发票，或者从销货地以外的地区取得专用发票，向税务机关申报抵扣税款或者申请出口退税的，应当按偷税、骗取出口退税处理，依照《中华人民共和国税收征收管理法》及有关规定追缴税款，处以偷税、骗税数额五倍以下的罚款。

三、纳税人以上述第一条、第二条所列的方式取得专用发票未申报抵扣税款，或者未申请出口退税的，应当依照《中华人民共和国发票管理办法》及有关规定，按所取得专用发票的份数，分别处以1万元以下的罚款；但知道或者应当知道取得的是虚开的专用发票，或者让他人为自己提供虚开的专用发票的，应当从重处罚。

四、利用虚开的专用发票进行偷税、骗税，构成犯罪的，税务机关依法进行追缴税款等行政处理，并移送司法机关追究刑事责任。

国家税务总局国税函［2009］617号
关于调整增值税扣税凭证抵扣期限有关问题的通知条文

一、增值税一般纳税人取得2010年1月1日以后开具的增值税专用发票、公路内河货物运输业统一发票和机动车销售统一发票，应在开具之日起180日内到税务机关办理认证，并在认证通过的次月申报期内，向主管税务机关申报抵扣进项税额。

二、实行海关进口增值税专用缴款书（以下简称海关缴款书）“先比对后抵扣”管理办法的增值税一般纳税人取得2010年1月1日以后开具的海关缴款书，应在开具之日起180日内向主管税务机关报送《海关完税凭证抵扣清单》（包括纸质资料和电子数据）申请稽核比对。

未实行海关缴款书“先比对后抵扣”管理办法的增值税一般纳税人取得2010年1月1日以后开具的海关缴款书，应在开具之日起180日后的第一个纳税申报期结束以前，向主管税务机关申报抵扣进项税额。

三、增值税一般纳税人取得2010年1月1日以后开具的增值税专用发票、公路内河货物运输业统一发票、机动车销售统一发票以及海关缴款书，未在规定期限内到税务机关办理认证、申报抵扣或者申请稽核比对的，不得作为合法的增值税扣税凭证，不得计算进项税额抵扣。

四、增值税一般纳税人丢失已开具的增值税专用发票，应在本通知第一条规定期限内，按照《国家税务总局关于修订〈增值税专用发票使用规定〉的通知》（国税发［2006］156号）第二十八条及相关规定办理。

增值税一般纳税人丢失海关缴款书，应在本通知第二条规定期限内，凭报关地海关出具的相关已完税证明，向主管税务机关提出抵扣申请。主管税务机关受理申请后，应当进行审核，并将纳税人提供的海关缴款书电子数据纳入稽核系统进行比对。稽核比对无误后，方可允许计算进项税额抵扣。

五、本通知自2010年1月1日起执行。纳税人取得2009年12月31日以前开具的增值税扣税凭证，仍按原规定执行。

十、批复性文件

国家税务总局国税函［2007］1240号
关于纳税人善意取得虚开增值税专用发票已抵扣税款加收滞纳金问题的批复条文

广东省国家税务局：

你局《关于纳税人善意取得增值税专用发票和其他抵扣凭证追缴税款是否加收滞纳金的请示》（粤国税发［2007］188号）收悉。经研究，批复如下：

根据《国家税务总局关于纳税人善意取得虚开的增值税专用发票处理问题的通知》（国税发［2000］187号）规定，纳税人善意取得虚开的增值税专用发票指购货方与销售方存在真实交易，且购货方不知取得的增值税专用发票是以非法手段获得的。纳税人善意取得虚开的增值税专用发票，如能重新取得合法、有效的专用发票，准许其抵扣进项税款；如不能重新取得合法、有效的专用发票，不准其抵扣进项税款或追缴其已抵扣的进项税款。

纳税人善意取得虚开的增值税专用发票被依法追缴已抵扣税款的，不属于税收征收管理法第三十二条“纳税人未按照规定期限缴纳税款”的情形，不适用该条“税务机关除责令限期缴纳外，从滞纳税款之日起，按日加收滞纳税款万分之五的滞纳金”的规定。

国家税务总局国税函［2008］1020号
关于有机肥产品免征增值税问题的批复条文

陕西省国家税务局：

你局《关于有机肥产品免征增值税问题的请示》（陕国税发［2008］307号）收悉。经研究，批复如下：

《财政部、国家税务总局关于有机肥产品免征增值税的通知》（财税［2008］56号）规定，享受免税政策的有机肥产品是指有机肥料、有机－无机复混肥料和生物有机肥。其产品执行标准为：有机肥料NY525－2002，有机－无机复混肥料GB18877－2002，生物有机肥NY884－2004。其他不符合上述标准的产品，不属于财税［2008］56号文件规定的有机肥产品，应按照现行规定征收增值税。

国家税务总局国税函［2009］430号
关于氨化硝酸钙免征增值税问题的批复条文

山西省国家税务局：

你局《关于氨化硝酸钙免征增值税问题的请示》（晋国税发［2009］112号）已收悉。经研究，批复如下：

氨化硝酸钙属于氮肥。根据《财政部、国家税务总局关于若干农业生产资料征免增值税政策的通知》（财税［2001］113号）第一条第二款规定，对氨化硝酸钙免征增值税。

国家税务总局国税函［2009］585号
关于纳税人资产重组有关增值税税政问题的批复条文

大连市国家税务局：

你局《关于大连金牛股份有限公司资产重组过程中相关业务适用增值税政策问题的请示》（大国税函［2009］193号）收悉。经研究，批复如下：

一、纳税人在资产重组过程中将所属资产、负债及相关权利和义务转让给控股公司，但保留上市公司资格的行为，不属于《国家税务总局关于转让企业全部产权不征收增值税问题的批复》（国税函［2002］420号）规定的整体转让企业产权行为。对其资产重组过程中涉及的应税货物转让等行为，应照章征收增值税。

二、上述控股公司将受让获得的实物资产再投资给其他公司的行为，应照章征收增值税。

三、纳税人在资产重组过程中所涉及的固定资产征收增值税问题，应按照《财政部、国家税务总局关于全国实施增值税转型改革若干问题的通知》（财税［2008］170号）、《财政部、国家税务总局关于部分货物适用增值税低税率和简易办法征收增值税政策的通知》（财税［2009］9号）及相关规定执行。

3 第三部分

消费税

一、基本法律、法规

中华人民共和国消费税暂行条例条文解读

第一条 在中华人民共和国境内生产、委托加工和进口本条例规定的消费品的单位和个人，以及国务院确定的销售本条例规定的消费品的其他单位和个人，为消费税的纳税人，应当依照本条例缴纳消费税。

【解读】 本条是关于消费税纳税人的规定。

根据本条规定，消费税纳税人有四种：①在中华人民共和国境内生产销售本条例规定的应税消费品的单位和个人。生产消费税应税消费品的单位和个人，只有销售其生产的应税消费品时，才发生消费税纳税义务，成为实质纳税人；②在中华人民共和国境内委托其他单位和个人加工本条例规定的应税消费品的单位和个人。委托加工应税消费品与生产应税消费品不同，单位和个人只要发生委托加工应税消费品行为，无论其委托加工的应税消费品是否销售或者自用，均发生纳税义务，为实质纳税人；③向中华人民共和国境内进口本条例规定的应税消费品的单位和个人；④国务院确定的销售本条例规定的应税消费品的其他单位和个人。国务院确定的销售本条例规定的应税消费品是指批发、零售本条例规定的应税消费品。如烟草批发企业批发卷烟缴纳消费税。财政部、国家税务总局财税［2009］84号《关于调整烟产品消费税政策的通知》对此做出具体规定。

单位、个人成为消费税纳税人，必须同时具备以下两个条件：①行为条件。单位、个人必须发生消费税应税行为即单位和个人存在，生产销售应税消费品，委托其他单位和个人加工应税消费品，进口应税消费品，销售国务院规定应税消费品等行为；②空间条件。单位、个人生产、委托加工、销售的行为必须发生在中华人民共和国境内，或者从中华人民共和国境外向境内进口应税消费品。

本条所称"在中华人民共和国境内"依照本条例《实施细则》第二条第三款规定；本条所称"单位"依照本条例《实施细则》第二条第一款规定；本条所称"个人"依照本条例《实施细则》第二条第二款规定。

第二条 消费税的税目、税率，依照本条例所附的《消费税税目税率表》执行。消费税税目、税率的调整，由国务院决定。

【解读】 本条是关于应税消费品范围和税率的规定。

（一）消费税课税对象及范围。根据本条规定，消费税课税对象为烟、酒及酒精、化妆品、贵重首饰及珠宝玉石、鞭炮及焰火、成品油、汽车轮胎、摩托车、小汽车、高尔夫球及球具、高档手表、游艇、木制一次性筷子、实木地板等十四类应税消费品。每一类应税消费品的范围依照《中华人民共和国消费税税目税率表》规定。消费税税目的调整由国务院决定。消费税课税范围，参见附录资料《中华人民共和国消费税税目税率表》和《消费税税目范围注释》。

（二）消费税税率。根据本条规定，消费税税率分为比例税率和定额税率两种。消费税实行从价定率征收、从量定额征收、从价定率和从量定额复合征收三种方法：①卷烟、白酒等应税消费品，实行从价定率与从量定额复合征收方法征收消费税；②黄酒、啤酒、成品油等应税消费品，实行从量定额方法征收消费税；③其他应税消费品，实行从价定率征收消费税。应税消费品税率的适用，依照《中华人民共和国消费税税目税率表》规定。消费税税率的调整权归属国务院。应税消费品的税率，参见附录资料《中华人民共和国消费税税目税率表》。

第三条　纳税人兼营不同税率的应当缴纳消费税的消费品（以下简称应税消费品），应当分别核算不同税率应税消费品的销售额、销售数量；未分别核算销售额、销售数量，或者将不同税率的应税消费品组成成套消费品销售的，从高适用税率。

【解读】本条是关于纳税人兼营不同税率应税消费品销售额、销售数量核算及如何适用税率的规定。

根据本条规定：①纳税人生产销售两种或两种以上税率应税消费品，对不同税率的消费品分别核算销售额或销售数量的，按照不同应税消费品的税率，分别计算缴纳消费税；②纳税人生产销售两种或两种以上税率的应税消费品，对不同税率的消费品未分别核算销售额或销售数量的，不得重新划分每种消费品的销售额或销售数量，按照不同应税消费品的税率计算缴纳消费税。而应以其未分别核算的混合销售额或者销售数量为计税依据，按其中税率最高的应税消费品的税率计算缴纳消费税；③纳税人将两种或者两种以上不同税率应税消费品，组合成一种或者一种以上成套消费品销售的，应按组成成套消费品中税率最高的消费品税率计算缴纳消费税。

第四条　纳税人生产的应税消费品，于纳税人销售时纳税。纳税人自产自用的应税消费品，用于连续生产应税消费品的，不纳税；用于其他方面的，于移送使用时纳税。

委托加工的应税消费品，除受托方为个人外，由受托方在向委托方交货时代收代缴税款。委托加工的应税消费品，委托方用于连续生产应税消费品的，所纳税款准予按规定抵扣。

进口的应税消费品，于报关进口时纳税。

【解读】本条是关于消费税课税环节及代收代缴义务人的规定。

（一）课税环节。根据本条规定，应税消费品在以下四个环节课征消费税：①纳税人生产的应税消费品用于销售的，在销售时课税。本条第一款所称“销售”依照本条例《实施细则》第五条规定；②纳税人生产的应税消费品用于连续生产应税消费品以外其他方面的，于移送使用时课税。本条第一款所称“用于其他方面”依照本条例《实施细则》第六条规定确认；③纳税人委托加工应税消费品的，无论委托加工的应税消费品是用于销售还是自用，均在受托方向委托方交货时课税。应纳税款由受托方向委托方交货时代收。受托方为个人的，由委托方在收回委托加工应税消费品时自行缴纳税款，受托方不代收税款。本条所称委托加工应税消费品依照本条例《实施细则》第七条规定确认；④纳税人进口应税消费品的，在报关进口时课税，应纳税款由海关代征。

（二）消费品用于连续生产。根据本条规定，纳税人生产的应税消费品，用于纳税人（本单位或者个人）连续生产应税消费品的，在消费品移送使用时不纳税；为了均衡税负，纳税人委托加工的应税消费品，用于纳税人（本单位或者个人）连续生产应税消费品的，在连续生产的最终消费品销售时，准予其抵扣委托加工环节已纳消费税。本条第一款所称"用于连续生产应税消费品"依照本条例《实施细则》第六条规定确认。

（三）代收代缴义务人。根据本条规定，纳税人委托加工应税消费品的，除受托方为个人外，受托方为委托加工应税消费品消费税的代收代缴义务人，受托方在向委托方交货时代收纳税人的消费税并按规定解缴代收税款。

第五条 消费税实行从价定率、从量定额，或者从价定率和从量定额复合计税（以下简称复合计税）的办法计算应纳税额。应纳税额计算公式：

实行从价定率办法计算的应纳税额 = 销售额 × 比例税率

实行从量定额办法计算的应纳税额 = 销售数量 × 定额税率

实行复合计税办法计算的应纳税额 = 销售额 × 比例税率 + 销售数量 × 定额税率

纳税人销售的应税消费品，以人民币计算销售额。纳税人以人民币以外的货币结算销售额的，应当折合成人民币计算。

【解读】本条是关于应纳消费税计算方法和销售额计量货币的规定。

（一）从价定率征收消费税应纳税额计算方法。从价定率计税是指以应税消费品的销售额或者委托加工、进口的计税价格为计税依据和规定的比例税率计算应纳税额。应纳税额计算公式：

应纳税额 = 销售额 × 比例税率

公式中的销售额为纳税人从购买方收取的全部价款和价外费用，但不含增值税税额。比例税率为《中华人民共和国消费税税目税率表》中规定的比例税率。

（二）从量定额征收消费税应纳税额计算方法。从量定额计税是指以应税消费品的销售、委托加工、进口的数量为计税依据和单位税额计算应纳消费税。应纳税额计算公式：

应纳税额 = 销售数量 × 定额税率

公式中的"销售数量"依照本条例《实施细则》第九条规定确认。公式中的定额税率为《中华人民共和国消费税税目税率表》中规定的应税消费品单位税额。

（三）复合征收消费税应纳税额计算方法。复合征收是指应税消费品按销售额计税征收的同时，还要按销售数量计税征收。实行复合征收消费税的应税消费品依照《中华人民共和国消费税税目税率》规定。复合征收消费税应纳税额计算公式：

应纳税额 = 销售额 × 比例税率 + 销售数量 × 定额税率

根据本条第二款规定，实行从价定率征收消费税的应税消费品的销售额以人民币为法定计量货币。纳税人以人民币以外的货币计量其销售额的，应按规定折合成人民币。折合成人民币的具体方法依照本条例《实施细则》第十一条规定。

第六条　销售额为纳税人销售应税消费品向购买方收取的全部价款和价外费用。

【解读】 本条是关于应税消费品销售额的规定。

根据本条规定，从价定率征收消费税的应税消费品，其计税销售额由应税消费品价款和价外费用构成。本条所称"销售额"依照本条例《实施细则》第十二条规定确认。本条所称"价外费用"依照本条例《实施细则》第十四条规定确认。

第七条　纳税人自产自用的应税消费品，按照纳税人生产的同类消费品的销售价格计算纳税；没有同类消费品销售价格的，按照组成计税价格计算纳税。

实行从价定率办法计算纳税的组成计税价格计算公式：

组成计税价格 =（成本 + 利润）÷（1 - 比例税率）

实行复合计税办法计算纳税的组成计税价格计算公式：

组成计税价格 =（成本 + 利润 + 自产自用数量 × 定额税率）÷（1 - 比例税率）

【解读】 本条是关于自产自用应税消费品计税价格确认的规定。

根据本条例第四条规定，纳税人自产的应税消费品用于连续生产应税消费品以外其他方面的，应按规定缴纳消费税。本条所称的自产自用的应税消费品和同类消费品的销售价格的确认依照本条例《实施细则》第十五条规定。纳税人自产自用实行从价定率征收消费税的应税消费品，其计税依据按下列顺序确认：

（一）按同类产品销售价格确认。纳税人自产自用的应税消费品，首先应当按照纳税人生产的同类消费品的销售价格确认计税依据并计算应纳税额。所称"同类消费品的销售价格"依照本条例《实施细则》第十五条第二款规定确认。

（二）按组成计税价格确认。纳税人自产自用的应税消费品没有同类消费品销售价格的，按照组成计税价格确认计税依据并计算缴纳税额。

①实行从价定率征收消费税的应税消费品的组成计税价格公式：

组成计税价格 =（成本 + 利润）÷（1 - 比例税率）

②实行复合征收办法计算纳税的消费品，组成计税价格计算公式：

组成计税价格 =（成本 + 利润 + 自产自用数量 × 定额税率）÷（1 - 比例税率）

上述公式中所称"成本"依照本条例《实施细则》第十六条规定。公式中所称"利润"依照本条例《实施细则》第十七条规定。

第八条　委托加工的应税消费品，按照受托方的同类消费品的销售价格计算纳税；没有同类消费品销售价格的，按照组成计税价格计算纳税。

实行从价定率办法计算纳税的组成计税价格计算公式：

组成计税价格 =（材料成本 + 加工费）÷（1 - 比例税率）

实行复合计税办法计算纳税的组成计税价格计算公式：

组成计税价格 =（材料成本 + 加工费 + 委托加工数量 × 定额税率）÷（1 - 比例税率）

【解读】 本条是关于委托加工应税消费品计税价格确认的规定。

根据本条例第四条规定，委托加工的应税消费品，由受托方在向委托方交货时代收代缴税款。实行从价定率征收消费税的委托加工的应税消费品，其计税依据按下列顺序确认：

（一）按同类消费品价格确认。实行从价定率征收消费税的委托加工的应税消费品，首先应当按照受托方的同类消费品的销售价格确认其计税依据并计算缴纳税额。所称“同类消费品的销售价格”依照本条例《实施细则》第十五条第二款规定。

（二）按组成计税价格确认。实行从价定率征收消费税的委托加工的应税消费品，受托方没有同类消费品销售价格的，按照组成计税价格计算纳税。

①实行从价定率征收办法计算应纳税额的组成计税价格计算公式：

组成计税价格 =（材料成本 + 加工费）÷（1 − 比例税率）

②实行复合征收办法计算应纳纳税额的组成计税价格计算公式：

组成计税价格 =（材料成本 + 加工费 + 委托加工数量 × 定额税率）÷（1 − 比例税率）

上述公式中所称“材料成本”依照本条例《实施细则》第十八条第一款规定。公式中所称“加工费”依照本条例《实施细则》第十九条规定。

第九条　进口的应税消费品，按照组成计税价格计算纳税。

实行从价定率办法计算纳税的组成计税价格计算公式：

组成计税价格 =（关税完税价格 + 关税）÷（1 − 消费税比例税率）

实行复合计税办法计算纳税的组成计税价格计算公式：

组成计税价格 =（关税完税价格 + 关税 + 进口数量 × 消费税定额税率）÷（1 − 消费税比例税率）

【解读】本条是关于进口应税消费品计税价格确认的规定。

根据本条例第四条规定，纳税人进口应税消费品，应于报关进口时缴纳消费税。纳税人进口的从价定率征收消费税的应税消费品，按照组成计税价格计算应纳税额。组成计税价格计算公式：

组成计税价格 =（关税完税价格 + 关税）÷（1 − 消费税比例税率）

实行复合征收办法计算应纳税额的组成计税价格计算公式：

组成计税价格 =（关税完税价格 + 关税 + 进口数量 × 消费税定额税率）÷（1 − 消费税比例税率）

上述公式中所称“关税完税价格”依照本条例《实施细则》第二十条规定确认。

第十条　纳税人应税消费品的计税价格明显偏低并无正当理由的，由主管税务机关核定其计税价格。

【解读】本条是关于核定纳税人应税消费品计税价格的规定。

本条是一个税务行政授权条款。为了防止纳税人利用调整应税消费品价格手段逃避纳税，本条赋予税务机关核定纳税人计税价格的行政权力。为保证核定纳税人计税价格行政权力的正确行使，本条规定了核定纳税人应税消费品计税价格的前置条件和权力机关。纳税人应税消费品计税价格同时存在以下两种情况，主管税务机关有权核定其应税消费品计税价格：①纳税人的应税消费品的计税价格明显偏低；②应税消费品的计税价格明显偏低且无正当理由。本条所规定应税消费品的计税价格的核定权限依照本条例《实施细则》第二十一条所规定。

第十一条　对纳税人出口应税消费品，免征消费税；国务院另有规定的除外。出口应税消费品的免税办法，由国务院财政、税务主管部门规定。

【解读】 本条是关于出口应税消费品税收优惠的规定。

根据本条规定，除国务院另有规定外，纳税人出口应税消费品给予免税。本条授权国务院财政、税务主管部门制定出口应税消费品免征消费税管理办法。国务院财政、税务主管部门制定的出口应税消费品免征消费税管理办法与本条例具有同等效力。

第十二条　消费税由税务机关征收，进口的应税消费品的消费税由海关代征。

个人携带或者邮寄进境的应税消费品的消费税，连同关税一并计征。具体办法由国务院关税税则委员会会同有关部门制定。

【解读】 本条规定了消费税征收机关。

根据本条规定和国务院现行税收征管范围划分规定，消费税由国家税务局负责征收。各级国家税务机关对纳税人生产销售、委托加工以及国务院规定销售的应税消费品应纳消费税实施税收征管。纳税人进口应税消费品的进口环节消费税由海关代为征收。

第十三条　纳税人销售的应税消费品，以及自产自用的应税消费品，除国务院财政、税务主管部门另有规定外，应当向纳税人机构所在地或者居住地的主管税务机关申报纳税。

委托加工的应税消费品，除受托方为个人外，由受托方向机构所在地或者居住地的主管税务机关解缴消费税税款。

进口的应税消费品，应当向报关地海关申报纳税。

【解读】 本条是关于消费税申报及纳税地点的规定。

（一）纳税或者解缴税款地点。销售应税消费品以及自产自用的应税消费品的单位纳税人，除国务院财政、税务主管部门另有规定外，其消费税纳税地点为纳税人的机构所在地或者经营地。销售应税消费品以及自产自用的应税消费品的个人纳税人，除国务院财政、税务主管部门另有规定外，其消费税纳税地点为纳税人的居住地。委托加工的应税消费品，受托方代收税款解缴地为受托方机构所在地或者经营地。进口应税消费品的纳税人，其消费税纳税地点为报关地。

（二）纳税申报与税款缴纳。向税务机关办理纳税申报是消费税纳税人、扣缴义务人的法定义务。根据本条规定，销售应税消费品以及自产自用的应税消费品的纳税人，除国务院财政、税务主管部门另有规定外，向其机构所在地或者居住地主管国家税务机关申报缴纳税款。委托加工的应税消费品，受托方向其机构所在地或者经营地主管国家税务机关申报解缴代收的税款。纳税人进口应税消费品向报关地海关申报缴纳消费税。

第十四条　消费税的纳税期限分别为1日、3日、5日、10日、15日、1个月或者1个季度。纳税人的具体纳税期限，由主管税务机关根据纳税人应纳税额的大小分别核定；不能按照固定期限纳税的，可以按次纳税。

纳税人以1个月或者1个季度为1个纳税期的，自期满之日起15日内申报纳税；以1日、3日、5日、10日或者15日为1个纳税期的，自期满之日起5日内预缴税款，于次月1日起15日内申报纳税并结清上月应纳税款。

【解读】本条是关于消费税纳税期限的规定。

根据本条第一款规定，消费税的纳税期限分别为1日、3日、5日、10日、15日、1个月或者1个季度。某个纳税人的具体纳税期限由主管国家税务机关依照本条规定和纳税人应纳税额的大小的具体情况核定。纳税人不能按照固定期限纳税的，可以按次纳税。

根据本条第二款规定，主管国家税务机关确定纳税人按1日、3日、5日、10日、15日纳税的，纳税人自期满之日起5日内预缴当期税款，于次月1日起15日内办理纳税申报并结清上月应纳税款，多退少补；主管国家税务机关确定纳税人以1个月或者1个季度为1个纳税期的，纳税人自期满之日起15日内办理纳税申报并缴纳税款。以1个季度为1个纳税期的适用范围本条例及其实施细则没有做出规定，有待进一步明确。

代收代缴消费税申报解缴期限本条例及其实施细则没有做出规定，有待税法做出进一步明确。在税法没有明确之前，按照纳税人申报纳税期限办理。

第十五条　纳税人进口应税消费品，应当自海关填发海关进口消费税专用缴款书之日起15日内缴纳税款。

第十六条　消费税的征收管理，依照《中华人民共和国税收征收管理法》及本条例有关规定执行。

第十七条　本条例自2009年1月1日起施行。

【解读】本条规定了修订后的此条例生效时间，明确了本条例不具有溯及以往的效力。单位、个人在2009年1月1日及其以后发生的消费税涉税事项依照本条例规定办理。单位、个人在2009年1月1日以前发生的消费税涉税事项依照原条例规定办理。

中华人民共和国消费税暂行条例实施细则条文解读

第一条　根据《中华人民共和国消费税暂行条例》（以下简称条例），制定本细则。

【解读】本条明确了制定本实施细则的法律依据。本实施细则制定依据为《中华人民共和国消费税暂行条例》，本实施细则具有与暂行条例同等法律效力。

第二条　条例第一条所称单位，是指企业、行政单位、事业单位、军事单位、社会团体及其他单位。

条例第一条所称个人，是指个体工商户及其他个人。

条例第一条所称在中华人民共和国境内，是指生产、委托加工和进口属于应当缴纳消费税的消费品的起运地或者所在地在境内。

【解读】本条第一款对条例第一条所称单位做出解释性规定。单位是指企业、行政单位、事业单位、军事单位、社会团体及其他单位。企业为各种类型的居民企业及其设立的分支机构、非居民企业。本条第二款对条例第一条所称个人做出解释性规定。

个人是指个体工商户及其他个人（包括中国籍个人、外籍个人和无国籍个人）。本条第三款对条例第一条所称在中华人民共和国境内做出解释性规定，在中华人民共和国境内是指生产、委托加工和进口属于应当缴纳消费税的消费品的起运地或者所在地在境内。

第三条　条例所附《消费税税目税率表》中所列应税消费品的具体征税范围，由财政部、国家税务总局确定。

【解读】本条是关于消费税应税消费品征税范围的规定。本条将消费品征税范围授权财政部、国家税务总局确定。消费品征税范围，参见附录资料《消费税税目范围注释》。

第四条　条例第三条所称纳税人兼营不同税率的应当缴纳消费税的消费品，是指纳税人生产销售两种税率以上的应税消费品。

【解读】本条对条例第三条所称纳税人兼营不同税率的应当缴纳消费税的消费品做出解释性规定。纳税人兼营不同税率的应当缴纳消费税的消费品，是指纳税人生产销售两种及两种以上税率的应税消费品。

第五条　条例第四条第一款所称销售，是指有偿转让应税消费品的所有权。

前款所称有偿，是指从购买方取得货币、货物或者其他经济利益。

【解读】本条对条例第四条第一款所称销售做出解释性规定。销售是指有偿转让应税消费品的所有权。有偿是指从购买方取得货币、货物或者其他经济利益。

第六条　条例第四条第一款所称用于连续生产应税消费品，是指纳税人将自产自用的应税消费品作为直接材料生产最终应税消费品，自产自用应税消费品构成最终应税消费品的实体。

条例第四条第一款所称用于其他方面，是指纳税人将自产自用应税消费品用于生产非应税消费品、在建工程、管理部门、非生产机构、提供劳务、馈赠、赞助、集资、广告、样品、职工福利、奖励等方面。

【解读】本条第一款对条例第四条第一款所称用于连续生产应税消费品做出解释性规定。根据本条规定，纳税人自产应税消费品用于本单位、个人连续生产应税消费品的界定，不应当以自产应税消费品的价值是否转移到最终应税消费品成本为标准，而应以自产消费品是否构成最终应税消费品实体为标准。主要有两个方面：①自产应税消费品是生产最终应税消费品所需的直接原材料、辅助材料等，是生产最终消费品工艺过程中被加工对象；②经过生产加工后，改变自产应税消费品物质形态、性质并转移到最终应税消费品之中，构成最终应税消费品的实体。

第七条　条例第四条第二款所称委托加工的应税消费品，是指由委托方提供原料和主要材料，受托方只收取加工费和代垫部分辅助材料加工的应税消费品。对于由受托方提供原材料生产的应税消费品，或者受托方先将原材料卖给委托方，然后再接受加工的应税消费品，以及由受托方以委托方名义购进原材料生产的应税消费品，不论在财务上是否作销售处理，都不得作为委托加工应税消费品，而应当按照销售自制应税消费品缴纳消费税。

委托加工的应税消费品直接出售的，不再缴纳消费税。

委托个人加工的应税消费品，由委托方收回后缴纳消费税。

【解读】 本条第一款对委托加工应税消费品和生产销售应税消费品给予法律上的界定。委托加工应税消费品必须同时满足以下三个条件：①委托方必须向受托方提供原料和主要材料，委托方所提供的原料和主要材料必须是委托方向受托方以外单位、个人购买的；②受托方在加工过程中，只代垫部分辅助性材料；③受托方收取或者委托方支付的价款不是委托加工应税消费品价款（包括原料、主要材料价款、加工费等），而是加工费（包括代垫的部分辅助性材料款）。

根据条例第四条第二款和本条第二款规定，由于委托加工的应税消费品在受托方交货时，受托方代收了委托加工应税消费品的消费税（委托方是个人的除外），所以，委托方直接销售委托加工的应税消费品时，不再缴纳消费税。这也体现了消费税不重复课税原则。

根据条例第四条第三款和本条规定，受托方是个人的，由于委托加工的应税消费品在受托方交货时，受托方没有代收委托加工应税消费品的消费税，所以委托方收回货物后，由委托方缴纳委托加工应税消费品的消费税。这里需要注意的是，委托加工的应税消费品课税环节是在委托加工消费品收回时，而不是销售委托加工消费品时。销售委托加工应税消费品依照本条第二款规定。

第八条 消费税纳税义务发生时间，根据条例第四条的规定，分列如下：

（一）纳税人销售应税消费品的，按不同的销售结算方式分别为：

1. 采取赊销和分期收款结算方式的，为书面合同约定的收款日期的当天，书面合同没有约定收款日期或者无书面合同的，为发出应税消费品的当天；

2. 采取预收货款结算方式的，为发出应税消费品的当天；

3. 采取托收承付和委托银行收款方式的，为发出应税消费品并办妥托收手续的当天；

4. 采取其他结算方式的，为收讫销售款或者取得索取销售款凭据的当天。

（二）纳税人自产自用应税消费品的，为移送使用的当天。

（三）纳税人委托加工应税消费品的，为纳税人提货的当天。

（四）纳税人进口应税消费品的，为报关进口的当天。

【解读】 本条是关于消费税纳税义务发生时间确认的规定。由于纳税人对应税消费品的处置方式不同，本条对纳税人纳税义务发生时间做出了不同的规定。

（一）销售应税消费品纳税义务发生时间。根据本条第（一）项规定，纳税人销售应税消费品的，其纳税义务发生时间为：①采取赊销和分期收款结算方式的，为书面合同约定的收款日期的当天，书面合同没有约定收款日期或者无书面合同的，为发出应税消费品的当天；②采取预收货款结算方式的，为发出应税消费品的当天；③采取托收承付和委托银行收款方式的，为发出应税消费品并办妥托收手续的当天；④采取其他结算方式的，为收讫销售款或者取得索取销售款凭据的当天。

（二）自产自用应税消费品纳税义务发生时间。根据本条第（二）项规定，纳税人自产自用应税消费品的，纳税人纳税义务发生时间为自产应税消费品移送使用的当天。

（三）委托加工应税消费品纳税义务发生时间。根据本条第（三）项规定，纳税人委托加工应税消费品的，纳税义务和代收税款义务发生时间为纳税人提取委托加工应税消费品的当天。

（四）进口应税消费品纳税义务发生时间。根据本条第（四）项规定，纳税人进口应税消费品的，纳税义务发生时间为报关进口的当天。

第九条　条例第五条第一款所称销售数量，是指应税消费品的数量。具体为：

（一）销售应税消费品的，为应税消费品的销售数量；

（二）自产自用应税消费品的，为应税消费品的移送使用数量；

（三）委托加工应税消费品的，为纳税人收回的应税消费品数量；

（四）进口应税消费品的，为海关核定的应税消费品进口征税数量。

【解读】本条对条例第五条第一款所称销售数量做出解释性规定。实行从量定额征收消费税的应税消费品，以应税消费品的销售数量为课税依据。确认应税消费品课税数量是计算缴纳消费税的一项重要内容。根据本条规定：①销售应税消费品的，应税消费品课税数量为应税消费品的销售数量；②自产自用应税消费品的，应税消费品课税数量为应税消费品的移送使用数量；③委托加工应税消费品的，应税消费品课税数量为纳税人收回的应税消费品数量；④进口应税消费品的，应税消费品课税数量为海关核定的应税消费品进口征税数量。

第十条　实行从量定额办法计算应纳税额的应税消费品，计量单位的换算标准如下：

（一）黄酒　1 吨 = 962 升

（二）啤酒　1 吨 = 988 升

（三）汽油　1 吨 = 1388 升

（四）柴油　1 吨 = 1176 升

（五）航空煤油　1 吨 = 1246 升

（六）石脑油　1 吨 = 1385 升

（七）溶剂油　1 吨 = 1282 升

（八）润滑油　1 吨 = 1126 升

（九）燃料油　1 吨 = 1015 升

【解读】本条是关于从量定额征收消费税应税消费品计量单位换算标准的规定。实行从量定额计算缴纳消费税的应税消费品，其应纳消费税税额是按照消费品课税数量和《中华人民共和国消费税税目税率表》中规定的单位税额计算的。在日常的生产经营活动中，由于纳税人对应税消费品的计量单位与《中华人民共和国消费税税目税率表》中规定的单位税额的单位不一致，计算应纳消费税时，需要将纳税人生产经营计量单位换算为税目税率表中规定的单位。为了维护税法的严肃性、统一性，防止税款流失和公平税负，本条对实行从量定额征收消费税的应税消费品计量单位换算标准做出具体规定。

第十一条　纳税人销售的应税消费品，以人民币以外的货币结算销售额的，其销售额的人民币折合率可以选择销售额发生的当天或者当月 1 日的人民币汇率中间价。纳税人应在事先确定采用何种折合率，确定后 1 年内不得变更。

【解读】 本条是关于应税消费品销售额计量货币折合为人民币方法选择的规定。根据《消费税条例》规定，人民币为纳税人计算缴纳消费税的法定计量货币。纳税人以人民币以外的货币结算销售额的，应当折合为人民币。根据本条规定，纳税人以人民币以外的货币结算销售额的，在计算应纳消费税时，可选择以下两种方法之一，将人民币以外的货币折合成人民币：①选择销售额发生当天的人民币汇率中间价；②选择当月1日的人民币汇率中间价。人民币汇率折合率，一经确定，在一年内不得变更。

第十二条　条例第六条所称销售额，不包括应向购货方收取的增值税税款。如果纳税人应税消费品的销售额中未扣除增值税税款或者因不得开具增值税专用发票而发生价款和增值税税款合并收取的，在计算消费税时，应当换算为不含增值税税款的销售额。其换算公式为：

应税消费品的销售额 = 含增值税的销售额 ÷（1 + 增值税税率或者征收率）

【解读】 本条是关于将含有增值税的销售额换算为不含增值税销售额方法的规定。根据本条规定，实行从价定率征收消费税的应税消费品的销售额为不含增值税销售额。如果纳税人应税消费品的销售额中未扣除增值税税款或者因不得开具增值税专用发票而发生价款和增值税税款合并收取的，在计算消费税时，应当换算为不含增值税税款的销售额。其换算公式为：

应税消费品的销售额 = 含增值税的销售额 ÷（1 + 增值税税率或者征收率）

第十三条　应税消费品连同包装物销售的，无论包装物是否单独计价以及在会计上如何核算，均应并入应税消费品的销售额中缴纳消费税。如果包装物不作价随同产品销售，而是收取押金，此项押金则不应并入应税消费品的销售额中征税。但对因逾期未收回的包装物不再退还的或者已收取的时间超过12个月的押金，应并入应税消费品的销售额，按照应税消费品的适用税率缴纳消费税。

对既作价随同应税消费品销售，又另外收取押金的包装物的押金，凡纳税人在规定的期限内没有退还的，均应并入应税消费品的销售额，按照应税消费品的适用税率缴纳消费税。

【解读】 本条是关于应税消费品包装物如何征收消费税的规定。根据本条规定，从价定率征收消费税应税消费品的包装物，按以下情况确认是否征收消费税。

（一）包装物连同应税消费品作价销售的，无论包装物是否单独计价以及在会计上如何核算，均应并入应税消费品的销售额计算缴纳消费税。

（二）包装物不随产品作价销售，另外收取押金的，纳税人收取的包装物押金不计入应税消费品的销售额征税。但对因逾期未收回且不再退还包装物的押金或者收取时间超过12个月的押金，应计入应税消费品的销售额，按应税消费品的适用税率计算缴纳消费税。押金应征消费税的销售额计算公式：

押金应征消费税的销售额 = 押金数额 ÷（1 + 增值税税率或者征收率）

（三）包装物既随同应税消费品作价销售，又另外收取押金的，除随同应税消费品作价销售的包装物征收消费税外，凡纳税人在规定的期限内没有退还包装物的，其收取的押金均应并入应税消费品的销售额，按应税消费品的适用税率缴纳消费税。

第十四条　条例第六条所称价外费用，是指价外向购买方收取的手续费、补贴、基金、集资费、返还利润、奖励费、违约金、滞纳金、延期付款利息、赔偿金、代收款项、代垫款项、包装费、包装物租金、储备费、优质费、运输装卸费以及其他各种性质的价外收费。但下列项目不包括在内：

（一）同时符合以下条件的代垫运输费用：

1. 承运部门的运输费用发票开具给购买方的；

2. 纳税人将该项发票转交给购买方的。

（二）同时符合以下条件代为收取的政府性基金或者行政事业性收费：

1. 由国务院或者财政部批准设立的政府性基金，由国务院或者省级人民政府及其财政、价格主管部门批准设立的行政事业性收费；

2. 收取时开具省级以上财政部门印制的财政票据；

3. 所收款项全额上缴财政。

【解读】本条对条例第六条所称价外费用做出解释性规定。根据本条规定，除本条第（一）项、第（二）项规定的不属于纳税人销售应税消费品收取的价外费用外，纳税人销售应税消费品时，从购买方收取的价款以外的货币形式、非货币形式的收入或者经济利益均属价外费用。

第十五条　条例第七条第一款所称纳税人自产自用的应税消费品，是指依照条例第四条第一款规定于移送使用时纳税的应税消费品。

条例第七条第一款、第八条第一款所称同类消费品的销售价格，是指纳税人或者代收代缴义务人当月销售的同类消费品的销售价格，如果当月同类消费品各期销售价格高低不同，应按销售数量加权平均计算。但销售的应税消费品有下列情况之一的，不得列入加权平均计算：

（一）销售价格明显偏低并无正当理由的；

（二）无销售价格的。

如果当月无销售或者当月未完结，应按照同类消费品上月或者最近月份的销售价格计算纳税。

【解读】本条对条例第七条第一款所称纳税人自产自用的应税消费品做出解释性规定。根据本条规定，条例第七条第一款所称纳税人自产自用的应税消费品是指纳税人生产的用于连续生产应税消费品以外其他方面的应当计算缴纳消费税的消费品。纳税人用于连续生产应税消费品的自产自用消费品不属于条例第七条第一款所称纳税人自产自用的应税消费品范围。

本条第二款对条例第七条第一款、第八条第一款所称同类消费品的销售价格做出解释性规定。

第十六条　条例第七条所称成本，是指应税消费品的产品生产成本。

【解读】本条对条例第七条所称成本做出解释性规定。条例第七条所称成本，是指纳税人自产应税消费品的产品生产成本，包括生产应税消费品所耗费的原材料、辅助材料、燃料、动力、人工费用以及其他应摊销的费用等。

第十七条　条例第七条所称利润，是指根据应税消费品的全国平均成本利润率计算的利润。应税消费品全国平均成本利润率由国家税务总局确定。

【解读】本条对条例第七条所称利润做出解释性规定。为了公平税负，本条规定，条例第七条所称利润为根据应税消费品的全国平均成本利润率计算的利润。应税消费品全国平均成本利润率授权国家税务总局确定。

第十八条　条例第八条所称材料成本，是指委托方所提供加工材料的实际成本。

委托加工应税消费品的纳税人，必须在委托加工合同上如实注明（或者以其他方式提供）材料成本，凡未提供材料成本的，受托方主管税务机关有权核定其材料成本。

【解读】本条对条例第八条所称材料成本做出解释性规定。条例第八条所称材料成本是指委托方提供加工材料的实际成本，包括委托加工材料的采购成本、提供委托加工材料运输费用、委托加工材料运输途中的合理损耗等。根据本条规定，委托加工应税消费品的纳税人，必须在委托加工合同上如实注明（或者以其他方式提供）材料成本，凡未提供材料成本的，受托方主管税务机关有权核定其材料成本。

第十九条　条例第八条所称加工费，是指受托方加工应税消费品向委托方所收取的全部费用（包括代垫辅助材料的实际成本）。

【解读】本条对条例第八条所称加工费做出解释性规定。条例第八条所称加工费是指受托方受托加工应税消费品向委托方收取的全部费用（包括代垫辅助材料的实际成本）。

第二十条　条例第九条所称关税完税价格，是指海关核定的关税计税价格。

【解读】本条对条例第九条所称关税完税价格做出解释性规定。条例第九条所称关税完税价格是指海关核定纳税人进口应税消费品海关征收关税的计税价格即应税消费品到岸价格。进口应税消费品到岸价格包括货价，加上货物运抵中国境内输入地点起卸前的包装费、运费、保险费和其他劳务费等费用。

第二十一条　条例第十条所称应税消费品的计税价格的核定权限规定如下：

（一）卷烟、白酒和小汽车的计税价格由国家税务总局核定，送财政部备案；

（二）其他应税消费品的计税价格由省、自治区和直辖市国家税务局核定；

（三）进口的应税消费品的计税价格由海关核定。

【解读】本条第（一）项卷烟消费税计税价格的核定，依照国家税务总局国税函［2009］41号《关于卷烟消费税计税价格管理有关问题的通知》规定。本条第（一）项白酒消费税计税价格的核定，依照国家税务总局国税函［2009］380号《关于加强白酒消费税征收管理的通知》规定。

第二十二条　出口的应税消费品办理退税后，发生退关，或者国外退货进口时予以免税的，报关出口者必须及时向其机构所在地或者居住地主管税务机关申报补缴已退的消费税税款。

纳税人直接出口的应税消费品办理免税后，发生退关或者国外退货，进口时已予以免税的，经机构所在地或者居住地主管税务机关批准，可暂不办理补税，待其转为国内销售时，再申报补缴消费税。

第二十三条　纳税人销售的应税消费品，如因质量等原因由购买者退回时，经机构所在地或者居住地主管税务机关审核批准后，可退还已缴纳的消费税税款。

第二十四条　纳税人到外县（市）销售或者委托外县（市）代销自产应税消费品的，于应税消费品销售后，向机构所在地或者居住地主管税务机关申报纳税。

纳税人的总机构与分支机构不在同一县（市）的，应当分别向各自机构所在地的主管税务机关申报纳税；经财政部、国家税务总局或者其授权的财政、税务机关批准，可以由总机构汇总向总机构所在地的主管税务机关申报纳税。

委托个人加工的应税消费品，由委托方向其机构所在地或者居住地主管税务机关申报纳税。

进口的应税消费品，由进口人或者其代理人向报关地海关申报纳税。

【解读】本条是关于消费税纳税地点的规定。因纳税人发生纳税义务情形不同，其纳税地点也不相同。

（一）外埠销售应税消费品纳税地点。根据本条第一款规定，纳税人到外县（市）销售或者委托外县（市）代销自产应税消费品的，于应税消费品销售后，向机构所在地或者居住地主管税务机关申报纳税。

（二）纳税人总机构与分支机构不在同一县（市）的纳税地点。根据本条第二款规定，纳税人的总机构与分支机构不在同一县（市）的，总机构与分支机构应当分别向各自机构所在地的主管税务机关申报纳税；经财政部、国家税务总局或者其授权的财政、税务机关批准，可以由总机构向其所在地的主管税务机关汇总申报纳税。

（三）委托个人加工的应税消费品纳税地点。根据本条第三款规定，委托个人加工的应税消费品，由委托方向其机构所在地或者居住地主管税务机关申报纳税。

（四）进口的应税消费品纳税地点。根据本条第四款规定，进口的应税消费品，由进口人或者其代理人向报关地海关申报纳税。

第二十五条　本细则自2009年1月1日起施行。

【解读】本条规定了本细则生效时间。本条规定了修订后的消费税实施细则生效时间，明确了本细则不具有溯及以往的效力。单位、个人在2009年1月1日及其以后发生的消费税涉税事项依照本实施细则的规定办理。单位、个人在2009年1月1日以前发生的消费税涉税事项依照原实施细则的规定办理。

二、综合性政策

国家税务总局国税发［2006］49号
关于印发调整和完善消费税政策征收管理规定的通知条文

一、关于税种登记

生产销售属于通知第一条、第四条征税范围的应税消费品的单位和个人，均应在2006年4月30日前到所在地主管税务机关办理税种登记，填写“应税消费品生产经营情况登记表”。

“应税消费品生产经营情况登记表”仅限于此次政策调整所涉及的应税消费品生产企业使用。

主管税务机关应根据纳税人上报的资料，及时进行实地查验、核实，了解本地区税源分布情况。

二、关于纳税申报

（一）在中华人民共和国境内生产、委托加工、进口属于通知第一条、第四条征税范围的应税消费品的单位和个人，均应按规定到主管税务机关办理消费税纳税申报。

（二）生产石脑油、溶剂油、航空煤油、润滑油、燃料油的纳税人在办理纳税申报时还应提供《生产企业生产经营情况表》和《生产企业产品销售明细表》。

（三）纳税人在办理纳税申报时，如需办理消费税税款抵扣手续，除应按有关规定提供纳税申报所需资料外，还应当提供以下资料：

1. 外购应税消费品连续生产应税消费品的，提供外购应税消费品增值税专用发票（抵扣联）原件和复印件。

如果外购应税消费品的增值税专用发票属于汇总填开的，除提供增值税专用发票（抵扣联）原件和复印件外，还应提供随同增值税专用发票取得的由销售方开具并加盖财务专用章或发票专用章的销货清单原件和复印件。

2. 委托加工收回应税消费品连续生产应税消费品的，提供“代扣代收税款凭证”原件和复印件。

3. 进口应税消费品连续生产应税消费品的，提供“海关进口消费税专用缴款书”原件和复印件。

主管税务机关在受理纳税申报后将以上原件退还纳税人，复印件留存。

三、关于自产石脑油连续生产问题

纳税人应对自产的用于连续生产的石脑油，建立中间产品移送使用台账。用于连续生产应税消费品的，记录石脑油的领用数量；用于连续生产非应税消费品或其他方面的，记录石脑油的移送使用数量。

主管税务机关应加强对石脑油中间产品移送使用台账的管理，并定期对纳税人申报的石脑油销售数量与台账记录的领用数量、移送使用数量进行对比分析开展纳税评估。

四、关于消费税税款抵扣

（一）抵扣凭证

通知第七条规定的准予从消费税应纳税额中扣除原料已纳消费税税款的凭证按照不同行为分别规定如下：

1. 外购应税消费品连续生产应税消费品

（1）纳税人从增值税一般纳税人（仅限生产企业，下同）购进应税消费品，外购应税消费品的抵扣凭证为本规定第二条第（三）款规定的发票（含销货清单）。纳税人未提供本规定第二条第（三）款规定的发票和销货清单的不予扣除外购应税消费品已纳消费税。

（2）纳税人从增值税小规模纳税人购进应税消费品，外购应税消费品的抵扣凭证为主管税务机关代开的增值税专用发票。主管税务机关在为纳税人代开增值税专用发票时，应同时征收消费税。

2. 委托加工收回应税消费品连续生产应税消费品

委托加工收回应税消费品的抵扣凭证为《代扣代收税款凭证》。纳税人未提供《代扣代收税款凭证》的，不予扣除受托方代收代缴的消费税。

3. 进口应税消费品连续生产应税消费品

进口应税消费品的抵扣凭证为《海关进口消费税专用缴款书》，纳税人不提供《海关进口消费税专用缴款书》的，不予抵扣进口应税消费品已缴纳的消费税。

（二）抵扣税款的计算方法

通知第七条规定的准予从消费税应纳税额中扣除原料已纳消费税税款的计算公式按照不同行为分别规定如下：

1. 外购应税消费品连续生产应税消费品

（1）实行从价定率办法计算应纳税额的

$$当期准予扣除外购应税消费品已纳税款 = 当期准予扣除外购应税消费品买价 \times 外购应税消费品适用税率$$

$$当期准予扣除外购应税消费品买价 = 期初库存外购应税消费品买价 + 当期购进的外购应税消费品买价 - 期末库存的外购应税消费品买价$$

外购应税消费品买价为纳税人取得的本规定第二条第（三）款规定的发票（含销货清单）注明的应税消费品的销售额（增值税专用发票必须是 2006 年 4 月 1 日以后开具的，下同）。

（2）实行从量定额办法计算应纳税额的

当期准予扣除的外购应税消费品已纳税款 = 当期准予扣除外购应税消费品数量 × 外购应税消费品单位税额 ×30%。（注：根据现行政策此计算公式改为：当期准予扣除的外购应税消费品已纳税款 = 当期准予扣除外购应税消费品数量 × 外购应税消费品单位税额）。

$$当期准予扣除的外购应税消费品已纳税款 = 当期准予扣除外购应税消费品数量 \times 外购应税消费品单位税额 \times 30\%$$

$$当期准予扣除外购应税消费品数量 = 期初库存外购应税消费品数量 +$$

当期购进外购应税消费品数量 - 期末库存外购应税消费品数量

外购应税消费品数量为本规定第二条第（三）款规定的发票（含销货清单）注明的应税消费品的销售数量。

2. 委托加工收回应税消费品连续生产应税消费品

当期准予扣除的委托加工应税消费品已纳税款 = 期初库存的委托加工应税消费品已纳税款 + 当期收回的委托加工应税消费品已纳税款 - 期末库存的委托加工应税消费品已纳税款

委托加工应税消费品已纳税款为代扣代收税款凭证注明的受托方代收代缴的消费税。

3. 进口应税消费品

当期准予扣除的进口应税消费品已纳税款 = 期初库存的进口应税消费品已纳税款 + 当期进口应税消费品已纳税款 - 期末库存的进口应税消费品已纳税款

进口应税消费品已纳税款为《海关进口消费税专用缴款书》注明的进口环节消费税。

（三）其他规定

2006 年 3 月 31 日前库存的货物，如果属于通知第一条、第四条征税范围且在 2006 年 4 月 1 日后用于连续生产应税消费品的，凡本规定第二条第（三）款规定的发票（含销货清单）开票日期是 2006 年 3 月 31 日前的，一律不允许抵扣消费税。

（四）纳税人应建立抵扣税款台账。纳税人既可以根据本规定的台账参考式样设置台账，也可以根据实际需要另行设置台账。另行设置的台账只能在本规定内容基础上增加内容，不得删减内容。

主管税务机关应加强对税款抵扣台账核算的管理。

五、关于减税免税

（一）通知第十条第（二）款免征消费税的子午线轮胎仅指外胎。子午线轮胎的内胎与外胎成套销售的，依照《中华人民共和国消费税暂行条例》第三条规定执行。

（二）略。

六、关于销货退回

通知第十一条第（一）款发生销货退回的处理规定如下：

（一）2006 年 3 月 31 日前销售的护肤护发品，2006 年 4 月 1 日后因质量原因发生销货退回的，纳税人可向主管税务机关申请退税。

（二）税率调整的税目，纳税人可按照调整前的税率向主管税务机关申请退税。

（三）属 2006 年 3 月 31 日前发票开具错误重新开具专用发票情形的，不按销货退回处理。纳税人开具红字发票时，按照红字发票注明的销售额冲减当期销售收入，按照该货物原适用税率计提消费税冲减当期“应缴税金——应缴消费税”；纳税人重新开具正确的蓝字发票时，按蓝字发票注明的销售额计算当期销售收入，按照该货物原适用税率计提消费税记入当期“应缴税金——应缴消费税”。

主管税务机关在受理纳税人有关销货退回的退税申请时，应认真审核货物及资金的流向。

本规定由国家税务总局负责解释。

本规定自 2006 年 4 月 1 日起实施。各地在执行中如有问题，应及时向国家税务总局（流转税管理司）汇报。

三、成品油消费税管理

财政部、国家税务总局财税［2008］19号
关于调整部分成品油消费税政策的通知条文

一、略。

二、略。

三、以外购或委托加工收回的已税石脑油、润滑油、燃料油为原料生产的应税消费品，准予从消费税应纳税额中扣除原料已纳的消费税税款。抵扣税款的计算公式为：当期准予扣除的外购应税消费品已纳税款 = 当期准予扣除外购应税消费品数量 × 外购应税消费品单位税额。

四、本通知自2008年1月1日起执行。在2007年12月31日以前石脑油应缴未缴的消费税，各地主管税务机关应抓紧进行清缴。原《财政部国家税务总局关于调整和完善消费税政策的通知》（财税［2006］33号）、《国家税务总局关于印发 < 调整和完善消费税政策征收管理规定 > 的通知》（国税发［2006］49号）规定与本通知有抵触的，以本通知规定为准。

国家税务总局国税发［2008］45号
关于印发石脑油消费税免税管理办法的通知条文

第一条　根据《中华人民共和国税收征收管理法》及其实施细则、《中华人民共和国消费税暂行条例》及其实施细则、《国家税务总局关于印发 < 税收减免管理办法 >（试行）的通知》（国税发［2005］3129号）以及相关规定，制定本办法。

第二条　石脑油消费税适用《消费税税目税率（税额）表》"成品油"税目下设的"石脑油"子目。征收范围包括除汽油、柴油、煤油、溶剂油以外的各种轻质油。

第三条　境内从事石脑油生产或乙烯、芳烃类产品生产的企业应在本办法发布后30日内，向当地主管税务机关提请备案。

第四条　略。

第五条　国产用作乙烯、芳烃类产品原料的石脑油免征消费税。

（一）石脑油生产企业自产用于本企业连续生产乙烯、芳烃类产品的石脑油，免征消费税。

（二）石脑油生产企业（以下简称销货方）销售给乙烯、芳烃类产品生产企业（以下简称购货方）作为生产乙烯、芳烃类产品原料的石脑油，实行《石脑油使用管理证明单》（以下简称《证明单》，见附件）管理。《证明单》由购货方在购货前向其主管税务机关领用，销货方凭《证明单》向其主管税务机关申报免征石脑油消费税。

第六条 销货方将自产石脑油直接销售给乙烯、芳烃类产品生产企业以外的单位和个人的，不实行《证明单》管理，应按照规定申报缴纳消费税。

第七条 《证明单》一式五联，只限于购货方在向销货方购货时使用。第一联为回执联，由销货方主管税务机关留存；第二联为免税联，作为销货方申报免税的资料；第三联为核销联，用于购货方主管税务机关核销《证明单》领用记录；第四联为备查联，作为销货方备查资料；第五联为存根联，作为购货方备查资料。

第八条 购货方首次申请领用《证明单》时，主管税务机关应派员到企业所在地对其生产经营情况进行核实，并建立《证明单》台账。

第九条 购货方首次申请领用《证明单》时，主管税务机关应派员到企业所在地对其生产经营情况进行核实，并建立《证明单》台账。

第十条 购货方携《证明单》购货。《证明单》由销货方填写。《证明单》中填写的品种、数量、单价、金额、发票代码、发票号码、开票日期等，应与增值税专用发票上的相关内容一致。

第十一条 销货方对《证明单》所有联次加盖财务专用章或发票专用章后，留存备查联、免税联，将回执联、核销联、存根联退还购货方。

购货方在购货后20日内将《证明单》回执联、核销联、存根联及销货方开具的增值税专用发票交主管税务机关核销《证明单》领用记录。

第十二条 购货方主管税务机关应对《证明单》回执联、核销联、存根联注明的品种、数量、单价、金额、发票代码、发票号码、开票日期与销货方开具的增值税专用发票相关内容进行审核。《证明单》与增值税专用发票相关内容一致的，加盖公章，留存核销联，将存根联退还购货方，并于10日内将回执联传递给销货方主管税务机关。

第十三条 购货方主管税务机关核销《证明单》领用记录时，应在《证明单》核销联“审核意见”栏填写审核意见，并在《证明单》台账上记录。

第十四条 购、销双方主管税务机关应加强对《证明单》的使用、核对、核销、传递等工作的管理（在电子传递手段未建立之前，暂通过特快专递或邮寄挂号信方式传递）。

第十五条 享受免征石脑油消费税的生产企业，应按照《中华人民共和国税收征收管理法》及其实施细则和相关规定办理免税申报。并提供下列资料：

（一）《证明单》免税联清单以及免税联；

（二）税务机关要求报送的其他资料。

第十六条 购货方应建立石脑油移送使用台账。分别记录凭《证明单》购入、自产、进口及其他渠道购入的石脑油数量，及用于本企业连续生产乙烯、芳烃类产品的、用于生产应税消费品的、用于对外销售的、用于其他方面的石脑油数量。对未按要求建立、使用台账的，取消其《证明单》使用资格。

第十七条 购货方主管税务机关应定期对购货方石脑油的使用情况进行审核。对于台账记录用于本企业生产乙烯、芳烃类产品的石脑油数量小于实际自产和凭《证明单》购入石脑油合计数量的，其差额部分，应按规定补缴消费税。

第十八条 购货方用外购免税石脑油为原料在同一生产过程中既生产乙烯、芳烃类产品，同时又生产汽油、柴油等应税消费品，其应税消费品应按规定征收消费税，并且不得扣除外购石脑油应纳消费税税额。

第十九条 销货方主管税务机关应于次年4月30日前，将购货方主管税务机关传递回的《证明单》回执联与《证明单》免税联中注明的销货方当年外销石脑油数量、单价、金额、发票代码、发票号码、开票日期等相关内容逐一进行对比审核，与销货方年度内申报的石脑油免征消费税的数量进行比对，数量一致的予以核销，销货方免税申报的数量大于《证明单》回执联合计数的部分，应该补缴消费税。

第二十条 购货方主管税务机关应加强对购货方台账记录的石脑油领、用、存数量情况与企业实际石脑油生产、销售和库存情况的比对分析，开展纳税评估。

第二十一条 《证明单》式样由国家税务总局统一制定，各省、自治区、直辖市和计划单列市国家税务局印制。

号码总位数为10位，第1、2位为省、自治区和直辖市行政区划码，第3、4位为计划单列市行政区划码，后六位为自然码。各省、自治区、直辖市和计划单列市内号码不得重复。

第二十二条 本办法由国家税务总局负责解释。各省、自治区、直辖市和计划单列市国家税务局可依据本办法制定具体实施办法。

第二十三条 本办法自2008年1月1日起实施。

财政部、国家税务总局财税［2008］167号
关于提高成品油消费税税率的通知条文

一、将无铅汽油的消费税单位税额由每升0.2元提高到每升1.0元；将含铅汽油的消费税单位税额由每升0.28元提高到每升1.4元。

二、将柴油的消费税单位税额由每升0.1元提高到每升0.8元。

三、将石脑油、溶剂油和润滑油的消费税单位税额由每升0.2元提高到每升1.0元。

四、将航空煤油和燃料油的消费税单位税额由每升0.1元提高到每升0.8元。

五、本通知自2009年1月1日起执行。原消费税的政策规定与本通知有抵触的，依照本通知执行。

财政部、国家税务总局财税［2008］168号
关于提高成品油消费税税率后相关成品油消费税政策的通知条文解读

一、自2009年1月1日起对进口石脑油恢复征收消费税。

二、2009年1月1日至2010年12月31日，对国产的用作乙烯、芳烃类产品原料的石脑油免征消费税，生产企业直接对外销售的不作为乙烯、芳烃类产品原料的石脑油应按规定征收消费税；对进口的用作乙烯、芳烃类产品原料的石脑油已缴纳的消费税予以返还，具体办法由财政部会同海关总署和国家税务总局另行制定。

乙烯类产品具体是指乙烯、丙烯和丁二烯；芳烃类产品具体是指苯、甲苯、二甲苯。

【解读】 本条第一款中关于国产的用作乙烯、芳烃类产品原料的石脑油免征消费税

的管理，依照国家税务总局国税发［2008］45号《关于印发<石脑油消费税免税管理办法>的通知》具体规定。

本条第一款中关于进口的用作乙烯、芳烃类产品原料的石脑油已缴纳的消费税予以返还的管理，依照财政部、海关总署、国家税务总局财预［2009］347号《关于进口石脑油消费税先征后返有关问题的通知》规定。

三、航空煤油暂缓征收消费税。

四、对用外购或委托加工收回的已税汽油生产的乙醇汽油免税。用自产汽油生产的乙醇汽油，按照生产乙醇汽油所耗用的汽油数量申报纳税。

五、对外购或委托加工收回的汽油、柴油用于连续生产甲醇汽油、生物柴油，准予从消费税应纳税额中扣除原料已纳的消费税税款。

六、2008年12月31日以前生产企业库存的用于生产应税消费品的外购或委托加工收回的石脑油、润滑油、燃料油原料，其已缴纳的消费税，准予在2008年12月税款所属期按照石脑油、润滑油每升0.2元和燃料油每升0.1元一次性计算扣除。

七、本通知自2009年1月1日起执行，原消费税政策规定与本通知有抵触的按照本通知的规定执行。

国家税务总局国税函［2008］1072号
关于加强成品油消费税征收管理有关问题的通知条文

一、下列纳税人应于2009年1月24日前到所在地主管税务机关办理消费税税种管理事项。

（一）以原油以外的其他原料加工汽油、柴油、石脑油、溶剂油、航空煤油、润滑油和燃料油的。

（二）用外购汽油和乙醇调和乙醇汽油的。

二、纳税人应按调整后的成品油消费税纳税申报表及附报资料，办理消费税纳税申报。

三、纳税人既生产销售汽油又生产销售乙醇汽油的，应分别核算，未分别核算的，生产销售的乙醇汽油不得按照生产乙醇汽油所耗用的汽油数量申报纳税，一律按照乙醇汽油的销售数量征收消费税。

四、外购或委托加工收回的汽油、柴油用于连续生产甲醇汽油、生物柴油的，税款抵扣凭证依照《国家税务总局关于印发调整和完善消费税政策征收管理规定的通知》（国税发［2006］49号）第四条第（一）款执行。2009年1月1日前的增值税专用发票，不得作为抵扣凭证。抵扣税款的计算方法，依照国税发［2006］49号文件第四条第（二）款执行。

五、纳税人应依照国税发［2006］49号文件第四条第（四）款规定建立抵扣税款台账。主管税务机关应加强对税款抵扣台账核算的管理。

六、2008年12月31日以前生产企业库存的外购或委托加工收回的用于连续生产应税消费品的已税原料（石脑油、润滑油、燃料油），在2008年12月税款所属期内按照生产原料一次性领用处理。一次性计算的税款扣除金额大于当期应纳税额部分，可结转到下期扣除。

七、2009年1月1日后，生产企业在记录前款一次性领用原料税款抵扣台账时，可按照先进先出法记录原料领用数量（领用数量不再作为计算扣税金额）。待一次性领用原料数量用完后，再将发生的原料领用数量作为当期计算税款抵扣的领用原料数量。

本通知自2009年1月1日起执行。

财政部、海关总署、国家税务总局财预［2009］347号 关于进口石脑油消费税先征后返有关问题的通知条文

一、2009年1月1日至2010年12月31日，我国境内委托进口石脑油的生产企业（以下简称生产企业），用进口石脑油作为原料生产出乙烯、芳烃类产品后，可申请返还已经缴纳的进口环节消费税（以下简称返税）。

二、进口石脑油时间以进口货物报关单上的申报时间为准。

三、乙烯类产品具体是指乙烯、丙烯、丁二烯；芳烃类产品具体是指苯、甲苯、二甲苯。

四、生产企业应在本通知下发30日内到所在地财政监察专员办事处（以下简称专员办）提请备案，并建立石脑油移送使用台账，分别记录进口、购买国产、自产的石脑油数量和用进口石脑油作为原料生产出乙烯、芳烃类产品的数量。

五、专员办负责审核生产企业申请返税的进口石脑油是否全部作为乙烯、芳烃类产品的原料，且生产出产品，并在确认无误后向申请的生产企业出具审核意见（即石脑油用途证明）。

本通知第四条、第五条规定的备案及审核具体办法依照《进口石脑油备案审核工作规程》的规定执行。

六、生产企业如有下列行为，不予办理返税：

（一）未按照本通知要求备案和建立石脑油移送使用台账的，进口的石脑油全部不予办理退税。

（二）将进口的石脑油转售给其他企业的，转售的进口石脑油不予办理返税；

（三）将进口石脑油用作其他用途的，用作其他用途的进口石脑油不予办理返税。

七、生产企业取得所在地专员办出具的审核证明后，连同进口货物报关单、海关专用缴款书和自动进口许可证等材料，向纳税地海关申请返税，由海关按照程序上报财政部批准。具体申报审批程序按照《财政部、海关总署、中国人民银行、国家税务总局进口税收先征后返管理办法》（财预［2009］84号）办理。

八、生产企业取得进口环节消费税返税款后，应当自觉接受有关部门的监督检查。监督部门发现企业弄虚作假骗取返税款的，应及时追回所返税款，并移交财政部依照《财政违法行为处罚处分条例》（国务院令第427号）进行处理。

九、本通知自下发之日起执行，由财政部会同海关总署、国家税务总局负责解释。

四、卷烟消费税管理

国家税务总局国税函［2009］41号
关于卷烟消费税计税价格管理有关问题的通知条文

一、对已核定消费税计税价格卷烟的管理

（一）对已核定消费税计税价格的卷烟，生产企业在包装标识上使用健康警语，按照《卷烟消费税计税价格信息采集和核定管理办法》（国家税务总局令第5号，以下简称5号令）规定，应视同新规格卷烟，重新核定消费税计税价格。考虑到此次包装标识的变化仅增加了健康警语，而产品标识的其他方面以及规格、内在品质、销售价格均未发生变化，暂不按5号令的要求对其重新核定计税价格。其消费税计税价格仍按照已核定的计税价格执行。

（二）生产企业所在地主管税务机关，应于产品更新包装标识的次月，将包装样品（外包装和单包包装各2套，背面注明卷烟牌号和烟支包装规格，下同）、扫描图像（电子版，扫描操作指南见附件1）随同《卷烟更新标识后包装样品清单》（见附件2）逐级上报至税务总局备案。扫描图像和《卷烟更新标识后包装样品清单》电子版分别上传至税务总局ftp服务器："centre/货物和劳务税司/消费税处/卷烟核价"对应路径下，税务总局将对数据库进行更新。

（三）对于已核定消费税计税价格的卷烟，其外包装标识除按照规定使用健康警语以外发生其他变化的，生产企业所在地主管税务机关应严格执行5号令的规定，按照新规格卷烟对其进行管理，并由税务总局重新核定其消费税计税价格。

二、对未核定消费税计税价格卷烟的管理

（一）对未核定消费税计税价格，但试销期已满1年的新牌号、新规格卷烟，生产企业所在地主管税务机关应按照5号令的规定，将申请核定新牌号、新规格卷烟消费税计税价格所需资料、使用健康警语包装标识的新包装样品以及扫描图像一并报送税务总局，由税务总局核定其消费税计税价格。

（二）对未核定消费税计税价格，但试销期未满1年的新牌号、新规格卷烟，生产企业所在地主管税务机关对其价格信息的"采集期间"应严格按照5号令第九条的规定，即产品投放市场次月起连续12个月确定执行。"采集期间"不得因包装标识使用健康警语的变化而擅自延长。对于采集期满的新牌号、新规格卷烟，生产企业所在地主管税务机关应按照5号令及本条第一款的规定上报资料，由税务总局核定其消费税计税价格。

三、各地要切实加强更新包装标识后卷烟消费税计税价格的管理工作，认真核对更新包装标识前后卷烟的实物、包装，防止出现借更新包装标识之机套用其他卷烟已核定消费税计税价格的行为。税务总局将择机对各地执行情况进行调查，发现问题严肃处理。

财政部、国家税务总局财税［2009］84号
关于调整烟产品消费税政策的通知条文

一、调整烟产品生产环节消费税政策

（一）调整卷烟生产环节消费税计税价格。

新的卷烟生产环节消费税最低计税价格由国家税务总局核定并下达。

（二）调整卷烟生产环节（含进口）消费税的从价税税率。

1. 甲类卷烟，即每标准条（200支，下同）调拨价格在70元（不含增值税）以上（含70元）的卷烟，税率调整为56%。

2. 乙类卷烟，即每标准条调拨价格在70元（不含增值税）以下的卷烟，税率调整为36%。

卷烟的从量定额税率不变，即0.003/支。

（三）调整雪茄烟生产环节（含进口）消费税的从价税税率。

将雪茄烟生产环节的税率调整为36%。

二、在卷烟批发环节加征一道从价税

（一）纳税义务人：在中华人民共和国境内从事卷烟批发业务的单位和个人。

（二）征收范围：纳税人批发销售的所有牌号规格的卷烟。

（三）计税依据：纳税人批发卷烟的销售额（不含增值税）。

（四）纳税人应将卷烟销售额与其他商品销售额分开核算，未分开核算的，一并征收消费税。

（五）适用税率：5%。

（六）纳税人销售给纳税人以外的单位和个人的卷烟于销售时纳税。纳税人之间销售的卷烟不缴纳消费税。

（七）纳税义务发生时间：纳税人收讫销售款或者取得索取销售款凭据的当天。

（八）纳税地点：卷烟批发企业的机构所在地，总机构与分支机构不在同一地区的，由总机构申报纳税。

（九）卷烟消费税在生产和批发两个环节征收后，批发企业在计算纳税时不得扣除已含的生产环节的消费税税款。

本通知自2009年5月1日起执行。此前有关文件规定与本通知相抵触的，以本通知为准。

五、酒类消费税管理

国家税务总局国税函［2009］380号
关于加强白酒消费税征收管理的通知条文

一、各地要组织开展白酒消费税政策执行情况检查，及时纠正税率适用错误等政策问题。

二、各地要加强白酒消费税日常管理，确保税款按时入库。加大白酒消费税清欠力度，杜绝新欠发生。

三、加强纳税评估，有效监控生产企业的生产、销售情况，堵塞漏洞，增加收入。

四、为保全税基，对设立销售公司的白酒生产企业，税务总局制定了《白酒消费税最低计税价格核定管理办法（试行）》（见附件），对计税价格偏低的白酒核定消费税最低计税价格。

各地要集中力量做好白酒消费税最低计税价格核定工作，确保自2009年8月1日起，执行核定的白酒消费税最低计税价格。

五、各地要加强小酒厂白酒消费税的征管，对账证不全的，采取核定征收方式。

六、各级税务机关要加强领导，加强对本通知提出的白酒消费税征收管理各项工作要求的监督检查，发现问题及时纠正、及时上报。

白酒消费税最低计税价格核定管理办法（试行）条文解读

第一条　根据《中华人民共和国税收征收管理法》、《中华人民共和国消费税暂行条例》以及相关法律法规制定本办法。

第二条　白酒生产企业销售给销售单位的白酒，生产企业消费税计税价格低于销售单位对外销售价格（不含增值税，下同）70%以下的，税务机关应核定消费税最低计税价格。

第三条　办法第二条销售单位是指，销售公司、购销公司以及委托境内其他单位或个人包销本企业生产白酒的商业机构。销售公司、购销公司是指，专门购进并销售白酒生产企业生产的白酒，并与该白酒生产企业存在关联性质。包销是指，销售单位依据协定价格从白酒生产企业购进白酒，同时承担大部分包装材料等成本费用，并负责销售白酒。

第四条　白酒生产企业应将各种白酒的消费税计税价格和销售单位销售价格，按照本办法附件1的式样及要求，在主管税务机关规定的时限内填报。

第五条　白酒消费税最低计税价格由白酒生产企业自行申报，税务机关核定。

第六条　主管税务机关应将白酒生产企业申报的销售给销售单位的消费税计税价

格低于销售单位对外销售价格70%以下、年销售额1000万元以上的各种白酒，按照本办法附件2的式样及要求，在规定的时限内逐级上报至国家税务总局。税务总局选择其中部分白酒核定消费税最低计税价格。

第七条　除税务总局已核定消费税最低计税价格的白酒外，其他符合本办法第二条需要核定消费税最低计税价格的白酒，消费税最低计税价格由各省、自治区、直辖市和计划单列市国家税务局核定。

第八条　白酒消费税最低计税价格核定标准如下：

（一）白酒生产企业销售给销售单位的白酒，生产企业消费税计税价格高于销售单位对外销售价格70%（含70%）以上的，税务机关暂不核定消费税最低计税价格。

（二）白酒生产企业销售给销售单位的白酒，生产企业消费税计税价格低于销售单位对外销售价格70%以下的，消费税最低计税价格由税务机关根据生产规模、白酒品牌、利润水平等情况在销售单位对外销售价格50%至70%范围内自行核定。其中生产规模较大，利润水平较高的企业生产的需要核定消费税最低计税价格的白酒，税务机关核价幅度原则上应选择在销售单位对外销售价格60%至70%范围内。

第九条　已核定最低计税价格的白酒，生产企业实际销售价格高于消费税最低计税价格的，按实际销售价格申报纳税；实际销售价格低于消费税最低计税价格的，按最低计税价格申报纳税。

第十条　已核定最低计税价格的白酒，销售单位对外销售价格持续上涨或下降时间达到3个月以上、累计上涨或下降幅度在20%（含）以上的白酒，税务机关重新核定最低计税价格。

第十一条　白酒生产企业在办理消费税纳税申报时，应附已核定最低计税价格白酒清单。

第十二条　白酒生产企业未按本办法规定上报销售单位销售价格的，主管国家税务局应按照销售单位销售价格征收消费税。

第十三条　本办法自2009年8月1日起执行。

国家税务总局国税发［2006］66号
关于印发葡萄酒消费税管理办法（试行）的通知条文

第一条　根据《中华人民共和国税收征收管理法》及其实施细则、《中华人民共和国消费税暂行条例》及其实施细则以及其他相关规定，制定本办法。

第二条　在中华人民共和国境内（以下简称境内）生产、委托加工、进口葡萄酒的单位和个人，为葡萄酒消费税纳税人。

葡萄酒消费税适用《消费税税目税率（税额）表》“酒及酒精”税目下设的“其他酒”子目。

第三条　葡萄酒是指以葡萄为原料，经破碎（压榨）、发酵而成的酒精度在1度（含）以上的葡萄原酒和成品酒（不含以葡萄为原料的蒸馏酒）。

第四条　境内从事葡萄酒生产的单位或个人（以下简称生产企业）之间销售葡萄酒，实行《葡萄酒购货证明单》（以下简称证明单，见附件1）管理。证明单由购货方在购货前向其主管税务机关申请领用，销货方凭证明单的退税联向其主管税务机关申请已纳消费税退税。

生产企业将自产或外购葡萄酒直接销售给生产企业以外的单位和个人的，不实行证明单管理，按消费税暂行条例规定申报缴纳消费税。

第五条　证明单一式四联，仅限于生产企业购货时领用。第一联为回执联，由销货方主管税务机关留存；第二联为退税联，作为销货方申请退税的报送资料；第三联为核销联，用于购货方主管税务机关核销证明单领取记录；第四联为备查联，作为销货方会计核算资料。

第六条　生产企业在购货前应向主管税务机关提出领用证明单的书面申请（见附件2）。主管税务机关应对书面申请进行审核，建立证明单领存销台账。

第七条　购货方携证明单购货，证明单由销货方填写。证明单中填写的品种、数量、单价、金额、发票代码、发票号码、开票日期应与销货方开具的销售发票（增值税专用发票或普通发票）的相关内容一致。

销货方在证明单所有联次加盖公章后，留存证明单备查联，将证明单回执联、退税联、核销联退还购货方。

第八条　购货方在30日内将证明单回执联、退税联、核销联及销货方开具的销售发票交主管税务机关核销证明单领用记录。

第九条　购货方主管税务机关应对证明单回执联、退税联、核销联注明的品种、数量、单价、金额、发票代码、发票号码、开票日期与销货方开具的销售发票相关内容进行审核。

证明单与销售发票相关内容一致的，购货方主管税务机关留存核销联，在证明单回执联、退税联加盖公章，并于30日内将回执联、退税联传递给销货方主管税务机关。

销货方主管税务机关收到回执联、退税联后，留存回执联，在30日内将证明单退税联转交给销货方。

第十条　购货方主管税务机关核销证明单领用记录时，应在证明单核销联“主管税务机关审核意见”栏填写核销意见，并在证明单领销存台账上作核销记录。

第十一条　发生销货退回或销售折让的，购货方也应按本办法规定申请、使用、核销证明单。

第十二条　生产企业销售葡萄酒，无论纳税申报当期是否收到主管税务机关转交的证明单退税联，均应按规定申报缴纳消费税。

第十三条　销货方收到主管税务机关转交的证明单退税联后，应填报《葡萄酒消费税退税申请表》（以下简称退税申请表，见附件3），持证明单退税联及退税申请表向主管税务机关申请退税。

第十四条　主管税务机关应加强对购销双方消费税的管理。定期查验购销双方销售、购进葡萄酒的数量及使用情况。

第十五条　以进口葡萄酒为原料连续生产葡萄酒的纳税人，实行凭《海关进口消费税专用缴款书》抵减进口环节已纳消费税的管理办法。

第十六条　以进口葡萄酒为原料连续生产葡萄酒的纳税人，在办理消费税纳税申报时，需填写消费税纳税申报表，提供《海关进口消费税专用缴款书》复印件。

第十七条　以进口葡萄酒为原料连续生产葡萄酒的纳税人，准予从当期应纳消费税税额中抵减《海关进口消费税专用缴款书》注明的消费税。如当期应纳消费税不足抵减的，余额留待下期抵减。

第十八条　主管税务机关应加强对证明单的领用、核销、核对、传递工作（在电子传递手段未建立之前，暂通过特快专递或邮寄挂号信方式传递）。

在邮递过程发生证明单丢失情况的，由购货方主管税务机关开具证明并复印证明单核销联两份，加盖公章后传递给销货方主管税务机关，一份代替回执联、一份代替退税联使用。

第十九条　纳税人未按照规定取得、保管、使用、报送证明单的，主管税务机关依照税收征管法的有关规定处理。

第二十条　证明单式样由国家税务总局统一制定，各省、自治区、直辖市和计划单列市国家税务局印制。

第二十一条　本办法由国家税务总局负责解释。各省、自治区、直辖市、计划单列市国家税务局可依照本办法制定具体实施办法。

第二十二条　本办法自2006年7月1日起实施。

第四部分

附　　录

1. 享受企业所得税优惠政策的农产品初加工范围（试行）（2008 年版）

一、种植业类

（一）粮食初加工

1. 小麦初加工。通过对小麦进行清理、配麦、磨粉、筛理、分级、包装等简单加工处理，制成的小麦面粉及各种专用粉。

2. 稻米初加工。通过对稻谷进行清理、脱壳、碾米（或不碾米）、烘干、分级、包装等简单加工处理，制成的成品粮及其初制品，具体包括大米、蒸谷米。

3. 玉米初加工。通过对玉米籽粒进行清理、浸泡、粉碎、分离、脱水、干燥、分级、包装等简单加工处理，生产的玉米粉、玉米碴、玉米片等；鲜嫩玉米经筛选、脱皮、洗涤、速冻、分级、包装等简单加工处理，生产的鲜食玉米（速冻粘玉米、甜玉米、花色玉米、玉米籽粒）。

4. 薯类初加工。通过对马铃薯、甘薯等薯类进行清洗、去皮、磋磨、切制、干燥、冷冻、分级、包装等简单加工处理，制成薯类初级制品。具体包括：薯粉、薯片、薯条。

5. 食用豆类初加工。通过对大豆、绿豆、红小豆等食用豆类进行清理去杂、浸洗、晾晒、分级、包装等简单加工处理，制成的豆面粉、黄豆芽、绿豆芽。

6. 其他类粮食初加工。通过对燕麦、荞麦、高粱、谷子等杂粮进行清理去杂、脱壳、烘干、磨粉、轧片、冷却、包装等简单加工处理，制成的燕麦米、燕麦粉、燕麦麸皮、燕麦片、荞麦米、荞麦面、小米、小米面、高粱米、高粱面。

（二）林木产品初加工

通过将伐倒的乔木、竹（含活立木、竹）去枝、去梢、去皮、去叶、锯段等简单加工处理，制成的原木、原竹、锯材。

（三）园艺植物初加工

1. 蔬菜初加工：

（1）新鲜蔬菜通过清洗、挑选、切割、预冷、分级、包装等简单加工处理，制成净菜、切割蔬菜。

（2）利用冷藏设施，将新鲜蔬菜通过低温贮藏，以备淡季供应的速冻蔬菜，如速冻茄果类、叶类、豆类、瓜类、葱蒜类、柿子椒、蒜薹。

（3）将植物的根、茎、叶、花、果实、种子和食用菌通过干制等简单加工处理，制成的初制干菜，如黄花菜、玉兰片、萝卜干、冬菜、梅干菜、木耳、香菇、平菇。

以蔬菜为原料制作的各类蔬菜罐头（罐头是指以金属罐、玻璃瓶、经排气密封的各种食品。下同）及碾磨后的园艺植物（胡椒粉、花椒粉等）不属于初加工范围。

2. 水果初加工。通过对新鲜水果（含各类山野果）清洗、脱壳、切块（片）、分类、储藏保鲜、速冻、干燥、分级、包装等简单加工处理，制成的各类水果、果干、原浆果汁、果仁、坚果。

3. 花卉及观赏植物初加工。通过对观赏用、绿化及其他各种用途的花卉及植物进行保鲜、储藏、烘干、分级、包装等简单加工处理，制成的各类鲜花、干花。

（四）油料植物初加工

通过对菜籽、花生、大豆、葵花子、蓖麻籽、芝麻、胡麻籽、茶子、桐子、棉籽、红花籽及米糠等粮食的副产品等，进行清理、热炒、磨坯、榨油（搅油、墩油）、浸出等简单加工处理，制成的植物毛油和饼粕等副产品。具体包括菜籽油、花生油、豆油、葵花油、蓖麻籽油、芝麻油、胡麻籽油、茶子油、桐子油、棉籽油、红花油、米糠油以及油料饼粕、豆饼、棉籽饼。

精炼植物油不属于初加工范围。

（五）糖料植物初加工

通过对各种糖料植物，如甘蔗、甜菜、甜菊等，进行清洗、切割、压榨等简单加工处理，制成的制糖初级原料产品。

（六）茶叶初加工

通过对茶树上采摘下来的鲜叶和嫩芽进行杀青（萎凋、摇青）、揉捻、发酵、烘干、分级、包装等简单加工处理，制成的初制毛茶。

＊精制茶、边销茶、紧压茶和掺兑各种药物的茶及茶饮料不属于初加工范围。

（七）药用植物初加工

通过对各种药用植物的根、茎、皮、叶、花、果实、种子等，进行挑选、整理、捆扎、清洗、晾晒、切碎、蒸煮、炒制等简单加工处理，制成的片、丝、块、段等中药材。

＊加工的各类中成药不属于初加工范围。

（八）纤维植物初加工

1. 棉花初加工。通过轧花、剥绒等脱绒工序简单加工处理，制成的皮棉、短绒、棉籽。

2. 麻类初加工。通过对各种麻类作物（大麻、黄麻、槿麻、苎麻、苘麻、亚麻、罗布麻、蕉麻、剑麻等）进行脱胶、抽丝等简单加工处理，制成的干（洗）麻、纱条、丝、绳。

3. 蚕茧初加工。通过烘干、杀蛹、缫丝、煮剥、拉丝等简单加工处理，制成的蚕、蛹、生丝、丝绵。

（九）热带、南亚热带作物初加工

通过对热带、南亚热带作物去除杂质、脱水、干燥、分级、包装等简单加工处理，制成的工业初级原料。具体包括：天然橡胶生胶和天然浓缩胶乳、生咖啡豆、胡椒籽、肉桂油、桉油、香茅油、木薯淀粉、木薯干片、坚果。

二、畜牧业类

（一）畜禽类初加工

1. 肉类初加工。通过对畜禽类动物（包括各类牲畜、家禽和人工驯养、繁殖的野生动物以及其他经济动物）宰杀、去头、去蹄、去皮、去内脏、分割、切块或切片、冷藏或冷冻、分级、包装等简单加工处理，制成的分割肉、保鲜肉、冷藏肉、冷冻肉、绞肉、肉块、肉片、肉丁。

2. 蛋类初加工。通过对鲜蛋进行清洗、干燥、分级、包装、冷藏等简单加工处理，制成的各种分级、包装的鲜蛋、冷藏蛋。

3. 奶类初加工。通过对鲜奶进行净化、均质、杀菌或灭菌、灌装等简单加工处理，制成的巴氏杀菌奶、超高温灭菌奶。

4. 皮类初加工。通过对畜禽类动物皮张剥取、浸泡、刮里、晾干或熏干等简单加工处理，制成的生皮、生皮张。

5. 毛类初加工。通过对畜禽类动物毛、绒或羽绒分级、去杂、清洗等简单加工处理，制成的洗净毛、洗净绒或羽绒。

6. 蜂产品初加工。通过去杂、过滤、浓缩、熔化、磨碎、冷冻简单加工处理，制成的蜂蜜、蜂蜡、蜂胶、蜂花粉。

肉类罐头、肉类熟制品、蛋类罐头、各类酸奶、奶酪、奶油、王浆粉、各种蜂产品口服液、胶囊不属于初加工范围。

（二）饲料类初加工

1. 植物类饲料初加工。通过碾磨、破碎、压榨、干燥、酿制、发酵等简单加工处理，制成的糠麸、饼粕、糟渣、树叶粉。

2. 动物类饲料初加工。通过破碎、烘干、制粉等简单加工处理，制成的鱼粉、虾粉、骨粉、肉粉、血粉、羽毛粉、乳清粉。

3. 添加剂类初加工。通过粉碎、发酵、干燥等简单加工处理，制成的矿石粉、饲用酵母。

（三）牧草类初加工

通过对牧草、牧草种子、农作物秸秆等，进行收割、打捆、粉碎、压块、成粒、分选、青贮、氨化、微化等简单加工处理，制成的干草、草捆、草粉、草块或草饼、草颗粒、牧草种子以及草皮、秸秆粉（块、粒）。

三、渔业类

（一）水生动物初加工

将水产动物（鱼、虾、蟹、鳖、贝、棘皮类、软体类、腔肠类、两栖类、海兽类动物等）整体或去头、去鳞（皮、壳）、去内脏、去骨（刺）、擂溃或切块、切片，经冰鲜、冷冻、冷藏等保鲜防腐处理、包装等简单加工处理，制成的水产动物初制品。

熟制的水产品和各类水产品的罐头以及调味烤制的水产食品不属于初加工范围。

（二）水生植物初加工

将水生植物（海带、裙带菜、紫菜、龙须菜、麒麟菜、江篱、浒苔、羊栖菜、莼菜等）整体或去根、去边梢、切段，经热烫、冷冻、冷藏等保鲜防腐处理、包装等简单加工处理的初制品，以及整体或去根、去边梢、切段、经晾晒、干燥（脱水）、包装、粉碎等简单加工处理的初制品。

罐装（包括软罐）产品不属于初加工范围。

2. 公益性捐赠税前扣除资格的公益性社会团体名单

2008 年度第一批获得公益性捐赠税前扣除资格的公益性社会团体名单			
1	中国红十字基金会	34	中远慈善基金会
2	南都公益基金会	35	中华慈善总会
3	华民慈善基金会	36	中华健康快车基金会
4	中国金融教育发展基金会	37	中国法律援助基金会
5	中国残疾人福利基金会	38	中国癌症基金会
6	中国肝炎防治基金会	39	桃源居公益事业发展基金会
7	詹天佑科学技术发展基金会	40	腾讯公益慈善基金会
8	中国人口福利基金会	41	中国西部人才开发基金会
9	中国健康促进基金会	42	中国教育发展基金会
10	中国老龄事业发展基金会	43	中国医学基金会
11	友成企业家扶贫基金会	44	中国儿童少年基金会
12	中国华夏文化遗产基金会	45	中国煤矿尘肺病治疗基金会
13	中国扶贫基金会	46	香江社会救助基金会
14	海仓慈善基金会	47	中华思源工程扶贫基金会
15	爱佑华夏慈善基金会	48	凯风公益基金会
16	北京大学教育基金会	49	中国民航科普基金会
17	清华大学教育基金会	50	李四光地质科学奖基金会
18	中国光华科技基金会	51	北京航空航天大学教育基金会
19	中国古生物化石保护基金会	52	天诺慈善基金会
20	中国检察官教育基金会	53	中国青少年发展基金会
21	中国华文教育基金会	54	中国发展研究基金会
22	中国医药卫生事业发展基金会	55	心平公益基金会
23	中国预防性病艾滋病基金会	56	中国妇女发展基金会
24	国寿慈善基金会	57	中国留学人才发展基金会
25	中国孔子基金会	58	中国光彩事业基金会
26	中国华侨经济文化基金会	59	中国青少年社会教育基金会
27	中国绿化基金会	60	中国宋庆龄基金会
28	万科公益基金会	61	中国拥军优属基金会
29	援助西藏发展基金会	62	中国敦煌石窟保护研究基金会
30	中华环境保护基金会	63	中华社会文化发展基金会
31	中国初级卫生保健基金会	64	中国国际文化交流基金会
32	人保慈善基金会	65	中国交响乐发展基金会
33	南航“十分”关爱基金会	66	中华全国体育基金会
2009 年度第一批获得公益性捐赠税前扣除资格的公益性社会团体名单			
1	电网公益基金会	3	中华社会救助基金会
2	中国志愿服务基金会		

3. 农业产品征税范围注释

农业产品是指种植业、养殖业、林业、牧业、水产业生产的各种植物、动物的初级产品。农业产品的征税范围包括：

一、植物类

植物类包括人工种植和天然生长的各种植物的初级产品。具体征税范围为：

（一）粮食

粮食是指各种主食食科植物果实的总称。本货物的征税范围包括小麦、稻谷、玉米、高粱、谷子和其他杂粮（如：大麦、燕麦等），以及经碾磨、脱壳等工艺加工后的粮食（如：面粉，米，玉米面、渣等）。

切面、饺子皮、馄饨皮、面皮、米粉等粮食复制品，也属于本货物的征税范围。

以粮食为原料加工的速冻食品、方便面、副食品和各种熟食品，不属于本货物的征税范围。

（二）蔬菜

蔬菜是指可作副食的草本、木本植物的总称。本货物的征税范围包括各种蔬菜、菌类植物和少数可作副食的木本植物。

经晾晒、冷藏、冷冻、包装、脱水等工序加工的蔬菜，腌菜、咸菜、酱菜和盐渍蔬菜等，也属于本货物的征税范围。

各种蔬菜罐头（罐头是指以金属罐、玻璃瓶和其他材料包装，经排气密封的各种食品。下同）不属于本货物的征税范围。

（三）烟叶

烟叶是指各种烟草的叶片和经过简单加工的叶片。本货物的征税范围包括晒烟叶、晾烟叶和初烤烟叶。

1. 晒烟叶。是指利用太阳能露天晒制的烟叶。

2. 晾烟叶。是指在晾房内自然干燥的烟叶。

3. 初烤烟叶。是指烟草种植者直接烤制的烟叶。不包括专业复烤厂烤制的复烤烟叶。

（四）茶叶

茶叶是指从茶树上采摘下来的鲜叶和嫩芽（即茶青），以及经吹干、揉拌、发酵、烘干等工序初制的茶。本货物的征税范围包括各种毛茶（如红毛茶、绿毛茶、乌龙毛茶、白毛茶、黑毛茶等）。

精制茶、边销茶及掺兑各种药物的茶和茶饮料，不属于本货物的征税范围。

（五）园艺植物

园艺植物是指可供食用的果实，如水果、果干（如荔枝干、桂圆干、葡萄干等）、干果、果仁、果用瓜（如甜瓜、西瓜、哈密瓜等），以及胡椒、花椒、大料、咖啡豆等。

经冷冻、冷藏、包装等工序加工的园艺植物，也属于本货物的征税范围。

各种水果罐头，果脯，蜜饯，炒制的果仁、坚果，碾磨后的园艺植物（如胡椒粉、花椒粉等），不属于本货物的征税范围。

（六）药用植物

药用植物是指用作中药原药的各种植物的根、茎、皮、叶、花、果实等。

利用上述药用植物加工制成的片、丝、块、段等中药饮片，也属于本货物的征税范围。

中成药不属于本货物的征税范围。

（七）油料植物

油料植物是指主要用作榨取油脂的各种植物的根、茎、叶、果实、花或者胚芽组织等初级产品，如菜籽（包括芥菜籽）、花生、大豆、葵花子、蓖麻子、芝麻子、胡麻子、茶子、桐子、橄榄仁、棕榈仁、棉籽等。

提取芳香油的芳香油料植物，也属于本货物的征税范围。

（八）纤维植物

纤维植物是指利用其纤维作纺织、造纸原料或者绳索的植物，如棉（包括籽棉、皮棉、絮棉）、大麻、黄麻、槿麻、苎麻、苘麻、亚麻、罗布麻、蕉麻、剑麻等。

棉短绒和麻纤维经脱胶后的精干（洗）麻，也属于本货物的征税范围。

（九）糖料植物

糖料植物是指主要用作制糖的各种植物，如甘蔗、甜菜等。

（十）林业产品

林业产品是指乔木、灌木和竹类植物，以及天然树脂、天然橡胶。林业产品的征税范围包括：

1. 原木。是指将砍伐倒的乔木去其枝芽、梢头或者皮的乔木、灌木，以及锯成一定长度的木段。

锯材不属于本货物的征税范围。

2. 原竹。是指将砍倒的竹去其枝、梢或者叶的竹类植物，以及锯成一定长度的竹段。

3. 天然树脂。是指木科植物的分泌物，包括生漆、树脂和树胶，如松脂、桃胶、樱胶、阿拉伯胶、古巴胶和天然橡胶（包括乳胶和干胶）等。

4. 其他林业产品。是指除上述列举林业产品以外的其他各种林业产品，如竹笋、笋干、棕竹、棕榈衣、树枝、树叶、树皮、藤条等。

盐水竹笋也属于本货物的征税范围。

竹笋罐头不属于本货物的征税范围。

（十一）其他植物

其他植物是指除上述列举植物以外的其他各种人工种植和野生的植物，如树苗、花卉、植物种子、植物叶子、草、麦秸、豆类、薯类、藻类植物等。

干花、干草、薯干、干制的藻类植物，农业产品的下脚料等，也属于本货物的征税范围。

二、动物类

动物类包括人工养殖和天然生长的各种动物的初级产品。具体征税范围为：

（一）水产品

水产品是指人工放养和人工捕捞的鱼、虾、蟹、鳖、贝类、棘皮类、软体类、腔肠类、海兽类动物。本货物的征税范围包括鱼、虾、蟹、鳖、贝类、棘皮类、软体类、腔肠类、海兽类、鱼苗（卵）、虾苗、蟹苗、贝苗（秧），以及经冷冻、冷藏、盐渍等防腐处理和包装的水产品。

干制的鱼、虾、蟹、贝类、棘皮类、软体类、腔肠类，如干鱼、干虾、干虾仁、干贝等，以及未加工成工艺品的贝壳、珍珠，也属于本货物的征税范围。

熟制的水产品和各类水产品的罐头，不属于本货物的征税范围。

（二）畜牧产品

畜牧产品是指人工饲养、繁殖取得和捕获的各种畜禽。本货物的征税范围包括：

1. 兽类、禽类和爬行类动物，如牛、马、猪、羊、鸡、鸭等。

2. 兽类、禽类和爬行类动物的肉产品，包括整块或者分割的鲜肉、冷藏或者冷冻肉、盐渍肉，兽类、禽类和爬行类动物的内脏、头、尾、蹄等组织。

各种兽类、禽类和爬行类动物的肉类生制品，如腊肉、腌肉、熏肉等，也属于本货物的征税范围。

各种肉类罐头、肉类熟制品，不属于本货物的征税范围。

3. 蛋类产品。是指各种禽类动物和爬行类动物的卵，包括鲜蛋、冷藏蛋。

经加工的咸蛋、松花蛋、腌制的蛋等，也属于本货物的征税范围。

各种蛋类的罐头不属于本货物的征税范围。

4. 鲜奶。是指各种哺乳类动物的乳汁和经净化、杀菌等加工工序生产的乳汁。

用鲜奶加工的各种奶制品，如酸奶、奶酪、奶油等，不属于本货物的征税范围。

（三）动物皮张

动物皮张是指从各种动物（兽类、禽类和爬行类动物）身上直接剥取的，未经鞣制的生皮、生皮张。

将生皮、生皮张用清水、盐水或者防腐药水浸泡、刮里、脱毛、晒干或者熏干，未经鞣制的，也属于本货物的征税范围。

（四）动物毛绒

动物毛绒是指未经洗净的各种动物的毛发、绒发和羽毛。

洗净毛、洗净绒等不属于本货物的征税范围。

（五）其他动物组织

其他动物组织是指上述列举以外的兽类、禽类、爬行类动物的其他组织，以及昆虫类动物。

1. 蚕茧。包括鲜茧和干茧，以及蚕蛹。

2. 天然蜂蜜。是指采集的未经加工的天然蜂蜜、鲜蜂王浆等。

3. 动物树脂，如虫胶等。

4. 其他动物组织，如动物骨、壳、兽角、动物血液、动物分泌物、蚕种等。

4.《固定资产分类与代码》(GB/T14885－1994) 土地、房屋及构筑物

代码				固定资产分类名称	计算单位	说明
01				土地	平方米	
01	1			生产用地	平方米	
01	1	1		工业生产用地	平方米	
01	1	1	01	生产车间用地	平方米	
01	1	1	03	矿山用地	平方米	
01	1	1	99	其他工业生产用地	平方米	
01	1	2		农林牧渔业生产用地	平方米	
01	1	2	01	耕地	平方米	
01	1	2	03	林地	平方米	
01	1	2	05	牧草地	平方米	
01	1	2	07	园地	平方米	
01	1	2	99	其他农林牧渔业生产用地	平方米	
01	1	9		其他生产用地	平方米	
01	1	9	01	盐田用地	平方米	
01	1	9	99	其他未予分类的生产用地	平方米	
01	2			交通邮电用地	平方米	
01	2	1	00	铁路交通用地	平方米	
01	2	2	00	公路交通用地	平方米	
01	2	3	00	水运交通用地	平方米	
01	2	4	00	民航交通用地	平方米	
01	2	5	00	邮电用地	平方米	
01	2	9	00	其他交通邮电用地	平方米	
01	3			办公及业务用地	平方米	
01	3	1	00	行政机关办公用地	平方米	
01	3	2	00	事业单位办公及业务用地	平方米	
01	3	3	00	社会团体办公及业务用地	平方米	
01	3	9	00	其他办公及业务用地	平方米	
01	4			市政公用设施用地	平方米	
01	4	1	00	供应设施用地	平方米	供水、供电、供燃气及供热等设施用地入此
01	4	2	00	环境卫生设施用地	平方米	
01	4	3	00	施工与维修设施用地	平方米	
01	4	9	00	其他市政公用设施用地	平方米	
01	5			生活及服务业用地	平方米	
01	5	1		居住用地	平方米	
01	5	1	01	住宅用地	平方米	

续表

代	码			固定资产分类名称	计算单位	说 明
01	5	1	02	职工及单身宿舍	平方米	
01	5	1	03	学生宿舍	平方米	
01	5	1	99	其他居住用地	平方米	
01	5	2		公共服务设施用地	平方米	
01	5	2	01	金融保险业用地	平方米	
01	5	2	02	商业用地	平方米	
01	5	2	03	服务业用地	平方米	
01	5	2	04	旅馆业用地	平方米	
01	5	2	99	其他公共服务设施用地	平方米	
01	5	3	00	社会福利用地	平方米	
01	5	9	00	其他生活及服务业用地	平方米	
01	6			科学研究用地	平方米	
01	6	1	00	科研试验基地	平方米	
01	6	2	00	农业试验田	平方米	
01	6	3	00	科学研究与设计用地	平方米	
01	6	4	00	实验室用地	平方米	
01	6	5	00	气象业务用地	平方米	
01	6	9	00	其他科学研究用地	平方米	
01	7			文教、体育及医疗卫生用地	平方米	
01	7	1		文化娱乐用地	平方米	
01	7	1	01	新闻出版用地	平方米	
01	7	1	02	文化艺术团体用地	平方米	
01	7	1	03	广播电视台用地	平方米	
01	7	1	04	图书阅览用地	平方米	
01	7	1	05	影剧院用地	平方米	
01	7	1	06	游乐场所用地	平方米	
01	7	1	07	公园用地	平方米	住宅区内公园及街心公园入 019300
01	7	1	99	其他文化娱乐用地	平方米	
01	7	2		体育用地	平方米	
01	7	2	01	体育场馆用地	平方米	
01	7	2	02	体育训练场馆用地	平方米	
01	7	2	99	其他体育用地	平方米	
01	7	3		教育用地	平方米	
01	7	3	01	高等教育用地	平方米	
01	7	3	02	中等教育用地	平方米	
01	7	3	03	初等教育用地	平方米	

续表

代码				固定资产分类名称	计算单位	说明
01	7	3	04	托儿所、幼儿园用地	平方米	
01	7	3	05	特殊教育用地	平方米	
01	7	3	06	成人与业余教育用地	平方米	
01	7	3	99	其他教育用地	平方米	
01	7	4		医疗卫生用地	平方米	
01	7	4	01	医院、疗养所用地	平方米	
01	7	4	02	卫生防疫用地	平方米	
01	7	4	03	环保卫生设施用地	平方米	
01	7	4	99	其他医疗卫生用地	平方米	
01	7	9	00	其他文化、体育、教育、医疗卫生用地	平方米	
01	8			特殊用地	平方米	
01	8	1	00	军事用地	平方米	
01	8	2	00	外事用地	平方米	
01	8	3	00	保安用地	平方米	
01	8	4	00	文物古迹用地	平方米	
01	8	5	00	宗教用地	平方米	
01	8	9	00	其他特殊用地	平方米	
01	9			其他用地	平方米	
01	9	1	00	仓储用地	平方米	
01	9	3	00	绿地	平方米	不包括公园用地
01	9	5	00	广场	平方米	
01	9	9	00	其他未予分类的用地	平方米	
02				房屋	平方米	
02	1			生产用房	平方米	
02	1	1	00	工业生产用地	平方米	
02	1	3	00	农林水用房	平方米	农、牧、渔业用房入此
02	1	9	00	其他生产用房	平方米	建筑业用房入此
02	2			交通邮电用房	平方米	
02	2	1	00	铁路交通用房	平方米	
02	2	2	00	公路交通用房	平方米	
02	2	3	00	水运交通用房	平方米	
02	2	4	00	民航交通用房	平方米	
02	2	5	00	地铁用房	平方米	
02	2	6	00	邮政用房	平方米	
02	2	7	00	电信用房	平方米	
02	2	9	00	其他交通邮电用房	平方米	

续表

代	码			固定资产分类名称	计算单位	说 明
02	3			办公用房	平方米	
02	3	1	00	行政单位办公用房	平方米	
02	3	2	00	社会团体办公用房	平方米	
02	3	9	00	其他办公用房	平方米	
02	4			科研、气象用房	平方米	
02	4	1	00	科学研究和设计用房	平方米	
02	4	2		科学实验用房	平方米	
02	4	2	01	试验基地用房	平方米	
02	4	2	03	实验室用房	平方米	
02	4	2	99	其他科学实验用房	平方米	
02	4	3	00	气象用房	平方米	
02	4	4	00	气象设施用房	平方米	
02	4	5	00	天文台用房	平方米	
02	4	9	00	其他科研、气象用房	平方米	
02	5			文化教育用房	平方米	
02	5	1		文化用房	平方米	
02	5	1	01	新闻出版用房	平方米	
02	5	1	02	文化艺术团体用房	平方米	不包括影剧院等娱乐用房
02	5	1	03	广播电视用房	平方米	
02	5	1	04	图书、展览用房	平方米	
02	5	1	05	历史文物用房	平方米	
02	5	1	99	其他文化用房	平方米	
02	5	2		教育用房	平方米	
02	5	2	01	高等教育用房	平方米	
02	5	2	03	中等教育用房	平方米	
02	5	2	05	初等教育用房	平方米	
02	5	2	99	其他教育用房	平方米	
02	6			医疗卫生体育用房	平方米	
02	6	1		医疗卫生用房	平方米	
02	6	1	01	医疗业务用房	平方米	
02	6	1	03	医疗防疫用房	平方米	
02	6	1	99	其他医疗卫生用房	平方米	
02	6	2		体育用房	平方米	
02	6	2	01	室内体育比赛场馆用房	平方米	
02	6	2	03	室内体育训练场馆用房	平方米	
02	6	2	99	其他体育用房	平方米	
02	7			特殊用房	平方米	

续表

代	码			固定资产分类名称	计算单位	说　明
02	7	1	00	军事用房	平方米	
02	7	2		外事用房	平方米	
02	7	2	01	外国驻华领、使馆用房	平方米	
02	7	2	03	外国驻华商贸机构用房	平方米	
02	7	2	05	外国驻华人员生活用房	平方米	
02	7	3		公共安全用房	平方米	
02	7	3	01	监狱	平方米	
02	7	3	02	看守所	平方米	
02	7	3	03	劳改所	平方米	
02	7	3	99	其他公共安全用房	平方米	
02	7	4	00	宗教用房	平方米	
02	7	9	00	其他特殊用房	平方米	
02	8			生活、娱乐、市政公共设施、服务业用房	平方米	
02	8	1		居住用房	平方米	
02	8	1	01	职工宿舍	平方米	
02	8	1	03	学生宿舍	平方米	
02	8	1	05	居民住房	平方米	
02	8	1	99	其他居住用房	平方米	
02	8	2		娱乐用房	平方米	
02	8	2	01	游乐场(所)用房	平方米	
02	8	2	02	俱乐部、影剧院	平方米	
02	8	2	03	舞厅(音乐厅)	平方米	
02	8	2	04	文化宫、少年宫	平方米	
02	8	2	05	老年活动中心	平方米	
02	8	2	99	其他娱乐用房	平方米	
02	8	3		市政公共设施用房	平方米	
02	8	3	01	供应设施用房	平方米	
02	8	3	05	施工与维修用房	平方米	
02	8	3	99	其他市政公共设施用房	平方米	
02	8	4		商业及服务用房	平方米	
02	8	4	01	金融服务业用房	平方米	银行、信用社、证券交易所、保险公司等用房入此
02	8	4	02	商业服务业用房	平方米	
02	8	4	03	旅馆服务业用房	平方米	
02	8	4	04	饮食服务业用房	平方米	
02	8	4	99	其他商业及服务业用房	平方米	

续表

代	码			固定资产分类名称	计算单位	说 明
02	8	5		社会福利用房	平方米	
02	8	5	01	疗养(休养)用房	平方米	
02	8	5	02	社会福利院(所)用房	平方米	
02	8	5	99	其他社会福利用房	平方米	
02	9			其他用房	平方米	
02	9	1	00	仓储用房	平方米	
02	9	9	00	其他类未予包括的用房	平方米	
03				构筑物	平方米	
03	1			池	座,立方米	
03	1	1		工业生产用池、罐	座,立方米	
03	1	1	01	贮水池	座,立方米	
03	1	1	02	冷却池	座,立方米	
03	1	1	03	污水处理池	座,立方米	
03	1	1	04	过滤池	座,立方米	
03	1	1	05	蒸发池	座,立方米	
03	1	1	06	结晶池	座,立方米	
03	1	1	07	储油池	座,立方米	
03	1	1	08	煤池	座,立方米	
03	1	1	09	卸灰池	座,立方米	
03	1	1	10	沉渣池	座,立方米	
03	1	1	11	贮盐卤池	座,立方米	
03	1	1	12	金属储油罐	座,立方米	
03	1	1	13	非金属储油罐	座,立方米	
03	1	1	99	其他工业生产用地、罐	座,立方米	
03	1	2		渔业、农业用池	座,立方米	
03	1	2	01	养鱼池	座,立方米	
03	1	2	02	水产动物饲养池	座,立方米	
03	1	2	03	观赏鱼池	座,立方米	
03	1	2	04	农业灌溉用池	座,立方米	
03	1	2	99	其他渔业、农业用地	座,立方米	
03	1	3	00	沼气发生池	座,立方米	
03	1	4		水利用池	座,立方米	
03	1	4	01	进水池	座,立方米	
03	1	4	02	出水池	座,立方米	
03	1	4	03	沉砂池	座,立方米	
03	1	4	99	其他水利用池	座,立方米	
03	1	9	00	其他池	座,立方米	

续表

代	码			固定资产分类名称	计算单位	说　明
03	2			槽	座,延长米	化工生产线上的槽入 272
03	2	1		工业生产用槽	座,延长米	
03	2	1	01	酸性槽	座,延长米	
03	2	1	02	碱性槽	座,延长米	
03	2	1	03	硫酸槽	座,延长米	
03	2	1	04	碱槽	座,延长米	
03	2	1	05	贮油槽	座,延长米	
03	2	1	06	冷水槽	座,延长米	
03	2	1	07	型砂槽	座,延长米	
03	2	1	08	热水槽	座,延长米	
03	2	1	09	料槽	座,延长米	
03	2	1	10	煤槽	座,延长米	
03	2	1	11	洗煤槽	座,延长米	
03	2	1	12	贮矿槽	座,延长米	
03	2	1	13	电缆槽(沟)	座,延长米	
03	2	1	14	修车槽	座,延长米	
03	2	1	15	恒温水槽	座,延长米	
03	2	1	16	恒温油槽	座,延长米	
03	2	1	99	其他工业用槽	座,延长米	
03	2	2		农业用槽	座,延长米	
03	2	2	01	渡槽	座,延长米	
03	2	2	02	溢水槽	座,延长米	
03	2	2	99	其他农业用槽	座,延长米	
03	2	9	00	其他用槽	座,延长米	
03	3			塔、烟囱	座,延长米	化工生产用塔类设备入 2711
03	3	1		工业用塔	座,延长米	
03	3	1	01	水塔	座,延长米	
03	3	1	02	卸煤塔	座,延长米	
03	3	1	03	卸灰塔	座,延长米	
03	3	1	04	无线电通信用钢(铁)塔	座,延长米	
03	3	1	99	其他工业用塔	座,延长米	
03	3	2	00	农业用塔	座,延长米	
03	3	4		广播电视用塔	座,延长米	
03	3	4	01	电视调频用钢(铁)塔	座,延长米	
03	3	4	02	微波钢(铁)塔	座,延长米	

续表

代	码			固定资产分类名称	计算单位	说　明
03	3	5		交通航空用塔	座,延长米	江、河、湖、海导航用塔,机场、车站用塔入此
03	3	5	01	站、场、海上灯塔	座,延长米	
03	3	5	02	导航指挥塔	座,延长米	灯柱入此
03	3	6		气象、水利及环保用塔	座,延长米	
03	3	6	01	气象塔	座,延长米	
03	3	6	02	调压塔	座,延长米	
03	3	6	03	环保监测塔	座,延长米	
03	3	8	00	烟囱	座,延长米	
03	3	9	00	其他塔和烟囱	座,延长米	
03	4			井、坑		
03	4	1		井		采油、采气专用井入2551
03	4	1	01	水井	眼	
03	4	1	02	地热水井	眼	
03	4	1	05	矿井	条,米	
03	4	1	99	其他井		
03	4	2		坑	立方米	
03	4	2	01	原料坑	立方米	
03	4	2	02	铸铁块坑	立方米	
03	4	2	03	铸锭坑	立方米	
03	4	2	04	修罐包坑	立方米	
03	4	2	05	机车灰坑	座,延长米	
03	4	2	06	机车检查坑	座,延长米	
03	4	2	07	渣坑	立方米	
03	4	2	99	其他坑	立方米	
03	5			台、站、码头、道路		
03	5	1		台、站	平方米	
03	5	1	01	旅客站台	座,平方米	
03	5	1	02	货物站台	座,平方米	
03	5	1	03	平台	平方米	
03	5	1	05	转运站	平方米	
03	5	1	06	煤台	座,延长米	
03	5	1	07	上油台	平方米	
03	5	1	08	料台	平方米	
03	5	1	09	渣台	平方米	
03	5	1	10	加油站	座,平方米	
03	5	1	13	检查收费站	座,平方米	

续表

代	码			固定资产分类名称	计算单位	说　明
03	5	1	20	地铁车站	座,平方米	
03	5	1	21	候车亭	座	
03	5	1	99	其他站、台	座,平方米	
03	5	2		码头		
03	5	2	01	直立式码头	平方米	
03	5	2	02	栈桥式码头	平方米	
03	5	2	03	斜坡式码头	平方米	
03	5	2	04	浮式码头	平方米	
03	5	2	05	简易式码头	平方米	
03	5	2	99	其他码头	平方米	
03	5	3		道路		
03	5	3	01	一、二、三级公路	公里	
03	5	3	02	高速公路	公里	
03	5	3	03	城市道路	公里	
03	5	3	04	铁路正线	延长公里	
03	5	3	05	铁路站线	座,延长米	
03	5	3	06	铁路段管线	延长公里	
03	5	3	07	铁路岔线	延长公里	
03	5	3	08	铁路专用线	延长公里	企业专用线入此
03	5	3	10	特别用途线	延长公里	
03	5	3	11	铁路道岔	组	
03	5	3	12	铁路隧道	座,延长米	
03	5	3	13	地铁线路	公里	
03	5	3	14	地铁道岔	公里	
03	5	3	23	公路隧道	座,延长米	
03	5	3	24	电缆隧道	条,米	
03	5	3	25	排灌隧道	条,米	
03	5	3	26	巷道	条,米	
03	5	3	27	渠道	条,米	
03	5	3	28	坑道	条,米	
03	5	3	29	飞机滑行道	条,米	
03	5	3	30	飞机跑道	条,米	
03	5	3	31	飞机停机坪	块,平方米	
03	5	3	99	其他道路	公里	厂内公路入此
03	6			沟、洞、廊	条,米	
03	6	1		沟	条,米	
03	6	1	01	地沟	条,米	

续表

代	码			固定资产分类名称	计算单位	说 明
03	6	1	03	水沟	条,米	
03	6	1	04	围厂河沟	条,米	
03	6	1	05	渠沟	条,米	
03	6	1	06	盐场引潮沟	条,米	
03	6	1	07	盐场排淡沟	条,米	
03	6	1	08	盐场落卤沟	条,米	
03	6	1	09	盐场运盐沟	条,米	
03	6	1	99	其他沟	条,米	
03	6	2		洞	条,米	
03	6	2	01	铁路涵洞	座,延长米	
03	6	2	02	公咯涵洞	条,米	
03	6	2	03	防空洞	条,米	
03	6	2	04	隧洞	条,米	
03	6	2	05	水工涵洞	条,米	
03	6	2	06	放水洞	条,米	
03	6	2	99	其他洞	条,米	
03	6	3		廊	条,米	
03	6	3	01	通廊	条,米	
03	6	3	99	其他廊	条,米	
03	6	9	00	其他沟、洞、廊	条,米	
03	7			桥梁、架及坝、堰、水道		
03	7	1		桥梁、架	座,米	
03	7	1	01	公路桥梁	座,延长米	
03	7	1	02	铁路桥梁	座,延长米	
03	7	1	03	公路、铁路两用桥梁	座,延长米	
03	7	1	04	市内立交桥	座,米	
03	7	1	05	露天栈桥	座,米	
03	7	1	06	吊车栈桥	座,米	
03	7	1	07	洗涤塔支架	座,米	
03	7	1	08	通道支架	座,米	
03	7	1	09	落罐架	座,米	
03	7	1	10	露天框架	座,米	
03	7	1	11	凉水架	座,米	
03	7	1	12	混凝土支架	座,米	
03	7	1	99	其他桥梁、架	座,米	
03	7	2		坝、堰及水道		
03	7	2	01	水电站大坝	座	

续表

代	码			固定资产分类名称	计算单位	说　明
03	7	2	02	水库	座,平方米	
03	7	2	03	堤坝	条,米	
03	7	2	04	防洪堤	条,米	
03	7	2	05	尾矿坝	条,米	
03	7	2	06	护坡	条,米	
03	7	2	07	流量堰	座,平方米	
03	7	2	08	溢、泄洪通	条,米	
03	7	2	99	其他坝、堰及水道	条,米	
03	7	3		闸	座	
03	7	3	01	节制闸	座	
03	7	3	02	进水闸	座	
03	7	3	03	排水闸	座	
03	7	3	04	分洪闸	座	
03	7	3	05	挡潮闸	座	
03	7	3	06	船闸	座	
03	7	3	07	冲沙闸	座	
03	7	3	99	其他闸	座	
03	7	5		水利管道	条,米	
03	7	5	01	引水管道	条	
03	7	5	02	排水管道	条	
03	7	5	03	尾水管道	条,米	
03	7	5	04	节水管道	条,米	
03	7	5	05	倒吸虹	条,米	
03	7	5	99	其他水利管道	条,米	
03	7	6	00	市政管道	条,米	
03	7	9	00	其他桥梁、架及坝、堰、水道	条,米	
03	8			库、仓、场、斗	平方米	
03	8	1		库	平方米	
03	8	1	01	飞机库	平方米	
03	8	1	02	汽车库	平方米	
03	8	1	03	船坞	平方米	
03	8	1	08	地下仓库	平方米	
03	8	1	99	其他库	平方米	
03	8	2		仓	平方米	
03	8	2	01	材料仓	平方米	
03	8	2	02	燃料仓	平方米	
03	8	2	03	原料仓	平方米	

续表

代	码			固定资产分类名称	计算单位	说 明
03	8	2	99	其他仓	平方米	
03	8	3		场	平方米	
03	8	3	01	露天原料场	平方米	
03	8	3	02	废渣场	平方米	
03	8	3	03	停车场	平方米	
03	8	3	04	晾晒场	平方米	
03	8	3	05	露天体育场、训练场	平方米	
03	8	3	99	其他场	平方米	
03	8	4		斗	平方米	
03	8	4	01	料斗	平方米	
03	8	4	99	其他斗	平方米	
03	8	9	00	其他仓、场、库、斗	平方米	
03	9	0	00	其他构筑物		

5. 油气田企业增值税生产性劳务征收范围注释

一、地质勘探

地质勘探，是指根据地质学、物理学和化学原理，凭借各种仪器设备观测地下情况，研究地壳的性质与结构，借以寻找原油、天然气的工作。种类包括：地质测量；控制地形测量；重力法；磁力法；电法；陆地海滩二维（或三维、四维）地震勘探；垂直地震测井法（即 vsp 测井法）；卫星定位；地球化学勘探；井间地震；电磁勘探；多波地震勘探；遥感和遥测；探井；资料（数据）处理、解释和研究。

二、钻井（含侧钻）

钻井（含侧钻），是指初步探明储藏有油气水后，通过钻具（钻头、钻杆、钻铤）对地层钻孔，然后用套、油管联接并向下延伸到油气水层，并将油气水分离出来的过程。钻井工程分为探井和开发井。探井包括地质井、参数井、预探井、评价井、滚动井等；开发井包括采油井、采气井、注水（气）井以及调整井、检查研究井、扩边井、油藏评价井等，其有关过程包括：

（一）新老区临时工程建设。是指为钻井前期准备而进行的临时性工程。含临时房屋修建、临时公路和井场道路的修建、供水（电）工程的建设、保温及供热工程建设、维护、管理。

（二）钻前准备工程。指为钻机开钻创造必要条件而进行的各项准备工程。含钻机、井架、井控、固控设施、井口工具的安装及维修。

（三）钻井施工工程。包括钻井、井控、固控所需设备、材料及新老区临时工程所需材料的装卸及搬运。

（四）包括定向井技术、水平井技术、打捞技术、欠平衡技术、泥浆技术、随钻测量、陀螺测量、电子多点、电子单点、磁性单多点、随钻、通井、套管开窗、老井侧钻、数据处理、小井眼加深、钻井液、顶部驱动钻井、化学监测、分支井技术、气体（泡沫）钻井技术、套管钻井技术、膨胀管技术、垂直钻井技术、地质导向钻井技术、旋冲钻井技术，取芯、下套管作业、钻具服务、井控服务、固井服务、钻井工程技术监督、煤层气钻井技术等。

（五）海洋钻井：包括钻井船拖航定位、海洋环保、安全求生设备的保养检查、试油点火等特殊作业。

三、测井

测井，是指在井孔中利用测试仪器，根据物理和化学原理，间接获取地层和井眼信息，包括信息采集、处理、解释和油（气）井射孔。根据测井信息，评价储（产）层岩性、物性、含油性、生产能力及固井质量、射孔质量、套管质量、井下作业效果等。按物理方法，主要有电法测井、声波测井、核（放射性）测井、磁测井、力测井、热测井、化学测井；按完井方式分裸眼井测井和套管井测井；按开采阶段分勘探测井和开发测井，开发测井包括生产测井、工程测井和产层参数测井。

四、录井

录井，是指钻井过程中随着钻井录取各种必要资料的工艺过程。有关项目包括：地质设计；地质录井；气测录井；综合录井；地化录井；轻烃色谱录井；定量荧光录井；核磁共振录井；离子色谱录井；伽马录井；岩心扫描录井；录井信息传输；录井资料处理及解释；地质综合研究；测量工程；单井评价；古生物、岩矿、色谱分析；录井新技术开发；非地震方法勘探；油层工程研究；数据处理；其他技术服务项目。

五、试井

试井，是指确定井的生产能力和研究油层参数及地下动态，对井进行的专门测试工作。应用试井测试手段可以确定油气藏压力系统、储层特性、生产能力和进行动态预测，判断油气藏边界、评价井下作业效果和估算储量等。包括高压试井和低压试井。

六、固井

固井，是指向井内下入一定尺寸的套管柱，并在周围注入水泥，将井壁与套管的空隙固定，以封隔疏松易塌易漏等地层、封隔油气水层，防止互相窜漏并形成油气通道。具体项目包括：表面固井、技术套管固井、油层固井、套管固井、特殊固井。

七、试油（气）

试油（气），是油气层评价的一种直接手段。是指在钻井过程中或完井后，利用地层测试等手段，获取储层油、气、水产量、液性、压力、温度等资料，为储层评价、油气储量计算和制定油气开发方案提供依据。包括：中途测试、原钻机试油（气）、完井试油（气）、压裂改造、酸化改造、地层测试和抽汲排液求产、封堵等特种作业。

八、井下作业

井下作业，是指在油气开发过程中，根据油气田投产、调整、改造、完善、挖潜的需要，利用地面和井下设备、工具，对油、气、水井采取各种井下作业技术措施，以达到维护油气水井正常生产或提高注采量，改善油层渗透条件及井的技术状况，提高采油速度和最终采收率。具体项目包括：新井投产、投注、维护作业、措施作业、油水井大修、试油测试、试采、数据解释。

九、油（气）集输

油（气）集输，是指把油（气）井生产的原油（天然气）收集起来，再进行初加工并输送出去而修建井（平）台、井口装置、管线、计量站、接转站、联合站、油库、油气稳定站、净化厂（站）、污水处理站、中间加热加压站、长输管线、集气站、增压站、气体处理厂等设施及维持设施正常运转发生的运行、保养、维护等劳务。

十、采油采气

采油采气，是指为确保油田企业正常生产，通过自然或机械力将油气从油气层提升到地面并输送到联合站、集输站整个过程而发生的工程及劳务。主要包括采油采气、注水注气、三次采油、防腐、为了提高采收率采取的配套技术服务等。

（一）采油采气。是指钻井完钻后，通过试采作业，采取自然或机械力将油气从油气层提升到地面而进行的井场、生产道路建设、抽油机安装、采油树配套、单井管线铺设、动力设备安装、气层排液等工程及维持正常生产发生的运行、保养、维护等劳务。

（二）注水注气。是指为保持油气层压力而建设的水源井、取水设施、操作间、水源管线、配水间、配气站、注水注气站、注水增压站、注水注气管线等设施以及维持正常注水注气发生的运行、保养、维护等劳务。

（三）稠油注汽。是指为开采稠油而修建的向油层注入高压蒸汽的设施工程及维持正常注汽发生的运行、保养、维护等劳务。

（四）三次采油。是指为提高原油采收率，确保油田采收率而向油层内注聚合物、酸碱、表面活性剂、二氧化碳、微生物等其他新技术，进行相关的技术工艺配套和地面设施工程。包括修建注入和采出各场站、管网及相应的各系统工程；产出液处理的净化场（站）及管网工程等。

（五）防腐。是指为解决现场问题，保证油田稳产，解决腐蚀问题而进行的相关药剂、防腐方案、腐蚀监测网络等的配套工程。

（六）技术服务。是指为确保油气田的正常生产，为采油气工程提供的各种常规技术服务及新技术服务等。主要包括采油采气方案的编制、注水注气方案编制、三次采油方案的编制设计、油井管柱优化设计、相关软件的开发、采油气新工艺的服务、油气水井测试服务等。

十一、海上油田建设

海上油田建设，是指为勘探开发海上油田而修建的人工岛、海上平台、海堤、滩海路、海上电力通讯、海底管缆、海上运输、应急系统、弃置等海上生产设施及维持正常生产发生的运行、保养、维护等劳务。

十二、供排水、供电、供热、通讯

（一）供排水。是指为维持油（气）田正常生产及保证安全所建设的调节水源、管线、泵站等系统工程以及防洪排涝工程以及运行、维护、改造等劳务。

（二）供电。是指为保证油（气）田正常生产和照明而建设的供、输、变电的系统工程以及运行、维护、改造等劳务。

（三）供热。是指为保证油气田正常生产而建设的集中热源、供热管网等设施以及运行、维护、改造等劳务。

（四）通讯。是指在油（气）田建设中为保持电信联络而修建的发射台、线路、差转台（站）等设施以及运行、维护、改造等劳务。

十三、油田基本建设

油田基本建设，是指根据油气田生产的需要，在油气田内部修建的道路、桥涵、河堤、输卸油（气）专用码头、海堤、生产指挥场所建设等设施以及维护和改造。

十四、环境保护

环境保护，是油气田企业为保护生态环境，落实环境管理而发生的生态保护、污染防治、清洁生产、污染处置、环境应急等项目建设的工程与劳务，及施工结束、资源枯竭后应及时恢复自然生态而建设的工程及劳务。

十五、其他

其他，是指油气田企业之间为维持油气田的正常生产而互相提供的其他劳务。包括：运输、设计、提供信息、检测、计量、监督、监理、消防、安全、异体监护、数据处理、租赁生产所需的仪器、材料、设备等服务。

6. 享受增值税优惠政策的新型墙体材料目录

一、砖类

（一）非黏土烧结多孔砖（符合 GB13544—2000 技术要求）和非黏土烧结空心砖（符合 GB13545—2003 技术要求）。

（二）混凝土多孔砖（符合 JC943—2004 技术要求）。

（三）蒸压粉煤灰砖（符合 JC239—2001 技术要求）和蒸压灰砂空心砖（符合 JC/T637—1996 技术要求）。

（四）烧结多孔砖（仅限西部地区，符合 GB13544—2000 技术要求）和烧结空心砖（仅限西部地区，符合 GB13545—2003 技术要求）。

二、砌块类

（一）普通混凝土小型空心砌块（符合 GB8239—1997 技术要求）。

（二）轻集料混凝土小型空心砌块（符合 GB15229—2002 技术要求）。

（三）烧结空心砌块（以煤矸石、江河湖淤泥、建筑垃圾、页岩为原料，符合 GB13545—2003 技术要求）。

（四）蒸压加气混凝土砌块（符合 GB/T11968—2006 技术要求）。

（五）石膏砌块（符合 JC/T698—1998 技术要求）。

（六）粉煤灰小型空心砌块（符合 JC862—2000 技术要求）。

三、板材类

（一）蒸压加气混凝土板（符合 GB15762—1995 技术要求）。

（二）建筑隔墙用轻质条板（符合 JG/T169—2005 技术要求）。

（三）钢丝网架聚苯乙烯夹芯板（符合 JC623—1996 技术要求）。

（四）石膏空心条板（符合 JC/T829—1998 技术要求）。

（五）玻璃纤维增强水泥轻质多孔隔墙条板（简称 GRC 板，符合 GB/T19631—2005 技术要求）。

（六）金属面夹芯板。其中：金属面聚苯乙烯夹芯板（符合 JC689—1998 技术要求）；金属面硬质聚氨酯夹芯板（符合 JC/T868—2000 技术要求）；金属面岩棉、矿渣棉夹芯板（符合 JC/T869—2000 技术要求）。

（七）建筑平板。其中：纸面石膏板（符合 GB/T9775—1999 技术要求）；纤维增强硅酸钙板（符合 JC/T564—2000 技术要求）；纤维增强低碱度水泥建筑平板（符合 JC/T626—1996 技术要求）；维纶纤维增强水泥平板（符合 JC/T671—1997 技术要求）；建筑用石棉水泥平板（符合 JC/T412 技术要求）。

四、符合国家标准、行业标准和地方标准的混凝土砖、烧结保温砖（砌块）、中空钢网内模隔墙、复合保温砖（砌块）、预制复合墙板（体）、聚氨酯硬泡复合板及以专用聚氨酯为材料的建筑墙体。

7. 享受增值税优惠政策的废渣目录

本通知所述废渣，是指采矿选矿废渣、冶炼废渣、化工废渣和其他废渣。

一、采矿选矿废渣，是指在矿产资源开采加工过程中产生的废石、煤矸石、碎屑、粉末、粉尘和污泥。

二、冶炼废渣，是指转炉渣、电炉渣、铁合金炉渣、氧化铝赤泥和有色金属灰渣，但不包括高炉水渣。

三、化工废渣，是指硫铁矿渣、硫铁矿煅烧渣、硫酸渣、硫石膏、磷石膏、磷矿煅烧渣、含氰废渣、电石渣、磷肥渣、硫磺渣、碱渣、含钡废渣、铬渣、盐泥、总溶剂渣、黄磷渣、柠檬酸渣、脱硫石膏、氟石膏和废石膏模。

四、其他废渣，是指粉煤灰、江河（湖、海、渠）道淤泥、淤沙、建筑垃圾、城镇污水处理厂处理污水产生的污泥。

8. 文化企业的具体范围

1. 文艺表演团体；

2. 文化、艺术、演出经纪企业；

3. 从事新闻出版、广播影视和文化艺术展览的企业；

4. 从事演出活动的剧场（院）、音乐厅等专业演出场所；

5. 经国家文化行政主管部门许可设立的文物商店；

6. 从事动画、漫画创作、出版和生产以及动画片制作、发行的企业；

7. 从事广播电视（含付费和数字广播电视）节目制作、发行的企业，从事广播影视节目及电影出口贸易的企业；

8. 从事电影（含数字电影）制作、洗印、发行、放映的企业；

9. 从事付费广播电视频道经营、节目集成播出推广以及接入服务推广的企业；

10. 从事广播电影电视有线、无线、卫星传输的企业；

11. 从事移动电视、手机电视、网络电视、视频点播等视听节目业务的企业；

12. 从事与文化艺术、广播影视、出版物相关的知识产权自主开发和转让的企业；从事著作权代理、贸易的企业；

13. 经国家行政主管部门许可从事网络图书、网络报纸、网络期刊、网络音像制品、网络电子出版物、网络游戏软件、网络美术作品、网络视听产品开发和运营的企业；以互联网为手段的出版物销售企业；

14. 从事出版物、影视、剧目作品、音乐、美术作品及其他文化资源数字化加工的企业；

15. 图书、报纸、期刊、音像制品、电子出版物出版企业；

16. 出版物物流配送企业，经国家行政主管部门许可设立的全国或区域出版物发行连锁经营企业、出版物进出口贸易企业、建立在县及县以下以零售为主的出版物发行企业；

17. 经新闻出版行政主管部门许可设立的只读类光盘复制企业、可录类光盘生产企业；

18. 采用数字化印刷技术、电脑直接制版技术（CTP）、高速全自动多色印刷机、高速书刊装订联动线等高新技术和装备的图书、报纸、期刊、音像制品、电子出版物印刷企业。

9. 科技开发、科学研究和教学设备清单

为科学研究、教学和科技开发提供必要条件的实验设备、装置和器械（不包括中试设备），具体包括以下三类：

一、实验环境方面

（一）教学实验仪器及装置；
（二）教学示教、演示仪器及装置；
（三）超净设备（如换气、灭菌、纯水、净化设备等）；
（四）特殊实验环境设备（如超低温、超高温、高压、低压、强腐蚀设备等）；
（五）特殊电源、光源（如电极、开关、线圈、各种光源等）；
（六）清洗循环设备；
（七）恒温设备（如水浴、恒温箱、灭菌仪等）；
（八）小型粉碎、研磨制备设备。

二、样品制备设备和装置

（一）特种泵类（如分子泵、离子泵、真空泵、蠕动泵、蜗轮泵、干泵等）；
（二）培养设备（如培养箱、发酵罐等）；
（三）微量取样设备（如移液管、取样器、精密天平等）；
（四）分离、纯化、浓缩设备（如离心机、层析、色谱、萃取、结晶设备、旋转蒸发器等）；
（五）气体、液体、固体混合设备（如旋涡混合器等）；
（六）制气设备、气体压缩设备；
（七）专用制样设备（如切片机、压片机、镀膜机、减薄仪、抛光机等），实验用注射、挤出、造粒、膜压设备；实验室样品前处理设备；
（八）实验室专用小器具（如分配器、量具、循环器、清洗器、工具等）。

三、实验室专用设备

（一）特殊照相和摄影设备（如水下、高空、高温、低温等）；
（二）科研飞机、船舶用关键设备和部件；
（三）特种数据记录设备及材料（如大幅面扫描仪、大幅面绘图仪、磁带机、光盘机等）；
（四）特殊电子部件（如电路板、特种晶体管、专用集成电路等）；
（五）材料科学专用设备（如干胶仪、特种坩埚、陶瓷、图形转换设备、制版用干板、特种等离子体源、离子源、外延炉、扩散炉、溅射仪、离子刻蚀机、材料实验机等），可靠性试验设备，微电子加工设备，通信模拟仿真设备，通信环境试验设备；
（六）小型熔炼设备（如真空、粉末、电渣等），特殊焊接设备；
（七）小型染整、纺丝试验专用设备；
（八）电生理设备。

10. 中华人民共和国消费税税目税率表

税　　目	税　　率
一、烟	
1. 卷烟	
工业	
(1)甲类卷烟。调拨价70元(不含增值税)/条以上(含70元)	56%加0.003元/支(生产环节)
(2)乙类卷烟。调拨价格70元(不含增值税)/条以下。	36%加0.003元/支(生产环节)
商业批发	5%(批发环节)
2. 雪茄烟	36%(生产环节)
3. 烟丝	30%(生产环节)
二、酒及酒精	
1. 白酒	20%加0.5元/500克(或者500毫升)
2. 黄酒	240元/吨
3. 啤酒	
(1)甲类啤酒	250元/吨
(2)乙类啤酒	220元/吨
4. 其他酒	10%
5. 酒精	5%
三、化妆品	30%
四、贵重首饰及珠宝玉石	
1. 金银首饰、铂金首饰和钻石及钻石饰品	5%
2. 其他贵重首饰和珠宝玉石	10%
五、鞭炮、焰火	15%
六、成品油	
1. 汽油	
(1)含铅汽油	1.40元/升
(2)无铅汽油	1.00元/升
2. 柴油	0.80元/升
3. 航空煤油	0.80元/升
4. 石脑油	1.00元/升
5. 溶剂油	1.00元/升
6. 润滑油	1.00元/升
7. 燃料油	0.80元/升
七、汽车轮胎	3%
八、摩托车	
1. 气缸容量(排气量,下同)在250毫升(含250毫升)以下的	3%
2. 气缸容量在250毫升以上的	10%

续表

税　目	税　率
九、小汽车 1. 乘用车 (1)气缸容量(排气量,下同)在1.0升(含1.0升)以下的 (2)气缸容量在1.0升以上至1.5升(含1.5升)的 (3)气缸容量在1.5升以上至2.0升(含2.0升)的 (4)气缸容量在2.0升以上至2.5升(含2.5升)的 (5)气缸容量在2.5升以上至3.0升(含3.0升)的 (6)气缸容量在3.0升以上至4.0升(含4.0升)的 (7)气缸容量在4.0升以上的 2. 中轻型商用客车	 1% 3% 5% 9% 12% 25% 40% 5%
十、高尔夫球及球具	10%
十一、高档手表	20%
十二、游艇	10%
十三、木制一次性筷子	5%
十四、实木地板	5%

11. 消费税税目范围注释

一、烟

凡是以烟叶为原料加工生产的产品，不论使用何种辅料，均属于本税目的征收范围。本税目下设甲类卷烟、乙类卷烟、雪茄烟、烟丝四个子目。

卷烟是指将各种烟叶切成烟丝，按照配方要求均匀混合，加入糖、酒、香料等辅料，用白色盘纸、棕色盘纸、涂布纸或烟草薄片经机器或手工卷制的普通卷烟和雪茄型卷烟。

（一）甲类卷烟

甲类卷烟是指每大箱（5 万支）销售价格在 780 元（含 780 元）以上的卷烟。

不同包装规格卷烟的销售价格均按每大箱（5 万支）折算。

（二）乙类卷烟

乙类卷烟是指每大箱（5 万支）销售价格在 780 元以下的卷烟。

不同包装规格卷烟的销售价格均按每大箱（5 万支）折算。

（三）雪茄烟

雪茄烟是指以晾晒烟为原料或者以晾晒烟和烤烟为原料，用烟叶或卷烟纸、烟草薄片作为烟支内包皮，再用烟叶作为烟支外包皮，经机器或手工卷制而成的烟草制品。按内包皮所用材料的不同可分为全叶卷雪茄烟和半叶卷雪茄烟。

雪茄烟的征收范围包括各种规格、型号的雪茄烟。

（四）烟丝

烟丝是指将烟叶切成丝状、粒状、片状、末状或其他形状，再加入辅料，经过发酵、储存，不经卷制即可供销售吸用的烟草制品。

烟丝的征收范围包括以烟叶为原料加工生产的不经卷制的散装烟，如斗烟、莫合烟、烟末、水烟、黄红烟丝等等。

二、酒及酒精

本税目下设粮食白酒、薯类白酒、黄酒、啤酒、其他酒、酒精六个子目。

（一）粮食白酒

粮食白酒是指以高粱、玉米、大米、糯米、大麦、小麦、小米、青稞等各种粮食为原料，经过糖化、发酵后，采用蒸馏方法酿制的白酒。

（二）薯类白酒

薯类白酒是指以白薯（红薯、地瓜）、木薯、马铃薯（土豆）、芋头、山药等各种干鲜薯类为原料，经过糖化、发酵后，采用蒸馏方法酿制的白酒。

用甜菜酿制的白酒，比照薯类白酒征税。

（三）黄酒

黄酒是指以糯米、粳米、籼米、大米、黄米、玉米、小麦、薯类等为原料，经加温、糖化、发酵、压榨酿制的酒。由于工艺、配料和含糖量的不同，黄酒分为干黄酒、半干黄酒、半甜黄酒、甜黄酒四类。

黄酒的征收范围包括各种原料酿制的黄酒和酒度超过12度（含12度）的土甜酒。

（四）啤酒

啤酒是指以大麦或其他粮食为原料，加入啤酒花，经糖化、发酵、过滤酿制的含有二氧化碳的酒。啤酒按照杀菌方法的不同，可分为熟啤酒和生啤酒或鲜啤酒。

啤酒的征收范围包括各种包装和散装的啤酒。

无醇啤酒比照啤酒征税。

（五）其他酒

其他酒是指除粮食白酒、薯类白酒、黄酒、啤酒以外，酒度在1度以上的各种酒。其征收范围包括糠麸白酒、其他原料白酒、土甜酒、复制酒、果木酒、汽酒、药酒等等。

1. 糠麸白酒是指用各种粮食的糠麸酿制的白酒。

用稗子酿制的白酒，比照糠麸酒征税。

2. 其他原料白酒是指用醋糟、糖渣、糖漏水、甜菜渣、粉渣、薯皮等各种下脚料，葡萄、桑椹、橡子仁等各种果实、野生植物等代用品，以及甘蔗、糖等酿制的白酒。

3. 土甜酒是指用糯米、大米、黄米等为原料，经加温、糖化、发酵（通过酒曲发酵），采用压榨酿制的酒度不超过12度的酒。

酒度超过12度的应按黄酒征税。

4. 复制酒是指以白酒、黄酒、酒精为酒基，加入果汁、香料、色素、药材、补品、糖、调料等配制或泡制的酒，如各种配制酒、泡制酒、滋补酒等等。

5. 果木酒是指以各种果品为主要原料，经发酵过滤酿制的酒。

6. 汽酒是指以果汁、香精、色素、酸料、酒（或酒精）、糖（或糖精）等调配，冲加二氧化碳制成的酒度在1度以上的酒。

7. 药酒是指按照医药卫生部门的标准，以白酒、黄酒为酒基，加入各种药材泡制或配制的酒。

（六）酒精

酒精又名乙醇，是指以含有淀粉或糖分的原料，经糖化和发酵后，用蒸馏方法生产的酒精度数在95度以上的无色透明液体；也可以石油裂解气中的乙烯为原料，用合成方法制成。

酒精的征收范围包括用蒸馏法和合成方法生产的各种工业酒精、医药酒精、食用酒精。

三、化妆品

本税目征收范围包括各类美容、修饰类化妆品、高档护肤类化妆品和成套化妆品。

美容、修饰类化妆品是指香水、香水精、香粉、口红、指甲油、胭脂、眉笔、唇笔、蓝眼油、眼睫毛以及成套化妆品。

舞台、戏剧、影视演员化妆用的上妆油、卸装油、油彩不属于本税目的征收范围。

高档护肤类化妆品征收范围另行制定。

四、贵重首饰及珠宝玉石

本税目征收范围包括：各种金银珠宝首饰和经采掘、打磨、加工的各种珠宝玉石。

（一）金银珠宝首饰包括：

凡以金、银、白金、宝石、珍珠、钻石、翡翠、珊瑚、玛瑙等高贵稀有物质以及其他金属、人造宝石等制作的各种纯金银首饰及镶嵌首饰（含人造金银、合成金银首饰等）。

（二）珠宝玉石的种类包括：

1. 钻石：钻石是完全由单一元素碳元素所结晶而成的晶体矿物，也是宝石中唯一由单元素组成的宝石。钻石为八面体解理，即平面八面体晶面的四个方向，一般呈阶梯状。钻石的化学性质很稳定，不易溶于酸和碱。但在纯氧中，加热到1770度左右时，就会发生分解。在真空中，加热到1700度时，就会把它分解为石墨。钻石有透明的、半透明的，也有不透明的。宝石级的钻石，应该是无色透明的，无瑕疵或极少瑕疵，也可以略有淡黄色或极浅的褐色，最珍贵的颜色是天然粉色，其次是蓝色和绿色。

2. 珍珠：海水或淡水中的贝类软体动物体内进入细小杂质时，外套膜受到刺激便分泌出一种珍珠质（主要是碳酸钙），将细小杂质层层包裹起来，逐渐成为一颗小圆珠，就是珍珠。珍珠颜色主要为白色、粉色及浅黄色，具珍珠光泽，其表面隐约闪烁着虹一样的晕彩珠光。颜色白润、皮光明亮、形状精圆、粒度硬大者价值最高。

3. 松石：松石是一种自色宝石，是一种完全水化的铜铝磷酸盐。分子式为 cual6（po4）4（oh）8·5h2o。松石的透明度为不透明、薄片下部分呈半透明。抛光面为油脂玻璃光泽，断口为油脂暗淡光泽。松石种类包括波斯松石、美国松石和墨西哥松石、埃及松石和带铁线的绿松石。

4. 青金石：青金石是方钠石族的一种矿物；青金石的分子式为（na，ca）7－8（al，si）12（o，s）24（so4），cl2cl2·（oh）2（oh）2，其中钠经常部分地为钾置换，硫则部分地为硫酸根、氯或硒所置换。青金石的种类包括波斯青金石、苏联青金石或西班牙青金石、智利青金石。

5. 欧泊石：矿物质中属蛋白石类，分子式为 sio2·nh2o。由于蛋白石中 sio2 小圆珠整齐排列像光栅一样，当白光射在上面后发生衍射，散成彩色光谱，所以欧泊石具有绚丽夺目的变幻色彩，尤以红色多者最为珍贵。欧泊石的种类包括白欧泊石、黑欧泊石、晶质欧泊石、火欧泊石、胶状欧泊石或玉滴欧泊石、漂砾欧泊石、脉石欧泊石或基质中欧泊石。

6. 橄榄石：橄榄石是自色宝石，一般常见的颜色有纯绿色、黄绿色到棕绿色。橄榄石没有无色的。分子式为：（mg，fe）2sio4。橄榄石的种类包括贵橄榄石、黄玉、镁橄榄石、铁橄榄石、“黄昏祖母绿”和硼铝镁石。

7. 长石：按矿物学分类长石分为两个主要类型：钾长石和斜长石。分子式分别为：kalsi3o8、naalsi3o8。长石的种类包括月光石或冰长石、日光石或砂金石的长石、拉长石、天河石或亚马逊石。

8. 玉：硬玉（也叫翡翠）、软玉。硬玉是一种钠和铝的硅酸盐，分子式为：naal（sio3）2。软玉是一种含水的钙镁硅酸盐，分子式为：camg5（oh）2（si4o11）2。

9. 石英：石英是一种他色的宝石，纯石英为无色透明。分子式为 sio2。石英的种类包括水晶、晕彩或彩红石英、金红石斑点或网金红石石英、紫晶、黄晶、烟石英或烟晶、芙蓉石、东陵石、蓝线石石英、乳石英、蓝石英或蓝宝石石英、虎眼石、鹰眼或猎鹰眼、石英猫眼、带星的或星光石英。

10. 玉髓：也叫隐晶质石英。分子式为 sio2。玉髓的种类包括月光石、绿玉髓、红玛瑙、肉红玉髓、鸡血石、葱绿玉髓、玛瑙、缟玛瑙、碧玉、深绿玉髓、硅孔雀石玉髓、硅化木。

11. 石榴石：其晶体与石榴籽的形状、颜色十分相似而得名。石榴石的一般分子式为 r3m2（sio4）3。石榴石的种类包括铁铝榴石、镁铝榴石、镁铁榴石、锰铝榴石、钙铁榴石、钙铬榴石。

12. 锆石：颜色呈红、黄、蓝、紫色等。分子式为 zrsio4。

13. 尖晶石：颜色呈黄色、绿色和无色。分子式为 mgal2o4。尖晶石的种类包括红色尖晶石、红宝石色的尖晶石或红宝石尖晶石、紫色的或类似贵榴石色泽的尖晶石、粉或玫瑰色尖晶石、桔红色尖晶石、蓝色尖晶石、蓝宝石色尖晶石或蓝宝石尖晶石、象变石的尖晶石、黑色尖晶石、铁镁尖晶石或镁铁尖晶石。

14. 黄玉：黄玉是铝的氟硅酸盐，斜方晶系。分子式为 al2（f，oh）2sio4。黄玉的种类包括棕黄至黄棕、浅蓝至淡蓝、粉红、无色的、其他品种。

15. 碧玺：极为复杂的硼铝硅酸盐，其中可含一种或数种以下成分：镁、钠、锂、铁、钾或其他金属。这些元素比例不同，颜色也不同。碧玺的种类包括红色的、绿色的、蓝色的、黄和橙色、无色或白色、黑色、杂色宝石、猫眼碧玺、变色石似的碧玺。

16. 金绿玉：属尖晶石族矿物，铝酸盐类。主要成分是氧化铝铍，属斜方晶系。分子式为 beal2o4。金绿玉的种类包括变石、猫眼石、变石猫眼宝石及其他一些变种。

17. 绿柱石：绿柱石在其纯净状态是无色的；不同的变种之所以有不同的颜色是由于微量金属氧化物的存在。在存在氧化铬或氧化钒时通常就成了祖母绿，而海蓝宝石则是由于氧化亚铁着色而成的。成为铯绿柱石是由于镁的存在，而金绿柱石则是因氧化铁着色而成的。分子式为：be3al2（sio3）6。绿柱石的种类包括祖母绿、海蓝宝石、maxixe 型绿柱石、金绿柱石、铯绿柱石、其他透明的品种、猫眼绿柱石、星光绿柱石。

18. 刚玉：刚玉是一种很普通的矿物，除了星光宝石外，只有半透明到透明的变种才能叫作宝石。分子式为 al2o3，含氧化铬呈红色，含钛和氧化铁呈蓝色，含氧化铁呈黄色，含铬和氧化铁呈橙色，含铁和氧化钛呈绿色，含铬、钛和氧化铁呈紫色。刚玉的种类包括红宝石、星光红宝石、蓝宝石、艳色蓝宝石、星光蓝宝石。

19. 琥珀：一种有机物质。它是一种含一些有关松脂的古代树木的石化松脂。分子式为 c40h64o4。琥珀的种类包括海珀、坑珀、洁珀、块珀、脂珀、浊珀、泡珀、骨珀。

20. 珊瑚：是生物成因的另一种宝石原料。它是珊瑚虫的树枝状钙质骨架随着极细小的海生动物群体增生而形成。

21. 煤玉：煤玉是褐煤的一个变种（成分主要是碳，并含氢和氧）。它是由漂木经压实作用而成，漂木沉降到海底，变成埋藏的细粒淤泥，然后转变为硬质页岩，称为“煤玉岩”，煤玉是生物成因的。煤玉为非晶质，在粗糙表面上呈暗淡光泽，在磨光面上为玻璃光泽。

22. 龟甲：是非晶质的，具有油脂光泽至蜡状光泽，硬度 2.5。

23. 合成刚玉：指与有关天然刚玉对比，具有基本相同的物理、光学及化学性能的人造材料。

24. 合成宝石：指与有关天然宝石对比，具有基本相同的物理、光学及化学性能的人造宝石。合成宝石种类包括合成金红石、钛酸锶、钇铝榴石、轧镓榴石、合成立方锆石、合成蓝宝石、合成尖晶石、合成金红石、合成变石、合成钻石、合成祖母绿、合成欧泊、合成石英。

25. 双合石：也称复合石，这是一种由两种不同的材料粘结而成的宝石。双合石的种类是根据黏合时所用的材料性质划分的。双合石的种类有石榴石与玻璃双合石、祖母绿的代用品、欧泊石代用品、星光蓝宝石代用品、钻石代用品、其他各种仿宝石复合石。

26. 玻璃仿制品。

五、鞭炮、焰火

鞭炮，又称爆竹。是用多层纸密裹火药，接以药引线，制成的一种爆炸品。

焰火，指烟火剂，一般系包扎品，内装药剂，点燃后烟火喷射，呈各种颜色，有的还变幻成各种景象，分平地小焰火和空中大焰火两类。

本税目征收范围包括各种鞭炮、焰火。通常分为13类，即喷花类、旋转类、旋转升空类、火箭类、吐珠类、线香类、小礼花类、烟雾类、造型玩具类、爆竹类、摩擦炮类、组合烟花类、礼花弹类。

体育上用的发令纸，鞭炮药引线，不按本税目征收。

六、成品油

（一）汽油

汽油是指用原油或其他原料加工生产的辛烷值不小于66的可用作汽油发动机燃料的各种轻质油。含铅汽油是指铅含量每升超过0.013克的汽油。汽油分为车用汽油和航空汽油。

以汽油、汽油组分调和生产的甲醇汽油、乙醇汽油也属于本税目征收范围。

（二）柴油

柴油是指用原油或其他原料加工生产的倾点或凝点在-50至30的可用作柴油发动机燃料的各种轻质油和以柴油组分为主、经调和精制可用作柴油发动机燃料的非标油。

以柴油、柴油组分调和生产的生物柴油也属于本税目征收范围。

（三）石脑油

石脑油又叫化工轻油，是以原油或其他原料加工生产的用于化工原料的轻质油。

石脑油的征收范围包括除汽油、柴油、航空煤油、溶剂油以外的各种轻质油。非标汽油、重整生成油、拔头油、戊烷原料油、轻裂解料（减压柴油VGO和常压柴油AGO）、重裂解料、加氢裂化尾油、芳烃抽余油均属轻质油，属于石脑油征收范围。

（四）溶剂油

溶剂油是用原油或其他原料加工生产的用于涂料、油漆、食用油、印刷油墨、皮革、农药、橡胶、化妆品生产和机械清洗、胶粘行业的轻质油。

橡胶填充油、溶剂油原料，属于溶剂油征收范围。

（五）航空煤油

航空煤油也叫喷气燃料，是用原油或其他原料加工生产的用作喷气发动机和喷气推进系统燃料的各种轻质油。

（六）润滑油

润滑油是用原油或其他原料加工生产的用于内燃机、机械加工过程的润滑产品。

润滑油分为矿物性润滑油、植物性润滑油、动物性润滑油和化工原料合成润滑油。

润滑油的征收范围包括矿物性润滑油、矿物性润滑油基础油、植物性润滑油、动物性润滑油和化工原料合成润滑油。以植物性、动物性和矿物性基础油（或矿物性润滑油）混合掺配而成的“混合性”润滑油，不论矿物性基础油（或矿物性润滑油）所占比例高低，均属润滑油的征收范围。

（七）燃料油

燃料油也称重油、渣油，是用原油或其他原料加工生产，主要用作电厂发电、锅炉用燃料、加热炉燃料、冶金和其他工业炉燃料。腊油、船用重油、常压重油、减压重油、180CTS 燃料油、7 号燃料油、糠醛油、工业燃料、4－6 号燃料油等油品的主要用途是作为燃料燃烧，属于燃料油征收范围。

七、汽车轮胎

汽车轮胎是指用于各种汽车、挂车、专用车和其他机动车上的内、外胎。

本税目征收范围包括：

（一）轻型乘用汽车轮胎；

（二）载重及公共汽车、无轨电车轮胎；

（三）矿山、建筑等车辆用轮胎；

（四）特种车辆用轮胎（指行驶于无路面或雪地、沙漠等高越野轮胎）；

（五）摩托车轮胎；

（六）各种挂车用轮胎；

（七）工程车轮胎；

（八）其他机动车轮胎；

（九）汽车与农用拖拉机、收割机、手扶拖拉机通用轮胎。

八、摩托车

本税目征收范围包括：

（一）轻便摩托车：最大设计车速不超过 50 公里/小时、发动机气缸总工作容积不超过 50 毫升的两轮机动车。

（二）摩托车：最大设计车速超过 50 公里/小时、发动机气缸总工作容积超过 50 毫升、空车质量不超过 400 公斤（带驾驶室的正三轮车及特种车的空车质量不受此限）的两轮和三轮机动车。

1. 两轮车：装有一个驱动轮与一个从动轮的摩托车。

（1）普通车：骑式车架，双人座垫，轮辋基本直径不小于 304 毫米，适应在公路或城市道路上行驶的摩托车。

（2）微型车：坐式或骑式车架，单人或双人座垫，轮辋基本直径不大于 254 毫米，适应在公路或城市道路上行驶的摩托车。

（3）越野车：骑式车架，宽型方向把，越野型轮胎，剩余垂直轮隙及离地间隙大，适应在非公路地区行驶的摩托车。

（4）普通赛车：骑式车架，狭型方向把，坐垫偏后，装有大功率高转速发动机，在专用跑道上比赛车速的一种摩托车。

(5) 微型赛车：坐式或骑式车架，轮辋基本直径不大于254毫米，装有大功率高转速发动机，在专用跑道上比赛车速的一种摩托车。

(6) 越野赛车：具有越野性能，装有大功率发动机，用于非公路地区比赛车速的一种摩托车。

(7) 特种车：一种经过改装之后用于完成特定任务的两轮摩托车。如开道车。

2. 边三轮车：在两轮车的一侧装有边车的三轮摩托车。

(1) 普通边三轮车：具有边三轮车结构，用于载运乘员或货物的摩托车。

(2) 特种边三轮车：装有专用设备，用于完成特定任务的边三轮车。如警车、消防车。

3. 正三轮车：装有与前轮对称分布的两个后轮和固定车厢的三轮摩托车。

(1) 普通正三轮车：具有正三轮车结构，用于载运乘员或货物的摩托车。如客车、货车。

(2) 特种正三轮车：装有专用设备，用于完成特定任务的正三轮车。如容罐车、自卸车、冷藏车。

九、小汽车

汽车是指由动力驱动，具有四个或四个以上车轮的非轨道承载的车辆。

本税目征收范围包括含驾驶员座位在内最多不超过9个座位（含）的，在设计和技术特性上用于载运乘客和货物的各类乘用车和含驾驶员座位在内的座位数在10至23座（含23座）的在设计和技术特性上用于载运乘客和货物的各类中轻型商用客车。

用排气量小于1.5升（含）的乘用车底盘（车架）改装、改制的车辆属于乘用车征收范围。用排气量大于1.5升的乘用车底盘（车架）或用中轻型商用客车底盘（车架）改装、改制的车辆属于中轻型商用客车征收范围。

含驾驶员人数（额定载客）为区间值的（如8－10人；17－26人）小汽车，按其区间值下限人数确定征收范围。

电动汽车不属于本税目征收范围。

十、高尔夫球及球具

高尔夫球及球具是指从事高尔夫球运动所需的各种专用装备，包括高尔夫球、高尔夫球杆及高尔夫球包（袋）等。

高尔夫球是指重量不超过45.93克、直径不超过42.67毫米的高尔夫球运动比赛、练习用球；高尔夫球杆是指被设计用来打高尔夫球的工具，由杆头、杆身和握把三部分组成；高尔夫球包（袋）是指专用于盛装高尔夫球及球杆的包（袋）。

本税目征收范围包括高尔夫球、高尔夫球杆、高尔夫球包（袋）。高尔夫球杆的杆头、杆身和握把属于本税目的征收范围。

十一、高档手表

高档手表是指销售价格（不含增值税）每只在10000元（含）以上的各类手表。

本税目征收范围包括符合以上标准的各类手表。

十二、游艇

游艇是指长度大于8米小于90米，船体由玻璃钢、钢、铝合金、塑料等多种材料制作，可以在水上移动的水上浮载体。按照动力划分，游艇分为无动力艇、帆艇和机动艇。

本税目征收范围包括艇身长度大于8米（含）小于90米（含），内置发动机，可以在水上移动，一般为私人或团体购置，主要用于水上运动和休闲娱乐等非牟利活动的各类机动艇。

十三、木制一次性筷子

木制一次性筷子，又称卫生筷子，是指以木材为原料经过锯段、浸泡、旋切、刨切、烘干、筛选、打磨、倒角、包装等环节加工而成的各类一次性使用的筷子。

本税目征收范围包括各种规格的木制一次性筷子。未经打磨、倒角的木制一次性筷子属于本税目征税范围。

十四、实木地板

实木地板是指以木材为原料，经锯割、干燥、刨光、截断、开榫、涂漆等工序加工而成的块状或条状的地面装饰材料。实木地板按生产工艺不同，可分为独板（块）实木地板、实木指接地板、实木复合地板三类；按表面处理状态不同，可分为未涂饰地板（白坯板、素板）和漆饰地板两类。

本税目征收范围包括各类规格的实木地板、实木指接地板、实木复合地板及用于装饰墙壁、天棚的侧端面为榫、槽的实木装饰板。未经涂饰的素板属于本税目征税范围。

12. 公共基础设施项目企业所得税优惠目录（2008 年版）

序号	类 别	项 目	范围、条件及技术标准
1	港口码头	码头、泊位、通航建筑物新建项目	由省级以上政府投资主管部门核准的沿海港口万吨级及以上泊位、内河千吨级及以上泊位、滚装泊位、内河航运枢纽新建项目
2	机场	民用机场新建项目	由国务院核准的民用机场新建项目，包括民用机场迁建、军航机场军民合用改造项目
3	铁路	铁路新线建设项目	由省级以上政府投资主管部门或国务院行业主管部门核准的客运专线、城际轨道交通和Ⅲ级及以上铁路建设项目
4		既有线路改造项目	由省级以上政府投资主管部门或国务院行业主管部门核准的铁路电气化改造、增建二线项目以及其他改造投入达到项目固定资产账面原值 75% 以上的改造项目
5	公路	公路新建项目	由省级以上政府投资主管部门核准的一级以上的公路建设项目
6	城市公共交通	城市快速轨道交通新建项目	由国务院核准的城市地铁、轻轨新建项目
7	电力	水力发电新建项目（包括控制性水利枢纽工程）	由国务院投资主管部门核准的在主要河流上新建的水电项目，总装机容量在 25 万千瓦及以上的新建水电项目，以及抽水蓄能电站项目
8		核电站新建项目	由国务院核准的核电站新建项目
9		电网（输变电设施）新建项目	由国务院投资主管部门核准的 330kv 及以上跨省及长度超过 200km 的交流输变电新建项目，500kv 及以上直流输变新建项目；由省级以上政府投资主管部门核准的革命老区、老少边穷地区电网新建工程项目；农网输变电新建项目。
10		风力发电新建项目	由政府投资主管部门核准的风力发电新建项目
11		海洋能发电新建项目	由省级以上政府投资主管部门核准的海洋能发电新建项目
12		太阳能发电新建项目	由政府投资主管部门核准的太阳能发电新建项目
13		地热发电新建项目	由政府投资主管部门核准的地热发电新建项目
14	水利	灌区配套设施及农业节水灌溉工程新建项目	由政府投资主管部门核准的灌区水源工程、灌排系统工程、节水工程
15		地表水水源工程新建项目	由政府投资主管部门核准的水库、塘堰、水窖及配套工程
16		调水工程新建项目	由政府投资主管部门核准的取水、输水、配水工程
17		农村人畜饮水工程新建项目	由政府投资主管部门核准的农村人畜饮水工程中取水、输水、净化水、配水工程
18		牧区水利工程新建项目	由政府投资主管部门核准的牧区水利工程中的取水、输配水、节水灌溉及配套工程

13. 资源综合利用企业所得税优惠目录（2008年版）

类别	序号	综合利用的资源	生产的产品	技术标准
一、共生、伴生矿产资源	1	煤系共生、伴生矿产资源、瓦斯	高岭岩、铝钒土、膨润土，电力、热力及燃气	1. 产品原料100%来自所列资源 2. 煤炭开发中的废弃物 3. 产品符合国家和行业标准
二、废水（液）、废气、废渣	2	煤矸石、石煤、粉煤灰、采矿和选矿废渣、冶炼废渣、工业炉渣、脱硫石膏、磷石膏、江河（渠）道的清淤（淤沙）、风积沙、建筑垃圾、生活垃圾焚烧余渣、化工废渣、工业废渣	砖（瓦）、砌块、墙板类产品、石膏类制品以及商品粉煤灰	产品原料70%以上来自所列资源
	3	转炉渣、电炉渣、铁合金炉渣、氧化铝赤泥、化工废渣、工业废渣	铁、铁合金料、精矿粉、稀土	产品原料100%来自所列资源
	4	化工、纺织、造纸工业废液及废渣	银、盐、锌、纤维、碱、羊毛脂、聚乙烯醇、硫化钠、亚硫酸钠、硫氰酸钠、硝酸、铁盐、铬盐、木素磺酸盐、乙酸、乙二酸、乙酸钠、盐酸、粘合剂、酒精、香兰素、饲料酵母、肥料、甘油、乙氰	产品原料70%以上来自所列资源
	5	制盐液（苦卤）及硼酸废液	氯化钾、硝酸钾、溴素、氯化镁、氢氧化镁、无水硝、石膏、硫酸镁、硫酸钾、肥料	产品原料70%以上来自所列资源
	6	工矿废水、城市污水	再生水	1. 产品原料100%来自所列资源 2. 达到国家有关标准
	7	废生物质油，废弃润滑油	生物柴油及工业油料	产品原料100%来自所列资源
	8	焦炉煤气，化工、石油（炼油）化工废气、发酵废气、火炬气、炭黑尾气	硫磺、硫酸、磷铵、硫铵、脱硫石膏，可燃气、轻烃、氢气，硫酸亚铁、有色金属，二氧化碳、干冰、甲醇、合成氨	
	9	转炉煤气、高炉煤气、火炬气以及除焦炉煤气以外的工业炉气，工业过程中的余热、余压	电力、热力	

续表

类　　别	序号	综合利用的资源	生产的产品	技术标准
三、再生资源	10	废旧电池、电子电器产品）	金属（包括稀贵金属）、非金属	产品原料100%来自所列资源
	11	废感光材料、废灯泡（管）	有色（稀贵）金属及其产品	产品原料100%来自所列资源
	12	锯末、树皮、枝丫材	人造板及其制品	1. 符合产品标准 2. 产品原料100%来自所列资源
	13	废塑料	塑料制品	产品原料100%来自所列资源
	14	废、旧轮胎	翻新轮胎，胶粉	1. 产品符合GB9037和GB14646标准 2. 产品原料100%来自所列资源 3. 符合GB/T19208等标准规定的性能指标。
	15	废弃天然纤维；化学纤维及其制品	造纸原料、纤维纱及织物、无纺布、毡、粘合剂、再生聚酯	产品原料100%来自所列资源
	16	农作物秸秆及壳皮（包括粮食作物秸秆、农业经济作物秸秆、粮食壳皮、玉米芯）	代木产品，电力、热力及燃气	产品原料70%以上来自所列资源

14. 节能节水专用设备企业所得税优惠目录（2008 年版）

序号	设备类别	设备名称	性能参数	应用领域	能效标准
一、节能设备					
1	中小型三相电动机	节能中小型三相异步电动机	电压 660V 及以下、额定功率 0.55kW ~ 315kW 范围内，单速封闭扇冷式、N 设计的一般用途、防爆电动机。效率指标不小于节能评价值	工业生产电力拖动	GB 18613—2002
2	空气调节设备	能效等级 1 级的单元式空气调节机	名义制冷量大于 7000W，能效比达到能效等级 1 级要求	工业制冷	GB 19576—2004
		能效等级 1 级的风管送风式空调（热泵）机组	能效比达到能效等级 1 级要求	工业制冷	GB 19576—2004
		能效等级 1 级的屋顶式空调（热泵）机组	制冷量为 28kW ~ 420kW，能效比达到能效等级 1 级要求	工业制冷	GB 19576—2004
		能效等级 1 级的冷水机组	能效比达到能效等级 1 级要求	工业制冷	GB 19577—2004
		能效等级 1 级的房间空气调节器	名义制冷量小于等于 14000W，能效比达到能效等级 1 级要求	工业制冷	GB 12021. 3— 2004
3	通风机	节能型离心通风机	效率达到节能评价值要求	工业生产传输	GB 19761—2005
		节能型轴流通风机	效率达到节能评价值要求	工业生产传输	
		节能型空调离心通风机	效率达到节能评价值要求	工业生产传输	
4	水泵	节能型单级清水离心泵	单级清水离心泵（单吸和双吸），效率达到节能评价值要求	工业生产传输	GB 19762—2005
		节能型多级清水离心泵	多级清水离心泵，效率达到节能评价值要求	工业生产传输	
5	空气压缩机	高效空气压缩机	输入比功率应不小于节能评价值的 103%	工业生产	GBl9153—2003
6	变频器	高压大容量变频器	额定电压不超过 10kV、额定容量 500kVA 以上	高压大功率电动机	

续表

序号	设备类别	设备名称	性能参数	应用领域	能效标准
6	配电变压器	高效油浸式配电变压器	三相 10kV，无励磁调压额定容量 30kVA ~ 1600kVA 的油浸式，空载损耗和负载损耗应不大于节能评价值的 36%	电力输配电	GB 20052—2006
		高效干式配电变压器	三相 10kV，无励磁调压，额定容量 30kVA ~ 2500kVA 干式配电变压器，空载损耗和负载损耗应不大于节能评价值的 36%	电力输配电	
7	高压电动机	节能型三相异步高压电动机机	机座号 355—560，效率指标不小于节能评价值	工业生产电力拖动	
8	节电器	电机轻载节电器	额定电压不超过 10kV、50/66Hz、额定容量 500kVA ~ 2500kVA，节电率达到 30% 以上。	工业生产电力拖动	
9	交流接触器	永磁式交流接触器	1000V 及以下的电压：50HZ 交流电源供电、额定电流 1000A 及以下的接触器。功耗小于 0. 5VA	电力控制	
10	用电过程优化控制器	配电系统节电设备	额定电压不超过 10kV、50/60Hz、额定容量不超过 2500kVA。采用微电脑实时控制。具有电压自动检测控制、时间 + 电压控制、电压梯度控制模式，可根据不同的输入电压、不同时间及工艺要求进行过程能量优化控制的功能	工业生产及商用配电系统	
11	工业锅炉	热水锅炉	热效率在 GB/T17954—2000 表 2 中一级指标的基础上在提高 5%。	工业生产	GB/T17954—2000
		蒸汽锅炉			
12	工业加热装置	铜锭感应加热炉	额定功率 1600kW，加热处理每吨铜锭，单耗电量从 250kW. h/t 降到 180kW. H/t	铜加工业	GB5959. 3—1988 GB/10067. 3—2005
		高阻抗电弧炉	容量 40T，熔炼每吨钢节能 20kW. h t 电极消耗降低 15% ~20%。	钢铁冶炼	GB5959. 2—1988 GB/10067. 2—2005

续表

序号	设备类别	设备名称	性能参数	应用领域	能效标准
13	节煤、节油、节气关键件	汽车电磁风扇离合器	不少于3级变速；第2级变速是柔性联接	汽车节能	QC/T777—2007
二、节水设备					
14	洗衣机	工业洗衣机	单位洗涤容量用水量≤15L/kg，洗净率＞35%	适用于商业用工业洗衣机（水洗机），不包括干洗机和隧道式洗涤机组。	QB/T 2323—2004 工业洗衣机中 6.3.10 条，6.3.8 a）条
15	换热器	空冷式换热器	强度和密封性能： 经管束压力试验符合 GB/T 15386—1994 的要求	适用于设计压力≤35MPa 的空冷式换热器。不适用于铝或其他有色金属制受压元件的空冷式换热器。	GB/T 15386—1994 中 8.3 条
16	冷却塔	冷却塔	冷却能力：实测冷却能力与设计冷却能力的百分比≥95%；飘水率：冷却水量≤1000m^3/h 的冷却塔不得有明显飘水现象，冷却水量＞10003/ h 的冷却塔飘水率＜0.01%	适用于用水冷却的冷却塔。	GB 7190.1—1997 GB 7190.2—1997
17	灌溉机具	喷灌机	机械行业标准	农业、园林、林业灌溉	机械行业标准
18		滴灌带（管）	铺设长度 80m 以上，滴水均匀度＞90%，工作压力＞0.1 MPa，滴灌带能够承受 130N（滴灌管能够承受 180N）的拉力不破裂、不渗漏	适用于棉花、蔬菜、果树等经济作物的滴灌。	

15. 环境保护专用设备企业所得税优惠目录（2008 年版）

序号	类　别	设备名称	性能参数	应用领域
1	一、水污染治理设备	高负荷厌氧 EGSB 反应器	有机负荷≥$20kg/m^3$. d; BOD5 去除率≥90%	工业废水处理和垃圾渗滤液处理
2		膜生物反应器	进水水质:COD＜400mg/1;BOD5＜200mg/1;PH 值:6～9;NH_4—N≤20mg/1;工作通量≥ 120 l/m^2. h;水回收率≥95%;出水达到《城市污水再生利用城市杂用水水质》(GB/T18920)。使用寿命≥5 年	生活污水处理和中水回用处理
3		反渗透过滤器	采用聚酰胺复合反渗透膜,净水寿命(膜材料的更换周期)≥12 年:对规定分子量物质的截留率应达到设计的额定值	工业废水处理
4		重金属离子去除器	对重金属离子(cr^{3+}、Cu^{2+}、Ni^{2+}、Pb^{2+}、Cd^{2+}、Hg^{2+}等)去除率≥99.9%,废渣达到无害化处理	工业废水处理
5		紫外消毒灯	杀菌效率≥99.99%;紫外剂量≥$16mj/cm^2$;灯管寿命≥9000h;设备耐压:0.1－0.8Mpa/cm2;使用寿命≥10 年	城市污水处理和工业废水处理
6		污泥浓缩脱水一体机	脱水后泥饼含固率≥25%	城市污水处理和工业废水处理
7		污泥干化机	单台蒸发水量 1t/h～15t/h;单台污泥日处理能力≥100t;干化后污泥固含量≥80%	污水处理
8	二、大气污染防治设备	湿法脱硫专用喷嘴	流量≥$40m^3/h$;雾化浆滴平均直径≤2100um;流速:额定值±10%;喷雾角:额定值±10%;粒径分布均匀度:0.8—1.2;流量密度变化幅度:±10%	燃煤发电机组脱硫
9		湿法脱硫专用除雾器	在除雾器出口雾滴夹带的浓度≤$75mg/Nm^3$,除雾器阻力≤1 50Pa;临界分离粒径≤25～35um。	燃煤发电机组脱硫
10		袋式除尘器	除尘效率≥99.5%;排放浓度≤$40mg/m^3$;出口温度≤120℃;林格曼一级;设备阻力低＜1200Pa;漏风率≤3%;耐压强度＞5kPa;滤袋寿命≥3 年;耐高温、高湿,耐腐蚀	发电机组、工业锅炉、工业窑炉除尘

续表

序号	类　别	设备名称	性能参数	应用领域
11		型煤锅炉	热效率＞80%，煤渣含炭量≤2%；低热负荷燃烧运行良好；各项污染物排放指标均低于《锅炉大气污染物排放标准》（GBl3271）。	用于采暖、洗浴、饮用水、制冷的热水锅炉
12	三、固体废物处置设备	危险废弃物焚烧炉	处理量＞10t/d；焚烧温度：危险废物≥1100℃、多氯联苯≥1200℃、医院临床废物≥850℃；烟气停留时间＞2S；残渣热灼减率＜5%；焚烧炉燃烧效率＞65%；烟气排放达到《危险废物焚烧污染控制标准》（GB 18484）	工业、医疗垃圾和危险废弃物焚烧处理
13		医疗废物高温高压灭菌锅	灭菌温度≥1100℃，压力≥200kPa，灭菌时间≤25min，干燥时间≤15min。灭菌效率99.99%，气体中的微生物被截流的效率99.99%。达到100%灭活，排水排气均达到国家相应的排放标准。	医疗废物处理
14	四、环境监测仪器仪表	在线固定污染源排放烟气连续监测仪	含尘量测量范围：0—200—2000mg/m^3；精度：±2%；气体污染物测量范围：SO_2/NOx：0—250—2500mg/m^3；CO：0—500—5000mg/m^3；气体污染物测量精度：±1%满量程；流速测量范围：0－35m/s；流速测量精度：±0.2m/s；压力：±3000Pa；精度：±1%；温度：0－200℃；精度：±1℃；湿度：0－20%；精度：±2%满量程。	大气污染源监测
15		化学需氧量水质在线自动监测仪	COD：0－20000mg/l；具有数据远程传输功能；精度：±2%；分辨率：1mg/l；误差：＜5%；最短测量周期：5min。	水质污染监测
16		五日生物需氧量水质自动分析仪	BOD5：0—500mg/l；精度：±2%；分辨率；15ppm；具有数据远程传输功能。	水质污染监测
17	五、清洁生产设备	WSA冷凝器（湿式催化转化冷凝器）	用低浓度（1～4%）二氧化硫烟气制硫酸，产出硫酸浓度＞96%，二氧化硫转化率＞99%，设备使用寿命10－15年	有色金属冶炼和化工生产
18		电热回转窑	日处理高砷烟尘物料4～9t，电功189kW，窑内温度456℃，砷直接回收率92%～96%，生产白砷质量为三氧化二砷含量大于95%	有色金属冶炼
19		少空气干燥器	工业用干燥器节能效果50%以上，具备可调控的干燥曲线设置系统，启动程序和干燥过程自动完成。	陶瓷、电瓷、耐火材料生产

16. 安全生产专用设备企业所得税优惠目录（2008 年版）

序号	设备名称	技术指标	参照标准	功能及作用	适用范围
一、煤矿					
01	瓦斯含量、压力测试设备		国家煤矿安全监察局强制执行安全标志管理检验标准	随时监测煤矿瓦斯含量及涌出量，防止发生瓦斯事故	有有害气体的矿井
02	瓦斯突出预测预报设备		国家煤矿安全监察局强制执行安全标志管理检验标准	预测高瓦斯矿井瓦斯变化情况，防止瓦斯突出	有有害气体的矿井
03	瓦斯抽放监测设备		国家煤矿安全监察局强制执行安全标志管理检验标准	降低煤矿瓦斯含量，保证瓦斯不超标，确保安全生产	有有害气体的矿井
04	煤矿井下瓦斯抽采用钻机		国家煤矿安全监察局强制执行安全标志管理检验标准	抽采煤矿瓦斯，防止瓦斯事故	有瓦斯灾害的矿井
05	瓦斯抽放泵		国家煤矿安全监察局强制执行安全标志管理检验标准	降低煤矿瓦斯含量，保证瓦斯不超标，确保安全生产	有瓦期灾害的矿井
06	瓦斯抽放封孔泵		国家煤矿安全监察局强制执行安全标志管理检验标准	降低煤矿瓦斯含量，保证瓦斯不超标，确保安全生产	有瓦斯灾害的矿井
07	矿井井下超前探测设备		国家煤矿安全监察局强制执行安全标志管理检验标准	探测断层、含水层等地质构造，防治突出、冲击地压、透水事故	有瓦斯、冲击地压和水害的矿井
08	矿井井下安全监测监控及人员定位监测设备		国家煤矿安全监察局强制执行安全标志管理检验标准	监测煤矿升下动态，防止违章作业	用于煤矿安全监测监控
09	一氧化碳检测警报仪器		国家煤矿安全监察局强制执行安全标志管理检验标准	防止一氧化炭超标	用于煤矿安全监测

续表

序号	设备名称	技术指标	参照标准	功能及作用	适用范围
10	粉尘监测仪表及降尘设备		国家煤矿安全监察局强制执行安全标志管理检验标准	监测煤矿地下煤尘变化情况，防止发生煤尘爆炸事故	有粉尘灾害的矿井
11	煤层火灾预测预报设备		国家煤矿安全监察局强制执行安全标志管理检验标准	预测煤矿火灾事故	有火灾危险的矿井
12	采煤工作面矿压监测装备		国家煤矿安全监察局强制执行安全标志管理检验标准	检测煤矿地下顶板压力，防止发生冒顶事故	易发生顶板事故的矿井
13	矿井自动化排水监控设备		国家煤矿安全监察局强制执行安全标志管理检验标准	监测煤矿地下涌水量．防止发生透水事故	有水患威胁的矿井
14	煤矿井下通讯设备		国家煤矿安全监察局强制执行安全标志管理检验标准	确保井下通讯畅通，防止因通讯不畅发生事故	煤矿安全生产调度
15	隔爆型低压检漏设备	GB3836.1—4—2000 爆炸性气体环境用电气设备	国家煤矿安全监察局强制执行安全标志管理检验标准	检测煤矿地下电器设备，防止漏电产生电火花	有爆炸性气体环境的矿井
16	隔爆型电气综合保护设备	GB3836.1—4—2000 爆炸性气体环境用电气设备	国家煤矿安全监察局强制执行安全标志管理检验标准	检测煤矿地下电器设备，防止漏电产生电火花	有爆炸性气体环境的矿井
17	防爆型功率因数补偿设备	GB3836.1—4—2000 爆炸性气体环境用电气设备	国家煤矿安全监察局强制执行安全标志管理检验标准	防止煤矿设备因电压不足，影响通风、排水	有爆炸性气体环境的矿井
18	矿用隔爆移动变电站	GB3836.1—4—2000 爆炸性气体环境用电气设备	国家煤矿安全监察局强制执行安全标志管理检验标准	防止煤矿爆炸性气体发生爆炸	有爆炸性气体环境的矿井
19	矿井供电电容电流自动补偿设备	GB3836.1—4—2000 爆炸性气体环境用电气设备	国家煤矿安全监察局强制执行安全标志管理检验标准	防止煤矿设备因电压、电流不足，影响设备正常运行	有爆炸性气体环境的矿井
二、非煤矿山					

续表

序号	设备名称	技术指标	参照标准	功能及作用	适用范围
20	无轨设备自动灭火系统			在无轨设备作业过程中发生火灾时，自动灭火保证人身和设备安全	适用露天矿山作业
21	烟雾传感器			检测坑内烟尘的浓度，并报警	适用于产生烟雾的矿山作业
22	斜井提升用捞车器			当斜井提升钢丝绳断绳时，可以捞住人车，防止坠入井底，造成人身事故	矿山斜井提升
23	70℃防火调节阀			炸药库通风管路调节	矿山企业炸药库监测
24	井下低压不接地系统绝缘检漏装置			对井下低压 IT 系统进行漏电监视，保证井下作业人员人身安全	矿山井下
25	带张力自动平衡悬挂装置的多绳提升容器			提升过程中，自动平衡各钢丝绳张力，防止钢丝绳张力过大造成断绳和人身伤亡事故	矿井提升设备保护
26	带 BF 型钢丝绳罐道罐笼防坠器的罐笼			确保钢丝绳断绳时能够抓住钢丝绳，避免人身伤亡	带 BF 型钢丝绳罐道罐笼保护
27	带木罐道罐笼防坠器的罐笼			确保钢丝绳断绳时能够抓住钢丝绳，避免人身伤亡	带木罐道罐笼保护
28	带制动器的斜井人车			当钢丝绳断绳时，人车立即在轨道上制动，避免人身伤亡事故	矿山斜井提升
三、危险化学品					
29	毒性气体检测报警器	毒性气体浓度超限报警	《作业环境气体检测报警仪通用技术要求》GB12358—1990	测定作业环境毒气含量，防止发生中毒事故	含有毒性气体的作业环境

续表

序号	设备名称	技术指标	参照标准	功能及作用	适用范围
30	地下管道探测器	埋地管道泄漏检测报警		检测埋地管道泄漏情况	探测埋地管道泄漏点专用设备
31	管道防腐检测仪	检测管道防腐涂层厚度的变化		检测管道腐蚀情况	生产装置、井场、长输管线
32	氧气检测报警器	氧气超低、超高浓度报警	《作业环境气体检测报警仪通用技术要求》GBl2358—1990	检测密闭作业空间氧气含量，防止含量过低或过高引发事故	密闭空间作业
33	便携式二氧化碳检测报警器	二氧化碳气体超高浓度报警	《作业环境气体检测报警仪通用技术要求》GBl2358—1990	检测密闭作业空间二氧化碳含量	密闭空间作业
34	便携式可燃气体检测报警器	可燃气体浓度超限报警	《可燃气体探测器》GB15322—2003	检测作业场所可燃气体含量	可燃气体是指列入《危险化学品名录》(2002 年版本，国家安全生产监督管理局公告[2003]第 1 号，如有更新版本以最新版本为准)中的可燃气体
35	送风式长管呼吸器	正压送风，防止作业环境气体被劳动者吸入	《长管面具》GB6220—86	有毒有害物质作业和救援场所作业人员防护	有毒有害物质作业和救援场所
四、烟花爆竹行业					
36	静电火花感度仪	火工药品及电火工品静电放电火花敏感度		监测并预防静电火花的产生	烟花爆竹生产
五、公路行业					

续表

序号	设备名称	技术指标	参照标准	功能及作用	适用范围
37	路况快速检测系统（CiCS）	以车流速度（0—100Km/h）快速检测路况指标：路面损坏（裂缝）等数据、道路平整度、路面车辙、路面纹理深度、道路前方图像。自动采集上述5项路面状况指标；对检测数据自动处理识别；路面裂缝等识别准确率达到95%以上。	《公路技术状况评定标准》	用于道路缺陷及安全隐患检测	用于道路施工
六、铁路行业					
38	红外线轴温探测智能跟踪设备（THDS）	适应列车运行速度5～160公里/小时；自动计轴计辆：计轴误差＜3×10－6，计辆误差＜3×10－5；热轴故障预报兑现率：区间探测站：＞60%；系统可维护性：机械部分＜10分钟，电气部分＜3分钟；适应温湿度工作条件：室外设备环温－40℃～＋60℃，室内相对湿度＜95%，室外相对湿度＜85%	运装管验［2003］276号	车辆轴温检测，防止轴温过高发生事故	车辆热轴

17. 中华人民共和国企业所得税扣缴报告表

税款所属期间：　　年　月　日至　　年　月　日

扣缴义务人识别号：□□□□□□□□□□□□□□□□□□□□　　　　金额单位：人民币元（列至角分）

扣缴义务人名称															
纳税人识别号	纳税人名称	国家（地区）	所得项目	合同号	合同名称	取得所得日期	收入额					扣除额	应纳税所得额	税率	扣缴所得税额
							人民币金额	外币额			人民币金额合计				
								外币名称金额	汇率	折人民币					

谨声明：此纳税申报表是根据《中华人民共和国企业所得税法》、《中华人民共和国企业所得税法实施条例》和国家有关税收规定填报的，是真实的、可靠的、完整的。

法定代表人（签字）　　年　月　日

纳税人公章 会计主管 填表日期　　年　月　日	代理申报中介机构公章 经办人 经办人执业证件号码 代理申报日期　　年　月　日	主管税务机关受理专用章 受理人 受理日期　　年　月　日

《中华人民共和国企业所得税扣缴报告表》填表说明

一、本表适用于扣缴义务人按照《中华人民共和国企业所得税法》及其实施条例的规定，对下列所得，按次或按期扣缴所得税税款的报告。

1. 非居民企业在中国境内未设立机构、场所的，应当就其来源于中国境内的所得缴纳企业所得税。

2. 非居民企业虽设立机构、场所但取得的所得与其所设机构、场所没有实际联系的，应当就其来源于中国境内的所得缴纳企业所得税。

二、扣缴义务人应当于签订合同或协议后二十日内将合同或协议副本，报送主管税务机关备案，并办理有关扣缴手续。

三、签订合同或协议后，合同或协议规定的支付款额如有变动，应于变动后十日内，将变动情况书面报告税务机构。

四、扣缴义务人不能按规定期限报送本表时，应当在规定的报送期限内提出申请，经当地税务机构批准，可以适当延长期。

五、扣缴人义务人不按规定期限将已扣税款缴入国库以及不履行税法规定的扣缴义务，将分别按《中华人民共和国税收征收管理法》第六十八条、第六十九条的规定，予以处罚。

六、本表填写要用中、外两种文字填写。

七、本表各栏填写如下：

1. 扣缴义务人识别号：填写办理税务登记时，由主管税务机构所确定的扣缴义务人的税务编码。

2. 扣缴义务人名称：填写实际支付外国企业款项的单位和个人名称。

3. 纳税人识别号：填写非居民企业在其居民国的纳税识别代码。

4. 所得项目：填写转让财产所得、股息红利等权益性投资所得、利息所得、租金所得、特许权使用费所得、其他所得。

18. 中华人民共和国企业所得税汇总纳税分支机构分配表

税款所属期间：　　　年　　月　　日至　　　年　　月　　日

分配比例有效期：　　　年　　月　　日至　　　年　　月　　日

金额单位：人民币元（列至角分）

总机构情况	纳税人识别号	总机构名称	三项因素				分支机构分摊所得税	
			收入总额	工资总额	资产总额	合计	分配比例	分配税额
分支机构情况								

纳税人公章： 会计主管： 填表日期：　　年　　月　　日	主管税务机关受理专用章： 受理人 受理日期：　　年　　月　　日

《中华人民共和国企业所得税汇总纳税分支机构分配表》填报说明

一、使用对象及报送时间

1. 使用对象

本表适用于在中国境内跨省、自治区、直辖市设立不具有法人资格的营业机构，并实行“统一计算、分级管理、就地预缴、汇总清算、财政调节”汇总纳税办法的居民企业填报。

2. 报送要求

季度终了之日起十日内，由实行汇总纳税的总机构随同《中华人民共和国企业所得税月（季）度纳税申报表（A类）》报送。

季度终了之日起十五日内，由实行汇总纳税，具有主体生产经营职能的分支机构随同《中华人民共和国企业所得税月（季）度纳税申报表（A类）》报送总机构申报后加盖有主管税务机关受理专用章的《中华人民共和国汇总纳税分支机构企业所得税分配表》（复印件）。

年度终了之日起五个月内，由实行汇总纳税的总机构随同《中华人民共和国企业所得税年度纳税申报表（A类）》报送。

二、分配表项目填报说明

1. “税款所属时期”：季度申报填写季度起始日期至所属季度的最后一日。年度申报填写公历1月1日至12月31日。

2. “分配比例有效期”：填写经企业总机构所在地主管税务机关审批确认的分配比例有效期起及有效期止。

3. “纳税人识别号”：填写税务机关统一核发的税务登记证号码。

4. “纳税人名称”：填写税务登记证所载纳税人的全称。

5. “收入总额”：填写基期年度总机构、各分支机构的经营收入总额。

6. “工资总额”：填写基期年度总机构、各分支机构的工资总额。

7. “资产总额”：填写基期年度总机构、各分支机构的资产总额，不包括无形资产。

8. “合计”：填写基期年度总机构、各分支机构的经营收入总额、工资总额和资产总额三项因素的合计数。

9. “分支机构分摊的所得税额”：填写本所属时期总机构根据税务机关确定的分摊方法计算，由各分支机构进行分摊的所得税额。

10. “分配比例”：填写经企业总机构所在地主管税务机关审批确认的各分支机构分配比例。

各分支机构分配比例 =（基期年各分支机构的经营收入总额、工资总额和资产总额三项因素合计数 ÷ 总机构的经营收入总额、工资总额和资产总额三项因素合计数）×100%。

11. “分配税额”：填写本所属时期根据税务机关确定的分摊方法计算，分配给各分支机构缴纳的所得税额。

19. 中华人民共和国企业所得税月（季）度预缴纳税申报表（A类）

税款所属期间：　　　年　　月　　日至　　　年　　月　　日

纳税人识别号：□□□□□□□□□□□□□□□□□□□□

纳税人名称：　　　　　　　　　　　　　　　　　　　　金额单位：人民币元（列至角分）

<table>
<tr><th>行次</th><th colspan="2">项　目</th><th>本期金额</th><th>累计金额</th></tr>
<tr><td>1</td><td colspan="2">一、据实预缴</td><td></td><td></td></tr>
<tr><td>2</td><td colspan="2">营业收入</td><td></td><td></td></tr>
<tr><td>3</td><td colspan="2">营业成本</td><td></td><td></td></tr>
<tr><td>4</td><td colspan="2">利润总额</td><td></td><td></td></tr>
<tr><td>5</td><td colspan="2">税率(25%)</td><td></td><td></td></tr>
<tr><td>6</td><td colspan="2">应纳所得税额(4行×5行)</td><td></td><td></td></tr>
<tr><td>7</td><td colspan="2">减免所得税额</td><td></td><td></td></tr>
<tr><td>8</td><td colspan="2">实际已缴所得税额</td><td></td><td></td></tr>
<tr><td>9</td><td colspan="2">应补(退)的所得税额(6行-7行-8行)</td><td></td><td></td></tr>
<tr><td>10</td><td colspan="2">二、按照上一纳税年度应纳税所得额的平均额预缴</td><td></td><td></td></tr>
<tr><td>11</td><td colspan="2">上一纳税年度应纳税所得额</td><td></td><td></td></tr>
<tr><td>12</td><td colspan="2">本月(季)应纳税所得额(11行÷12或11行÷4)</td><td></td><td></td></tr>
<tr><td>13</td><td colspan="2">税率(25%)</td><td></td><td></td></tr>
<tr><td>14</td><td colspan="2">本月(季)应纳所得税额(12行×13行)</td><td></td><td></td></tr>
<tr><td>15</td><td colspan="2">三、按照税务机关确定的其他方法预缴</td><td></td><td></td></tr>
<tr><td>16</td><td colspan="2">本月(季)确定预缴的所得税额</td><td></td><td></td></tr>
<tr><td>17</td><td colspan="2">总分机构纳税人</td><td></td><td></td></tr>
<tr><td>18</td><td rowspan="3">总机构</td><td>总机构应分摊的所得税额(9行或14行或16行×25%)</td><td></td><td></td></tr>
<tr><td>19</td><td>中央财政集中分配的所得税额(9行或14行或16行×25%)</td><td></td><td></td></tr>
<tr><td>20</td><td>分支机构分摊的所得税额(9行或14行或16行×50%)</td><td></td><td></td></tr>
<tr><td>21</td><td rowspan="2">分支机构</td><td>分配比例</td><td></td><td></td></tr>
<tr><td>22</td><td>分配的所得税额(20行×21行)</td><td></td><td></td></tr>
<tr><td colspan="5">谨声明：此纳税申报表是根据《中华人民共和国企业所得税法》、《中华人民共和国企业所得税法实施条例》和国家有关税收规定填报的，是真实的、可靠的、完整的。

法定代表人(签字)　　　年　　月　　日</td></tr>
</table>

纳税人公章 会计主管 填表日期　　年　　月　　日	代理申报中介机构公章 经办人 经办人执业证件号码 代理申报日期　　年　　月　　日	主管税务机关受理专用章 受理人 受理日期　　年　　月　　日

《中华人民共和国企业所得税月（季）度预缴纳税申报表（A类）》填报说明

一、本表适用于实行查账征收方式申报企业所得税的居民纳税人及在中国境内设立机构的非居民纳税人在月（季）度预缴企业所得税时使用。

二、本表表头项目：

1. “税款所属期间”：纳税人填写的“税款所属期间”为公历1月1日至所属月（季）度最后一日。

企业年度中间开业的纳税人填写的“税款所属期间”为当月（季）开始经营之日至所属季度的最后一日，自次月（季）度起按正常情况填报。

2. “纳税人识别号”：填报税务机关核发的税务登记证号码（15位）。

3. “纳税人名称”：填报税务登记证中的纳税人全称。

三、各列的填报

1. “据实预缴”的纳税人第2行至第9行：填报“本期金额”列，数据为所属月（季）度第一日至最后一日；填报“累计金额”列，数据为纳税人所属年度1月1日至所属季度（或月份）最后一日的累计数。纳税人当期应补（退）所得税额为“累计金额”列第9行“应补（退）所得税额”的数据。

2. “按照上一纳税年度应纳税所得额平均额预缴”的纳税人第11行至14行及“按照税务机关确定的其他方法预缴”的纳税人第16行：填报表内第11行至第14行、第16行“本期金额”列，数据为所属月（季）度第一日至最后一日。

四、各行的填报

本表结构分为两部分：

1. 第一部分为第1行至第16行，纳税人根据自身的预缴申报方式分别填报，包括非居民企业设立的分支机构：实行据实预缴的纳税人填报第2至9行；实行按上一年度应纳税所得额的月度或季度平均额预缴的纳税人填报第11至14行；实行经税务机关认可的其他方法预缴的纳税人填报第16行。

2. 第二部分为第17行至第22行，由实行汇总纳税的总机构在填报第一部分的基础上填报第18至20行；分支机构填报第20至22行。

五、具体项目填报说明：

1. 第2行“营业收入”：填报会计制度核算的营业收入，事业单位、社会团体、民办非企业单位按其会计制度核算的收入填报。

2. 第3行“营业成本”：填报会计制度核算的营业成本，事业单位、社会团体、民办非企业单位按其会计制度核算的成本（费用）填报。

3. 第4行“利润总额”：填报会计制度核算的利润总额，其中包括从事房地产开发企业可以在本行填写按本期取得预售收入计算出的预计利润等。事业单位、社会团体、民办非企业单位比照填报。

4. 第5行“税率（25%）”：按照《企业所得税法》第四条规定的25%税率计算应纳所得税额。

5. 第6行“应纳所得税额”：填报计算出的当期应纳所得税额。第6行＝第4行×第5行，且第6行≥0。

6. 第7行“减免所得税额”：填报当期实际享受的减免所得税额，包括享受减免税优惠过渡期的税收优惠、小型微利企业优惠、高新技术企业优惠及经税务机关审批或备案的其他减免税优惠。第7行≤第6行。

7. 第8行“实际已预缴的所得税额”：填报累计已预缴的企业所得税税额，“本期金额”列不填。

8. 第9行“应补（退）所得税额”：填报按照税法规定计算的本次应补（退）预缴所得税额。第9行=第6行-第7行-第8行，且第9行<0时，填0，“本期金额”列不填。

9. 第11行“上一纳税年度应纳税所得额”：填报上一纳税年度申报的应纳税所得额。本行不包括纳税人的境外所得。

10. 第12行“本月（季）应纳所得税所得额”：填报纳税人依据上一纳税年度申报的应纳税所得额计算的当期应纳税所得额。

按季预缴企业：第12行=第11行×1/4

按月预缴企业：第12行=第11行×1/12

11. 第13行“税率（25%）”：按照《企业所得税法》第四条规定的25%税率计算应纳所得税额。

12. 第14行“本月（季）应纳所得税额”：填报计算的本月（季）应纳所得税额。第14行=第12行×第13行

13. 第16行“本月（季）确定预缴的所得税额”：填报依据税务机关认定的应纳税所得额计算出的本月（季）应缴纳所得税额。

14. 第18行“总机构应分摊的所得税额”：填报汇总纳税总机构以本表第一部分（第1-16行）本月或本季预缴所得税额为基数，按总机构应分摊的预缴比例计算出的本期预缴所得税额。

（1）据实预缴的汇总纳税企业总机构：第9行×总机构应分摊的预缴比例25%

（2）按上一纳税年度应纳税所得额的月度或季度平均额预缴的汇总纳税企业总机构：

第14行×总机构应分摊的预缴比例25%

（3）经税务机关认可的其他方法预缴的汇总纳税企业总机构：第16行×总机构应分摊的预缴比例25%

15. 第19行“中央财政集中分配税款的所得税额”：填报汇总纳税总机构以本表第一部分（第1-16行）本月或本季预缴所得税额为基数，按中央财政集中分配税款的预缴比例计算出的本期预缴所得税额。

（1）据实预缴的汇总纳税企业总机构：第9行×中央财政集中分配税款的预缴比例25%

（2）按上一纳税年度应纳税所得额的月度或季度平均额预缴的汇总纳税企业总机构：

第14行×中央财政集中分配税款的预缴比例25%

（3）经税务机关认可的其他方法预缴的汇总纳税企业总机构：第16行×中央财政集中分配税款的预缴比例25%

16. 第20行“分支机构分摊的所得税额”：填报汇总纳税总机构以本表第一部分（第1-16行）本月或本季预缴所得税额为基数，按分支机构分摊的预缴比例计算出的本期预缴所得税额。

（1）据实预缴的汇总纳税企业总机构：第9行×分支机构分摊的预缴比例50%

（2）按上一纳税年度应纳税所得额的月度或季度平均额预缴的汇总纳税企业总机构：

第 14 行 × 分支机构分摊的预缴比例 50%

（3）经税务机关认可的其他方法预缴的汇总纳税企业总机构：第 16 行 × 分支机构分摊的预缴比例 50%。（分支机构本行填报总机构申报的第 20 行“分支机构分摊的所得税额”）

17. 第 21 行“分配比例”：填报汇总纳税分支机构依据《汇总纳税企业所得税分配表》中确定的分配比例。

18. 第 22 行“分配的所得税额”：填报汇总纳税分支机构依据当期总机构申报表中第 20 行“分支机构分摊的所得税额” × 本表第 21 行“分配比例”的数额。

20. 中华人民共和国企业所得税月（季）度预缴纳税申报表（B类）

税款所属期间： 年 月 日至 年 月 日

纳税人识别号：□□□□□□□□□□□□□□□□□□□□

纳税人名称： 金额单位：人民币元（列至角分）

<table>
<tr><th colspan="3">项 目</th><th>行次</th><th>累计金额</th></tr>
<tr><td rowspan="10">应纳税所得额的计算</td><td rowspan="3">按收入总额核定应纳税所得额</td><td>收入总额</td><td>1</td><td></td></tr>
<tr><td>税务机关核定的应税所得率(%)</td><td>2</td><td></td></tr>
<tr><td>应纳税所得额(1行×2行)</td><td>3</td><td></td></tr>
<tr><td rowspan="3">按成本费用核定应纳税所得额</td><td>成本费用总额</td><td>4</td><td></td></tr>
<tr><td>税务机关核定的应税所得率(%)</td><td>5</td><td></td></tr>
<tr><td>应纳税所得额[4行÷(1－5行)×5行]</td><td>6</td><td></td></tr>
<tr><td rowspan="4">按经费支出换算应纳税所得额</td><td>经费支出总额</td><td>7</td><td></td></tr>
<tr><td>税务机关核定的应税所得率(%)</td><td>8</td><td></td></tr>
<tr><td>换算的收入额[7行÷(1－8行)]</td><td>9</td><td></td></tr>
<tr><td>应纳税所得额(8行×9行)</td><td>10</td><td></td></tr>
<tr><td colspan="2" rowspan="3">应所得税额的计算</td><td>税率(25%)</td><td>11</td><td></td></tr>
<tr><td>应纳所得税额(3行×11行或6行×11行或10行×11行)</td><td>12</td><td></td></tr>
<tr><td>减免所得税额</td><td>13</td><td></td></tr>
<tr><td colspan="2" rowspan="2">应补(退)所得税额的计算</td><td>已预缴所得税额</td><td>14</td><td></td></tr>
<tr><td>应补(退)所得税额(12行－13行－14行)</td><td>15</td><td></td></tr>
<tr><td colspan="5">谨声明：此纳税申报表是根据《中华人民共和国企业所得税法》、《中华人民共和国企业所得税法实施条例》和国家有关税收规定填报的，是真实的、可靠的、完整的。
法定代表人(签字) 年 月 日</td></tr>
<tr><td colspan="2">纳税人公章
会计主管
填表日期 年 月 日</td><td>代理申报中介机构公章
经办人
经办人执业证件号码
代理申报日期 年 月 日</td><td colspan="2">主管税务机关受理专用章
受理人
受理日期 年 月 日</td></tr>
</table>

《中华人民共和国企业所得税月（季）度预缴纳税申报表（B类）》填报说明

一、本表为按照核定征收管理办法（包括核定应税所得率和核定税额征收方式）缴纳企业所得税的纳税人在月（季）度申报缴纳企业所得税时使用，包括依法被税务机关指定的扣缴义务人。其中：核定应税所得率的纳税人按收入总额核定、按成本费用核定、按经费支出换算分别填写。

二、本表表头项目：

1.“税款所属期间”：纳税人填报的“税款所属期间”为公历1月1日至所属季（月）度最后一日。

企业年度中间开业的纳税人填报的“税款所属期间”为当月（季）度第一日至所属月（季）度的最后一日，自次月（季）度起按正常情况填报。

2. “纳税人识别号”：填报税务机关核发的税务登记证号码（15位）。

3. “纳税人名称”：填报税务登记证中的纳税人全称。

三、具体项目填报说明：

1. 第1行“收入总额”：按照收入总额核定应税所得率的纳税人填报此行。填写本年度累计取得的各项收入金额。

2. 第2行“税务机关核定的应税所得率”：填报主管税务机关核定的应税所得率。

3. 第3行“应纳税所得额”：填报计算结果。计算公式：应纳税所得额 = 第1行“收入总额” ×第2行“税务机关核定的应税所得率”。

4. 第4行“成本费用总额”：按照成本费用核定应税所得率的纳税人填报此行。填写本年度累计发生的各项成本费用金额。

5. 第5行“税务机关核定的应税所得率”：填报主管税务机关核定的应税所得率。

6. 第6行“应纳税所得额”：填报计算结果。计算公式：应纳税所得额 = 第4行“成本费用总额” ÷（1 – 第5行“税务机关核定的应税所得率”）×第5行“税务机关核定的应税所得率”。

7. 第7行“经费支出总额”：按照经费支出换算收入方式缴纳所得税的纳税人填报此行。填报累计发生的各项经费支出金额。

8. 第8行“经税务机关核定的应税所得率”：填报主管税务机关核定的应税所得率。

9. 第9行“换算的收入额”：填报计算结果。计算公式：换算的收入额 = 第7行“经费支出总额” ÷（1 – 第8行“税务机关核定的应税所得率”）。

10. 第10行“应纳税所得额”：填报计算结果。计算公式：应纳税所得额 = 第8行“税务机关核定的应税所得率” ×第9行“换算的收入额”。

11. 第11行“税率”：填写《企业所得税法》第四条规定的25%税率。

12. 第12行“应纳所得税额”：

（1）核定应税所得率的纳税人填报计算结果：

按照收入总额核定应税所得率的纳税人，应纳所得税额 = 第3行“应纳税所得额” ×第11行“税率”

按照成本费用核定应税所得率的纳税人，应纳所得税额 = 第6行“应纳税所得额” ×第11行“税率”

按照经费支出换算应纳税所得额的纳税人，应纳所得税额 = 第10行“应纳税所得额” ×第11行“税率”

（2）实行核定税额征收的纳税人，填报税务机关核定的应纳所得税额。

13. 第13行“减免所得税额”：填报当期实际享受的减免所得税额，第13行≤第12行。包括享受减免税优惠过渡期的税收优惠、小型微利企业优惠、高新技术企业优惠及经税务机关审批或备案的其他减免税优惠。

14. 第14行“已预缴的所得税额”：填报当年累计已预缴的企业所得税额。

15. 第15行“应补（退）所得税额”：填报计算结果。计算公式：应补（退）所得税额 = 第12行“应纳所得税额” – 第13行“减免所得税额” – 第14行“已预缴的所得税额”；当第15行≤0时，本行填0。

21. 中华人民共和国企业所得税年度纳税申报表（A类）

税款所属期间：　　　年　　月　　日至　　年　　月　　日

纳税人名称：

纳税人识别号：□□□□□□□□□□□□□□□□□□　　　　金额单位：元（列至角分）

类别	行次	项目	金额
利润总额计算	1	一、营业收入（填附表一）	
	2	减：营业成本（填附表二）	
	3	营业税金及附加	
	4	销售费用（填附表二）	
	5	管理费用（填附表二）	
	6	财务费用（填附表二）	
	7	资产减值损失	
	8	加：公允价值变动收益	
	9	投资收益	
	10	二、营业利润	
	11	加：营业外收入（填附表一）	
	12	减：营业外支出（填附表二）	
	13	三、利润总额（10+11-12）	
应纳税所得额计算	14	加：纳税调整增加额（填附表三）	
	15	减：纳税调整减少额（填附表三）	
	16	其中：不征税收入	
	17	免税收入	
	18	减计收入	
	19	减、免税项目所得	
	20	加计扣除	
	21	抵扣应纳税所得额	
	22	加：境外应税所得弥补境内亏损	
	23	纳税调整后所得（13+14-15+22）	
	24	减：弥补以前年度亏损（填附表四）	
	25	应纳税所得额（23-24）	
应纳税额计算	26	税率（25%）	
	27	应纳所得税额（25×26）	
	28	减：减免所得税额（填附表五）	
	29	减：抵免所得税额（填附表五）	
	30	应纳税额（27-28-29）	
	31	加：境外所得应纳所得税额（填附表六）	
	32	减：境外所得抵免所得税额（填附表六）	

续表

类　别	行次	项　　　目	金　额
应纳税额计算	33	实际应纳所得税额(30 +31 -32)	
	34	减:本年累计实际已预缴的所得税额	
	35	其中:汇总纳税的总机构分摊预缴的税额	
	36	汇总纳税的总机构财政调库预缴的税额	
	37	汇总纳税的总机构所属分支机构分摊的预缴税额	
	38	合并纳税(母子体制)成员企业就地预缴比例	
	39	合并纳税企业就地预缴的所得税额	
	40	本年应补(退)的所得税额(33 -34)	
附列资料	41	以前年度多缴的所得税额在本年抵减额	
	42	以前年度应缴未缴在本年入库所得税额	

纳税人公章: 经办人: 申报日期:　　年　月　日	代理申报中介机构公章: 经办人及执业证件号码: 代理申报日期:　　年　月　日	主管税务机关受理专用章: 受理人: 受理日期:　　年　月　日

《中华人民共和国企业所得税年度纳税申报表（A类)》填报说明

一、适用范围

本表适用于实行查账征收的企业所得税居民纳税人填报。

二、填报依据及内容

根据《中华人民共和国企业所得税法》及其实施条例的规定计算填报，并依据企业会计制度、企业会计准则等企业的《利润表》以及纳税申报表相关附表的数据填报。

三、有关项目填报说明

（一）表头项目

1. “税款所属期间”：正常经营的纳税人，填报公历当年1月1日至12月31日；纳税人年度中间开业的，填报实际生产经营之日的当月1日至同年12月31日；纳税人年度中间发生合并、分立、破产、停业等情况的，填报公历当年1月1日至实际停业或法院裁定并宣告破产之日的当月月末；纳税人年度中间开业且年度中间又发生合并、分立、破产、停业等情况的，填报实际生产经营之日的当月1日至实际停业或法院裁定并宣告破产之日的当月月末。

2. “纳税人识别号”：填报税务机关统一核发的税务登记证号码。

3. “纳税人名称”：填报税务登记证所载纳税人的全称。

（二）表体项目

本表是在企业会计利润总额的基础上，加减纳税调整额后计算出“纳税调整后所得”（应纳税所得额）。会计与税法的差异（包括收入类、扣除类、资产类等一次性和暂时性差异）通过纳税调整明细表（附表三）集中体现。本表包括利润总额的计算、应纳税所得额的计算、应纳税额的计算和附列资料四个部分。

1. “利润总额的计算”中的项目，适用《企业会计准则》的企业，其数据直接取自《利润表》；实行《企业会计制度》、《小企业会计制度》等会计制度的企业，其《利润表》中项目与本表不一致的部分，应当按照本表要求对《利润表》中的项目进行调整后填报。

该部分的收入、成本费用明细项目，适用《企业会计准则》、《企业会计制度》或《小企业会计制度》的纳税人，通过附表一（1）《收入明细表》和附表二（1）《成本费用明细表》反映；适用《企业会计准则》、《金融企业会计制度》的纳税人填报附表一（2）《金融企业收入明细表》、附表二（2）《金融企业成本费用明细表》的相应栏次；适用《事业单位会计准则》、《民间非营利组织会计制度》的事业单位、社会团体、民办非企业单位、非营利组织，填报附表一（3）《事业单位、社会团体、民办非企业单位收入项目明细表》和附表一（3）《事业单位、社会团体、民办非企业单位支出项目明细表》。

2. “应纳税所得额的计算”和“应纳税额的计算”中的项目，除根据主表逻辑关系计算出的指标外，其余数据来自附表。

3. “附列资料”包括用于税源统计分析的上年度税款在本年入库金额。

（三）行次说明

1. 第1行“营业收入”：填报纳税人主要经营业务和其他业务所确认的收入总额。本项目应根据“主营业务收入”和“其他业务收入”科目的发生额分析填列。一般企业通过附表一（1）《收入明细表》计算填列；金融企业通过附表一（2）《金融企业收入明细表》计算填列；事业单位、社会团体、民办非企业单位、非营利组织应填报附一（3）《事业单位、社会团体、民办非企业单位收入明细表》的“收入总额”，包括按税法规定的不征税收入。

2. 第2行“营业成本”项目，填报纳税人经营主要业务和其他业务发生的实际成本总额。本项目应根据“主营业务成本”和“其他业务成本”科目的发生额分析填列。一般企业通过附表二（1）《成本费用明细表》计算填列；金融企业通过附表二（2）《金融企业成本费用明细表》计算填列；事业单位、社会团体、民办非企业单位、非营利组织应按填报附表一（3）《事业单位、社会团体、民办非企业单位收入明细表》和附表二（3）《事业单位、社会团体、民办非企业单位支出明细表》分析填报。

3. 第3行“营业税金及附加”：填报纳税人经营业务应负担的营业税、消费税、城市维护建设税、资源税、土地增值税和教育费附加等。本项目应根据“营业税金及附加”科目的发生额分析填列。

4. 第4行“销售费用”：填报纳税人在销售商品过程中发生的包装费、广告费等费用和为销售本企业商品而专设的销售机构的职工薪酬、业务费等经营费用。本项目应根据“销售费用”科目的发生额分析填列。

5. 第5行“管理费用”：填报纳税人为组织和管理生产经营发生的管理费用。本项目应根据“管理费用”科目的发生额分析填列。

6. 第6行“财务费用”：填报纳税人为筹集生产经营所需资金等而发生的筹资费用。本项目应根据“财务费用”科目的发生额分析填列。

7. 第7行“资产减值损失”：填报纳税人各项资产发生的减值损失。本项目应根据

“资产减值损失”科目的发生额分析填列。

8. 第8行“公允价值变动收益”：填报纳税人按照相关会计准则规定应当计入当期损益的资产或负债公允价值变动收益，如交易性金融资产当期公允价值的变动额。本项目应根据“公允价值变动损益”科目的发生额分析填列，如为损失，本项目以“-”号填列。

9. 第9行“投资收益”：填报纳税人以各种方式对外投资所取得的收益。本行应根据“投资收益”科目的发生额分析填列，如为损失，用“-”号填列。企业持有的交易性金融资产处置和出让时，处置收益部分应当自“公允价值变动损益”项目转出，列入本行，包括境外投资应纳税所得额。

10. 第10行“营业利润”：填报纳税人当期的营业利润。根据上述行次计算填列。

11. 第11行“营业外收入”：填报纳税人发生的与其经营活动无直接关系的各项收入。除事业单位、社会团体、民办非企业单位外，其他企业通过附表一（1）《收入明细表》相关行次计算填报；金融企业通过附表一（2）《金融企业收入明细表》相关行次计算填报。

12. 第12行“营业外支出”：填报纳税人发生的与其经营活动无直接关系的各项支出。一般企业通过附表二（1）《成本费用明细表》相关行次计算填报；金融企业通过附表二（2）《金融企业成本费用明细表》相关行次计算填报。

13. 第13行“利润总额”：填报纳税人当期的利润总额。根据上述行次计算填列。金额等于第10+11-12行。

14. 第14行“纳税调整增加额”：填报纳税人未计入利润总额的应税收入项目、税收不允许扣除的支出项目、超出税收规定扣除标准的支出金额，以及资产类应纳税调整的项目，包括房地产开发企业按本期预售收入计算的预计利润等。纳税人根据附表三《纳税调整项目明细表》“调增金额”列下计算填报。

15. 第15行“纳税调整减少额”：填报纳税人已计入利润总额，但税收规定可以暂不确认为应税收入的项目，以及在以前年度进行了纳税调增，根据税收规定从以前年度结转过来在本期扣除的项目金额。包括不征税收入、免税收入、减计收入，以及房地产开发企业已转销售收入的预售收入按规定计算的预计利润等。纳税人根据附表三《纳税调整项目明细表》“调减金额”列下计算填报。

16. 第16行“其中：不征税收入”：填报纳税人计入营业收入或营业外收入中的属于税收规定的财政拨款、依法收取并纳入财政管理的行政事业性收费、政府性基金，以及国务院规定的其他不征税收入。

17. 第17行“其中：免税收入”：填报纳税人已并入利润总额中核算的符合税收规定免税条件的收入或收益，包括，国债利息收入；符合条件的居民企业之间的股息、红利等权益性投资收益；在中国境内设立机构、场所的非居民企业从居民企业取得与该机构、场所有实际联系的股息、红利等权益性投资收益；符合条件的非营利组织的收入。本行应根据“主营业务收入”、“其他业务收入”和“投资净收益”科目的发生额分析填列。

18. 第18行“其中：减计收入”：填报纳税人以《资源综合利用企业所得税优惠目录》规定的资源作为主要原材料，生产销售国家非限制和禁止并符合国家和行业相关标准的产品按10%的规定比例减计的收入。

19. 第19行“其中：减、免税项目所得”：填报纳税人按照税收规定应单独核算的减征、免征项目的所得额。

20. 第20行“其中：加计扣除”：填报纳税人当年实际发生的开发新技术、新产品、新工艺发生的研究开发费用，以及安置残疾人员和国家鼓励安置的其他就业人员所支付的工资。符合税收规定条件的，计算应纳税所得额按一定比例的加计扣除金额。

21. 第21行“其中：抵扣应纳税所得额”：填报创业投资企业采取股权投资方式投资于未上市的中小高新技术企业2年以上的，可以按照其投资额的70%在股权持有满2年的当年抵扣该创业投资企业的应纳税所得额；当年不足抵扣的，可以在以后纳税年度结转抵扣。

22. 第22行“加：境外应税所得弥补境内亏损”：依据《境外所得计征企业所得税暂行管理办法》的规定，纳税人在计算缴纳企业所得税时，其境外营业机构的盈利可以弥补境内营业机构的亏损。即当“利润总额”加“纳税调整增加额”减“纳税调整减少额”为负数时，该行填报企业境外应税所得用于弥补境内亏损的部分，最大不得超过企业当年的全部境外应税所得；如为正数时，如以前年度无亏损额，本行填零；如以前年度有亏损额，取应弥补以前年度亏损额的最大值，最大不得超过企业当年的全部境外应税所得。

23. 第23行“纳税调整后所得”：填报纳税人当期经过调整后的应纳税所得额。金额等于本表第13+14－15+22行。当本行为负数时，即为可结转以后年度弥补的亏损额（当年可弥补的所得额）；如为正数时，应继续计算应纳税所得额。

24. 第24行“弥补以前年度亏损”：填报纳税人按税收规定可在税前弥补的以前年度亏损额。金额等于附表四《企业所得税弥补亏损明细表》第6行第10列。但不得超过本表第23行“纳税调整后所得”。

25. 第25行“应纳税所得额”：金额等于本表第23－24行。本行不得为负数，本表第23行或者依上述顺序计算结果为负数，本行金额填零。

26. 第26行“税率”：填报税法规定的税率25%。

27. 第27行“应纳所得税额”：金额等于本表第25×26行。

28. 第28行“减免所得税额”：填列纳税人按税收规定实际减免的企业所得税额。包括小型微利企业、国家需要重点扶持的高新技术企业、享受减免税优惠过渡政策的企业，其实际执行税率与法定税率的差额，以及经税务机关审批或备案的其他减免税优惠。金额等于附表五《税收优惠明细表》第33行。

29. 第29行“抵免所得税额”：填列纳税人购置用于环境保护、节能节水、安全生产等专用设备的投资额，其设备投资额的10%可以从企业当年的应纳税额中抵免；当年不足抵免的，可以在以后5个纳税年度结转抵免。金额等于附表五《税收优惠明细表》第40行。

30. 第30行“应纳税额”：填报纳税人当期的应纳所得税额，根据上述有关的行次计算填列。金额等于本表第27－28－29行。

31. 第31行“境外所得应纳所得税额”：填报纳税人来源于中国境外的应纳税所得额（如分得的所得为税后利润应还原计算），按税法规定的税率（居民企业25%）计算的应纳所得税额。金额等于附表六《境外所得税抵免计算明细表》第10列合计数。

32. 第32行“境外所得抵免所得税额”：填报纳税人来源于中国境外的所得，依照税法规定计算的应纳所得税额，即抵免限额。

企业已在境外缴纳的所得税额，小于抵免限额的，“境外所得抵免所得税额”按其在境外实际缴纳的所得税额填列；大于抵免限额的，按抵免限额填列，超过抵免限额的部分，可以在以后5个年度内，用每年度抵免限额抵免当年应抵税额后的余额进行抵补。

可用境外所得弥补境内亏损的纳税人，其境外所得应纳税额公式中“境外应纳税所得额”项目和境外所得税税款扣除限额公式中“来源于某外国的所得”项目，为境外所得，不含弥补境内亏损部分。

33. 第33行“实际应纳所得税额”：填报纳税人当期的实际应纳所得税额。金额等于本表第30+31-32行。

34. 第34行“本年累计实际已预缴的所得税额”：填报纳税人按照税收规定本年已在月（季）累计预缴的所得税额。

35. 第35行“其中：汇总纳税的总机构分摊预缴的税额”：填报汇总纳税的总机构1-12月份（或1-4季度）分摊的在当地入库预缴税额。附报《中华人民共和国汇总纳税分支机构分配表》。

36. 第36行“其中：汇总纳税的总机构财政调库预缴的税额”：填报汇总纳税的总机构1-12月份（或1-4季度）分摊的缴入财政调节入库的预缴税额。附报《中华人民共和国汇总纳税分支机构分配表》。

37. 第37行“其中：汇总纳税的总机构所属分支机构分摊的预缴税额”：填报分支机构就地分摊预缴的税额。附报《中华人民共和国汇总纳税分支机构分配表》。

38. 第38行“合并纳税（母子体制）成员企业就地预缴比例”：填报经国务院批准的实行合并纳税（母子体制）的成员企业按规定就地预缴的比例。

39. 第39行“合并纳税企业就地预缴的所得税额”：填报合并纳税的成员企业就地应预缴的所得税额。根据“实际应纳税额”和“预缴比例”计算填列。金额等于本表第33×38行。

40. 第40行“本年应补（退）的所得税额”：填报纳税人当期应补（退）的所得税额。金额等于本表第33-34行。

41. 第41行“以前年度多缴的所得税在本年抵减额”：填报纳税人以前年度汇算清缴多缴的税款尚未办理退税的金额，且在本年抵缴的金额。

42. 第42行“上年度应缴未缴在本年入库所得额”：填报纳税人以前年度损益调整税款、上一年度第四季度或第12月份预缴税款和汇算清缴的税款，在本年入库金额。

四、表内及表间关系

1. 第1行=附表一（1）第2行或附表一（2）第1行或附表一（3）第3至7行合计。

2. 第2行=附表二（1）第2行或附表二（2）第1行或附表二（3）第14行。

3. 第10行=第1-2-3-4-5-6-7+8+9行。

4. 第11行=附表一（1）第17行或附表一（2）第42行或附表一（3）第9行。

5. 第12行=附表二（1）第16行或附表二（2）第45行。

6. 第13行=第10+11-12行。

7. 第 14 行 = 附表三第 52 行第 3 列合计。

8. 第 15 行 = 附表三第 52 行第 4 列合计。

9. 第 16 行 = 附表三第 14 行第 4 列。

10. 第 17 行 = 附表五第 1 行。

11. 第 18 行 = 附表五第 6 行。

12. 第 19 行 = 附表五第 14 行。

13. 第 20 行 = 附表五第 9 行。

14. 第 21 行 = 附表五第 39 行。

15. 第 22 行 = 附表六第 7 列合计（当第 13 + 14 - 15 行≥0 时，本行 = 0）。

16. 第 23 行 = 第 13 + 14 - 15 + 22 行（当第 13 + 14 - 15 行 <0 时，则加 22 行的最大值）。

17. 第 24 行 = 附表四第 6 行第 10 列。

18. 第 25 行 = 第 23 - 24 行（当本行 <0 时，则先调整 21 行的数据，使其本行≥0；当 21 行 = 0 时，23 - 24 行≥0）。

19. 第 26 行填报 25%。

20. 第 27 行 = 第 25 × 26 行。

21. 第 28 行 = 附表五第 33 行。

22. 第 29 行 = 附表五第 40 行。

23. 第 30 行 = 第 27 - 28 - 29 行。

24. 第 31 行 = 附表六第 10 列合计。

25. 第 32 行 = 附表六第 14 列合计 + 第 16 列合计或附表六第 17 列合计。

26. 第 33 行 = 第 30 + 31 - 32 行。

27. 第 40 行 = 第 33 - 34 行。

企业所得税年度纳税申报表附表一（1）

企业收入明细表

填报时间： 年 月 日　　　　金额单位：元（列至角分）

行 次	项 目	金 额
1	一、销售（营业）收入合计（2 + 13）	
2	（一）营业收入合计（3 + 8）	
3	1. 主营业务收入（4 + 5 + 6 + 7）	
4	（1）销售货物	
5	（2）提供劳务	
6	（3）让渡资产使用权	
7	（4）建造合同	
8	2. 其他业务收入（9 + 10 + 11 + 12）	
9	（1）材料销售收入	
10	（2）代购代销手续费收入	

续表

行 次	项 目	金 额
11	(3)包装物出租收入	
12	(4)其他	
13	(二)视同销售收入(14+15+16)	
14	(1)非货币性交易视同销售收入	
15	(2)货物、财产、劳务视同销售收入	
16	(3)其他视同销售收入	
17	二、营业外收入(18+19+20+21+22+23+24+25+26)	
18	1. 固定资产盘盈	
19	2. 处置固定资产净收益	
20	3. 非货币性资产交易收益	
21	4. 出售无形资产收益	
22	5. 罚款净收入	
23	6. 债务重组收益	
24	7. 政府补助收入	
25	8. 捐赠收入	
26	9. 其他	

经办人(签章):　　　　　　　　　　法定代表人(签章):

《企业收入明细表》填报说明

一、适用范围

本表适用于执行《企业会计制度》、《小企业会计制度》、《企业会计准则》的企业，并实行查账征收的企业所得税居民纳税人填报。

二、填报依据和内容

根据《中华人民共和国企业所得税法》及其实施条例以及企业会计制度、企业会计准则等核算的“主营业务收入”、“其他业务收入”和“营业外收入”，以及根据税收规定应在当期确认收入的“视同销售收入”。

三、有关项目填报说明

1. 第1行“销售（营业）收入合计”：金额为本表第2+13行。本行数据作为计算业务招待费、广告费和业务宣传费支出扣除限额的计算基数。

2. 第2行“营业收入合计”：金额为本表第3+8行。该行数额填入主表第1行。

3. 第3至7行“主营业务收入”：根据不同行业的业务性质分别填报纳税人在会计核算中的主营业务收入。对主要从事对外投资的纳税人，其投资所得就是主营业务收入。

(1) 第4行“销售货物”：填报从事工业制造、商品流通、农业生产以及其他商品销售企业的主营业务收入。

(2) 第5行“提供劳务”：填报从事提供旅游饮食服务、交通运输、邮政通信、对外经济合作等劳务，开展其他服务的纳税人取得的主营业务收入。

(3) 第6行“让渡资产使用权”：填报让渡无形资产使用权（如商标权、专利权、专有技术使用权、版权、专营权等）而取得的使用费收入，以及以租赁业务为基本业务的出租固定资产、无形资产、投资性房地产在主营业务收入中核算取得的租金收入。

转让处置固定资产、出售无形资产（所有权的让渡）属于“营业外收入”，不在本行反映。

(4) 第7行“建造合同”：填报纳税人建造房屋、道路、桥梁、水坝等建筑物，以及船舶、飞机、大型机械设备等的主营业务收入。

4. 第8至12行：按照会计核算中“其他业务收入”的具体业务性质分别填报。

(1) 第9行“材料销售收入”：填报销售材料、下脚料、废料、废旧物资等收入。

(2) 第10行“代购代销手续费收入”：填报从事代购代销、受托代销商品收取的手续费收入。

专业从事代理业务的纳税人收取的手续费收入不在本行填列，而是作为主营业务收入填列到主营业务收入中。

(3) 第11行“包装物出租收入”：填报出租、出借包装物的租金和逾期未退包装物没收的押金。

(4) 第12行“其他”：填报在“其他业务收入”会计科目核算的、上述未列举的其他业务收入，不包括已在主营业务收入中反映的让渡资产使用权取得的收入。

5. 第13至16行：填报“视同销售的收入”。视同销售是指会计上不作为销售核算，而在税收上作为销售、确认收入计缴税金的销售货物、转让财产或提供劳务的行为。第13行数据填列附表三第2行第3列。

(1) 第14行“非货币性交易视同销售收入”：执行《企业会计制度》、《小企业会计制度》或《企业会计准则》的纳税人，填报不具有商业实质或交换涉及资产的公允价值均不能可靠计量的非货币性资产交换，按照税收规定应视同销售确认收入的金额。

(2) 第15行“货物、财产、劳务视同销售收入”：执行《企业会计制度》、《小企业会计制度》的纳税人，填报将货物、财产、劳务用于捐赠、偿债、赞助、集资、广告、样品、职工福利或者利润分配等用途的，按照税收规定应视同销售确认收入的金额。

6. 第16行“其他视同销售收入”：填报税收规定的上述货物、财产、劳务之外的其他视同销售收入金额。

7. 第17至26行“营业外收入”：填报在“营业外收入”会计科目核算的与其生产经营无直接关系的各项收入。并据此填报主表第11行。

(1) 第18行“固定资产盘盈”：执行《企业会计制度》、《小企业会计制度》的纳税人，填报纳税人在资产清查中发生的固定资产盘盈数额。

(2) 第19行“处置固定资产净收益”：填报纳税人因处置固定资产而取得的净收益。不包括纳税人在主营业务收入中核算的、正常销售固定资产类商品。

(3) 第20行“非货币性资产交易收益”：填报纳税人在非货币性资产交易行为中，执行《企业会计准则第14号—收入》具有商业实质且换出资产为固定资产、无形资产的，其换出资产公允价值和换出资产账面价值的差额计入营业外收入的；执行《企业会计制度》和《小企业会计制度》实现的与收到补价相对应的收益额，在本行填列。

(4) 第21行“出售无形资产收益”：填报纳税人因处置无形资产而取得的净收益。

(5) 第22行“罚款收入”：填报纳税人在日常经营管理活动中取得的罚款收入。

(6) 第23行“债务重组收益”：执行《企业会计准则第12号—债务重组》纳税人，填报确认的债务重组利得。

(7) 第24行“政府补助收入”：填报纳税人从政府无偿取得的货币性资产或非货币性资产，包括实行会计制度下补贴收入核算的内容。

(8) 第25行“捐赠收入”：填报纳税人接受的来自其他企业、组织或者个人无偿给予的货币性资产、非货币性资产。

(9) 第26行“其他”：填报纳税人在“营业外收入”会计科目核算的、上述未列举的营业外收入。

四、表内、表间关系

(一) 表内关系。

1. 第1行=第2+13行。
2. 第2行=第3+8行。
3. 第3行=第4+5+6+7行。
4. 第8行=第9+10+11+12行。
5. 第13行=第14+15+16行。
6. 第17行=第18至26行合计。

(二) 表间关系。

1. 第1行=附表八第4行。
2. 第2行=主表第1行。
3. 第13行=附表三第2行第3列。
4. 第17行=主表第11行。

企业所得税年度纳税申报表附表一（2）

金融企业收入明细表

填报时间：　　年　　月　　日　　　　　　　　　　金额单位：元（列至角分）

行次	项目	金额
1	一、营业收入(2+19+25+35)	
2	(一)银行业务收入(3+10+18)	
3	1. 银行业利息收入(4+5+6+7+8+9)	
4	(1)存放同业	
5	(2)存放中央银行	
6	(3)拆出资金	
7	(4)发放贷款及垫款	

续表

行 次	项 目	金 额
8	(5)买入返售金融资产	
9	(6)其他	
10	2. 银行业手续费及佣金收入(11+12+13+14+15+16+17)	
11	(1)结算与清算手续费	
12	(2)代理业务手续费	
13	(3)信用承诺手续费及佣金	
14	(4)银行卡手续费	
15	(5)顾问和咨询费	
16	(6)托管及其他受托业务佣金	
17	(7)其他	
18	3. 其他业务收入	
19	(二)保险业务收入(20+24)	
20	1. 已赚保费(21-22-23)	
21	保费收入	
22	减:分出保费	
23	提取未到期责任准备金	
24	2. 其他业务收入	
25	(三)证券业务收入(26+33+34)	
26	1. 手续费及佣金收入(27+28+29+30+31+32)	
27	(1)证券承销业务收入	
28	(2)证券经纪业务收入	
29	(3)受托客户资产管理业务收入	
30	(4)代理兑付证券业务收入	
31	(5)代理保管证券业务收入	
32	(6)其他	
33	2. 利息净收入	
34	3. 其他业务收入	
35	(四)其他金融业务收入(36+37)	
36	1. 业务收入	
37	2. 其他业务收入	
38	二、视同销售收入(39+40+41)	
39	1. 非货币性资产交换	
40	2. 货物、财产、劳务视同销售收入	
41	3. 其他视同销售收入	
42	三、营业外收入(43+44+45+46+47+48)	
43	1. 固定资产盘盈	
44	2. 处置固定资产净收益	

续表

行次	项目	金额
45	3. 非货币性资产交易收益	
46	4. 出售无形资产收益	
47	5. 罚款净收入	
48	6. 其他	

经办人(签章)：　　　　　　　　　　　法定代表人(签章)：

《金融企业收入明细表》填报说明

一、适用范围

本表适用于执行《金融企业会计制度》、《企业会计准则》的商业银行、政策银行、保险公司、证券公司、信托投资公司、租赁公司、担保公司、财务公司、典当公司等金融企业，并实行查账征收的企业所得税居民纳税人填报。

二、填报依据和内容

根据《中华人民共和国企业所得税法》及其实施条例和会计制度核算的有关明细科目分析填报，应准确归集收入分别填入相关项目。

三、有关项目填报说明

1. 第1行“营业收入”：填报纳税人提供金融商品服务所取得的收入。

2. 第2行“银行业务收入”：填报纳税人从事银行业取得的业务收入。

3. 第3行“银行利息收入”：填报纳税人存贷款业务等确认各项利息收入，包括：存放同业、存放中央银行、发放贷款及垫款、买入返售金融资产等利息收入。

4. 第4行“存放同业”：填报纳税人存放于境内、境外银行和非银行金融机构款项的利息收入。

5. 第5行“存放中央银行”：填报纳税人存放于中国人民银行的各种款项利息收入。

6. 第6行“拆出资金”：填报纳税人拆借给境内、境外其他金融机构款项的利息收入。

7. 第8行“买入返售金融资产”：填报纳税人按照返售协议约定先买入再按固定价格返售的票据、证券、贷款等金融资产所融出资金的利息收入。

8. 第9行“其他”：填报纳税人除本表第4行至第8行以外的其他利息收入，包括债券投资利息等收入。

9. 第10行“银行业手续费及佣金收入”：填报纳税人在提供相关金融业务服务时向客户收取的费用。包括：汇款和结算手续费、银行卡手续费、代理手续费、顾问和咨询费、受托业务佣金等。

10. 第21行“保费收入”：填报纳税人从事保险业务确认的原保费收入和分保费收入。

11. 第22行"分出保费"：填报纳税人（再保险分出人）向保险接受人分出的保费。

12. 第23行"提取未到期责任准备金"：填报纳税人提取的非寿险原保险合同未到期责任准备金和再保险合同分保未到期责任准备金。

13. 第25行"证券业务收入"：填报纳税人从事证券营业收入、利息净收入和其他业务收入。金额等于第26+33+34行。

14. 第26行"手续费及佣金收入"：填报纳税人承销、代理兑付等业务实现的手续费收入和发生的各项手续费、佣金等，包括：证券承销业务、证券经纪业务、客户资产管理业务、代理兑付证券、代理保管证券、证券委托管理资产手续费等收入。金额等于第27+28+29+30+31+32行。

15. 第33行"利息净收入"：填报纳税人从事证券业务取得的利息净收入。

16. 第34行"其他业务收入"：填报纳税人取得的投资收益、汇兑收益等。

17. 第35行"其他金融业务收入"：填报纳税人核算的除上述金融业务外取得的收入，包括业务收入和其他业务收入。金额等于36+37行。

18. 第38行"视同销售收入"：填报纳税人发生非货币性资产交换，会计核算不作收入，按税收规定视同销售取得的收入。

19. 第39行"非货币性资产交换"：执行《企业会计准则》的纳税人填报不具有商业实质或交换涉及资产的公允价值均不能可靠计量的非货币性资产交换，按照税收规定应视同销售确认收入的金额。

20. 第40行"货物、财产、劳务视同销售收入"：执行《企业会计准则》的纳税人不填报。

21. 第41行"其他视同销售收入"：填报税收规定的上述未列举的其他视同销售收入金额。

22. 第42行"营业外收入"：填报在"营业外收入"会计科目核算的与其营业无直接关系的各项收入。金额等于第43+44+45+46+47+48行。并据此填报主表第11行。

23. 第43行"固定资产盘盈"：填报纳税人在资产清查中发生的、计入营业外收入中核算的固定资产盘盈数额。

24. 第44行"处置固定资产净收益"：填报纳税人因处置固定资产而取得的净收益。不包括纳税人在主营业务收入中核算的、正常销售固定资产类商品。

25. 第45行"非货币性资产交易收益"：填报纳税人在非货币性资产交易行为中，执行《企业会计准则第14号—收入》具有商业实质且换出资产为固定资产、无形资产的，其换出资产公允价值和换出资产账面价值的差额计入营业外收入的。

26. 第46行"出售无形资产收益"：填报纳税人因处置无形资产而取得的净收益。

27. 第47行"罚款净收入"：填报纳税人在日常经营管理活动中取得的罚款收入。

28. 第48行"其他"：填报纳税人在"营业外收入"会计科目核算的、上述未列举的营业外收入。

四、表内、表间关系

（一）表内关系。

1. 第1行=第2+19+25+35行。
2. 第2行=第3+10+18行。
3. 第3行=第4至9行合计。
4. 第10行=第11至17行合计。
5. 第19行=第20+24行。
6. 第20行=第21-22-23行。
7. 第25行=第26+33+34行。
8. 第26行=第27+28+29+30+31+32行。
9. 第35行=第36+37行。
10. 第38行=第39+40+41行。
11. 第42行=第43至48行合计。

（二）表间关系。

1. 第1行=主表第1行。
2. 第1+38行=附表八第4行。
3. 第38行=附表三第2行第3列。
4. 第42行=主表第11行。

企业所得税年度纳税申报表附表一（3）

事业单位、社会团体、民办非企业单位收入明细表

填报时间：　　年　　月　　日　　　　　　金额单位：元（列至角分）

行次	项目	金额
1	一、收入总额(2+3+……+9)	
2	财政补助收入	
3	上级补助收入	
4	拨入专款	
5	事业收入	
6	经营收入	
7	附属单位缴款	
8	投资收益	
9	其他收入	
10	二、不征税收入总额(11+12+13+14)	
11	财政拨款	
12	行政事业性收费	
13	政府性基金	
14	其他	
15	三、应纳税收入总额(1-10)	
16	四、应纳税收入总额占全部收入总额比重(15÷1)	

经办人(签章)：　　　　　　法定代表人(签章)：

《事业单位、社会团体、民办非企业单位收入明细表》填报说明

一、适用范围

本表适用于执行《事业单位会计准则》、《民间非营利组织会计制度》，并实行查账征收企业所得税的事业单位、社会团体、民办非企业单位填报。

二、填报依据和内容

根据《中华人民共和国企业所得税法》及其实施条例以及会计制度核算的收入，并据以填报主表第1行“营业收入”、第9行“投资收益”、第16行“不征税收入”。

三、有关项目填报说明

1. 第1至9行：填报纳税人的所有收入项目。

2. 第1行“收入总额”：填报纳税人的收入总额（包括不征税收入和免税收入）。金额为第2行至第9行的合计数。

3. 第2至9行：按税收规定的权责发生制原则调整后的金额填报。

4. 第2行“财政补助收入”：填报纳税人直接从财政部门取得的和通过主管部门从财政部门取得的各类事业经费，包括正常经费和专项资金。来源于会计科目“财政补助收入”。

5. 第3至7行：累计金额填报主表第1行“营业收入”，据以作为计算业务招待费、广告费和业务宣传费支出扣除限额的计算基数。

6. 第3行“上级补助收入”：填报纳税人通过主管部门从财政部门取得的非财政补助收入。来源于会计科目“上级补助收入”。

7. 第4行“拨入专款”：填报纳税人从财政部门取得的和通过主管部门从财政部门取得的专项资金。

8. 第5行“事业收入”：填报纳税人开展专业业务活动及其辅助活动取得的收入。来源于会计科目“事业收入”。

9. 第6行“经营收入”：填报纳税人开展除专业业务活动及其辅助活动以外取得的收入。来源于会计科目“事业收入”。

10. 第7行“附属单位缴款”：填报纳税人附属独立核算单位按有关规定上缴的收入。包括附属事业单位上缴的收入和附属的企业上缴的利润等。来源于会计科目“附属单位缴款”。

11. 第8行“投资收益”：填报纳税人取得的债权性投资的利息收入、权益性投资的股息红利收入和投资转让净收入。

12. 第9行“其他收入”：填报除第2至8行以外的收入。如捐赠收入、固定资产出租、盘盈收入、处置固定资产净收益、无形资产转让、非货币性资产交易收益、罚款净收入、其他单位对本单位的补助以及其他零星杂项收入等。来源于会计科目“其他收入”。

13. 第10行“不征税收入总额”：金额等于本表第11+12+13+14行，据以填报主表第16行“不征税收入”和附表三第14行第4列。

14. 第 11 行“财政拨款”：填报各级人民政府对纳入预算管理的事业单位、社会团体等组织拨付的财政资金，但国务院和国务院财政、税务主管部门另有规定的除外。

15. 第 12 行“行政事业性收费”：填报依照法律行政法规等有关规定，按照国务院规定程序批准，在实施社会公共管理，以及在向公民、法人或者其他组织提供特定公共服务过程中，向特定对象收取并纳入财政管理的费用。

16. 第 13 行“政府性基金”：填报纳税人依照法律、行政法规等有关规定，代政府收取的具有专项用途的财政资金。

17. 第 14 行“其他”：填报纳税人取得的，由国务院财政、税务主管部门规定专项用途并经国务院批准的财政性资金。

18. 第 15 行“应纳税收入总额”：金额等于第 1 - 10 行。

19. 第 16 行“应纳税收入总额占全部收入总额的比重”：数额等于第 15 ÷ 1 行。“应纳税收入总额占全部收入总额的比重”适用范围：准予扣除的全部支出项目金额采用分摊比例法的单位，用第 16 行“应纳税收入总额占全部收入总额的比重”计算应纳税收入应分摊的成本、费用和损失金额。计算公式：

应纳税收入总额应分摊的成本、费用和损失金额 = 支出总额 × 第 16 行“应纳税收入总额占全部收入总额的比重”

四、表内、表间关系

（一）表内关系。

1. 第 1 行 = 第 2 行至 9 行合计。

2. 第 10 行 = 第 11 至 14 行合计。

3. 第 15 行 = 第 1 - 10 行。

4. 第 16 行 = 第 15 ÷ 1 行。

（二）表间关系。

1. 第 3 + 4 + 5 + 6 + 7 行 = 主表第 1 行。

2. 第 8 行 = 主表第 9 行。

3. 第 10 行 = 主表第 16 行 = 附表三第 14 行第 4 列。

企业所得税年度纳税申报表附表二（1）

成本费用明细表

填报时间：　　年　　月　　日　　　　金额单位：元（列至角分）

行　次	项　　目	金　　额
1	一、销售（营业）成本合计（2 + 7 + 12）	
2	（一）主营业务成本（3 + 4 + 5 + 6）	
3	（1）销售货物成本	
4	（2）提供劳务成本	
5	（3）让渡资产使用权成本	
6	（4）建造合同成本	

续表

行 次	项 目	金 额
7	(二)其他业务成本(8+9+10+11)	
8	(1)材料销售成本	
9	(2)代购代销费用	
10	(3)包装物出租成本	
11	(4)其他	
12	(三)视同销售成本(13+14+15)	
13	(1)非货币性交易视同销售成本	
14	(2)货物、财产、劳务视同销售成本	
15	(3)其他视同销售成本	
16	二、营业外支出(17+18+……+24)	
17	1. 固定资产盘亏	
18	2. 处置固定资产净损失	
19	3. 出售无形资产损失	
20	4. 债务重组损失	
21	5. 罚款支出	
22	6. 非常损失	
23	7. 捐赠支出	
24	8. 其他	
25	三、期间费用(26+27+28)	
26	1. 销售(营业)费用	
27	2. 管理费用	
28	3. 财务费用	

经办人(签章)： 法定代表人(签章)：

《成本费用明细表》填报说明

一、适用范围

本表适用于执行《企业会计制度》、《小企业会计制度》、《企业会计准则》的企业，并实行查账征收的企业所得税居民纳税人填报。

二、填报依据和内容

根据《中华人民共和国企业所得税法》及其实施条例以及会计制度核算的“主营业务成本”、“其他业务支出”和“营业外支出”，以及根据税收规定应在当期确认收入对应的“视同销售成本”。

三、有关项目填报说明

1. 第1行“销售（营业）成本合计”：填报纳税人根据会计制度核算的“主营业

务成本”、“其他业务支出”，并据以填入主表第2行。第1行=第2+7+12行。

2. 第2至6行“主营业务成本”：纳税人根据不同行业的业务性质分别填报在会计核算中的主营业务成本。第2行=第3+4+5+6行。本表第3至6行的数据，分别与附表一（1）《收入明细表》的“主营业务收入”对应行次的数据配比。

3. 第7至11行“其他业务支出”：按照会计核算中“其他业务支出”的具体业务性质分别填报。第7行=第8+9+10+11行。本表第8至11行的数据，分别与附表一（1）《收入明细表》的“其他业务收入”对应行次的数据配比。第11行“其他”项目，填报纳税人按照会计制度应在“其他业务支出”中核算的其他成本费用支出。

4. 第12至15行“视同销售确认的成本”：填报纳税人按税收规定计算的与视同销售收入对应的成本。第12行=第13+14+15行。本表第13至15行的数据，分别与附表一（1）《收入明细表》的“视同销售收入”对应行次的数据配比。每一笔被确认为视同销售的经济事项，在确认计算应税收入的同时，均有与此收入相配比的应税成本。本表第12行数据填列附表三第21行第4列。

5. 第16至24行“营业外支出”：填报纳税人按照会计制度在“营业外支出”中核算的有关项目。第16行=第17+18+19+20+21+22+23+24行，并据以填入主表第12行。

（1）第17行“固定资产盘亏”：填报纳税人按照会计制度规定在营业外支出中核算的固定资产盘亏数额。

（2）第18行“处置固定资产净损失”：填报纳税人按照会计制度规定在营业外支出中核算的处置固定资产净损失数额。

（3）第19行“出售无形资产损失”：填报纳税人按照会计制度规定在营业外支出中核算的出售无形资产损失的数额。

（4）第20行“债务重组损失”：填报纳税人执行《企业会计准则—债务重组》确认的债务重组损失。

（5）第22行“非常损失”：填报纳税人按照会计制度规定在营业外支出中核算的各项非正常的财产损失（包括流动资产损失、坏账损失等）。

（6）第23行“捐赠支出”：填报纳税人实际发生的捐赠支出数。

（7）第24行“其他”：填报纳税人按照会计制度核算的在会计账务记录的其他支出。其中执行《企业会计制度》的企业包括当年增提的各项准备金等；执行《企业会计准则第8号—资产减值》的企业计提的各项减值准备不在此行反映。

6. 第25至28行“期间费用”：填报纳税人按照会计制度核算的销售（营业）费用、管理费用和财务费用。第25行=第26+27+28行。

（1）第26行“销售（营业）费用”：填报纳税人按照会计制度核算的销售（营业）费用，并据以填入主表第4行。

（2）第27行“管理费用”：填报纳税人按照会计制度核算的管理费用，并据以填入主表第5行。

（3）第28行“财务费用”：填报纳税人按照会计制度核算的财务费用，并据以填入主表第6行。

四、表内、表间关系

（一）表内关系。

1. 第1行＝第2＋7＋12行。
2. 第7行＝第8行至11行合计。
3. 第12行＝第13＋14＋15行。
4. 第16行＝第17至24行合计。
5. 第25行＝第26＋27＋28行。

（二）表间关系。

1. 第2＋7行＝主表第2行。
2. 第12行＝附表三第21行第4列。
3. 第16行＝主表第12行。
4. 第26行＝主表第4行。
5. 第27行＝主表第5行。
6. 第28行＝主表第6行。

企业所得税年度纳税申报表附表二（2）

金融企业成本费用明细表

填报时间：　　　年　　月　　日　　　　　　　　　　　　金额单位：元（列至角分）

行　次	项　　目	金　　额
1	一、营业成本(2＋17＋31＋38)	
2	(一)银行业务成本(3＋11＋15＋16)	
3	1. 银行利息支出(4＋5＋…＋10)	
4	(1)同业存放	
5	(2)向中央银行借款	
6	(3)拆入资金	
7	(4)吸收存款	
8	(5)卖出回购金融资产	
9	(6)发行债券	
10	(7)其他	
11	2. 银行手续费及佣金支出(12＋13＋14)	
12	(1)手续费支出	
13	(2)佣金支出	
14	(3)其他	
15	3. 业务及管理费	
16	4. 其他业务成本	
17	(二)保险业务支出(18＋30)	
18	1. 业务支出(19＋20－21＋22－23＋24＋25＋26＋27－28＋29)	

续表

行 次	项 目	金 额
19	(1)退保金	
20	(2)赔付支出	
21	减:摊回赔付支出	
22	(3)提取保险责任准备金	
23	减:摊回保险责任准备金	
24	(4)保单红利支出	
25	(5)分保费用	
26	(6)手续费及佣金支出	
27	(7)业务及管理费	
28	减:摊回分保费用	
29	(8)其他	
30	2. 其他业务成本	
31	(三)证券业务支出(32 +36 +37)	
32	1. 证券手续费支出(33 +34 +35)	
33	(1)证券经纪业务支出	
34	(2)佣金	
35	(3)其他	
36	2. 业务及管理费	
37	3. 其他业务成本	
38	(四)其他金融业务支出(39 +40)	
39	1. 业务支出	
40	2. 其他业务成本	
41	二、视同销售应确认成本(42 +43 +44)	
42	1. 非货币性资产交换成本	
43	2. 货物、财产、劳务视同销售成本	
44	3. 其他视同销售成本	
45	三、营业外支出(46 +47 +48 +49 +50)	
46	1. 固定资产盘亏	
47	2. 处置固定资产净损失	
48	3. 非货币性资产交易损失	
49	4. 出售无形资产损失	
50	5. 其他	

经办人(签章):　　　　　　　　　法定代表人(签章):

《金融企业成本费用明细表》填报说明

一、适用范围

本表适用于执行《金融企业会计制度》或《企业会计准则》的商业银行、政策银行、保险公司、证券公司、信托投资公司、租赁公司、担保公司、财务公司、典当公司等金融企业，并实行查账征收的企业所得税居民纳税人填报。

二、填报依据和内容

根据《中华人民共和国企业所得税法》及其实施条例和会计核算的有关明细科目分析填报，应准确归集成本费用，分别填入相关项目。

三、有关项目填报说明

1. 第1行“营业成本”：填报金融企业提供金融商品服务所发生的成本费用。金额等于第2+17+31+38行。

2. 第3行“银行利息支出”：填报纳税人经营存贷款业务等发生的利息支出，包括：同业存放、向中央银行借款、吸收存款、卖出回购金融资产、发行债券和其他业务利息支出。

3. 第11行“银行手续费及佣金支出”：填报纳税人发生的与其经营业务活动相关的各项手续费、佣金等支出。

4. 第17行“保险业务支出”：填报纳税人发生的赔付支出、提取保险责任准备金、手续费支出、分保费用、退保金、保户红利支出业务及管理费等支出总额，扣减摊回赔付支出、摊回保险责任准备金、摊回分保费用等项目后的支出总额。

5. 第19行“退保金”：填报纳税人寿险原保险合同提前解除时按照约定应当退还投保人的保单现金价值。

6. 第20行“赔付支出”：填报纳税人支付的原保险合同赔付款项和再保险赔付款项。

7. 第21行“摊回赔付支出”：填报纳税人向再保险接受人摊回的赔付成本。

8. 第22行“提取保险责任准备金”：填报纳税人提取的原保险合同保险责任准备金，包括提取的未决赔款准备金、寿险责任准备金、长期健康险责任准备金。

9. 第23行“摊回保险责任准备金”：填报纳税人从事再保险业务向再保险接受人摊回的保险责任准备金，包括未决赔款准备金、寿险责任准备金、长期健康险责任准备金。

10. 第24行“保单红利支出”：填报纳税人按原保险合同约定支付给投保人的红利。

11. 第25行“分保费用”：填报纳税人向再保险分出人支付的分保费用。

12. 第26行“手续费及佣金支出”：填报纳税人发生的与其经营活动相关的手续费、佣金支出。

13. 第28行“摊回分保费用”：填报纳税人向再保险接受人摊回的分保费用。

14. 第31行“证券业务支出”：填报纳税人核算的证券手续费支出和证券其他业务支出。金额等于本表第32+36+37行。

15. 第32行“证券手续费支出”：填报纳税人代理承销、兑付和买卖证券等业务发生的各项手续费、风险结算金、承销业务直接相关的各项费用及佣金支出。

16. 第38行“其他金融业务支出”：填报纳税人核算的除上述金融业务外与其他金融业务收入对应的其他业务支出，包括业务支出和其他业务支出。金额等于本表39+

40 行。

17. 第 41 行“视同销售应确认成本”：填报纳税人发生的与税收规定视同销售收入有关的成本费用。金额等于本表 42 +43 +44 行。

18. 第 45 行“营业外支出”：填报纳税人发生的各项营业外支出，包括非流动资产处置损失、非货币性资产交换损失、债务重组损失、捐赠支出、非常损失、盘亏损失等。金额等于本表第 46 +47 +48 +49 +50 行。

四、表内、表间关系

（一）表内关系。

1. 第 1 行 = 第 2 +17 +31 +38 行。
2. 第 2 行 = 第 3 +11 +15 +16 行。
3. 第 3 行 = 第 4 至 10 行合计。
4. 第 11 行 = 第 12 +13 +14 行。
5. 第 17 行 = 第 18 +30 行。
6. 第 18 行 = 第 19 +20 −21 +22 −23 +24 +25 +26 +27 −28 +29 行。
7. 第 31 行 = 第 32 +36 +37 行。
8. 第 32 行 = 第 33 +34 +35 行。
9. 第 38 行 = 第 39 +40 行。
10. 第 41 行 = 第 42 +43 +44 行。
11. 第 45 行 = 第 46 至 50 行合计。

（二）表间关系。

1. 第 1 行 = 主表第 2 行。
2. 第 41 行 = 附表三第 21 行第 4 列。
3. 第 45 行 = 主表第 12 行。

企业所得税年度纳税申报表附表二（3）

事业单位、社会团体、民办非企业单位支出明细表

填报时间：　　年　　月　　日　　　　　　　　　　　金额单位：元（列至角分）

行　次	项　　目	金　　额
1	一、支出总额(2 +3 +…… +10)	
2	拨出经费	
3	上缴上级支出	
4	拨出专款	
5	专款支出	
6	事业支出	
7	经营支出	
8	对附属单位补助	
9	结转自筹基建	

续表

行 次	项 目	金 额
10	其他支出	
11	二、不准扣除的支出总额	
12	(1)税收规定不允许扣除的支出项目金额	
13	(2)按分摊比例计算的支出项目金额	
14	三、准予扣除的支出总额	

经办人(签章): 法定代表人(签章):

《事业单位、社会团体、民办非企业单位支出明细表》填报说明

一、适用范围

本表适用于执行《事业单位会计准则》、《民间非营利组织会计制度》,并实行查账征收企业所得税的事业单位、社会团体、民办非企业单位填报。

二、填报依据和内容

根据《中华人民共和国企业所得税法》及其实施条例以及会计制度核算的所有支出项目及税收规定准予扣除的支出项目。并据以填报主表第2行“营业成本”。

三、有关项目填报说明

1. 本表第1至10行:填报纳税人的所有支出项目。

2. 第1行“支出总额”:填报纳税人的支出总额(含不征税收入形成的支出)。金额等于第2至10行合计。

3. 第2至10行:填报按税收规定的权责发生制原则调整后的金额。

4. 第3行“上缴上级支出”:填报实行收入上缴办法的事业单位按照规定的定额或者比例上缴上级单位的支出。来源于会计科目“上缴上级支出”。

5. 第4行“拨出专款”:填报按照规定或批准的项目拨出具有专项用途的资金。来源于会计科目“拨出专款”。

6. 第5行“专款支出”:填报国家财政、主管部门或上级单位拨入的指定项目或用途并需要单独报账的专项资金的实际支出数。来源于会计科目“专款支出”。

7. 第6行“事业支出”:填报纳税人开展专业业务活动及其辅助活动发生的支出,包括工资、补助工资、职工福利费、社会保障费、助学金、公务费、业务费、设备购置费、修缮费和其他费用。来源于会计科目“事业支出”。

8. 第7行“经营支出”:填报纳税人在专业业务活动及其辅助活动之外开展非独立核算经营活动发生的支出。来源于会计科目“经营支出”。

9. 第8行“对附属单位补助”:填报纳税人用财政补助收入之外的收入对附属单位补助发生的支出。来源于会计科目“附属单位补助”。

10. 第9行“结转自筹基建”:填报纳税人达到基建额度的支出。来源于会计科目“在建工程”。

11. 第10行"其他支出"：填报上述第2行至第9行之外的支出，包括非常损失、捐赠支出、赔偿金、违约金等。

12. 第11行"不准扣除的支出总额"：填报税收规定的不允许税前扣除的项目，包括企业的不征税收入用于支出所形成的费用或者财产，不得扣除或者计算对应的折旧、摊销扣除。具体分三种方式填报：

(1) 税收规定不允许扣除的支出项目金额：采取据实核算支出项目的，根据实际发生额填报。

(2) 采取按分摊比例计算支出项目金额：填报金额 = 第1行 ×（1 - 应纳税收入总额占全部收入总额比例）。

(3) 采取据实核算又按分摊比例计算支出项目金额：填报金额 =（第1 - 12行）×（1 - 应纳税收入总额占全部收入总额比例）。

13. 第14行"准予扣除的支出总额"：金额等于第1 - 11行。据此填报主表第2行"营业成本"。

四、表内、表间关系

(一) 表内关系。

1. 第1行 = 第2行至10行合计。

2. 第14行 = 第1 - 11行。

(二) 表间关系。

1. 第14行 = 主表第2行。

企业所得税年度纳税申报表附表三

纳税调整项目明细表

填报时间：　　年　月　日　　　　　　　　　　　金额单位：元（列至角分）

行次	项目	账载金额	税收金额	调增金额	调减金额
		1	2	3	4
1	一、收入类调整项目	*	*		
2	1. 视同销售收入(填写附表一)	*	*	*	
3#	2. 接受捐赠收入	*	*	*	
4	3. 不符合税收规定的销售折扣和折让				*
5 *	4. 未按权责发生制原则确认的收入				
6 *	5. 按权益法核算长期股权投资对初始投资成本调整确认收益	*	*	*	
7	6. 按权益法核算的长期股权投资持有期间的投资损益	*	*		
8 *	7. 特殊重组				
9 *	8. 一般重组				
10 *	9. 公允价值变动净收益(填写附表七)	*	*		

续表

行次	项目	账载金额	税收金额	调增金额	调减金额
		1	2	3	4
11	10. 确认为递延收益的政府补助				
12	11. 境外应税所得(填写附表六)	*	*	*	
13	12. 不允许扣除的境外投资损失	*	*		*
14	13. 不征税收入(填附表一<3>)	*	*	*	
15	14. 免税收入(填附表五)	*	*	*	
16	15. 减计收入(填附表五)	*	*	*	
17	16. 减、免税项目所得(填附表五)	*	*	*	
18	17. 抵扣应纳税所得额(填附表五)	*	*	*	
19	18. 其他				
20	二、扣除类调整项目	*	*		
21	1. 视同销售成本(填写附表二)	*	*	*	
22	2. 工资薪金支出				
23	3. 职工福利费支出				
24	4. 职工教育经费支出				
25	5. 工会经费支出				
26	6. 业务招待费支出				*
27	7. 广告费和业务宣传费支出(填写附表八)	*	*		
28	8. 捐赠支出				*
29	9. 利息支出				
30	10. 住房公积金				*
31	11. 罚金、罚款和被没收财物的损失		*		*
32	12. 税收滞纳金		*		*
33	13. 赞助支出		*		*
34	14. 各类基本社会保障性缴款				
35	15. 补充养老保险、补充医疗保险				
36	16. 与未实现融资收益相关在当期确认的财务费用				
37	17. 与取得收入无关的支出		*		*
38	18. 不征税收入用于支出所形成的费用		*		*
39	19. 加计扣除(填附表五)	*	*	*	
40	20. 其他				
41	三、资产类调整项目	*	*		
42	1. 财产损失				
43	2. 固定资产折旧(填写附表九)	*	*		
44	3. 生产性生物资产折旧(填写附表九)	*	*		
45	4. 长期待摊费用的摊销(填写附表九)	*	*		

续表

行次	项目	账载金额	税收金额	调增金额	调减金额
		1	2	3	4
46	5. 无形资产摊销(填写附表九)	*	*		
47	6. 投资转让、处置所得(填写附表十一)	*	*		
48	7. 油气勘探投资(填写附表九)				
49	8. 油气开发投资(填写附表九)				
50	9. 其他				
51	四、准备金调整项目(填写附表十)	*	*		
52	五、房地产企业预售收入计算的预计利润	*	*		
53	六、特别纳税调整应税所得	*	*		*
54	七、其他	*	*		
55	合计	*	*		

注:1. 标有*的行次为执行新会计准则的企业填列,标有#的行次为执行新会计准则以外的企业填列。
2. 没有标注的行次,无论执行何种会计核算办法,有差异就填报相应行次,填*号不可填列。
3. 有二级附表的项目只填调增、调减金额,账载金额、税收金额不再填写。

经办人(签章):　　　　法定代表人(签章):

《纳税调整项目明细表》填报说明

一、适用范围

本表适用于实行查账征收的企业所得税居民纳税人填报。

二、填报依据和内容

根据《中华人民共和国企业所得税法》第二十一条规定:“在计算应纳税所得额时,企业财务、会计处理办法与税收法律、行政法规的规定不一致的,应当依照税收法律、行政法规的规定计算。”填报纳税人按照会计制度核算与税收规定不一致的,应进行纳税调整增加、减少项目的金额。

三、有关项目填报说明

本表纳税调整项目按照“收入类项目”、“扣除类项目”、“资产类调整项目”、“准备金调整项目”、“房地产企业预售收入计算的预计利润”、“其他”六个大项分类填报汇总,并计算出纳税“调增金额”和“调减金额”的合计数。

数据栏分别设置“账载金额”、“税收金额”、“调增金额”、“调减金额”四个栏次。“账载金额”是指纳税人在计算主表“利润总额”时,按照会计核算计入利润总额的项目金额。“税收金额”是指纳税人在计算主表“应纳税所得额”时,按照税收规定计入应纳税所得额的项目金额。

“收入类调整项目”:“税收金额”扣减“账载金额”后的余额为正,填报在“调增金额”,余额如为负数,填报在“调减金额”。其中第4行“3. 不符合税收规定的销售折扣和折让”除外,按“扣除类调整项目”的规则处理。

“扣除类调整项目”、“资产类调整项目”：“账载金额”扣减“税收金额”后的余额为正，填报在“调增金额”，余额如为负数，将其绝对值填报在“调减金额”。

“其他”填报其他项目的“调增金额”、“调减金额”。

采用按分摊比例计算支出项目方式的事业单位、社会团体、民办非企业单位纳税人，“调增金额”、“调减金额”须按分摊比例后的金额填报。

本表打＊号的栏次均不填报。

（一）收入类调整项目

1. 第1行“一、收入类调整项目”：填报收入类调整项目第2行至第19行的合计数。第1列“账载金额”、第2列“税收金额”不填报。

2. 第2行“1. 视同销售收入”：填报会计上不作为销售核算，而在税收上应作应税收入缴纳企业所得税的收入。

（1）事业单位、社会团体、民办非企业单位分析填报第3列“调增金额”。

（2）金融企业第3列“调增金额”取自附表一（2）《金融企业收入明细表》第38行。

（3）其他企业第3列“调增金额”取自附表一（1）《收入明细表》第13行。

（4）第1列“账载金额”、第2列“税收金额”和第4列“调减金额”不填。

3. 第3行“2. 接受捐赠收入”：第2列“税收金额”填报执行企业会计制度的纳税人接受捐赠纳入资本公积核算应进行纳税调整的收入。第3列“调增金额”等于第2列“税收金额”。第1列“账载金额”和第4列“调减金额”不填。

4. 第4行“3. 不符合税收规定的销售折扣和折让”：填报不符合税收规定的销售折扣和折让应进行纳税调整的金额。第1列“账载金额”填报纳税人销售货物给购货方的销售折扣和折让金额；第2列“税收金额”填报按照税收规定可以税前扣除的销售折扣和折让；第3列“调增金额”填报第1列与第2列的差额；第4列“调减金额”不填。

5. 第5行“4. 未按权责发生制原则确认的收入”：填报会计上按照权责发生制原则确认收入，计税时按照收付实现制确认的收入，如分期收款销售商品销售收入的确认、税收规定按收付实现制确认的收入、持续时间超过12个月的收入的确认、利息收入的确认、租金收入的确认等企业财务会计处理办法与税收规定不一致应进行纳税调整产生的时间性差异的项目数据。

第1列“账载金额”填报会计核算确认的收入；第2列“税收金额”填报按税收规定确认的应纳税收入或可抵减收入；第3列“调增金额”填报按会计核算与税收规定确认的应纳税暂时性差异；第4列“调减金额”填报按会计核算与税收规定确认的可抵减暂时性差异。

6. 第6行“5. 按权益法核算长期股权投资对初始投资成本调整确认收益”：第4列“调减金额”取自附表十一《股权投资所得（损失）明细表》第5列“权益法核算对初始投资成本调整产生的收益”的“合计”行的绝对值。第1列“账载金额”、第2列“税收金额”和第3列“调增金额”不填。

7. 第7行“6. 按权益法核算的长期股权投资持有期间的投资损益”：第3列“调增金额”、第4列“调减金额”根据附表十一《股权投资所得（损失）明细表》分析填列。第1列“账载金额”和第2列“税收金额”不填。

8. 第 8 行“7. 特殊重组”：填报非同一控制下的企业合并、免税改组产生的企业财务会计处理与税收规定不一致应进行纳税调整的金额。

第 1 列“账载金额”填报会计核算的账面金额；第 2 列“税收金额”填报税收规定的收入金额；第 3 列“调增金额”填报按照税收规定应纳税调整增加的金额；第 4 列“调减金额”填报按照税收规定应纳税调整减少的金额。

9. 第 9 行“8. 一般重组”：填报同一控制下的企业合并产生的企业财务会计处理办法与税收规定不一致应进行纳税调整的数据。

第 1 列“账载金额”填报会计核算的账面金额；第 2 列“税收金额”填报税收规定的收入金额；第 3 列“调增金额”填报按照税收规定应纳税调整增加的金额；第 4 列“调减金额”填报按照税收规定应纳税调整减少的金额。

10. 第 10 行“9. 公允价值变动净收益”：第 3 列“调增金额”或第 4 列“调减金额”取自附表七《以公允价值计量资产纳税调整表》第 10 行“合计”第 5 列“纳税调整额（纳税调减以“-”表示）”。附表七第 5 列“纳税调整额”第 10 行“合计”数为正数时，附表三第 10 行“公允价值变动净收益”第 3 列“调增金额”取自附表七第 10 行第 5 列；为负数时，附表三第 10 行第 4 列“调减金额”取自附表七第 10 行第 5 列的负数的绝对值。第 1 列“账载金额”、第 2 列“税收金额”不填。

11. 第 11 行“10. 确认为递延收益的政府补助”：填报纳税人收到不属于税收规定的不征税收入、免税收入以外的其他政府补助，会计上计入递延收益，税收规定应计入应纳税所得额征收企业所得税而产生的差异应进行纳税调整的数据。

第 1 列“账载金额”填报会计核算的账面金额；第 2 列“税收金额”填报税收规定的收入金额；第 3 列“调增金额”填报按照税收规定应纳税调整增加的金额；第 4 列“调减金额”填报按照税收规定应纳税调整减少的金额。

12. 第 12 行“11. 境外应税所得”：第 4 列“调减金额”取自附表六《境外所得税抵扣计算明细表》第 2 列“境外所得”合计行。第 1 列“账载金额”、第 2 列“税收金额”和第 3 列“调增金额”不填。

13. 第 13 行“12. 不允许扣除的境外投资损失”：第 3 列“调增金额”填报境外投资除合并、撤消、依法清算外形成的损失。第 1 列“账载金额”、第 2 列“税收金额”和第 4 列“调减金额”不填。

14. 第 14 行“13. 不征税收入”：第 4 列“调减金额”取自附表一（3）《事业单位、社会团体、民办非企业单位收入项目明细表》第 12 行“不征税收入总额”。第 1 列“账载金额”、第 2 列“税收金额”和第 3 列“调增金额”不填。

15. 第 15 行“14. 免税收入”：第 4 列“调减金额”取自附表五《税收优惠明细表》第 1 行“免税收入”金额栏数据。第 1 列“账载金额”、第 2 列“税收金额”和第 3 列“调增金额”不填。

16. 第 16 行“15. 减计收入”：第 4 列“调减金额”取自附表五《税收优惠明细表》第 6 行“减计收入”金额栏数据。第 1 列“账载金额”、第 2 列“税收金额”和第 3 列“调增金额”不填。

17. 第 17 行“16. 减、免税项目所得”：第 4 列“调减金额”取自附表五《税收优惠明细表》第 14 行“减免所得额合计”金额栏数据。第 1 列“账载金额”、第 2 列“税收金额”和第 3 列“调增金额”不填。

18. 第18行“17. 抵扣应纳税所得额”：第4列“调减金额”取自附表五《税收优惠明细表》第39行“创业投资企业抵扣应纳税所得额”金额栏数据。第1列“账载金额”、第2列“税收金额”和第3列“调增金额”不填。

19. 第19行“18. 其他”：填报会计与税收有差异需要纳税调整的其他收入类项目金额。

（二）扣除类调整项目

1. 第20行“二、扣除类调整项目”：填报扣除类调整项目第21行至第40行的合计数。第1列“账载金额”、第2列“税收金额”不填报。

2. 第21行“1. 视同销售成本”：第2列“税收金额”填报视同销售收入相对应的成本费用。

（1）事业单位、社会团体、民办非企业单位分析填报第4列“调减金额”。

（2）金融企业第4列“调减金额”取自附表二（2）《金融企业成本费用明细表》第41行。

（3）一般企业第4列“调减金额”取自附表二（1）《成本费用明细表》第12行。

（4）第1列“账载金额”、第2列“税收金额”和第3列“调增金额”不填。

3. 第22行“2. 工资薪金支出”：第1列“账载金额”填报企业计入“应付职工薪酬”和直接计入成本费用的职工工资、奖金、津贴和补贴；第2列“税收金额”填报税收允许扣除的工资薪金额，对工效挂钩企业需对当年实际发放的职工薪酬中应计入当年的部分予以填报，对非工效挂钩企业即为账载金额，本数据作为计算职工福利费、职工教育经费、工会经费的基数；第3列“调增金额”、第4列“调减金额”需分析填列。

4. 第23行“3. 职工福利费支出”：第1列“账载金额”填报企业计入“应付职工薪酬”和直接计入成本费用的职工福利费；第2列“税收金额”填报税收规定允许扣除的职工福利费，金额小于等于第22行“工资薪金支出”第2列“税收金额”×14%；如本行第1列≥第2列，第1列减去第2列的差额填入本行第3列“调增金额”，如本行第1列<第2列，则第3列不填；第4列“调减金额”填报继续执行“工效挂钩”的企业按规定应纳税调减的金额等。

5. 第24行“4. 职工教育经费支出”：第1列“账载金额”填报企业计入“应付职工薪酬”和直接计入成本费用的职工教育经费；第2列“税收金额”填报税收规定允许扣除的职工教育经费，金额小于等于第22行“工资薪金支出”第2列“税收金额”×2.5%，或国务院财政、税务主管部门另有规定的金额；如本行第1列≥第2列，第1列减去第2列的差额填入本行第3列“调增金额”，如本行第1列<第2列，则第3列不填；第4列“调减金额”填报继续执行“工效挂钩”的企业按规定应纳税调减的金额等。

6. 第25行“5. 工会经费支出”：第1列“账载金额”填报企业计入“应付职工薪酬”和直接计入成本费用的工会经费；第2列“税收金额”填报税收规定允许扣除的工会经费，金额等于第22行“工资薪金支出”第2列“税收金额”×2%减去没有工会专用凭据列支的工会经费后的余额，如本行第1列≥第2列，第1列减去第2列的差额填入本行第3列“调增金额”，如本行第1列<第2列，则第3列不填；第4列“调减金额”填报继续执行工效挂钩的企业按规定应纳税调减的金额等。

7. 第26行“6. 业务招待费支出”：第1列“账载金额”填报企业发生的业务招待费；第2列“税收金额”经比较后填列，即比较“本行第1列×60%”与“附表一(1)《收入明细表》第1行×5‰”或“附表一（2）《金融企业收入明细表》第（1+38）行×5‰”或“主表第1行×5‰”两数，孰小者填入本行第2列；如本行第1列≥第2列，本行第1列减去第2列的余额填入本行第3列“调增金额”；第4列“调减金额”不填。

8. 第27行“7. 广告费与业务宣传费支出”：第3列“调增金额”取自附表八《广告费和业务宣传费跨年度纳税调整表》第7行“本年广告费和业务宣传费支出纳税调整额”；第4列“调减金额”取自附表八《广告费和业务宣传费跨年度纳税调整表》第10行“本年扣除的以前年度结转额”。第1列“账载金额”和第2列“税收金额”不填。

9. 第28行“8. 捐赠支出”：第1列“账载金额”填报企业实际发生的所有捐赠；第2列“税收金额”填报按税收规定可以税前扣除的捐赠限额；如本行第1列≥第2列，第1列减去第2列的差额填入本行第3列“调增金额”，如本行第1列<第2列，则第3列不填；第4列“调减金额”不填。

10. 第29行“9. 利息支出”：第1列“账载金额”填报企业向非金融企业借款计入财务费用的利息支出；第2列“税收金额”填报企业向非金融企业借款按照金融企业同期同类贷款利率计算的数额的部分；其中，纳税人从关联方取得的借款，符合税收规定债权性投资和权益性投资比例的，再根据金融企业同期同类贷款利率计算填报；如本行第1列≥第2列，第1列减去第2列的差额填入本行第3列“调增金额”，如本行第1列<第2列，第2列减去第1列的差额填入本行第4列“调减金额”。

11. 第30行“10. 住房公积金”：第1列“账载金额”填报本纳税年度实际发生的住房公积金；第2列“税收金额”填报按税收规定允许税前扣除的住房公积金；如本行第1列≥第2列，第1列减去第2列的差额填入本行第3列“调增金额”，如本行第1列<第2列，则第3列不填；第4列“调减金额”不填。

12. 第31行“11. 罚金、罚款和被没收财物的损失”：第1列“账载金额”填报本纳税年度实际发生的罚金、罚款和被罚没财物的损失，不包括纳税人按照经济合同规定支付的违约金（包括银行罚息）、罚款和诉讼费；第3列“调增金额”等于第1列；第2列“税收金额”和第4列“调减金额”不填。

13. 第32行“12. 税收滞纳金”：第1列“账载金额”填报本纳税年度实际发生的税收滞纳金。第3列“调增金额”等于第1列；第2列“税收金额”和第4列“调减金额”不填。

14. 第33行“13. 赞助支出”：第1列“账载金额”填报本纳税年度实际发生，且不符合税收规定的公益性捐赠范围的捐赠，包括直接向受赠人的捐赠、各种赞助支出。第3列“调增金额”等于第1列；第2列“税收金额”和第4列“调减金额”不填。

广告性的赞助支出按广告费和业务宣传费的规定处理，在第27行“广告费与业务宣传费支出”中填报。

15. 第34行“14. 各类基本社会保障性缴款”：第1列“账载金额”填报本纳税年度实际发生的各类基本社会保障性缴款，包括基本医疗保险费、基本养老保险费、失业保险费、工伤保险费和生育保险费；第2列“税收金额”填报按税收规定允许扣除的金额；本行第1列≥第2列，第1列减去第2列的差额填入本行第3列“调增金额”，如本行第1列<第2列，则第3列不填；第4列“调减金额”填报会计核算中未列入当期费用，按税收规定允许当期扣除的金额。

16. 第35行“15. 补充养老保险、补充医疗保险”：第1列“账载金额”填报本纳税年度实际发生的补充性质的社会保障性缴款；第2列“税收金额”填报按税收规定允许扣除的金额；如本行第1列≥第2列，第1列减去第2列的差额填入本行第3列“调增金额”，如本行第1列<第2列，则第3列不填；第4列“调减金额”填报会计核算中未列入当期费用，按税收规定允许当期扣除的金额。

17. 第36行“16. 与未实现融资收益相关在当期确认的财务费用”：第1列“账载金额”填报纳税人采取分期收款销售商品时，按会计准则规定应收的合同或协议价款与其公允价值之间的差额，分期摊销冲减财务费用的金额。第4列“调减金额”和第3列“调增金额”需分析填列。

18. 第37行“17. 与取得收入无关的支出”：第1列“账载金额”填报本纳税年度实际发生与取得收入无关的支出；第3列“调增金额”等于第1列；第2列“税收金额”和第4列“调减金额”不填。

19. 第38行“18. 不征税收入用于支出所形成的费用”：第1列“账载金额”填报本年度实际发生的与不征税收入相关的支出；第3列“调增金额”等于第1列；第2列“税收金额”和第4列“调减金额”不填。

20. 第39行“19. 加计扣除”：第4列“调减金额”取自附表五《税收优惠明细表》第9行“加计扣除额合计”金额栏数据。第1列“账载金额”、第2列“税收金额”和第3列“调增金额”不填。

21. 第40行“20. 其他”：填报会计与税收有差异需要纳税调整的其他扣除类项目金额，如分期收款销售方式下应结转的存货成本、一般重组和特殊重组的相关扣除项目调整。

（三）资产类调整项目

1. 第41行“三、资产类调整项目”：填报资产类调整项目第42行至第48行的合计数。第1列“账载金额”、第2列“税收金额”不填报。

2. 第42行“1. 财产损失”：第1列“账载金额”填报本纳税年度实际发生的需报税务机关审批的财产损失金额，以及固定资产、无形资产转让、处置所得（损失）和金融资产转让、处置所得等损失金额；第2列“税收金额”填报税务机关审批的本纳税年度财产损失金额，以及按照税收规定计算的固定资产、无形资产转让、处置所得（损失）和金融资产转让、处置所得等损失金额，长期股权投资除外；如本行第1列≥第2列，第1列减去第2列的差额填入本行第3列“调增金额”；如本行第1列<第2列，第1列减去第2列的差额的绝对值填入第4列“调减金额”。

3. 第43行“2. 固定资产折旧”：第3列“调增金额”填报附表九《资产折旧、摊销纳税调整明细表》第1行“固定资产”第7列“纳税调整额”的正数；第4列“调减金额”填报附表九《资产折旧、摊销纳税调整明细表》第1行“固定资产”第7列“纳税调整额”负数的绝对值。第1列“账载金额”、第2列“税收金额”不填。

4. 第44行“3. 生产性生物资产折旧”：第3列“调增金额”填报附表九《资产折旧、摊销纳税调整明细表》第7行“生产性生物资产”第7列“纳税调整额”的正数；

第4列“调减金额”填报附表九《资产折旧、摊销纳税调整明细表》第7行“生产性生物资产”第7列“纳税调整额”的负数的绝对值。第1列“账载金额”、第2列“税收金额”不填。

5. 第45行“4. 长期待摊费用”：第3列“调增金额”填报附表九《资产折旧、摊销纳税调整明细表》第10行“长期待摊费用”第7列“纳税调整额”的正数；第4列“调减金额”填报附表九《资产折旧、摊销纳税调整明细表》第10行“长期待摊费用”第7列“纳税调整额”的负数的绝对值。第1列“账载金额”、第2列“税收金额”不填。

6. 第46行“5. 无形资产摊销”：第3列“调增金额”填报附表九《资产折旧、摊销纳税调整明细表》第15行“无形资产”第7列“纳税调整额”的正数；第4列“调减金额”填报附表九《资产折旧、摊销纳税调整明细表》第15行“无形资产”第7列“纳税调整额”的负数的绝对值。第1列“账载金额”、第2列“税收金额”不填。

7. 第47行“6. 投资转让、处置所得”：第3列“调增金额”和第4列“调减金额”需分析附表十一《股权投资所得（损失）明细表》后填列。第1列“账载金额”、第2列“税收金额”不填。

8. 第48行“7. 油气勘探投资”：第3列填报附表九《资产折旧、摊销纳税调整明细表》第16行“油气勘探投资”第7列“纳税调整额”的正数；第4列“调减金额”填报附表九《资产折旧、摊销纳税调整明细表》第16行“油气勘探投资”第7列“纳税调整额”负数的绝对值。第1列“账载金额”、第2列“税收金额”不填。

9. 第49行“油气开发投资”：第3列填报附表九《资产折旧、摊销纳税调整明细表》第17行“油气开发投资”第7列“纳税调整额”的正数；第4列“调减金额”填报附表九《资产折旧、摊销纳税调整明细表》第17行“油气开发投资”第7列“纳税调整额”负数的绝对值。第1列“账载金额”、第2列“税收金额”不填。

10. 第50行“7. 其他”：填报会计与税收有差异需要纳税调整的其他资产类项目金额。

（四）准备金调整项目

第51行“四、准备金调整项目”：第3列“调增金额”填报附表十《资产减值准备项目调整明细表》第16行“合计”第5列“纳税调整额”的正数；第4列“调减金额”填报附表十《资产减值准备项目调整明细表》第16行“合计”第5列“纳税调整额”的负数的绝对值。第1列“账载金额”、第2列“税收金额”不填。

（五）房地产企业预售收入计算的预计利润

第52行“五、房地产企业预售收入计算的预计利润”：第3列“调增金额”填报从事房地产业务的纳税人本期取得的预售收入，按照税收规定的预计利润率计算的预计利润；第4列“调减金额”填报本期将预售收入转为销售收入，其结转的预售收入已按税收规定的预计利润率计算的预计利润转回数。第1列“账载金额”、第2列“税收金额”不填。

（六）特别纳税调整应税所得

第53行“六、特别纳税调整应税所得”：第3列“调增金额”填报纳税人按特别纳税调整规定，自行调增的当年应税所得。第1列“账载金额”、第2列“税收金额”、第4列“调减金额”不填。

（七）其他

第54行“六、其他”：其他会计与税收存在差异的项目，第1列“账载金额”、第2列“税收金额”不填报。

四、表内及表间关系

调增金额栏、调减金额栏大于等于0。

第55行“合计”：调增金额、调减金额分别等于第1、20、41、51、52、53、54行之和。

（一）表内关系。

1. 第1行=第2+3+... +19行。

2. 第20行=第21行+22行+... +40行。

3. 第41行=第42+43+... +50行。

（二）表间关系。

1. 一般企业：第2行第3列=附表一（1）第13行。

金融企业：第2行第3列=附表一（2）第38行。

2. 第6行第4列=附表十一第5列“合计”行的绝对值。

3. 第12行第4列=附表六“合计”行第2列的绝对值。

4. 附表七第10行第5列为正数时：第10行第3列=附表七第10行第5列。

附表七第10行第5列为负数时：第10行第4列=附表七第10行第5列负数的绝对值。

5. 第14行第4列=附表一（3）第10行。

6. 第15行第4列=附表五第1行。

7. 第16行第4列=附表五第6行。

8. 第17行第4列=附表五第14行。

9. 第18行第4列=附表五第39行。

当主表23行为负数时：且23行负数的绝对值大于附表三第18行第4列，则附表三第18行第4列=附表五第39行=0；

当主表23行为负数时：且23行负数的绝对值小于附表三第18行第4列，则附表三第18行第4列=附表五第39行=主表23行负数绝对值。

10. 一般企业：第21行第4列=附表二（1）第12行。

金融企业：第21行第4列=附表二（2）第41行。

11. 第27行第3列=附表八第7行。第27行第4列=附表八第10行。

12. 第39行第4列=附表五第9行。

13. 附表九第1行第7列为正数时：第43行第3列=附表九第1行第7列。

附表九第1行第7列为负数时：第43行第4列=附表九第1行第7列负数的绝对值。

14. 附表九第7行第7列为正数时：第44行第3列=附表九第7行第7列。

附表九第7行第7列为负数时：第44行第4列=附表九第7行第7列负数的绝对值。

15. 附表九第10行第7列为正数时：第45行第3列=附表九第10行第7列。

附表九第10行第7列为负数时：第45行第4列=附表九第10行第7列负数的绝对值。

16. 附表九第15行第7列为正数时：第46行第3列=附表九第15行第7列。

附表九第15行第7列为负数时：第46行第4列=附表九第15行第7列负数的绝对值。

17. 附表九第16行第7列为正数时：第48行第3列=附表九第16行第7列。

附表九第16行第7列为负数时：第48行第4列=附表九第16行第7列负数的绝对值。

18. 附表九第17行第7列为正数时：第49行第3列=附表九第17行第7列。

附表九第17行第7列为负数时：第49行第4列=附表九第17行第7列负数的绝对值。

19. 附表十第17行第5列合计数为正数时：第51行第3列=附表十第17行第5列。

附表十第17行第5列合计数为负数时：第51行第4列=附表十第17行第5列的绝对值。

20. 第55行第3列=主表第14行。

21. 第55行第4列=主表第15行。

企业所得税年度纳税申报表附表四

企业所得税弥补亏损明细表

填报时间： 年 月 日　　　　金额单位：元（列至角分）

行次	项目	年度	盈利额或亏损额	合并分立企业转入可弥补亏损额	当年可弥补的所得额	以前年度弥补亏损额					本年度实际弥补的以前年度亏损额	可结转以后年度弥补的亏损额
						前四年度	前三年度	前二年度	前一年度	合计		
		1	2	3	4	5	6	7	8	9	10	11
1	第一年											
2	第二年											
3	第三年											
4	第四年											
5	第五年											
6	本年											
7	可结转以后年度弥补的亏损额合计											

经办人（签章）：　　　　法定代表人（签章）：

《企业所得税弥补亏损明细表》填报说明

一、适用范围

本表适用于实行查账征收的企业所得税居民纳税人填报。

二、填报依据和内容

依据《中华人民共和国企业所得税法》及其实施条例，填报本年及本年度纳税申报前5年度发生的尚未弥补的亏损额。本表反映纳税调整后所得为正数，按规定可弥补以前年度结转的亏损额。

三、有关项目填报说明

1. 第1列“年度”：填报公历年份。第1至5行依次从6行往前推5年，第6行为本申报年度。

2. 第2列“盈利额或亏损额”：填报主表的第23行“纳税调整后所得”的数据（亏损额以“-”表示）。

3. 第3列“合并分立企业转入可弥补亏损额”：填报按税收规定可以并入的合并、分立企业的亏损额（以“-”表示）。

4. 第4列“当年可弥补的所得额”：金额等于第2+3列。

5. 第9列“以前年度亏损弥补额”：金额等于第5+6+7+8列（第4列为正数的不填）。

6. 第10列第1至5行“本年度实际弥补的以前年度亏损额”：分析填报主表第23行数据，用于依次弥补前5年度的尚未弥补的亏损额，第1至5行累计数不得大于主表23行。第10列小于等于4列负数的绝对值-9列。

7. 第6行第10列“本年度实际弥补的以前年度亏损额”：金额等于第1至5行第10列的合计数（6行10列的合计数≤6行4列的合计数）。

8. 第11列第2至6行“可结转以后年度弥补的亏损额”：填报前5年度的亏损额被本年主表中第24行数据依次弥补后，各年度仍未弥补完的亏损额，以及本年度尚未弥补的亏损额。11列=4列的绝对值-9列-10列（第4列大于零的行次不填报）。

9. 第7行第11列“可结转以后年度弥补的亏损额合计”：填报第2至6行第11列的合计数。

四、表间关系

第6行第10列=主表第24行。

企业所得税年度纳税申报表附表五

税收优惠明细表

填报时间：　　年　　月　　日　　　　　　　　　　　　　　　金额单位：元（列至角分）

行次	项目	金额
1	一、免税收入(2+3+4+5)	
2	1. 国债利息收入	
3	2. 符合条件的居民企业之间的股息、红利等权益性投资收益	
4	3. 符合条件的非营利组织的收入	
5	4. 其他	
6	二、减计收入(7+8)	
7	1. 企业综合利用资源，生产符合国家产业政策规定的产品所取得的收入	
8	2. 其他	
9	三、加计扣除额合计(10+11+12+13)	
10	1. 开发新技术、新产品、新工艺发生的研究开发费用	
11	2. 安置残疾人员所支付的工资	
12	3. 国家鼓励安置的其他就业人员支付的工资	
13	4. 其他	
14	四、减免所得额合计(15+25+29+30+31+32)	
15	(一)免税所得(16+17+…+24)	
16	1. 蔬菜、谷物、薯类、油料、豆类、棉花、麻类、糖料、水果、坚果的种植	
17	2. 农作物新品种的选育	
18	3. 中药材的种植	
19	4. 林木的培育和种植	
20	5. 牲畜、家禽的饲养	
21	6. 林产品的采集	
22	7. 灌溉、农产品初加工、兽医、农技推广、农机作业和维修等农、林、牧、渔服务业项目	
23	8. 远洋捕捞	
24	9. 其他	
25	(二)减税所得(26+27+28)	
26	1. 花卉、茶以及其他饮料作物和香料作物的种植	
27	2. 海水养殖、内陆养殖	
28	3. 其他	
29	(三)从事国家重点扶持的公共基础设施项目投资经营的所得	
30	(四)从事符合条件的环境保护、节能节水项目的所得	
31	(五)符合条件的技术转让所得	
32	(六)其他	
33	五、减免税合计(34+35+36+37+38)	

续表

行次	项目	金额
34	(一)符合条件的小型微利企业	
35	(二)国家需要重点扶持的高新技术企业	
36	(三)民族自治地方的企业应缴纳的企业所得税中属于地方分享的部分	
37	(四)过渡期税收优惠	
38	(五)其他	
39	六、创业投资企业抵扣的应纳税所得额	
40	七、抵免所得税额合计(41+42+43+44)	
41	(一)企业购置用于环境保护专用设备的投资额抵免的税额	
42	(二)企业购置用于节能节水专用设备的投资额抵免的税额	
43	(三)企业购置用于安全生产专用设备的投资额抵免的税额	
44	(四)其他	
45	企业从业人数(全年平均人数)	
46	资产总额(全年平均数)	
47	所属行业(工业企业　其他企业)	

经办人(签章):　　　　　　　　　　法定代表人(签章):

《税收优惠明细表》填报说明

一、适用范围

本表适用于实行查账征收的企业所得税居民纳税人填报。

二、填报依据和内容

根据《中华人民共和国企业所得税法》及其实施条例，填报本纳税年度发生的免税收入、减计收入、加计扣除、减免所得额、减免税和抵免税额。

三、有关项目填报说明

(一) 免税收入

1. 第2行“国债利息收入”：填报纳税人持有国务院财政部门发行的国债取得的利息收入。

2. 第3行“符合条件的居民企业之间的股息、红利等权益性投资收益”：填报居民企业直接投资于另一居民企业所取得的投资收益，不包括连续持有居民企业公开发行并上市流通的股票不足12个月取得的投资收益。

3. 第4行“符合条件的非营利组织的收入”：填报符合条件的非营利组织的收入，不包括从事营利性活动所取得的收入。

4. 第5行“其他”：填报国务院根据税法授权制定的其他免税收入税收优惠政策。

(二) 减计收入

1. 第7行“企业综合利用资源，生产符合国家产业政策规定的产品所取得的收入”：填报纳税人以《资源综合利用企业所得税优惠目录》内的资源作为主要原材料，生产非国家限定并符合国家和行业相关标准的产品所取得的收入，减按90%计入收入总额。本行填报政策规定减计10%收入的部分。

2. 第8行“其他”：填报国务院根据税法授权制定的其他减计收入税收优惠政策。

（三）加计扣除额合计

1. 第10行“开发新技术、新产品、新工艺发生的研究开发费用”：填报纳税人为开发新技术、新产品、新工艺发生的研究开发费用，未形成无形资产计入当期损益的，在按规定实行100%扣除基础上，按研究开发费用的50%加计扣除的金额。

2. 第11行“安置残疾人员所支付的工资”：填报纳税人安置残疾人员的，在支付给残疾职工工资据实扣除的基础上，按照支付给残疾职工工资的100%加计扣除额。

3. 第12行“国家鼓励安置的其他就业人员支付的工资”：填报国务院根据税法授权制定的其他就业人员支付工资优惠政策。

4. 第13行“其他”：填报国务院根据税法授权制定的其他加计扣除税收优惠政策。

（四）减免所得额合计

1. 第16行“蔬菜、谷物、薯类、油料、豆类、棉花、麻类、糖料、水果、坚果的种植”：填报纳税人种植蔬菜、谷物、薯类、油料、豆类、棉花、麻类、糖料、水果、坚果取得的免征企业所得税项目的所得额。

2. 第17行“农作物新品种的选育”：填报纳税人从事农作物新品种的选育免征企业所得税项目的所得额。

3. 第18行“中药材的种植”：填报纳税人从事中药材的种植免征企业所得税项目的所得额。

4. 第19行“林木的培育和种植”：填报纳税人从事林木的培育和种植免征企业所得税项目的所得额。

5. 第20行“牲畜、家禽的饲养”：填报纳税人从事牲畜、家禽的饲养免征企业所得税项目的所得额。

6. 第21行“林产品的采集”：填报纳税人从事采集林产品免征企业所得税项目的所得额。

7. 第22行“灌溉、农产品初加工、兽医、农技推广、农机作业和维修等农、林、牧、渔服务业项目”：填报纳税人从事灌溉、农产品初加工、兽医、农技推广、农机作业和维修等农、林、牧、渔服务业免征企业所得税项目的所得额。

8. 第23行“远洋捕捞”：填报纳税人从事远洋捕捞免征企业所得税的所得额。

9. 第24行“其他”：填报国务院根据税法授权制定的其他免税所得税收优惠政策。

10. 第26行“花卉、茶以及其他饮料作物和香料作物的种植”：填报纳税人从事花卉、茶以及其他饮料作物和香料作物种植减半征收企业所得税项目的所得额。

11. 第27行“海水养殖、内陆养殖”：填报纳税人从事海水养殖、内陆养殖减半征收企业所得税项目的所得额。

12. 第28行“其他”：填报国务院根据税法授权制定的其他减税所得税收优惠政策。

13. 第29行“从事国家重点扶持的公共基础设施项目投资经营的所得”：填报纳税人从事《公共基础设施项目企业所得税优惠目录》规定的港口码头、机场、铁路、公路、城市公共交通、电力、水利等项目的投资经营的所得。不包括企业承包经营、承包建设和内部自建自用该项目的所得。

14. 第30行“从事符合条件的环境保护、节能节水项目的所得”：填报纳税人从事公共污水处理、公共垃圾处理、沼气综合开发利用、节能减排技术改造、海水淡化等项目所得。

15. 第31行“符合条件的技术转让所得”：填报居民企业技术转让所得（技术转让所得不超过500万元的部分，免征企业所得税；超过500万元的部分，减半征收企业所得税）。

16. 第32行“其他”：填报国务院根据税法授权制定的其他税收优惠政策。

（五）减免税合计

1. 第34行“符合规定条件的小型微利企业”：填报纳税人从事国家非限制和禁止行业并符合规定条件的小型微利企业享受优惠税率减征的企业所得税税额。

2. 第35行“国家需要重点扶持的高新技术企业”：填报纳税人从事国家需要重点扶持拥有核心自主知识产权等条件的高新技术企业享受减征企业所得税税额。

3. 第36行“民族自治地方的企业应缴纳的企业所得税中属于地方分享的部分”：填报纳税人经民族自治地方所在省、自治区、直辖市人民政府批准，减征或者免征民族自治地方的企业缴纳的企业所得税中属于地方分享的企业所得税税额。

4. 第37行“过渡期税收优惠”：填报纳税人符合国务院规定以及经国务院批准给予过渡期税收优惠政策。

5. 第38行“其他”：填报国务院根据税法授权制定的其他税收优惠政策。

（六）第39行“创业投资企业抵扣的应纳税所得额”：填报创业投资企业采取股权投资方式投资于未上市的中小高新技术企业2年以上的，可以按照其投资额的70%在股权持有满2年的当年抵扣该创业投资企业的应纳税所得额；当年不足抵扣的，可以在以后纳税年度结转抵扣。

（七）抵免所得税额合计

1. 第41至43行，填报纳税人购置并实际使用《环境保护专用设备企业所得税优惠目录》、《节能节水专用设备企业所得税优惠目录》和《安全生产专用设备企业所得税优惠目录》规定的环境保护、节能节水、安全生产等专用设备的，投资额的10%从企业当年的应纳税额中抵免的企业所得税税额。当年不足抵免的，可以在以后5个纳税年度结转抵免。

2. 第44行“其他”：填报国务院根据税法授权制定的其他税收优惠政策。

（八）减免税附列资料

1. 第45行“企业从业人数”：填报纳税人全年平均从业人员，按照纳税人年初和年末的从业人员平均计算，用于判断是否为税收规定的小型微利企业。

2. 第46行“资产总额”：填报纳税人全年资产总额平均数，按照纳税人年初和年末的资产总额平均计算，用于判断是否为税收规定的小型微利企业。

3. 第47行“所属行业（工业企业其他企业）”：填报纳税人所属的行业，用于判断是否为税收规定的小型微利企业。

四、表内及表间关系

（一）表内关系。

1. 第 1 行 = 第 2 + 3 + 4 + 5 行。
2. 第 6 行 = 第 7 + 8 行。
3. 第 9 行 = 第 10 + 11 + 12 + 13 行。
4. 第 14 行 = 第 15 + 25 + 29 + 30 + 31 + 32 行。
5. 第 15 行 = 第 16 至 24 行合计。
6. 第 25 行 = 第 26 + 27 + 28 行。
7. 第 33 行 = 第 34 + 35 + 36 + 37 + 38 行。
8. 第 40 行 = 第 41 + 42 + 43 + 44 行。

（二）表间关系。

1. 第 1 行 = 附表三第 15 行第 4 列 = 主表第 17 行。
2. 第 6 行 = 附表三第 16 行第 4 列 = 主表第 18 行。
3. 第 9 行 = 附表三第 39 行第 4 列 = 主表第 20 行。
4. 第 14 行 = 附表三第 17 行第 4 列 = 主表第 19 行。
5. 第 39 行 = 附表三第 18 行第 4 列。
6. 第 33 行 = 主表第 28 行。
7. 第 40 行 = 主表第 29 行。

企业所得税年度纳税申报表附表六

境外所得税抵免计算明细表

填报时间：　　年　　月　　日　　　　金额单位：元（列至角分）

抵免方式	国家或地区	境外所得	境外所得换算含税所得	弥补以前年度亏损	免税所得	弥补亏损前境外应税所得额	可弥补境内亏损	境外应纳税所得额	税率	境外所得应纳税额	境外所得可抵免税额	境外所得税款抵免限额	本年可抵免的境外所得税款	未超过境外所得税款抵免限额的余额	本年可抵免以前年度所得税额	前五年境外所得已缴税款未抵免余额	定率抵免
	1	2	3	4	5	6 (3－4－5)	7	8 (6－7)	9	10 (8×9)	11	12	13	14 (12－13)	15	16	17
直接抵免																	
间接抵免				*	*									*	*	*	
				*	*									*	*	*	
				*	*									*	*	*	
				*	*									*	*	*	
	合计																

经办人（签章）：　　　　法定代表人（签章）：

《境外所得税抵免计算明细表》填报说明

一、适用范围

本表适用于实行查账征收的企业所得税居民纳税人填报。

二、填报依据和内容

根据《中华人民共和国企业所得税法》及其实施条例，填报纳税人本年度发生的来源于不同国家或地区的境外所得按照我国税收法律、法规的规定应缴纳和抵免的所得税额。

三、各项目填报说明

1. 第1列“国家或地区”：填报境外所得来源的国家或地区的名称。来源于同一国家或地区的境外所得可合并到一行填报。

2. 第2列“境外所得”：填报来自境外的收入总额（包括生产经营所得和其他所得），扣除按税收规定允许扣除的境外发生的成本费用后的金额。

3. 第3列“境外所得换算含税收入的所得”：填报第2列境外所得换算成包含在境外缴纳企业所得税的所得。

境外所得换算含税收入的所得=适用所在国家地区所得税税率的境外所得÷（1-适用所在国家地区所得税税率）+适用所在国家预提所得税率的境外所得÷（1-适用所在国家预提所得税率）

4. 第4列“弥补以前年度亏损”：填报境外所得按税收规定弥补以前年度境外亏损额。

5. 第5列“免税所得”：填报按照税收规定予以免税的境外所得。

6. 第6列“弥补亏损前境外应税所得额”：填报境外所得弥补境内亏损前的应税所得额。第6列=3列-4列-5列

7. 第7列“可弥补境内亏损”：填报境外所得按税收规定弥补境内亏损额。

8. 第8列“境外应纳税所得额”：填报弥补亏损前境外应纳税所得额扣除可弥补境内亏损后的金额。

9. 第9列“税率”：填报纳税人境内税法规定的税率25%。

10. 第10列“境外所得应纳税额”：填报境外应纳税所得额与境内税法规定税率的乘积。

11. 第11列“境外所得可抵免税额”：实行分国不分项限额抵免的纳税人填报第10至16列。本列填报从境外子公司取得的所得在所在国家或地区缴纳的企业所得税额，可分为直接抵免和间接抵免。子公司从境外取得的所得在所在国家或地区缴纳的企业所得税额为直接抵免税额；从境外二级子公司取得的所得在所在国家或地区缴纳的企业所得税额为间接抵免税额。二级子公司可抵免税额=（纳税人分得的所得÷同

一纳税年度子公司税后应分配总额）×（子公司分得的所得÷同一纳税年度二级子公司税后应分配总额）×二级子公司同一纳税年度已缴所得税。

12. 第12列“境外所得税款抵免限额”：抵免限额＝中国境内、境外所得依照企业所得税法和条例的规定计算的应纳税总额×来源于某国（地区）的应纳税所得额÷中国境内、境外应纳税所得总额。

13. 第13列“本年可抵免的境外所得税款”：填报本年来源于境外的所得已缴纳所得税，在本年度允许抵免的金额。

14. 第14列“未超过境外所得税款抵免限额的余额”：填报本年度在抵免限额内抵免完所得税后，可用于抵免以前年度结转的待抵免的所得税额。

15. 第15列“本年可抵免以前年度税额”：填报本年可抵免以前年度未抵免完毕结转到本年度抵免的企业所得税。

16. 第16列“前五年境外所得已缴税款未抵免余额”：填报可结转以后年度抵免的境外所得未抵免余额。

17. 第17列“定率抵免”：本列适用于实行定率抵免境外所得税款的纳税人，填报此列的纳税人不填报第11至16列。

四、表内及表间关系

（一）表内关系。

1. 第6列＝第3－4－5列。

2. 第8列＝第6－7列。

3. 第10列＝第8×9列。

4. 第14列＝第12－13列。

5. 第7列各行金额≤同一行次的第6列。当某行第6列≤0时，同一行次的第7列为0。

6. 第13列“本年可抵免的境外所得税款”。第12列某行≤同一行次的第11列，第13列＝第12列；当第12列某行≥同一行次的第11列，第13列＝第11列。

7. 第14列“超过境外所得税款抵免限额的余额”各行＝同一行的第12－13列，当计算出的值≤0时，本列该行为0；当计算出的值≥0时，第14列＝第15列。

8. 第15列“本年可抵免以前年度所得税额”各行＜同一行次的第14列；第13列合计行＋第15列合计行＝主表第32行。

（二）表间关系。

1. 第2列合计行＝附表三第12行第4列。

2. 第7列合计行＝主表第22行。

3. 第10列合计数＝主表第31行。

4. 第13列合计行＋第15列合计行＝主表第32行。

5. 第17列合计行＝主表第32行。

企业所得税年度纳税申报表附表七

以公允价值计量资产纳税调整表

填报时间： 年 月 日 金额单位：元（列至角分）

行次	资产种类	期初金额		期末金额		纳税调整额（纳税调减以“－”表示）
		账载金额（公允价值）	计税基础	账载金额（公允价值）	计税基础	
		1	2	3	4	5
1						
2						
3						
4						
5						
6						
7						
8						
9						
10						

经办人(签章)： 法定代表人(签章)：

《以公允价值计量资产纳税调整表》填报说明

一、适用范围

本表适用于实行查账征收的企业所得税居民纳税人填报。

二、填报依据和内容

根据《中华人民共和国企业所得税法》及其实施条例以及企业会计准则、企业会计制度填报。主要包括以公允价值计量且其变动计入当期损益的金融资产、金融负债以及投资性房地产的公允价值、计税基础以及会计与税收差异。

三、各项目填报说明

1. 第1列、第3列“账载金额（公允价值）”：填报纳税人所有的按照公允价值计量且其变动进入当期损益的金融资产、金融负债以及投资性房地产根据会计准则核算的期初、期末金额。

2. 第2列、第4列“计税基础”：填报纳税人所有的按照公允价值计量且其变动进入当期损益的金融资产、金融负债以及投资性房地产按照税收规定可以税前扣除的金额。

3. 第5列“纳税调整额”＝（第4列－第2列）－（第3列－第1列）。

四、表间关系

第10行第5列为正数时：第10行第5列=附表三第10行第3列

第10行第5列为负数时：第10行第5列负数的绝对值=附表三第10行第4列

企业所得税年度纳税申报表附表八

广告费和业务宣传费跨年度纳税调整表

填报时间：　　年　　月　　日　　　　　　　　　　　金额单位：元（列至角分）

行次	项目	金额
1	本年度广告费和业务宣传费支出	
2	其中：不允许扣除的广告费和业务宣传费支出	
3	本年度符合条件的广告费和业务宣传费支出(1-2)	
4	本年计算广告费和业务宣传费扣除限额的销售(营业)收入	
5	税收规定的扣除率	
6	本年广告费和业务宣传费扣除限额(4×5)	
7	本年广告费和业务宣传费支出纳税调整额(3≤6,本行=2行;3>6,本行=1-6)	
8	本年结转以后年度扣除额(3>6,本行=3-6;3≤6,本行=0)	
9	加：以前年度累计结转扣除额	
10	减：本年扣除的以前年度结转额	
11	累计结转以后年度扣除额(8+9-10)	

经办人(签章)：　　　　　　　　　　法定代表人(签章)：

《广告费和业务宣传费跨年度纳税调整表》填报说明

一、适用范围

本表适用于实行查账征收的企业所得税居民纳税人填报。

二、填报依据和内容

根据《中华人民共和国企业所得税法》及其实施条例的规定以及企业会计制度填报。本表填报纳税人本年发生的全部广告费和业务宣传费支出的有关情况、按税收规定可扣除额、本年结转以后年度扣除额及以前年度累计结转扣除额等。

三、有关项目填报说明

1. 第1行“本年度广告费和业务宣传费支出”：填报纳税人本期实际发生的广告费和业务宣传费用。

2. 第2行“不允许扣除的广告费和业务宣传费支出”：填报税收规定不允许扣除的广告费和业务宣传费支出。

3. 第3行“本年度符合条件的广告费和业务宣传费支出”：根据本表第1行和第2行计算填报，第3行=1行-2行。

4. 第4行“本年计算广告费和业务宣传费扣除限额的销售（营业）收入”：

一般企业：填报附表一（1）第1行的“销售（营业）收入合计”数额；

金融企业：填报附表一（2）第1行“营业收入”+第38行“按税法规定视同销售的收入”；

事业单位、社会团体、民办非企业单位：填报主表第1行“营业收入”。

5. 第5行“税收规定的扣除率”：根据《中华人民共和国企业所得税法实施条例》和相关税收规定的扣除率。

6. 第6行“本年广告费和业务宣传费扣除限额”：根据本表计算结果填报，第6行=第4×5行。

7. 第7行“本年广告费和业务宣传费支出纳税调整额”：根据本表计算结果填报。当本年允许税前扣除的广告费和业务宣传费实际发生额小于或等于本年扣除限额时，本行=第2行；当本年允许税前扣除的广告费和业务宣传费实际发生额大于本年扣除限额时，本行=第1-6行。

8. 第8行“本年结转以后年度扣除额”：当本年允许税前扣除的广告费和业务宣传费实际发生额大于本年扣除限额时，直接将差额填入本行；当本年允许税前扣除的广告费和业务宣传费实际发生额小于或等于本年扣除限额时，本行填0。

9. 第9行“加：以前年度累计结转扣除额”：填报以前年度发生的、允许税前扣除但未扣除，需要结转扣除的广告费和业务宣传费。

10. 第10行“减：本年扣除的以前年度结转额”：根据本表计算结果填报，当本年允许税前扣除的广告费和业务宣传费实际发生额大于或等于本年扣除限额时，本行=0。当本年允许税前扣除的广告费和业务宣传费实际发生额小于本年扣除限额时，其差额如果小于或者等于第9行“以前年度累计结转扣除额”，直接将差额填入本行；其差额如果大于第9行“以前年度累计结转扣除额”，本行=第9行。

11. 第11行“累计结转以后年度扣除额”：根据本表计算结果填报，本行=第8+9-10行。

四、表间关系

第7行=附表三第27行第3列。

第10行=附表三第27行第4列。

企业所得税年度纳税申报表附表九

资产折旧、摊销纳税调整明细表

填报时间：　　年　　月　　日　　　　　　　　　　　　金额单位：元（列至角分）

行次	资产类型	资产原值		折旧、摊销年限		本期折旧、摊销额		纳税调整额
		账载金额	计税基础	会计	税收	会计	税收	
		1	2	3	4	5	6	7
1	一、固定资产	*	*					
2	1. 房屋建筑物							
3	2. 飞机、火车、轮船、机器、机械和其他生产设备							
4	3. 与生产经营有关的器具工具家具							
5	4. 飞机、火车、轮船以外的运输工具							
6	5. 电子设备							
7	二、生产性生物资产	*	*					
8	1. 林木类							
9	2. 畜类							
10	三、长期待摊费用	*	*					
11	1. 已足额提取折旧的固定资产的改建支出							
12	2. 租入固定资产的改建支出							
13	3. 固定资产大修理支出							
14	4. 其他长期待摊费用							
15	四、无形资产							
16	五、油气勘探投资							
17	六、油气开发投资							
18	合计	*	*					

经办人（签章）：　　　　　　　　　　　　法定代表人（签章）：

《资产折旧、摊销纳税调整表》填报说明

一、适用范围

本表适用于实行查账征收的企业所得税居民纳税人填报。

二、填报依据和内容

根据《中华人民共和国企业所得税法》及其实施条例以及企业会计制度、会计准

则核算的资产折旧、摊销，会计与税收核算有差异的固定资产、无形资产、生产性生物资产和长期待摊费用，并据以填报附表三《纳税调整项目明细表》第43行至第46行。

三、各项目填报说明

1. 第1列“账载金额”：填报纳税人按照会计准则、会计制度应提取折旧、摊销的资产原值（或历史成本）。

2. 第2列“计税基础”：填报纳税人按照税收规定据以计算折旧、摊销的资产价值。

3. 第3列：填报纳税人按照会计制度、会计准则提取折旧、进行摊销的年限。

4. 第4列：填报纳税人按照税收规定提取折旧、进行摊销的年限。

5. 第5列：填报纳税人按照会计核算的资产账面价值、资产折旧、摊销年限及资产折旧、摊销率计算的资产折旧、摊销额。

6. 第6列：填报纳税人按照税收规定的资产计税基础、资产折旧、摊销年限及资产折旧、摊销率计算的资产折旧、摊销额。

7. 第7列＝第5－6列，正数为调增额，负数为调减额。

四、表间关系

1. 第1行第7列为正数时：第1行第7列＝附表三第43行第3列；第1行第7列为负数时：第1行第7列负数的绝对值＝附表三第43行第4列。

2. 第7行第7列为正数时：第7行第7列＝附表三第44行第3列；第7行第7列为负数时：第7行第7列负数的绝对值＝附表三第44行第4列。

3. 第10行第7列为正数时：第10行第7列＝附表三第45行第3列；第10行第7列为负数时：第10行第7列负数的绝对值＝附表三第45行第4列。

4. 第15行第7列为正数时：第15行第7列＝附表三第46行第3列；第15行第7列为负数时：第15行第7列负数的绝对值＝附表三第46行第4列。

5. 第16行第7列为正数时：第16行第7列＝附表三第48行第3列；第16行第7列为负数时：第16行第7列负数的绝对值＝附表三第48行第4列。

6. 第17行第7列为正数时：第17行第7列＝附表三第49行第3列；第17行第7列为负数时：第17行第7列负数的绝对值＝附表三第49行第4列。

企业所得税年度纳税申报表附表十

资产减值准备项目调整明细表

填报时间：　　年　　月　　日　　　　　　　　　　　　　　　　金额单位：元（列至角分）

行次	准备金类型	期初余额	本期转回额	本期计提额	期末余额	纳税调整额
		1	2	3	4	5
1	坏(呆)账准备					
2	存货跌价准备					
3	＊其中：消耗性生物资产减值准备					
4	＊持有至到期投资减值准备					
5	＊可供出售金融资产减值					
6	#短期投资跌价准备					
7	长期股权投资减值准备					
8	＊投资性房地产减值准备					
9	固定资产减值准备					
10	在建工程(工程物资)减值准备					
11	＊生产性生物资产减值准备					
12	无形资产减值准备					
13	商誉减值准备					
14	贷款损失准备					
15	矿区权益减值					
16	其他					
17	合计					

注：表中＊项目为执行新会计准则企业专用；表中加#项目为执行企业会计制度、小企业会计制度的企业专用。

经办人(签章)：　　　　　　　　　　法定代表人(签章)：

《资产减值准备项目调整明细表》填报说明

一、适用范围

本表适用于实行查账征收的企业所得税居民纳税人填报。

二、填报依据和内容

根据《中华人民共和国企业所得税法》及其实施条例以及企业会计制度、会计准则计提的各项资产减值准备、风险准备等准备金支出，以及会计核算与税收差异填报，据以填报附表三《纳税调整明细表》第49行。

三、各项目填报说明

1. 第 1 列“期初余额”：填报纳税人按照会计制度、会计准则等核算的各项准备金期初数。

2. 第 2 列“本期转回额”：填报纳税人按照会计制度、会计准则等核算因价值恢复、资产转让等原因转回的准备金本期转回数。

3. 第 3 列“本期计提额”：填报纳税人按照会计制度、会计准则等核算的因资产减值发生的准备金本期计提数。其中“可供出售金融资产减值”填报可供出售金融资产发生减值时，减值额扣除原直接计入所有者权益中的因公允价值上升的变动增值额后，计入当期损益的数额。

4. 第 4 列“期末余额”：填报纳税人按照会计制度、会计准则等核算的准备金期末数。

5. 第 5 列“纳税调整额”：金额等于第 3 列“本期计提额”－第 2 列“本期转回额”。如为正数，则调增额；如为负数，则为调减额。

四、表间关系

第 17 行第 5 列如为正数：第 17 行第 5 列 = 附表三第 51 行第 3 列；第 17 行第 5 列如为负数：第 17 行第 5 列 = 附表三第 51 行第 4 列。

企业所得税年度纳税申报表附表十一

长期股权投资所得（损失）明细表

填报时间：　　年　　月　　日　　　　　　　　　　　　　　　　金额单位：元（列至角分）

行次	被投资企业	期初投资额	本年度增（减）投资额	投资成本		股息红利						投资转让所得（损失）				
				初始投资成本	权益法核算对初始投资成本调整产生的差异	会计核算投资收益	会计投资损益	税收确认的股息红利		会计与税收的差异	投资转让净收入	投资转让的会计成本	投资转让的税收成本	会计上确认的转让所得或损失	按税收计算的投资所得或损失	会计与税收的差异
								免税收入	全额征税收入							
	1	2	3	4	5	6 (7+14)	7	8	9	10 (7-8-9)	11	12	13	14 (11-12)	15	16
1																
2																
3																
4																
5																
6																
7																
8																
合计																

投资损失补充资料

行次	项目	年度	当年度结转余额	以弥补金额	本年度弥补金额	结转以后年度待弥补金额	备注：
1	第一年						
2	第二年						
3	第三年						
4	第四年						
5	第五年						
以前年度结转在本年度税前扣除的股权投资转让损失							

经办人（签章）：　　　　　　　　法定代表人（签章）：

《长期股权投资所得（损失）明细表》填报说明

一、适用范围

本表适用于实行查账征收的企业所得税居民纳税人填报。

二、填报依据

根据《中华人民共和国企业所得税法》及其实施条例以及企业会计制度、企业会计准则核算的长期股权投资初始成本、持有收益、处置收益，以及上述业务会计核算与税收的差异调整情况，据以填报附表三《纳税调整表》相关项目。

三、有关项目填报说明

纳税人应按被投资方逐项填报，同时填列以前年度结转投资损失本年度弥补情况。

1. 第 2 列“期初投资额”：填报年初此项投资余额。

2. 第 3 列“本年度增（减）投资额”：填报本年度内此项投资额增减变化。

3. 第 4 列“初始投资成本”：填报纳税人取得该长期股权投资支付的货币性资产、非货币性资产的公允价值及支付的相关税费。

4. 第 5 列“权益法核算对初始投资成本调整产生的收益”：填报纳税人在权益法核算下，初始投资成本小于取得投资时应享有被投资单位可辨认净资产公允价值份额的，两者之间的差额计入取得投资当期的营业外收入的金额。此列合计数填入调整表中的第 6 行第 4 列。

5. 第 6 列“会计核算投资收益”：填报纳税人在持有长期股权投资期间会计上核算的投资收益。

6. 第 7 列“会计投资损益”：填报纳税人按照会计准则计算的投资损益，不包括投资转让所得。

7. 第 8、9 列“税收确认的股息红利”：填报纳税人在本年度取得的税收确认的股息红利，对于符合免税条件的填入第 8 列“免税收入”，否则填入第 9 列“全额征收收入”。

8. 第 11 列“投资转让净收入”：填报纳税人因收回、转让或清算处置股权投资时，转让收入扣除相关税费后的金额。

9. 第 12 列“投资转让的会计成本”：填报纳税人因收回、转让或清算处置股权投资时，会计核算的投资转让成本。

10. 第 13 列“投资转让的税收成本”：填报纳税人按税收规定计算的投资转让成本。

11. 第 14 列“会计上确认的转让所得或损失”：填报纳税人按会计核算确认的长期股权投资转让所得或损失，所得以正数反映，损失以负数反映。

12. 第 15 列“按税法计算的投资转让所得或损失”：如为正数，为本期发生的股权投资转让所得；如为负数，为本期发生的股权投资转让损失。纳税人因收回、转让或清算处置股权投资发生的股权投资损失，可以在税前扣除，但在每一纳税年度扣除的股权投资损失，不得超过当年实现的股权投资收益和投资转让所得，超过部分可按规定向以后年度结转扣除。

四、投资损失补充资料填报说明

本部分主要反映投资转让损失历年弥补情况。如“按税收计算投资转让所得或损失”与“税收确认的股息红利”合计数大于零，可弥补以前年度投资损失。

1. “年度”：分别填报本年度前5年自然年度。

2. “当年度结转金额”：当年投资转让损失需结转以后年度弥补的金额。

3. “已弥补金额”：已经用历年投资收益弥补的金额。

4. “本年度弥补金额”：本年投资所得（损失）合计数为正数时，可按顺序弥补以前年度投资损失。

5. “以前年度结转在本年度税前扣除的股权投资转让损失”：填报本年度弥补金额合计数+第一年结填入附三表中“投资转让所得、处置所得”调减项目中。

五、表间关系

第5列“合计”行=附表三第6行第4列。

中华人民共和国企业所得税年度纳税申报表（B类）

税款所属期间：　　年　月　日至　　年　月　日

纳税人识别号：□□□□□□□□□□□□□□□□□□□

纳税人编号：□□□□□□□□□□□□□□□□□

纳税人名称：　　　　　　　　　　　　金额单位：人民币元（列至角分）

项目			行次	金额
应纳税所得额的计算	按收入总额核定应纳税所得额	收入总额	1	
		税务机关核定的应税所得率(%)	2	
		应纳税所得额(1行×2行)	3	
	按成本费用核定应纳税所得额	成本费用总额	4	
		税务机关核定的应税所得率(%)	5	
		应纳税所得额[4行÷(1-5行)×5行]	6	
	按经费支出换算应纳税所得额	经费支出总额	7	
		税务机关核定的应税所得率(%)	8	
		换算的收入额[7行÷(1-8行)]	9	
		应纳税所得额(8行×9行)	10	
应纳所得税额的计算		税率(25%)	11	
		应纳所得税额(3行×11行或6行×11行或10行×11行)	12	
		减免所得税额	13	
应补(退)所得税额的计算		已预缴所得税额	14	
		应补(退)所得税额(12行-13行-14行)	15	
谨声明：此纳税申报表是根据《中华人民共和国企业所得税法》、《中华人民共和国企业所得税法实施条例》和国家有关税收规定填报的，是真实的、可靠的、完整的。 法定代表人(签字)　　　　年　月　日				

续表

项　　目			行次	金额
纳税人公章：	代理申报中介机构公章：	主管税务机关受理专用章：		
	经办人执业证件号码：			
填表日期　　年　月　日	代理申报日期　　年　月　日	受理日期　　年　月　日		

企业所得税年度纳税申报表（B 类）附表一

税收优惠明细表

填报时间：　　年　　月　　日　　　　金额单位：元（列至角分）

行次	项　　目	金额
1	一、免税收入	
2	1. 国债利息收入	
3	2. 符合条件的居民企业之间的股息、红利等权益性投资收益	
4	3. 符合条件的非营利组织收入	
5	4. 其他	
6	二、减计收入	
7	1. 企业综合利用资源、生产符合国家产业政策规定的产品所取得的收入	
8	2. 其他	
9	三、加计扣除额合计	
10	1. 开发新技术、新产品、新工艺发生的研究开发费	
11	2. 安置残疾人员所支付的工资	
12	3. 国家鼓励安置的其他就业人员支付的工资	
13	4. 其他	
14	四、减免所得税额合计	
15	(一)免税所得	
16	1. 蔬菜、谷物、薯类、油料、豆类、棉花、麻类、糖料、水果、坚果的种植	
17	2. 农作物新品种选育	
18	3. 中药材的种植	
19	4. 林木的培育和种植	
20	5. 畜牧、家禽的饲养	
21	6. 林产品的采集	
22	7. 灌溉、农产品初加工、兽医、农技推广、农机作业和维护等农、林、牧、渔服务	
23	8. 远洋捕捞	
24	9. 其他	
25	(二)减税所得	
26	1. 花卉、茶叶及其他饮料作物和香料作物的种植	
27	2. 海水养殖、内陆养殖	

续表

行次	项　　目	金额
28	3. 其他	
29	(三)从事国家重点扶持的公共基础设施项目投资经营所得	
30	(四)从事符合条件的环境保护、节能节水项目的所得	
31	(五)符合条件的技术转让所得	
32	(六)其他	
33	五、减免税合计	
34	(一)符合条件的小型微利企业	
35	(二)国家需要重点扶持的高新技术企业	
36	(三)民族自治地方的企业应缴纳的企业所得税中属于地方分享的部分	
37	(四)过渡期税收优惠	
38	(五)其他	
39	六、创业投资企业抵扣的应纳税所得额	
40	七、抵免所得税额合计	
41	(一)企业购置用于环境保护专用设备的投资额抵免的税额	
42	(二)企业购置用于节能节水专用设备的投资额抵免的税额	
43	(三)企业购置用于安全生产专用设备的投资额抵免的税额	
44	(四)其他	
45	企业从业人数(全年平均人数)	
46	资产总额(全年平均数)	
47	所属行业(工业企业　　　　其他企业)	

经办人(签章):　　　　　　　　　　法定代表人(签章):

企业所得税年度纳税申报表（B类）附表二

企业所得税过渡期优惠明细表

填报时间：　　年　　月　　日　　　　　　　　　　金额单位：元（列至角分）

行次	项　　目	金额
1	合计	
2	(一)软件生产企业、集成电路企业	
3	(二)转制科研机构	
4	(三)文化事业单位转制	
5	(四)生产和装配伤残人员专门用品企业	
6	(五)下岗失业人员再就业	
7	(六)监狱、劳教企业	
8	(七)享受“两免三减半”的生产性外商投资企业	
9	(八)享受“五免五减”的港口码头外商投资企业	

续表

行次	项 目	金额
10	(九)追加投资单独享受所得税定期减免优惠的外商投资企业	
11	(十)享受延长三年减半征收企业所得税优惠的先进技术外商投资企业	
12	(十一)享受减按15%税率征收企业所得税的能源、交通、港口、码头外商投资企业	
13	(十二)享受“外商投资在3000万美元以上,回收投资时间长的项目”优惠,减按15%税率征收企业所得税的外商投资企业	
14	(十三)新办文化企业	
15	(十四)经济特区新设立高新技术企业优惠政策	

经办人(签章):　　　　法定代表人(签章):

22. 中华人民共和国企业清算所得税申报表

清算期间：　　年　月　日至　　年　月　日

纳税人名称：

纳税人识别号：□□□□□□□□□□□□□□□□□□□□　　金额单位：元（列至角分）

类别	行次	项目	金额
应纳税所得额计算	1	资产处置损益（填附表一）	
	2	负债清偿损益（填附表二）	
	3	清算费用	
	4	清算税金及附加	
	5	其他所得或支出	
	6	清算所得（1+2-3-4+5）	
	7	免税收入	
	8	不征税收入	
	9	其他免税所得	
	10	弥补以前年度亏损	
	11	应纳税所得额（6-7-8-9-10）	
应纳所得税额计算	12	税率（25%）	
	13	应纳所得税额（11×12）	
应补（退）所得税额计算	14	减（免）企业所得税额	
	15	境外应补所得税额	
	16	境内外实际应纳所得税额（13-14+15）	
	17	以前纳税年度应补（退）所得税额	
	18	实际应补（退）所得税额（16+17）	

纳税人盖章： 清算组盖章： 经办人签字： 申报日期： 年　月　日	代理申报中介机构盖章： 经办人签字及执业证件号码： 代理申报日期： 年　月　日	主管税务机关受理专用章： 受理人签字： 受理日期： 年　月　日

《中华人民共和国企业清算所得税申报表》填报说明

一、适用范围

本表适用于按税收规定进行清算、缴纳企业所得税的居民企业纳税人（以下简称纳税人）申报。

二、填报依据

根据《中华人民共和国企业所得税法》及其实施条例和相关税收政策规定计算填报。

三、有关项目填报说明

（一）表头项目

1. “清算期间”：填报纳税人实际生产经营终止之日至办理完毕清算事务之日止的期间。

2. “纳税人名称”：填报税务机关统一核发的税务登记证所载纳税人的全称。

3. “纳税人识别号”：填报税务机关统一核发的税务登记证号码。

（二）行次说明

1. 第1行“资产处置损益”：填报纳税人全部资产按可变现价值或交易价格扣除其计税基础后确认的资产处置所得或损失金额。本行通过附表一《资产处置损益明细表》计算填报。

2. 第2行“负债清偿损益”：填报纳税人全部负债按计税基础减除其清偿金额后确认的负债清偿所得或损失金额。本行通过附表二《负债清偿损益明细表》计算填报。

3. 第3行“清算费用”：填报纳税人清算过程中发生的与清算业务有关的费用支出，包括清算组组成人员的报酬，清算财产的管理、变卖及分配所需的评估费、咨询费等费用，清算过程中支付的诉讼费用、仲裁费用及公告费用，以及为维护债权人和股东的合法权益支付的其他费用。

4. 第4行“清算税金及附加”：填报纳税人清算过程中发生的除企业所得税和允许抵扣的增值税以外的各项税金及其附加。

5. 第5行“其他所得或支出”：填报纳税人清算过程中取得的其他所得或发生的其他支出。其中，其他支出以“-”号（负数）填列。

6. 第6行“清算所得”：填报纳税人全部资产按可变现价值或交易价格减除其计税基础、清算费用、相关税费，加上债务清偿损益等后的余额。

7. 第7行“免税收入”：填报纳税人清算过程中取得的按税收规定免税收入。

8. 第8行“不征税收入”：填报纳税人清算过程中取得的按税收规定不征税收入。

9. 第9行“其他免税所得”：填报纳税人清算过程中取得的按税收规定免税的所得。

10. 第10行“弥补以前年度亏损”：填报纳税人按税收规定可在税前弥补的以前纳税年度尚未弥补的亏损额。

11. 第11行“应纳税所得额”：金额等于本表第6-7-8-9-10行。本行按照上述顺序计算结果为负数，本行金额填零。

12. 第12行“税率”：填报企业所得税法规定的税率25%。

13. 第13行“应纳所得税额”：金额等于本表第11×12行。

14. 第14行“减（免）企业所得税额”：填报纳税人按税收规定准予减免的企业所得税额。

15. 第15行“境外应补所得税额”：填报纳税人按税收规定在清算期间发生的境外

所得应在境内补缴的企业所得税额。

16. 第16行“境内外实际应纳所得税额”：金额等于本表第13－14＋15行。

17. 第17行“以前纳税年度应补（退）所得税额”：填报纳税人因以前纳税年度损益调整、汇算清缴多缴、欠税等在清算期间应补（退）企业所得税额。其中，应退企业所得税额以“－”号（负数）填列。

18. 第18行“实际应补（退）所得税额”：金额＝本表第16＋17行。

四、表内及表间关系

1. 第1行＝附表一第32行“资产处置损益（4）”列的总计数。
2. 第2行＝附表二第23行“负债清偿损益（4）”列的总计数。
3. 第6行＝本表第1＋2－3－4＋5行。
4. 第11行＝本表第6－7－8－9－10行。
5. 第13行＝本表第11×12行。
6. 第16行＝本表第13－14＋15行。
7. 第18行＝本表第16＋17行。

企业清算所得税申报表附表一

资产处置损益明细表

填报时间：　　年　　月　　日　　　　　　　　　　金额单位：元（列至角分）

行次	项　目	账面价值 (1)	计税基础 (2)	可变现价值或交易价格(3)	资产处置损益 (4)＝(3)－(2)
1	货币资金				
2	短期投资＊				
3	交易性金融资产#				
4	应收票据				
5	应收账款				
6	预付账款				
7	应收利息				
8	应收股利				
9	应收补贴款＊				
10	其他应收款				
11	存货				
12	待摊费用＊				
13	一年内到期的非流动资产				
14	其他流动资产				
15	可供出售金融资产#				
16	持有至到期投资#				
17	长期应收款#				

续表

行次	项　　目	账面价值 (1)	计税基础 (2)	可变现价值或 交易价格(3)	资产处置损益 (4)=(3)-(2)
18	长期股权投资				
19	长期债权投资 *				
20	投资性房地产#				
21	固定资产				
22	在建工程				
23	工程物资				
24	固定资产清理				
25	生物资产#				
26	油气资产#				
27	无形资产				
28	开发支出#				
29	商誉#				
30	长期待摊费用				
31	其他非流动资产				
32	总计				

经办人签字：　　　　　　　　　　　　纳税人盖章：

《资产处置损益明细表》填报说明

一、适用范围

本表适用于按税收规定进行清算、缴纳企业所得税的居民企业纳税人（以下简称纳税人）申报。

二、填报依据

根据《中华人民共和国企业所得税法》及其实施条例和相关税收政策规定计算填报。

三、有关项目填报说明

1. 标有 * 行次由执行企业会计制度的纳税人填报；标有#行次由执行企业会计准则的纳税人填报；其他行次执行企业会计制度和企业会计准则的纳税人均填报。

执行企业会计制度和企业会计准则以外的纳税人，按照本表的行次内容根据其资产情况分析填报。

2. “账面价值（1）”列：填报纳税人按照国家统一会计制度规定确定的清算开始日的各项资产账面价值的金额。

3. “计税基础（2）”列：填报纳税人按照税收规定确定的清算开始日的各项资产计税基础的金额，即取得资产时确定的计税基础减除在清算开始日以前纳税年度内按照税收规定已在税前扣除折旧、摊销、准备金等的余额。

4. “可变现价值或交易价格（3）”列：填报纳税人清算过程中各项资产可变现价值或交易价格的金额。

5. “资产处置损益（4）”列：填报纳税人各项资产可变现价值或交易价格减除其计税基础的余额。

四、表内及表间关系

1. “资产处置损益（4）”列 = 本表“可变现价值或交易价格（3）”列 - “计税基础（2）”列。

2. 第32行“账面价值（1）”列总计 = 本表“账面价值（1）”列第1 + … +31行总计。

3. 第32行“计税基础（2）”列总计 = 本表“计税基础（2）”列第1 + … +31行总计。

4. 第32行“可变现价值或交易价格（3）”列总计 = 本表“可变现价值或交易价格（3）”列第1 + … +31行总计。

5. 第32行“资产处置损益（4）”列总计 = 本表第32行“可变现价值或交易价格（3）”列总计 - 本表第32行“计税基础（2）”列总计 = 本表“资产处置损益（4）”列第1 + … +31行总计。

6. 第32行“资产处置损益（4）”列总计 = 主表第1行。

企业清算所得税申报表附表二

负债清偿损益明细表

填报时间：　　年　月　日　　　　　　　　　　金额单位：元（列至角分）

行次	项　目	账面价值（1）	计税基础（2）	清偿金额（3）	负债清偿损益（4）=（2）-（3）
1	短期借款				
2	交易性金融负债#				
3	应付票据				
4	应付账款				
5	预收账款				
6	应付职工薪酬#				
7	应付工资*				
8	应付福利费*				
9	应交税费				
10	应付利息				
11	应付股利				
12	其他应交款*				
13	其他应付款				

续表

行次	项　　目	账面价值 (1)	计税基础 (2)	清偿金额 (3)	负债清偿损益 (4)=(2)-(3)
14	预提费用＊				
15	一年内到期的非流动负债				
16	其他流动负债				
17	长期借款				
18	应付债券				
19	长期应付款				
20	专项应付款				
21	预计负债#				
22	其他非流动负债				
23	总计				

经办人签字：　　　　　　　　　　纳税人盖章：

《负债清偿损益明细表》填报说明

一、适用范围

本表适用于按税收规定进行清算、缴纳企业所得税的居民企业纳税人（以下简称纳税人）申报。

二、填报依据

根据《中华人民共和国企业所得税法》及其实施条例和相关税收政策规定计算填报。

三、有关项目填报说明

1. 标有＊行次由执行企业会计制度的纳税人填报；标有#行次由执行企业会计准则的纳税人填报；其他行次执行企业会计制度和企业会计准则的纳税人均填报。

执行企业会计制度和企业会计准则以外的纳税人，按照本表的行次内容根据其负债情况分析填报。

2. “账面价值（1）”列：填报纳税人按照国家统一会计制度规定确定的清算开始日的各项负债账面价值的金额。

3. “计税基础（2）”列：填报纳税人按照税收规定确定的清算开始日的各项负债计税基础的金额，即负债的账面价值减去未来期间计算应纳税所得额时按照税收规定予以扣除金额的余额。

4. “清偿金额（3）”列：填报纳税人清算过程中各项负债的清偿金额。

5. “负债清偿损益（4）”列：填报纳税人各项负债计税基础减除其清偿金额的余额。

四、表内及表间关系

1. “负债清偿损益（4）”列 = 本表“计税基础（2）”列 - “清偿金额（3）”列。

2. 第23行“账面价值（1）”列总计 = 本表“账面价值（1）”列第1 + … + 22行总计。

3. 第23行“计税基础（2）”列总计 = 本表“计税基础（2）”列第1 + … + 22行总计。

4. 第23行“清偿金额（3）”列总计 = 本表“清偿金额（3）”列第1 + … + 22行总计。

5. 第23行“负债清偿损益（4）”列总计 = 本表第23行“计税基础（2）”列总计 - 本表第23行“清偿金额（3）”列总计 = 本表“负债清偿损益（4）”列第1 + … + 22行总计。

6. 第23行“负债清偿损益”列总计 = 主表第2行。

企业清算所得税申报表附表三

剩余财产计算和分配明细表

填报时间：　　年　月　日　　　　　　　　　　　　金额单位：元（列至角分）

类别	行次	项目			金额	
剩余财产计算	1	资产可变现价值或交易价格				
	2	清算费用				
	3	职工工资				
	4	社会保险费用				
	5	法定补偿金				
	6	清算税金及附加				
	7	清算所得税额				
	8	以前年度欠税额				
	9	其他债务				
	10	剩余财产(1-2-…-9)				
	11	其中:累计盈余公积				
	12	累计未分配利润				
剩余财产分配		股东名称	持有清算企业权益性投资比例(%)	投资额	分配的财产金额	其中:确认为股息金额
	13	(1)				
	14	(2)				
	15	(3)				
	16	…				
	17	…				

经办人签字：　　　　　　　　　　　　纳税人盖章：

《剩余财产计算明细表》填报说明

一、适用范围

本表适用于按税收规定进行清算、缴纳企业所得税的居民企业纳税人（以下简称纳税人）申报。

二、填报依据

根据《中华人民共和国企业所得税法》及其实施条例和相关税收政策规定计算填报。

三、有关项目填报说明

1. 第1行“资产可变现价值或交易价格”：填报纳税人全部资产的可变现价值或交易价格金额。

2. 第2行“清算费用”：填报纳税人清算过程中发生的与清算业务有关的费用支出，包括清算组组成人员的报酬，清算财产的管理、变卖及分配所需的评估费、咨询费等费用，清算过程中支付的诉讼费用、仲裁费用及公告费用，以及为维护债权人和股东的合法权益支付的其他费用。

3. 第3行“职工工资”：填报纳税人清算过程中偿还的职工工资。

4. 第4行“社会保险费用”：填报纳税人清算过程中偿还欠缴的各种社会保险费用。

5. 第5行“法定补偿金”：填报纳税人清算过程中按照有关规定支付的法定补偿金。

6. 第6行“清算税金及附加”：填报纳税人清算过程中发生的除企业所得税和允许抵扣的增值税以外的各项税金及其附加。

7. 第7行“清算所得税额”：填报纳税人清算过程中应缴的清算企业所得税金额。

8. 第8行“以前年度欠税额”：填报纳税人以前年度欠缴的各项税金及其附加。

9. 第9行“其他债务”：填报纳税人清算过程中偿还的其他债务。

10. 第10行“剩余财产”：填报纳税人全部资产按可变现价值或交易价格减除清算费用、职工工资、社会保险费用、法定补偿金、清算税费、清算所得税额、以前年度欠税和企业其他债务后的余额。

11. 第11行“其中：累计盈余公积”：填报纳税人截止开始分配剩余财产时累计从净利润提取的盈余公积金额。

12. 第12行“其中：累计未分配利润”：填报纳税人截止开始分配剩余财产时累计的未分配利润金额。

13. 第13至17行“股东名称”列：填报清算企业的各股东名称。

14. 第13至17行“持有清算企业权益性投资比例”列：填报清算企业的各股东持有清算企业的权益性投资比例。

15. 第13至17行“投资额”列：填报清算企业各股东向清算企业进行权益性投资总额。

16. 第 13 至 17 行“分配的财产金额”列：填报清算企业的各股东从清算企业剩余财产中按照其持有的清算企业的权益性投资比例分得的财产金额。

17. 第 13 至 17 行“其中确认为股息金额”列：填报清算企业的各股东从清算企业剩余财产分得财产中，相当于累计未分配利润和累计盈余公积按照其持有清算企业权益性投资比例计算确认的部分。清算企业的非企业所得税纳税人股东不填此列。

四、表内及表间关系

1. 第 10 行 = 本表第 1 - 2 - … - 9 行。
2. 第 2 行 = 主表第 3 行。
3. 第 6 行 = 主表第 4 行。
4. 第 7 行 = 主表第 16 行。

23. 我国对外税收协定（含内地与香港、澳门的税收安排）关于利息所得适用税率一览表

序号	国　家	协定税率	序号	国　家	协定税率
1	日本	10%	34	卢森堡	10%
2	美国	10%	35	韩国	10%
3	法国	10%	36	俄罗斯	10%
4	英国	10%	37	巴新	10%
5	比利时	10%	38	印度	10%
6	德国	10%	39	毛里求斯	10%
7	马来西亚	10%	40	克罗地亚	10%
8	挪威	10%	41	白俄罗斯	10%
9	丹麦	10%	42	斯洛文尼亚	10%
10	新加坡	银行或金融机构 7% 其他 10%	43	以色列	银行或金融机构 7% 其他 10%
11	芬兰	10%	44	越南	10%
12	加拿大	10%	45	土耳其	10%
13	瑞典	10%	46	乌克兰	10%
14	新西兰	10%	47	亚美尼亚	10%
15	泰国	10%	48	牙买加	7.5%
16	意大利	10%	49	冰岛	10%
17	荷兰	10%	50	立陶宛	10%
18	捷克、斯洛伐克	10%	51	拉脱维亚	10%
19	波兰	10%	52	乌兹别克	10%
20	澳大利亚	10%	53	孟加拉	10%
21	保加利亚	10%	54	南斯拉夫	10%
22	巴基斯坦	10%	55	苏丹	10%
23	科威特	5%	56	马其顿	10%
24	瑞士	10%	57	埃及	10%
25	塞浦路斯	10%	58	葡萄牙	10%
26	西班牙	10%	59	爱沙尼亚	10%
27	罗马尼亚	10%	60	老挝	老:5%　中:10%
28	奥地利	10%	61	塞舌尔	10%
29	巴西	15%	62	菲律宾	10%
30	蒙古	10%	63	爱尔兰	10%
31	匈牙利	10%	64	南非	10%
32	马耳他	10%	65	巴巴多斯	10%
33	阿联酋	7%	66	摩尔多瓦	10%

续表

序号	国家	协定税率	序号	国家	协定税率
67	古巴	7.5%	78	斯里兰卡	10%
68	委内瑞拉	银行或金融机构 5% 其他 10%	79	特里尼达和多巴哥	10%
69	哈萨克斯坦	10%	80	阿尔巴尼亚	10%
70	印度尼西亚	10%	81	文莱	10%
71	阿曼	10%	82	阿塞拜疆	10%
72	突尼斯	10%	83	格鲁吉亚	10%
73	伊朗	10%	84	墨西哥	10%
74	巴林	10%	85	沙特阿拉伯	10%
75	希腊	10%	86	香港特别行政区	7%
76	吉尔吉斯	10%	87	澳门特别行政区	银行或金融机构 7% 其他 10%
77	摩洛哥	10%			

24. 增值税纳税申报表（适用增值税一般纳税人）

税款所属时间：自　　年　月　日至　　年　月　日　　　填表日期：　年　月　日

金额单位：元至角分

纳税人识别号□□□□□□□□□□□□□□□□□□□□□□□　　　所属行业：

纳税人名称	（公章）	法定代表人姓名		注册地址		营业地址	
开户银行及账号		企业登记注册类型		电话号码			

项目		栏次	一般货物及劳务		即征即退货物及劳务	
			本月数	本年累计	本月数	本年累计
销售额	（一）按适用税率征税货物及劳务销售额	1				
	其中：应税货物销售额	2				
	应税劳务销售额	3				
	纳税检查调整的销售额	4				
	（二）按简易征收办法征税货物销售额	5				
	其中：纳税检查调整的销售额	6				
	（三）免、抵、退办法出口货物销售额	7			------	------
	（四）免税货物及劳务销售额	8			------	------
	其中：免税货物销售额	9			------	------
	免税劳务销售额	10			------	------
税款计算	销项税额	11				
	进项税额	12				
	上期留抵税额	13		------		------
	进项税额转出	14				
	免抵退货物应退税额	15			------	------
	按适用税率计算的纳税检查应补缴税额	16		------		------
	应抵扣税额合计	17 = 12 + 13 − 14 − 15 + 16		------		------
	实际抵扣税额	18（如 17 < 11，则为 17，否则为 11）				
	应纳税额	19 = 11 − 18				
	期末留抵税额	20		------		------
	简易征收办法计算的应纳税额	21				
	按简易征收办法计算的纳税检查应补缴税额	22			------	------
	应纳税额减征额	23				
	应纳税额合计	24 = 19 + 21 − 23				

续表

项目		栏次	一般货物及劳务		即征即退货物及劳务	
			本月数	本年累计	本月数	本年累计
税款缴纳	期初未缴税额(多缴为负数)	25				
	实收出口开具专用缴款书退税额	26			------	------
	本期已缴税额	27=28+29+30+31				
	分次预缴税额	28		------		------
	出口开具专用缴款书预缴税额	29		------	------	------
	本期缴纳上期应纳税额	30				
	本期缴纳欠缴税额	31				
	期末未缴税额(多缴为负数)	32=24+25+26-27				
	其中:欠缴税额(≥0)	33=25+26-27		------		
	本期应补(退)税额	34=24-28-29		------		
	即征即退实际退税额	35	------	------		
	期初未缴查补税额	36			------	------
	本期入库查补税额	37			------	------
	期末未缴查补税额	38=16+22+36-37			------	------
授权声明	如果你已委托代理人申报,请填写下列资料:为代理一切税务事宜,现授权(地址)为本纳税人的代理申报人申报表有关的往来文件,都可给予此人。授权人签字:		申报人声明	此纳税申报表是根据《中华人民共和国增值税暂行条例》填报的,真实的、可靠的、完整的。声明人签字:		

收到日期:　　　　　　　　接收人:　　　　　　　　主管税务机关盖章:

《增值税纳税申报表(适用于一般纳税人)》填表说明

本申报表适用于增值税一般纳税人填报。增值税一般纳税人销售按简易办法缴纳增值税的货物,也使用本表。

(一)本表"税款所属时间"是指纳税人申报的增值税应纳税额的所属时间,应填写具体的起止年、月、日。

(二)本表"填表日期"指纳税人填写本表的具体日期。

(三)本表"纳税人识别号"栏,填写税务机关为纳税人确定的识别号,即:税务登记证号码。

(四)本表"所属行业"栏,按照国民经济行业分类与代码中的最细项(小类)进行填写。参见国民经济行业分类与代码。

(五)本表"纳税人名称"栏,填写纳税人单位名称全称,不得填写简称。

(六)本表"法定代表人姓名"栏,填写纳税人法定代表人的姓名。

(七)本表"注册地址"栏,填写纳税人税务登记证所注明的详细地址。

(八)本表"营业地址"栏,填写纳税人营业地的详细地址。

（九）本表“开户银行及账号”栏，填写纳税人开户银行的名称和纳税人在该银行的结算账户号码。

（十）本表“企业登记注册类型”栏，按税务登记证填写。

（十一）本表“电话号码”栏，填写纳税人注册地和经营地的电话号码。

（十二）表中“一般货物及劳务”是指享受即征即退的货物及劳务以外的其他货物及劳务。

（十三）表中“即征即退货物及劳务”是指纳税人按照税法规定享受即征即退税收优惠政策的货物及劳务。

（十四）本表第1项“（一）按适用税率征税货物及劳务销售额”栏数据，填写纳税人本期按适用税率缴纳增值税的应税货物和应税劳务的销售额（销货退回的销售额用负数表示）。包括在财务上不作销售但按税法规定应缴纳增值税的视同销售货物和价外费用销售额，外贸企业作价销售进料加工复出口的货物，税务、财政、审计部门检查按适用税率计算调整的销售额。“一般货物及劳务”的“本月数”栏数据与“即征即退货物及劳务”的“本月数”栏数据之和，应等于《附表一》第7栏的“小计”中的“销售额”数。“本年累计”栏数据，应为年度内各月数之和。

（十五）本表第2项“应税货物销售额”栏数据，填写纳税人本期按适用税率缴纳增值税的应税货物的销售额（销货退回的销售额用负数表示）。包括在财务上不作销售但按税法规定应缴纳增值税的视同销售货物和价外费用销售额，以及外贸企业作价销售进料加工复出口的货物。“一般货物及劳务”的“本月数”栏数据与“即征即退货物及劳务”的“本月数”栏数据之和，应等于《附表一》第5栏的“应税货物”中17%税率“销售额”与13%税率“销售额”的合计数。“本年累计”栏数据，应为年度内各月数之和。

（十六）本表第3项“应税劳务销售额”栏数据，填写纳税人本期按适用税率缴纳增值税的应税劳务的销售额。“一般货物及劳务”的“本月数”栏数据与“即征即退货物及劳务”的“本月数”栏数据之和，应等于《附表一》第5栏的“应税劳务”中的“销售额”数。“本年累计”栏数据，应为年度内各月数之和。

（十七）本表第4项“纳税检查调整的销售额”栏数据，填写纳税人本期因税务、财政、审计部门检查、并按适用税率计算调整的应税货物和应税劳务的销售额。但享受即征即退税收优惠政策的货物及劳务经税务稽查发现偷税的，不得填入“即征即退货物及劳务”部分，而应将本部分销售额在“一般货物及劳务”栏中反映。“一般货物及劳务”的“本月数”栏数据与“即征即退货物及劳务”的“本月数”栏数据之和，应等于《附表一》第6栏的“小计”中的“销售额”数。“本年累计”栏数据，应为年度内各月数之和。

（十八）本表第5项“按简易征收办法征税货物的销售额”栏数据，填写纳税人本期按简易征收办法征收增值税货物的销售额（销货退回的销售额用负数表示）。包括税务、财政、审计部门检查、并按按简易征收办法计算调整的销售额。“一般货物及劳务”的“本月数”栏数据与“即征即退货物及劳务”的“本月数”栏数据之和，应等于《附表一》第14栏的“小计”中的“销售额”数。“本年累计”栏数据，应为年度内各月数之和。

（十九）本表第6项“其中：纳税检查调整的销售额”栏数据，填写纳税人本期因税务、财政、审计部门检查、并按简易征收办法计算调整的销售额，但享受即征即退税收优惠政策的货物及劳务经税务稽查发现偷税的，不得填入“即征即退货物及劳务”部分，而应将本部分销售额在“一般货物及劳务”栏中反映。“一般货物及劳务”的“本月数”栏数据与“即征即退货物及劳务”的“本月数”栏数据之和，应等于《附表一》第13栏的“小计”中的“销售额”数。“本年累计”栏数据，应为年度内各月数之和。

（二十）本表第7项“免、抵、退办法出口货物销售额”栏数据，填写纳税人本期执行免、抵、退办法出口货物的销售额（销货退回的销售额用负数表示）。“本年累计”栏数据，应为年度内各月数之和。

（二十一）本表第8项“免税货物及劳务销售额”栏数据，填写纳税人本期按照税法规定直接免征增值税的货物及劳务的销售额及适用零税率的货物及劳务的销售额（销货退回的销售额用负数表示），但不包括适用免、抵、退办法出口货物的销售额。“一般货物及劳务”的“本月数”栏数据，应等于《附表一》第18栏的“小计”中的“销售额”数。“本年累计”栏数据，应为年度内各月数之和。

（二十二）本表第9项“免税货物销售额”栏数据，填写纳税人本期按照税法规定直接免征增值税货物的销售额及适用零税率货物的销售额（销货退回的销售额用负数表示），但不包括适用免、抵、退办法出口货物的销售额。“一般货物及劳务”的“本月数”栏数据，应等于《附表一》第18栏的“免税货物”中的“销售额”数。“本年累计”栏数据，应为年度内各月数之和。

（二十三）本表第10项“免税劳务销售额”栏数据，填写纳税人本期按照税法规定直接免征增值税劳务的销售额及适用零税率劳务的销售额（销货退回的销售额用负数表示）。“一般货物及劳务”的“本月数”栏数据，应等于《附表一》第18栏的“免税劳务”中的“销售额”数。“本年累计”栏数据，应为年度内各月数之和。

（二十四）本表第11项“销项税额”栏数据，填写纳税人本期按适用税率计征的销项税额。该数据应与“应交税金——应交增值税”明细科目贷方“销项税额”专栏本期发生数一致。“一般货物及劳务”的“本月数”栏数据与“即征即退货物及劳务”的“本月数”栏数据之和，应等于《附表一》第7栏的“小计”中的“销项税额”数。“本年累计”栏数据，应为年度内各月数之和。

（二十五）本表第12项“进项税额”栏数据，填写纳税人本期申报抵扣的进项税额。该数据应与“应交税金—应交增值税”明细科目借方“进项税额”专栏本期发生数一致。“一般货物及劳务”的“本月数”栏数据与“即征即退货物及劳务”的“本月数”栏数据之和，应等于《附表二》第12栏中的“税额”数。“本年累计”栏数据，应为年度内各月数之和。

（二十六）本表第13项“上期留抵税额”栏数据，为纳税人前一申报期的“期末留抵税额”数，该数据应与“应交税金——应交增值税”明细科目借方月初余额一致。

（二十七）本表第14项“进项税额转出”栏数据，填写纳税人已经抵扣但按税法规定应作进项税转出的进项税额总数，但不包括销售折扣、折让，销货退回等应负数冲减当期进项税额的数额。该数据应与“应交税金——应交增值税”明细科目贷方“进项税额转出”专栏本期发生数一致。“一般货物及劳务”的“本月数”栏数据与“即征即退货物及劳务”的“本月数”栏数据之和，应等于《附表二》第13栏中的

“税额”数。“本年累计”栏数据，应为年度内各月数之和。

（二十八）本表第15项“免、抵、退货物应退税额”栏数据，填写退税机关按照出口货物免、抵、退办法审批的应退税额。“本年累计”栏数据，应为年度内各月数之和。

（二十九）本表第16项“按适用税率计算的纳税检查应补缴税额”栏数据，填写税务、财政、审计部门检查按适用税率计算的纳税检查应补缴税额。“本年累计”栏数据，应为年度内各月数之和。

（三十）本表第17项“应抵扣税额合计”栏数据，填写纳税人本期应抵扣进项税额的合计数。

（三十一）本表第18项“实际抵扣税额”栏数据，填写纳税人本期实际抵扣的进项税额。“本年累计”栏数据，应为年度内各月数之和。

（三十二）本表第19项“按适用税率计算的应纳税额”栏数据，填写纳税人本期按适用税率计算并应缴纳的增值税额。“本年累计”栏数据，应为年度内各月数之和。

（三十三）本表第20项“期末留抵税额”栏数据，为纳税人在本期销项税额中尚未抵扣完，留待下期继续抵扣的进项税额。该数据应与“应交税金——应交增值税”明细科目借方月末余额一致。

（三十四）本表第21项“按简易征收办法计算的应纳税额”栏数据，填写纳税人本期按简易征收办法计算并应缴纳的增值税额，但不包括按简易征收办法计算的纳税检查应补缴税额。“一般货物及劳务”的“本月数”栏数据与“即征即退货物及劳务”的“本月数”栏数据之和，应等于《附表一》第12栏的“小计”中的“应纳税额”数。“本年累计”栏数据，应为年度内各月数之和。

（三十五）本表第22项“按简易征收办法计算的纳税检查应补缴税额”栏数据，填写纳税人本期因税务、财政、审计部门检查并按简易征收办法计算的纳税检查应补缴税额。“一般货物及劳务”的“本月数”栏数据与“即征即退货物及劳务”的“本月数”栏数据之和，应等于《附表一》第13栏的“小计”中的“应纳税额”数。“本年累计”栏数据，应为年度内各月数之和。

（三十六）本表第23项“应纳税额减征额”栏数据，填写纳税人本期按照税法规定减征的增值税应纳税额。“本年累计”栏数据，应为年度内各月数之和。

（三十七）本表第24项“应纳税额合计”栏数据，填写纳税人本期应缴增值税的合计数。“本年累计”栏数据，应为年度内各月数之和。

（三十八）本表第25项“期初未缴税额（多缴为负数）”栏数据，为纳税人前一申报期的“期末未缴税额（多缴为负数）”。

（三十九）本表第26项“实收出口开具专用缴款书退税额”栏数据，填写纳税人本期实际收到税务机关退回的，因开具《出口货物税收专用缴款书》而多缴的增值税款。该数据应根据“应交税金——未交增值税”明细科目贷方本期发生额中“收到税务机关退回的多缴增值税款”数据填列。“本年累计”栏数据，为年度内各月数之和。

（四十）本表第27项“本期已缴税额”栏数据，是指纳税人本期实际缴纳的增值税额，但不包括本期入库的查补税款。“本年累计”栏数据，为年度内各月数之和。

（四十一）本表第28项“①分次预缴税额”栏数据，填写纳税人本期分次预缴的增值税额。

（四十二）本表第 29 项“②出口开具专用缴款书预缴税额”栏数据，填写纳税人本期销售出口货物而开具专用缴款书向主管税务机关预缴的增值税额。

（四十三）本表第 30 项“③本期缴纳上期应纳税额”栏数据，填写纳税人本期上缴上期应缴未缴的增值税款，包括缴纳上期按简易征收办法计提的应缴未缴的增值税额。“本年累计”栏数据，为年度内各月数之和。

（四十四）本表第 31 项“④本期缴纳欠缴税额”栏数据，填写纳税人本期实际缴纳的增值税欠税额，但不包括缴纳入库的查补增值税额。“本年累计”栏数据，为年度内各月数之和。

（四十五）本表第 32 项“期末未交税额（多缴为负数）”栏数据，为纳税人本期期末应缴未缴的增值税额，但不包括纳税检查应缴未缴的税额。“本年累计”栏与“本月数”栏数据相同。

（四十六）本表第 33 项“其中：欠缴税额（≥0）”栏数据，为纳税人按照税法规定已形成欠税的数额。

（四十七）本表第 34 项“本期应补（退）税额”栏数据，为纳税人本期应纳税额中应补缴或应退回的数额。

（四十八）本表第 35 项“即征即退实际退税额”栏数据，填写纳税人本期因符合增值税即征即退优惠政策规定，而实际收到的税务机关返还的增值税额。“本年累计”栏数据，为年度内各月数之和。

（四十九）本表第 36 项“期初未缴查补税额”栏数据，为纳税人前一申报期的“期末未缴查补税额”。该数据与本表第 25 项“期初未缴税额（多缴为负数）”栏数据之和，应与“应交税金——未交增值税”明细科目期初余额一致。“本年累计”栏数据应填写纳税人上年度末的“期末未缴查补税额”数。

（五十）本表第 37 项“本期入库查补税额”栏数据，填写纳税人本期因税务、财政、审计部门检查而实际入库的增值税款，包括：1. 按适用税率计算并实际缴纳的查补增值税款；2. 按简易征收办法计算并实际缴纳的查补增值税款。“本年累计”栏数据，为年度内各月数之和。

（五十一）本表第 38 项“期末未缴查补税额”栏数据，为纳税人纳税检查本期期末应缴未缴的增值税额。该数据与本表第 32 项“期末未缴税额（多缴为负数）”栏数据之和，应与“应交税金——未交增值税”明细科目期初余额一致。“本年累计”栏与“本月数”栏数据相同。

增值税纳税申报表附列资料（表一）（本期销售情况明细）

税款所属时间：　　年　月

纳税人名称：　　　　填表日期：　　年　月　日　　　　金额单位：元至角分

一、按适用税率征收增值税货物及劳务的销售额和销项税明细

项目	栏次	应税货物						应税劳务			小计		
		17%			13%								
		份数	销售额	销项税额	份数	销售额	销项税额	份数	销售额	销项税额	份数	销售额	销项税额
防伪税控系统开具的增值税专用发票	1												
非防伪税控系统开具的增值税专用发票	2	-------	-------	-------	-------	-------	-------	-------	-------	-------	-------	-------	-------
开具普通发票	3												
未开具发票	4	-------			-------			-------			-------		
小计	5 = 1 + 2 + 3 + 4	-------			-------			-------			-------		
纳税检查调整	6	-------			-------			-------			-------		
合计	7	-------			-------			-------			-------		

二、简易征收办法征收增值税货物的销售额和

项目	栏次	6%征收率			4%征收率			小计		
		份数	销售额	应纳税额	份数	销售额	应纳税额	份数	销售额	应纳税额
防伪税控系统开具的增值税专用发票	8									
非防伪税控系统开具的增值税专用发票	9	-------	-------	-------	-------	-------	-------	-------	-------	-------
开具普通发票	10									
未开具发票	11	-------			-------			-------		
小计	12 = 8 + 9 + 10 + 11	-------			-------			-------		
纳税检查调整	13	-------			-------			-------		

续表

项目	栏次	6%征收率			4%征收率			小计		
		份数	销售额	应纳税额	份数	销售额	应纳税额	份数	销售额	应纳税额
合计	14	-------			-------			-------		
三、免征增值税货物及劳务销售额明细										
项目	栏次	免税货物			免税劳务			小计		
		份数	销售额	应纳税额	份数	销售额	应纳税额	份数	销售额	应纳税额
防伪税控系统开具的增值税专用发票	15				-------	-------	-------			
开具普通发票	16			-------			-------			-------
未开具发票	17	-------		-------	-------		-------	-------		-------
合计	18 = 15 + 16 + 17	-------			-------		-------	-------		

《增值税纳税申报表附列资料（表一）》填表说明

（一）本表“税款所属时间”是指纳税人申报的增值税应纳税额的所属时间，应填写具体的起止年、月。

（二）本表“填表日期”指纳税人填写本表的具体日期。

（三）本表“纳税人名称”栏，应加盖纳税人单位公章。

（四）本表“一、按适用税率征收增值税货物及劳务的销售额和销项税额明细”和“二、简易征收办法征收增值税货物的销售额和应纳税额明细”部分中“防伪税控系统开具的增值税专用发票”（含机动车销售同一发票数据）、“开具普通发票”、“未开具发票”各栏数据均应包括销货退回或折让、视同销售货物、价外费用的销售额和销项税额，但不包括免税货物及劳务的销售额，适用零税率货物及劳务的销售额和出口执行免、抵、退办法的销售额以及税务、财政、审计部门检查并调整的销售额、销项税额或应纳税额。

（五）本表“一、按适用税率征收增值税货物及劳务的销售额和销项税额明细”和“二、简易征收办法征收增值税货物的销售额和应纳税额明细”部分中“纳税检查调整”栏数据应填写纳税人本期因税务、财政、审计部门检查计算调整的应税货物、应税劳务的销售额、销项税额或应纳税额。

（六）本表“三、免征增值税货物及劳务销售额明细”部分中“防伪税控系统开具的增值税专用发票”栏数据（含机动车销售同一发票数据），填写本期因销售免税货物而使用防伪税控系统开具的增值税专用发票的份数、销售额和税额，包括国有粮食收储企业销售的免税粮食、政府储备食用植物油等。

增值税纳税申报表附列资料（表二）（本期进项税额明细）

税款所属时间　　　年　　月　　日

纳税人名称：（公章）　　填表日期：　　　年　　月　　日　　　　金额单位：元至角分

一、申报抵扣的进项税额				
项　目	栏次	份数	金额	税额
(一)认证相符的防伪税控增值税专用发票	1			
其中:本期认证相符且本期申报抵扣	2			
前期认证相符且本期申报抵扣	3			
(二)非防伪税控增值税专用发票及其他扣税凭证	4			
其中:海关进口增值税专用缴款书	5			
农产品收购发票或者销售发票	6			
废旧物资发票	7			
运输费用结算单据	8			
6%征收率	9	-----		-----
3%征收率	10	-----	-----	-----
(三)外贸企业进项税额抵扣凭证证明	11	-----	-----	
当期申报抵扣进项税额合计	12			
二、进项税额转出额				
项目	栏次	税额		
本期进项税额转出	13			
其中:免税货物	14			
非应税项目、集体福利、个人消费	15			
非常损失	16			
按简易征收办法征税货物	17			
免抵退税办法出口货物不得抵扣进项税额	18			
纳税检查调减进项税额	19			
未经认证已抵扣的进项税额	20			
红字专用发票通知单注明的进项税额	21			
三、待抵扣进项税额				
项目	栏次	份数	金额	税额
(一)认证相符的防伪税控增值税专用发票	22	-----	-----	-------
期初已认证相符但未申报抵扣	23			
本期认证相符且本期未申报抵扣	24			
期末已认证相符但未申报抵扣	25			
其中:按照税法规定不允许抵扣	26			
(二)非防伪税控增值税专用发票及其他扣税凭证	27			
其中:海关进口增值税专用缴款书	28			
农产品收购发票或者销售发票	29			

一、申报抵扣的进项税额				
废旧物资发票	30			
运输费用结算单据	31			
6%征收率	32	-----	-----	----
3%征收率	33	-----	------	
	34			
四、其他				
项目	栏次	份数	金额	税额
本期认证相符的全部防伪税控增值税专用发票	35			
期初已征税款挂账额	36	-----	-----	
期初已征税款余额	37	-----	-----	
代扣代缴税额	38	-----	-----	

注:第1栏=第2栏+第3栏=第23栏+第35栏-第25栏;第2栏=第35栏-第24栏;第3栏=第23栏+第24栏-第25栏;第4栏=第12栏-第1栏-第11栏;第13栏=第14栏至第21栏之和;第27栏=第28栏至第34栏之和。

《增值税纳税申报表附列资料(表二)》填表说明

《增值税纳税申报表附列资料(表二)》所称的“本期进项税额明细”均包括固定资产进项税额。

(一)本表“税款所属时间”是指纳税人申报的增值税应纳税额的所属时间,应填写具体的起止年、月。

(二)本表“填表日期”指纳税人填写本表的具体日期。

(三)本表“纳税人名称”栏,应加盖纳税人单位公章。

(四)本表“一、申报抵扣的进项税额”部分各栏数据,分别填写纳税人按税法规定符合抵扣条件,在本期申报抵扣的进项税额情况。

1. 第1栏“(一)认证相符的防伪税控增值税专用发票”(含机动车销售同一发票数据),填写本期申报抵扣的认证相符的防伪税控增值税专用发票情况,包括认证相符的红字防伪税控增值税专用发票,应等于第2栏“本期认证相符且本期申报抵扣”与第3栏“前期认证相符且本期申报抵扣”数据之和。

2. 第2栏“本期认证相符且本期申报抵扣”(含机动车销售同一发票数据),填写本期认证相符本期申报抵扣的防伪税控增值税专用发票情况,应与第35栏“本期认证相符的全部防伪税控增值税专用发票”减第24栏“本期已认证相符且本期未申报抵扣”后的数据相等。

3. 第3栏“前期认证相符且本期申报抵扣(含机动车销售同一发票数据)”,填写前期认证相符本期申报抵扣的防伪税控增值税专用发票和机动车销售统一发票情况,本栏应与第23栏“期初已认证相符但未申报抵扣”加第24栏“本期已认证相符且本期未申报抵扣”减第25栏“期末已认证相符但未申报抵扣”后数据相等。

4. 第4栏“非防伪税控增值税专用发票及其他扣税凭证”,填写本期申报抵扣的非防伪税控增值税专用发票及其他扣税凭证情况,应等于第5栏至第10栏之和。第5栏填写本月税务机关告知的稽核比对结果通知书及其明细清单注明的稽核相符海关进口增值税专用缴款书、核查结果中允许抵扣的海关进口增值税专用缴款书的份数、金额、税额。

5. 第8栏填写税务机关告知的稽核比对结果通知书及其明细清单注明的稽核相符运输费用结算单据、核查结果中允许抵扣的运输费用结算单据的份数、金额、税额。

6. 第11栏“外贸企业进项税额抵扣证明”，“税额”栏填写税务机关出口退税部门开具的《外贸企业出口视同内销征税货物进项税额抵扣证明》允许抵扣的进项税额。

7. 第12栏“当期申报抵扣进项税额合计”应等于第1栏、第4栏、第11栏之和。

（五）本表“二、进项税额转出额”部分填写纳税人已经抵扣但按税法规定应作进项税额转出的明细情况，但不包括销售折扣、折让，销货退回等应负数冲减当期进项税额的情况。

第13栏“本期进项税转出额”应等于第14栏至第21栏之和。

（六）本表“三、待抵扣进项税额”部分各栏数据，分别填写纳税人已经取得，但按税法规定不符合抵扣条件，暂不予在本期申报抵扣的进项税额情况及按照税法规定不允许抵扣的进项税额情况。

1. 第23栏“前期已认证相符但未申报抵扣（含机动车销售同一发票数据）”，填写前期认证相符，但按照税法规定，暂不予抵扣，结存至本期的防伪税控增值税专用发票和机动车销售同一发票，应与上期“期末已认证相符但未申报抵扣”栏数据相等。

2. 第24栏“本期认证相符且本期未申报抵扣（含机动车销售同一发票数据）”，填写截至本期期末，按照税法规定仍暂不予抵扣及按照税法规定不允许抵扣且已认证相符的防伪税控增值税专用发票和机动车销售同一发票情况，包括商业企业购进货物未付款；工业企业购进货物未入库；购进固定资产；外贸企业购进供出口的货物；因退货将抵扣联退还销货方等。

3. 第25栏“期末已认证相符但未申报抵扣（含机动车销售同一发票数据）”，填写截至本期期末，按照税法规定仍暂不予抵扣及按照税法规定不允许抵扣且已认证相符的防伪税控增值税专用发票情况。

4. 第26栏“其中：按照税法规定不允许抵扣（含机动车销售同一发票数据）”，填写期末已认证相符但未申报抵扣的防伪税控增值税专用发票和机动车销售同一发票中，按照税法规定不允许抵扣，而只能作为出口退税凭证或应列入成本、资产等项目的防伪税控增值税专用发票和机动车销售同一发票。包括外贸出口企业用于出口而采购货物的防伪税控增值税专用发票等。

5. 第28栏填写本月未收到稽核比对结果的海关进口增值税专用缴款书。

6. 第31栏填写本月未收到稽核比对结果的运输费用结算单据数据。

（七）本表“四、其他”栏中“本期认证相符的全部防伪税控增值税专用发票（含机动车销售同一发票数据）”项指标，应与防伪税控认证子系统中的本期全部认证相符的防伪税控增值税专用发票数据相同。“代扣代缴税额”项指标，填写纳税人根据《中华人民共和国增值税暂行条例》第十八条的规定扣缴的增值税额。

固定资产进项税额抵扣情况表

纳税人识别号：　　　　　　　　　　纳税人名称（公章）：

填表日期：　　年　　月　　日　　　　　　　　　　　　　金额单位：元列至角分

项　目	当期申报抵扣的固定资产进项税额	当期申报抵扣的固定资产进项税额累计
增值税专用发票		
海关进口增值税专用缴款书		
合计		

注：本表一式二份，一份纳税人留存，一份主管税务机关留存

成品油购销存情况明细表

单位名称： 税款所属期 年 月 单位：吨、元

油品型号	期初库存				本期入库				本期出库						期末库存			
	数量		金额		数量		金额		应税部分		非应税部分				数量		金额	
									数量	金额	数量		金额					
	自购	代储	自购	代储	自购	代储	自购	代储			自用	代储	自用	代储	自购	代储	自购	代储
	1	2	3	4	5	6	7	8	9	10	11	12	13	14	15	16	17	18
				----				----						----				----
				----				----						----				----
				----				----						----				----
合计	----	----		----	----	----		----	----		----	----		----	----	----		----

注：本表逻辑关系为：$15=1+5-9-11$；$16=2+6-12$；$17=3+7-10-13$。

《成品油购销存情况明细表》填表说明

一、本表逻辑关系为：

1. 1 + 5 − 9 − 11 = 15。

2. 2 + 6 − 12 = 16。

3. 3 + 7 − 10 − 13 = 17。

二、本表应按照不同的油品型号逐行填写。

三、本表第栏期初库存“自购数量”，填写会计账簿记载的期初库存成品油数量。

四、本表第2栏期初库存“代储数量”，填写代储油记录记载的期初库存代储成品油数量，代储是指外单位购买的，利用加油站的油库存放的成品油（下同）。

五、本表第3栏期初库存“自购金额”，填写会计账簿记载的期初库存成品油金额。

六、本表第5栏本期入库“自购数量”，填写会计账簿上记载的本期库存成品油数量。

七、本表第6栏本期入库“代储数量”，填写本期委托方提供的购油发票复印件上注明的数量。

八、本表第7栏本期入库“自购金额”，填写会计账簿上记载的本期入库成品油成本。

九、本表第9栏本期出库应税部分“数量”，填写会计账簿记载的本期销售和视同销售的成品油的数量。

十、本表第10栏本期出库应税部分“金额”，填写会计账簿记载的本期销售和视同销售的成品油的销售本。

十一、本表第11栏本期出库非应税部分“自用”是指自有车辆自用油（下同），其“数量”为领用记录记载的本期领用成品油数量。

十二、本表第12栏本期出库非应税部分“代储数量”，填写代储成品油记录记载的委托方领用数量。

十三、本表第13栏本期出库非应税部分“自用金额”，为领用记录记载的本期领用成品油数量乘以自购成品油平均单价。

十四、本表第15栏期末库存“自购数量”，填写会计账簿记载的期末库存成品油数量。

十五、本表第16栏期末库存“代储数量”，填写代储油记录记载的期末库存代储成品油数量。

十六、本表第17栏期末库存“自购金额”，填写会计账簿记载的期末库存成品油成本金额。

25. 增值税纳税人申报表（适用小规模纳税人）

纳税人识别号：

纳税人名称：　　　　　　　　　　　　　　　　　　　　　　　金额单位：元列至角分

税款所属期：　　年　月　日至　　年　月　日　　　　填表日期：　　年　月　日

	项　目	栏次	本期数	本年累计
计税依据	（一）应征增值税货物及劳务不含税销售额	1		
	其中：税务机关代开的增值税专用发票不含税销售额	2		
	税控器具开具的普通发票不含税销售额	3		
	（二）销售使用过的应税固定资产不含税销售额	4	-----	-----
	其中：税控器具开具的普通发票不含税销售额	5	-----	-----
	（三）免税货物及劳务销售额	6		
	其中：税控器具开具的普通发票不含税销售额	7		
	（四）出口免税货物销售额	8		
	其中：税控器具开具的普通发票不含税销售额	9		
税款计算	本期应纳税额	10		
	本期应纳税额减征额	11		
	应纳税额合计	12 = 10 - 11		
	本期预缴税额	13		-----
	本期应补（退）税额	14 = 12 - 13		-----
		15		

纳税人或代理人声明： 此纳税申报表是根据国家税收法律的规定填报的，我确定它是实的、可靠的、完整的。	如纳税人填报，由纳税人填写以下各栏： 办税人员（签章）：　　　财务负责人（签章）： 法定代表人（签章）：　　　联系电话：
	如委托代理人填报，由委托代理人填写以下各栏： 代理人名称：　　　经办人（签章）：　　　联系电话： 代理人（公章）：

受理人：　　受理日期：　　年　月　日　　　受理会务机关（签章）：

本表为 A3 立式一式三份，一份纳税人留存，一份主管税务机关留存，一份征收部门留存。

26. 国民经济行业分类与代码

国民经济行业分类与代码（GB/T4754－2002）

大类	小类	类别名称
1		农业
	0111	谷物的种植
	0112	薯类的种植
	0113	油料的种植
	0114	豆类的种植
	0115	棉花的种植
	0116	麻类的种植
	0117	糖料的种植
	0118	烟草的种植
	0119	其他作物的种植
	0121	蔬菜的种植
	0122	花卉的种植
	0123	其他园艺作物的种植
	0131	水果、坚果的种植
	0132	茶及其他饮料作物的种植
	0133	香料作物的种植
	0140	中药材的种植
2		林业
	0211	育种和育苗
	0212	造林
	0213	林木的抚育和管理
	0221	木材的采运
	0222	竹材的采运
	0230	林产品的采集
3		畜牧业
	0310	牲畜的饲养
	0320	猪的饲养
	0330	家禽的饲养
	0340	狩猎和捕捉动物
	0390	其他畜牧业
4		渔业
	0411	海水养殖
	0412	海洋捕捞
	0421	内陆养殖
	0422	内陆捕捞
5		农、林、牧、渔服务业
	0511	灌溉服务
	0512	农产品初加工服务
	0519	其他农业服务
	0520	林业服务业
	0531	兽医服务
	0539	其他畜牧服务
	0540	渔业服务业
6		煤炭开采和洗选业
	0610	烟煤和无烟煤的开采洗选
	0620	褐煤的开采洗选
	0690	其他煤炭采选
7		石油和天然气开采业
	0710	天然原油和天然气开采
	0790	与石油和天然气开采有关的服务活动
8		黑色金属矿采选业
	0810	铁矿采选
	0890	其他黑色金属矿采选
9		有色金属矿采选业
	0911	铜矿采选
	0912	铅锌矿采选
	0913	镍钴矿采选
	0914	锡矿采选
	0915	锑矿采选
	0916	铝矿采选
	0917	镁矿采选
	0919	其他常用有色金属矿采选
	0921	金矿采选
	0922	银矿采选
	0929	其他贵金属矿采选
	0931	钨钼矿采选
	0932	稀土金属矿采选
	0933	放射性金属矿采选

续表

大类	小类	类别名称	大类	小类	类别名称
	0939	其他稀有金属矿采选		1431	米、面制品制造
10		非金属矿采选业		1432	速冻食品制造
	1011	石灰石、石膏开采		1439	方便面及其他方便食品制造
	1012	建筑装饰用石开采		1440	液体乳及乳制品制造
	1013	耐火土石开采		1451	肉、禽类罐头制造
	1019	黏土及其他土砂石开采		1452	水产品罐头制造
	1020	化学矿采选		1453	蔬菜、水果罐头制造
	1030	采盐		1459	其他罐头食品制造
	1091	石棉、云母矿采选		1461	味精制造
	1092	石墨、滑石采选		1462	酱油、食醋及类似制品的制造
	1093	宝石、玉石开采		1469	其他调味品、发酵制品制造
	1099	其他非金属矿采选		1491	营养、保健食品制造
11		其他采矿业		1492	冷冻饮品及食用冰制造
	1100	其他采矿业		1493	盐加工
13		农副食品加工业		1494	食品及饲料添加剂制造
	1310	谷物磨制		1499	其他未列明的食品制造
	1320	饲料加工	15		饮料制造业
	1331	食用植物油加工		1510	酒精制造
	1332	非食用植物油加工		1521	白酒制造
	1340	制糖		1522	啤酒制造
	1351	畜禽屠宰		1523	黄酒制造
	1352	肉制品及副产品加工		1524	葡萄酒制造
	1361	水产品冷冻加工		1529	其他酒制造
	1362	鱼糜制品及水产品干腌制加工		1531	碳酸饮料制造
	1363	水产饲料制造		1532	瓶(罐)装饮用水制造
	1364	鱼油提取及制品的制造		1533	果菜汁及果菜汁饮料制造
	1369	其他水产品加工		1534	含乳饮料和植物蛋白饮料制造
	1370	蔬菜、水果和坚果加工		1535	固体饮料制造
	1391	淀粉及淀粉制品的制造		1539	茶饮料及其他软饮料制造
	1392	豆制品制造		1540	精制茶加工
	1393	蛋品加工	16		烟草制品业
	1399	其他未列明的农副食品加工		1610	烟叶复烤
14		食品制造业		1620	卷烟制造
	1411	糕点、面包制造		1690	其他烟草制品加工
	1419	饼干及其他焙烤食品制造	17		纺织业
	1421	糖果、巧克力制造		1711	棉、化纤纺织加工
	1422	蜜饯制作		1712	棉、化纤印染精加工

续表

大类	小类	类别名称	大类	小类	类别名称
	1721	毛条加工		2012	木片加工
	1722	毛纺织		2021	胶合板制造
	1723	毛染整精加工		2022	纤维板制造
	1730	麻纺织		2023	刨花板制造
	1741	缫丝加工		2029	其他人造板、材制造
	1742	绢纺和丝织加工		2031	建筑用木料及木材组件加工
	1743	丝印染精加工		2032	木容器制造
	1751	棉及化纤制品制造		2039	软木制品及其他木制品制造
	1752	毛制品制造		2040	竹、藤、棕、草制品制造
	1753	麻制品制造	21		家具制造业
	1754	丝制品制造		2110	木质家具制造
	1755	绳、索、缆的制造		2120	竹、藤家具制造
	1756	纺织带和帘子布制造		2130	金属家具制造
	1757	无纺布制造		2140	塑料家具制造
	1759	其他纺织制成品制造		2190	其他家具制造
	1761	棉、化纤针织品及编织品制造	22		造纸及纸制品业
	1762	毛针织品及编织品制造		2210	纸浆制造
	1763	丝针织品及编织品制造		2221	机制纸及纸板制造
	1769	其他针织品及编织品制造		2222	手工纸制造
18		纺织服装、鞋、帽制造业		2223	加工纸制造
	1810	纺织服装制造		2231	纸和纸板容器的制造
	1820	纺织面料鞋的制造		2239	其他纸制品制造
	1830	制帽	23		印刷业和记录媒介的复制
19		皮革、毛皮、羽毛(绒)及其制品业		2311	书、报、刊印刷
	1910	皮革鞣制加工		2312	本册印制
	1921	皮鞋制造		2319	包装装潢及其他印刷
	1922	皮革服装制造		2320	装订及其他印刷服务活动
	1923	皮箱、包(袋)制造		2330	记录媒介的复制
	1924	皮手套及皮装饰制品制造	24		文教体育用品制造业
	1929	其他皮革制品制造		2411	文具制造
	1931	毛皮鞣制加工		2412	笔的制造
	1932	毛皮服装加工		2413	教学用模型及教具制造
	1939	其他毛皮制品加工		2414	墨水、墨汁制造
	1941	羽毛(绒)加工		2419	其他文化用品制造
	1942	羽毛(绒)制品加工		2421	球类制造
20		木材加工及木、竹、藤、棕、草制品业		2422	体育器材及配件制造
	2011	锯材加工		2423	训练健身器材制造

续表

大类	小类	类别名称	大类	小类	类别名称
	2424	运动防护用具制造		2661	化学试剂和助剂制造
	2429	其他体育用品制造		2662	专项化学用品制造
	2431	中乐器制造		2663	林产化学产品制造
	2432	西乐器制造		2664	炸药及火工产品制造
	2433	电子乐器制造		2665	信息化学品制造
	2439	其他乐器及零件制造		2666	环境污染处理专用药剂材料制造
	2440	玩具制造业		2667	动物胶制造
	2451	露天游乐场所游乐设备制造		2669	其他专用化学产品制造
	2452	游艺用品及室内游艺器材制造		2671	肥皂及合成洗涤剂制造
25		石油加工、炼焦及核燃料加工业		2672	化妆品制造
	2511	原油加工及石油制品制造		2673	口腔清洁用品制造
	2512	人造原油生产		2674	香料、香精制造
	2520	炼焦		2679	其他日用化学产品制造
	2530	核燃料加工	27		医药制造业
26		化学原料及化学制品制造业		2710	化学药品原药制造
	2611	无机酸制造		2720	化学药品制剂制造
	2612	无机碱制造		2730	中药饮片加工
	2613	无机盐制造		2740	中成药制造
	2614	有机化学原料制造		2750	兽用药品制造
	2619	其他基础化学原料制造		2760	生物、生化制品的制造
	2621	氮肥制造		2770	卫生材料及医药用品制造
	2622	磷肥制造	28		化学纤维制造业
	2623	钾肥制造		2811	化纤浆粕制造
	2624	复混肥料制造		2812	人造纤维(纤维素纤维)制造
	2625	有机肥料及微生物肥料制造		2821	锦纶纤维制造
	2629	其他肥料制造		2822	涤纶纤维制造
	2631	化学农药制造		2823	腈纶纤维制造
	2632	生物化学农药及微生物农药制造		2824	维纶纤维制造
	2641	涂料制造		2829	其他合成纤维制造
	2642	油墨及类似产品制造	29		橡胶制品业
	2643	颜料制造		2911	车辆、飞机及工程机械轮胎制造
	2644	染料制造		2912	力车胎制造
	2645	密封用填料及类似品制造		2913	轮胎翻新加工
	2651	初级形态的塑料及合成树脂制造		2920	橡胶板、管、带的制造
	2652	合成橡胶制造		2930	橡胶零件制造
	2653	合成纤维单(聚合)体的制造		2940	再生橡胶制造
	2659	其他合成材料制造		2950	日用及医用橡胶制品制造

续表

大类	小类	类别名称	大类	小类	类别名称
	2960	橡胶靴鞋制造		3152	特种陶瓷制品制造
	2990	其他橡胶制品制造		3153	日用陶瓷制品制造
30		塑料制品业		3159	园林、陈设艺术及其他陶瓷制品制造
	3010	塑料薄膜制造		3161	石棉制品制造
	3020	塑料板、管、型材的制造		3162	云母制品制造
	3030	塑料丝、绳及编织品的制造		3191	石墨及碳素制品制造
	3040	泡沫塑料制造		3199	其他非金属矿物制品制造
	3050	塑料人造革、合成革制造	32		黑色金属冶炼及压延加工业
	3060	塑料包装箱及容器制造		3210	炼铁
	3070	塑料零件制造		3220	炼钢
	3081	塑料鞋制造		3230	钢压延加工
	3082	日用塑料杂品制造		3240	铁合金冶炼
	3090	其他塑料制品制造	33		有色金属冶炼及压延加工业
31		非金属矿物制品业		3311	铜冶炼
	3111	水泥制造		3312	铅锌冶炼
	3112	石灰和石膏制造		3313	镍钴冶炼
	3121	水泥制品制造		3314	锡冶炼
	3122	砼结构构件制造		3315	锑冶炼
	3123	石棉水泥制品制造		3316	铝冶炼
	3124	轻质建筑材料制造		3317	镁冶炼
	3129	其他水泥制品制造		3319	其他常用有色金属冶炼
	3131	粘土砖瓦及建筑砌块制造		3321	金冶炼
	3132	建筑陶瓷制品制造		3322	银冶炼
	3133	建筑用石加工		3329	其他贵金属冶炼
	3134	防水建筑材料制造		3331	钨钼冶炼
	3135	隔热和隔音材料制造		3332	稀土金属冶炼
	3139	其他建筑材料制造		3339	其他稀有金属冶炼
	3141	平板玻璃制造		3340	有色金属合金制造
	3142	技术玻璃制品制造		3351	常用有色金属压延加工
	3143	光学玻璃制造		3352	贵金属压延加工
	3144	玻璃仪器制造		3353	稀有稀土金属压延加工
	3145	日用玻璃制品及玻璃包装容器制造	34		金属制品业
	3146	玻璃保温容器制造		3411	金属结构制造
	3147	玻璃纤维及制品制造		3412	金属门窗制造
	3148	玻璃纤维增强塑料制品制造		3421	切削工具制造
	3149	其他玻璃制品制造		3422	手工具制造
	3151	卫生陶瓷制品制造		3423	农用及园林用金属工具制造

续表

大类	小类	类别名称	大类	小类	类别名称
	3424	刀剪及类似日用金属工具制造		3552	齿轮、传动和驱动部件制造
	3429	其他金属工具制造		3560	烘炉、熔炉及电炉制造
	3431	集装箱制造		3571	风机、风扇制造
	3432	金属压力容器制造		3572	气体、液体分离及纯净设备制造
	3433	金属包装容器制造		3573	制冷、空调设备制造
	3440	金属丝绳及其制品的制造		3574	风动和电动工具制造
	3451	建筑、家具用金属配件制造		3575	喷枪及类似器具制造
	3452	建筑装饰及水暖管道零件制造		3576	包装专用设备制造
	3453	安全、消防用金属制品制造		3577	衡器制造
	3459	其他建筑、安全用金属制品制造		3579	其他通用设备制造
	3460	金属表面处理及热处理加工		3581	金属密封件制造
	3471	工业生产配套用搪瓷制品制造		3582	紧固件、弹簧制造
	3472	搪瓷卫生洁具制造		3583	机械零部件加工及设备修理
	3479	搪瓷日用品及其他搪瓷制品制造		3589	其他通用零部件制造
	3481	金属制厨房调理及卫生器具制造		3591	钢铁铸件制造
	3482	金属制厨用器皿及餐具制造		3592	锻件及粉末冶金制品制造
	3489	其他日用金属制品制造	36		专用设备制造业
	3491	铸币及贵金属制实验室用品制造		3611	采矿、采石设备制造
	3499	其他未列明的金属制品制造		3612	石油钻采专用设备制造
35		通用设备制造业		3613	建筑工程用机械制造
	3511	锅炉及辅助设备制造		3614	建筑材料生产专用机械制造
	3512	内燃机及配件制造		3615	冶金专用设备制造
	3513	汽轮机及辅机制造		3621	炼油、化工生产专用设备制造
	3514	水轮机及辅机制造		3622	橡胶加工专用设备制造
	3519	其他原动机制造		3623	塑料加工专用设备制造
	3521	金属切削机床制造		3624	木材加工机械制造
	3522	金属成形机床制造		3625	模具制造
	3523	铸造机械制造		3629	其他非金属加工专用设备制造
	3524	金属切割及焊接设备制造		3631	食品、饮料、烟草工业专用设备制造
	3525	机床附件制造		3632	农副食品加工专用设备制造
	3529	其他金属加工机械制造		3633	饲料生产专用设备制造
	3530	起重运输设备制造		3641	制浆和造纸专用设备制造
	3541	泵及真空设备制造		3642	印刷专用设备制造
	3542	气体压缩机械制造		3643	日用化工专用设备制造
	3543	阀门和旋塞的制造		3644	制药专用设备制造
	3544	液压和气压动力机械及元件制造		3645	照明器具生产专用设备制造
	3551	轴承制造		3646	玻璃、陶瓷和搪瓷制品生产专用设备制造

续表

大类	小类	类别名称	大类	小类	类别名称
	3649	其他日用品生产专用设备制造		3712	工矿有轨专用车辆制造
	3651	纺织专用设备制造		3713	铁路机车车辆配件制造
	3652	皮革、毛皮及其制品加工专用设备制造		3714	铁路专用设备及器材、配件制造
	3653	缝纫机械制造		3719	其他铁路设备制造及设备修理
	3659	其他服装加工专用设备制造		3721	汽车整车制造
	3661	电工机械专用设备制造		3722	改装汽车制造
	3662	电子工业专用设备制造		3723	电车制造
	3663	武器弹药制造		3724	汽车车身、挂车的制造
	3669	航空、航天及其他专用设备制造		3725	汽车零部件及配件制造
	3671	拖拉机制造		3726	汽车修理
	3672	机械化农业及园艺机具制造		3731	摩托车整车制造
	3673	营林及木竹采伐机械制造		3732	摩托车零部件及配件制造
	3674	畜牧机械制造		3741	脚踏自行车及残疾人座车制造
	3675	渔业机械制造		3742	助动自行车制造
	3676	农林牧渔机械配件制造		3751	金属船舶制造
	3679	其他农林牧渔业机械制造及机械修理		3752	非金属船舶制造
	3681	医疗诊断、监护及治疗设备制造		3753	娱乐船和运动船的建造和修理
	3682	口腔科用设备及器具制造		3754	船用配套设备制造
	3683	实验室及医用消毒设备和器具的制造		3755	船舶修理及拆船
	3684	医疗、外科及兽医用器械制造		3759	航标器材及其他浮动装置的制造
	3685	机械治疗及病房护理设备制造		3761	飞机制造及修理
	3686	假肢、人工器官及植(介)入器械制造		3762	航天器制造
	3689	其他医疗设备及器械制造		3769	其他飞行器制造
	3691	环境污染防治专用设备制造		3791	潜水及水下救捞装备制造
	3692	地质勘查专用设备制造		3792	交通管理用金属标志及设施制造
	3693	邮政专用机械及器材制造		3799	其他交通运输设备制造
	3694	商业、饮食、服务业专用设备制造	39		电气机械及器材制造业
	3695	社会公共安全设备及器材制造		3911	发电机及发电机组制造
	3696	交通安全及管制专用设备制造		3912	电动机制造
	3697	水资源专用机械制造		3919	微电机及其他电机制造
	3699	其他专用设备制造		3921	变压器、整流器和电感器制造
37		交通运输设备制造业		3922	电容器及其配套设备制造
	3711	铁路机车车辆及动车组制造		3923	配电开关控制设备制造

续表

大类	小类	类别名称	大类	小类	类别名称
	3924	电力电子元器件制造		4042	计算机网络设备制造
	3929	其他输配电及控制设备制造		4043	电子计算机外部设备制造
	3931	电线电缆制造		4051	电子真空器件制造
	3932	光纤、光缆制造		4052	半导体分立器件制造
	3933	绝缘制品制造		4053	集成电路制造
	3939	其他电工器材制造		4059	光电子器件及其他电子器件制造
	3940	电池制造		4061	电子元件及组件制造
	3951	家用制冷电器具制造		4062	印制电路板制造
	3952	家用空气调节器制造		4071	家用影视设备制造
	3953	家用通风电器具制造		4072	家用音响设备制造
	3954	家用厨房电器具制造		4090	其他电子设备制造
	3955	家用清洁卫生电器具制造	41		仪器仪表及文化、办公用机械制造业
	3956	家用美容、保健电器具制造		4111	工业自动控制系统装置制造
	3957	家用电力器具专用配件制造		4112	电工仪器仪表制造
	3959	其他家用电力器具制造		4113	绘图、计算及测量仪器制造
	3961	燃气、太阳能及类似能源的器具制造		4114	实验分析仪器制造
	3969	其他非电力家用器具制造		4115	试验机制造
	3971	电光源制造		4119	供应用仪表及其他通用仪器制造
	3972	照明灯具制造		4121	环境监测专用仪器仪表制造
	3979	灯用电器附件及其他照明器具制造		4122	汽车及其他用计数仪表制造
	3991	车辆专用照明及电气信号设备装置制造		4123	导航、气象及海洋专用仪器制造
	3999	其他未列明的电气机械制造		4124	农林牧渔专用仪器仪表制造
40		通信设备、计算机及其他电子设备制造业		4125	地质勘探和地震专用仪器制造
	4011	通信传输设备制造		4126	教学专用仪器制造
	4012	通信交换设备制造		4127	核子及核辐射测量仪器制造
	4013	通信终端设备制造		4128	电子测量仪器制造
	4014	移动通信及终端设备制造		4129	其他专用仪器制造
	4019	其他通信设备制造		4130	钟表与计时仪器制造
	4020	雷达及配套设备制造		4141	光学仪器制造
	4031	广播电视节目制作及发射设备制造		4142	眼镜制造
	4032	广播电视接收设备及器材制造		4151	电影机械制造
	4039	应用电视设备及其他广播电视设备制造		4152	幻灯及投影设备制造
	4041	电子计算机整机制造		4153	照相机及器材制造

续表

大类	小类	类别名称	大类	小类	类别名称
	4154	复印和胶印设备制造		4710	房屋工程建筑
	4155	计算器及货币专用设备制造		4721	铁路、道路、隧道和桥梁工程建筑
	4159	其他文化、办公用机械制造		4722	水利和港口工程建筑
	4190	其他仪器仪表的制造及修理		4723	工矿工程建筑
42		工艺品及其他制造业		4724	架线和管道工程建筑
	4211	雕塑工艺品制造		4729	其他土木工程建筑
	4212	金属工艺品制造	48		建筑安装业
	4213	漆器工艺品制造		4800	建筑安装业
	4214	花画工艺品制造	49		建筑装饰业
	4215	天然植物纤维编织工艺品制造		4900	建筑装饰业
	4216	抽纱刺绣工艺品制造	50		其他建筑业
	4217	地毯、挂毯制造		5010	工程准备
	4218	珠宝首饰及有关物品的制造		5020	提供施工设备服务
	4219	其他工艺美术品制造		5090	其他未列明的建筑活动
	4221	制镜及类似品加工	51		铁路运输业
	4222	鬃毛加工、制刷及清扫工具的制造		5110	铁路旅客运输
	4229	其他日用杂品制造		5120	铁路货物运输
	4230	煤制品制造		5131	客运火车站
	4240	核辐射加工		5132	货运火车站
	4290	其他未列明的制造业		5139	其他铁路运输辅助活动
43		废弃资源和废旧材料回收加工业	52		道路运输业
	4310	金属废料和碎屑的加工处理		5210	公路旅客运输
	4320	非金属废料和碎屑的加工处理		5220	道路货物运输
44		电力、热力的生产和供应业		5231	客运汽车站
	4411	火力发电		5232	公路管理与养护
	4412	水力发电		5239	其他道路运输辅助活动
	4413	核力发电	53		城市公共交通业
	4419	其他能源发电		5310	公共电汽车客运
	4420	电力供应		5320	轨道交通
	4430	热力生产和供应		5330	出租车客运
45		燃气生产和供应业		5340	城市轮渡
	4500	燃气生产和供应业		5390	其他城市公共交通
46		水的生产和供应业	54		水上旅客运输
	4610	自来水的生产和供应		5411	远洋旅客运输
	4620	污水处理及其再生利用		5412	沿海旅客运输
	4690	其他水的处理、利用与分配		5413	内河旅客运输
47		房屋和土木工程建筑业		5421	远洋货物运输

续表

大类	小类	类别名称	大类	小类	类别名称
	5422	沿海货物运输		6211	基础软件服务
	5423	内河货物运输		6212	应用软件服务
	5431	客运港口		6213	其他软件服务
	5432	货运港口	63		批发业
	5439	其他水上运输辅助活动		6311	谷物、豆及薯类批发
55		航空运输业		6312	种子、饲料批发
	5511	航空旅客运输		6313	棉、麻批发
	5512	航空货物运输		6314	牲畜批发
	5520	通用航空服务		6319	其他农畜产品批发
	5531	机场		6321	米、面制品及食用油批发
	5532	空中交通管理		6322	糕点、糖果及糖批发
	5539	其他航空运输辅助活动		6323	果品、蔬菜批发
56		管道运输业		6324	肉、禽、蛋及水产品批发
	5600	管道运输业		6325	盐及调味品批发
57		装卸搬运和其他运输服务业		6326	饮料及茶叶批发
	5710	装卸搬运		6327	烟草制品批发
	5720	运输代理服务		6329	其他食品批发
58		仓储业		6331	纺织品、针织品及原料批发
	5810	谷物、棉花等农产品仓储		6332	服装批发
	5890	其他仓储		6333	鞋帽批发
59		邮政业		6334	厨房、卫生间用具及日用杂货批发
	5910	国家邮政		6335	化妆品及卫生用品批发
	5990	其他寄递服务		6339	其他日用品批发
60		电信和其他信息传输服务业		6341	文具用品批发
	6011	固定电信服务		6342	体育用品批发
	6012	移动电信服务		6343	图书批发
	6019	其他电信服务		6344	报刊批发
	6020	互联网信息服务		6345	音像制品及电子出版物批发
	6031	有线广播电视传输服务		6346	首饰、工艺品及收藏品批发
	6032	无线广播电视传输服务		6349	其他文化用品批发
	6040	卫星传输服务		6351	西药批发
61		计算机服务业		6352	中药材及中成药批发
	6110	计算机系统服务		6353	医疗用品及器材批发
	6120	数据处理		6361	煤炭及制品批发
	6130	计算机维修		6362	石油及制品批发
	6190	其他计算机服务		6363	非金属矿及制品批发
62		软件业		6364	金属及金属矿批发

续表

大类	小类	类别名称	大类	小类	类别名称
	6365	建材批发		6546	珠宝首饰零售
	6366	化肥批发		6547	工艺美术品及收藏品零售
	6367	农药批发		6548	照相器材零售
	6368	农用薄膜批发		6549	其他文化用品零售
	6369	其他化工产品批发		6551	药品零售
	6371	农业机械批发		6552	医疗用品及器材零售
	6372	汽车、摩托车及零配件批发		6561	汽车零售
	6373	五金、交电批发		6562	汽车零配件零售
	6374	家用电器批发		6563	摩托车及零配件零售
	6375	计算机、软件及辅助设备批发		6564	机动车燃料零售
	6376	通讯及广播电视设备批发		6571	家用电器零售
	6379	其他机械设备及电子产品批发		6572	计算机、软件及辅助设备零售
	6380	贸易经纪与代理		6573	通信设备零售
	6391	再生物资回收与批发		6579	其他电子产品零售
	6399	其他未列明的批发		6581	五金零售
65		零售业		6582	家具零售
	6511	百货零售		6583	涂料零售
	6512	超级市场零售		6589	其他室内装修材料零售
	6519	其他综合零售	66		住宿业
	6521	粮油零售		6610	旅游饭店
	6522	糕点、面包零售		6620	一般旅馆
	6523	果品、蔬菜零售		6690	其他住宿服务
	6524	肉、禽、蛋及水产品零售	67		餐饮业
	6525	饮料及茶叶零售		6710	正餐服务
	6526	烟草制品零售		6720	快餐服务
	6529	其他食品零售		6730	饮料及冷饮服务
	6531	纺织品及针织品零售		6790	其他餐饮服务
	6532	服装零售	68		银行业
	6533	鞋帽零售		6810	中央银行
	6534	钟表、眼镜零售		6820	商业银行
	6535	化妆品及卫生用品零售		6890	其他银行
	6539	其他日用品零售	69		证券业
	6541	文具用品零售		6910	证券市场管理
	6542	体育用品零售		6920	证券经纪与交易
	6543	图书零售		6930	证券投资
	6544	报刊零售		6940	证券分析与咨询
	6545	音像制品及电子出版物零售	70		保险业

续表

大类	小类	类别名称	大类	小类	类别名称
	7010	人寿保险		7470	市场管理
	7020	非人寿保险		7480	旅行社
	7030	保险辅助服务		7491	会议及展览服务
71		其他金融活动		7492	包装服务
	7110	金融信托与管理		7493	保安服务
	7120	金融租赁		7494	办公服务
	7130	财务公司		7499	其他未列明的商务服务
	7140	邮政储蓄	75		研究与试验发展
	7150	典当		7510	自然科学研究与试验发展
	7190	其他未列明的金融活动		7520	工程和技术研究与试验发展
72		房地产业		7530	农业科学研究与试验发展
	7210	房地产开发经营		7540	医学研究与试验发展
	7220	物业管理		7550	社会人文科学研究与试验发展
	7230	房地产中介服务	76		专业技术服务业
	7290	其他房地产活动		7610	气象服务
73		租赁业		7620	地震服务
	7311	汽车租赁		7630	海洋服务
	7312	农业机械租赁		7640	测绘服务
	7313	建筑工程机械与设备租赁		7650	技术检测
	7314	计算机及通讯设备租赁		7660	环境监测
	7319	其他机械与设备租赁		7671	工程管理服务
	7321	图书及音像制品出租		7672	工程勘察设计
	7329	其他文化及日用品出租		7673	规划管理
74		商务服务业		7690	其他专业技术服务
	7411	企业管理机构	77		科技交流和推广服务业
	7412	投资与资产管理		7710	技术推广服务
	7419	其他企业管理服务		7720	科技中介服务
	7421	律师及相关的法律服务		7790	其他科技服务
	7422	公证服务	78		地质勘查业
	7429	其他法律服务		7811	能源矿产地质勘查
	7431	会计、审计及税务服务		7812	固体矿产地质勘查
	7432	市场调查		7819	其他矿产地质勘查
	7433	社会经济咨询		7820	基础地质勘查
	7439	其他专业咨询		7830	地质勘查技术服务
	7440	广告业		N	水利、环境和公共设施管理业
	7450	知识产权服务	79		水利管理业
	7460	职业中介服务		7910	防洪管理

续表

大类	小类	类别名称	大类	小类	类别名称
	7921	水库管理	84		教育
	7922	调水、引水管理		8410	学前教育
	7929	其他水资源管理		8420	初等教育
	7990	其他水利管理		8431	初中教育
80		环境管理业		8441	普通高等教育
	8011	自然保护区管理		8442	成人高等教育
	8012	野生动植物保护		8491	职业技能培训
	8019	其他自然保护		8492	特殊教育
	8021	城市市容管理		8499	其他未列明的教育
	8022	城市环境卫生管理	85		卫生
	8023	水污染治理		8511	综合医院
	8024	危险废物治理		8512	中医医院
	8029	其他环境治理		8513	中西医结合医院
81		公共设施管理业		8514	民族医院
	8110	市政公共设施管理		8515	专科医院
	8120	城市绿化管理		8516	疗养院
	8131	风景名胜区管理		8520	卫生院及社区医疗活动
	8132	公园管理		8530	门诊部医疗活动
	8139	其他游览景区管理		8540	计划生育技术服务活动
82		居民服务业		8550	妇幼保健活动
	8210	家庭服务		8560	专科疾病防治活动
	8220	托儿所		8570	疾病预防控制及防疫活动
	8230	洗染服务		8590	其他卫生活动
	8240	理发及美容保健服务	86		社会保障业
	8250	洗浴服务		8600	社会保障业
	8260	婚姻服务	87		社会福利业
	8270	殡葬服务		8711	干部休养所
	8280	摄影扩印服务		8712	收养收容服务
	8290	其他居民服务		8720	不提供住宿的社会福利
83		其他服务业	88		新闻出版业
	8311	汽车、摩托车维护与保养		8810	新闻业
	8312	办公设备维修		8821	图书出版
	8313	家用电器修理		8822	报纸出版
	8319	其他日用品修理		8823	期刊出版
	8321	建筑物清洁服务		8824	音像制品出版
	8329	其他清洁服务		8825	电子出版物出版
	8390	其他未列明的服务		8829	其他出版

续表

大类	小类	类别名称	大类	小类	类别名称
89		广播、电视、电影和音像业		9410	国家权力机构
	8910	广播		9421	综合事务管理机构
	8920	电视		9422	对外事务管理机构
	8931	电影制作与发行		9423	公共安全管理机构
	8932	电影放映		9424	社会事务管理机构
	8940	音像制作		9425	经济事务管理机构
90		文化艺术业		9426	政府事务管理机构
	9010	文艺创作与表演		9427	行政监督检查机构
	9020	艺术表演场馆		9431	人民法院
	9031	图书馆		9432	人民检察院
	9032	档案馆		9490	其他国家机构
	9040	文物及文化保护	95		人民政协和民主党派
	9050	博物馆		9510	人民政协
	9060	烈士陵园、纪念馆		9520	民主党派
	9070	群众文化活动	96		群众团体、社会团体和宗教组织
	9080	文化艺术经纪代理		9611	工会
	9090	其他文化艺术		9612	妇联
91		体育		9613	共青团
	9110	体育组织		9619	其他群众团体
	9120	体育场馆		9621	专业性团体
	9190	其他体育		9622	行业性团体
92		娱乐业		9629	其他社会团体
	9210	室内娱乐活动		9630	宗教组织
	9220	游乐园	97		基层群众自治组织
	9230	休闲健身娱乐活动		9710	社区自治组织
	9290	其他娱乐活动		9720	村民自治组织
93		中国共产党机关	98		国际组织
	9300	中国共产党机关		9800	国际组织
94		国家机构			

27. 小汽车消费税纳税申报表

税款所属期： 年 月 日至 年 月 日

纳税人识别号：□□□□□□□□□□□□□□□□□□□□□□

纳税人名称（公章）：

填表日期： 年 月 日 单位：辆、元（列至角分）

应税消费品名称 \ 项目		适用税率	销售数量	销售额	应纳税额
乘用车	气缸容量≤1.0升	1%			
	1.0升＜气缸容量≤1.5升	3%			
	1.5升＜气缸容量≤2.0升	5%			
	2.0升＜气缸容量≤2.5升	9%			
	2.5升＜气缸容量≤3.0升	12%			
	3.0升＜气缸容量≤4.0升	25%			
	气缸容量＞4.0升	40%			
中轻型商用客车		5%			
合计		——	——	——	

<table>
<tr><td>本期准予扣除税额：</td><td rowspan="3">声明
此纳税申报表是根据国家税收法律的规定填报的，我确定它是真实的、可靠的、完整的。
经办人（签章）：
财务负责人（签章）：
联系电话：</td></tr>
<tr><td>本期减（免）税额：</td></tr>
<tr><td>期初未缴税额：</td></tr>
<tr><td>本期缴纳前期应纳税额：</td><td rowspan="4">（如果你已委托代理人申报，请填写）
授权声明
为代理一切税务事宜，现授权 （地址） 为本纳税人的代理申报人，任何与本申报表有关的往来文件，都可寄予此人。
授权人签章：</td></tr>
<tr><td>本期预缴税额：</td></tr>
<tr><td>本期应补（退）税额：</td></tr>
<tr><td>期末未缴税额：</td></tr>
</table>

以下由税务机关填写

受理人（签章）： 受理日期： 年 月 日 受理税务机关（章）：

《小汽车消费税纳税申报表》填表说明

一、本表仅限小汽车消费税纳税人使用。

二、纳税人生产的改装、改制车辆，应按照《财政部、国家税务总局关于调整和完善消费税政策的通知》（财税［2006］33号）中规定的适用税目、税率填写本表。

三、本表“销售数量”为《中华人民共和国消费税暂行条例》、《中华人民共和国消费税暂行条例实施细则》及其他法规、规章规定的当期应申报缴纳消费税的小汽车类应税消费品销售（不含出口免税）数量。

四、本表“销售额”为《中华人民共和国消费税暂行条例》、《中华人民共和国消费税暂行条例实施细则》及其他法规、规章规定的当期应申报缴纳消费税的小汽车类应税消费品销售（不含出口免税）收入。

五、根据《中华人民共和国消费税暂行条例》的规定，本表“应纳税额”计算公式如下：

应纳税额＝销售额×比例税率

六、本表“本期减（免）税额”不含出口退（免）税额。

七、本表“期初未缴税额”填写本期期初累计应缴未缴的消费税额，多缴为负数。其数值等于上期“期末未缴税额”。

八、本表“本期缴纳前期应纳税额”填写本期实际缴纳入库的前期消费税额。

九、本表“本期预缴税额”填写纳税申报前已预先缴纳入库的本期消费税额。

十、本表“本期应补（退）税额”计算公式如下，多缴为负数：

本期应补（退）税额＝应纳税额（合计栏金额）－本期减（免）税额－本期预缴税额

十一、本表“期末未缴税额”计算公式如下，多缴为负数：

期末未缴税额＝期初未缴税额＋本期应补（退）税额－本期缴纳前期应纳税额

十二、本表为A4竖式，所有数字小数点后保留两位。一式二份，一份纳税人留存，一份税务机关留存。

本期代收代缴税额计算表（附表一）

税款所属期：　　年　　月　　日至　　年　　月　　日　　　纳税人识别号：□□□□□□□□□□□□□□□□□□□□

纳税人名称（公章）：　　　　　　　填表日期：　　年　　月　　日　　　　金额单位：元（列至角分）

项目 \ 应税消费品名称	乘用车：气缸容量≤1.0升	乘用车：1.0升 < 气缸容量≤1.5升	乘用车：1.5升 < 气缸容量≤2.0升	乘用车：2.0升 < 气缸容量≤2.5升	乘用车：2.5升 < 气缸容量≤3.0升	乘用车：3.0升 < 气缸容量≤4.0升	乘用车：气缸容量 > 4.0升	中轻型商用客车	合计
适用税率	1%	3%	5%	9%	12%	25%	40%	5%	
受托加工数量									——
同类产品销售价格									——
材料成本									——
加工费									——
组成计税价格									——
本期代收代缴税款									

生产经营情况表（附表二）

税款所属期：　　年　　月　　日至　　年　　月　　日　　　纳税人识别号：□□□□□□□□□□□□□□□□□□□□

纳税人名称（公章）：　　　　　　　填表日期：　　年　　月　　日　　　　金额单位：元（列至角分）

项目 \ 应税消费品名称	乘用车：气缸容量≤1.0升	乘用车：1.0升 < 气缸容量≤1.5升	乘用车：1.5升 < 气缸容量≤2.0升	乘用车：2.0升 < 气缸容量≤2.5升	乘用车：2.5升 < 气缸容量≤3.0升	乘用车：3.0升 < 气缸容量≤4.0升	乘用车：气缸容量 > 4.0升
中轻型商用客车							
生产数量							
销售数量							
委托加工收回应税消费品直接销售数量							
委托加工收回应税消费品直接销售额							
出口免税销售数量							
出口免税销售额							

《本期代收代缴税额计算表（附表一）》填表说明

一、本表作为《小汽车消费税纳税申报表》的附报资料，由小汽车受托加工方填写。

二、生产和受托加工的改装、改制车辆，应按照《财政部、国家税务总局关于调整和完善消费税政策的通知》（财税［2006］33号）中规定的适用税目、税率填写本表。

三、本表“受托加工数量”的计量单位为辆。

四、本表“同类产品销售价格”为受托方同类产品销售价格。

五、根据《中华人民共和国消费税暂行条例》的规定，本表“组成计税价格”的计算公式如下：组成计税价格=（材料成本+加工费）÷（1-消费税税率）

六、根据《中华人民共和国消费税暂行条例》的规定，本表“本期代收代缴税款”的计算公式如下：

（一）当受托方有同类产品销售价格时，本期代收代缴税款=同类产品销售价格×受托加工数量×适用税率

（二）当受托方没有同类产品销售价格时，本期代收代缴税款=组成计税价格×适用税率

七、本表为A4竖式，所有数字小数点后保留两位。一式二份，一份纳税人留存，一份税务机关留存。

《生产经营情况表（附表二）》填表说明

一、本表为年报，作为《小汽车消费税纳税申报表》的附报资料，由纳税人于每年年度终了后填写，次年1月份办理消费税纳税申报时报送。

二、纳税人生产的改装、改制车辆，应按照《财政部、国家税务总局关于调整和完善消费税政策的通知》中规定的适用税目、税率填写本表。

三、本表“应税消费品”、“销售数量”填写要求同《小汽车消费税纳税申报表》。

四、本表“生产数量”，填写本期生产的产成品数量。

五、本表“出口免税销售数量”和“出口免税销售额”为享受出口免税政策的应税消费品销售数量和销售额。

六、本表为A4竖式。所有数字小数点后保留两位。一式二份，一份纳税人留存，一份税务机关留存。

28. 成品油消费税纳税申报表

税款所属期：　　年　月　日至　　年　月　日

纳税人识别号：□□□□□□□□□□□□□□□□□□□□□□□□□□

纳税人名称（公章）：

填表日期：　　年　月　日　　　　　　　　计量单位：升；金额单位：元（列至角分）

<table>
<tr><th>项目
应税消费品名称</th><th>适用税率(元/升)</th><th>销售数量</th><th>应纳税额</th></tr>
<tr><td>含铅汽油</td><td>1.4</td><td></td><td></td></tr>
<tr><td>无铅汽油</td><td>1</td><td></td><td></td></tr>
<tr><td>柴油</td><td>0.8</td><td></td><td></td></tr>
<tr><td>石脑油</td><td>1</td><td></td><td></td></tr>
<tr><td>溶剂油</td><td>1</td><td></td><td></td></tr>
<tr><td>润滑油</td><td>1</td><td></td><td></td></tr>
<tr><td>燃料油</td><td>0.8</td><td></td><td></td></tr>
<tr><td>航空煤油</td><td>0.8</td><td></td><td>-------</td></tr>
<tr><td>合计</td><td>——</td><td>——</td><td></td></tr>
<tr><td colspan="3">本期减(免)税额：</td><td rowspan="7">声明
此纳税申报表是根据国家税收法律的规定填报的，我确定它是真实的、可靠的、完整的。
经办人(签章)：
财务负责人(签章)：
联系电话：</td></tr>
<tr><td colspan="3">期初留抵税额：</td></tr>
<tr><td colspan="3">本期准予扣除税额：</td></tr>
<tr><td colspan="3">本期应抵扣税额：</td></tr>
<tr><td colspan="3">期初未缴税额：</td></tr>
<tr><td colspan="3">期末留抵税额：</td></tr>
<tr><td colspan="3">本期实际抵扣税额：</td></tr>
<tr><td colspan="3">本期缴纳前期应纳税额：</td><td rowspan="4">(如果你已委托代理人申报，请填写)
授权声明
为代理一切税务事宜，现授权　　（地址）　　为本纳税人的代理申报人，任何与本申报表有关的往来文件，都可寄予此人。
授权人签字：</td></tr>
<tr><td colspan="3">本期预缴税额：</td></tr>
<tr><td colspan="3">本期应补(退)税额：</td></tr>
<tr><td colspan="3">期末未缴税额：</td></tr>
</table>

以下由税务机关填写

受理人(签字)：　　　受理日期：　年　月　日　　　受理税务机关(公章)：

《成品油消费税纳税申报表》填表说明

一、本表仅限成品油消费税纳税人使用。

二、本表“销售数量”为当期应当申报缴纳消费税的成品油应税消费品销售数量。生产企业用自产汽油生产的乙醇汽油，销售数量为当期销售的乙醇汽油所耗用的汽油数量。

三、本表“应纳税额”计算公式如下：应纳税额 = 销售数量 × 适用税率

四、本表“期初留抵税额”数值等于上期“期末留抵税额”。

五、本表“本期准予扣除税额”按本表附表一的本期准予扣除税款合计金额填写。

六、本表“本期应抵扣税额”计算公式如下：

本期应抵扣税额 = 期初留抵税额 + 本期准予抵扣税额

七、本表“本期减（免）税额”按本表附 2 的本期减（免）税额合计金额填写。不含暂缓征收的项目。

八、本表“期初未缴税额”填写本期期初应缴未缴的消费税额，多缴为负数。其数值等于上期“期末未缴税额”。

九、本表“期末留抵税额”计算公式如下，其值大于零时按实际数值填写，小于等于零时填写零：

期末留抵税额 = 本期应抵扣税额 − 应纳税额（合计栏金额）+ 本期减（免）税额

十、本表“本期实际抵扣税额”计算公式为：

本期实际抵扣税额 = 本期应抵扣税额 − 期末留抵税额

十一、本表“本期缴纳前期应纳税额”填写本期实际入库的前期消费税税额。

十二、本表“本期预缴税额”填写纳税申报前已预先缴纳入库的本期消费税额。

十三、本表“本期应补（退）税额”计算公式如下，多缴为负数：

本期应补（退）税额 = 应纳税额（合计栏金额）− 本期减（免）税额 − 本期实际抵扣税额 − 本期预缴税额

十四、本表“期末未缴税额”计算公式如下，多缴为负数：

期末未缴税额 = 期初未缴税额 + 本期应补（退）税额 − 本期缴纳前期应纳税额

十五、本表为 A4 竖式，所有数字小数点后保留两位。一式二份，一份纳税人留存，一份税务机关留存。

本期准予扣除税额计算表（附表一）

税款所属期：　　年　月　日至　　年　月　日

纳税人识别号：□□□□□□□□□□□□□□□□□□□□

纳税人名称（公章）：

填表日期：　　年　月　日　计量单位：升；　　金额单位：元（列至角分）

项目 / 应税消费品名称	含铅汽油	无铅汽油	柴油	石脑油	润滑油	燃料油
一、当期准予扣除的委托加工收回应税消费品已纳税款计算	——	——	——	——	——	——
1. 期初库存委托加工应税消费品已纳税款						
2. 当期收回委托加工应税消费品已纳税款						
3. 期末库存委托加工应税消费品已纳税款						
4. 当期准予扣除的委托加工应税消费品已纳税款						
二、当期准予扣除的外购应税消费品已纳税款计算	——	——	——	——	——	——

续表

项目 / 应税消费品名称	含铅汽油	无铅汽油	柴油	石脑油	润滑油	燃料油
1. 期初库存外购应税消费品数量						
2. 当期购进应税消费品数量						
3. 期末库存外购应税消费品数量						
4. 当期准予扣除的外购应税消费品数量						
5. 当期准予扣除的外购应税消费品税款						
三、当期准予扣除的进口应税消费品已纳税款计算	——	——	——	——	——	——
1. 期初库存进口应税消费品已纳税款						
2. 当期进口应税消费品已纳税款						
3. 期末库存进口应税消费品已纳税款						
4. 当期准予扣除的进口应税消费品已纳税款						
四、本期准予扣除税款合计:						

《本期准予扣除税额计算表（附表一)》填表说明

一、本表作为《成品油消费税纳税申报表》的附报资料，由外购、进口或委托加工收回含铅汽油、无铅汽油、柴油、石脑油、润滑油、燃料油后连续生产应税成品油的纳税人填写。

二、本表“当期准予扣除的委托加工应税消费品已纳税款”计算公式如下:

当期准予扣除的委托加工含铅汽油、无铅汽油、柴油、石脑油、润滑油、燃料油已纳税款=期初库存委托加工汽油、柴油、石脑油、润滑油、燃料油已纳税款+当期委托加工收回汽油、柴油、石脑油、润滑油、燃料油已纳税款-期末库存委托加工汽油、柴油、石脑油、润滑油、燃料油已纳税款。

三、本表“当期准予扣除的外购应税消费品已纳税款”计算公式如下:

当期准予扣除的含铅汽油、无铅汽油、柴油、石脑油、润滑油、燃料油已纳税款=当期准予扣除外购汽油、柴油、石脑油、润滑油、燃料油数量×外购汽油、柴油、石脑油、润滑油、燃料油适用税率

当期准予扣除外购含铅汽油、无铅汽油、柴油、石脑油、润滑油、燃料油数量=(期初库存外购汽油、柴油、石脑油、润滑油、燃料油数量+当期购进汽油、柴油、石脑油、润滑油、燃料油数量-期末库存外购汽油、柴油、石脑油、润滑、燃料油油数量)

四、本表“当期准予扣除的进口应税消费品已纳税款”计算公式如下:

当期准予扣除的含铅汽油、无铅汽油、柴油、石脑油、润滑油、燃料油已纳税款=期初库存进口汽油、柴油、石脑油、润滑油、燃料油已纳税款+当期进口汽油、柴油、石脑油、润滑油、燃料油已纳税款-期末库存进口汽油、柴油、石脑油、润滑油、燃料油已纳税款。

五、本表“本期准予扣除税款合计”为本期外购、进口或委托加工收回含铅汽油、无铅汽油、柴油、石脑油、润滑油、燃料油数量后连续生产应税消费品准予扣除含铅

汽油、无铅汽油、柴油、石脑油、润滑油、燃料油已纳税款的合计数，即本表项目一+项目二+项目三，应与《成品油消费税纳税申报表》中对应项目一致。

六、本表为A4竖式，所有数字小数点后保留两位。一式二份，一份纳税人留存，一份税务机关留存。

本期减（免）税额计算表（附表二）

税款所属期：　　年　月　日至　　年　月　日

纳税人识别号：□□□□□□□□□□□□□□□□□□□□

纳税人名称（公章）：

填表日期：　　年　月　日　计量单位：升；　　金额单位：元（列至角分）

项目 / 应税消费品名称				合计
适用税率(元/升)				——
本期减(免)数量				——
本期减(免)税额				

《本期减（免）税额计算表（附表二）》填表说明

一、本表作为《成品油消费税纳税申报表》的附报资料，由按照税法规定减免应税消费品消费税的纳税人填写。不含暂缓征收的项目。

二、本表"本期减（免）税额"计算公式如下：

本期减（免）税额=本期减（免）数量×适用税率

三、本表为A4竖式，所有数字小数点后保留两位。一式二份，一份纳税人留存，一份税务机关留存。

成品油销售明细表（附表三）

所属期：　　年　月　日至　　年　月　日

纳税人识别号：□□□□□□□□□□□□□□□□□□□□

纳税人名称（公章）：　　填表日期：　　年　月　日　　数量单位：升

金额单位：元（列至角分）

成品油名称	发票代码	发票号码	开票日期	销量	销售额	购货方纳税人名称	购货方纳税人识别号	备注
合计	——					——	——	——

29. 烟类应税消费品消费税纳税申报表

税款所属期：　　年　月　日至　　年　月　日

纳税人识别号：□□□□□□□□□□□□□□□□□□□□

纳税人名称（公章）：

填表日期：　　年　月　日　　单位：卷烟万支、雪茄烟支、烟丝千克；

金额单位：元（列至角分）

项目 应税消费品名称	适用税率		销售数量	销售额	应纳税额
	定额税率	比例税率			
卷烟	30元/万支	45%			
卷烟	30元/万支	30%			
雪茄烟	——	25%			
烟丝	——	30%			
合计	——	——	——	——	

本期准予扣除税额： 本期减(免)税额： 期初未缴税额：	声明 此纳税申报表是根据国家税收法律的规定填报的，我确定它是真实的、可靠的、完整的。 经办人(签章)： 财务负责人(签章)： 联系电话：
本期缴纳前期应纳税额： 本期预缴税额： 本期应补(退)税额： 期末未缴税额：	(如果你已委托代理人申报，请填写) 授权声明 为代理一切税务事宜，现授权　　(地址)　　为本纳税人的代理申报人，任何与本申报表有关的往来文件，都可寄予此人。 授权人签章：

以下由税务机关填写

受理人(签章)：　　受理日期：　年　月　日　　受理税务机关(章)：

《烟类应税消费品消费税纳税申报表》填表说明

一、本表仅限烟类消费税纳税人使用。

二、本表“销售数量”为《中华人民共和国消费税暂行条例》、《中华人民共和国消费税暂行条例实施细则》及其他法规、规章规定的当期应申报缴纳消费税的烟类应税消费品销售（不含出口免税）数量。

三、本表“销售额”为《中华人民共和国消费税暂行条例》、《中华人民共和国消费税暂行条例实施细则》及其他法规、规章规定的当期应申报缴纳消费税的烟类应税消费品销售（不含出口免税）收入。

四、根据《中华人民共和国消费税暂行条例》和《财政部、国家税务总局关于调整烟类产品消费税政策的通知》（财税［2001］91号）的规定，本表“应纳税额”计算公式如下：

（一）卷烟

应纳税额 = 销售数量 × 定额税率 + 销售额 × 比例税率

（二）雪茄烟、烟丝

应纳税额 = 销售额 × 比例税率

五、本表“本期准予扣除税额”按本表附件一的本期准予扣除税款合计金额填写。

六、本表“本期减（免）税额”不含出口退（免）税额。

七、本表“期初未缴税额”填写本期期初累计应缴未缴的消费税额，多缴为负数。其数值等于上期“期末未缴税额”。

八、本表“本期缴纳前期应纳税额”填写本期实际缴纳入库的前期消费税额。

九、本表“本期预缴税额”填写纳税申报前已预先缴纳入库的本期消费税额。

十、本表“本期应补（退）税额”计算公式如下，多缴为负数：

本期应补（退）税额 = 应纳税额（合计栏金额）－本期准予扣除税额－本期减（免）税额－本期预缴税额

十一、本表“期末未缴税额”计算公式如下，多缴为负数：

期末未缴税额 = 期初未缴税额 + 本期应补（退）税额－本期缴纳前期应纳税额

十二、本表为 A4 竖式，所有数字小数点后保留两位。一式二份，一份纳税人留存，一份税务机关留存。

本期准予扣除税额计算表（附表一）

税款所属期： 年 月 日至 年 月 日

纳税人识别号：□□□□□□□□□□□□□□□□□□□□

纳税人名称（公章）：

填表日期： 年 月 日 金额单位：元（列至角分）

一、当期准予扣除的委托加工烟丝已纳税款计算	
1. 期初库存委托加工烟丝已纳税款：	
2. 当期收回委托加工烟丝已纳税款：	
3. 期末库存委托加工烟丝已纳税款：	
4. 当期准予扣除的委托加工烟丝已纳税款：	
二、当期准予扣除的外购烟丝已纳税款计算	
1. 期初库存外购烟丝买价：	
2. 当期购进烟丝买价：	
3. 期末库存外购烟丝买价：	
4. 当期准予扣除的外购烟丝已纳税款：	
三、本期准予扣除税款合计：	

《本期准予扣除税额计算表（附表一）》填表说明

一、本表作为《烟类应税消费品消费税纳税申报表》的附报资料，由外购或委托加工收回烟丝后连续生产卷烟的纳税人填报。

二、根据《国家税务总局关于用外购和委托加工收回的应税消费品连续生产应税消费品征收消费税问题的通知》（国税发［1995］94号）的规定，本表“当期准予扣除的委托加工烟丝已纳税款”计算公式如下：

当期准予扣除的委托加工烟丝已纳税款＝期初库存委托加工烟丝已纳税款＋当期收回委托加工烟丝已纳税款－期末库存委托加工烟丝已纳税款

三、根据《国家税务总局关于用外购和委托加工收回的应税消费品连续生产应税消费品征收消费税问题的通知》（国税发［1995］94号）的规定，本表“当期准予扣除的外购烟丝已纳税款”计算公式如下：

当期准予扣除的外购烟丝已纳税款＝（期初库存外购烟丝买价＋当期购进烟丝买价－期末库存外购烟丝买价）×外购烟丝适用税率（30%）

四、本表“本期准予扣除税款合计”为本期外购及委托加工收回烟丝后连续生产卷烟准予扣除烟丝已纳税款的合计数，应与《烟类应税消费品消费税纳税申报表》中对应项目一致。

五、本表为A4竖式，所有数字小数点后保留两位。一式二份，一份纳税人留存，一份税务机关留存。

本期代收代缴税额计算表（附表二）

税款所属期：　　年　月　日至　　年　月　日

纳税人识别号：□□□□□□□□□□□□□□□□□□□□

纳税人名称（公章）：

填表日期：　　年　月　日　　　　金额单位：元（列至角分）

应税消费品名称 \ 项目		卷烟	卷烟	雪茄烟	烟丝	合计
适用税率	定额税率	30元/万支	30元/万支	——	——	——
	比例税率	45%	30%	25%	30%	——
受托加工数量						——
同类产品销售价格						——
材料成本						——
加工费						——
组成计税价格						——
本期代收代缴税款						

《本期代收代缴税额计算表（附表二）》填表说明

一、本表作为《烟类应税消费品消费税纳税申报表》的附报资料，由烟类应税消费品受托加工方填报。

二、本表“受托加工数量”的计量单位为卷烟为万支，雪茄烟为支，烟丝为千克。

三、本表“同类产品销售价格”为受托方同类产品销售价格。

四、根据《中华人民共和国消费税暂行条例》的规定，本表“组成计税价格”的计算公式如下：

组成计税价格＝（材料成本＋加工费）÷（1－消费税税率）

五、根据《中华人民共和国消费税暂行条例》的规定，本表“本期代收代缴税款”的计算公式如下：

（一）当受托方有同类产品销售价格时

本期代收代缴税款＝同类产品销售价格×受托加工数量×适用税率＋受托加工数量×适用税率

（二）当受托方没有同类产品销售价格时

本期代收代缴税款＝组成计税价格×适用税率＋受托加工数量×适用税率

六、本表为A4竖式，所有数字小数点后保留两位。一式二份，一份纳税人留存，一份税务机关留存

卷烟销售明细表（附表三）

所属期：　　年　月　日至　　年　月　日

纳税人识别号：□□□□□□□□□□□□□□□□□□□□

纳税人名称（公章）：　　填表日期：　　年　月　日

单位：万支、元、元/条（200支）

卷烟牌号	烟支包装规格	产量	销量	消费税计税价格	销售额	备注
合计	——			——	——	——

《卷烟销售明细表（附表三）》填表说明

一、本表为年报，作为《烟类应税消费品消费税纳税申报表》的附报资料，由卷烟消费税纳税人于年度终了后填写，次年1月份办理消费税纳税申报时报送。同时报送本表的EXCEL格式电子文件。

二、本表“消费税计税价格”为计算缴纳消费税的卷烟价格。已核定消费税计税价格的卷烟，实际销售价格高于核定消费税计税价格的，填写实际销售价格；实际销售价格低于核定消费税计税价格的，填写核定消费税计税价格；同时，在备注栏中填写核定消费税计税价格的文号。未核定消费税计税价格的，以及出口、委托加工收回后直接销售的卷烟，填写实际销售价格。在同一所属期内该栏数值发生变化的，应分行填写，并在备注栏中标注变动日期。

三、已核定消费税计税价格但已停产卷烟、新牌号新规格卷烟、交易价格变动牌号卷烟、出口卷烟、委托加工收回后直接销售卷烟分别在备注栏中注明“停产”、“新牌号”、“价格变动”、“出口”、“委托加工收回后直接销售”字样。新牌号新规格卷烟需同时在备注栏中注明投放市场的月份。委托加工收回后直接销售卷烟需同时注明受

托加工方企业名称。

四、本表“销售额”按照以下公式计算填写：

销售额＝销量×消费税计税价格

五、本表为A4横式，所有数字小数点后保留两位。一式二份，一份纳税人留存，一份税务机关留存。

30. 酒及酒精消费税纳税申报表

税款所属期：　　年　　月　　日至　　年　　月　　日

纳税人识别号：□□□□□□□□□□□□□□□□□□□□

纳税人名称（公章）：

填表日期：　　年　　月　　日　　　　　　　　　　　　　　　　金额单位：元（列至角分）

项目 应税消费品名称	适用税率		销售数量	销售额	应纳税额
	定额税率	比例税率			
粮食白酒	0.5 元/斤	20%			
薯类白酒	0.5 元/斤	20%			
啤酒	250 元/吨	——			
啤酒	220 元/吨	——			
黄酒	240 元/吨	——			
其他酒	——	10%			
酒精	——	5%			
合计	——	——	——	——	

<table>
<tr><td>本期准予抵减税额：</td><td rowspan="3">声明
此纳税申报表是根据国家税收法律的规定填报的，我确定它是真实的、可靠的、完整的。
经办人(签章)：
财务负责人(签章)：
联系电话：</td></tr>
<tr><td>本期减(免)税额：</td></tr>
<tr><td>期初未缴税额：</td></tr>
<tr><td>本期缴纳前期应纳税额：</td><td rowspan="4">(如果你已委托代理人申报，请填写)
授权声明
为代理一切税务事宜，现授权
(地址)　　　　为本纳税人的代理申报人，任何与本申报表有关的往来文件，都可寄予此人。
授权人签章：</td></tr>
<tr><td>本期预缴税额：</td></tr>
<tr><td>本期应补(退)税额：</td></tr>
<tr><td>期末未缴税额：</td></tr>
</table>

以下由税务机关填写

受理人(签章)：　　　受理日期：　　年　　月　　日　　　　受理税务机关(章)：

《酒及酒精消费税纳税申报表》填表说明

一、本表仅限酒及酒精消费税纳税人使用。

二、本表“销售数量”为《中华人民共和国消费税暂行条例》、《中华人民共和国消费税暂行条例实施细则》及其他法规、规章规定的当期应申报缴纳消费税的酒及酒精销售（不含出口免税）数量。计量单位：粮食白酒和薯类白酒为斤（如果实际销售商品按照体积标注计量单位，应按500毫升为1斤换算），啤酒、黄酒、其他酒和酒精为吨。

三、本表“销售额”为《中华人民共和国消费税暂行条例》、《中华人民共和国消费税暂行条例实施细则》及其他法规、规章规定的当期应申报缴纳消费税的酒及酒精销售（不含出口免税）收入。

四、根据《中华人民共和国消费税暂行条例》和《财政部、国家税务总局关于调整酒类产品消费税政策的通知》（财税［2001］84号）的规定，本表“应纳税额”计算公式如下：

（一）粮食白酒、薯类白酒

应纳税额 = 销售数量 × 定额税率 + 销售额 × 比例税率

（二）啤酒、黄酒

应纳税额 = 销售数量 × 定额税率

（二）其他酒、酒精

应纳税额 = 销售额 × 比例税率

五、本表“本期准予抵减税额”按本表附件一的本期准予抵减税款合计金额填写。

六、本表“本期减（免）税额”不含出口退（免）税额。

七、本表“期初未缴税额”填写本期期初累计应缴未缴的消费税额，多缴为负数。其数值等于上期“期末未缴税额”。

八、本表“本期缴纳前期应纳税额”填写本期实际缴纳入库的前期消费税额。

九、本表“本期预缴税额”填写纳税申报前已预先缴纳入库的本期消费税额。

十、本表“本期应补（退）税额”计算公式如下，多缴为负数：

本期应补（退）税额 = 应纳税额（合计栏金额）－本期准予抵减税额－本期减（免）税额－本期预缴税额

十一、本表“期末未缴税额”计算公式如下，多缴为负数：

期末未缴税额 = 期初未缴税额 + 本期应补（退）税额－本期缴纳前期应纳税额

十二、本表为A4竖式，所有数字小数点后保留两位。一式二份，一份纳税人留存，一份税务机关留存。

本期准予抵减税额计算表（附表一）

税款所属期：　　年　　月　　日至　　年　　月　　日

纳税人识别号：□□□□□□□□□□□□□□□□□□□□□□□□□

纳税人名称（公章）：

填表日期：　　年　　月　　日　　　　单位：吨、元（列至角分）

一、当期准予抵减的外购啤酒液已纳税款计算	
1. 期初库存外购啤酒液数量：	
2. 当期购进啤酒液数量：	
3. 期末库存外购啤酒液数量：	
4. 当期准予抵减的外购啤酒液已纳税款：	
二、当期准予抵减的进口葡萄酒已纳税款：	
三、本期准予抵减税款合计：	

附：准予抵减消费税凭证明细

<table>
<tr><td rowspan="5">啤酒（增值税专用发票）</td><td>号码</td><td>开票日期</td><td>数量</td><td>单价</td><td>定额税率（元/吨）</td></tr>
<tr><td></td><td></td><td></td><td></td><td></td></tr>
<tr><td></td><td></td><td></td><td></td><td></td></tr>
<tr><td></td><td></td><td></td><td></td><td></td></tr>
<tr><td>合计</td><td>——</td><td></td><td>——</td><td>——</td></tr>
<tr><td rowspan="5">葡萄酒（海关进口消费税专用缴款书）</td><td>号码</td><td>开票日期</td><td>数量</td><td>完税价格</td><td>税款金额</td></tr>
<tr><td></td><td></td><td></td><td></td><td></td></tr>
<tr><td></td><td></td><td></td><td></td><td></td></tr>
<tr><td></td><td></td><td></td><td></td><td></td></tr>
<tr><td>合计</td><td>——</td><td></td><td></td><td></td></tr>
</table>

《本期准予抵减税额计算表（附表一）》填表说明

一、本表作为《酒及酒精消费税纳税申报表》的附报资料，由以外购啤酒液为原料连续生产啤酒的纳税人或以进口葡萄酒为原料连续生产葡萄酒的纳税人填报。

二、根据《国家税务总局关于用外购和委托加工收回的应税消费品连续生产应税消费品征收消费税问题的通知》（国税发［1995］94号）和《国家税务总局关于啤酒集团内部企业间销售（调拨）啤酒液征收消费税问题的批复》（国税函［2003］382号）的规定，本表“当期准予抵减的外购啤酒液已纳税款”计算公式如下：

当期准予抵减的外购啤酒液已纳税款＝（期初库存外购啤酒液数量＋当期购进啤酒液数量－期末库存外购啤酒液数量）×外购啤酒液适用定额税率

其中，外购啤酒液适用定额税率由购入方取得的销售方销售啤酒液所开具的增值税专用发票上记载的单价确定。适用定额税率不同的，应分别核算外购啤酒液数量和当期准予抵减的外购啤酒液已纳税款，并在表中填写合计数。

三、根据《国家税务总局关于印发＜葡萄酒消费税管理办法（试行）＞的通知》（国税发［2006］66号）的规定，本表“当期准予抵减的进口葡萄酒已纳税款”为纳税人进口葡萄酒取得的《海关进口消费税专用缴款书》注明的消费税款。

四、本表“本期准予抵减税款合计”应与《酒及酒精消费税纳税申报表》中对应项目一致。

五、以外购啤酒液为原料连续生产啤酒的纳税人应在“附：准予抵减消费税凭证明细”栏据实填写购入啤酒液取得的增值税专用发票上载明的“号码”、“开票日期”、“数量”、“单价”等项目内容。

六、以进口葡萄酒为原料连续生产葡萄酒的纳税人应在“附：准予抵减消费税凭证明细”栏据实填写进口消费税专用缴款书上载明的“号码”、“开票日期”、“数量”、“完税价格”、“税款金额”等项目内容。

七、本表为A4竖式，所有数字小数点后保留两位。一式二份，一份纳税人留存，一份税务机关留存。

本期代收代缴税额计算表（附表二）

税款所属期：　　年　月　日至　年　月　日

纳税人识别号：□□□□□□□□□□□□□□□□□□□□

纳税人名称（公章）：

填表日期：　　年　月　日　　　　　　　　　　　　　　金额单位：元（列至角分）

应税消费品名称 \ 项目		粮食白酒	薯类白酒	啤酒	啤酒	黄酒	其他酒	酒精	合计
适用税率	定额税率	0.5元/斤	0.5元/斤	250元/吨	220元/吨	240元/吨	——	——	——
	比例税率	20%	20%	——	——	——	10%	5%	——
受托加工数量									——
同类产品销售价格						——			——
材料成本						——			——
加工费						——			——
组成计税价格						——			——
本期代收代缴税款									

《本期代收代缴税额计算表（附表二）》填表说明

一、本表作为《酒及酒精消费税纳税申报表》的附报资料，由酒及酒精受托加工方填报。

二、本表“受托加工数量”的计量单位是：粮食白酒和薯类白酒为斤（如果实际销售商品按照体积标注计量单位，应按500毫升为1斤换算），啤酒、黄酒、其他酒和酒精为吨。

三、本表“同类产品销售价格”为受托方同类产品销售价格。

四、根据《中华人民共和国消费税暂行条例》的规定，本表“组成计税价格”的计算公式如下：

组成计税价格＝（材料成本＋加工费）÷（1－消费税税率）

五、根据《中华人民共和国消费税暂行条例》的规定，本表“本期代收代缴税款”的计算公式如下：

（一）当受托方有同类产品销售价格时

本期代收代缴税款＝同类产品销售价格×受托加工数量×适用税率＋受托加工数量×适用税率

（二）当受托方没有同类产品销售价格时

本期代收代缴税款＝组成计税价格×适用税率＋受托加工数量×适用税率

六、本表为A4竖式，所有数字小数点后保留两位。一式二份，一份纳税人留存，一份税务机关留存。

生产经营情况表（附表三）

税款所属期：　　　年　　月　　日至　　　年　　月　　日

纳税人识别号：□□□□□□□□□□□□□□□□□□□□□□□□

纳税人名称（公章）：

填表日期：　　　年　　月　　日　　　　　　　　　　　　　　金额单位：元（列至角分）

应税消费品名称 项目	粮食白酒	薯类白酒	啤酒（适用税率250元/吨）	啤酒（适用税率220元/吨）	黄酒	其他酒	酒精
生产数量							
销售数量							
委托加工收回酒及酒精直接销售数量							
委托加工收回酒及酒精直接销售额							
出口免税销售数量							
出口免税销售额							

《生产经营情况表（附表三）》填表说明

一、本表为年报，作为《酒及酒精消费税纳税申报表》的附报资料，由酒及酒精消费税纳税人于年度终了后填写，次年1月份办理消费税纳税申报时报送。

二、本表“生产数量”，填写本期生产的产成品数量。

三、本表“销售数量”填写要求同《酒及酒精消费税纳税申报表》。

四、本表“出口免税销售数量”和“出口免税销售额”为享受出口免税政策的应税消费品销售数量和销售额。

五、本表计量单位：粮食白酒和薯类白酒为斤（如果实际销售商品按照体积标注计量单位，应按500毫升为1斤换算），啤酒、黄酒、其他酒和酒精为吨。

六、本表为A4竖式，所有数字小数点后保留两位。一式二份，一份纳税人留存，一份税务机关留存。

31. 其他应税消费品消费税纳税申报表

税款所属期： 年 月 日至 年 月 日

纳税人识别号：□□□□□□□□□□□□□□□□□□□□□□□□□

纳税人名称：

填表日期： 年 月 日　　　　　　　　　　金额单位：元（列至角分）

<table>
<tr><td>项目
应税消费品名称</td><td>适用税率</td><td>销售数量</td><td>销售额</td><td>应纳税额</td></tr>
<tr><td></td><td></td><td></td><td></td><td></td></tr>
<tr><td></td><td></td><td></td><td></td><td></td></tr>
<tr><td></td><td></td><td></td><td></td><td></td></tr>
<tr><td></td><td></td><td></td><td></td><td></td></tr>
<tr><td>合计</td><td>——</td><td>——</td><td>——</td><td></td></tr>
<tr><td colspan="2">本期准予抵减税额：</td><td colspan="3" rowspan="3">声明
此纳税申报表是根据国家税收法律的规定填报的，我确定它是真实的、可靠的、完整的。
经办人(签章)：
财务负责人(签章)：
联系电话：</td></tr>
<tr><td colspan="2">本期减(免)税额：</td></tr>
<tr><td colspan="2">期初未缴税额：</td></tr>
<tr><td colspan="2">本期缴纳前期应纳税额：</td><td colspan="3" rowspan="4">(如果你已委托代理人申报，请填写)
授权声明
为代理一切税务事宜，现授权
(地址)　　　为本纳税人的代理申报人，任何与本申报表有关的往来文件，都可寄予此人。
授权人签章：</td></tr>
<tr><td colspan="2">本期预缴税额：</td></tr>
<tr><td colspan="2">本期应补(退)税额：</td></tr>
<tr><td colspan="2">期末未缴税额：</td></tr>
</table>

以下由税务机关填写

受理人(签章)：　　受理日期： 年 月 日　　受理税务机关(章)：

《其他应税消费品消费税纳税申报表》填表说明

一、本表条形码具有唯一性，表格复印使用无效；条形码区域请保持整洁。

二、请在指定区域内盖纳税人公章。

三、本表限化妆品、贵重首饰及珠宝玉石、鞭炮焰火、汽车轮胎、摩托车、高尔夫球及球具、高档手表、游艇、木制一次性筷子、实木地板等消费税纳税人使用。

四、本表“应税消费品名称”和“适用税率”按照以下内容填写：

化妆品：30%；贵重首饰及珠宝玉石：10%；金银首饰（铂金首饰、钻石及钻石饰品）：5%；鞭炮焰火：15%；汽车轮胎（除子午线轮胎外）：3%；汽车轮胎（限子午线轮胎）；3%（免税）；摩托车（排量>250毫升）：10%；摩托车（排量≤250毫升）：3%；高尔夫球及球具：10%；高档手表：20%；游艇：10%；木制一次性筷子：5%；实木地板：5%。

五、本表“销售数量”为《中华人民共和国消费税暂行条例》、《中华人民共和国消费税暂行条例实施细则》及其他法规、规章规定的当期应申报缴纳消费税的应税消费品销售（不含出口免税）数量。计量单位是：汽车轮胎为套；摩托车为辆；高档手表为只；游艇为艘；实木地板为平方米；木制一次性筷子为万双；化妆品、贵重首饰及珠宝玉石（含金银首饰、铂金首饰、钻石及钻石饰品）、鞭炮焰火、高尔夫球及球具按照纳税人实际使用的计量单位填写并在本栏中注明。

六、本表“销售额”为《中华人民共和国消费税暂行条例》、《中华人民共和国消费税暂行条例实施细则》及其他法规、规章规定的当期应申报缴纳消费税的应税消费品销售（不含出口免税）收入。

七、根据《中华人民共和国消费税暂行条例》的规定，本表“应纳税额”计算公式如下：

应纳税额 = 销售额 × 适用税率

八、本表“本期准予扣除税额”按本表附件一的本期准予扣除税款合计金额填写。

九、本表“本期减（免）税额”不含出口退（免）税额。

十、本表“期初未缴税额”填写本期期初累计应缴未缴的消费税额，多缴为负数。其数值等于上期“期末未缴税额”。

十一、本表“本期缴纳前期应纳税额”填写本期实际缴纳入库的前期消费税额。

十二、本表“本期预缴税额”填写纳税申报前已预先缴纳入库的本期消费税额。

十三、本表“本期应补（退）税额”计算公式如下，多缴为负数：

本期应补（退）税额 = 应纳税额（合计栏金额） - 本期准予扣除税额 - 本期减（免）税额 - 本期预缴税额

十四、本表“期末未缴税额”计算公式如下，多缴为负数：

期末未缴税额 = 期初未缴税额 + 本期应补（退）税额 - 本期缴纳前期应纳税额

十五、本表为 A4 竖式，所有数字小数点后保留两位。一式二份，一份纳税人留存，一份税务机关留存。

本期准予扣除税额计算表（附表一）

税款所属期：　　年　　月　　日至　　年　　月　　日

纳税人识别号：□□□□□□□□□□□□□□□□□□□□

纳税人名称：

填表日期：　　年　　月　　日　　　　　　　　　　金额单位：元（列至角分）

项目 \ 应税消费品名称					合计
当期准予扣除的委托加工应税消费品已纳税款计算	期初库存委托加工应税消费品已纳税款				——
	当期收回委托加工应税消费品已纳税款				——
	期末库存委托加工应税消费品已纳税款				——
	当期准予扣除委托加工应税消费品已纳税款				
当期准予扣除的外购应税消费品已纳税款计算	期初库存外购应税消费品买价				——
	当期购进应税消费品买价				——
	期末库存外购应税消费品买价				——
	外购应税消费品适用税率				——
	当期准予扣除外购应税消费品已纳税款				
本期准予扣除税款合计					

《本期准予扣除税额计算表（附表一）》填表说明

一、本表条形码具有唯一性，表格复印使用无效；条形码区域请保持整洁。

二、请在指定区域内盖纳税人公章。

三、本表作为《其他应税消费品消费税纳税申报表》的附报资料，由外购或委托加工收回应税消费品后连续生产应税消费品的纳税人填报。

四、本表“应税消费品名称”填写化妆品、珠宝玉石、鞭炮焰火、汽车轮胎、摩托车（排量>250毫升）、摩托车（排量≤250毫升）、高尔夫球及球具、木制一次性筷子、实木地板。

五、根据《国家税务总局关于用外购和委托加工收回的应税消费品连续生产应税消费品征收消费税问题的通知》（国税发［1995］94号）的规定，本表“当期准予扣除的委托加工应税消费品已纳税款”计算公式如下：

当期准予扣除的委托加工应税消费品已纳税款 = 期初库存委托加工应税消费品已纳税款 + 当期收回委托加工应税消费品已纳税款 - 期末库存委托加工应税消费品已纳税款。

六、根据《国家税务总局关于用外购和委托加工收回的应税消费品连续生产应税消费品征收消费税问题的通知》（国税发［1995］94号）的规定，本表“当期准予扣除的外购应税消费品已纳税款”计算公式如下：

当期准予扣除的外购应税消费品已纳税款 = （期初库存外购应税消费品买价 + 当期购进应税消费品买价 - 期末库存外购应税消费品买价）× 外购应税消费品适用税率

七、本表“本期准予扣除税款合计”为本期外购及委托加工收回应税消费品后连续生产应税消费品准予扣除应税消费品已纳税款的合计数，应与《其他应税消费品消费税纳税申报表》中对应项目一致。

八、本表为A4竖式，所有数字小数点后保留两位。一式二份，一份纳税人留存，一份税务机关留存。

本期代收代缴税额计算表（附表二）

税款所属期：　　年　月　日至　　年　月　日

纳税人识别号：□□□□□□□□□□□□□□□□□□□□□

纳税人名称：

填表日期：　　年　月　日　　　　　　金额单位：元（列至角分）

项目 ＼ 应税消费品名称				合计
适用税率				——
受托加工数量				——
同类产品销售价格				——
材料成本				——
加工费				——
组成计税价格				——
本期代收代缴税款				

《本期代收代缴税额计算表（附表二）》填表说明

一、本表条形码具有唯一性，表格复印使用无效；条形码区域请保持整洁。

二、请在指定区域内盖纳税人公章。

三、本表作为《其他应税消费品消费税纳税申报表》的附报资料，由应税消费品受托加工方填报。

四、本表“应税消费品名称”和“税率”按照以下内容填写：

化妆品：30%；贵重首饰及珠宝玉石：10%；金银首饰（铂金首饰、钻石及钻石饰品）：5%；鞭炮焰火：15%；汽车轮胎：3%；摩托车（排量 > 250 毫升）：10%；摩托车（排量≤250 毫升）：3%；高尔夫球及球具：10%；高档手表：20%；游艇：10%；木制一次性筷子：5%；实木地板：5%。

五、本表“受托加工数量”的计量单位是：汽车轮胎为套；摩托车为辆；高档手表为只；游艇为艘；实木地板为平方米；木制一次性筷子为万双；化妆品、贵重首饰及珠宝玉石（含金银首饰、铂金首饰、钻石及钻石饰品）、鞭炮焰火、高尔夫球及球具按照受托方实际使用的计量单位填写并在本栏中注明

六、本表“同类产品销售价格”为受托方同类产品销售价格。

七、根据《中华人民共和国消费税暂行条例》的规定，本表“组成计税价格”的计算公式如下：组成计税价格 =（材料成本 + 加工费）÷（1 – 消费税税率）

八、根据《中华人民共和国消费税暂行条例》的规定，本表“本期代收代缴税款”的计算公式如下：

（一）当受托方有同类产品销售价格时，本期代收代缴税款 = 同类产品销售价格 × 受托加工数量 × 适用税率

（二）当受托方没有同类产品销售价格时，本期代收代缴税款 = 组成计税价格 × 适用税率

九、本表为 A4 竖式，所有数字小数点后保留两位。一式二份，一份纳税人留存，一份税务机关留存。

准予扣除消费税凭证明细表（附表三）

税款所属期：　　年　月　日至　　年　月　日

纳税人识别号：□□□□□□□□□□□□□□□□□□□□

纳税人名称：

填表日期：　　年　月　日　　　　　　　　金额单位：元（列至角分）

应税消费品名称	凭证类别	凭证号码	开票日期	数量	金额	适用税率	消费税税额
合计	——	——	——	——	——	——	

《准予扣除消费税凭证明细表（附表三）》填表说明

一、本表条形码具有唯一性，表格复印使用无效；条形码区域请保持整洁。

二、请在指定区域内盖纳税人公章。

三、本表作为《其他应税消费品消费税纳税申报表》的附报资料，由外购或委托加工收回应税消费品后连续生产应税消费品的纳税人填报。

四、本表“应税消费品名称”填写高尔夫球及球具、木制一次性筷子、实木地板。

五、本表“凭证类别”填写准予扣除凭证名称，如：增值税专用发票、海关进口消费税专用缴款书、代扣代收税款凭证。

六、本表“凭证号码”填写准予扣除凭证的号码。

七、本表“开票日期”填写准予扣除凭证的开票日期。

八、本表“数量”填写准予扣除凭证载明的应税消费品数量，并在本栏中注明计量单位。

九、本表“金额”填写准予扣除凭证载明的应税消费品金额。

十、本表“适用税率”填写应税消费品的适用税率。

十一、本表“消费税税额”填写凭该准予扣除凭证申报抵扣的消费税税额。

十二、本表为A4竖式，所有数字小数点后保留两位。一式二份，一份纳税人留存，一份税务机关留存。

生产经营情况表（附表四）

税款所属期：　　年　　月　　日至　　年　　月　　日

纳税人识别号：□□□□□□□□□□□□□□□□□□□□

纳税人名称：

填表日期：　　年　　月　　日　　　　　　　　金额单位：元（列至角分）

项目 \ 应税消费品名称				
生产数量				
销售数量				
委托加工收回应税消费品直接销售数量				
委托加工收回应税消费品直接销售额				
出口免税销售数量				
出口免税销售额				

《生产经营情况表（附表四）》填表说明

一、本表条形码具有唯一性，表格复印使用无效；条形码区域请保持整洁。

二、请在指定区域内盖纳税人公章。

三、本表为年报，作为《其他应税消费品消费税纳税申报表》的附报资料，由纳税人于年度终了后填写，次年1月份办理消费税纳税申报时报送。

四、本表“应税消费品”、“销售数量”填写要求同《其他应税消费品消费税纳税申报表》。

五、本表“生产数量”，填写本期生产的产成品数量，计量单位应与销售数量一致。

六、本表“出口免税销售数量”和“出口免税销售额”为享受出口免税政策的应税消费品销售数量和销售额。

七、本表计量单位：汽车轮胎为套；摩托车为辆；高档手表为只；游艇为艘；实木地板为平方米；木制一次性筷子为万双；化妆品、贵重首饰及珠宝玉石（含金银首饰、铂金首饰、钻石及钻石饰品）、鞭炮焰火、高尔夫球及球具按照纳税人实际使用的计量单位填写并在本栏中注明。

八、本表为 A4 竖式。所有数字小数点后保留两位。一式二份，一份纳税人留存，一份税务机关留存。

书系代码	书　　名	作　者	定 价
经营管理			
BM001	《并购成长》(Digital Deals)	Geis	29.80
BM002	《绩效！绩效！》(企业培训版) (Coaching for Improved Performance)	Fournie	39.80
BM003	《质量无泪》(Quality Without Tears)	Crosby	39.80
BM004	《海阔天空——我在 DELL 的岁月》	方国健	20.00
BM005	《心时代——一个情感化的世界及其经济图景》	曹世潮	20.00
BM006	《情境领导者》(The Situational Leader)	保罗·赫塞	18.00
BM007	《EMBA 销售管理》(Sales Management)	Calvin	45.00
BM008	《EMBA 财务管理》· (Finance and Accounting for Non-financing Managers)	Weston	49.80
BM009	《EMBA 兼并与收购》(Mergers and Acquisitions)	Weston	38.00
BM010	《EMBA 公司战略》(Corporate Strategy)	Colley	39.80
BM011	《EMBA 创业管理》(Entrepreneurial Management)	Calvin	49.80
BM012	《EMBA 领导艺术》(Managerial Leadership)	Topping	35.00
BM013	《EMBA 战略营销管理》 (Strategic Marketing Management)	Parry	42.00
BM014	《EMBA 公司治理》(Corporate Governance)	Colley 等	49.80
BM015	《六西格玛是什么》(What is Six Sigma)	Pande	15.00
BM016	《六西格玛基础教材》(The Six Sigma Basic Training Kit)	Juran	80.00
BM017	《六西格玛团队实战手册》 (The Six Sigma Way Team Fieldbook)	Pande, Neuman, Cavanagh	49.80
BM018	《六西格玛团队怎么做》(Six Sigma Team Pocket Guide)	Federico	16.00
BM019	《杰克·韦尔奇领导艺术词典》 (Jack Welch Lexicon of Leadership)	Krames	32.00
BM020	《杰克·韦尔奇的 29 个领导秘诀》 (29 Leadership Secrets from Jack Welch)	Slater	29.80
BM021	《通用电气"群策群力"》(GE Work - Out)	Ulrich 等	39.80
BM022	《顶峰》(Million Dollar Consulting)	Weiss	48.00
BM023	《战略计划实务》(Applied Strategic Planning)	Goodstein 等	48.00
BM024	《平衡计分卡实用指南》(Balanced Scorecard)	Paul Niven	49.80
BM025	《战略物流管理》(Strategic Logistic Management)	Stock	80.00
BM026	《整合——企业并购成功之道》(M&A Integration)	Schweiger	39.80
BM027	《战略领导》(The Art and Discipline of Strategic Leadership)	Freedman	32.00
BM028	《经理薪酬完全手册》 (The Complete Guide to Executive Compensation)	Bruce R. Ellig	65.00

书系代码	书　　名	作　者	定 价
BM029	《突破困境的领导艺术》(Leadership When the Heat's On)	Cox, Hoover	39. 80
BM030	《朱兰自传》(Architect of Quality)	Juran	50. 00
BM031	《卓越领导》(The Extraordinary Leader)	Zenger 等	39. 80
BM032	《精益六西格玛案例》(Learning into Six Sigma)	Wheat 等	18. 00
BM033	《领袖魅力》(Executive Charisma)	Benton	39. 80
BM034	《西南航空案例》(The Southwest Airlines Way)	Gittell	49. 80
BM035	《危机领导》(Leader Shock)	Hicks	29. 80
BM036	《应变》(Agile Business for Fragile Times)	麦卡锡　等	35. 00
BM037	《绩效导向的领导力》(Results-Based Leadership)	Ulrich　等	49. 80
BM038	《企业沟通的威力》(The Power of Corporate Communication)	Argenti　等	39. 80
BM039	《贯彻执行　现在就做》(Why Can't We Get Anything Done Around Here?)	李夫顿　等	20. 00
BM040	《高效能团队领导智慧》(Leadership Lessons of The Navy Seals)	坎农　等	39. 80
BM041	《竞争性销售》(Hope is not a Strategy)	佩吉	39. 80
BM042	《丰田汽车案例》(The Toyota Way)	莱克	49. 80
BM043	《风险管理》(Risk Management)	科罗赫　等	80. 00
BM044	《团队工作》(The Work of Teams)	卡岑巴赫	39. 80
BM045	《通用电气案例》(GE Work-out)	Ulrich　等	49. 80
BM046	《质量无泪》(修订版)	Crosby	39. 80
BM047	《绩效改进 19 讲》(201 Ways to Turn any Employee Into a Star Performer)	霍利	29. 80
BM048	《人性管理》(The Uncertain Art of Management)	奥斯曼	39. 80
BM049	《透明管理》(The Transparency Edge)	佩格诺	29. 80
BM050	《成本改进 181 法》(A Manager's Guide to Creative Cost Cutting)	大卫·杨	29. 80
BM051	《直觉》(The Art of What Works)	杜根	39. 80
BM052	《劣势者的优势》(The Underdog Advantage)	莫里	39. 80
BM053	《精益六西格玛服务》(Lean Six Sigma for Service)	乔治	55. 00
BM054	《活学活用博弈论》(Game Theory At Work)	米勒	39. 80
BM055	《巅峰绩效》(Peak Performance)	卡岑巴赫	39. 80
BM056	《丰田汽车:精益模式的实践》(The Toyota Way Fieldbook)	莱克 等	65. 00
BM057	《什么是公司治理》(What is Corporate Govermance)	科利 等	18. 00
BM058	《MBA 名校的 10 堂课》(What the Best MBAs Know)	纳瓦洛	49. 80
BM059	《现代企业管理教程》(Understanding Business)	尼科尔斯 等	50. 00
BM060	《领导艺术》(The Art of Leadership)	曼宁 等	50. 00
BM061	《产品生命周期管理》(Product Lifecycle Management)	格里夫斯	49. 80
BM062	《创新从头开始》(What customers want)	伍维克	29. 80
BM063	《创新引擎》(Fast Innovation)	George	39. 80

书系代码	书　　名	作　者	定 价
BM064	《苹果电脑案例》(The Apple Way)	Cruikshank	39.80
BM065	《企业外包实务》(The Manager's Step-by-Step Guide to Outsourcing)	Dominguez	29.80
BM066	《重塑创业精神》(Lead Like an Entrepreneur)	桑伯里	45.00
BM067	《顾客导向》(The Outside-In Corporation)	邦德	39.80
BM068	《定价与收益优化》(Pricing and Revenue Optimization)	菲利普斯	60.00
BM069	《笑梁山》	陈实	35.00
BM070	《价值流管理:面向全局供应链的精益方法》	多尔斯麦思卡罗	43.00
BM071	《新企业所得税法与会计准则比较分析》	张炜	68.00
BM072	《丰田产品开发体系》	摩根,莱克	60.00
BM073	《联想:中国 IT 企业国际化品牌行销之道》	周锡冰	39.80
BM074	《每秒千桶》(A Thousand Barrels a Second)	特扎基安	39.80
BM075	《活学活用丰田生产方式》	田鹏	26.00
BM076	《什么是精益》(Lean Production Simplified)	丹尼斯	35.00
BM077	《纳税会计》	张炜	46.00
BM078	《精益办公价值流》(The Complete Lean Enterprise)	凯特,劳克尔	35.00
BM079	《超越平衡计分卡》(Beyond the Balanced Scorecard)	布朗	39.80
BM080	《超越约束理论》(Beyond the Theory of Constraints)	莱文森	35.00
BM081	《精益企业文化》(Creating a Lean Culture)	曼恩	39.80
经济学			
E-001	《中国经济》(Chinese Economy)	蔡昉,林毅夫	39.80
E-002	《宏观经济学》(Macroeconomics)	Dornbusch	60.00
E-003	《经济学》(Economics)	McConnell,Brue	79.00
E-004	《微观经济学》(Microeconomics and Behavior)	Frank	65.00
E-005	《环境经济学》(Introduction to Environmental Economics)	Field 等	50.00
E-006	《财富的诞生》(The Birth of Plenty)	Bernstein	49.80
E-007	《ArcView GIS® 与 ArcGIS® 地理信息统计分析》(Statistical Analysis of Geographic Information with ArcView GIS® and ArcGIS®)	David Wong 等	58.00
管理学			
MT001	《战略物流管理》(Strategic Logistic Management)	Stock	80.00
MT002	《物流战略咨询》(Supply Chain Strategy)	Frazelle	49.80
MT003	《组织人员配置》(Staffing Organization)	Heneman, Judge	
MT004	《战略管理》(Strategic Management)	Dess 等	40.00
MT005	《数据模型与决策:运用电子表格建模与案例研究》(第1版)(Introduction to Management Science)	Hillier 等	75.00
MT006	《数据模型与决策:运用电子表格建模与案例研究》(第2版)(Introduction to Management Science)	Hillier 等	75.00
MT007	《电子商务导论》(Introduction to E-Commerce)	雷波特　等	58.00
MT008	《供应链设计与管理》(Designing and Managing The Supply Chain)	辛奇—利维　等	40.00

书系代码	书　　名	作　　者	定价
MT009	《管理学基础》(Management)	克尼基　等	48.00
MT010	《定价》(Pricing)	门罗	65.00
MT011	《精通战略》(Mastering Strategy)	雷格斯比　等	39.80
MT012	《战略采购管理》(Harnessing·Value in the Supply Chain)	班菲尔德	39.80
MT013	《逆向管理》(Don't Oil the Squeaky Wheel)	Rinke	39.80
MT014	《跨国管理》(Transnational Management)	Bartlett 等	79.80
MT015	《运营管理》(Matching Supply with Demand)	Cachon 等	50.00
MT016	《供应链与价值网创新企业案例》	任建标	35.00
营销管理			
MM001	《定位》(Positioning)	Ries & Trout	39.80
MM002	《营销战》(修订版)(Marketing Warfare)	Ries & Trout	39.80
MM003	《营销革命》(Bottom-up Marketing)	Ries & Trout	39.80
MM004	《新定位》(The New Positioning)	Trout	39.80
MM005	《颠覆广告》(Disruption)	让—马贺·杜瑞	40.00
MM006	《创意的竞赛》(Which Ad Pulled Best?)	Purvis	39.80
MM007	《广告文案名人堂》(The Art of Writing Advertising)	Higgins	29.80
MM008	《产品经理的第一本书》(The Product Manager's Handbook)	Gorchels	39.80
MM009	《全球整合营销传播》(Communicating Globally)	舒尔茨	39.80
MM010	《整合营销传播:利用广告和促销建树品牌》(IMC: Using Advertising and Promotion to Build Brands)	Duncan	298.00
MM011	《市场战略》(The Market Makers)	Spulber	48.00
MM012	《全球营销》(Global Marketing)	乔尼·约翰逊	60.00
MM013	《网络营销》(Internet Marketing)	默罕默德　等	65.00
MM014	《产品经理的第二本书》(The Product Manager's Field Guide)	Linda Gorchels	39.80
MM015	《营销学基础》(Essentials of Marketing)	佩罗特,麦卡锡	60.00
MM016	《文案发烧》("Hey, Whipple, Squeeze This.":A Guide to Creating Great Ads)	苏立文	39.80
MM017	《小鱼吃大鱼》(Eating the Big Fish)	摩根	45.00
MM018	《什么是战略》(Trout On Strategy)	特劳特	29.80
MM019	《整合营销传播:创造企业价值的五大关键步骤》(IMC: the Next Generation)	唐·舒尔茨　等	39.80
MM020	《促销管理的第一本书》	Schultz	39.80
MM021	《广告箴言》(And Now a Few Words From Me)	加菲尔德	29.80
MM022	《营销计划手册》(The Successful Marketing Plan)	赫宾 等	68.00
MM023	《渠道管理的第一本书》(The Manager's Guide to Distribution Channels)	哥乔斯 等	35.00
MM024	《项目管理的第一本书》(The McGraw-Hill 36 – Hour Project Management)	库克,塔特	

书系代码	书　　名	作　者	定 价
MM025	《细读杰克·韦尔奇》	Krame,Slater	39.80
MM026	《品牌资产管理》(Brand Asset Management)	戴维斯	39.80
MM027	《互愿营销》(Opt-In Marketing)	罗曼 等	39.80
MM028	《小技巧　大销售》(401 Killer Marketing Tactics)	费尔藤斯坦	39.80
MM029	《作业成本管理的第一本书》(Common Cents)	特尼	39.80
MM030	《产品经理手册》(The Product Manager's Handbook)	哥乔斯	55.00
MM031	《商战》(20 周年纪念版)(Marketing Warfare)	Ries & Trout	68.00
MM032	《博客营销》(Blog Marketing)	Jeremy Wright	39.80
MM033	《品牌驱动力》(Building the Brand-Driven Business)	戴维斯,邓恩	39.80
MM034	《定价的艺术》(The Art of Pricing)	Mohammed	29.80
MM035	《营销 7 堂课》(Mastering Marketing)	罗斯金－布朗	39.80
销售管理			
SM001	《成功销售管理的 7 大秘诀》(7 Secrets to Successful Sales Management)	Wilner	39.80
SM002	《电话行销,轻松成交》	姚能笔	39.80
SM003	《摸透顾客心》(Ten Demandments)	Mooney Bergheim	39.80
SM004	《练就铁齿铜牙》(Secrets of Power Persuasion for Salespeople)	Dawson	39.80
SM005	《轻松收款》(Collections Made Easy)	卡罗尔	39.80
SM006	《打倒墨菲定律　挽救我的销售》(Beating the Deal Killers)	Giglio	39.80
SM007	《增加销售的 12 种核心技术》(Beyond E)	Diorio	39.80
SM008	《销售管理》(Sales Force Management)	Johnston 等	49.00
SM009	《汽车销售的第一本书》	孙路弘	39.80
SM010	《终极销售力》(Ultimate Selling Power)	莫伊,洛伊德	39.80
SM011	《顶尖销售的 25 堂课》(Secrets of Top Performing Salespeople)	乔诺　等	29.80
SM012	《引爆销售的 10 大黄金法则》	Desena	39.80
SM013	《再造销售奇迹》	Eades	39.80
SM014	《攻心式销售》	Bosworth	24.80
SM015	《百万销售师》	Gardner	24.50
SM016	《成交》	Victor	29.80
SM017	《直销经理的第一本书》(Making Millions in Direct Sales)	马拉汉 等	39.80
SM018	《直销 37 计》(The Ultimate Guide to Network Marketing)	乔·鲁比诺	39.80
职场发展			
CD001	《外企面试宝典》(More Best Answers to the 201 Most Frequently Asked Interview Questions)	DeLuca	25.00
CD002	《人才心理测评》(Psychological Testing at Work)	Hoffman	25.00

书系代码	书　　名	作　者	定 价
CD003	《演讲的艺术》(Strictly Speaking)	Buckley	29.80
CD004	《五大会计师行》	周年洋　等	24.80
CD005	《职业经理自修手册》(The Manager's Self-development Guide)	Pedler	35.00
CD006	《关键对话》(Crucial Conversations)	Patterson 等	29.80
CD007	《静思录》(Finding Your Strength in Difficult Times)	David Viscott	19.80
CD008	《商务英语书信写作精益求精篇》	康宁汉　等	29.80
CD009	《商务人士日常书信写作》(Great Personal Letters for Busy People)	布赫	48.00
CD010	《销售信函》(Sales Letters Ready to Go)	贝塞尔　等	32.00
CD011	《商务信函》(Business Letters Ready to Go)	Bayse	39.80
CD012	《我爱笨老板》(How to Work for an Idiot)	胡佛	29.80
CD013	《实用英语动词短语》(Basic Phrasal Verbs)	斯皮尔斯	35.00
CD014	《赛马》(Horse Sense)	里斯,特劳特	29.80
CD015	《报刊装帧设计手册》(The Newspaper Designer's Handbook)	哈洛维	128.00
CD016	《君子善言》(Speak Like a CEO)	贝茨	32.00
CD017	《脱颖而出》(Shine)	汤普森	29.80
CD018	《量子飞跃》	谢尔顿,刘芊	29.80
CD019	《纳米说服力》	姚能笔	29.80
CD020	《你就是品牌》(U R a Brand!)	卡普塔	29.80
投资理财			
IF001	《赢得"输家的游戏"》(Winning the Loser's Game)	Ellis	29.80
IF002	《向格雷厄姆学思考,向巴菲特学投资》(How to Think Like Benjamin Graham and Invest Like Warren Buffett)	Cunningham	39.80
IF003	《巴菲特怎样选择成长股》(How to Pick Stocks Like Warren Buffett)	Vick	29.80
IF004	《最后的合伙人》(The Last Partnership)	Geisst	29.80
IF005	《财务报表分析与证券定价》(Financial Statement Analysis and Security Valuation)	Penman	98.00
IF006	《技术分析》(Technical Analysis Explained)	Pring	80.00
IF007	《技术分析 A－Z》(Technical Analysis from A to Z)	Achelis	55.00
IF008	《股票价值评估》(Valuing a Stock)	Gray　等	39.80
IF009	《蜡烛图精解(第 3 版)》(Candlestick Charting Explained)	Morris	60.00
IF010	《技术分析习题集》(Study Guide for Technical Analysis Explained)	Pring	25.00
IF011	《股票市场的时机选择》(Timing the Stock Market)	亚历山大	48.00
IF012	《最佳卖出点》(It's when You Sell that Counts)	卡西迪	39.80
IF013	《股市名言》(Buy the Rumor, Sell the Fact)	麦洛	29.80
IF014	《向格雷厄姆学思考,向巴菲特学投资》(修订版)	Cunningham	39.80

书系代码	书　　名	作　者	定 价
IF015	《华尔街投资银行史》	Geisst	49.80
IF016	《信用风险：度量与管理》	瑟维吉尼	65.00
IF017	《财务报表分析与证券定价》(第二版) (Financial Statement Analysis and Security Valuation)	Penman	98.00
IF018	《信用评分模型技术与应用》	陈建	60.00
IF019	《现代信用卡管理》	陈建	80.00
IF020	《标准普尔教你做好个人理财》(The Standard & Poor's Guide to Personal Finance)	道尼	25.00
IF021	《标准普尔教你做好第一笔投资》(The Standard & Poor's Guide for the New Investor)	马蒂夫	25.00
IF022	《标准普尔教你做好长期投资》(The Standard & Poor's Guide to Long-Term Investing)	提格	20.00
IF023	《股市法则》(Stock Market Rules)	沙伊莫	29.80
IF024	《股指期货 100 问》	中国国际期货武汉研究中心	25.00
IF025	《巴菲特选股魔法》	洪瑞泰	25.00

(具体数据以出书为准)

图书订购单

（可复印使用）

第一步：请您填写以下资料：

公司名称：　　　　　　　　　　　　　　收书人：

发货（邮寄）地址：　　　　　　　　　　邮编：

联系电话：　　　　　　　　　　　　　　E-mail：

第二步：请您填写您所选购的图书及册数资料：

图书名称（请注明版次）	数　量	单价（RMB）	合计（RMB）
合　计			

第三步：请您到邮局将款项汇至以下地址：

收 款 人：中国财政经济出版社邮购部

地　　址：北京市海淀区阜成路甲 28 号新知大厦

邮　　编：100036

电　　话：010 -88190406　88190488

传　　真：010 -88190414

邮购费用：书价加 15％的邮费

第四步：请确认您是否需要增值税票，如果需要请在传真中注明您的增值税信息：

☐ 开具增值税发票　　　　　　☐ 开具普通发票

第五步：如果您想了解其他详细情况，请垂询销售热线或发电子邮件：

TEL：010 -8819 1017　　　　　　E-mail：webmaster@ ewinbook. com

第六步：请您在以下空白处签字确认：

客户：

日期：